KB141027

지난 시간, 나의 기억 찾기

한 줄로
읽는
한국 현대사
연표 1945-2020

▨ 일러두기

1. 정확한 일자를 모를 때는 해당 월 마지막에, 월일이 불명확한 것은 해당 연도 마지막에 연표를 정리하였다.

2. 해당 연도마다 서기, 육십갑자, 단기, 대통령 임기 연도 등을 먼저 밝히고 다음 줄에 미국·중국·일본·러시아 등 통치자의 이름을 병기하여 국제적인 상황도 같이 이해토록 하였다.

3. 법률·규정 등은 화살괄호(< >)로, 신문·잡지는 겹화살괄호(≪ ≫)로, 작품명·기사제목은 작은따옴표(' ')로, 책이름은 겹낫표(『 』)로 표기했다.

4. 가능한 해당연도에 정치·경제·사회·문화·체육 등 다양한 분야의 내용을 한 줄로 담고자 하였다.

지난 시간, 나의 기억 찾기

한 줄로
읽는
한국 현대사
연표 1945-2020

이 계 형 편저

☑ 책을 펴내며

2020년 7월 국민대 출판부에서 『한 줄로 읽는 한국근대사 연표(1863~1945)』를 펴낸 지 1년여 만에 이 책을 세상에 내놓게 되었다. 2009년도부터 한국 근현대사의 연표 작업을 시작하였는데 비로소 12년 만에 마무리하게 된 셈이다. 1945년 8월 해방 전후를 기준으로 한국 근대사와 한국 현대사를 구분하였다. 애초 이를 한 권으로 묶고자 하였으나, 독자들에게 해당 연도의 중요한 정보를 하나라도 전달해 주고픈 마음에 욕심을 부리다 보니 양이 늘어났다. 결국 두 시기로 나눠 별도의 책자로 만들기로 하고 먼저 한국 근대사 부분을 엮어 출판한 후에 한국 현대사 부분을 좀 더 수정, 보완하다 보니 시간이 많이 지체되었다.

한국 근대사는 우리나라 5천여 년의 역사 가운데 처음으로 국망(國亡) 과정에 있었고, 1910년 8월 경술국치 이후에는 일제의 식민지로 전락하여 주권을 되찾기 위한 독립운동의 역사로 점철되었다. 한국 근대사 연표는 이러한 역사를 담았다.

한국 현대사 연표는 이전과는 다르다. 해방 후 한국 현대사는 독재 권력과 민주화운동 간의 치열한 다툼의 연속이었고, 식민지 잔재, 전쟁, 가난 등을 극복하여 개발도상국에서 선진 국가로 탈바꿈해야만 하는 시기이다. 그런데 무엇보다 편자가 연표 작업을 하면서 주목한 것은 이 시대를 살아온, 살아갈 사람들의 '삶'이다. 한국 현대사 연표가 1945년 8월부터 시작하였으니 이때 태어난 사람이 올해로 75세이다. 그분들에게 한국 현대사는 '나의 역사'인 것이다. 이에 이전과 달리 한국 현대사 연표는 정치·경제·사회·문화 등 다양한 분야에서 중요한 내용을 모두 아우르고자 하였다. 특히 해당 연도에서 가장 인기 있었던 영화, TV 드라마·프로그램, 인기 가요, 인기 도서 등의 내용을 최대한 담고자 하였다.

'연표' 작업은 매우 번거롭지만 그런 만큼 수고스러움이 드러나지 않는다. 한국 현대사 연표 부분은 더욱 그러하다. 여러 포털이 생겨나고 플랫폼 기반이 구축되어 많은 정보를 제공하고 있지만, 오히려 이를 중요도에 따라 취사, 선택하기가 쉽지 않았다. 영화나 TV 드라마의 경우에는 어느 정도 잘 정리되어 있어 상영·방영 일자 등과 감독·배우·출연자의 이름을 쉽게 확인할 수 있었다. 그런데 국민 대다수가 한 번쯤 들어봄 직한 가요의 발표 일자, 작사·작곡자를 파악하는 게 어려움이 뒤따랐다. 인기 도서도 출판사, 초판 일자를 확인하는데도 시간이 걸렸다.

본 책은 한국 현대사를 일목요연하게 서술한 것이 아니라 일자별로 내용을 기술한 것이다 보니 단조롭고 전체적인 맥락을 이해하는데 어려울 수도 있다. 하지만 하나씩 뜯어보면 당시에 우리나라에서 어떠한 일들이 일어났는지, 또한 잊고 지냈던 나의 기억을 되살려 줄 수도 있을 것이다. '지난 시간, 나의 기억 찾기'라는 부제를 단 이유도 거기에 있다. 아무쪼록 한국 현대사에 관심을 가진 분들이나 자신의 역사를 기억하고 싶은 분들에게 조금이나마 도움이 되었으면 한다.

『한 줄로 읽는 한국현대사 연표(1945~2020)』를 펴내는 데 이전과 마찬가지로 국립해양박물관 이상현 선생님이 애써주셨다. 바쁜 일과 중에서도 표지를 디자인해주고 전체 구성에 조언을 아낌없이 해주었다. 지면으로나마 감사의 마음을 전한다. 마지막으로 본 연표를 작성하면서 여러 번에 걸쳐 검토하였으나 틀린 부분이나 잘못 기술한 부분도 있을 것이다. 추후 수정, 보완토록 하겠다.

2021년 6월
이계형

☑ 목 차

1945	1	1964	157
1946	9	1965	165
1947	18	1966	174
1948	25	1967	181
1949	33	1968	189
1950	44	1969	198
1951	56	1970	208
1952	64	1971	215
1953	71	1972	222
1954	79	1973	230
1955	86	1974	238
1956	93	1975	245
1957	99	1976	252
1958	105	1977	258
1959	111	1978	268
1960	118	1979	277
1961	127	1980	285
1962	138	1981	297
1963	148	1982	308

1983 ···················· 319	2002 ···················· 506
1984 ···················· 328	2003 ···················· 516
1985 ···················· 336	2004 ···················· 530
1986 ···················· 344	2005 ···················· 541
1987 ···················· 351	2006 ···················· 551
1988 ···················· 359	2007 ···················· 559
1989 ···················· 368	2008 ···················· 569
1990 ···················· 380	2009 ···················· 575
1991 ···················· 391	2010 ···················· 584
1992 ···················· 401	2011 ···················· 589
1993 ···················· 412	2012 ···················· 596
1994 ···················· 420	2013 ···················· 602
1995 ···················· 429	2014 ···················· 608
1996 ···················· 440	2015 ···················· 615
1997 ···················· 449	2016 ···················· 621
1998 ···················· 460	2017 ···················· 628
1999 ···················· 471	2018 ···················· 634
2000 ···················· 482	2019 ···················· 641
2001 ···················· 495	2020 ···················· 647

1945 을유(乙酉) 임정27 단기4278 미군정1

트루먼/장제스/히가시쿠니노미야·시데하라·스즈키/스탈린

08.15 광복. 일왕 히로이토 항복 방송, 조선총독 패전 유고 발표, 조선건국준비위원회 결성

08.16 KAPF서 활동한 임화 등, 좌파문학운동 단체 '조선문학건설본부' 창립

08.16 건준 위원장 여운형, 휘문중학교서 '해방의 의의와 민족의 나갈 길' 연설

08.16 박순천·황신덕·박승호 등, 여성정치단체 '건국부녀동맹'(조선부녀총동맹 전신) 발족

08.16 서울파 공산주의자 이영·정백 등, 장안파공산당 결성(~11.21.)

08.16 일제강점기 투옥된 '사상범·경제범' 석방

08.16 조선학술원(위원장 백남운)(현 대한민국 학술원) 창설

08.16 해방군이 서울에 들어온다는 소문에 10만 명 군중, 서울역에 환영 차 운집

08.17 임시정부 39차 임시의회 개최-미 대통령에게 전후문제 처리에 임시정부 참가 표명

08.17 임영신·이은혜 등, 조선여자국민당 창당-건준 반대, 이승만 지지

08.17 조선어학회사건 관련 최현배·이극로·이희승·정인승 등 함흥형무소에서 석방

08.18 광복군 국내정진대-미국 OSS요원, 여의도비행장(C-47기) 착륙-일본군 제지로 회항

08.18 이기영·이태준·임화 등, 좌익계열 문화단체 '조선문화건설중앙협의회' 조직

08.18 조선총독 아베(阿部信行), 건국준비위원회에 행정권 이양 취소 발표

08.18 임시정부 주석 김구, 서안에서 중경으로 귀환

08.20 박헌영 등 경성콤그룹·화요파 인물들, 공산당재건협의회 결성

08.20 소련군사령관 치스챠코프, '조선인민에게' 포고-인민위원회 조직, 붉은군대에 협력

08.21 조선건국준비위원회, 선언과 강령 발표

08.22 소련군, 평양 입성

08.24 건국준비위원회, 일본인 매도물 매입 금지령

08.24 일본 해군 수송선 우키시마호(4,740톤) 폭발-한국인 사망자 524명·수천 명 실종

08.24 주석 김구, 장개석에게 임시정부 귀국 문제 및 교포 보호요청의 '비망록' 제출

08.25 소련군, 한반도 38선 일대 배치 완료

08.26 건국준비위원회, 기구(1국 12부) 및 인사 결정-위원장 여운형, 부위원장 안재홍

08.26 서울↔해주 간 유선 단절, 최초로 남북 통화 두절

08.26 소련군 제25군사령관 치스챠코프 대장, 평양에 군사령부 설치-군정체계 수립

08.27 소련군사령부, 평양 건국준비위원회를 '평남정치위원회'(위원장 조만식)로 개편

08.28 임시정부, 중경서 한국독립당 제5차 대표대회선언

08.30 귀환장병대·귀환군인동맹, 좌익계 군사단체 '조선국군준비대' 결성(~1946.1.)

08.31 조선재외전재동포구제회(위원장 유억겸) 결성-중국·일본·만주 등 재외동포 구호

09.01 보수정당 '조선국민당'(위원장 안재홍) 결성-좌경화되는 건준에 반발(~9.24)

09.01 좌익계의 학병 출신, '조선학병동맹'(대표 왕익권) 결성-좌경 활동 및 반탁운동

09.02 연합군사령관 맥아더, 북위 38선을 경계로 '미소분할점령책' 발표

09.02 오키나와 주둔 미 24군단(사령관 하지 중장), 경성지구 진주 결정-9.8. 인천 상륙

09.02 화천주둔 소련군, 38선을 넘어 춘천까지 들어와 행정권·경찰권 이양 요구 후 귀환

09.03 주석 김구, '국내외 동포에게 고함' 발표-새 국가 건설의 이상 선언

09.04 조선통신사, 《조선통신》 창간(종로2가 장안빌딩)-사장 김승식, 부사장·발행인 김용채

09.06 제1회 건국준비위원회 중앙집행위원회 개최, 조선인민공화국(여운형) 선포

09.07 송진우·김준연 등, 국민대회준비위원회 발족-건국준비위원회 반대, 임시정부 봉대

09.08 미 24군단(사령관 하지 중장) 7사단, 인천 상륙-한반도에 주둔한 최초의 미군 부대

09.08 미군, 야간통행금지 첫 발령-경성·인천 두 지역에 밤 8시~아침 5시까지

09.08 변영로·오상순·박종화 등, 조선문화협회(후신 중앙문화협회) 결성-좌익문단에 대항

09.08 서울서 가장 먼저 나온 일간신문, 좌익계 《조선인민보》(발행인 김정도) 창간

09.09 미 극동사령부, 북위 38° 이남 미군정 실시 포고(맥아더 포고령 제1호)

09.09 아베 조선 총독, 조선총독부 제1회의실 미군 앞에서 항복 문서에 조인

09.10 국내 송진우·허헌·여운형 등, 국민대회 소집 후 임시정부의 환국 촉구 서한 발송

09.11 경의선(서울↔의주) 철도 운행 중단

09.11 미국, 한국에 GARIOA(미국점령지역구제기금) 원조-기근과 질병, 구호·경제안정 지원

09.11 제7보병 사단장 아놀드 소장, 미군정장관에 취임(~12.10)

09.11 조선공산당 중앙당(총비서 박헌영) 재건

09.11 하지 중장(미군정청 사령관), 미군정 시정방침 발표-현존한 조선의 행정기관 이용

09.12 건국준비위원회 민중자치기구, 서울시인민위원회 결성

09.12 건국준비위원회 주최, 미군 환영 시가 행진

09.12 임시정부 주석 김구, 중국 국민당 오철성에게 귀국 여비와 교통편 제공 요청

09.14 '경성' 명칭, '서울'로 개칭

1945

09.15 미국-소련 양군, 38선에서 첫 상봉

09.15 미군정, 경성방송국 접수-미군정청 공보부 방송국으로 바꿈

09.15 조선미술건설본부 좌익계, 조선프롤레타리아 미술동맹 창립-10.30. 조선미술동맹 개칭

09.15 신막·이범준·김순남 등, 조선프롤레타리아 음악동맹 결성

09.16 장덕수·조병옥·김병로 등, 보수정당 한국민주당(수석 총무 송진우) 창당(~1949.2.)

09.17 사회민주당과 명제세를 중심으로 '민중공화당' 결성(~9.24)

09.17 이기영·한설야·한효 등, 조선프롤레타리아 문학동맹(위원장 이기영) 결성

09.19 소련군 육군 대위 김일성, 소련군과 함께 원산항으로 입국

09.19 재조선미육군사령부 군정청 공식 발족-옛 총독부 건물을 청사로 사용

09.19 미군정, 남한지역 '22시부터 04시'까지 야간통행금지 포고-1982.1.5. 해제

09.20 미군정청 설치-미군청, 영어 공용어화 결정

09.21 미 국무부, 임시정부에 개인자격 귀국 시 교통수단 제공 용의 전달

09.23 조선육상경기연맹(현 대한육상경기연맹) 창설-회장 김승식

09.24 조선국민당, 사회민주당·자유당·민중공화당 등 통합 '국민당'(위원장 안재홍)으로 개칭

09.25 맥아더사령부, 〈조선 내 일본인 예금동결령〉 공포-체신국, 일본인의 저금 취급 중지

09.25 미군정청, 38선에 도로 차단기 설치-남북한 통행 통제

09.25 미군정청, 일본 정부 및 일본인 소유 재산 미군정 소유로 함

09.25 중국 국민당, 미국이 대한민국 임시정부를 승인하면 승인 의사 표명

09.28 나웅·강호·송영 등, 조선프롤레타리아 연극동맹(위원장 나웅) 결성

09.29 미 40사단(사령관 도날드 J. 마이어스 준장), 부산 도착-한반도 동남부 군정 통치

09.30 조선식량영단, 조선생활필수품회사로 개칭-식량 배급 및 저장사업

09.30 조선프롤레타리아예술동맹 결성-조선프롤레타리아 문학·음악·미술·연극 동맹 규합

09.00 담배, '승리' 시판(~1947.5.)

10.01 조선도서관협회(현 한국도서관협회) 발족-조선도서관협회 연맹 인수(서울 소공동)

10.01 조선체육회(현 대한체육회, 회장 이병학) 발족

10.01 종합일간지 ≪제주신보≫(현 ≪제주일보≫) 창간

10.01 한미 환율 50대 1로 조정

10.01 서울대 의대, 이재민 구호병원 개원

10.05 미군정청, 〈최고소작료 결정의 건〉 공포-소작료, 총생산량 1/3 초과 금지

4

10.05 미군정청, 군정장관 고문에 김성수·송진우·김용무 등 한국인 11명 임명

10.05 미군정청, 식량통제 해제·미곡시장 자유화

10.05 서중석 등, 조선혁명자구원회 결성-좌익계열의 구호 단체

10.05 ≪자유신문≫(발행인 정인익) 창간-진보적 민주주의 지지(~1961.8.)

10.05 부철공업주식회사(사장 표문철), 이재민휴게소 건축 발표(150만 원)

10.08 미 6사단, 목포 도착(병력 13,584명)-한반도 서남부의 일본군 무장해제·군정 담당

10.09 광복군 인면전지공작대 9명 전원, 인도 콜카타에서 중국 중경으로 귀환

10.09 미군정청, 일제시기 특별법 12개 폐기-치안유지법·예비검속법·출판법 등

10.09 조선공산당, ≪해방일보≫ 창간(~1946.5.18.)-조선정판사 사건으로 폐간

10.10 32개 정당·사회단체, 38선 철폐 요구

10.10 아놀드 군정장관, '조선인민공화국' 부인 성명

10.10 일본인 70만 명, 본국 송환 시작(~1945.12.)

10.10 조선축구협회(현 대한축구협회) 부활

10.10 평양에서 비밀리에 조선공산당 북조선5도당책임자 및 열성자 대회 개최

10.11 미군정청 대법원장에 김용무(6.25전쟁 당시 납북) 임명-독립운동가 무료 변론

10.11 지역 유지 10명, 대구서 ≪영남일보≫(≪동인제≫) 창간

10.13 북한지역 독립적 공산당 조직, 조선공산당 북조선분국 설치-책임비서 김용범

10.14 김남천, ≪자유신문≫에 해방 후 최초의 연재소설, 「45년 8월 15일」 게재

10.14 이갑성·명제세·김성숙·이극로·임화 등, 정당통일기성회 조직-정당·사회단체 통합

10.14 평양서 김일성 귀국 환영 군중대회 개최

10.15 서울시내 국민학교 교원 400명, 발령장 발부

10.15 재일본조선인연맹(현 재일본조선인총연합회) 결성-교포귀국·생활돕기·우리말 강습

10.16 이승만, 미국에서 환국-10.20. 서울시민 주최 연합국환영대회(미군정청 앞) 연설

10.17 경성제국대학, '경성대학'으로 개칭

10.17 미군정청, 남한 각지의 인민위원회 해산 지시

10.20 미 국무성, 한국의 신탁관리의사 표명

10.20 서울 미군정청 앞에서 서울시민 주최 연합국환영대회 개최

10.20 재일본조선인연맹, 일본 각지에 청년대·자치대·보안대·자위대 등 조직

10.21 미군정청 경무부 창설, 지방엔 도지사 밑에 경찰부 설치

1945

10.22 경성여자전문학교, '이화여자전문학교'(현 이화여대)로 환원

10.22 조선음악가협회(현 한국음악협회) 부활-1949.9. '한국음악가협회'로 개칭

10.23 독립촉성중앙협의회(총재 이승만) 결성-좌·우익 망라한 민족통일기관 결성 목적

10.23 좌익계 전국신문기자대회, 서울 YMCA회관에서 개최

10.24 《팽오통신》 창간, 발행인 남궁태-11.27. 《강원일보》 제호 변경

10.24 미군정청, 조선총독부 경무국 경제경찰과 폐지

10.24 중국 국민당, 임시정부 요인·임시의정원 의원 60여 명을 상청화원에 초청, 환송연

10.25 좌·우익 각 정당, 신탁통치반대 성명

10.27 독립운동가 박열, 일본 아키다 감옥서 22년 2개월 만에 석방

10.27 조선체육회 주최, 자유해방 경축 전국종합대회(제26회 전국체육대회) 개최

10.28 미군정청, 벽보 삐라 간행 및 배포 금지

10.29 북한, 소련 영화수입계약 체결

10.29 주석 김구, 중경 국민당 정부 장개석 총통을 찾아 귀국 인사

10.30 미군정청, 출판등록제 실시-1945년 12월까지 45개 출판사 등록

10.31 박헌영·이승만 회담-통일전선 문제 협의, 친일파 배제 전제 조건 합의

10.31 서울에서 천도교청우당(당수 김병제) 부활 전당대회 개최-민족통일결성 촉진 등

10.31 대한자전차경기연맹(현 대한사이클경기연맹) 발족

10.00 재중한인청년 광복군에 편입, 중국 한구·남경·항주·상해·북경·광동 등에 잠편지대 편성

10.00 한교선무단, 화북·화중·화남에 설치-교포들의 생명과 재산 보호활동 전개

10.00 해태, 우리나라 최초의 과자 '연양갱' 출시

11.01 대한민국 임시정부, 주화대표단(단장 박찬익) 설치-중국 내 산재한 교포의 업무 담당

11.01 북조선공산당 기관지 《정로(正路)》 창간-《노동신문》으로 개칭(1946.9.1.)

11.01 이승만·여운형 회담-국내 통일전선운동 차원에서 여운형, 이승만 전폭 지지 피력

11.03 조만식 등, 평양서 조선민주당(당수 조만식) 결성

11.05 임시정부 요인들, 중국 중경 출발하여 상해 도착

11.05 조선공산당 산하의 노동운동단체 '조선노동조합전국평의회(전평)' 결성

11.07 조선미술협회(현 대한미술협회) 창립-미술인들의 반공의식 함양, 결속 목적

11.07 함흥지역 러시아혁명기념 당시 창가 선곡문제로 학교 측과 인민위원회 간 충돌

11.11 손원일·정긍모 등, 해방병단 창설(해안경비대·해군 전신)

6

11.12 동양척식주식회사, '신조선공사'(1946.2. 신한공사)로 개칭(~1946.7.)

11.12 물자배급통제기구 조선중요물자영단, '조선물자영단'으로 개칭

11.12 여운형 등, 중도좌파 정당 '조선인민당' 결성(~1946.11.)

11.13 남북한, 바터제 교역 채택-면포·의약품·고무화(남)↔지류·채과·양회·비누·양초(북)

11.13 미 군정청, 국방과 경비를 전담하는 '국방사령부'(국방부 전신) 설치-모병 실시

11.13 미군정 학무국 편수과장 최현배·이극로 등, 한자폐지회(회장 이극로) 결성

11.13 재일교포 46만6천여 명 귀국-1945.8. 현재 재일조선인 240만 명

11.15 경찰관강습소, 조선경찰학교(현 경찰종합학교)로 개칭

11.16 조선공산당 청년단체, 전국청년단체총동맹(위원장 이호제) 결성

11.16 조선공산당, 대한독립촉성중앙협의회(회장 이승만) 탈퇴-친일파·민족반역자 제거 명분

11.18 평양서 북한노동당의 외곽 여성단체 '북조선민주여성동맹' 결성

11.18 한성극장협회, 서울시 극장협회로 개편

11.20 건국준비위원회, 전국인민위원회대표자대회 개최-친일파·민족반역자·민생문제 협의

11.20 한글학회, 초등 국어 교본(상)『한글 첫걸음』 편찬, 문교부에 제공

11.21 이승만, '공산당에 대한 나의 관념' 방송-공산당 비난

11.23 ≪매일신보≫, ≪서울신문≫으로 제호 변경

11.23 ≪조선일보≫ 속간-1940년 8월 폐간 이후 5년3개월 만에 속간

11.23 김구 등 임시정부 요인 15명, 제1진 환국-오후 4시경 김포비행장으로 환국

11.23 신의주 7개교 중학생, 공산당 타도와 공공시설 파괴-24명 사망(신의주학생의거)

11.23 조선교육심의회 구성-미군정청 학무국 교육문제 자문·심의, 10개 분과(~1946.3.)

11.24 조선빙상경기협회(위원장 최도용) 창립총회 개최

11.25 이종형, 서울 북창동서 ≪대동신문≫(현 ≪한국경제신문≫) 창간

11.27 미국산업조사단 내한

11.30 한자폐지회, 군정청에 한자 폐지 건의-12.8. 초중등 교과서 전부 한글사용 결정

11.00 남한에 주둔한 미군 제24군단 병력 수, 약 7만 명

11.00 미군정청 학무국, 태극기의 형식 공표-국기의 통일성 문제 해결 미흡

12.01 ≪동아일보≫ 속간-1940년 8월 폐간 이후 5년3개월 만에 속간

12.01 조선독립동맹 김두봉·최창익·김무정 등, 중국 연안에서 입북

12.01 홍진·조성환·조소앙·신익희 등 19명, 대한민국 임시정부 제2진 환국(옥구비행장)

1945

12.01 북한, 모란봉 구역에 국립중앙력사박물관(현 조선중앙력사박물관) 개관

12.03 대한민국 임시정부, 경교장에서 환국 후 첫 국무회의 개최

12.03 서울 경복궁에 국립박물관(전 총독부박물관 접수) 개관(관장 김재원)

12.05 미군정청, 군사교육기관 군사영어학교 설치-통역관 및 군간부 양성(~1946.4.)

12.05 조선교육심의회, 미국식의 6·6·4의 신학제 결정

12.06 미군정청, 일본인의 공유·사유 재산 접수

12.06 윤치호(1865~1945), 친일파 규탄에 자결

12.06 조선문학가동맹(좌익) 결성-조선문학건설본부·조선프롤레타리아 문학동맹 통합

12.08 노동조정위원회(한국인 5명, 미군장교 7명) 설치-노사쟁의 조정

12.10 미군정장관 아놀드 해임-미군의 한국 임의 독립 언급 이유

12.13 조선음악가동맹(위원장 김재훈) 결성-조선프롤레타리아 음악동맹·조선음악가협회 일부

12.14 이갑성·김여식 등, 민족진영 정당 '신한민족당' 창당(~1946.9.)

12.16 신임 미군정장관 러취 소장 임명(~1947.9.12.)

12.16 조선영화동맹 결성-조선영화건설본부·조선프롤레타리아 영화동맹 통합

12.16 초중등교과서, 『한글 첫걸음』 100만 부·『한글초등교본』 60만 부 배포 시작

12.17 김일성, 조선공산당 북조선분국 책임비서에 취임

12.19 서울운동장에서 '대한민국 임시정부 개선 전국 환영회' 개최-15만 명 참석

12.20 조선연극동맹 결성-조선연극건설본부·조선프롤레타리아 연극동맹 통합

12.21 우익청년단체 연합체 '대한독립촉성청년총동맹'(총재 이승만) 결성(~1947.8.)

12.22 좌익여성단체 '조선부녀총동맹'(전신 건국부녀동맹)(위원장 유영준) 결성(~1951.1.)

12.24 극단 '민예' 창립 공연-연극 '부활'(~12.31.)

12.24 용산 공작창에서 우리나라 최초의 기관차 제작

12.25 조선항공협회, 우리나라 최초의 종합 항공잡지 월간 ≪항공≫ 창간

12.27 ≪동아일보≫, '소련은 신탁통치 주장, 미국은 즉시 독립 주장' 오보 보도

12.28 모스크바 3상회의, '한국5개년신탁통치' 실시 발표

12.29 대한민국 임시정부, 서울서 신탁통치반대국민총동원위원회(위원장 권동진) 결성

12.30 국제통신·연합통신 합병, 국내 최대의 종합통신사, '합동통신' 창립(~1980.12.)

12.30 미 군정청 학무국, 교사용 『초등국어교본한글교수지침』 편찬

12.30 한민당 수석 총무, 신탁통치 관련 송진우(1890~1945) 암살

12.31 년말 물가 8월 15일의 30배 증가

12.31 임시정부 내무부장 신익희, 〈국자〉 제1·2호 선포-전국 경찰의 임정 지휘 하에 둠

12.31 신탁통치 반대 시위 전국으로 확산, 미군정청 한국인 직원 총사직

12.00 담배, '장수연' 시판(~1955.8.)

12.00 신생극단 현해탄 공연, 극단 '조선' 창립

12.00 이인권, '귀국선'(작사 손노원, 작곡 이재호) 발표

■■■■■■■■■■■■■■■

08.15 [프랑스] 나치 부역혐의로 페탱 대통령에 사형 결정-1951.7.23. 사망

08.17 [인도네시아] 네덜란드로부터 독립, 대통령 수카르노

08.18 [일본] 괴뢰국 만주국 해체, 국왕 부의(溥儀) 소련 억류

08.25 [미국] 미군 인천 상륙 후, 미·소 양군의 북위 38도선 분할점령 방송

08.28 [베트남] 호치민, 베트남공화국 임시정부 수립

09.02 [일본] 외무부 장관 시게미쓰, 도쿄만의 미국 미조리 함상에서 항복문서에 서명

09.02 [미국] 연합군 최고사령관 맥아더원수, 도쿄에 GHO(연합군사령부) 설치

09.02 [미국] GHQ 지령 1호 발표-일본 육해군 해체와 군수생산 중지

09.02 [베트남] 민주공화국 독립 선언

09.11 [국제] 미국·영국·프랑스·중국·소련 5개국 외상, 런던회의 개막

09.12 [싱가포르] 싱가폴에서 일본 남방파견군 항복 조인

09.14 [국제] 맥아더장군, 일본점령 특별 성명

09.15 [소련] 간도 영유(領有) 포고

09.25 [국제] 프랑스 파리서 세계노동조합연맹(WFTU) 발족

09.27 [일본] 히로히토 일왕, 미국 대사관의 맥아더 방문

10.09 [국제] 미국·영국·소련·중국, 국제연합안 발표

10.22 [몽골] 몽고인민공화국 성립

10.24 [국제] 국제연합, UN 창설

11.06 [일본] 연합국총사령부(GHQ), 일본재벌에 해체 명령

11.11 [국제] 국제연합 교육과학문화기구(UNESCO) 발족-11.16. 창립 총회

11.20 [국제] 4개국 국제 군사재판, 뉘른베르크 전범 재판 개정

11.21 [프랑스] 드골수반의 사회·공산·인민의 3당 내각 성립

1945

11.29 [유고슬라비아] 유고 연방인민공화국 선언

12.01 [일본] 육군성·해군성 폐지

12.04 [미국] 초파리 실험으로 염색체 유전설 확립한 유전학자 모건(1866~1945) 사망

12.16 [국제] 모스크바 삼상회의 시작(~12.25)

12.17 [국제] 국제통화기금(IMF) 발효-12.27 창립, 달러를 세계 중심 통화로 결정

12.28 [미국] 『아메리카의 비극』 소설가 시어도어 드라이저(1871~1945) 사망

1946 병술(丙戌) 단기4279 미군정2
트루먼/장제스/시데하라·요시다/스탈린

01.01 김구, 평화 수단의 반탁운동, 직장 복귀 호소 방송

01.01 미군정청, 〈자유곡가제〉 대신에 〈공정가격제〉 실시-쌀 한 두당 74원

01.01 조병옥, 군정청 경무부장에 취임(~1948.7.)

01.02 조선공산당, 신탁통치 반대에서 지지 선언으로 돌변

01.03 조선해방병단(해군 전신), 경남 진해에서 첫 해상훈련 실시

01.04 김구, 통일정권 수립문제에 관한 비상정치회의 소집 등 성명 발표

01.04 식량영단 서울출장소, 서울 시내 양곡 38원 공정가격에 배급 실시

01.04 전기료 2배 인상-1개 등의 경우, 1개월 기준 3원 부과

01.04 미 육군소장 러취, 제2대 미군정청 장관에 취임(~1947.9.)

01.07 대학·중고등학교 학생 1만여 명, 서울운동장에서 반탁치학생대회 개최

01.07 한민당, 수석총무로 김성수 추대

01.08 대한민국 임시정부, 중국 중경 당시 공포한 〈대한민국 건국강령〉(1941.11.) 발표

01.08 미군정청, 좌익계 군사단체 '조선국군준비대'(1945.8.30.~) 해체 명령

01.08 서울 시민, 쌀값 폭등에 항의 시위

01.09 조선국군학교, 중앙육군사관학교로 개칭(교장 김원봉)

01.10 자동차 번호판(조선 OOOO번)과 검사증 변경

01.12 100여 개의 사회단체와 정당, 서울운동장서 신탁통치반대국민대회 개최

01.12 장택상, 경기도 경찰부장 취임

01.12 조선건국청년회(우익), 서울 마포구 당인리에 육군사관예비학교(교장 오정방) 설립

01.13 미군정청, 〈재산 반출입 금지령〉 시행-물자 밀수출 엄금

01.15 미군정청, 태릉에 남조선국방경비대 창설-국내치안 유지에 부족한 경찰력 지원

01.16 1차 미소공동위원회 예비회담 개최(덕수궁)-한국 신탁통치, 임시정부 수립 문제(~2.5)

01.17 북한, 북조선민주청년동맹(현 김일성사회주의청년동맹) 결성-공산당노선 전파

01.17 해군병학교(해군사관학교 전신, 교장 손원일 중령) 창설-2.8. 사관생도 113명 입교

01.18 반탁전국학생총연맹, 반탁성토대회 개최-박헌영의 반민족·매국적 발언 성토

01.18 우리 기술진이 용산공작소에서 제작한 전차, 서울 시내 시운전-동대문↔노량진

01.19 학병동맹사건 발생-신탁통치 문제를 둘러싼 좌우익 학생들 간 충돌-3명 총격 사망

01.20 국내외 18개 단체 대표, 과도정권 수립 위한 '비상정치회의주비회'(회장 안재홍) 개최

01.23 미군정청, 〈일본인 철퇴령〉 발표-일본인 귀국 명령, 조선 건국에 필요한 자 제외

01.23 미군정청, 초등용 『국사』(황의돈)·『공민』 교과서 배부

01.24 모스크바 방송, 한국의 신탁통치 기간 미국 10년, 소련 5년 주장

01.00 담배, '공작' 시판(~1954.4.)

01.00 서울신문사, 월간종합지 ≪신천지≫ 창간(~1954.10.)

01.00 주연현 등, 종합문예지 ≪예술부락≫ 창간-순수문학·민족문학 수호 목적(~3월)

02.01 미군정청, 미곡 부족 해결위해 〈미곡수집령〉 발동-1가마 120원으로 강제 수매

02.01 비상정치회의주비회·독립촉성중앙협의회, 비상국민회의 결성-임시정부 해체, 총력결집

02.01 석탄 부족에 열차 전 노선 감축운행-경부선 2회(왕복)→1회, 경성↔목포·여수 폐지

02.01 1회 전국빙상선수권대회, 올림픽 제1차 예선대회(소양강) 개최-빙질 문제로 중지

02.05 조선독립동맹 서울시위원회(위원장 백남운) 결성

02.06 제1차 미소공동위원회 예비회담 공동회담-미소공동위원회 설치 결정

02.06 일제강점기에 징용된 남태평양지역 한국인 3천여 명 귀환

02.08 독립촉성중앙협의회·신탁통치반대국민총동원중앙위원회, 대한독립촉성국민회 발족

02.08 조선문학가동맹, YMCA에서 전국문학자대회 개최

02.08 북조선 임시인민위원회(위원장 김일성, 북조선인민위원회 전신) 발족(~1947.2)

02.09 서울의 판검사에게 한글강습 실시

02.09 조선소년체육협회 창립-전국소년소녀 체육대회 개최

02.11 미군정청, 재단법인 조선항공회사(사장 윤치영) 설립 발표

02.14 남조선민주의원(의장 이승만, 남조선과도입법의원 전신) 구성(~1946.12.)-미군정청 자문

02.15 북한, 북조선중앙은행(현 조선중앙은행) 창설

02.15 여운형·박헌영·허헌 등 좌익단체, 민주주의민족전선 결성(~1949.6)

02.17 도상록·장윤천·조용욱 등, 해방 직후의 군소 교원 단체 '조선교육자협회'로 통합

02.20 조선경제고문회 설치-생활안정·필수물자 공평배급·물가고 및 소비품 부족방지(~1947.1.)

02.21 미군정청, 〈정당등록제〉 시행-조선공산당 첫 등록(2.25. 40여 개 단체 반대 성명)

02.22 미군정 학무국, 학제개혁-국민학교 6년, 초급중학 3년, 고급중학 3년

02.23 좌익계 조선미술동맹, '조선미술가동맹'으로 개편

02.24 25개 문화예술단체, 조선문화단체총연맹 결성-민족문화 정당한 계승

02.24 조선민주당(당수 조만식), 본부를 평양에서 서울로 이전-4.25. 당 재건

02.25 안재홍, ≪신조선보≫ 개제, ≪한성일보≫ 창간

02.28 조선해운건설연맹 해체, 조선해운협회 창립 총회-1949.3. 한국해운조합연합회 창설

02.00 고려교향악단(설립자 현제명), 제1회 정기공연(~1948.10.)

02.00 좌파·무소속 성향 미술인, 조선조형예술동맹(위원장 윤희순) 결성(~11.10)

03.01 3·1절기념행사, 우익은 서울운동장, 좌익은 남산공원에서 개최

03.01 대구에서 ≪남선경제신문≫(발행인 우병진)(≪대구매일신문≫ 전신) 창간

03.01 대한국민항공사 창립-1948.10. 대한국제항공사(현 대한항공) 개칭

03.03 신한공사(동양척식주식회사 후신) 설립-일제 귀속재산 소유·관리

03.05 북조선임시인민위원회, 무상몰수 무상분배 원칙의 〈토지개혁법령〉 공포

03.07 경부선 특급열차(조선해방자호) 시범 운행(5.10. 개통)-1949.8. '삼천리호'로 개칭

03.09 경기도경찰부, 서울중앙경찰청(초대 경무감 최연) 신설-시내 10개 경찰서 통할

03.10 우파 노동단체 대한독립촉성노동총연맹(대한노동조합총연합회 전신) 설립(~1960.4.)

03.10 제1회 전국 중고등학교 서울↔수원 왕복역전경주대회 개최(조선일보)-200여 명 참가

03.13 민족진영 200여 문필가, '전조선문필가협회'(현 한국예술문화단체총연합회) 결성

03.13 장리욱(경성사범학교 교장)·문장욱(외무처장) 등, 도미교육사절단 출발(~8.15)

03.13 함흥학생반공의거-함흥지역 학생·시민 1만5천여 명, 소련군정과 공산당국에 저항

03.15 미소 양군 대표자의 입회하에 제1차 남북 간 첫 우편물 교환(개성)

03.15 러치 미군정장관, '귀속농지분할매각' 발표-귀속농지, 본래 소장자에게 매각

03.18 이승만, 광산 뇌물수수사건 관련 민주의원 의장 사표 제출-의장 대행 김규식

03.20 '합동통신'을 중심으로 조선신문협회(현 대한신문협회) 결성

03.20 제1차 미소공동위원회[아널드(미)↔슈티코프(소)] 개최, 한국임시정부 수립 협의(~5.6.)

03.20 한국독립당 개편-위원장 김구·부위원장 조소앙 피선

03.22 한국독립당(위원장 김구)과 국민당(당수 안재홍) 합동 선언

03.23 김일성, '북조선임시인민위원회 정강' 발표-북한 사회주의 정권 기본노선 제시

03.25 북조선예술총연맹 결성-북한의 문예활동 총괄('북조선문학예술총동맹' 개칭)

03.26 미군정청, 〈국사관 설치 규정〉 제정 공포-1946.8. 경복궁 집경당에서 국사관 발족

03.26 서울운동장서 안중근 의거 14주기 기념대회 및 추모회 개최

03.29 개성서 제2차 남북조선우편물 교환-1·2종 우편물 115,948통, 등기우편물 9,595통

03.29 걸스카우트 발족(4.18. 미군정 승인), 12세~17세 소녀-인격도야·시민성 훈련증진

04.01 기차 제외한 모든 차량 우측통행제 실시-1921년 10월 이후 좌측통행제 실시

04.01 조선무진회사, 조선상호은행(현 우리은행)으로 전환

04.01 조선어학회 기관지 ≪한글≫ 속간-1940.5. 조선어학회사건으로 발행 중단

04.09 김두한·박용직 등 우익단체 '대한민주청년총동맹' 결성(~1947.4.25.)

04.10 호남선(서울↔목포) 직통열차(서부행방자호) 부활-13시간40분 소요

04.11 민주주의민족전선(좌익), 미소공동위원회 환영 '민주정부수립촉진 시민대회' 개최

04.12 제3차 남북조선우편물 교환(개성)

04.15 경무국, 경찰제도 개혁-전국 8관구 경찰청 설치(1949.3. 도창경찰국으로 개칭)

04.17 ≪중외신보≫(사장 여운형) 발간(~1947.8.)

04.21 이희승·홍기문 등, 조선언어학회 조직-조선어학의 과학적 비판연구

04.25 제4차 남북조선우편물 교환(개성)-37,700통(남)↔29,161통(북)

04.25 국립민족박물관 개관-전 남산 총독부시정기념관 자리(통감부관저, 중앙정보부 터)

04.25 조선공산당 산하 조선민주청년동맹(위원장 조희영) 결성

05.01 군사영어학교 폐교 후 태릉에 남조선국방경비사관학교(교장 이형근 소령) 창설

05.01 전북 군산서 ≪군산일보≫ 창간-1949.3.1. ≪삼남일보≫(익산)로 개제(현 ≪전북일보≫)

05.01 만화가 김용환, 국내 최초 만화 단행본 『토기와 원숭이』 출판

05.06 제1차 미소공동위원회 무기 휴회-1947.5. 제2차 미소공위 재개

05.07 조봉암, 박헌영에게 조선공산당 운영합리화 요청-조선공산당과 결별

05.07 조선공산당 조선정판사위폐사건, 미군정청 수사대에 의해 발각-1945.10. 이후 발행

05.08 미군정보대, 조선공산당 당사 습격-정판사 사장 박낙종 등 14명 연행

05.08 인류인종학회(회장 이극로) 발족-해부학·문화·고고학 등

05.10 경기도학무과, 국민학교 지리부도·이과·산수·체조 등 10과목 교과서 배부

05.10 창경원서 제1회 전국농악경연대회 개최-경기 등 8개 지역 참가(~5.13)

05.11 여운홍, 인민당 탈당-5.22. 사회민주당 결성, 사회민주주의 노선 채택(~1949)

05.13 개성서 제5차 남북조선우편물 교환-양측 2만여 통, 이후 매주 월요일 정기교환 결정

05.14 계몽구락부(이사장 고영환) 제작, '의사 안중근'(감독 윤봉춘) 상영-우미관·명동극장

05.15 미군정보대, 정판사 위조지폐사건 진상 발표-조선공산당, 도덕성에 큰 타격

05.15 조선정치학관(현 건국대학교) 개교

05.20 특급 조선해방자호(서울↔부산) 운행 개시, 9시간40분 소요-1949.8. 삼천리호로 개칭

05.21 공·사립전문학교, 대학으로 승격

05.23 민간인의 38선 무허가 월경 금지-7.17. 통행 금지

05.23 일제에 의해 해산된 극예술연구회(대표 유치진) 재건-1938.3. 해산

05.24 첫 외국무역선 중국 선박 35척, 인천에 입항

05.25 김규식·여운형 중심의 좌우합작운동 전개

05.26 미군정청, 대외무역 허가제 채택-허가 없는 상품 수출입 금지

05.27 미군정청, 〈여자인신매매금지령〉 공포-공창제 폐지 운동 성과

05.28 〈경제통제령〉 공포-전국 규모의 주요 생필품 수급 통제

05.29 미군정청, 신문·정기간행물의 허가제 실시

06.03 이범석 장군 등 한국광복군 5백여 명 귀국

06.03 이승만, 남한 단독정부 수립 주장(정읍발언)

06.06 문교부, '졸업가'(작사 윤석중, 작곡 정순철) 제정

06.08 조선무용예술협회(위원장 조택원) 창립-현대무용부·발레부·교육무용부·이론부·미술부

06.14 김규식·원세훈·여운형·허헌 등, 좌우합작회담 개시

06.16 중간파, 조선건민회(위원장 이극로) 결성(~1947.12)

06.22 좌익 진영의 거두 조봉암, 조선공산당 반대 성명 발표

06.29 이승만 등, 우익진영의 국민운동기관 '민족통일총본부'(총재 이승만) 결성

06.30 윤봉길·이봉창·백정기 의사 유골 환국-7.6. 효창공원 안장

06.00 담배, '무궁화' 시판(~1950.12.)

06.00 문교부 편수국 중심의 '국어정화위원회' 구성-심사위원 18명-1947.1. 첫 회의

07.01 미군정청, 무궁화 문장 화폐 발행-일본 휘장, 오동문장 교체

07.01 미군정청, 보조군표 'A'인(印)의 원통화의 예입 공포

07.02 소련, 서울영사관 철수

07.04 한국-미국, 우편통신 개시

07.07 독립노동당(당수 유림) 결성-1962. 해체

07.07 통제필수품배급 학교 대행기관으로 '금융조합연합회' 지정

07.10 해방 후 첫 전문·대학 입시 실시-9.2. 제2차 시험, 9.9. 개학

07.12 남조선과도정부 사법부장에 김병로 임명

07.13 미군정청, 국립서울종합대학안(국대안) 발표-경성대학과 9개 전문학교 통합

07.16 국기선양회(회장 백남기) 창설-태극기에 대한 숭배심과 존앙열 앙양

07.17 좌우합작 추진하던 여운형 피습-서울 신당동 산에서 교살 직전, 벼랑에서 낙하 도피

07.25 김규식·여운형 등, 좌우합작위원회 제1차 회의 개최

07.31 민간 경제단체 '한국무역협회'(KITA) 창립-무역업계의 권익 보호 활동

07.31 우익 학생단체 반탁전국학생연맹(위원장 이철승) 결성-1947.7. 전국학생총연맹 결성

08.01 제주, 전라남도에서 분리-'도'로 승격

08.06 황철희·김시우·신관우 등 우익계열, 연극 '무영탑' 순회공연

08.09 미국, 한국에 2천5백만 달러 차관 제공 언명

08.10 북조선임시인민위원회, 산업·교통운수·체신·은행 등 무상몰수 국유화 단행

08.15 〈서울시헌장〉 공표-경성부를 서울특별시로 개칭, 경기도에서 독립

08.15 조선체조연맹(현 대한체조협회), '국민보건체조' 보급 시작

08.15 해방기념일에 전남·북 각지에서 경찰서 습격 사건 발생

08.17 조선연식야구협회, 1회 전국연식야구도시대항전(서울·부산·인천·전주) 개최-인천 승

08.22 〈국립 서울대학교설치령〉 공표-일제강점기 전문학교, 9개 단과대학으로 전환

08.24 미소공위 무기휴회 후, 남조선과도입법의원 설치 발표-개혁기초의 법령 초안 작성

08.28 북조선노동당 제1차당대회-'부강한 민주주의 독립국가' 건설 목표 제시(~8.31)

08.29 조선독립동맹·조선신민당 통합, 북조선로동당(위원장 김두봉) 창립

08.30 북조선노동당 기관지 ≪정로≫, ≪노동신문≫으로 개칭(9.1 발행)

09.01 학제 변경(6.6.4제)-미국식 학제, 중학교와 고등학교 통합(초급·고급 중학교)

09.02 〈소년노동법〉 제정-16세 미만 노동 6시간, 18세 미만 6개월 이상 고용계약 등

09.04 박헌영·여운형·백남운 등, 3당합동준비위원회 연석회의 개최-합당 선언·강령 채택

09.05 박헌영, 검거령에 앞서 관 속에 누워 북한으로 탈출

09.06 미군정청, ≪조선인민보≫·≪현대일보≫·≪중앙신문≫ 등 6개 좌익 일간지 정간

09.07 경기도경찰부, 박헌영·이강국·이주하·홍남표 등에 검거령

09.07 영화, '똘똘이의 모험'(감독:이규환, 배우:한은진·복혜숙) 개봉

09.10 박수형 등, 지방종합 일간신문 ≪부산일보≫ 창간

09.11 1회 전국중등학교야구선수권대회(청룡기) 개최(서울운동장), 24개교-부산상고 우승

09.12 미군정청, 조선인 부처장에 행정권 이양 성명

09.12 이승만 박사, 창덕궁 돈화문 앞에서 공산주의자의 저격 사건 발생

09.15 재미한족연합회 등 중간파 8개 군소정당, 신진당 결성

09.17 각 관구 경찰청 감독기관, 수도경찰청(청장 장택상) 발족(~1948.9)

09.18 쌀값 5승(≒8㎏)에 600원으로 급등

09.23 경성철도노동자 3천여 명 총파업-점심제공·월급제실시·식량배급 요구(9월 총파업)

09.24 조선공산당, 〈남조선 노동자 제군에게 고함〉 제목의 삐라 살포

09.24 조선국방경비대사관학교 개학-1948.9 육군사관학교로 개칭

09.25 전평 및 16개 산별 노동조합 대표자 회의, 남조선총파업투쟁위원회 결성

09.25 조지훈·박목월·박두진 등 청록파의 『청록집』 출판기념회 개최

09.30 우익청년단체, 자유신문사·조선공산당본부 피격 파괴

10.01 북조선임시인민위원회, 만 18세 이상 남녀에게 공민증 발행

10.01 북한, 김일성종합대학 개교-7학부 24개학과, 1천5백명

10.01 좌익계 대구폭동사건 발생-3,700명 체포, 16명 사망(~10.21)

10.03 미군정청 광장서 쌀값 인하 요구 시위

10.06 천주교 서울교구, ≪경향신문≫ 창간-대건인쇄소(구 정판사)에서 인쇄

10.07 경성부를 서울시로 개칭, 특별시로 승격

10.07 서울발레단, 명동 착공관에서 창단기념 『레 실피드 Les Sylphides』 공연

10.07 중도파 좌우합작위원회, 합작7원칙 양측 합의-토지개혁, 친일파 청산 등

10.09 경성중앙예배당서 기독교 각파 대표 70여명, 조선기독교연합회 조직(회장 김관식)

10.09 우익단체 '조선민족청년단' 결성(단장 이범석)(~1954.1.)

10.09 한글 반포 500돌, '한글날'을 국경일로 정함

10.11 48시간 노동제 확립-1일 8시간, 6일 노동

10.12 조선과도입법의원 창설 법령 공포-총 90명(민선 435명, 관선 45명)

10.15 여운형·백남운·강진 등, 좌익정치단체 '사회노동당' 결성

10.16 제1회 조선올림픽(제27회 전국체육대회) 개회(서울), 16종목 4,950명 참가

10.18 중앙방송국 라디오 정규방송(90분) 시작

10.18 북한, 북조선적십자회(현 조선적십자회) 결성

10.21 남조선과도입법의원 민선의원 선거(~10.31)

10.21 미군정청 경무국 창설일, 제1회 '경찰의 날' 개최

10.21 항일영화 '자유만세'(감독:최인규, 배우:황여희·전창근·유계선) 개봉

10.22 미군정청, 절미 목적에 전면적인 〈양조금지령〉 발포-밀주 성행

10.23 미군정청, 창씨개명 7년 만에 〈조선성명복구령〉 공포

10.23 미군정청, 미곡 이중가격 실시 발표-매상 118원·배급 85원

10.25 한국항공건설협회, 건국박람회장(창경원)에 항공관 개설

10.27 개천절 행사, 서울운동장에서 개최(음력 10월 3일)

10.27 조선일보사 주최, 제1회 단축마라톤 대회 개최(조선일보사↔우이동)

10.31 목욕탕 목욕료 10원

11.02 관선 입법의원 45명, 간접선거로 선출-미 군정청 하지 중장, 의원 45명 임명

11.02 전남 화순 광부 2천여 명, 경찰과 충돌-광부 수명의 사상자 발생

11.07 좌일계열의 '근로대중당'(당수 강순) 결성-1947.5 근로인민당에 통합

11.08 서울 덕수궁서 제1회 전국향토예술경연대회 개최-아악·민요·향속요·농부가 등

11.10 조선미술가동맹-조선조형예술동맹 통합, 조선미술동맹(위원장 길진섭) 결성

11.11 전주형무소 죄수 400명 탈주-11.20. 166명 귀감

11.13 영등포역 구내서 열차 충돌-사망 41명

11.14 문교부 편수국, 초등 교과서와 교사용 교본 편찬 배부

11.19 대일본 우편물 정식인가

11.21 경성부, '서울특별시'로 승격

11.23 남조선노동당 결성(위원장 허헌)-약칭 남로당(~1949.6)

11.23 〈정당등록제〉 실시-정당·사회단체 등록 규정

1946

11.25 조선 불교중앙교무회의, 81본산을 8구제로 결의

11.27 조선미술협회, 제1회 미술전람회(동화백화점-현 신세계백화점)

11.30 월남한 이북 각 도별 청년단체, 서북청년단[서북청년회] 결성-반공주의 우익단체

12.02 이승만, 미국 방문-남한 단독정부 수립 주장(1947.4. 귀국)

12.03 일제잔재 청산 요구한 불교청년당 등, 불교혁신총연맹 결성-불교의 대중화 운동 전개

12.05 북조선중앙통신사 창립(1948.10 조선중앙통신 개칭)-노동당·정부 노선·정책선전 등

12.07 전재동포원호협회, 적산 요정 개방 요구

12.08 군정청 학무국 조선교육심의회 교과서분과, 한자 없애고 가로쓰기 결정

12.09 국립대학설립안 반대 동맹휴학 본격화-미군정 3개월 동안 휴교조치(~1947.8)

12.12 과도적 입법기관, 남조선과도입법의원(의장 김규식) 개원(~1948.5)

12.13 조선문학건설본부-조선프로문학동맹 통합, 조선문학가동맹 창립

12.22 김약수·고창일·김상덕 등, 민중동맹(대표 김규식) 결성-민생문제 해결

12.30 남조선과도입법의원, '부일협력자민족반역자전범간상배조사위원회' 구성 논의

00.00 현인, '비내리는 고모령'(작사 유호, 작곡 박시춘) 발표

▨▨▨▨▨▨▨▨▨▨▨▨

01.10 [영국] 제1회 유엔총회 런던에서 개최

01.24 [유엔] 원자력위원회 설치 결정

02.15 [미국] 세계 최초의 전자식 컴퓨터 '에니악' 탄생, 컴퓨터 시대 개막

02.20 [소련] 사할린·알류산의 영유권 정식 선언

03.05 [영국] 처칠 수상, 미국 대학연설에서 '철의 장막' 표현 첫 언급

04.17 [시리아] 프랑스로부터 독립

04.18 [국제] 국제사법재판소(ICJ) 발족

04.18 [국제] 국제연맹 마지막 총회 폐회, 해산 결정

04.21 [미국] '케인즈 경제학' 창시자 케인즈1883~1946) 사망

05.03 [국제] 2차대전 전범처리를 위한 도쿄재판 개정

05.21 [요르단] 영국으로부터 독립

06.02 [프랑스] 국민투표에 의해 왕제 폐지, 공화제 실시 결정-12.24. 제4공화국 발족

06.10 [이탈리아] 공화제 선언

06.14 [영국] 세계 최초로 텔레비전 방송에 성공한 베어드(1888~1946) 사망

06.20 [국제] 국제부흥개발은행(IBRD) 발족

07.01 [인도] 봄베이서 힌두-회교도 간 대충돌 폭동화

07.04 [필리핀] 미국으로부터 독립

07.29 [국제] 전승 연합국대표 21개국, 파리서 국제평화회의 개최

08.13 [영국] '과학 소설의 아버지' 작가 허버트 조지 웰스(1866~1946) 사망

08.18 [국제] 국제학생연맹 창립총회, 체코 프라하에서 개최

09.01 [그리스] 국민투표로 왕제(王制) 부활

09.08 [불가리아] 왕정 폐지 국민투표, 공화제 채택

09.10 [국제] 맥아더 원수, 일본 관리방침 성명

09.24 [소련] 스탈린, 자본-공산주의 두 체제의 공존 강조

09.27 [국제] 제1회 IMF(국제통화기금)총회 워싱턴에서 개막

10.01 [독일] 뉘른베르크 재판, 독일 전범 12명 교수형 판결-10.16. 교수형 집행

10.10 [말레이지아] 말레이지아연방 독립선언

10.23 [국제] UN 총회, 뉴욕서 개막

11.03 [일본] 신헌법 공포

11.19 [국제] 유네스코, 파리에서 제1차 총회

12.10 [미국] 『아가씨와 건달들』 작가 러니언(1884~1946) 사망

12.14 [유엔] 총회, 본부 뉴욕 설치 결정, 군축대헌장 결의

12.16 [미국] 맥아더 원수, 극동군사령관에 임명

12.19 [베트남] 월남서 반 프랑스 해방투쟁 발발(인도차이나전 발발)

12.21 [일본] 남해도 시코쿠해역, 8.0 지진으로 1,400명 사망·실종, 가옥피해 13000여호

1947 정해(丁亥) 단기4280 미군정3
트루먼/장제스/요시다·가타야마/스탈린

01.04 한·미·중 〈임시운항무역법〉 공포-1년간 물물교환제 무역·선함 성조기 원칙 등

01.05 구인회, 락희화학공업사(현 LG화학) 창립

01.07 '나는 왕이로소이다' 시인 홍사용(1900~1947) 사망

01.08 25개 문화예술단체 '조선문화단체총연맹', 제1회 종합예술제 개막(~1.19)

01.10 남한 점령 행정, 미 국방부에서 미 '국무부'로 이관

01.14 조선교육자협회 주최, 남조선교육자대회 개최-학원모리배 숙청·대우개선 등 요구

01.15 천도교 강당에서 남조선노동당 창립 축하대회 개최

01.17 북한, 조선력사편찬위원회(위원장 백남운) 설립-1948.7. 월간 ≪력사문제≫ 간행

01.18 전국학생총연맹(위원장 이철승) 주최, 천도교 강당에서 반탁학생투쟁사 대회 개최

01.21 입법의원, 〈신탁통치반대안〉 44:1로 가결

01.22 지방관리 보선제 실시-계급·성별·교과 등의 차별 없는 관리 선발

01.24 민족진영 42개 단체, 반탁독립투쟁위원회(위원장 김구) 조직

01.27 미군정청, 개인자격 유학생 김한업에 첫 미국 유학 인가

01.28 미군정청, 15세 이상 서울시민·경기도민에게 등록표 발부 공포-3.15. 배부 시작

01.00 원본『훈민정음』영인본 발간

02.03 국대안 반대에 서울대학과 관립전문학교서 동맹휴학

02.05 미군정청, 안재홍을 민정장관에 임명(~1948.6)

02.07 도미 중인 이승만, 남한과도정부 수립 전문 발표

02.07 진해에서 해병사관학교 제1기 졸업식 및 충무궁호(260톤) 명명식

02.10 국도극장서 국악원 주최로 제1회 창극제전 개최-대춘향전 상연(~2.18)

02.10 김구, 남한 단독정부 수립 반대-'삼천만 동포에게 읍소함' 성명

02.10 한국민족대표외교후원회, 중국·영국 외교사절로 조소앙·임병직 선정

02.11 조선부녀동맹, '남조선민주여성동맹'(대표 유영준)으로 개칭

02.11 ≪세계일보≫(전무이사 김종량) 속간

02.12 전국문화단체총연합회(현 한국예술문화단체총연합회) 발족

02.18 비상국민회의, '국민회의'(의장 조소앙)로 개칭-자주적 과도정부 수립 목표

02.20 북한 최고 집행기관 '북조선인민위원회' 창설-조선민주주의인민공화국 모태

02.24 김창준 등, 기독교민주동맹(좌익) 결성-1949.10. 해체

02.27 조선문화단체총연맹·조선연극동맹, 1회 3.1연극제 개최-태백산맥·위대한사랑 공연

03.01 좌우익 별도로 3·1절 행사 개최(좌익 남산, 우익 서울운동장)

03.03 입법의원 의원 서상일 등, 입법의원에 〈남조선과도정부약헌〉 초안 제출

03.05 철도재산을 보호하던 운수 경찰, 국립경찰에 편입

03.09 민족대표 33인 권동진(1861~1947) 사망

03.09 최창훈 등, 시청교당서 민족사회당(총리 최창훈) 창당

03.16 조선적십자사 창립 총회(총재 김규식)

03.17 천도교당서 제1회 대한노총 전국대의원회 개최(~3.18)

03.17 최초 무역선 페리오드호(4천5백톤), 마카오→인천-식염·생고무·신문용지 등 수입

03.18 조선야구협회(현 대한야구협회) 결성-1923 창립, 제2차 세계대전 중 해산

03.21 경운동 천도교 대강당 사제폭탄 사건 발생, 인명 피해 무사

03.22 전평, 남한 전 지역 24시간 총파업 전개(철도·체신기관·공장·기업체 등)

04.03 광복 후 첫 해외 무역선, 중국으로 출항

04.05 사직공원에서 제1회 식목일 기념식 거행

04.11 미군정청, 사법권의 전면 이양-한국인의 군정 재판 철폐

04.19 서윤복, 제51회 보스톤마라톤대회에서 세계신기록(2시간25분39초) 우승

04.19 제1회 재일본조선문화단체연합회 임시총회 개최

04.21 광복군 총사령관 지청천, 장개석 비행기(자강호)를 이용하여 이승만과 함께 귀국

04.21 제1회 조선도서관협회(현 한국도서관협회) 총회 개최

04.24 입법의원, 〈부일협력자처단법〉 수정안 상정(7.20. 통과)-부일협력자에게 선거권만 부여

04.28 한국 중석·구리·한천일 등, 미국 시장에 첫 수출

04.00 성신대학(현 가톨릭대학교) 설립 인가

05.02 국민회의 내 임정계와 이승만계 간에 '임정봉대론' 문제로 의견 대립

05.06 독촉국민회 임정봉대파, 임정추진회(위원장 김승학) 구성

05.17 미군정청, '재조선미군정청조선인기관'을 '남조선과도정부'로 호칭

05.21 2차 미소공동위원회 개최-신탁통치반대 논란, 미국의 소극적 태도로 결렬(~7.10)

05.22 미군정청, 남북 간 물물교류제 무역 허용-포항·부산항을 통해 면포(남)↔비료(북)

05.24 중도좌파 근로인민당(위원장 여운형) 결성(~1949)

05.25 정주영, 현대토건사(현대건설 전신) 설립

05.30 9개 단체 통합대회 개최, 조선공화당(서기장 김약수) 결성

05.00 이광수, 『도산 안창호』(태극서관) 출판

06.01 민족혁명당 대회 개최, 인민공화당(위원장 김원봉) 개칭

06.01 설의식, 중도노선 신문·잡지 성격의 순간 ≪새한민보≫ 간행

1947

06.01 조선자전차연맹·조선학도자전차연맹 주최, 제1회 학도자전차선수권대회 개최

06.03 남조선과도정부(13부 6처) 결성-미군정으로부터 권한 이양(~1948.8)

06.03 홍콩에 홍삼 첫 수출-20만근, 2천만 달러 규모

06.05 시천교당서 조선민주애국청년동맹(위원장 고찬보) 결성

06.14 춘천농업대학(현 강원대학교) 설립 인가

06.20 서재필, 미군정 한미특별의정관에 취임

06.20 조선올림픽위원회(현 대한올림픽위원회) 정식 발족

06.20 한국독립당 민주파, 민주한독당 결성-미소공위 참석 찬성

06.21 남한, 국제올림픽위원회(IOC) 가입-북한, 1957년 가입

06.21 한국독립당 혁신파, 신한민족당(위원장 박용의) 결성-미소공위 참석 찬성

06.25 제2차 미소공동위원회, 서울-평양에서 각 단체와 합동회의

06.28 미군정청, 국어를 공용어로 하는 〈행정명령 4호〉 발표

06.00 유치환 시집, 『생명의 서』(영웅출판사) 출판

07.03 동아일보사, 제1회 전국지구별초청 중등야구대회 개최

07.10 독촉국민회 등, 한국민족대표자대회 결성(~7.12)

07.11 국립 서울대학, 제1회 졸업식 거행-560명 졸업

07.15 외국환취급전문은행, 조선환금은행(현 외환은행) 업무 개시

07.19 근로인민당 당수 여운형(1886~1947), 서울 혜화동로타리에서 암살

07.20 좌익·중간파 40여 단체, 구국대책위원회 결성-테러 폭압 박멸 등 결의

07.23 남조선과도입법의원, 특별조사위원회법·특별재판소법 제정

07.00 남조선노동당·북조선노동당, 친일파 규정 발표

08.04 중앙방송국 프락치 사건-남로당 출신의 방송국 직원 김응환, 기기고장과 전파 방해

08.05 고려레코드, 최초로 한국 기술진에 의한 음반 제작 성공

08.06 과도입법의원, 헌법 성격의 조선민주임시정부약헌 통과-국호 '조선' 사용

08.07 남조선과도정부, 이집트 정부와 첫 물물교환

08.09 미국언론방한단, 미소 양군 철수가 한국 문제 해결의 첩경이라 피력

08.09 조선일보사 주최, 제1회 세계제패 기념마라톤대회(조선일보사 앞~오류동) 개최

08.10 우익성향의 동아일보 기자 등, 조선신문기자협회(위원장 고재욱) 발족

08.14 수도경찰청(청장 장택상), 허헌 등 좌익계열 1천여 명 검거

08.15 ≪호남신문≫(주재 이은상), 한국 최초로 가로쓰기 채택

08.16 조선안데판당미술협회·국제보도연맹 주최, 제1회 전람회 개최(동화백화점)

08.19 지청천 등 18개 청년단체가 통합, 대동청년단 결성-이승만 노선에 협조(~1948)

08.21 1회 전국지구대표중등야구쟁패전(황금사자기)-8개교, 경기중학(현 경기고) 승(~8.26)

08.25 이병기·홍순혁 등, 조선서지학회(현 한국서지학회) 창립-서지학·도서관학 연구

08.26 라베트 미국 국무차관, 소련 외상에게 한국 문제 절충안 제시

08.26 미국 트루먼 대통령 특사, 웨드마이어 중장 내한-한국 경제·정치·사회·재정 상태 조사

08.30 공주형무소 죄수 200명 탈옥-체포자 57명

08.31 이승만·김구 등, 우익농민조직 대한독립촉성농민총연맹(위원장 채규항) 결성

09.01 부산서 ≪산업신문≫(현 ≪국제신문≫) 창간

09.01 한국 국제무선부호, 'HL'로 결정

09.04 미군정청, 〈보통선거법 규정〉 공포

09.05 근로인민당 등 5개 정당, 남한단독정부수립 반대 공동성명 발표

09.12 미군정청 장관 러취, 업무 수행 중 심장병으로 사망-10.30. 딘 소장 후임 임명

09.13 북한 최초로 제작된 발성기록영화, '인민위원회' 제작

09.15 세미 다규멘터리 '민족의 성벽'(감독:전창근) 개봉-육상경비대 관련 드라마

09.18 광복 후 첫 '세계역도선수권대회'(필라델피아)에 참가-남수일·김성집·박동욱

09.20 미소공위 결렬 후 유엔총회에 한반도 문제 상정

09.21 문화단체총연합회, 제1회 예술제전 개최

09.25 웨드마이어 미 대통령 특사, 주한미군 철수의 부당성을 대통령에게 보고

09.26 소련, 한국에서의 미국-소련군 동시철수 제안

09.28 미군정청, 수출입 허가제 실시-수출입 행위도 매번 허가 실시

09.00 이리농림대학 설립-1948.4. 전북대학교에 통합

10.01 세계무선통심회의서 한국방송호출부호 HLKA~Z까지 할당, 서울중앙방송국 HLKA

10.04 금값 폭등 차단코자 〈금은등록제〉 실시-실패, 금 1돈(3.75g) 2,700원→3,500원 폭등

10.08 미군 병사 5명, 호남선 열차서 한국 부녀자 윤간 사건-전국적 반미여론 비등

10.08 미군정청, 발행 규정 어긴 ≪부산정보≫, ≪조선일일신문≫ 폐간 명령

10.09 제1회 전국여자정구대회 개최-대구 우승(~10.11)

10.09 조선어학회, 『조선말큰사전』 1권 편찬

1947

10.13 제28회 전국체육대회 개회(경기)-참가 인원 3,180명

10.18 제2차 미소공동위원회 무기한 휴회

10.19 홍명희 등 중간파 세력, '민주독립당' 결성-완전한 통일독립 실현(~1948.9)

11.01 단국대학교 개교

11.03 우리나라 최초의 대학신문, ≪고대신문≫ 창간

11.09 경복궁 근정전에서 제1회 조선종합미전(문교부 주최) 개최(~11.21)

11.09 서정주 시, '국화 옆에서' ≪경향신문≫에 발표

11.14 〈공창제 폐지〉 공포(1948.1.28. 발효)-공창제 40여 년 만에 폐지

11.14 UN총회, 〈한국총선안〉·〈유엔한국임시위원단설치안〉·〈정부수립 후 양군 철회안〉 가결

11.15 연료부족으로 대부분의 열차 운휴 운영

11.18 친일파 스티븐스를 처단한 전명운(1884~1947) 사망

11.20 미군정 장관 대리 헬믹 준장, 조선임시약헌 인준 보류-과도입법의원 대표성 지적

11.00 북한, 제3차 북조선인민회의 결정에 조선임시헌법제정위원회 발족-국장·국기제작

12.01 런던올림픽 참가경비 마련코자 '올림픽후원권'(100원) 140만 매 발행-1등 백만 원

12.02 전 동아일보 부사장 장덕수(1895~1947) 암살

12.06 북한, 북조선중앙은행 화폐 발행(1원·5원·10원·100원), 신구화폐 1:1 교환(~12.12)

12.11 제1회 국산견직물전람회 개최-조선 견직물 생산 발전과 해외진출 촉진(~12.17)

12.13 경의선 토성역에서 남북조선우편물 교환-9,586통(남)↔3,340통(북)

12.20 김규식 등, 중도적 민족자주연맹 결성

12.20 한국민주당 성명 발표-남한만의 단독정부 수립 주장

12.22 김구, 남한단독정부수립 반대 담화 발표

12.28 국민회의-민족대표자회, 합동대회 개최 결정

12.00 김구, 『백범일지』(국사원) 출판

00.00 김용임, '가거라 38선'(작사 이부풍, 작곡 박시춘) 발표

■■■■■■■■■■■■■

01.01 [대만] 자유중국 신헌법 공포

01.09 [독일] 『지식사회학의 문제』 사회학자 칼 만하임(1893~1947) 사망

01.15 [미국] 영구 미제 사건 '엘리자베스 쇼트 사건' 발생

01.22 [인도] 제헌회의, 공화국 선언

24

01.25 [미국] 전설적 갱스터, 알 카포네(1899~1947) 사망

02.02 [미국] 최초의 폴라로이드 사진 촬영 시연-11.6. 사진기 개발

02.10 [미국] 연극, '세일즈맨의 죽음' 초연

02.12 [프랑스] 패션 디자이너 크리스티앙 디오르, '뉴룩(New Look)' 발표

02.20 [영국] 인도 독립 승인

03.12 [미국] '반소반공' 세계외교정책, 트루먼 독트린 발표

03.22 [미국] 트루먼 대통령, 파괴분자의 관직추방 명령

04.04 [국제] 국제민간항공기구(ICAO) 발족

04.07 [미국] 자동차왕 헨리 포드(1863~1947) 사망

04.08 [미국] 킨제이 성 연구소 설립

04.16 [미국] 텍사스시티 항구에서 리버티 선 그랜드캠프호 폭발-사망 581명, 부상 5천여 명

04.30 [영국] 항 장티푸스 백신 개발자, 세균학자 라이트(1861~1947) 사망

05.01 [몽골] 내몽고자치공화국 수립

06.03 [인도-파키스탄] 분리 독립안 발표, 8.14. 파키스탄 독립

06.05 [미국] 마샬플랜(유럽부흥계획) 발표

06.16 [국제] 제1회 유엔아시아극도교제위원회(ECAFE) 상해서 개막

06.17 [미국] 팬아메리칸 항공, 최초로 세계일주항로 개설

07.07 [중국] 공산당, 민주연합정부수립, 토지개혁 실시 선언(7.7선언)

08.15 [인도] 인도공화국 수립(초대 수상 네루)

09.16 [인도네시아] 독립선언

09.18 [미국] 중앙정보국(CIA) 발족

10.14 [미국] 벨X1호, 세계 최초 초음속비행 성공

10.26 [국제] 영국의 인도 철수 후, 캐시미르 분쟁(인도-파키스탄 분쟁) 시작

10.30 [국제] 관세 및 무역에 관한 일반협정(GATT) 조인

11.20 [영국] 엘리자베스 2세 영국 여왕 결혼

11.29 [국제] 유엔총회, 팔레스타인 분할안 채택

12.04 [불가리아] 터키로부터 독립

12.22 [이탈리아] 공화국헌법 제정

12.23 [미국] AT&T 벨 연구소, 트랜지스터 개발에 성공

1947

1948 무자(戊子) 단기4281 미군정3 이승만1
트루먼/장제스/카타야마·아시다·요시다/스탈린

01.08 UN한국임시위원단(호주·중국·필리핀·인도·캐나다·엘살바도르·시리아·우크라이나) 내한

01.12 덕수궁에서 UN한국임시위원단 최초 회합-의장 선거와 절차 토의

01.14 서울운동장에서 UN한국임시위원단 환영대회 개최

01.16 한국 최초의 오페라 '춘희'(감독 임원식), 단성사에서 공연

01.23 소련, UN한국임시위원단 입북 거부

01.24 허준의 『동의보감』 목판, 전주에서 발견

01.30 윤동주 유고 시집, 『하늘과 바람과 별과 시』(정음사) 출간

01.30 제5회 올림픽동계대회(세인트 모릿츠) 개최-한국, 첫 동계대회 5명 참가

01.31 농림부, 송아지 급감에 〈도살금지령〉 발포

01.00 문일평 유고, 『조선사화』(김용도서) 출간

02.06 김구·김규식, 유엔한국위원회에 남북협상방안 제시-모든 정당의 대표회담 요구

02.07 남로당·민주주의민족전선, 전국적 대규모 파업 투쟁 전개('2.7 구국투쟁')

02.08 북한, 조선인민군 창설

02.08 ≪평화일보≫(사장 양우정) 창간-1949.10. ≪평화신문≫으로 개칭

02.09 김구, '삼천만 동포에게 읍소' 발표-남한 단독정부수립 반대

02.16 김구·김규식, 북한의 김일성·김두봉에게 '남북정치지도자간 정치협상' 제의

02.16 불법연구회, '원불교'로 개칭

02.20 북한 인공기, 헌법제정위원회의 헌법 초안 심의 통과(4.28 확정)

02.24 〈공창폐지령〉 발효-미아리 텍사스촌·청량리 588번지·천호동 일대 등 사창가 성행

02.25 민족대표 33인 김병조(1877~1950) 사망

02.26 UN 소총회, 한반도 내 가능한 지역에서의 총선거 실시 결의

02.28 김구, 남한만의 단독 선거 반대

02.00 조선출판문화협회, 월간 ≪출판문화≫ 간행

03.01 하지 중장, '5월 9일' 남한 총선거 실시 발표

03.08 김구, 북한 김일성에게 남북협상 제의

03.08 미군정청, 〈적산토지불하령〉 공포-28만 정보 적산 농지, 농민에 불하 처분

03.12 유엔한국위원회, 가능한 지역의 선거안 재가결

03.15 〈국회구성원선거법대강〉 발표-비밀·무기명 투표, 입후보자 15일 전 등록

03.16 북한·중국, 비밀군사협정 체결-중국 통일 후 팔로군 조선인 5만 명, 1950년 초 지원

03.17 〈조선국회의원선거법〉 공포-일제하 사상 취급 경관·고급관리 피선거권 박탈 등

03.18 문교부, 광복 후 최초로 『한글습자교본』 국민학교에 배부

03.22 딘 군정장관, 〈국회의원 선거법 및 시행세칙〉 공포

03.22 일본 정부, 재일교포 학교 폐쇄

03.25 김일성, 남북정당사회단체대표자 연석 회담 제안

03.27 북조선로동당 제2차 당대회 개최-'부강한 민주주의 독립국가' 제시(~3.30)

03.29 중도파 민족자주연맹(위원장 김규식), 남북연석회의 지지 성명 발표

03.31 남조선과도정부, '4월 5일' 식목일 공포, 공휴일로 지정

04.01 국방경비대에 항공부대 창설-최용덕·김정렬 등 7명, 조선경비대 보병학교에 입교

04.03 김규식·김구 등, 통일독립운동자협의회 결성-남북정당·사회단체대표자연석회의 참여

04.03 제2차 남북조선우편물 교환-13,784통(남)↔7,299통(북)

04.03 제주도 4·3항쟁 발발-사망 1만4천여 명(~1954.9)

04.03 총선거 일자, 하지 중장의 요청으로 '5월 9일'→'5월 10일'로 변경

04.12 우익단체 한국반공단(단장 이종형, 친일파) 결성-1949.3. 대한반공총연맹으로 개명

04.14 일본 정부, 오사카의 교포학교 등 19개교에 폐교령

04.15 남북조선우편물 교환, 월 2회에서 매주 목요일 실시 결정

04.16 총선거 입후보 등록 마감-200명에 934명 입후보, 경쟁률 4.5:1

04.17 미군정청, 맥아더라인(1945.9. 일본 주변에 선포한 해역선) 침범 선박의 체포 명령

04.18 문화인 108명, 연서로 남북협상 지지 성명

04.19 김구·김규식 등 60여 명, 남북회담 목적 하에 방북(~5.5)

04.19 북한에서 전조선정당사회단체대표자연석회의 개최(~4.30)

04.20 조병옥 경무부장 지시로 '향보단' 조직-총선거의 평화적 실시 목적(~5.25)

04.26 남북지도자 제1차 비공식 회담 개최(평양)

04.30 남북조선정당·사회단체지도자협의회 개최(평양)

05.05 경기도 수색에서 항공기지 부대(후신 육군항공사) 창설-한국 공군의 첫걸음

05.05 남북협상 참석자 김구·김규식 등 귀경-최동오·이극로·홍명희·장건상 등 북한 잔류

05.06 김구·김규식, 남북협상에 대한 공동 성명-남한 송전과 연백평야 저수지 개방 약속

05.06 한국독립당 등, 단독선거 무효 성명 발표

05.08 서울시내 각 대학·전문·고등학교 18교, 단독선거 반대 맹휴

05.10 남한총선거(198석) 실시-무소속 103석·독촉국민 48석·한민당 22석·대동청년단 9석

05.14 북한, 남한 송전 중단-사회 불안 가중, 가정도 제한 송전

05.20 남조선과도입법의원 폐원(1946.12~)-법률 공포 11건, 심의 법률 50여 건

05.26 남조선 총선거를 방해한 ≪우리신문≫·≪신민일보≫ 허가 말소 통지

05.29 하지 중장 자문기관 '남조선대한국민대표 민주의원' 해산(1946.2~)

05.31 제헌국회 개원-의장 이승만(~7.24), 부의장 신익희·김동원(~1950.5.30.)

06.00 태백산 유결 지구, 소백산 인민유격대 소탕

06.01 국회, 헌법기초위원(위원장 서상일) 전형위원 10명 선출

06.01 미군정청, 군정재판 폐지

06.01 서울 시공관·동양·중앙·국도 극장서 제1회 전국연극경연대회 개최

06.01 한국 첫 서머타임 실시(~9.13)

06.02 국어정화심사위원회, 우리말 찾기 운동 일환으로 『우리말도로찾기』 발행

06.02 제헌국회 내 '헌법 및 정부조직법 기초위원회', 친일파처벌법 만장일치로 가결

06.02 미국 하원, 한국 구제안(1억7백만달러 지출) 가결

06.05 영화, '검사와 여선생'(감독:윤대룡, 배우:이업동·정웅) 개봉

06.08 미군기의 독도 폭격 사건 발생-독도 부근 어선 10여 척 오폭, 사상자 20여 명

06.08 미군정 민정장관 안재홍 퇴임

06.16 이승만, 헌법기초위원회에 참석해 '대통령 책임제' 지지 표명

06.18 록펠러 재단, 조선어학회의 『조선말큰사전』 편찬 지원-미화 4만5천 달러

06.21 한국서지연구회(현 한국서지학회), 1회 서지학 전시회 개최-서지학 및 도서관학 연구

06.22 북한 국립영화촬영소, 최초의 장편 기록영화 '남북연석회의' 완성

06.22 제14회 런던 국제올림픽대회 참가 선수단 70명 출국

06.22 헌법기초위원회, 국호 '대한민국'(17표) 결정-고려공화국 7표·조선공화국 2표·한국 1표

06.23 헌법기초위원회, 헌법초안 작성(전문 10장 102조), 제헌국회에 상정

06.25 조선기원(현 한국기원) 주최, 제1회 전국바둑선수권대회 개최

06.29 북한, 2차 전조선제정당사회단체지도자협의회 개최-남한 제헌국회 부정·정권수립 결정

06.30 조선운수, 광복 후 최초의 주주총회 소집-조운유지위원회 기능 상실

06.30 특급 서부해방자호(서울↔목포) 운행 개시-1949.8. 무궁화호로 개칭

07.01 국방경비대, 진해(야포·산포)와 대구(기관총·박격포·대전차포)에 포병학교 창설

07.01 제헌국회, 국호 '대한민국'으로 결정-국회의원 재석 가 163표, 부 2표

07.12 제헌국회, 대한민국 헌법 의결

07.13 청평·영월·당인리·부산·인천발전함·섬진강·영암·보성강 등 총 발전량 130,700㎾

07.15 ≪국제신문≫(주필 송지영) 창간(1949.3 폐간)

07.17 제헌국회, 한국헌법·정부조직법 공포

07.20 제헌국회, 초대 대통령 이승만, 부통령 이시영 선출(7.24 취임)

07.21 김구·김규식, 남북통일운동의 새로운 기구체 '통일독립촉진회' 결성

07.24 필리핀, 최초로 대한민국 정부를 사실상 승인

07.27 제헌국회, 국무총리 이윤영(조선민주당) 인준안 부결(59대 132)-이승만 조각 실패

07.29 한국, 첫 하계 올림픽(제14회 런던올림픽) 출전-한국 32위, 금 0·은 0·동 2

07.31 이승만, 제1대 국무총리에 이범석 임명(~1950.4.20.)

07.00 언론인·평론가 설의식, 『독립전야』(새한민보사) 출판

07.00 조선은행, 『조선경제연감』첫 발간-1960년 이후 『경제통계연보』로 발행

08.02 국회, 국무총리 이범석 인준안 110대 84로 가결

08.04 제헌국회, 초대 국회의장 신익희, 부의장 김약수 선출(~1950.5.30.)

08.04 내각, 임영신(상공)·이범석(국방)·윤석구(체신)·장택상(외무)·김동성(공보)·유진오(법제) 임명

08.05 제헌국회, 김병로 초대 대법원장 인준(~1957.12)

08.05 민속학자, 국립민속박물관 설립자 송석하(1904~1948) 선생 사망

08.06 남양주 중앙선 도농역서 열차 전복-106명 사상

08.07 초대 정부 기구, 11부 4처 66국으로 결정

08.09 전국에 수해-사망 316명, 부상 3,719명, 가옥 유실 3,232채

08.10 최범술, 마산에 해인대학(현 경남대학교) 설립

08.11 영화, '독립전야'(감독:최인규, 배우:최인규·최지애·김신재) 개봉

08.11 유엔 총회 한국대표로 장면·장기영·김활란 임명

08.13 한국-대만, 국교 수립

08.15 대한민국 정부 수립, 중앙청(구 조선총독부)서 '대한민국정부수립국민축하식' 거행

08.15 정부 수립 기념 우표·담배 발행

08.15 제정 16년 만에 조선어학회의 〈한글맞춤법통일안〉 공식적으로 채택

08.15 한국 최초 뮤지컬 영화, '푸른언덕'(감독:유동일, 배우:현인·한림·유일봉) 개봉

08.16 국회특별법기초위원회, 국회 본회의에 '반민족행위처벌법 초안' 상정

08.16 이범석 국무총리, 국회의장(신익희)에게 정부위원 임명 동의서 제출

08.16 한국 정부-미군사령부 민사처, 한미행정이양 회담 시작

08.18 수도경찰청, '남한 지하선거 및 전단 배포' 관련 교사·학생 다수 검거

08.19 제헌국회, 정부 내 친일파 숙청 긴급동의안 가결

08.19 해조가공품 한천의, 개인 수출 금지

08.21 북한 해주에서 남조선인민대표자대회 개최-민주주의민족전선·남조선노동당 등지지

08.21 중화민국 국민정부, 한국 승인 통첩

08.23 미국 대통령 특사 무초(Muccio), 한국에 도착-미군 철수의 불가피성 역설

08.23 회강전구주식회사, 첫 대미 민간무역으로 텅스텐·니켈 등 수입

08.24 〈한미군사안전잠정협정〉 조인-국방군 지휘권, 한국에 이양

08.24 남한주둔 미8군사령관, 하지 중장 후임에 소장 콜터((John B. Coulter) 취임

08.25 당인리발전소, 고압 보일러 고장에 운전 중단-북한 측의 단전 후 전력 부족 심각

08.25 북한, 조선최고인민회의 대의원 선거 실시-투표율 99.97%, 212명 선출

08.26 주한미임시군사고문단 설치-원조 사무, 군사훈련 지도(~1949.6)

08.27 대혁청년단 청년 2명, 반민법 심의회 난입-'친일파 엄단 주장자는 공산당' 삐라 살포

08.30 경찰행정권 이양 문제로 조병옥 경무부장과 윤치영 내무장관 대립

08.00 담배, '계명' 시판, 30원(~1948.11)

08.00 삼팔사, 월간 대중잡지 ≪민족공론≫ 간행

09.01 대한민국 『관보』 제1호 발행

09.01 북한, 첫 최고인민회의 개최(의장 허헌, 부의장 이영·김달현)-수상 김일성 선출

09.01 조선경비대·해안경비대, 국군에 편입-9.5. 조선경비대-육군, 해방경비대-해군 개칭

09.02 남한 내 사회민주당 등 18개 정당사회단체, 북한 조선최고인민회의지지 성명 발표

09.03 경찰행정권, 내무부 장관 휘하로 이양

09.07 제헌국회, 〈반민족행위처벌법〉 상정 20여 일 만에 103대 6으로 가결(9.22. 공포)

09.08 제헌국회, 연호 문제 '대한민국'(한독당) 부결, '단기'(법제시법위원회) 가결

09.08 북한, '태극기' 대신에 '인공기' 채택

09.09 북한, 조선인민주주의공화국 수립(수상 김일성)

09.11 〈한·미 간 재정·재산에 관한 이양협정〉 조인-한국에 일본인 모든 재산 이양

09.13 미군정에서 한국 정부로 행정권 이양 완료

09.14 경부선 내판역에서 열차 충돌-미군 등 26명 사망, 100명 부상

09.14 제헌국회, 〈국회법〉 통과(10.2. 공포)-전문 10장 107개조

09.14 양곡공출제도, 10년 만에 폐지-10.9. 〈양곡매입법〉 공포

09.15 김소운 등, 우리나라 최초의 만화잡지 ≪만화행진≫ 창간

09.15 주한 미군 비밀리에 철수 시작-1948.12. 3만여 명→1만6천명으로 감소

09.16 한국독립당(위원장 김구), 미국·소련 양군 즉시 철퇴 요구 성명

09.21 유엔총회, 주한 미국-소련 점령군 철병안 심의

09.23 한국반공단(단장 이종형) 주최 '반공구국총궐기 국민대회'서 반민법 주도 소장파 성토

09.24 통일독립촉진회, 유엔총회에 남북총선거 요청 서한 발송

09.28 남북교역 중지 선언(10.20. 재개)-양곡·고무·면포·조면·석유의 반출 중지

09.29 반민족행위특별조사위원회(반민특위) 조직

10.01 제헌국회, 공문서의 〈한글전용법안〉 가결-131석 가운데 86:22표(10.9. 공포)

10.01 국회의원파↔대중파 간의 대립으로 '대한노동당' 결당 유산

10.01 수도경찰청(청장 장택상), 이승만에 맞선 최능진(동대문갑구 입후보)을 내란음모로 체포

10.01 제주도, 경찰과 폭도 간 교전 발생-사망 2명, 부상 1명

10.07 의무교육 실시-초급 3학년까지의 의무 교육실시 방침 천명(당시 취학률 75%)

10.07 대한민국 임시정부 국무위원 겸 군무부장 조성환(1875~1948) 사망

10.08 이승만, 기자회견에서 미군 철수 연기 요구

10.09 대한노동당에 반발, 채규환·신동권 등 한국노동당 결성준비위원회 개최

10.11 대전 이남의 송전선로 고장-남한 전역 정전 사태 발생

10.11 도별 반민특위 조사위원 10명 호선-위원 김상덕·김상돈·조중현 등

10.11 문교부심의회, 중·고 분리 신학제(6.3.3.4학제) 가결

10.12 북한-소련, 대사급 외교 관계 수립

10.13 국회의원 40여 명, 이승만의 미군철수 연기 기자회견 반발, 외군철퇴긴급동의안 제출

10.13 사범학교를 제외한 중고교 남녀 공학 폐지

10.14 전국 규모 농민단체, 반관반민의 '대한농회(전 조선농회, 현 농협중앙회)' 조직

10.18 공보처, 정당·사회단체의 재등록 수속 발표

10.18 북한, 소련군 철수 시작-12.12. 완전 철수

10.19 여수 주둔 국방경비대 제14연대 소속 일부 군인들 반란[여순반란사건](~10.27.)

10.19 이승만, 맥아더 사령관 초청으로 일본 방문

10.19 조선생활품영단, 양곡대행회사 '대한식량공사'로 개칭-정부공시가격에 양곡 일괄 도매

10.20 제29회 전국체육대회 개최(서울)-자유 참가제에서 시도 대항제로 전환

10.22 반민특별위원회, 국회에 설치-10.23. 반민특위 위원장 김상덕, 부위원장 김상돈 선출

10.22 영월화력발전소(28,000㎾) 시운전 개시

10.24 여순반란사건 관련자 20여 명 처형

10.25 〈계엄선포에 관한 건〉(대통령령 13호) 공포-여수·순천지역 계엄시행, 군민 반란 진정

10.30 대한농회 회장에 농림부장관 조봉암 취임

10.00 노덕술·최난수 등, 반민특위 노일환·김웅진·김장렬 의원 납치 및 살해 모의

11.01 여순반란 사건 관련자 89명 사형 집행

11.02 대구 제6연대 소속 남로당계 군인, 장교 7~8명 살해 후 반란 도모, 실패

11.03 김구, 미소 양군 철수 후 통일정부수립 요지의 담화 발표

11.05 한국-미국 RCA회사, '국제통신협정' 체결-12만 달러

11.08 국회 본회의, 시국수습을 위한 거국 내각 조직 주장

11.12 이인·이규갑 등, '일민주의'를 당시(黨是)로 내걸고 대한국민당 창당-이승만 지지

11.13 조선은행권 발행고 350억 원 돌파

11.19 〈국가보안법〉(원안), 국회 통과(가 81, 부 12표)-반국가 활동규제(12.1. 공포)

11.20 〈미군 주둔 요청 결의안〉, 국회 통과 가 88, 부 3

11.23 각 청년단체대표연석회의, 전국청년단체통합준비위원회 구성-대한청년의용단 조직

11.24 내무부, 경제 범죄 처리를 위해 '경제 경찰' 설치

11.25 〈반민족행위처벌조사위원회 조사기관조직법〉 통과

11.26 김상덕 등, 특위·특별검찰부 조사위원·검찰관·조사관 신변보호-특경대 설치 제안

11.28 전국 남녀 각 대학 망라한 '전국학생극예술연맹'(위원장 김기영) 발족

11.30 〈국군조직법〉 공포-총칙·국방부·육군·해군·군인의 신분·기타 등으로 구성

11.30 윤봉춘·이규환 등, 대한영화협의회(총재 이범석 국무총리) 결성

32

12.01 국제통신기관, 체신부 국제전신전화국 개국

12.01 한국독립당을 이탈한 조소앙·명제세 중심, 사회당 결성(~1950.6.)

12.04 무소속·한민계 소장파 의원 27명, 성인회 조직-민족사회주의 노선 지향

12.08 국회 내부치안위원회 〈지방자치법〉 초안 완성-시·읍 인구수, 시읍면 의원 정수 의결

12.08 귀속재산, 미군정에서 한국 정부로 이양 완료

12.10 〈한미원조협정〉 조인(12.14. 발효)-대한원조물자, 비료·밀·석유 등

12.10 한국 최초의 여성 서양화가, 나혜석1896~1948) 사망

12.12 북한, 소련군 완전 철수-12.25. 소련, 북한 주둔 소련군 최종 철수 보도

12.12 원조 물자를 취급하는 '임시외자총국' 설치

12.12 유엔 총회, 한국 정부를 한반도의 유일한 합법정부로 승인

12.19 주한미경제협조처(USOM-United States Operations Mission) 설치

12.19 한국-미국 간 환율, 1달러:450원 결정

12.23 상공부 광무국, 국영화되는 중요광산(석탄·금·중석·동·아연) 선정 발표

12.26 대한독립촉성국민회, '국민회'로 명칭 변경

12.00 서울시, 종로구 사직동의 경성산부인과 인수-보건병원 발족

12.00 이광수, 『나의고백』(춘추사) 출간

00.00 박재홍, '울고 넘는 박달재'(작사 반야월, 작곡 김교성) 발표

▨▨▨▨▨▨▨▨▨▨▨▨▨▨

01.01 [소련] 중국 내전 불개입 발표

01.04 [미얀마] 영국으로부터 독립

01.05 [미국] 킨제이보고서, 『인간 남성의 성적 행동』 출판

01.30 [미국] 비행기 발명가, 오빌 라이트(1871~1948) 사망

01.30 [인도] 인도의 국부 마하트마 간디(1869~1948), 힌두교 광신자에게 피살

04.03 [미국] 의회, 마샬플랜 가결, 대외경제원조법 성립

04.07 [국제] 세계보건기구(WHO) 발족

04.16 [유럽] 서구 16개국, 유럽경제협력기구(OEEC) 조약 조인

04.19 [중국] 장개석, 중화민국 초대 총통에 선출

04.30 [미국] 미주기구헌장(보고타 헌장) 조인

05.08 [국제] 국제적십자의 날 제정

1948

05.14 [이스라엘] 건국

05.15 [국제] 제1차 중동전쟁 발발

06.13 [미국] 뉴욕 양키즈팀, 베이브 루스의 등번호 3번, 영구 결번으로 발표

06.15 [중국] 중국공산당 기관지, ≪인민일보≫ 창간

06.30 [미국] 바딘·쇼클리·브래튼, 20세기 '테크놀리지 혁명', 트랜지스터 개발

07.05 [영국] 국민보험법 실시로 '요람에서 무덤까지'의 사회보장제도 실현

07.26 [미국·영국·프랑스] 3국 군정장관, 서독정부 수립 결정 성명

07.31 [미국] 뉴욕국제공항(현 케네디공항) 개항

08.16 [미국] 메이저 리그 전설적인 홈런왕, 야구선수 베이브 루스(1895~1948) 사망

08.20 [국제] 국제난민기구(IRO) 발족

08.29 [소련] 중앙아시아 카자흐스탄 사막에서 최초의 원자폭탄 실험

11.01 [중국] 상선, 남만주해에서 폭발, 침몰로 6천여 명 사망

11.12 [일본] 도쿄 군사재판, 전범 7명에게 교수형 선고

12.03 [중국] 상해부근서 피난민배 폭발 침몰, 3920명 사망

12.10 [국제] 제3회 유엔총회서 세계인권선언 채택

12.13 [요르단] 의회, 요르단과 팔레스타인 병합 승인

12.15 [중국] 중공군, 북경 입성

12.23 [일본] A급 전범 도조히데끼 등 7명에 사형 집행

1949 기축(己丑) 단기4282 이승만2
트루먼/장제스·마오쩌둥/요시다/스탈린

01.01 미국, 대한민국 정부 정식 승인

01.01 한국원조사업, 미국 육군성으로부터 경제협조처(ECA)로 이관

01.02 기획처 물가계획국, 물가통제 기본방침 결정-공정·협정가격제 실시, 임금·금리 통제

01.03 자유중국(대만), 대한민국 정부 승인

01.04 〈한미석유협정〉 조인-배급 가격·계획, 미국 동의·미국 석유회사의 배급 책임 담당

01.04 남한주둔 미군의 재편성에 따라 미군 제7사단(사령 딘 소장), 남한 철수 완료

01.04 도쿄에 주일대표부(수석대사 정환범) 설치

01.05 이승만 대통령, '대한민족청년단' 해체 지시 담화

01.05 주한미경제협조처(ECA), 〈대한부흥계획〉 실시 발표-석탄·전력 증산 중점

01.06 반민특위, 조사부(정치·경제, 문화·교육, 사회)·총무부·특경대 등 구성 완료

01.07 이승만 대통령, '대마도는 우리땅' 선언

01.08 반민특위 첫 피의자, 화신백화점 사장 박흥식 체포

01.08 영국, 대한민국 정부 승인

01.10 이승만 대통령, 〈반민족행위처벌법〉 시행 최소화 담화 발표

01.12 이범석 국무총리, 대한민족청년단 해산·대한청년단 통합 촉구 성명 발표

01.14 미국산 의약품 가격 5배 인상

01.14 육군항공사령부, 김포에 육군항공사관학교 창설-1949.10.1. 공군사관학교로 개칭

01.15 미 24군단 완전 철수, 제5연대 전투단(7천5백명)만 잔류-주한미군사령관 교체

01.18 한국-영국, 국교 수립

01.19 한국 정부, 유엔 가입 신청서 제출-소련의 거부권으로 부결(1991.9. 남북 동시 가입)

01.20 대한민족청년단(총재 이범석), 전국 이사·도단장 연석회의에서 해산 선언

01.20 상무부 무역국, 공보처의 검열 허가 받은 외국 영화만 허가

01.20 정규군 확충 목적에 최초로 예비군 호국군 창설(1949.8. 징병제 실시로 폐지)

01.21 반민특위, 전 경성방직 사장 김연수 체포

01.21 한국민주당(김성수)·대한국민당(신익희) 합당 결의-1949.2.18. 민주국민당 창당

01.22 ≪연합신문≫(발행인 양우정) 창간

01.25 반민특위, 친일 경찰 노덕술 체포

01.26 민족대표 33인 홍병기(1869~1949) 사망

01.27 상공부 전매국, 〈소금증산5개년계획〉 결정-1,500정보 천연염 개발·기존시설 개량

01.31 반민법특별위원회, 반민법 피의자 명단 공개

01.00 국기시정위원회(國旗是正委員會) 구성-국기 제정, 태극기의 표준 정립 등 논의

01.00 김진섭, 『생활인의 철학』(선문사) 출판

02.02 이승만, 〈반민특위의 친일파 검거활동 제한〉 담화 발표

02.02 장면, 초대 주미 대사에 임명

02.03 경제시책 자문기관, 제1회 경제위원회(위원장 이순탁(기획처장) 회의 개최

02.04 〈농지개혁법안〉 국무회의 통과-지주 소유 115만6천㏊ 대상, 유상몰수 유상분배

02.05 1차 경제원조물자 요청-400만 달러 규모, 강철재·선철·비금속 및 각종 기계 등

02.05 국방부, 남북교역 중지 요청-암암리에 괴뢰정권에 협력하는 불순한 상인 존재 이유

02.05 프랑스, 대한민국 정부 정식 승인

02.09 〈구왕궁재산처분법안〉 통과-왕실의 모든 재산 국유화

02.09 이승만 정부, 반민특위 조사 중지 조치

02.12 친일혐의로 마포형무소 구치 중인 최남선, 〈자열서〉를 특별재판소에 제출

02.14 이승만 대통령, 유엔파견 대한민국 특별위원단 임명(대표 김활란·고문 장면)

02.15 여자항공대 창설-2.21. 14명 입대식

02.16 이승만, 〈반민족행위처벌법〉 개정 담화-특경대 폐지, 조사위원 체포·구금 방지

02.17 〈한미우편물 교환협정〉 조인

02.17 검찰, 조봉암(농림부장관) 구속 관련 법무부에 국회동의 요청-2.21. 국회 부결

02.17 한미경제협조처(ECA) 물자 적재선, 인천항에 첫 입항-소맥분 5천 톤

02.18 국회 내 무소속 모임 '동인회·성인회', '동성회'로 통합

02.20 주한미공사관, '주한미대사관'으로 승격

02.21 조봉암, '독직사건' 혐의로 초대 농림부 장관 사임

02.22 김병회 외 90명 의원, 〈농지개혁에 관한 임시조치법〉 제출

02.23 〈농업증산3개년계획〉 수립-식량·섬유작물, 잠업, 비료농약·농기구대책, 농가부업 장려

02.23 상공부, 수출입 허가품목 개정-수입:곡물·생고무·섬유·석유, 수출:해산물·광물·인삼류

02.24 부녀 단체의 총단결체 '대한부인회' 결성

02.00 여성국극(女性國劇), '햇님 달님'(출연: 박귀희·김소희 등) 공연

03.02 제주도지구전투사령부(사령관 유재흥 대령) 창설

03.03 대한관찰부 해체, 국무총리 보좌기관으로 '사정국' 신설-정보수집 관련 사무 관장

03.03 한국-필리핀, 국교 수립

03.05 제1회 서울시 문화상 시상-변영로(문학)·고희동(미술) 수상

03.07 기획처, 국무회의에 대일배상요구액 대강 보고

03.09 국회 내무치안위원회의 〈지방자치법안〉, 국회 통과

03.11 〈병역법〉 국회 통과-병역(상비·호국·후비·보충·국민), 만20세 징병의무·2년 이상 복무

03.13 김성환·김용환·신동헌 등, 주간 ≪만화뉴스≫ 창간

03.15 대한독립촉성농민총연맹, 국회 산업위원회 〈농지개혁법안〉 반대

03.15 민주국민당↔소장파 국회의원, 지주층·비지주층 양립으로 〈농지개혁법안〉 대립

03.16 육군본부 호군국, 육군총참모장 직할 '호국군사령부'로 개편

03.17 ≪국방신문≫ 창간

03.17 북한-소련, 〈경제문화협정 및 군사원조에 관한 협정〉 조인

03.17 언더우드(원한경) 박사 부인, 남로당 하수인에 피살

03.22 〈한일통상잠정협정안〉 타결(4.23. 조인)-면사·석유·기계부품(한)↔광물·해산물·미곡(일)

03.23 〈농지개혁법〉 제정 예고, 토지가격 대폭락-종전 호가의 약 1/3 가량 하락

03.23 무초, 초대 주한미국대사에 임명

03.25 주미한국대사관(초대 주미대사 장면) 창설-4.20. 초대 주한미국공사 무초 취임

03.28 특경대원 김영택, 강원도 반민특위 조사부 책임자 김우종 암살 시도

03.31 정부, 국회에 〈지방자치법〉 이의서 제출-'시행기일 대통령령'으로 정할 것 요구

04.02 주한미군사령부에 최종 철군 명령 하달

04.03 서머타임제 실시(~9.11)

04.05 한남국민학교 운동장에서 식목일 제정 후 첫 행사 개최-부통령 등 1만여 명 참석

04.08 소련, 한국 유엔 가입에 거부권 행사

04.09 영화, '여성일기'(감독 홍성기, 배우:주증녀·송재로·황정순) 개봉-첫 국산 천연색 영화

04.09 캐나다, 대한민국 정부 승인

04.13 로마교황청, 대한민국 정부 승인

04.14 국회, 정부의 〈지방자치법 개정안〉(시행기일 대통령령으로 정함) 부결

04.15 친 이승만 계열의 '이정회' 소속 국회의원 35명 등, '일민구락부' 결성

04.15 해병대 창설

04.22 서울운동장에서 전국 300만 학도의 '대한민국 중앙학도호국단'(총재 대통령) 결성

04.22 정도영·나용균 의원, 반민특위 공소시효 1949년 6월로 단축 제안

04.27 〈농지개혁법안〉 국회 가결-농지분배 3정보 미만, 생산량의 2할5푼 5년간 납입

04.27 대통령령 〈건국공로훈장령〉 공포-8.15. 최초 건국훈장 대한민국장, 이승만·이시영 수상

04.30 〈대한적십자사 조직법〉 공포

04.00 담배, '백합' 시판(~1950.3.1.)

04.00 민족대표 33인 임예환(1865~1949) 사망

1949

05.01 제1회 전국인구조사 실시-남한 인구 2,016만675명

05.04 개성 송악산 고지탈환 전투서 국군 10명 산화(육탄 10용사)

05.05 〈해군사관학교령〉 공포-해군의 고등 학술 연구

05.05 조선어학회, 『조선말큰사전』 2권 편찬

05.06 〈변호사시험령〉 제정-매년 1회 서울서 실시, 예비시험·본시험(필기·구술)

05.07 국회 내 무소속 의원 모임, '청구회' 해산, '신정회' 발족

05.09 채병덕 소장, 육군 총참모장 임명

05.12 육군 6개 사단(수도 이준식·1 김석원·2 류승렬·3 최덕신·5 송호성·6 류재흥) 편성

05.12 정부, 〈지방자치법〉 위헌 문제 삼아 국회에 폐기 통고

05.14 강원도 경찰국장, 남북교역 금지 발표-경찰, 남북교역의 단속 전담

05.16 조선전업회사로 국내 발전기관 합병 추진

05.18 이승만·김구·조소앙·조완구·김성수 등, 덕수궁서 회동-미소공위 참가 문제 논의

05.20 이문원·최태규 등 국회의원 6명, 남로당 국회프락치사건으로 구속

05.24 국회, 〈구속 국회의원 석방 요구안〉 88대 95로 부결

05.24 국회, 〈귀속재산임시조치법〉 통과-재산처리법 시행까지 정부에 이양된 재산 불하 금지

05.26 이성학 의원 등, 〈반민법 공소시효 단축 개정안〉(1949.8. 완료) 제출

05.26 칠레, 대한민국 정부 승인

05.28 미국에 텅스텐·연·한천 등 첫 수출

05.28 유엔한국위원단 감시 하 미국 군사고문단(5백명)·주한 미군 철수 완료(~6.29)

05.28 임영신 상공장관, 독직사건으로 기소-1949.6. 임영신, 장관 사퇴

06.00 맥아더사령부, 재한미국인 철수 계획(차우차우작전) 수립

06.03 국무회의, 국회가 의결한 〈귀속재산임시조치법〉 거부

06.03 국민계몽대, 특위사무실 '빨갱이 의원' 성토대회 개최-특별조사위원회 습격

06.04 북한군 옹진지구 국사봉 점령에 남북 교전 확대

06.05 국민보도연맹 결성-좌익 전향자의 계몽·지도

06.06 경찰, 반민특위 습격

06.07 반민특위 김상덕 위원장·위원 전원 사표 제출-경찰의 반민특위 습격 사건 관련

06.08 국회의장 등, 이승만 방문-국회의 전 내각 사퇴 결의 전달

06.10 김포 항공사관학교(공군사관학교 전신) 제1회 입학식 거행

06.15 권농일, 전국적으로 이앙식 거행

06.15 담배 최초의 군용, '화랑' 보급, 40원(~1981.12)

06.17 국회, 〈신 지방자치법〉 통과-도지사 임명제, 시읍면장 지방의회 무기명 투표 선출

06.19 토상 흑연 9천 톤, 대일 수출 결정

06.20 미주 독립운동가 윤병구(?~1949) 사망

06.20 민족대표 33인 김완규(1876~1949) 사망

06.21 〈농지개혁법〉 공포-유상몰수 유상분배, 5년간 농산물로 연부로 상환(1996.1. 폐지)

06.21 국무회의, 〈국사편찬위원회 직제〉 통과-국사관, 국사편찬위원회로 개칭

06.22 김약수 등 7인 국회의원 체포-〈국가보안법〉 위반 혐의

06.24 대한체조연맹 주최, 서울운동장에서 제1회 전국체조대회 개최

06.25 대구부 학도호국단 주최, 제1차 학도호국단 사열식 거행

06.26 김구(1876~1949), 경교장에서 안두희에게 피살

06.27 미국 원조로 목포 금화동 기슭에 목포중유발전소(5,000㎾) 준공

06.30 북한 남북노동당연합위원회 개최-조선노동당 창당(위원장 김일성·부위원장 박헌영)

07.00 공병우, 한글타자기 현상 모집에서 우수상 수상

07.01 주한미군사고문단(㎞AG) 설치-군사원조 집행·미군무기 이양·한국군 편성과 훈련 등

07.02 〈지방자치법안〉 공포-도지사·서울시장, 대통령 임명, 인구 5만명 '시', 2만명 '읍'

07.02 서울특별자유시, 서울특별시로 승격

07.06 국회, 〈반민족행위처벌법 공소시효(1949.8.31.) 단축개정안〉 통과

07.09 38선 지대 20㎞ 이내 통행 제한

07.09 청평발전소 4200㎾, 용수 고갈로 발전 중지

07.12 〈소득세법안〉 국회 통과-80대 5로 가결

07.12 권준, 수도경비령부 초대사령관 임명

07.14 볼리비아, 대한민국 정부 정식 승인

07.15 위원장 이인·부위원장 송필만 선출 후 반민특위 재구성

07.18 쿠바, 대한민국 정부 정식 승인

07.21 비료 대행기관 조선금융조합연합회·대한농회, 수입비료 조작비를 둘러싸고 대립

07.22 〈귀속재산임시조치법〉 공포-모든 적산의 불하 금지

07.23 육군본부 정훈감실 주최, 서울운동장에서 전 공산군 월남군인환영대회 개최

07.25 네덜란드, 대한민국 정부 정식 승인

07.28 재무부, 외국환 환산율 복수제 폐지-환율 450 대 1 단일제 유지

08.01 월간문예 순수종합지, ≪문예≫ 창간(~1954.3)

08.04 그리스, 대한민국 정부 승인

08.06 〈병역법〉 공포-지원병→전시징병제로 전환(1950.1. 첫 징병검사 실시)(~1950.3.)

08.08 이승만·장제스, 경남 진해에서 정상회담

08.09 관계 장관으로 수출진흥비상대책위원회 구성-수출 진흥 중요물자 도입대책 마련

08.13 〈지방체신관서 설치법〉 공포-전신전화건설국, 지방체신국에 이속·서울중앙우체국 탄생

08.16 한국, 세계보건기구(WHO) 가입

08.18 서울시내버스 구간별 요금 결정-1구간 대형 20원(㎞당 6원)·중형 50원(㎞당 10원)

08.18 중앙선 죽령터널 열차 사고-48명 연기 질식 사망

08.20 니카라과, 대한민국 정부 승인

08.20 한독당 등 11개 정당 사회단체, 민족진영강화위원회 결성-'대한민국의 지지' 표방

08.23 조선미곡창고주식회사, 외자보관 대행 기관에 지정

08.26 서울 명동 천주교 강당에서 대한천주교총연맹 결성

08.30 한국 최초로 심종섭·김옥둔·이한빈 등 국비유학생 6명, 미국 유학-2년간 장학금

08.31 〈반민족행위처벌법〉 공소 시효 종료-408명 소장 발부

08.31 경제위원회, 일제 생사 수입 허용

09.00 최정희·백철, 『조선신문학사조사』 현대편(백양당) 출판

09.00 한국음악가협회(조선음악가협회 후신) 조직-회장 현제명 추대

09.01 미국 노스웨스트 민항기, 첫 한국 노선(시애틀·도쿄·서울) 정기 취항

09.01 제1회 후생복표 발행-총액 금2억 원(100만 장), 이재민 구제 사업비 조달

09.03 엘살바도르, 대한민국 정부 정식 승인

09.05 일민주의보급회(이사장 윤석오) 결성-이승만의 통치 철학 '일민주의' 보급

09.06 〈한미석유운영 연장 협정〉 정식 조인-대한석유저장회사 임대 기간 15개월 연장

09.06 첫 서울시내 대형버스 40대 운행 시작

09.08 뇌염으로 각급학교 휴교-서울·경기지역 환자 547명·사망 181명

09.13 공군, 최초로 항공기 L-4연락기 도입

09.14 목포형무소 파옥 사건-350여 명 탈출

09.14 반민법특별위원회 간부 연석회의 개최-9개도 반민특위 각 지부 폐지(10.5) 결정

09.15 여의도 비행장에서 제1회 항공기념일 기념행사 거행

09.23 〈반민족행위처벌법〉 개정, 반민족행위 피의자 대부분 석방

09.23 한글 가로쓰기 방식, 왼쪽부터 오른쪽으로 통일

09.24 대한천주교총연맹, 서울교구연맹 결성

09.24 이란, 대한민국 정부 승인

09.24 조선영화문화연구소의 〈안창남 비행사〉(감독:노필, 배우:윤봉춘·박순봉) 개봉

09.24 중요 물자 수입업자에 사치품 수입 허용

09.26 〈법원조직법〉 공포-법원 조직·권한, 직원 자격·직책 등 규정

09.26 관리 소홀로 조선왕조실록·금관 등 국보급 문화재 유실

09.28 〈한국 학도호국단 규정〉 공포 시행-중등학교 이상의 학생·교직원 대상

09.29 조선마사회, '한국마사회'로 개칭

09.30 태국, 한국 정식 승인

10.01 〈공군본부 직제〉 공포·시행-공군본부 설치

10.01 〈국경일에 관한 법률〉 공포-3·1절, 제헌절, 광복절, 개천절, 한글날

10.01 경상북도 도민증 발행-만14~60세 미만, 경찰서장·국민회 군지부장 명의 발행

10.02 조선어학회, '한글학회'로 개칭

10.03 양력으로 첫 개천절 행사 개최

10.04 〈반민족행위처벌법〉 폐지 공포-특위·특별검찰부·특별재판부 해체

10.04 에콰도르, 대한민국 정부 정식 승인

10.05 서울 조선호텔에서 '한일통상회담' 개최-수출입품·가격조절 문제 등 협의(~10.14)

10.05 인천 앞바다에서 여객선 평해호 침몰-120명 사상

10.09 이승만, 옛것에 비해 쓰기 불편하다며 〈한글맞춤법통일안 개정안〉 담화 발표

10.09 한글학회·진단학회·한글전용촉진회, 한글날 기념식 주최

10.12 남로당 등 좌익계 정당 사회단체 등록 취소

10.12 문교부, 사립대학 2부제(주·야간) 실시 허가

10.12 보건부, 『위생정책 요강안』 작성-전염병 발생·중독성 있는 병균의 활동 방지

10.14 공군본부(총참모장대리 김정렬 대령) 신설

10.14 한일통상회담 폐막-무역량 400만 달러 증가·개인무역 허용·양국 간 정기항로 개설

1949

10.15 30회 전국체육대회 개최-참가인원 4,300명·재일동포(단장 채수인) 첫 참가(서울)

10.15 국기(태극기) 제작법, 깃봉과 깃대, 기의 대소(大小) 등을 공포 시행

10.16 영화 배급사 자금 동결(2억여 원), 중단되었던 외화 수입상영 재개

10.18 태평로 부민관, '국립극장'(초대 극장장 유치진)으로 개칭

10.20 한국독립당 전라남도당부 해산 결정

10.21 〈주세법〉 공포-세율 조정·합성주 장려·주정 면세범위 확장·면허료 폐지 등

10.21 일본, 〈재일교포학교 폐쇄령〉 발표

10.25 서울시, 국민학교 6학년생의 중학교 입학 준비 과외 수업 금지

10.27 대한적십자사(초대 총재 양주삼) 재조직

11.01 기독교문화협회(회장 박용희) 발족-기독정신에 입각·민족문화 향상 발전 도모

11.01 서울↔부산 민간항공 취항-운임 1만100원

11.06 북한-중국, 국교 수립

11.07 〈법인세법〉 공포

11.07 〈변호사법〉 제정-변호사의 사명·직무·자격·등록·개업 등 규정

11.08 문교부, 각 학교 명패·배지의 한글 전용 지시

11.10 제1회 전국여자축구선수권대회 개최-중앙·명성·무학·제3여중·여자상업학교 참가

11.12 국회 내 4파 합동, '대한국민당'(최고위원 윤치영) 결성-이승만지지 정당

11.21 제1회 한국미술전람회(경복궁미술관), 대통령상 유경채의 '폐림지 근방' 수상

11.24 대한부인회, 신생활운동 일환으로 색버선·통치마 입기 결정

11.24 영월발전소(5만kW) 전력 확보, 일반가정에 3부제 2시간 배전 실시

11.24 한국, 유엔식량농업기구 FAO에 정식 가입

11.27 국도신문 주최, 제1회 영화제 개최-'마음의 고향'(감독 윤용규) 등 3편 선정

12.02 〈국가보안법 개정안〉 국회 통과-단심제 적용(12.25 공포)

12.02 〈외자구매처설치법〉 국회 통과-대통령 직속 하에 외자구매처 설치

12.02 이승만 대통령, 대한농민총동맹·대한농회 통합 지시

12.03 제1회 육군참모학교 졸업식 거행-정래혁 소령 국방부장관상 수상

12.03 한국문화연구소 주최, 태평로 부민관에서 종합예술제 개최-민족정신 앙양 (~12.4)

12.04 전국 최초로 전남 광주 서석국민학교 대강당에서 징병검사 실시

12.06 한국, 만국우편조약 가입

12.07 근로대중당 중앙위원회, 〈전향성명서〉 발표-조국통일민주전선 탈퇴

12.08 우루과이, 대한민국 정부 승인

12.09 국무회의, 나라 이름 약칭, '대한'·'한국', 지도 표기 녹색 결정

12.13 민중동맹, 기존 노선 포기-국가에 충성 결의-조국통일민주전선 탈퇴

12.14 미국연방용도국, 극동연방용도국 서울사무소 개설-ECA 원조자금 물자구입 담당

12.15 대한부인회 별동대 '대한여자청년호국대', '대한여자청년단'으로 개편

12.15 무역국장실에서 제1회 미곡수출회의 개최

12.16 공군본부, 동화백화점(현 신세계백화점) 뒤편 전 군악학교 교사로 이전

12.16 페루, 대한민국 정부 승인

12.17 '한국문학가협회'(중앙집행위원장 박종화) 발족-민족문학 수립 목적

12.17 체신요금 평균 12% 인상

12.18 '크리스마스 씰' 발행-10만 결핵환자 대책

12.18 서울운동장에서 징병제 실시 축하대회 거행

12.19 사회민주당, 〈전향결의성명서〉 발표-조국통일민주전선 탈퇴

12.19 이승만 대통령, 특별교서 발표-'일민(一民)주의' 강조, '하나의 국민'으로 대동단결

12.20 대한국민당·사회당·대한노농당·신생회 등, '평민당' 결성 합의-당시(黨是) 일민주의

12.20 대한농회 비료배합조제 전담, 대한금융조합연합회 배급 전담

12.22 대한농회, 정부대행기관 농회체제 청산·농민기관 발족 결정(~12.24)

12.22 일민구락부·신정회·대한노농당·무소속 의원 등 비 국민계, '대한국민당' 발족 합의

12.24 여성국극, '선화공주' 공연(국립극장)

12.25 보건부, 〈성병예방법〉 제정 추진-결혼에 진단서 제출 의무화

12.25 북한, 소련과 영사협정 체결

12.26 정백(근로인민당 중앙위원), 전향성명서 발표

12.28 대한농민회(초대 회장 최태용) 발족

12.28 서울시 우이동에 민간 최초의 결핵요양원 개설

12.28 서울운동장에 스케이트장 개설

12.29 중간파 건민회, 전향성명서 발표

12.31 〈교육법〉 제정-교육·교육제도의 기본적 사항 규정(~1997.12)

12.31 한국, 인도네시아공화국 승인

1949

▨▨▨▨▨▨▨▨▨▨▨▨

01.20 [미국] 트루먼 대통령, 미개발국 원조계획 제창

01.21 [중화민국] 장개석 총통 사임

01.25 [소련] 동구5개국과 경제상호원조회의(COMECON) 창설

01.27 [중국] 증기선 태평륜 호, 상하이에서 지룽으로 이동 중 침목-사망 1천여 명

01.30 [중국] 중국군, 북경 입성

04.04 [국제] 북대서양조약기구(NATO) 출범

04.18 [아일랜드] 아일랜드공화국 독립

04.20 [프랑스] 제1회 세계평화옹호자대회 파리서 개최

04.24 [중국] 중공군, 남경 입성-5.25. 중공군, 상해 점령

05.12 [소련] '베를린 봉쇄' 322일 만에 해제

06.08 [영국] 조지오엘, 소설 『1984』 출판

06.30 [미국] 하버드대, 최초로 흑인 교수 임명

07.13 [바티칸] 로마 교황청, 공산주의를 믿는 가톨릭교도, 파문 선언

07.27 [영국] 해빌랜드사가 제작한 최초의 제트여객기 '코멧(Comet)' 비행 성공

08.16 [미국] 『바람과 함께 사라지다』 여류소설가 마가렛 미첼(1900~1949) 교통사고 사망

09.02 [중국] 중경에 대화재 1,700명 사망

09.07 [서독] 독일연방공화국 성립

09.08 [독일] 20세기 초 대표적인 작곡가 슈트라우스(1864~1949) 사망

09.14 [중국] 공산당, 장개석 정부에 8개항 최후통첩(평화안) 제시

09.28 [미국] 대외군사원조법 성립-동맹국가에 군사물자 공급과 군사훈련 제공

09.30 [중국] 공산당, 주석에 모택동 수상에 주은래 선출

10.01 [중국] 중화인민공화국 건국

10.07 [독일] 독일민주공화국(동독) 건국

10.11 [소련] 말리크 소련 유엔대표, 원폭실험 중지 제안

12.07 [국제] 세계자유노동조합연맹 발족

12.07 [자유중국] 수도를 성도로부터 대만의 대북으로 이전

12.25 [국제] 맥아더 장군, 일본 전범에 특사

12.27 [인도네시아] 네덜란드로부터 독립, 연방공화국 수립

1950 경인(庚寅) 단기4283 이승만3
트루먼/마오쩌둥/요시다/스탈린

01.01 1회 건국국채, 100억 원 발매-백원·천원·2천원·만원·십만원·백만원·천만원권(~3.31)

01.01 서울지방전매국, 담배 판매 자유 발표

01.01 서울 부민관, 국립극장으로 사용 확정(4.29. 개관)

01.02 대한조선공사(현 한진중공업)(사장 이연재) 창립

01.05 『감자』 소설가 김동인(1900~1950) 사망

01.06 제1회 고등고시(사법과·행정과) 실시(~1963.5.)

01.06 〈병역법 개정〉에 전국적으로 첫 징병검사 실시

01.07 서울시 한센병 환자, 인천 부평수용소로 이관

01.08 국민보도연맹, 1회 국민예술제전 개최-음악·시·메시지낭독·연극·무용·영화(~1.10)

01.10 정주영, 현대건설(현대자동차·현대토건차 합병) 설립

01.11 해군, 맥아더라인(일본주변 해역선) 침범 일본어선 나포-한일 양국 분쟁으로 비화

01.12 〈국채법〉 시행(1949.12. 공포)-국가 재정의 불균형 해소 목적

01.12 공보처방송국직속기관, 방송문화사 창립-방송예술문화 향상, 해외에 민족예술 소개

01.12 서울시 경찰국, 식량 위기에 음식점 백반 판매, 엿·과자 등 제조 엄금 지시

01.12 애치슨 미 국무장관, '애치슨라인' 발표-미국의 태평양 안정보장선에서 한국 제외

01.13 김활란 등, 대한여학사회 결성-전문대(3년제 이상) 출신자 대상, 여성 지위 향상 도모

01.15 국무회의, 미곡대책위원회 조직-미곡 수급조절·미가 문제 심의

01.15 한국-미국 ATT회사, 샌프란시스코 경유 한·일 무선전화 개통-3분 통화, 1만800원

01.16 국방부, 육군본부에 청년방위국(초대 국장 김종평 대령) 신설

01.18 일부 정파 대표, 내각책임제 개헌 작업 본격화

01.19 국립극장 전속 '신극협의회' 결성(~1993.4.)

01.19 미 하원, 〈대한경제원조법안〉 부결-2.10. 미 상원 통과, 2.15. 대통령 서명

01.24 이승만 대통령, 내각책임제 개헌 공작의 부당성 담화 발표

01.24 이철원 공보처장, 국산 영화의 사전 각본 심사 방침 담화

01.25 1차 한미재정경제협의회 회의 개최-한국재정경제 부흥 목적에 13분과위원회 구성

01.26 〈한미상호방위원조협정〉 발효-양국 간 경제·군사 원조 협정, 한미군사고문단 설치

01.26 서울시신생활촉진위원회, 2월 1일~3월 3일 음력 과세 철폐, 미신타파 계몽 운동

01.27 서상일 외 78명 의원, 〈내각책임제개헌안〉 제출

01.27 홍천호(LST형 객화물선 2,700톤급), 부산서 대일수출품 선적, 오사까·고베로 취항

01.28 보수정당 대한국민당, 〈내각책임제 개헌〉 반대 담화 발표

01.28 부산항에 첫 한일무역선 '조선환' 입항

01.28 신익희 국회의장, 〈내각책임제 개헌〉 찬성 담화 발표

01.29 제30회 전국체육대회 빙상경기대회·제5회 빙상선수권대회 개막-춘천 우두강

02.02 국회, 〈농지개혁법 수정안〉 통과-상환액 12.5% 5년간 분납 폐지·15%로 조정

02.05 외자관리청, 대행기관 폐지 등 원조물자 배급 방식 변경

02.06 무대예술원, 무대예술인 '일민주의 이해' 등 자격시험 실시

02.10 국회, 학제안 6-4-3-4학제·사범대 3년제 개선안 통과-6.25전쟁에 미실시

02.12 각지에 예방약 급송-천연두·발진티푸스 등 전염병 확산 방지

02.13 은행·학교 등 직장합창단원들, '중앙합창단'(고문:유치진, 회장:박태진) 결성

02.16 〈양곡관리법〉 공포-양곡 밀수출자, 사형·무기 또는 5년 이상 징역

02.17 이승만 대통령, 일본에서 맥아더·요시다와 회담-반공 유대 강화 주장

02.18 유엔국제아동긴급기금(UNICEF) 주한사절단 방한-3.25. 75만 달러 보건원조협정

02.19 해방 직후보다 쌀값 500배 상승

02.22 국회, 〈국가보안법 개정안〉 통과-재판, 단심제에서 3심제로 환원

02.23 남한 유일의 장항제련소, 운영 자금 문제로 조업 중단 후 재개

02.25 열차 파괴 방지에 중단한 야간열차 운행, 7개월 만에 재개(1949.7~)

02.26 〈3.1절〉 노래(작곡박태현, 작사정인보) 제정

02.27 한일통상회담 대비 '대일통상준비위원회' 구성-수출입품목·수량·시기 등 논의

02.28 〈군인복무령〉 공포-군인 복무의 근본을 밝힌 법령

03.03 유엔, 한국에 군사감시단 파견 결정

03.10 농지개혁사업 면적 조사 완료-분배할 총면적: 논-36만3,131정, 밭-23만7,917정보

03.14 국무회의, 〈중앙은행법〉〈한국은행법안〉 통과

03.14 국회, 〈내각책임제 개헌안〉 부결

03.14 국회프락치사건 최종 공판, 전원 유죄 판결-노일환·이문원 징역 10년 등

03.14 이승만 대통령, 국회의장(신익희)에 총선거(5.10. 예정) 실시 6월말 연기방침 전달

03.15 향토방위를 위한 '청년방위대' 편성-만 22세~35세 이하, 20만 명

03.16 한국정부-ECA 대표, 〈한미선박기술원조협정〉 체결-3년 내 대형선 건조 가능

03.17 선거법, 국회 통과-득표수 동일한 경우 연장자 우선, 재선거 관련 등

03.17 한국-스페인, 국교 수립

03.19 김 4백만 속, 일본에 수출

03.20 재독 소설가 『압록강은 흐른다』 이미륵(1899~1950) 사망

03.21 이승만, 일반여론에 따라 총선거 5월 이내 실시 담화-5.30. 총선거 실시

03.25 화순·삼척탄광 석탄, 자유 판매 허용

03.27 남로당 총책 김삼룡·이주하 검거-1950.6.26. 사형 집행

03.31 이승만, 총선거 1950년 11월로 연기 담화

03.00 미국의 한국군 정원 10만 명 동결로 징병제 폐지, 지원병제 채택

04.01 서머타임제 실시(~9.10)

04.01 신학기, 9월에서 4월로 변경, 실시

04.01 침대차 야간 여객열차 운행 개시

04.03 이범석 국무총리 사임(1948.8~1950.4)

04.06 국회, 이윤영 국무총리 인준안 부결-찬성 68표, 반대 84표

04.06 〈농지개혁법〉 실시, 유상몰수·분배-1949.6. 법률 제정

04.07 미 국무부, 한국 정부에 총선거·인플레이션 문제 경고서한 발송

04.10 〈외국환관리규정〉 공포-국제수지 균형 유지, 외국환의 불법거래 박멸

04.11 한일통상회담 최종 합의-ECA자금 3,300만 달러로 일본서 수입, 950만 달러 수출

04.19 정부, 국회의원 총선거일 '5월 30일'로 공고

04.20 제54차 보스톤마라톤 제패-1위 함기용, 2위 송길윤, 3위 최윤칠

04.21 〈한국은행법〉, 국회 통과-금융기관 재편·자립적 체계 확립·금융통화신용정책 개혁

04.21 신성모, 국무총리 서리 임명(~11.22)

04.23 〈통조림생산5개년계획〉 수립-5년간 73만여 통조림 생산, 수출진흥 적극 도모

04.24 〈문맹퇴치운동5개년계획〉 발표-13세 이상 미취학 소년·성년 문맹, 공민학교에서 교육

04.28 〈군속령〉 공포-군속에 대한 인사관리 업무의 증대 이유

04.28 풀브라이트 한국장학재단(한미교육위원단 KAEC) 창립

04.29 문교부, 〈교과용 도서 검인정규정〉 공포(1951.1. 시행)

1950

04.29 아시아 첫 국립극장(현 서울시 의회 건물) 개관 및 국립극단 창단

04.30 국립극단 창단기념, '원술랑' 공연(유치진 희곡)-극단 신협 초연

05.03 충무공기념사업회, 경남 통영 한산도 충렬사에 충무공 영정 봉안식 거행

05.05 〈한국은행법〉 공포(5.23. 시행)

05.08 농산물차익처리위원회 구성-농산물 소비통제 해제로 인한 차익금 활용방안 모색

05.10 서울 상공장려관에서 한일무역품교환전시회 개최-1만5천여 상품 전시

05.11 159차 남북조선우편물 마지막 교환-총 교환 수량, 192만2천통(남)↔96만3천통(북)

05.12 100여개 출판사 업체, '대한출판문화협회'(회장 김창집) 발족-출판 수준향상 도모

05.15 각 대학교의 입학시험 실시

05.15 경제 관계기관, 종합경제부흥정책 마련-미국의 대한원조와 종합생산계획 수립

05.15 서울지검, 성시백 등 조선노동당 남반부정치위원회 조직원 검거-6.25전쟁 중 처형

05.17 전국 지주 총망라 '대한지주경제협회' 조직-지주대회 개최, 농지개혁 반대

05.20 현제명 작곡 오페라 '춘향전'(전 5막), 국립극장에서 상연(~5.29)

05.24 이승만, 전국적인 선거 시찰 시작

05.25 부산을 입후보자(무소속) 장건상, 국가보안법 위반 혐의로 피체-옥중 당선

05.25 유네스코(UNESCO), 한국 가입 의결-6.14. 가입, 유네스코한국위원회

05.26 제1차 대한석탄공사 창립준비위원회 개최-1950.11.1. 대한석탄공사 창립

05.27 서울시경국장, 좌익관련 혐의로 최동오·원세훈 등 9명 입후보자 불구속 기소

05.29 학교 2·3부제 실시-의무교육 실시에 따른 교실 부족 해결

05.30 2대 국회의원 선거(9.19%)-민주국민당(24)·대한국민당(24)·국민회(14)·무소속(126) 등

06.01 초등교육(6년제) 의무교육제 실시

06.01 대한결라협회 설립-나병 환자 치료에 노력

06.01 조선어학회(현 한글학회), 『조선말큰사전』 3권 편찬

06.02 미국 메리놀회 죠지캐롤 안주교, 광명에 나환자 시설, '성라자로마을' 설립

06.03 보스턴마라톤 제패 선수단(함기용·송길윤·최륜칠), 개선 환영식 거행

06.05 민주국민당·대한국민당, 선거에서 참패-무소속 의원 영입 추진

06.05 한국은행 1차 금융통화위원회 개최-한국은행 정관, 업무개시일, 지점설치 등 심의

06.06 경남 산청군 가락국 구형왕릉서 왕과 왕비의 영정 발견

06.06 대한국민당(최고위원 윤치영)·사회당(당수 조소앙), 합당 교섭-결렬

06.07 북한 평양방송, 남한에 전국 정당·사회단체 대표자회의 개최 제의

06.08 독도에 '독도조난어민위령비' 건립-미군 폭격에 사망 어민 추모(안용복기념관 전시)

06.09 육군, 주요 군 지휘관의 대폭 인사 교체 단행

06.10 북한, 조만식과 간첩 김상용 교환 제의-6.15. 유엔한국위원단, 수용 방송

06.10 유엔한국위원단 대표·북한 대표, 개풍군 토성면 여현에서 회담-남북총선거 호소

06.11 『탁류』 소설가 채만식(1902~1950) 사망

06.12 한국은행 발족, 업무 개시

06.15 국방부병기행정본부 예하기관, 국방과학기술연구소 발족

06.15 주한 미 수사기관, 여간첩 김수임 사형 선고-주요 인사 월북·기밀문서 유출(6.28. 집행)

06.16 경북 초등교원 적체-9백여 명 실업 상태

06.17 미국무성 고문 덜레스, 38선 시찰-이승만, 미극동방위선에 한국포함 요청(~6.22)

06.17 북한, 남북총선거 제의

06.18 북한 인민군 초기 작전계획 '정찰명령 제1호' 각 군에 하달

06.19 북한 최고인민회의 상임위원회-남한 국회와 연합, 조국통일 실현 방안 제안

06.19 제2대 국회 개회, 국회의장 신익희 피선(~1954.5.30.)

06.20 남한, 조만식 우선 송환 후, 김삼룡·이주하 북송 대북 방송-6.25전쟁으로 무산

06.20 대한농회 부회장 최태용 목사 등 관련 공금 횡령 사건 발생-9.11. 공산군에 처형

06.22 소련 군사고문단, 공격명령인 '전투명령 제1호' 전방 사단장에게 하달

06.25 6.25전쟁 발발-1953.7.27. 휴전협정 조인

06.25 대통령령 긴급명령 제1호, '비상사태하의 범죄처단에 관한 특별조치령' 공포

06.25 이승만, 긴급 국무회의 소집-맥아더 극동군사령관에게 원조 요청

06.26 맥아더 원수, 한국에 무스탕 전투기 10대 인도

06.26 서울시내 각 국민학교·중학교(1·2학년) 전부 임시휴학

06.26 재한미국인(2,500여 명) 철수 개시

06.27 맥아더사령부, 한국전선사령부(ADCOM) 설치로 미군사고문단 예속

06.27 유엔안보리, 한국군 원조 결의

06.27 정부, 대전으로 이전-6.28. 공보처 공식 발표

06.27 트루만 대통령, 미 해·공군의 한국전 출격 명령, 제7함대를 대만해협에 급파

06.28 국군 공병대, 새벽 2시 30분에 한강인도교 폭파

06.28 대통령령 긴급명령 제2호, 〈금융기관예금 등 지불에 관한 특별조치령〉 공포

06.28 북한군, 오전 11시 30분에 서울 점령-정치범 석방

06.29 맥아더, 수원에서 한강 북안까지 한국전선 시찰-한국전선에 미 지상군 투입 희망

06.29 미 공군, 38선 이북에 첫 출동하여 평양 등지의 군사 목표 강타

06.29 미극동해군사 기함 수뉴호, 동해안 묵호에 첫 함포 사격

06.29 이승만, 방한한 맥아더 미 극동군사령관과 회동

07.01 유엔군 지상부대 미군 '스미스 특수부대', 부산 상륙

07.02 UN 회원 36개국, 대한군사원조 성명

07.02 한국 공군 최초로 'F-51전투기(무스탕)' 10대, 미군으로부터 인수-7.3. 출격

07.02 호주 1개 비행중대, 6.25전쟁 참전-7.4. 북한 공군기 2대 첫 격추

07.04 군수지원을 위한 부산기지사령부 설치-7.13 부산군수기지사령부로 개편

07.04 인민군 4사단 경부선 철교 복구, 전차부대 영등포 공격-한강 방어선 붕괴

07.04 전국 구국정당 및 사회단체 망라, 대전에서 구국총력연맹(위원장 조병옥) 결성

07.05 미군 스미드부대, 오산 북방 죽미령서 북한군과 첫 교전-미군 170여 명 전사·행불

07.05 주한미군사령관에 딘 소장(24사단장) 임명-8.25. 인민군에 포로, 1953.10. 석방

07.06 부산에 한미연합해군방위사령부 설치

07.06 연합 공군, 평양 대동강 철교 폭파

07.08 대구에서 '대한학도의용대'(의용학도대 후신) 결성

07.08 미 극동군사령관 맥아더 원수, 유엔군최고사령관에 임명

07.08 유엔군 전차부대, 한국 도착

07.08 전국에 〈비상계엄령〉 포고 제1호 공포-1950.11.10. 오전 0시 기준 해제

07.08 주한유엔군 창설-한국군, 유엔군에 편입

07.09 대구에 주한미군사령부(EUSAK) 개설-7.13. 월턴 H. 워커 중장, 사령관 임명

07.11 외자관리청, 비료배급제를 철폐하고 직접 산매하기로 결정

07.12 한국 원조 발표, 36개국에서 51개국으로 증가-3개국 제외 전부 UN회원국

07.12 〈한국군통수권 미군 이양에 관한 협정〉 체결

07.14 북한, 〈남한 해방지구인민위원회 선거 실시에 관한 정령〉 발표

07.14 유엔 사무총장, 각국에 한국전 파병 요청

07.15 국군 제2군단(제1·6사단, 군단장 유재흥 준장) 창설(~1951.1.10.)

07.15 이승만, 맥아더에게 한국군 작전지휘권 이양 서한 전달

07.16 정부, 대전에서 대구로 이전

07.19 대통령령 긴급명령 제4호, 〈금융기관 예금대불에 관한 특별조치령〉 공포

07.19 미국 국무성, 6.25전쟁에 대한 미국정책(한국백서) 발표

07.20 대한학도의용대, 부산에서 애국학도 총궐기대회 개최

07.20 북한군, 대전 점령-주한미군사령관 딘 소장 실종-8.25. 인민군에 포로

07.21 육군부대 개편 재배치-제1군단 창설(수도·1·3사단) 병력 충원(22,000여 명)

07.22 〈비상향토방위령〉 공포-만 14세 이상 장정 소집 가능

07.22 언론출판에 특별조치령 공포

07.24 태국, 6.25전쟁에 한국 파병 결정

07.25 계엄사령부, 모든 간행물의 사전검열과 방송수신기 등록 등 특별조치 발표

07.25 영국·터키·필리핀 등, 한국전 지상군 파견 결정

07.26 노근리양민학살사건 발생-미군, 충북 황간면 노근리철교 밑에서 양민 300여 명 사살

07.27 공군 주한군사고문단 창설

07.27 국회, 임시수도 대구에서 제8회 임시국회 개회-9.1. 부산에서 속개

07.31 유엔안보리, 〈한국 구호 결의안〉 채택

08.01 《남선경제신문》, 《대구매일신문》으로 개칭-천주교 대구대교구유지재단 인수

08.04 한미연합군, 낙동강 방어선 구축

08.04 육군본부, 교통로 차단 등 지연작전 훈련 하달, 낙동강철교 폭파-1951.3. 완전 복구

08.08 유엔군 증원 부대, 한국 도착

08.13 낙동강방어선 다부동 전투-한미연합군 1만명, 북한군 2만4천명 사상자 발생(~8.29)

08.16 이승만-맥아더, 미군에 한국군 충원 문제 합의-카투사(KATUSA) 제도 시행

08.18 북한, '공화국 남반부 지역에 농업현물세제 실시에 관한 결정' 발표

08.18 정부, 대구에서 부산으로 이전

08.19 대한여자의용군 모집-초등·중학 졸업 이상, 만 17~35세, 간호·경리·행정 등 업무

08.21 미 10군단(군단장 에드워드 M. 아몬드 소장), 7보병사·1해병사·한국해병대 등 창설

08.24 부산지구 계엄사령부, 국민병 소집-만 18~30세 남자 대상(~9.23)

08.29 중앙피난민구호위원회 구성-임시수용소 설치, 수용소 정원 1~2만 명

08.29 징집 연령대 25만여 명을 대상으로 산악대대 창설 징집-사단병력 보강, 게릴라 토벌

08.00 유엔군 총병력 18만 명, 전차 600대

09.03 북한, 남한 토지개혁을 위해 1만8천개의 농촌위원회 조직 발표

09.04 대한여자의용군, 제1차 모병 합격자 훈련소 입소

09.04 유엔군사령부, 부산 이전

09.05 저우언라이 중국 수상, 유엔군이 만주 국경선까지 진격할 경우 참전 표명

09.06 여자의용군교육대(여군학교 전신) 창설

09.07 필리핀, 한국에 미곡 1만 톤·의료 약품 등 보냄

09.10 제주방송국 개국(현 KBS 제주방송국 총국)

09.14 한국은행, 조선은행 100원권, 한국은행권으로 등가 교환-조선은행권 사용 중지

09.15 맥아더 지휘에 연합군 해병대·보병대(7만 명), 인천상륙작전 개시-유엔군의 반격 시작

09.16 국군·유엔군, 낙동강 전선 총 반격

09.18 연합군, 김포비행장 탈환-김일성의 북한군 단계적 철수 하달

09.21 중앙고등군법회의, 한강철교 폭파 관련 공병감 최창식 대령에 사형 언도-1964.11. 무죄

09.23 미 9군단, 미 2·25사단 등으로 새로 편성

09.26 미 합동참모본부, 맥아더 총사령관에게 북한에서의 군사작전 권한 부여

09.26 안중근과 함께 이토 사살 모의한 우덕순(1876~1950) 사망

09.28 연합군, 북한군 서울 점령 3개월 만에 서울 수복

09.28 이승만, 한국군에 38선 이북 진격 명령

09.28 한국독립당 간부, 남조선과도정부 입법의원 김붕준(1888~1950) 납북 뒤 사망

09.29 미국, 유엔군의 북진 계획 승인

09.29 중앙청에서 수도 탈환식 거행-중앙청에 태극기 게양

09.29 『모란이 피기까지는』 시인 김영랑(1903~1950), 6.25전쟁 중 사망

09.30 미 극동군사 발표-4만기 이상 출격, 폭탄투하 2만7천여톤, 북한군 전차 1천대 이상 격파

09.30 미 제25사단, 군산·원주·주문진 탈환

09.30 유엔총회, UNCURK(국제연합한국통일부흥위원회) 설치안 가결

09.00 재무부, 전쟁이재민 구호자금 조달 목적 하에 제1차 애국복권 발행(~1951.3)

10.01 《삼남일보》 속간-1968.6.1. 《전북매일신문》(현 《전북일보》)으로 개제

10.01 김일성, 중국 마오쩌둥에게 파병 요청-10.19. 파병

10.01 맥아더, 방송으로 김일성에 항복 권유

52

10.01 제3사단·수도사단, 동해안 지구에서 38선 돌파-1956.9. '국군의 날'로 지정

10.01 피난민 귀향 조처 발표-귀향 시 이재민증·시도민증 등에 귀향·방역증명 날인

10.02 소련 외상 비신스키, UN에 한국 휴전안 제의

10.02 이기붕 서울시장, 서울수복 후 공유재산 반환과 공산군 부역자 신고 포고 발표

10.03 미국 외 23개군-군사원조 신청, 38개국-소맥·미곡·의약품·현금 등 원조신청

10.03 서울시내 각 은행, 업무 재개

10.03 중국 저우언라이, 38도선 붕괴 시 참전 언명

10.04 국군, 38도선 이북 진격

10.04 서울시내 동사무소에서 피난민증 발급

10.04 주한 미군방송(AFKN) 라디오, 서울서 첫 전파 발사

10.05 문교부, 지방교육재건임시위원회 설치-학도호국단 운영 공고 발표

10.05 서울시, 식량 배급 실시

10.06 국군 제2군단, 중부전선에서 북진 개시

10.06 나비연구가 석주명(1908~1950), 6.25전쟁 중 사망

10.07 ≪전남일보≫(대표 김남중) 창간

10.07 국제연합한국위원회 구성-호주·칠레·네덜란드·필리핀·타이·파키스탄·터키 등

10.07 유엔총회, 독립적·민주적인 한국정부 구성을 위한 총선 실시 결의

10.08 마오쩌둥, 동북 변방군을 중공 인민지원군으로 개편

10.08 정부, 6.25전쟁 직후 서울 탈출 관련 대국민 사과문 발표

10.08 한강철교 재개통(~10.19)

10.09 〈국립국악원제〉 공포-1951.4. 국립국악원 설립

10.10 국군 제1군단, 원산 탈환

10.10 신사참배 거부한 신석구(1875~1950), 진남포에서 북한인민에 총살

10.10 이승만, 새로운 헌법·정부를 구성할 총선 실시 반대

10.11 서울시, '서울시민증' 발행 결정

10.12 유엔 소총회, 북한에 신행정기관 설치 결의

10.14 전국 신문 통신 기자, 한국신문기자협회(회장 오종식) 발족

10.15 북한군, 대동강 인도교·철교 폭파

10.16 새롭게 편제된 제9·11사단을 기간으로 제3군단 창설

10.16 서울시 각 국민학교(현 초등학교) 개교

10.17 국군 제1군단, 함흥·흥남 탈환

10.17 터키군 제1여단 5,400여 명(여단장 타신 야스지), 부산항 도착

10.18 임시정부 국무위원, 미군정청 통위부장 유동열(1879~?), 납북 뒤 사망

10.18 조선민주당 당수 조만식(1883~1950) 사망

10.18 황해도 신천군 주민 3만5천여 명 학살 사건[신천사건] 발생-학살 주체 불명확

10.19 국군·UN군, 평양 탈환

10.19 중공군 제13병단 20여만 명, 압록강 도하[1차 공세]

10.20 서울시 경찰국 산하 각 경찰서, 공산군 부역자 9,900여 명 검거

10.21 문교부, 각 대학의 임시운영방침 제정-각 대학 망라, 1개의 종합대학 구성

10.21 미 제1군단, 평양에 군정 실시

10.21 육군특무부대(후신 국군기무사령부) 창설

10.22 유엔군총사령관 맥아더, 국경선까지 진격 명령

10.22 이승만, 북한지역 통치 구상과 서북청년단 적극 활용 등 담화

10.25 UN경제사회이사회, 한국경제재건5대원칙 가결-금융지원, 구제물자 수입세 면제 등

10.25 중국군, 6·25전쟁 참전·평북 운산에서 최초로 교전

10.25 춘원 이광수(1892~1950), 납북 뒤 사망

10.26 국군 제2군단, 중공군과 첫 전투 개시

10.26 국군 제6사단 7연대, 압록강변의 초산에 도달

10.27 미 제1해병사단 원산 상륙

10.27 정부환도·평양탈환 경축 유엔군·국군 환영 국민대회 개최

10.28 중앙고등군법회의, 공산군 부역 혐의로 노천명·조경희에게 징역 20년 선고

10.30 문교부, 전쟁으로 파손된 주요 문화재 수리 추진

10.30 이승만, 평양시찰 및 평양탈환 시민환영대회

10.31 유엔경제사회이사회, 한국부흥기구 설치안 가결

11.01 서울시, 전쟁피해 결과 집계-전소:1만2천여 호, 이재민 22만3천여 명

11.01 *The Korea Times* 창간

11.04 불투명 수채 서양화가 이인성(1912~1950), 6.25전쟁 중 사망

11.06 제2국민역 등록신청 마감

11.07 계엄사령부 계엄고등군법회의, 이인수 등 공산군 부역자 26명 사형집행

11.07 유엔경제사회이사회, 한국구제계획안 채택

11.08 압록강변 신의주 상공서 세계 첫 제트전투기(F-80기(미)↔MIG-15기(소) 교전

11.10 미군 폭격으로 압록강 철교 파괴

11.10 육군·해군·공군, 합동헌병대 발족-군인 비행과 기타 이적행위자 처벌 강화

11.10 한국-미국 화폐 환율 2,500대 1로 인상

11.11 미8군보건후생과, 재한국제연합민사원조처로 변경-구호사업, 소규모 부흥사업 담당

11.13 서울↔평양 전화, 6년 만에 개통

11.13 시민증·도민증 소유한 자, 남한 각 지역 여행 자유 공동 포고 발표

11.15 중공·북한군, 총반격 개시

11.17 경남지역에 천연두 환자 발생

11.17 대한군사원호회(총재 대통령) 창립-참전 유가족의 원호대책 마련

11.19 경기도, 제2국민역 등록 일제 실시(~11.30)

11.21 대한결라협회, 부산시내 한센병 환자 수용 및 무료치료

11.22 경남지구계엄민사부, 관할 경찰서장의 도민증(10.30 이전 발급) 검사 발표(~12.31)

11.22 이승만, 함흥지역 시찰

11.23 장면, 제2대 국무총리 임명(~1952.4.23.)

11.24 네덜란드군, 6.25전쟁 참전

11.24 맥아더, 전쟁종결을 위한 총공세(크리스마스 공세) 명령

11.24 정부, 국민방위군 설치법안 국회에 제출-만17세~40세 남자

11.25 중공군, 제2차 공세(11월 공세) 개시-병력, 30여만 명

11.26 유엔한국통일부흥위원회(UNCURK) 일행 12명, 서울 도착

11.27 거제도포로수용소 설치 결정

11.27 국군 제2군단, 주저항선 붕괴

11.27 중국군, 60만 한국전 개입

11.29 육군종합학교에 전차과 신설-교육용 전차(M36) 6대, 12명 기갑부대 창설요원 교육

11.30 중공군 제2차 공세에 미 2사단 참패

12.01 공보처, 전재지구 부흥 상황 계몽영화 촬영

12.01 〈부역행위특별처리법〉 공포-부역행위특별심사중앙위원회 설치, 부역자처벌 전횡방지

12.01 유엔군, 작전상 전면 후퇴 결정

12.01 전국문화단체총연합회, 유엔군전몰자추모회 개최

12.02 UNKRA(한국재건단) 발족

12.03 국군·유엔군, 38선으로 철수작전 개시-12.4. 평양 철수

12.05 북한군·중공군, 평양 진입

12.07 유엔 정치위원회, 한국서 중국군 철수 결의안 가결

12.08 대한여자청년단, 경인지구 계엄사령관 명으로 대한청년단 여청국으로 개편

12.08 유엔군, 원산서 철수 완료

12.10 민족자주연맹위원장 김규식(1881~1950), 납북 뒤 사망

12.10 북한 동포 50만 명 월남

12.14 유엔, 한국정전위원단 설치 결의

12.14 흥남철수작전, 132척 수송선 동원-병력 10만5천명, 피난민 9만8천명 수송(~12.24)

12.15 사회부 이재민 안내소, 서울 시내에 10곳 설치-이재민 구호 활동, 수용소 안내

12.16 〈국민방위군설치법〉 국회 통과-만17세~40세(남자), 현역군·경찰 등 제외(12.21. 공포)

12.17 〈제2국민병 소집령〉 발동-50만명 소집, 국민방위군 편성(~1951.5)

12.18 캐나다 육군, 한국전 참전

12.23 미국의 전쟁영웅 워커 미8군사령관, 6.25전쟁 중 국군차량과 충돌, 사망

12.24 경남도 관재국, 제주도 제1차 귀속재산 불하 재개-부재양조공장 등

12.24 국민방위군사관학교 입교식(충남 온양)-1951.2. 수료 후, 국민방위군 근무

12.29 대한여자청년단, 크리스마스를 맞이하여 최전선에서 위문 활동

12.31 중공군, 제3차 공세(신정공세) 개시-1.4. 후퇴 시작(220만 명)

00.00 백난아, '찔레꽃'(작사 김영일, 작곡 김교성) 발표-1941년 첫 발표

00.00 신세영, '전선야곡'(작사 유호, 작곡 박시춘) 발표

▨▨▨▨▨▨▨▨▨▨▨▨

01.06 [영국] 중국 승인, 자유중국과 단교-3.1. 장제수, 대만 총통에 복귀

01.07 [중국] 국민당정부, 대만으로 후퇴

01.21 [영국] 『동물농장』 소설가 조지 오웰(1903~1950) 사망

01.26 [인도] 독립정부 수립

01.31 [미국] 트루먼, 수소폭탄제조 지령

02.09 [미국] 공산주의 '매카시 선풍' 개시

03.19 [국제] 원폭 반대하는 '스톡홀름 호소문'에 전 세계 5억 명 서명

03.23 [국제] 세계기상기구(WMO) 발족

04.06 [브라질] 철도 붕괴 사고로 열차 추락-108명 사망

04.08 [소련] 20세기 최고의 발레리노 니진스키(1890~1950) 사망

05.06 [미국] 여성 저널리스트, 아그네스 스메들리(1892~1950) 사망

06.03 [프랑스] 등반대, 안나푸르나 최초 등정(리더 모리스 에르조그)

06.17 [미국] 시카고 메어리병원, 신장이식수술 세계최초로 성공

06.26 [국제] UN, 제1차 안전보장이사회 소집-북한군에 38도선 이북 철수 요구

07.07 [미국] 최초의 칼라TV 방송

09.28 [국제] 나토(NATO)공동방위군 창설-12.19. 사령관에 아이젠하워 장군 임명

11.02 [영국] 『인간과 초인』 작가 버나드 쇼(1856~1950) 사망

11.22 [미국] 뉴욕의 리치몬드힐서 열차충돌 79명 사망

12.16 [미국] 트루먼 대통령, 국가비상사태 선언-공산제국주의와 맞설 것 촉구

12.18 [국제] NATO, 유럽공동방위군 창설

1951 신묘(辛卯) 단기4284 이승만4
트루먼/마오쩌둥/요시다/스탈린

01.01 공산군 6개 군단, 38선 넘어 남하

01.01 육군본부에 국민방위국 설치-국민방위군 지도·감독

01.02 국군 제1·6사단, 한강 이남으로 철수

01.03 정부, 부산으로 임시 수도 이전

01.04 유엔군, 서울에서 퇴각(1·4후퇴)

01.05 독립운동가·미군정청 최고정무관 서재필(1864~1951) 사망

01.05 「배따라기」·「감자」 소설가 김동인(1910~1951) 사망

01.05 중공군, 서울 진입

01.13 유엔정치위원회, 5개 항목의 한국정전안 5:7(필리핀 기권) 가결-1.16. 중국 거부

01.15 농림부, 지가증권 교부 개시-〈토지개혁법〉에 1950년 4월 매상한 농지 60만 정보

01.17 경상북도 초·중등학교 교장 회의 개최-초·중등 교원 군사훈련 등 결정

01.17 전국문화단체총연합회, 부산 동아극장서 결전 구국 문화인대회 개최

01.21 미국 캘럽 여론조사, 66%가 주한미군의 철수에 찬성

01.23 고등군법회의, 독립운동가 최능진에게 부역혐의로 총살형 언도-1951.2.11. 처형

01.25 대구시내 중등학교 교원 군사훈련반, 제1기(274명) 수료식 거행(~1.31)

01.25 대학교수단, 창립총회 후 정신무장 대강연회 개최

01.25 미 1·9군단 한강선 목표로 선더볼트(Thunderbolt) 작전 개시

01.28 경상북도, 천연두·장티푸스·발진티푸스 등 각종 전염병 만연

01.30 국군, 강원도에서 북한군 제2군단에 승리

01.31 북한, 부수상 김책(1903~1951) 사망

02.10 국군 1사단, 한강변으로 진출

02.11 육군 11사단 9연대, 거창 신원면 일대 공비토벌작전 중, 양민 600여 명 집단 학살

02.11 중공군 제4차 공세[2월 공세] 개시-중서부 전선의 연합군 섬멸 목적

02.14 〈반민특별법 폐지안〉 국회 통과-친일파 처벌의 법적 수단 소멸

02.18 아르헨티나, 한국에 식량 원조 결정

02.18 현물세 수집 양곡, 지세로 전환

02.19 한국해상이동방송선, 첫 출항-전황 및 세계 뉴스를 신속히 전달

02.21 미국무성 발표-미군 49천명·공산군 624천명(북한군 418천명·중공군 206천명) 손실

02.27 〈피난민복귀요령〉 발표-피난민증, 귀향증, 전염병예방주사증 휴대할 것

03.01 상공부 수산국, 원양어업용 선박 수입 전면 허용-120척 출어선 수입·건조추진 결정

03.01 피난 각 대학 망라, 전시연합대학 개강-합동 강의·군사훈련·전공 강의

03.03 정부, 120만 소작인에 농지분배 발표

03.04 보건부, 공수병 예방약 생산 성공-약값은 토끼 1마리 또는 현금 3,000원

03.05 미국-영국, 38도선 이북 진격에 합의

03.14 70여일 만에 서울 재수복

03.15 부산시 영도 대한조선공사, 대형화물선(2,200톤급) '한양호' 명명식 거행(1950.3~)

03.19 훈련시설 부족으로 국민방위군 20만 명 소집 해제

03.20 교육법 개정안 공포 시행-6·3·3·4학제, 초급대학 2년, 대학 4년내지 6년 등

03.21 제주도 서귀포 모슬포에 육군 제1훈련소 창설-수용인원 6만여 명

03.24 맥아더, 38선 이북 진격명령-3.25 국군·연합군, 38선 돌파

03.29 국회(부산), 국민방위군 사건 폭로-진상조사단구성안 통과

03.29 국회, 거창민간인학살사건 진상보고 청취

04.01 진해에 해병학교(현 해병대) 창설-5.20. 해병대사령부, 진해에서 부산으로 이동

04.15 전국에 장질부사·발진티푸스·천연두 등 전염병 만연-1만 명 이상 천연두로 사망

04.18 서울 유일의 의료구호기관 '국립서울구호병원', 대부분 영양 부족 환자로 만원

04.22 중국군, 1차 춘계공세(4월 공세)-오후 5시, 철원·화천 중부전선에서 중국군의 맹격

04.24 공보처, 거창양민학살사건 진상 발표-공비협력자 187명 처형(허위), 학살피해자 719명

04.25 영월화력발전소(1만5천㎾) 복구 완료

04.26 신성모 국방부장관, 거창양민학살사건으로 사표 제출

04.28 국채소화대책중앙위원회 설치-재정 인플레 억제방안에서 발행되는 국채소화 자문

04.28 휴전회담 본회의 재개, 중립국 감시단 구성 제안

04.30 국회, 국민방위군사건 이후 국민방위군·국보방위대 해체 결의-5.12. 공식 해체

04.00 민족대표 33인, 나인협(1872~1951) 사망

05.04 대학교육 전시특별조치령 공포-전시연합대학 관련 등(~1952.3)

05.05 경제부흥위원회(위원장 국무총리) 조직-경제부흥관련 심의, 외국 경제원조 조정 등

05.06 서머타임제 실시(~9.9.)

05.08 제2개 국회 정·부의장 선출-의장 신익희, 부의장 김동성·조봉암

05.10 이시영 부통령, 국민방위군 사건에 책임을 지고 국회에 사표 제출

05.12 〈국민방위군 설치법 폐지〉에 관한 법률 공포

05.15 중공군, 제2차 춘계공세(5월 공세)-소양강 동쪽의 국군 7사단과 격전·후퇴

05.16 제2대 부통령에 김성수 선출(부산 피난지)-김성수 78표, 이갑성 73표

05.17 국민방위군 사령관 김윤근 준장과 거창사건 책임자 등 검거-8.13. 처형

05.17 국회 내에서 내각제 책임론 다시 대두

05.18 해외동포 재산 반입 절차 완화-조속한 수입허가서 발행

05.19 한국-일본, 위탁가공무역 추진 합의-위탁가공품, 선철·철판무공강·철선 등

05.23 신정동지회(69명)-공화구락부(49), '공화민정회'로 발족-원내 안정세력 확보

05.25 〈병역법〉 개정, 징병제 부활-한국군, 1952년 10월 말 25만 명으로 증가

05.26 정부, 통일 없는 휴전협정 반대 성명

05.30 구용서 한국은행 총재, '저축증강운동' 국민 동참 호소-전쟁 수행·저물가정책 확립

06.01 반관반민 농민단체 '대한농회' 해산-1958.11. 농협중앙회에 '대한농회' 재산 이관

06.05 농지개혁을 둘러싼 지주와 소작인의 쟁의 속출

06.09 20만 명의 피난민 귀경-서울 인구, 전쟁 전 1/5 수준 회복

06.09 이승만, '38선 정전' 필사 반대 선언

06.10 정부, 부산에서 휴전반대궐기대회 개최

06.12 국군 3·9사단·미군 25사단, 철의 삼각지(철원·김화·평강) 탈환(파일드라이버작전)

06.13 북한·중국·소련, 모스크바에서 전략회담-38선 휴전전략에 합의

06.14 재무부, 제1회 국채보조권 20억 추가 발행

06.16 교통부, 38선 이남 철도 복구 완료-중앙선 일부, 경의선 38선 접경지대 제외

06.17 대구에서 38선 정전 반대 국민총궐기대회 개최

06.23 말리크 소련 유엔대표, 휴전 제의-6.27. 참전 16개국 공동 수락

06.28 이승만, '휴전보다 죽음을 원한다'는 결의 표명

06.29 국회, 38도선 정전 반대 결의안 만장일치 통과

06.29 미국 트루먼 대통령, 연합군최고사령관 리자웨이에게 한국 휴전교섭 지령

06.29 소련, 국제관리위원단 창설 희망-휴전회담에 따른 제 결과의 토의 용의

06.30 리지웨이 연합군최고사령관, 공산군에 휴전회담 제의-7.1. 김일성·팽덕회 수락

07.01 국제연합총회의 결의(1950.12)에 따라 유엔한국재건단(UNKRA) 발족(7.26. 개소)

07.02 국회(부산), 38도선 정전교섭 반대에 전원 일치 결의

07.02 소매물가지수, 전쟁 발발 전의 7배로 급등

07.08 남북 간 휴전회담 시작-정전 예비실무회담 개최

07.09 유엔경제사회이사회, 대한원조자금 모집안 채택

07.09 유엔군 비율-육군-미(45)·한국(45)·기타(10), 해군-미(75)·한국(25), 공군-미(98)·기타(2)

07.10 개성에서 휴전회담 본회의 개최-군사분계선·포로교환 문제로 난항 거듭(~11.27)

07.10 문교부, 전시교과서 발행-『전시생활』·『전시독본』 45만 부(팜플렛) 인쇄, 배부

07.11 서울 덕수궁 앞에서 휴전반대 국민총궐기대회-4만여 명 참가

07.11 한국, 대일강화조약 요구사항 미국 국무부에 전달-대일교전국 인정 등 10개 항

07.13 국무회의, 전기료 3배 인상안 통과-전기료 1㎾당 145원(현행 50원)으로 인상

1951

07.14 유엔한국재건단, 연간 2억 5천만 달러의 한국재건계획에 대해 언명

07.15 서울↔부산 일반여객 열차 개통

07.18 미국, 한국의 대일강화조약 참가 요구 거부

07.19 국민방위군사건, 김윤근 소장 등 5명에 사형 판결(8.13. 집행)

07.19 이승만, 정전반대 특별 성명

07.21 국회, 국민의료법 중 의사·한의사(치의사) 국가·자격시험 실시 의결-12.25. 공포

07.23 한국은행, 서울분실 개점-북한 통화(인민권 등) 소지자 등록 고시(~8.6)

07.24 국무회의, 한국경제재건부흥계획 통과-폐허된 산업시설 복구, 경제적 안정 추구

07.24 탄핵재판소 구성, 국회 측 5명, 대법관 측 5명-특정 공무원 위법행위 탄핵

07.26 휴전회담 개최-군사분계선, 휴전기구구성, 포로교환 등 5개 항목 합의

07.27 정부, 유엔한국재건단과 부흥사업 추진 계획 협의

07.27 거창양민학살사건 공판 개시-12.26. 오익경 무기징역 등 판결(1년 뒤 관련자 석방)

08.01 공군, 강릉에 제1전투비행단 창설

08.01 담뱃값 2배 인상-엽연초 경작 농민 생활보장, 군사비 충당

08.01 휴전회담-휴전선 위치 설정 문제(개성지역 중립화)로 난관 봉착

08.03 당인리 화력발전소(5천kW), 40여 일 만에 발전 개시

08.03 서울 충무로 광장서 정전반대국민대회 개최-38선 정전의 굴욕적인 정전회담 반대

08.04 부산서 한국결핵협회 발족-결핵, 전체 질환의 1할 이상 차지, 연 6만여 명 사망

08.05 경남 진해서 공군사관학교 제1기 사관생도 83명 졸업

08.09 공산 측 김일성·팽덕회, 정전회담 재개 요구

08.12 휴전회담, 개성에서 재개

08.13 국민방위군사건 관련, 김윤근 소장 등 5명에 사형

08.13 국회, 〈한국조폐공사법안〉 통과-화폐은행권·국채·복표·수입인지·기타 증권 제조

08.15 영화, '내가 넘은 삼팔선'(감독:손전, 배우:손전·송태호·노경희) 개봉

08.15 이승만, 신당 구상 발표-12.4. 자유당 창당

08.16 서울↔부산 전화 개통

08.17 북한, 허헌(1885~1951) 김일성종합대학 총장 사망

08.18 동래 육군보병학교서 전국육상경기대회 개최, 헬싱키올림픽 육상대표단 15명 선발

08.22 북한 측, UN 측의 휴전회담장 개성지구 폭격사건 제기-휴전회담 중단

1951

08.23 유엔한국재건단, 재건 사업 개시

08.30 대일강화조약 조인을 앞두고 한일 간에 독도 영유권 문제 논란

09.02 이승만, 일본 어선의 맥아더라인 침범에 엄중 대처 언명

09.03 국회, 부흥부 신설안 가결-1955.2.17. 부흥부 신설

09.04 유엔군, 6.25전쟁에 소련군 참가 발표

09.09 〈임시토지수득세법〉 통과-토지 수익에 대한 조세 부담, 물납제로 단일화

09.12 1차 국군장교단 도미 유학생, 부산항 출발-미 육군보병학교에서 16주 군사훈련

09.15 대한미술협회, 전시미술전람회 개최(~9.21)

09.19 북한 측 김일성·팽덕회, 휴전협상 재개 제안

09.20 이승만, 휴전수락 4대 원칙(중공군 철수·북한 무장해제·유엔감시하 총선거 등) 제시

09.27 리지위에 장군, 공산군 측에 회담장 송현리로 변경 제안-10.3. 공산측 거부, 개성 고수

09.28 동래 육군보병학교서 제1차 3군합동위령제 개최

09.00 모윤숙 시집, 『렌의 애가』(문성당) 출판

10.01 서울에 한국조폐공사(법인) 설립-자본금 15억 원

10.01 중앙청 국무회의실에서 대한신문협회 결성

10.03 체신요금 3배 인상-우편 100원→300원, 엽서 50원→200원, 유선전보 600원→1,500원

10.05 공보처, 월북 작가 작품 판매 및 문필 활동 금지 방침 하달

10.08 휴전회담 장소, 판문점으로 변경

10.08 『조선역사』 저술한 역사학자, 김성칠(1913~1951) 사망

10.16 전북 남원에 공비 출현-기관차 전복, 200여 명 납치

10.17 국무회의, 대통령 직선제·양원제 개헌안 의결

10.17 소련, 미국의 휴전협정 주선 제안 거절

10.20 부산 부전동 육군병기창, 수류탄 본격 생산

10.21 1차 한일예비회담, 도쿄 사령부서 개최-기본국교, 동포법적지위, 어업문제 등 토의

10.22 공화민정회, 신당 발기 결정-정계 변화 초래

10.25 휴전회담, 2개월 만에 재개(한국 측 이형근 소장)-개성서 판문점으로 변경(~1952.10)

10.27 제32회 전국체육대회(광주)-15개 종목 2,239명 참가-1위 전남, 2위 경북, 3위 경남

10.28 대구에서 육군대학 개교-사단급 장교 교육(1954.7. 경남 진해로 이전)

10.28 경남 진해에서 육군사관학교 4년제로 재개교-1952.1.20. 개교식 거행

11.02 빨치산 출몰로 남한 전역에 비상계엄령 선포

11.06 국무총리 서리에 허정 임명(~1952.4.9.)

11.06 파리에서 개최되는 유엔총회에 한국대표(수석대표 장면) 파견

11.15 여자의용군훈련소 해체-육군본부 고급부관실 내에 여군과 설치

11.18 여객선 남해호, 진도 앞바다서 침몰-70명 사망

11.20 국회, 〈관세법〉 개정안 처리-밀수처벌 규정 강화, 구호물자 면세 규정 완화

11.20 부산 부전동 제1조병창에 화재 발생-50여 명 사상

11.23 휴전협상 쌍방 대표, 정전선 획정 합의-휴전협정 당시 전투선, 정전선으로 결정

11.26 부산의 주한 미대사관, 인근 집 발화로 전소-1명 사망, 1명 부상

11.27 휴전회담, 30일간 잠정적 군사경계선 확정 합의

11.29 공보처장, 저속한 공연물 금지 방침 발표

12.01 내무부, 각 시·도에 12월 1일부터 10일간 시·도민증 심사 실행 지시

12.01 대구·부산을 제외한 충북·전라도·경상도 제외-후방 빨치산 소탕 목적

12.02 미군 주도로 지리산 빨치산토벌작전 개시-'비무장 입산자' 대상(~12.14)

12.05 서울지역 법원, 재판 중인 형사사건 소송기록 분실로 702건 사건 무효 소멸

12.10 경남 경찰국장, 도민증 전국 일제조사 실시-소정양식의 신청서, 경찰서에 제출(~12.20)

12.10 우익 민주국민당, 내각책임제 개헌안 추진

12.11 대한체육회, 헬싱키 올림픽대회에 선수단(육상·권투·역도 등) 파견 결정

12.13 거제도포로수용소 남한출신 애국청년 500여 명, 혈서로 국회에 석방탄원서 제출

12.13 휴전회담, 포로교환과 정전 감시방법을 둘러싸고 논란

12.14 기획처, 10억 달러 가량의 정부 물동계획 수립

12.14 정부, 유엔한국민사처(KCAC)에 5억 달러 원조 요청

12.16 미국 국무성 고문, 덜레스 방한-이승만의 휴전협정 수용 설득 목적

12.18 판문점 휴전회담서 포로명단 교환-북한 이외 포로수용소의 유엔·한국군 포로 제외

12.17 이범석 중심의 자유당(원외) 창당

12.21 중국, UN 휴전안 거부

12.23 소장파 의원 중심의 자유당(원내) 창당

12.27 원내자유당, 원외자유당과는 아무런 공통성도 없다고 담화

12.29 보건부, 한국 최초의 결핵예방접종 실시

1951

12.00 담배, '건설' 시판, 80원(~1956.12.)

00.00 포로-한국군(7,142명)·미군(3,198명)·기타(1,216명)↔북한군(111,754명)·중공군(20,720명)

00.00 심현옥, '아내의 노래'(작사 유호, 작곡 손목인) 발표

00.00 현인, '굳세어라 금순아'(작사 나사랑, 작곡 박시춘) 발표

00.00 한정무, '꿈에 본 내 고향'(작사 박두환, 작곡 김기태) 발표

▨▨▨▨▨▨▨▨▨▨▨▨▨

01.30 [오스트리아] 폴크스바겐 원형 설계자, 포르셰의 창업자, 페르디난트 포르셰 사망

02.01 [국제] 유엔총회, 중공을 침략자로 선언(02.2 중공 탄핵안 가결)

02.05 [국제] 북대서양 조약기구(NATO) 창설

02.18 [네팔] 영국으로부터 독립

02.19 [프랑스] 소설가 앙드레 지드(1869~1951) 사망

03.04 [국제] 제1회 뉴델리 아시안게임 개막-한국 불참(~3.11)

03.15 [이란] 석유 국유화법안 가결

04.01 [유럽] 구주 통일군사령부 정식 발족, 나토(NATO)군 창설

04.09 [노르웨이] 기상학자·물리학자 비에르크네스(1862~1951) 사망

04.11 [미국] 트루먼 대통령, 유엔군최고사령관 맥아더 해임

04.29 [오스트리아] 분석철학의 형성에 영향을 끼친 비트겐슈타인(1889~1951) 사망

06.07 [서독] 최후의 나치전범 7명, 교수형 집행

06.25 [미국] CBS방송, 최초의 상업 컬러TV 방송 개시

07.01 [국제] 콜롬보계획(동남아경제개발협력) 성립

07.09 [영국] 최초의 상용컴퓨터, '마크I' 출시

07.23 [미국] 허드슨만 에스키모족 생활(북극의 경이) 발표한 플라어티(1884~1951) 사망

07.24 [미국] 발명가, 미술품 수집가 알버트 반스(1872~1951) 사망

08.07 [미국] 독일의 V2 로케트 모델로 ·바이킹로케트· 개발, 고도 2만m 도달

09.01 [국제] 태평양안전보장조약(ANZUS) 조인

09.08 [국제] 미국-일본, 샌프란시스코 대일평화조약 체결(1952.4 발효)

09.11 [미국] 프로렌스 차드윅, 여성 최초로 영국해협 도영(渡泳)

10.07 [일본] 출판물 단속-≪每日≫·≪朝日新聞≫·≪讀賣新聞≫ 등 63종만 판매 허가

10.23 [독일] 동독경찰, 서베를린서 철수

12.24 [리비아] 영국-프랑스로부터 독립

12.29 [국제] 프랑스·독일·이탈리아·베네룩스3국, 유럽군 창설계획안 합의

12.31 [소련] 외교관 막심 리트비노프(1876~1951) 사망

1952 임진(壬辰) 단기4285 이승만5
트루먼/마오쩌둥/요시다/스탈린

01.01 휴전회담, 억류 민간인 전원 석방 합의-유엔군 측, 선교사·외교관·신문기자 등(55명)

01.02 유엔군 측, 포로의 자유의사에 의한 송환원칙 제의

01.04 남한 내 철도시설, 92% 복구

01.05 북한, 유엔가입 재신청

01.06 상공업발전계획 발표-전력시설 확장, 석탄증산, 공업시설복구, 수산물증산, 무역증가

01.12 이승만, 원외자유당의 정통 성명-원내자유당 분열

01.14 한미 민간화물선 정기 취항 발표-화물선 슈팅스타호·MV라이팅호, LA 출항→부산항

01.16 국회, 거제도 65포로 수용소의 석방 진정서 심사, 애국청년 포로석방 건의안 가결

01.18 이승만, 해양주권선 '평화선'(이승만라인) 선언-독도 포함한 한국영토 한계 선포

01.20 4년제 육군사관학교 개교식-진해 중학교에서 거행, 제11기 생도들 입교

01.25 월간 종합잡지 《자유세계》(발행인 조병옥) 창간-1953.6. 종간

01.26 UN 측 휴전협정 초안, 공산군 측에 전달-군사경계선·비무장지대, 정전·휴전 협정

01.26 한일통상협정 갱신 협의-통상량 책정, 수출입품목 결정, 청산지불한도 문제 등

01.28 국회, 이승만이 제출한 '제2차 개헌안(대통령 직선제)' 부결

01.28 일본, 한국의 '평화선 선언'에 항의하며 '독도' 자국 영토 주장-한일 독도 첫 분쟁

01.29 미 하원의원, 북한에 원자탄 사용 고려 언급

01.30 한국, 국제전기통신연합(ITU) 가입

02.01 병무국 광장서 한국 재향군인회 창설-회장 백홍석, 부회장 강인노·전봉덕

02.03 전쟁으로 완전 파괴된 중앙선 북한강 철교, 완전 복구 개통

02.05 유엔총회, '한국부흥결의안' 채택

02.06 저축 증강의 일환으로 '무기명 정기예금' 취급 시작

02.08 외국인의 휴대품 신고제 실시-밀수출 방지, 통화의 유통량 파악

02.10 광주 금남로에 ≪전남일보≫ 속간(발행인 겸 편집·인쇄인 김남중)-1950.10.7. 창간

02.10 쌀값 안정 위해 정부미 무제한 방출-상인들의 매점 매석으로 무효

02.11 한국, 국제의원연맹 IPU회원국으로 가입

02.14 제6회 오슬로 동계올림픽 개막-한국 참가, 금0·은0·동0(~2.25)

02.15 1차 한일회담 개최-'한일 간 재산 및 청구권 협정 요강 8개항' 제시, 결렬(~4.21)

02.16 한강철교 복구공사 착공(~1952.7)-1950.6.28. 한국군에 폭파

02.18 거제도포로수용소 1차 폭동-포로 75명 사살, 미군 1명 사망

02.20 부산의 서울중고등학교호국단, 3·1절 맞이하여 동아극장서 '학도종합예술제' 개최

02.21 보건부, 한의사 자격검정시험제 실시 결정-6.2. 검정시험 실시

02.24 대구 서문시장 대화재 발생-4천여 점포 소실, 재산손실 53억환

02.00 한국 최초의 국산 자전거 '3000리호' 생산

03.01 서울↔타이완, 정기항로 취항

03.08 농림장관 임문환, 쌀값 폭등에 책임을 지고 사표 제출

03.10 국립박물관, 경주에서 삼국시대 고분군 발굴

03.12 조선방직주식회사 총파업 단행-양심 있는 경제적 능력자, 복지보장 경영자 요구(~3.17)

03.13 거제도포로수용소 2차 폭동-공산 포로 12명 사살, 26명 부상

03.14 공보처장, 일본 서적류 부정 유입 단속 담화 발표

03.16 역사학회(위원장 홍이섭) 발족-부산 서울대 문리과대학 임시교장에서 발기회 개최

03.19 일제의 언론 탄압법인 〈광무신문지법〉(1907), 제정 46년 만에 폐기

03.20 원외자유당, 부산 동아극장서 첫 전당대회 개최-당수 이승만, 부당수 이범석

03.29 1947년 대비 현 물가지수, 약 70배 등귀

03.30 한미중석협정 체결-중석의 대미수출 본격화

04.01 대한청년단 산하 거제도중앙훈련소(장승포) 제1기 입소

04.10 국무원책임제 추진위원회 결성-자유(6)·민국(4)·민우(3)·무소속(2), 내각책임제 개헌추진

04.13 경남 진해(현 북원로터리)에 우리나라 첫 이순신 장군 동상 제막

04.13 서울시, 도시계획안 완성-오물제거·미화, 악덕포주 처벌, 밀주제조·농우밀살 단속

04.17 내각책임제개헌 반대 세력, 개헌반대전국정당단체공동투쟁위원회준비회 결성

04.17 제2대 국회의원 123명, 제3차 개헌안(내각책임제) 제출

04.19 국무회의, 삼척 석탄 해외수출 허가 결의

04.20 양우정이 대한통신사 인수, 부산서 종합통신사 《동양통신》 설립(~1980.12)

04.20 이승만, 국무총리 장면 해임

04.21 제1차 한일회담, 일본 측의 재한 재산소유권 주장으로 결렬

04.22 이승만, 국무총리에 장택상 임명-5.6. 국회, 95대 81로 가결

04.25 1대 지방의원 선거(17개 시, 72개 읍, 1308개 면) 실시-대통령직선제 지지층 확보

04.25 거창양민학살사건 국회조사단장 서민호, 서창선 대위 살인혐의로 체포-4.19혁명 출옥

04.25 한강인도교 복구공사 착공-6.25당시 대교 2·3·5번째 경간 폭파-1954. 완전복구

04.26 해방 후 첫 박사학위(서울대) 수여-문학 2명, 의사 1명, 공학 3명

04.28 쌀값을 안정시키기 위해 식량증산운동 추진-우량 시도 표창 등

05.01 한일통상협정 1년 연장

05.06 서울↔부산 민간전화 개통

05.06 장택상, 제3대 국무총리 취임(~1952.10.5.)

05.07 거제도 제76포로수용소장 돗드(Dodd) 준장, 친공포로들에게 납치·감금-6.10. 석방

05.10 영화, '성불사'(감독:윤봉춘, 배우:이금용·이경선) 개봉

05.10 제1회 전국도의원선거(서울시·경기·강원 제외 7개 도) 실시

05.14 이승만, 제4차 개헌안(대통령직선제) 제출-7.7. 공포, 발췌개헌

05.19 관제단체 '민중자결단·땃벌떼·백골단' 등, 국회해산 요구

05.19 부산서 반민족국회의원 성토대회(충무로광장) 개최-서민호 등 15명 의원 제명 요청

05.19 상공부, 귀속광산 불하계획 수립-1급광 20곳, 매 광구당 불하 추정가격 5억 원

05.20 장택상 등 20명 내외의 국회의원, 신라회 조직-개헌안 수습 타개책 모색

05.21 경남도청(임시중앙청·국회의사당) 주위서 반민족국회의원성토대회 개최

05.23 국무회의, 전시국민생활촉진 결의-귀금속 수입·제조·판매 금지, 극장 낮공연 금지

05.23 한미재정경제협정 조인-통일경제위원회 설치, 대여금 상환 등

05.24 교육구와 시의 교육위원회 위원 선거-6.4. 교육자치제 실시

05.24 부산서 한미경제조정협정(마이어협정) 조인-통일사령부·한국 간, 경제문제 조정

05.25 도립 충남대학교 설립 인가

05.25 이승만, 국회해산 목적에서 부산·경남·전남북에 계엄령(사령관 원용덕) 선포

05.26 부산정치파동-내각책임제 주동의원 50여 명, 통근버스 채 헌병대에 연행

05.27 휴전회담 한국대표 이한림 준장 임명

05.29 국제통화기금(IMF)·국제부흥개발은행(IBRD), 일본 가입 승인

05.29 김성수 부통령, 부산정치파동 이후 국회에 사임서 제출

05.29 지방의회(6개도) 대표, 내각책임제 주창의 국회해산 결의문을 이승만에게 전달

06.02 한의사, 첫 자격검정시험 실시-전국 한의사 3천여 명 중 129명 합격

06.04 시·군단위 교육자치제 실시-교육구교육위원회 구성, 교육행정 집행 및 합의제 기관

06.04 애치슨 미 국무장관, 주한미대사관에 한국 정치위기 방침 하달-이승만, 국회해산 보류

06.10 거제도 포로수용소 폭동 진압-5.7. 이학구 주동 폭동 시작

06.11 사회부, 전시 국민생활개선 강조 기간 추진

06.12 신라회, 발췌개헌안 준비-대통령직선제, 상하양원제, 국무총리 제청의 국무위원 임면

06.20 관제단체 '민중자결단', 국회의사당 포위 국회의원 80여 명 연금

06.23 UN군, 북한 평북 삭주군 수풍면의 수풍댐 폭격-발전시설의 70% 파괴(1954.1. 복구)

06.23 여당 국회의원, '대통령 임기 및 대통령선거 불발 시 현 대통령 임기연장안' 의결

06.25 6.25기념식에서 유시태의 이승만저격사건 발생-야당의 내각제개헌안 약화

06.27 제1차 한미합동경제위원회 회의 개최(부산)-한국 측 백두진, 미국 측 토마스 소장

06.28 김광섭 등, 자유예술인연합 결성-문화운동의 사회적 발전 도모

06.28 지방의원들, 국회해산 요구하며 국회 봉쇄·시위 전개

06.29 중부·남부 가뭄에 이앙 실적 저조(전국 평균 23.8%)-양수용 전력 및 발동기 최대동원

07.02 중앙구호위원회 해체, 한미합동경제위원회 내에 구호분과위원회 신설

07.04 여당 국회의원 기립표결로 1차 개헌안(대통령직선제) 발췌 통과-7.7. 공포

07.10 제2대 2기 국회의장 신익희, 부의장 조봉암·윤치영 선출(~1954.5)

07.11 UN공군기, 평양-황주-사리원지구에 최대 규모의 폭격

07.12 국무회의, 농지개혁 지주보상금 60만 원씩 지불 결정

07.17 부산부두노동자 1,600여 명, 임금인상요구 총파업

07.19 원외자유당, 임시전당대회 개최-이승만·이범석을 정부통령 후보로 선출

07.21 국회, 〈문화보호법〉 통과-학술원(80명 이내)·예술원(40명 이내) 설치

07.21 국회, 특별조사위원회 구성-중석불 불하에 따른 수입비료 자유처분사건 진상 규명

07.22 관변 단체 '민중자결단', 이승만의 대통령 입후보 촉구 농성 투쟁

07.27 이승만, 재출마 성명 발표

07.00 김소운, 수필집 『마이동풍첩』(고려서적) 출판

68

07.00 외자관리청, 전국 섬유공장에 시가 100억 원치의 면사 1,500고리 방출 결정

08.01 해군작전사령부 창설-경상남도 창원군에서 작전 부대 통솔

08.05 2대 대통령 선거-대통령: 이승만(523만)·이시영(79만)·조봉암(78만), 부통령: 함태영

08.07 국제연합식량농업기구, 대한농업재건단 파견-〈한국농업재건5개년계획〉 자료 조사

08.15 서울 중앙청에서 제2대 대통령 취임식 거행

08.20 신성모 전 국방장관, 국민방위군·거창사건 혐의로 일본 피신 후 귀국

08.22 국회서 납북 국회의원 27명(민의원), 보궐선거문제 논의

08.28 세계보건기구에 보건시설재건5개년계획 제출-의약품 생산공장 재건, 특수약품 생산

08.00 일본인들, 독도에 불법 상륙-시마네현 오키군 다케시마[島根縣隱岐郡竹島] 표목 세움

09.01 〈국군 징병제〉 실시-만 18세 이상

09.03 미 공군 B29 폭격기 편대, 청진발전소 폭격

09.04 유네스코 교육사절단 내한-한국의 교육시설 시찰, 재건문제 연구

09.05 중앙양곡시장 발족-쌀값 안정(1되:1만5천원대)과, 유통 질서 확립

09.06 공산군, 추계공세 개시-중부전선 화천 북방

09.15 국적 불명의 비행기 1대, 서독도 주변에 4개의 폭탄투하 후 일본 방면으로 도주

09.19 15회 헬싱키 하계올림픽 개막-한국 참가, 37위, 금0·은0·동2(복싱·역도)(~8.3)

09.20 원조물자 판매대금으로 한국은행 차입금(1,499억 원) 청산

09.26 한미합동경제위원회, 삼척 화학공장에 비료공장 설치 합의(1953.12 충주로 결정)

09.27 클라크 유엔군총사령관, 한국 전 해안 봉쇄 발표

09.30 장태상 국무총리, 고시진(古市進)사건 인책 사임-일본인 고시진 입국 주선 사건

09.00 역사학회, ≪역사학보≫ 창간호 발간

09.00 전국적으로 뇌염 유행, 환자 1천여 명(사망률 30%)에 육박-학교·극장 등 폐쇄

10.01 국방부, 제1·제2조병창을 직속기관으로 개편(1953.3 육군으로 이관)

10.06 철원 서북방 백마고지 전투(9사단↔중공군)-3천5백(국군), 1만여명(중공군) 전사(~10.15)

10.08 휴전회담, 포로자유송환 문제로 무기 휴회

10.10 한국은행, 지폐 5백원권, 1천원권 발행

10.11 국방부 조병창, 국산무기 시사회 개최

10.12 미 교육사절단 내한-9개월 간 머물며 교육제건 원조(~1953.7.)

10.16 공군 통신교육대, 통신학교로 개편

1952

10.16 금융통화위원회, 한국은행 홍콩지점 개설 승인

10.17 국회, 이윤영 국무총리 임명 승인 부결

10.17 인도, 유엔정치위원회에 한국포로문제에 대한 타협안 제출

10.18 대구에서 한미친선 권투대회 개최

10.18 제33회 전국체육대회 개회(서울), 참가인원 3,300명

10.21 발췌개헌안을 제안한 신라회, 원내교섭단체로 국회에 정식 등록

10.21 정부, 북한군 포로 1만1천 명 석방 결정

10.25 남원방송국(현 KBS 남원방송국) 개국-출력 500W, 1030㎑

10.27 공주사범학교에서 제1회 전국교육연구대회 개최

10.28 국회, 중석불사건으로 사회·체신·무임소 장관 제외한 전 국무원 불신임안 발의

10.28 한국 공군, 최초로 단독 폭격

10.28 한글학회, 『큰사전』 제4권 발행

10.29 월북 작가·작곡 가요의 출판·판매 일체 금지

10.31 서울 중구 소공동 '국립도서관' 재개관-1974.12. 남산, 1988.5. 서초구 이전

11.01 양재연·김민수 등, ≪국어국문학≫ 제1집 간행

11.02 백낙준 대표, 파리 유네스코 총회에 참가하기 위해 출국

11.02 한글학자·독립운동가 정태진(1903~1952) 사망

11.03 육군 최초로 제71·72화학근무중대 창설

11.10 국회, '대한민국의 유네스코헌장 준수서약에 관한 동의의 건' 가결

11.13 문교부에서 제1회 학술원창설준비위원회 개최

11.18 경제학·법학도서 전문출판사 박영사(대표 안원옥) 등록

11.18 국어학자 방종현(1905~1952) 사망

11.20 국회, 이갑성 국무총리 임명 승인안 부결-가76, 부94, 무효3표

11.21 최초로 우리 기술로 건설된 '괴산수력발전소' 착공(~1957.2.)

12.01 수입물자에 대한 복수환율제 실시

12.03 유엔총회, 인도안 가결-비참전국 4개국 위원회 구성, 포로교환문제 해결

12.04 미국 대통령 당선자 아이젠하워, 내한-전쟁 확대 회피, 한국군 증강 등 성명

12.10 KBS, 중국어방송 '반공인민지성' 개시(타이완 대사관 제공)

12.11 한국, 국제민간항공기구(ICAO) 가입

12.15 대한독립촉성농민총연맹, 대한농민회로 개편

12.23 면방직공업5개년계획 수립-방적기 요품 10만 추 복구, 35만9천 추 신설 등

12.27 고려출판사(대표 홍사영) 등록

12.27 조병창기술원양성소 제1회 졸업식(27명)-국내 첫 생산분야 기술자양성

12.00 양재연 등 17명, 부산에서 국어국문학회 발족

00.00 방인근, 소설 『마도의 향불』(삼중당) 출판-1932.11.5.~1933.6.12. 동아일보 연재

00.00 황금심, '삼다도 소식'(작사 유호, 작곡 박시춘) 발표

▨▨▨▨▨▨▨▨▨▨▨▨▨

02.06 [영국] 엘리자베스 2세 영국 여왕 즉위

02.21 [국제] 북대서양조약 국방위원회, NATO군 창설계획 승인

02.24 [미국] 서구 6개국, 대공산국수출금지협정 조인

03.07 [미국-쿠바] 군사원조협정 조인

03.20 [미국] 상원, 대일평화조약 비준안 승인

04.03 [소련] 쿠바와 단교

04.09 [일본] 여객기 추락, 37명 사망

04.11 [미국] 항공기 추락, 52명 사망

04.26 [일본] 해상경비대 발족

04.28 [일본] 대일강화조약-미일안보조약 발효

05.01 [일본] '피의 메이데이'

05.02 [국제] 세계 첫 제트여객기 영국서 취항

05.06 [이탈리아] 유아교육자 몬테소리(1870~1952) 사망

06.01 [미국] 교육학자 존 듀이(1859~1952) 사망

07.08 [영국] 세계최초의 제트여객기 코멧(BOAC항공), 런던↔도쿄 최초 운항

07.31 [일본] 보안청 발족

08.06 [일본] 히로시마 평화기념공원 건립

09.06 [국제] 세계저작권조약(UCC) 발족

10.03 [영국] 몬테헬로섬에서 첫 원폭 실험

10.16 [미국] 채플린 영화 '라임 라이트(Limelight)' 개봉

10.22 [이란] 영국과 단교 선언

1952

11.01 [미국] 세계 최초로 수소폭탄 실험

11.07 [레바논] 부녀자에 참정권 부여

11.15 [영국] 해중 TV시험 성공

11.18 [프랑스] 초현실주의의 대표적 시인 폴 엘뤼아르(1895~1952) 사망

11.20 [이탈리아] 반파시스트 철학자 베네데토 크로체(1952) 사망

12.10 [미국] 알베르트 슈바이처, 노벨평화상 수상

12.31 [소련] 만주철도(장춘선)을 중국에 반환

1953 계사(癸巳) 단기4286 이승만5
아이젠하워/마오쩌둥/요시다/스탈린·말렌코프·흐루시초프

01.05 이승만 대통령, 일본 방문 요시다 수상과 정상 회담(~1.7.)

01.06 세기문화사(대표 이종식) 등록

01.09 여객선 창경호, 부산 다대포 해안에서 침몰-229명 사망

01.13 스케이트 빙상대표 2명(조윤식·이태신), 세계 동계빙상대회(헬싱키) 참가 위해 출발

01.15 유네스코 한국위원회 설치준비위원회 발족-1954.1.30. 창립

01.16 중앙교육위원회, 중학교 국가연합고사제 폐지-교장 책임제로 고사 시행 결정

01.17 제33회 전국체육대회 동계대회 개최(충북 청주)

01.18 미교육사절단, 아동복·학용품 등 문교부에 기증

01.25 충남 서산군 완포리 근해서 '행운호' 침몰-170여 승객 익사

01.30 부산 국제시장 화재-상가 1천여 호 소실, 1만5천여 명 이재민 발생

01.31 육군참모총장 백선엽, 한국 최초로 대장 승진

02.02 공군정보학교(현 공군정보통신학교) 창설

02.02 한국은행, 홍콩지점 개설

02.04 저우언라이 중국 수상, 6.25전쟁의 즉시 휴전 용의 언명

02.06 무대예술원, '일민주의' 이해 등의 자격시험 실시-일민주의, 이승만 통치이념

02.08 자유당, 서울 경운동에 '중앙정치훈련원' 설치

02.09 국민회·농민회·노총 등 5개 사회단체, '전국사회단체협의회' 구성 발족

02.10 문교부, 학제안(6-4-3-4년제) 결정-사범대 3년제

02.10 장택상 중심의 친목단체 '신라회', 원외자유당에 합류 결정

02.11 농림부, 한해구제사업의 일환으로 '양수기설치5개년계획' 발표

02.15 제1차 화폐개혁-원(圓)을 환(圜)으로 100:1 평가절하

02.17 신구화폐 교환사무 개시-1·5·10·50·100·500·1000환 짜리 발행

02.19 서울 마포구 당인리발전소(현 서울화력발전소), 석탄 부족으로 발전 중단(~8.25)

02.20 유엔한국통일위원회, 유엔군 관할 하 38도선 이북, 한국 신화폐 유통 결정

02.20 조병창, 우리나라 최초 국산무기 '대한식 소총' 제7호 시험 제작 완료

02.27 〈긴급금융조치법안〉 공포-2.28. 금융기관 일제 개점

02.27 미국 정부, 독도에 대한 한국 정부의 주권 인정

03.05 북한, 부수상 겸 외상 박헌영, 반역자라 해임

03.08 〈노동조합법〉·〈노동쟁의 조정법〉·〈노동위원회법〉 공포

03.12 금융통화위원회, 신 1백 환권(지폐) 발행 결정-12.18. 발행

03.17 한국은행, 10환권 발행-도안, 숭례문·금강산 해금강 총석정

03.18 한국재건단(UNKRA), 자금 63만 달러로 삼척시멘트공장 보수 착수

03.19 최덕신 소장, 휴전회담 한국대표로 임명

03.22 헌병총사령부(현 국방부조사본부) 창설-초대 사령관 원용덕 소장 임명-군사범죄 담당

03.30 중국 저우언라이, 6·25전쟁 휴전회담 재개 제안-3.31. 유엔 측 수락

04.01 ≪사상계≫ 창간(대표 장준하)-1970.5. 종간

04.01 국립 부산대학교 개설

04.04 문교부·한국재건단(UNKRA), 〈외국도서취급계약〉 체결-각 대학 도서관에 배포

04.04 부산에서 한국교육학회(회장 김기석) 창립-교육학·교육연구, 교육 발달·보급

04.09 문교부, 중학교 신입생 복장 통일

04.11 국무회의, 글자 소리를 적는 기음철자법 가결[한글간소화]-한글파동 시작

04.11 대한부인회 등 전국여성단체 6개, 국회에 여성권익 건의-호주권·혼인·친권·양자 등

04.11 이승만, 휴전 반대 〈단독 북진〉 성명-1953.6. 반공포로 석방

04.11 휴전회담, 〈부상병 포로 교환 협정〉-UN 측 부상병 6백명·공산포로 5천8백명 송환

04.12 유엔한국재건단, 1954년도 부흥계획 수립-1억 3천만 달러 계상

04.14 과학자·예술가 문화인등록령 공포(5.5. 실시)-예술원 회원 선거권·피선거권 규정

04.15 국회, 〈근로기준법〉 통과(1953.5.10. 공포)-근로자들의 실질적 지위를 보호·개선

04.15 제2차 한일회담 개최-재한일본인 재산권, 독도문제 및 평화선 문제(~7.23)

04.16 민족대표 33인, 오세창(1864~1953) 사망

04.17 초대 부통령 이시영(1869~1953) 사망

04.20 홍순칠, 독도의용수비대 결성-6·25전쟁 참전 용사 45명, 경무장

04.24 백두진, 제4대 국무총리 취임(~1954.6)

04.25 〈철도5개년건설계획〉 수립-총공비: 66억5,263만환, 지하자원재발·산업부흥에 기여

04.26 중앙청 광장에서 북진통일국민총궐기대회 개최

04.27 대구에서 한미친선야구대회 개최

04.27 정부, 〈기음철자법〉(한글간소화안) 국무총리 훈령으로 공포

05.07 미국 성악가, 마리안 앤더슨 내한

05.10 자유당, 대전서 제4차 전당대회 개최-민족청년단계(족청계)↔비족청계 대립 격화

05.13 화천발전소(2만5천㎾)에 미군 소속 헬기 추락-화재 발생, 발전 중단

05.16 대한메리야스공업협회(이사장 김항복) 창립

05.18 시사주간지 《모던타임스》(대표 정인영) 창간

05.18 신익희 국회의장 등, 영국여왕 대관식 및 전쟁 참전국 순방차 유럽 방문

05.24 한글학회, 한글간소화안 반대 성명

05.26 사단법인 한국무역협회 등록(대표 최순주)-한국무역협회, 1946.7.31. 설립

05.29 북진통일투쟁위원회·국민회·대한청년단, 휴전반대 결의문 발표

06.01 여상원, 《대구시보》 인수-제호 《대구일보》로 개칭, 창간

06.03 이승만, 휴전 전 〈한미상호방위조약〉 체결 제의

06.06 상공부, 〈수출광석검사규칙〉 제정

06.08 정부·한국재건단(UNKRA), 〈제주도전력발전협정〉 체결-4만㎾ 발전소 설치

06.08 〈포로교환협정〉 조인-본국 송환거부 포로에 대한 중립국송환위원회 임무·운용

06.09 국무회의, 휴전 거부 결의

06.10 〈산업부흥5개년계획〉의 일환으로 1953년도 공업종합계획 책정

06.10 중국군, '6월 공세' 개시-강원도 김화군 임남면 일대 상실(~6.18)

06.10 중앙방송국, 미군 검열 요구 거부로 『미국의 소리』 방송 중단

06.14 대학 과정의 대한유도학교(현 용인대학교) 개교

06.18 이승만, 전격적으로 반공포로 2,700여 명 석방-미국, 이승만 제거 작전계획

06.20 상공부, 특정상품수출조합을 통해 무연탄·흑연 수출 방침 발표

06.23 대학 조교수급 이상 관비 미국 유학생 10명 선발-건축학·고고학·기상학·수산학 등

06.24 이승만, 휴전협정 성립하면 국군은 유엔군사령관의 휘하에서 철수 통고

06.25 로버트슨 미 대통령 특사, 이승만 휴전 설득 위해 내한

06.26 일본 시마네현 국립경찰 등 30여 명, 독도에 '도근현 죽도' 팻말 설치(7.1. 철거)

06.27 민주국민당 중앙집행위원회, 휴전 반대·포로 석방 지지 결의

06.29 경향잡지사(대표 윤형중) 등록

06.30 초대 해군참모총장 손원일, 제5대 국방부장관 임명(~1956.5)

07.00 재한국제연합민사원조처, 한국민사원조처로 재발족-순수 민간구호사업 전담

07.04 주한미8군사령부, 용산으로 정식 이전-2017.7. 경기도 평택기지에서 임무 시작

07.06 정부, 각계각층의 반대를 무릅쓰고 〈한글간소화안〉 발표-1955.9. 철회

07.07 국어심의위원회 결성-한글간소화 학술적인 근거마련, 가로풀어쓰기 채택

07.08 국회, 〈간통죄 남녀쌍벌주의〉 통과, 〈낙태죄〉 존치(10.3. 시행)

07.12 독도의용수비대, 경기관총으로 일본 해상보안청 순시선 PS9함 공격(최초 전투)

07.12 이승만-로버트슨 특사, 〈한미상호방위조약〉 체결-휴전협정 합의, 한국군 72만 규모 등

07.19 북한, 휴전회담 회의서 남일 수석대표 '정전실시 보장 문제에 관한 성명' 발표

07.23 제2차 한일회담 무기 휴회-청구권 어업 문제로 대립, 결렬

07.24 아이젠하워 미 대통령, 2억 달러 한국 긴급 경제원조계획 발표

07.27 경의선, 해방 후 두 번째 중단-1차 중단 1951.6.12., 2003.6.14. 연결식

07.27 정전협정에 따라 군사정전위원회 설립-휴전협정 실시 감독, 위반사건 협의·처리

07.27 판문점에서 〈휴전협정〉 조인(8.28 UN총회 인준)-전쟁 발발 3년 1개월 만에 조인

07.28 ≪주간 중앙≫(대표 강승국) 등록

07.28 제1차 군사정전위원회 회의 개최-휴전협정 실시 감독·모든 위반사건 협의·처리

07.30 재일교포 역도산, 일본프로레슬링협회 결성

07.30 미국 상원, 한국부흥비 2억 달러 사용 승인

08.03 국방부(장관 손원일), 연합참모본부를 합동참모본부 개편

08.03 유엔중립국감시위원회(스위스·스웨덴·폴란드·체코), 군사정전위원회 본부(판문점) 설치

08.04 국무회의, 극장 주간상영, 공무원의 근무시간 외 다방 음식점 출입 허용

08.04 델레스, 미국 국무장관 내한

08.05 판문점에서 남북 포로교환 시작(~9.6)-북한군·중국군 8만2493명, 유엔군 1만3444명

08.06 시인 임화(1908~1953), '미제간첩' 혐의로 북에서 총살

08.07 북한 평양방송, 박헌영 등 남로당계 인사 12명 숙청 사실 발표

08.08 변영태 외무장관-델레스 미 국무장관, '한미상호방위조약' 가조인

08.10 특별대표 타스카, 한국재건원조특별보고서 공개(타스카 보고서)-재건사업 추진

08.12 북한, 〈한미상호방위조약〉 항의문 채택

08.15 *The Korea Republic*(현 *The Korea Herald*) 창간-영자 일간 신문

08.15 서울중앙방송국, KBS방송 기구 개편으로 '서울지방방송국'으로 개칭

08.15 '자유 대한의 소리'(Voice of Free Korea), 영어방송 개시

08.15 정부, 서울 환도 공식 발표

08.22 ≪통일≫(대표 지청천) 등록

08.23 독도의용수비대, 일본 순시선과 2차 전투, 격퇴

08.26 비상계엄령, 선포 3년 1개월여 만에 전면 해제(1950.7.~)

08.27 미국 클라크 유엔군사령관, 한국지역 방위선 '클라크라인' 철폐 발표

08.28 ≪현대여성≫(대표 박동화) 등록

08.31 연합신문사·동양통신사 편집국장 정국은, 간첩혐으로 체포-육군특무부대에 구속

09.01 국방부 요청에 전국 호구조사 실시-인구동태 파악, 징집사무 기초자료 확보

09.01 국회, 국민 앞에 서울로 환도 선언

09.01 서울신문사, 어린이 주간지 ≪소년 서울≫ 발간

09.02 이승만 자유당 총재, 민족청년단계(이범석)에 선거에 참여하지 말 것 지시

09.03 UN군·공산군, 포로송환 시작(~9.6)

09.03 출판사 일조각(대표 한만년) 등록

09.04 미군 24사단장 딘 소장, 포로 교환으로 귀환-1950.8. 전북 진안에서 북한군에 생포

09.07 ≪자유신보≫(대표 백남일) 창간(종로구 서린동, ~1961.8.6.)-1952.5.26. 폐간

09.08 부흥계획합도교제위원회, 6억2천만 달러의 경제원조액 심의

09.10 주한미군, 송환거부 포로(중공군-1만4천여명·북괴군-84명), 비무장지대로 이송 시작

09.11 농림부·상공부, 협의 하에 면 증산 및 수요 5개년계획 수립

09.11 유엔군사령관에 헐(John Hull) 대장 임명

09.17 우익청년단체 대한청년단 중앙단부·도단장, 대한청년단 해체와 민병대 편입 선언

09.19 남한 빨치산 총두목 이현상(1905~1953), 군경합동 지리산공비토벌작전 시 사살

09.21 국회의사당, 서울특별시 세종로 중앙청으로 이전

09.21 북한공군 대위 노금석, 미그 15기 몰고 월남 귀순-10만 달러의 포상금

09.30 〈양곡 일반배급제〉 폐지

10.01 〈한미상호방위조약〉 조인-한반도 무력충돌 시 국제연합 결정 없이 미국 즉각 개입

10.01 국어심의위원회(위원장 백낙준) 개최-한글맞춤법·한자처리·학술어·외래어표기법 심의

10.02 〈전력복구3개년계획〉 수립-전력시설 신설·확장, 평균출력 22만㎾(현 10만㎾) 목표

10.03 중앙청 광장서 개천절 기념식, 신형법 시행 기념식 개최

10.06 대한교육연합회, 30년 이상 교육사업에 헌신한 제1회 교육공로자(10명) 표창식

10.06 제3차 한일회담 개최-평화선 문제, 청구권 문제로 대립, 구보타 망언(~10.21)

10.06 일본 해상보안청, 독도에 표주 건립

10.09 서울시교육국, 결식아동의 빵 배급제 부활

10.09 이병위 등, 한국체육학회 발족-체육·스포츠연구관계의 학술단체

10.10 〈의무교육6년계획(1953~1959)〉 수립-학급당 60명 이하·맹학교 설치·중등학교 확충

10.10 국산 1호기 '부활호' 제작(경남 사천비행장)-1954.4. '부활' 명명식

10.12 미 대외활동본부, 한국 구제부흥 원조 자본으로 1,200만 달러 할당

10.15 3차 한일회담, 구보타 대표 망언-"식민지배가 유익하였기에 일본도 청구권이 있다."

10.15 영화감독협회 결성(간사장 이규환 영화감독)-조선영화감독구락부 후신(1946.3)

10.15 한국산악회 회원, 일본인이 세운 독도 나무표식 철거, '한국령' 표식 설치

10.16 〈치수5개년계획〉 중 2차 계획안 추진-한강 등 149개 하천 복구와 시설 확충

10.17 제34회 전국체육대회 개회(서울)-참가인원 4,980명

10.20 국회, 광주학생의거일 '11월 3일'을 '학생의 날'로 지정 의결

10.21 3차 한일회담, 구보타 망언에 무기 휴회

10.23 일본 해상보안청순시선 2척, 독도의 한국 측 표식 철거-일본 영토 표주 설치

10.24 문교부, 1953년도 예산에 5백만 환의 고적보수비 계상, 각 도에 배정

10.24 유엔한국재건단 용지원조, 국교용 교과서 1,500만 권 대한문교서적서 인쇄

10.31 대한상공회의소 및 24개 지방상공회의소 설립 공고

10.00 월간 ≪실화≫ 발간

1953

11.04 북한 출신 반공포로, 공산군 측의 설득에 97%(872명) 송환 거부

11.05 제일제당, 우리나라 최초로 설탕 생산-'백설 설탕' 출시

11.08 교육문화사(대표 백낙준) 등록

11.12 금융조합위원회, '대한산업조합'으로 개칭

11.12 닉슨 미국 부통령 내한-이승만의 단독행동 저지 차원

11.13 1953년도 대학 졸업 예정자 23개교 3,347명 중 학점 미달자 690명

11.15 영화, '최후의 유혹'(감독:정창화, 배우:이민자·서난희·조항) 개봉(부산 부민관)

11.18 충남 논산에 국군 보병 제28사단 창설

11.20 대한검사회(1948.6. 창설), 대한검도회로 개칭

11.22 서울운동장에서 제1회 전국프로권투대회 개최

11.22 중앙중학교 강당서 민주국민당 전당대회(대회의장 신익희) 개최

11.26 정부, 독도문제 해결 없이 일본 측의 일본공사관 설치(서울·부산) 제안 거부

11.27 부산 대화재-건물 2천여 동 소실, 133억 환 피해

11.27 이승만, 대만 방문-장개석과의 정상회담(~11.29)

11.28 〈한국산업은행법안〉 가결(12.30. 공포)-1954.4. 한국산업은행 설립

11.29 서울운동장에서 한미친선권투대회 개최

11.30 국회, 양원제 국회의 상원에 해당하는 〈참의원 선거법〉 통과

11.30 자유당, 최고위원에 이기붕 선출

12.09 자유당, 이범석 등 민족청년단계파 지도자 8명 제명

12.10 미 대외활동본부, 〈한국농수산5개년계획안〉 통과

12.10 한국, 유엔식량농업기구의 하부기관 '국제미곡위원회(IRC)' 가입

12.11 정부, 〈참의원 선거법〉 거부

12.11 휴전협정에 따라 '실향민간귀향협조위원회' 설치-남북이산가족문제 해결(~1954.3)

12.13 테일러 미 8군사령관, 한국군 26·27사단 창설 발표-한국 육군 18개 사단 규모

12.15 수도특별경비대 폐지(1947.9.~)

12.15 첫 민간방송 CBS 개국, 호출부호 HLKY, 출력 5kW, 주파수 AM 700KHz FM104MHz

12.15 한국군 제1야전군 사령부(사령관 백선엽 대장) 창설

12.16 서울시내 각 경찰서, 고정용 정류기 1대씩 설치-24시간 무선통신 교신 가능

12.18 금융통화위원회, 신 한국은행 1백환권 발행

12.19 국어심의회 한글분과위원회, 제9차 회의에서 간소화 대안 폐기

12.23 치안국 소속의 해안경찰대(대장 이상렬 해군대령) 창설-평화선 수비

12.27 KBS 부산방송국, 화재로 시설 전소

12.28 대학입학자선발연합고시 실시-29,162명 응시·대학입학 첫 국가시험·대학별 본고사 병행

12.28 한강인도교 임시 개통-1958.5. 시멘트·철근을 이용한 교량으로 준공

12.29 국어심의회, 〈한글 풀어쓰기안〉을 최상안으로 결정

12.29 미국, 주한미군 점차 감축 발표

00.00 선우훈, 『사외비사-덕수궁의 비밀』(세광출판사) 출판

00.00 김원빈 만화책, 『태백산의 비밀』 출간-16쪽 단행본

00.00 신동우 창작만화, 『팻돌이의 모험』 출간-중학생 시절, 피난지 부산에서 창작

00.00 명국환, '아리조나 카우보이'(작사 김부해, 작곡 전오승) 발표

00.00 백설희 '샌프란시스코'(작사 손노원, 작곡 박시춘) 발표

00.00 남인수, '이별의 부산정거장'(작사 유호, 작곡 박시춘) 발표

▨▨▨▨▨▨▨▨▨▨▨▨▨

01.11 [소련] 이스라엘과 단교

01.20 [미국] 아이젠하워, 미국 대통령에 취임

02.23 [일본] 평화선 부인 성명

03.05 [소련] 스탈린(1878.12~1953.3) 사망

04.08 [미국] 세계 최초의 3차원 영화, 〈Man in the Dark〉 상영

04.25 [영국] 프랜시스 크릭과 제임스 왓슨, DNA구조 발견

05.06 [미국] 인공심장을 사용한 심장 수술 최초 성공

05.29 [뉴질랜드] 에드먼드 힐러리, 세계 최초로 에베레스트 등정

06.19 [미국] 핵폭탄 관련 기밀 누설 혐의로 로젠버그 부부 사형 집행

06.20 [영국] 엘리자베스 2세 대관식

07.01 [국제] 유럽 12개국, 유럽원자력연구회의(ENRO) 설립

07.25 [베트남] 태풍, 주민 1천명 사망

08.13 [소련] 수소폭탄 실험 성공

09.08 [미국] 은하의 속도-거리법칙 발견한 천문학자 허블(1889~1953) 사망

09.12 [소련] 흐루시초프, 공산당 제1서기에 피선

10.05 [프랑스] 사뮤엘 베케트의 〈고도를 기다리며〉 파리에서 초연

10.30 [일본-중국] 양국 무역협정 조인

11.23 [미국-일본] 양국 간 최초의 TV위성중계 실험방송 성공

12.01 [소련] 외국인과의 혼인금지령 폐지

12.24 [뉴질랜드] 웨오리 부근 철교서 열차탈선사고. 115명 사망

1954 갑오(甲午) 단기4287 이승만6
아이젠하워/마오쩌둥/요시다·하토야마/흐루시초프

01.01 신문 구독료, 10개월 만에 월 2백 환→3백 환으로 인상

01.01 정비석, 《서울신문》에 '자유부인' 연재 시작(~8.6)-1954.6. 『자유부인』 출판

01.01 월간 기독교잡지 《새가정》 복간(편집·발행인 김춘배)-《기독교생활》 후신

01.09 국제대학(현 서경대학교) 개교

01.09 도쿄 한국학원설립기성회 결성

01.13 경주시 내남면 경주국립공원 착공(~1968.12)-신라문화 사적 보존

01.15 국회, '한미상호방위조약' 비준-1953.10.1. 한미 간 조인, 1954.11.18. 발효

01.20 충무로 서울중앙우체국 전쟁 중 소실 이후 업무, 부분 개시

01.21 금융통화위원회, 예금지불준비율 20%→15%로 인하

01.30 유네스코한국위원회 발족-한국에서의 유네스코 활동 촉진, 연계·협력 원활

01.31 오산역 부근, 통근 열차와 군트럭 충돌-사망 53명, 부상 1백명

02.01 조간신문 주 16면 발행-월요일 4면, 기타 요일 2면 발행

02.01 한국, 태평양지역 관광협회(PATA) 가입

02.02 〈전염병예방법〉 공포-전염병 발생과 유행방지 목적, 전염병을 제1~4군으로 구분

02.03 민간인출입통제선 설정-비무장지대 남방한계선 남쪽 5~10㎞

02.04 상공부·유엔한국재건단, 판초(판유리)공장 건설 합의-1956.2. 인천판유리공장 준공

02.08 대한빙상협회, 속초 영랑호에서 전국스피드스케이팅대회 개최-전국 27명 참가(~2.9)

02.10 이승만, 북진 결의 재천명

02.11 문화인등록자 1,134명-인문(311)·자연(369)·문학(106)·미술(149)·음악(102)·연극(97)

02.12 정부-유엔한국재건단, 문경시멘트공장 건설 합의-1957.9. 준공

02.13 국제통화기금(IMF)에 정식가입 신청-1954.9. 가입 승인 획득, 1955.8. 발효

02.16 영화 배우 마릴린 먼로, 미군 장병들을 위문하기 위해 내한

02.20 제1회 자유문학상, 박영준의 『그늘진 꽃밭』 수상

02.20 중앙노동위원회 발족-1953.3. 노동위원회법 제정, 1953.10. 서울지방노동위원회 설치

02.21 반공포로 76명, 제3국 인도 도착

02.23 판문점 휴전회의 종결 선언

02.00 설의식, 『난중일기』(수도문화사) 출판

03.01 3.1운동 35주년 맞아 전국애국단체총연합회, 북진통일촉진국민총궐기대회 개최

03.01 한국↔지브랄타, 국제전화업무 취급 개시

03.02 국민소득 총액 3,383억 환으로 추계

03.05 최초의 전투기 조종사 김영환(1921~1954) 공군 준장, 비행 훈련 중 사망

03.06 경남 진해에 대조병창 건설 착공-1만톤 급 함정 건조 가능

03.07 한국, 제5회 월드컵대회(스위스) 아시아 대표 선발전에서 일본에 5대 1로 승리

03.11 정비석 소설, 『자유부인』 사회 문제화

03.13 덕수궁에서 북한에 납치된 8만 동포 위해 '6.25피랍인사구출대회' 개최

03.14 주한 미45사단 제1진 1,075명, 한국에서 철수 시작

03.16 대한체육회 및 대한올림픽위원회, 사단법인 대한체육회로 재출발

03.19 이화여대, 한국 최초로 여성 석사 5인 배출

03.21 제1야전군사령부, 미국 제10군단으로부터 한국 제1·2·3군단 작전지휘권 인수

03.21 한국표준시간 변경-도쿄 127도 30분 기준, 30분 앞당김

03.25 〈문화보호법〉에 따라 '학술원'·'예술원' 설립-각각 회원 50명, 25명 선출

03.25 한국신문기자협회 등, 제1회 신문기자아카데미 개최-기자들 재무장과 질절 향상

03.26 이승만, 현행 맞춤법 폐기-한글 간소화 실현 촉구

03.29 국무회의, 중석(텡스텐) 자유판매 결정(1956.2. 시행)

03.29 이승만, 한글간소화 특별담화-'3개월 내로 구한국 말엽의 성경 맞춤법에 돌아가라'

03.30 대한건축기술협회, 대한건축학회로 새롭게 발족

03.30 조양보육초급대학(현 경기대학교) 설립 인가

03.31 〈소득세법〉 공포-분류소득세제의 보완적으로 종합소득세(1974. 전면 실시) 도입

03.00 정부, 부산에 설치된 피난 중고등학교 폐쇄

04.01 식산은행 폐쇄, 한국산업은행 발족-정부출자금 1억 환

04.01 조병창 폐지, 과학기술연구소에 편입-국방부과학연구소 발족(~1961.8.)

04.03 최초의 국산 비행기(공군기술학교 제작) '부활호' 명명식

04.06 한국 최초의 문학단체, 한국아동문학회 창립

04.07 〈근로기준법시행령〉 공포-13세 미만자 근로 불가 등

04.10 국내 전역 계엄령 일제 해제

04.10 〈임시민간수출입계획〉 발표-일괄쿼터제(일부 제외), 일본물자 도입 금지조치 해제

04.19 국회, 국영기업체 민영화안 통과-15개 국영기업체와 26개 국영광산·탄광 민영화

04.20 1차 교육과정 시작-교육과정·시간배당 기준령 마련, 국정·검인정교과서 분리(~1963.2.)

04.25 한글학회, 전국문화단체총연합회서 '한글간소화' 반대 성명

04.26 스위스 제네바회담 개최-한국 통일문제, 인도차이나 문제 토의(~6.15)

04.26 일본 도쿄 한국학원 개교-1955.1 일본 정부 정식 인가

05.01 제2회 마닐라 아시안게임 개막-한국 3위, 금14·은6·동5(~5.9)

05.02 아시안게임에서 최윤칠 선수, 육상 1,500m 우승

05.08 아시안게임에서 역도선수 유인호, 팬턴급 세계신기록-합계 635파운드

05.08 이승만, 왜색불교(대처승) 퇴치를 내걸고 불교 정화 지시(불교정화운동)

05.13 이승만의 불교정화 지시 이후, 비구승·대처승 암투 표면화

05.17 필리핀 마닐라에서 한국·일본·대만·필리핀 등, 아시아야구연맹 결성

05.20 제3대 민의원 총선거-투표율 91.1%, 자유당(114)·무소속(67)·민국당(15) 등

05.21 이승만, '대처승은 사찰을 떠나라'는 내용의 정화유시 발표

05.22 한국, 제네바회의서 '한국통일에 관한 14개 원칙안' 제의-남북한 자유총선거 등

05.23 국방부 정훈국, 『한국전란3년지』 발간

05.24 변영태 수석대표, 제네바회의서 중립안 배격, 자유총선 이전 연립정부수립 반대

05.28 서울시장 김태선, 학생 출입시킨 요정 폐쇄령 발표

05.30 금가 폭등-1돈 2,850환

05.31 제3대 국회 개원(~1958.5.30.)

05.31 한국경제 원조계획에 관한 한국과 국제연합재건단(UNKRA) 협정 체결(운크라협정)

05.00 조흔파의 〈얄개전〉, 학생 잡지 ≪학원≫에 처음 연재(~1955.3)-1955.4. 출간

1954

06.02 유엔한국재건단(UNKRA), 525만 달러 투입-문경시멘트공장(연간 10만톤) 건설 결정

06.02 인천서 미 40사단 철수-제1진 1,100여 명

06.04 쌀 1가마에 3,750환

06.07 국방부, 10월 1일을 '민병의 날'로 제정-1956.9. '국군의 날'로 변경

06.07 세종로 중앙화학연구소에 국립중앙혈액은행 발족-1985. 대한적십자사에 이관

06.08 한국 축구대표팀, 월드컵대회에서 헝가리에 9대0, 터키에 7대0 패배

06.09 ≪태양신문≫ 인수한 장기영, ≪한국일보≫로 제호 변경, 창간

06.09 제3대 1기 국회의장 이기붕 피선(~1956.6.)

06.10 전남 광주제일고등학교 교정서 광주학생운동기념탑(높이 10.09m) 제막

06.11 영화, '아리랑'(감독:이강천, 배우:허장강·김재선) 개봉

06.15 북한 남일 외무상, 제네바회의서 미군철수·군대축소, 한미상호방위조약 철폐 등 제안

06.15 상공부, 흑연·무연탄 대외수출의 개별적 자유 거래 허가-무역상사 자유수출 가능

06.16 한국 축구대표팀, 스위스에서 열린 제5회 월드컵대회에 첫 본선 진출

06.18 자유당, 무소속 국회의원 영입-재적 2/3선 돌파

06.23 서울 남대문시장 화재-점포 6백동 소실, 손해액 6,877만 환

06.25 유엔한국재건단(UNKRA), 인천 판초자(판유리)공장 건설 협정조인

06.26 이선근 문교장관, 한글간소화안 추진담화 발표(7.2. 국무회의 통과)-각계에서 반대

06.27 변영태, 제5대 국무총리 취임(~11.28)

06.28 부산, 폭우로 1천여 호 침수

06.00 독도의용수비대, 동도 바위벽에 '韓國領(한국령)' 새김

07.01 미국, 한국원조액 결정-미대외활동본부 자금 2억3,1백만, 유엔한국재건단자금 5천만

07.02 국회, 변영태 총리수반의 국무위원 신임안 부결

07.09 정부, 『한글간소화방안이유편』 발행

07.10 6.25전쟁 이후 처음으로 가정에 철야 송전

07.14 미국 가정만화 '블론디(Blondie)', ≪한국일보≫ 특약 게재 개시

07.15 일반 시민에 창경원 동·식물원 공개

07.17 이승만, 개헌 조속 실시 강조-총리제 폐지, 대통령 3선 연임 제한 철폐 등

07.17 학술원(인문사회과학·자연과학 부문 학자: 50명)·예술원 개원

07.24 부산방송국 낙성식

07.27 이승만, 미국 아이젠하워 대통령과 정상회담 개최-한일국교 정상화 등 논의

07.28 기획처, 처음으로 경제부흥5개년계획 수립-미국에 23억3백만 달러 경제원조 요청

08.01 경복궁 개방-관람료 100환

08.02 독도의용수비대, 독도경비초사 건립 및 표석 제막

08.05 북한, 중국과학원에서 『동국통감』, 『통문관지』 등 희귀고서 기증 받음

08.06 정비석, 『자유부인』(정음사) 출판

08.09 유엔군, 한국에 수복지구 행정권 이양

08.10 전국 수해 피해액 20여억 환

08.10 전국애국단체총연합회, 국군증강북진통일국민총궐기대회(서울운동장) 개최

08.14 치안국, 댄스가 전염병처럼 번지자 전국에 〈댄스홀 폐쇄령〉 지시(~8.15)

08.15 경부선 특급열차, 통일호 첫 운행-9시간 소요

08.18 미국, 주한미군 6개 사단(육군5개사, 1해병사) 중 4개사 및 1개 전투연대 철수 발표

08.19 애국단체총연합회 주최, 재한미군군비축소반대 국민총궐기대회 개최(서울운동장)

08.24 불교정화운동의 일환으로 '전국비구승대회' 개최-종단 합법화, 세력화 시도

08.25 대한우표회 주최, 제1회 우편전람회 개최(미도파 백화점)(~8.31)

08.29 한국 최초의 정기국제선(서울·대만·홍콩 노선), 대한국민항공사 DC-4 주 1회 취항

08.00 농촌에서 수확기를 앞두고 벼를 논에 세운 채 파는 '입도 선매' 성행

09.01 '국군방송' 송출 시작-AM방송(KBS 제1라디오 711㎑)

09.01 수송국민학교에 성인고등기술학교 개교-16세 이상 남녀, 재봉·시계수리 등 70여 과목

09.02 경찰, 독도에 상시주둔 완전무장 결정-1956.4. 독도경비대 창설

09.07 상공부 수산국, 유엔한국재건단 도입 목재로 어선 18척 건조 추진

09.09 자유당, 개헌안 국회 제출-초대 대통령에 한해 중임제한 폐지 관련

09.15 독도 풍경을 그린 3종(2환·5환·10환) 우표 발매

09.15 해외파견 유학생 총수-18개국에 2,040명

09.16 운크라·유네스코 지원, 대한문교서적 인쇄공장 낙성(대방동)-년 3천만 부 인쇄

09.18 국회와 정부 당국으로 구성된 '경제부흥위원회' 새롭게 발족(1951.5. 발족)

09.18 북한, 중공군 40만 명 철수 발표

09.21 유엔한국재건단, 〈중소기업특별〉 융자에 의한 수입허가 규정 결정

09.24 국제통화기금(IMF) 및 세계은행 가입 승인 획득

09.28 체신부 주최, 1회 전국통신경기대회 개최-편지분류·전화선 잇기·전화교환·도장찍기

09.29 '월하의 맹서' 감독 영화인 윤백남(1888~1954) 사망

09.29 만암 스님 등 독신비구승, 선학원서 신 종헌 채택-종조 보조국사, 비구승단만 인정

09.30 대한영화배급협회 회원들, 대한영화제작인협회 발족-국산영화 생산 단체

10.01 뮤직 펜클럽 창립(감사장 박태현)-한국음악계의 발전과 국제교류 증진

10.16 제35회 전국체육대회(서울)-1위 서울, 2위 경남, 3위 경북

10.20 경찰항공대, 경비행기 명명식-자유호·독립호·무궁화호

10.20 한국 6군단 작전지휘권 인수-전선작전지휘권 미국으로부터 완전 인수

10.23 국제펜클럽 한국본부(이사장 변영로) 발족

10.25 민국당 선전부장 함상훈, 신익희·조소앙의 '뉴델리 밀회설' 언급

10.27 대한민국임시정부 재무부장 조완구(1881~1954), 납북 뒤 사망

10.28 경기도 파주 용미리에 이승만 기념탑(석조 7층) 봉안-4·19혁명 이후 철거

10.31 국군 제2군 사령부 창설-미 후방기지사령부 철수에 따라 병참·통신·수송 등 담당

10.31 호남선 특급열차, '태극호' 운행 개시

10.00 락희화학(현 LG화학), 국내 최초 '럭키치약' 생산

11.05 상공부, 유엔한국재건단 원조자금 60만 달러 실수요자, 대명산업(소모방적시설) 지정

11.05 유류 고갈로 국내 교통마비 직전

11.06 미 24보병사단 이한식 거행

11.14 불교 대처승과 비구승 암투 폭발-'불교정화운동' 촉발

11.15 38선 이북 수복지구 행정권 인수식(포천)-11.17. 〈수복지구임시행정조치법〉 시행

11.17 〈한미경제협정〉 조인-한국군의 유엔군사 작전지휘 받음, 경제원조 17억 달러 이행 등

11.18 〈한미상호방위조약〉 발효

11.21 대한출판문화협회, 국내 첫 '독서주간' 행사 주최-국립도서관, 출판물전시회

11.21 독도의용수비대, 1000t급 일본 순시선·항공기 공격-일본 16명 사상자 발생

11.27 제5차 개헌안 부결-초대 대통령 중임제한 철폐 등

11.29 국무총리실 6년 만에 폐지-4·19혁명 이후 1960.6. 부활

11.29 부결된 초대 대통령 중임제한, 이틀 만에 4사5입으로 통과

11.29 야당 의원 60명, 사사오입에 반대하여 원내교섭단체로 '호헌동지회' 결성

11.00 남산의 국립박물관(현 국립중앙박물관), 덕수궁 석조전으로 이전

1954

12.02 석공 광부 7천여 명, 임금체불에 반발하여 파업

12.02 자유당 의원, 최순주 부의장 사표 수리, 곽상훈 부의장 불신임안 가결

12.03 호헌동지회, 신당발기촉진위원회 구성

12.04 합천 해인사, 8만대장경판 보수 착공

12.05 황순원, 『카인의 후예』(중앙문화사) 출판-1953년 9월호 ≪문예≫ 연재 시작

12.09 공군, 첫 제트기 조종훈련 시작

12.09 자유당 의원 민관식·김영삼·김재곤 등 12명, 사사오입에 반발, 탈당 공동성명

12.10 자유당 의원 도진희 등 14명, 자유당 탈당

12.14 자유당, 야당 측 사사오입 정부 규탄안 부결-개헌 파동 일단락

12.14 천도교, 혁신파(남접)와 보수파(북접) 난투

12.15 이승만, 폴란드·체코 등 적성중립국감시위원단 축출 언명

12.15 기독교방송(CBS) HLKY 개국(초대 국장 감의도 목사)-한국 최초 민간 방송

12.16 이승만, 불교정화 훈령-대처승 축출, 주지 투표제 실시 등

12.17 자유당 개편 완료

12.18 신익희 등 야당의원 사택에 북한 최고회의 남북평화협상 촉구 불온문서 투입사건

12.19 제3회 싱가포르 아시아탁구대회서 한국여자부(한영자·위쌍숙) 2위

12.22 〈외국자본도입법〉 마련-외국 국적의 한국인 및 외국인의 자본투자 허가

12.22 정부기구 개혁안 완성-12부 2실 3청 11국 1원 1위

12.28 국회, 2회 산업금융채권발행동의안(20억환) 통과-금광·방적·금속·기계·화학·유지 등

12.00 유진, 『영어구문론』(백만사) 출판

00.00 손의성 만화책, 『원수의 딸』(국제문고) 출간

00.00 김종래 반공 만화책, 『붉은 땅』 출간-군에서 발행

00.00 백설희, '아메리카 차이나타운'(작사손로원, 작곡박시춘) 발표

00.00 명국환, '방랑시인 김삿갓'(작사 김문응, 작곡 전오승) 발표

▨▨▨▨▨▨▨▨▨▨▨

01.21 [미국] 세계 최초의 원자력 잠수함, '노틸러스호' 진수-1955.1.17. 시운전

03.01 [미국] 비키니섬에서 수소폭탄 실험

05.04 [국제] 동남아반공대회, '아시아민족대회'로 개칭

06.05 [소련] 제네바회의서 한반도 내 모든 외국군 우선 철수 등 5개항 제안

06.07 [영국] 세계최초 컴퓨터 개발자 앨런 튜링(1912~1954) 자살

06.14 [중국] 중국인민정부, 헌법초안을 채택 발표

06.16 [국제] 제5회 월드컵 스위스서 개막

06.17 [국제] 아세아반공민족회의(진해)에서 아세아민족반공연맹(APACL) 창설

06.30 [소련] 최초의 원자력발전소 가동 시작

07.01 [일본] 자위대 창설

07.26 [미국] 미 극동군사령부, 미 제51전투기부대의 한국서 오기나와로 이동 발표

07.27 [베트남] 제네바협정에 의해 남북으로 분단

07.31 [이탈리아] 등산대, 세계 제2봉 K2 등정

08.03 [프랑스] 인간의 순수본능을 담은 여성 소설가 시도니 가브리엘 콜레트(1873~1954) 사망

08.14 [이집트] 수에즈 운하 주둔 영국군 철수-10.19. 수에즈운하협정 조인

09.08 [동남아] 반공군사동맹 동남아시아조약기구(SEATO) 발족

09.09 [북알제리아] 지진, 1,500여명 사망

09.26 [일본] 여객선 도야마루호, 쓰루가해협에서 침몰, 1172명 사망

10.22 [서독] 나토 가입

10.23 [미·영·프·소] 독일점령 종식 위한 파리협정 조인

11.01 [알제리] 독립 요구하며 프랑스인 7명 살해, 알제리아 독립전쟁 시작

11.03 [프랑스] 야수파(포비슴) 운동, 화가 앙리 마티스(1869~1954) 사망

11.06 [국제] 유엔총회서 미국·영국 등 60개국, 원자력 평화이용 공동결의안 제출

11.20 [미국] 미 8군사령부, 일본으로 이동

11.28 [이탈리아] 상대성이론·원자양자론·분광학 물리학자 엔리코 페르미(1901~1954) 사망

12.04 [국제] 유엔총회, 원자력 평화이용결의안 채택

12.10 [국제] 유엔총회, 중국의 6.25전쟁 중 포로억류비난 결의안 채택

12.18 [국제] 아시아야구연맹, 제1회 아시아야구선수권대회 개최(마닐라)-한국 3위(~12.23)

1955 을미(乙未) 단기4288 이승만7
아이젠하워/마오쩌둥/하토야마/흐루시초프

01.01 문교부, 〈외래어표기법 통일안〉 시안 발표(1958.9. 공포)-외래고유명사 표기원칙 통일

01.10 여의도 K-16공군기지, 미군으로부터 완전 인수-1971.2. 성남으로 이전

01.15 해병 제1사단 편성(상륙 사단)-1959.3. 경기도 파주 금촌에서 포항으로 이전

01.16 영화, '춘향전'(감독:이규환, 배우:이민·조미령) 개봉

01.18 서양화가 이중섭, 미도파화랑에서 제1회 개인전(~1.27)

01.20 유학생 선발 자격고시 개정 후, 첫 유학생자격 고시 실시-222명 중 14명 선발

01.21 한국·미국, 유엔한국재건단 기금에 의한 시설재 구매환율 180대 1로 합의

01.22 한강에서 제35회 전국체육대회 동계대회-스피드·피켜·하키 등(~1.23)

01.24 영국, 한국재건비로 유엔한국재건단(UNKRA)에 280만 달러 기탁

01.29 ≪정경민보≫ 문화부장 김동진·기자 양재희, 깡패 이정재의 사주로 권총 피격

01.29 1955년도 FOA민수물자구매 첫 공고-전기기계기구·우지 등 발표

01.31 경제부흥계획 일환 한미합동기술원조선정위원회 조직, 선진국에 해외파견 결정

01.00 월간 문학잡지 ≪현대문학≫(주간 조연현) 창간

02.01 김교덕, 신진공업사(대우자동차 전신) 설립-25인승 'H-SJ' 출시

02.01 김성환 화백, ≪동아일보≫에 만화 '고바우' 연재 시작(~2000.9.)

02.02 대한적십자사, '1도 1지사'로 조직 정비

02.04 덴마크 FL Smith 시멘트사와 문경시멘트공장 건설계약 체결-1957. 문경공장 준공

02.05 유엔한국재건단(UNKRA), 중소기업 융자금으로 1백만 달러 추가 결정

02.07 무연탄·중유 혼소식 '마산화력발전소' 착공(~1956.4.)-시설용량 5만kW

02.15 노농당(대표 전진한) 결성-1959. 민족주의민주사회당으로 개칭

02.17 정부 직제 개정, '부흥부' 발족-1961.7. 경제기획원 발족으로 업무 이관

02.18 전 부통령 김성수(891~1955) 사망

02.19 국무회의, 김포공항을 국제공항으로 지정 결의-1958. 여의도공항 국제선 기능 이전

02.20 일본 미쓰코시 경성점에 '동화백화점'(현 신세계백화점) 개점

02.22 중서부전선 제6군단사령부서 국군예비사단 30사단(경기 수색)·31사단(전남 광주) 창설

02.25 미국 후방기지사령부, 대구에서 부산으로 이동

02.26 서울 명동 시공관(현 명동예술극장)에서 한국작곡가협회 주최 1회 작곡발표회 개최

02.29 중동부전선 제5군단사령부서 국군예비사단 32사단(조치원)·33사단(부평) 창설

03.01 육군 본부, 대구서 서울 용산으로 이전-1989. 충남 계룡으로 이전

03.02 부산역 구내 객차에서 큰 화재-사망 42명, 화상 48명

03.02 부흥부, 비료공장건설확장 FOA자금 2,000만 달러 추가 책정

03.03 조봉암 입당 문제로 민주국민당 분파-민주대동파(혁신파)↔자유민주파(보수파)

03.05 서울시청 앞에서 육군본부 서울 환도 환영식 개최

03.08 북한 중앙도서관, 고려말 최해가 엮은 시문집『동인지문(東人之文)』발견

03.14 미8군, 한국군의 보급품을 현지 조달키 위해 재한미군구매처(KPA) 신설

03.15 ≪동아일보≫, 실수로 '고위층 재가 대기중' 앞에 '괴로'라 인쇄-1개월 무기정간

03.19 함북 아오지탄광에 억류되어 중노동에 시달린 국군 포로들, 탄광 폭파

03.23 ≪조선일보≫ 지령 1만 호 발행

03.25 공군 제10전투비행단(수원기지), 첫 레이다 기술 교육 수료식

03.25 범야당 연합 '호헌동지회' 총회 개최-원내외 9명씩 추진위원회 결성-민주당 창당

04.01 KBS, 텔레타이프 설치-외신 직접 수신

04.01 렘니처 대장, 미극동지상군·미8군사령관에 취임-1957. 미 육군참모차장 임명

04.01 서울 종로구 운니동에서 국립국악원 부설 국악사양성소(현 국립국악고등학교) 개교

04.02 국무회의, 각 고등학교 단위 군사훈련 폐지 결정-10.20. 국방부·문교부 간 합의

04.06 6.25전쟁에 참전한 주한 캐나다군 철수

04.15 부흥부, 〈백만호건축십년계획〉 책정-소요자금 6억 달러 마련 문제로 난항

04.15 유엔한국재건단 운영비 갹출-영국 150만 달러, 캐나다 50만 달러

04.15 해군본부, 부산에서 4년 만에 서울 회현동 청사로 복귀-1993.6. 계룡대로 이전

04.16 증권매매수수료, 주식이나 증권 동일하게 0.003% 인하

04.19 피분(Phibunsongkhram) 태국 수상 내한-반공 유대 강화

04.22 서울동작동 국립묘지서 제4차 3군 전몰 장병 79,201명 합동추도식

04.23 명동 시공관에서 '제1회 전국명인명창 국악대회' 개최(~4.25)

04.00 한아운 시집, 『보리피리』(인간사) 출판

05.01 신문 구독료, 7개월 만에 월 3백 환→4백 환으로 인상

05.05 서머타임제 실시(~9.9)

05.08 서울시 동장선거 실시(경쟁률 3:1)-245개동 중 166개 동장 선거

05.18 서울시경 소속 철도경호대 폐지-각도 경찰국에 배치

05.25 재일 조선인 한덕수 주도로 친북단체 '재일본조선인총연합회'(조총련) 결성

05.26 임성남발레연구소(한국발레단 전신) 창설

1955

05.29 한국-미국, 한국 병기창 건설협정 조인

05.31 박인수, 1년 동안 여대생 등 70여 여인과 간음혐의로 피검-징역 1년형 선고

06.01 〈한·미잉여농산물원조협정〉 조인(기금 1,500만 달러)-한국 통화로 미 잉여농산물 구매

06.01 공군 최초로 K-16·K-13 간의 TTY(통신문 수신기록장치) 독자적 운영 개시

06.06 KBS, 노래자랑 공개녹음 개시

06.10 조계사에서 불교정화운동 관련, 비구·대처승 간 난투

06.10 양곡 11만 톤 대일 수출

06.10 주 2회 발행하는 의료전문 신문, 《의사시보》(《후생신보》 전신) 창간

06.11 노량진 원절서원 터에 육각형의 사육신비 제막

06.12 문학단체 '한국자유문학자협회' 창립-공산주의로부터 민족문학 수호(~1961.5.)

06.13 북한-일본, 어업협정 조인-북한 연해의 수산자원 개발

06.16 한국무대예술 등 5개 극장문화단체, 전국극장문화단체협의회 발족

06.20 제10전투비행전대, 미 공군의 F-86F 세이버 제트기 5대 인수-최초 제트 전투기

06.20 이승만, 특혜외환에 의한 대일수입 금지-일본상사 중 용공상사와의 거래 금지

06.21 북한 공군 장교 이운용(조정사)·이인선(항법사), 야크기 몰고 귀순-공군 장교 임명

06.27 한미석공운영대책위, 〈유연탄생산5개년계획〉 합의-교통부용 유연탄 98만 톤 생산

07.01 〈상호방위지원계획〉에 따라 한미군사원조위원회 발족-군사원조비 독자적 집행

07.01 영암선(영주↔철암), 봉성↔춘양 구간 개통

07.01 충남 대천해수욕장, 첫 개장

07.01 〈한미원자력협정〉 가조인(1956.2. 양국 간 서명)-원자력의 비군사적 사용 협정

07.01 해군대학 개교-해군 고급장교를 양성하는 최고의 교육기관

07.10 서울 서빙고에 여군훈련소 설치-장교·하사관 양성(1990. 육군여군학교로 승격)

07.15 서울 동작동에 국군묘지 창설-1965. 국립묘지로 승격

07.16 부흥5개년계획시안(1954~1958) 수립-환화 4천5백억 계상, 1960년도 국민소득 1백달러

07.17 제1회 학술상(윤일선·최현배·최남선·정문기)·예술상(박종화·현제명·유치진) 시상

07.17 폭우로 전국 열차 불통

07.17 한국영화인연합회 발족-1962.1 현 한국영화인협회로 개칭

07.25 극동지상군사령부 및 8군사령부, 일본에서 서울로 이전 결정

07.27 대처승 사찰 추방에 통도사에서 대처승 167명 이혼

08.01 서울 신광동에 국제직업소년학교 설치-전쟁고아·부랑아 등 수용 교화

08.03 이탈리아, 한국 원조사업에 32만 달러 기증

08.11 전국의 판잣집 철거-3만952호(전체 판자집의 52.6% 해당)

08.13 국내 최초로 성전환 수술

08.15 KBS 연희송신소, 우리나라 최초의 대출력 중파 100㎾ 송신기 설치

08.15 경부선 통일호 개통-운행 시간 9시간30분

08.16 고종황제 2남 의친왕 이강(1877~1955), 안국동 별궁에서 사망

08.18 정부, 일본의 북한 접근에 대일 왕래 금지(8.17.)와 통상단교 단행

08.22 국방부에서 한국-미국 서울군사회담 개막-미 군사원조 운영

08.22 국민방위군 제2국민병(만 17세에서 40세 미만) 소집 종결

08.26 국제통화기금 IMF, 국제부흥개발은행 IBRD에 가입

08.00 담배, '백양' 시판, 50환(~1965.7.)

08.00 담배, '탑' 시판(~1956.12.)

08.00 담배, '파랑새' 시판, 50환(~1968.7.)

08.00 담배, '풍년초' 시판, 30환(~1971.11.)

08.00 최무성·최혜성·최순성 3형제, 국산자동차 '시발자동차'(4기통 1323cc) 생산(~1963.5.)

08.00 학원사, 여성 월간종합잡지 ≪여원≫ 창간(~1970.4.)

09.01 6.25전쟁 이후 첫 간이총인구조사 실시-인구동태 체계적 수집, 취업·학력 등 12개 항목

09.05 전국각지의 중견작가, 한국사진회 발족-작품전시회·월례회 개최

09.06 폴란드·체코(공산권) 등 적성 중립국감시위원회, 대구·강릉·부산·인천 등지 철수

09.09 한국도서관협회, 국제도서관협회연맹(IFLA)에 가입

09.11 정부, 유엔 통해 납북인사 및 국군포로 송환 추진

09.14 대구매일신문 필화사건-'학도를 도구로 이용하지 말라' 사설에 주필 최석채 구속

09.15 문경선, 점촌↔가은(22.5㎞) 개통

09.17 〈외환집중제〉 실시-국내 거주 개인·기업 소유 외화, 은행에 의무적으로 매각·예치

09.18 호헌동지회 자유민주파, 민주당(대표최고위원 신익희) 창당

09.19 이승만, 〈한글간소화안〉 철회-'민중들이 원하는 대로 자유에 부친다'

09.23 영화, '피아골'(감독:이강천, 배우:김진규·이예춘·허장강 등) 개봉

09.00 대한건축학회, ≪건축≫ 창간호 발행

10.01 창경원에서 해방10주년기념 산업박람회 개최-시발자동차 등 6만여 점 출품(~11.30)

10.04 경남 진해에서 4년제 육사(11기), 전두환·노태우 등 156명 첫 졸업식

10.04 이승만 80회 생일 맞아 남산공원서 '이승만 동상' 착공(~1956.8.)-4·19혁명 당시 철거

10.05 아시아반공연맹, 마닐라 회담서 마련한 〈반공대회헌장〉 서명

10.06 국사편찬위원회, 『조선왕조실록』 출판 착수(~1958)

10.07 전국에 뇌염 발생, 사망 761명

10.08 한글학회, 『우리말 큰 사전』 속간 착수

10.13 문경시멘트공장 착공-1953년도 운크라 자금 8백만 달러 투입, 연 20만 톤 생산

10.15 제36회 전국체육대회(서울)-1위 서울, 2위 경남, 3위 경기

10.18 대한항공 DC-3 특별기(우남호), 평화신문사 초청 하와이동포 46명 귀국

10.19 북한-일본, 500만 파운드 무역협정 체결-유효기간 1956년 12월까지

10.22 충주비료공장 착공-1954년도 FOA 원조자금 2천만 달러 투입(~1961.4)

11.01 한국교향악협회, 명동 시공관에서 가극 '칼멘' 공연

11.02 사정위원회(위원장 조용순) 발족-공무원의 직무상 비위행위 조사보고

11.17 군 당국, 평화선 침범 일본 어선에 대한 발포방침 발표

11.21 독도의용수비대, 일본 해상보안청 순시선 3척, 항공기 1대 발포, 격퇴

11.21 우남회관(현 세종문화회관) 건립 착공(~1978.4)

11.22 한국문학가협회 문학상 제정

11.23 국내 총 발전량 최고 10만 kW에 도달

11.00 1956년도 ICA기술자금으로 기술자 해외파견계획 수립-74만 달러, 농업 등 132명

12.01 극장, 지정 좌석제 실시

12.01 서독, 대한민국 정부 승인-한국-독일, 국교 수립

12.05 북한, 박헌영(1900~1955) 사형

12.11 6.25전쟁에 참전한 주한 그리스 군대 철수

12.12 전력 부족으로 가전용 전등 4시간 30분 송전제 실시

12.15 유엔총회, 유엔군 묘지 한국 내 설치 건의-1959.11. 부산 대연동 UN묘지

12.18 사상계사, '동인문학상' 제정-1979.이후 동서문화사 주관, 1987.이후 조선일보 주관

12.00 서울 마포구에서 하동환자동차제작소 설립-버스 생산

00.00 권혜경, '산장의 여인'(작사 반야월, 작곡 이재호) 발표

00.00 전영주, '도라지 맘보'(작사 나화랑, 작곡 심연옥) 발표

00.00 송민도, '나 하나의 사랑'(작사 손석우, 작곡 손석우) 발표

▨▨▨▨▨▨▨▨▨▨▨▨

02.03 [중국] 유엔 안보리 이사회의 출석 거부

02.17 [영국] 수소폭탄 제조 개시 발표

02.19 [동남아] 동남아조약기구(SEATO) 발족

03.03 [미국-중화민국] 방위조약 정식 발효

03.11 [영국] 페니실린 발견한 세균학자 플레밍(1881~1955) 사망

03.12 [미국] 알토 색소폰 연주자, 찰리 파커(1920~1955) 사망

04.05 [영국] 처칠, 영국 수상 노령 이유로 사임, 후임에 이든 취임

04.18 [국제] 반둥회의(아시아-아프리카 회의) 개막

04.18 [미국] 일반상대성 이론을 발표한 알베르트 아인슈타인1879~1955) 사망

05.05 [국제] 미국·영국·프랑스, 파리협정비준서 기탁-서독 주권 회복, 짜르 협정 발효

05.06 [서독] 북대서양조약기구(NATO) 가입

05.07 [국제] 서유럽방위동맹체(WEU) 정식 발족

05.07 [소련] 영국-프랑스 동맹 조약 폐기

05.14 [국제] 바르샤바조약기구 창설

05.17 [미국] 해중 원폭실험 성공

06.03 [미국-이스라엘] 원자력쌍무협정에 조인

07.01 [미국] FOA, ICA(국제협조처)로 개편

07.17 [미국] 세계 최초의 테마 파크, '디즈니랜드', 캘리포니아주 애너하임에서 개원

07.27 [오스트리아] 독립-10.26. 〈중립법〉 공포

08.06 [국제] 제1회 원폭-수소폭탄 금지 세계대회

08.12 [독일] 20세기 독일의 가장 위대한 소설가 토마스 만(1875~1955) 사망

09.13 [서독-소련] 국교 수립

09.30 [미국] 영화 배우 제임스 딘(1931~1955) 교통사고로 사망

10.09 [국제] 2차 대전 당시 생포돼 소련에 억류됐던 마지막 독일군 포로 전원 석방

10.26 [베트남] 베트남공화국 출범(고 딘 디엠 대통령 취임)

11.03 [국제] 터키·이라크·영국·파키스탄·이란, 바그다드조약기구[중동조약기구] 성립

11.14 [미·일] 양국 원자력협정 조인

11.15 [일본] 자유당과 민주당 합당, 자유민주당 창당

11.22 [국제] 중앙조약기구(CENTO) 결성

12.13 [포루투갈] 전두엽절제술을 개발한 신경학자 에가스 모니스(1874~1955) 사망

1956 병신(丙申) 단기4289 이승만8
아이젠하워/마오쩌둥/하토야마·이시바시/흐루시초프

01.01 영암선(영주↔철암)(현 영동선) 완전 개통

01.03 윤석중 등, 아동문학단체 '새싹회' 발족-한국아동문학 발전·복리증진 목적

01.12 여객선 태신호 삼천포서 화재(새벽 3시30분)-65명 사망, 부산발 여수행 여객

01.13 유엔한국재건단(UNKRA), 대리대출금리 연 7% 결정

01.14 서울시, 광교에서 제1회 연날리기 대회 개최

01.19 한미합동광산개발대책위원회 광산개발 발표-광산물생산계획, 수송시설계획 등 관장

01.20 국유 광산 불하방침 발표-연고권·부대시설불하 인정, 중소광산 우선 취급 등

01.20 〈법관징계법〉·〈홍삼전매법〉·〈연초전매법〉 공포

01.22 헌정동지회 임흥순 등 7명, 자유당 입당 결정

01.25 대한증권거래소(현 한국증권거래소) 설립-3.3. 개장

01.26 제7회 이탈리아 코르티나 동계올림픽 개막-한국 금0·은0·동0(~2.5)

01.30 비료 외상판매제 폐지, 현금판매제 시행 합의-70억 환의 영농자금 방출

01.30 육군특무대장 김창룡(1920~1956), 육군 중장 강문봉에 의해 피살

01.31 대상그룹 전신, 동아화성공업(주) 설립-발효조미료·식품·전분당·원료의약품 등 생산

02.03 〈한미원자력협정〉 조인-원자력의 비군사적 사용

02.08 상공부, 중석판매요강 발표-대한중석의 중석수출대행업무 중지, 자유판매 허용

02.12 영화, '단종애사'(감독:전창근, 배우:엄앵란 등) 개봉

02.13 〈지방자치법〉 개정 공포-부민직선제로 개정, 대통령 선거 이전 8월로 연기

02.13 중부지방에 지진 발생, 밤 11시 34분경

02.14 인천 만석동서 판유리공장 착공-UNKRA 자금 214만9천여 달러, 60억환 투자(~1957.9)

02.15 당인리화력발전소(2만5천㎾) 화입식-1954년도 FOA자금 지원(1954.8~)

94

02.21 경인지구 공장 복구계획 수립-51개 공장 복구, 22개 공장 운영, 9개 공장 신설 등

02.27 동방문화회관서 5개 영화단체 통합 '한국영화인단체총연합회'(회장 윤봉춘) 발족

02.28 33년 만에 대설-서울 24.4cm, 신설동의 전화 케이블 두절 등

02.00 우리나라의 본격 만화잡지 ≪만화세계≫ 창간

03.02 영동 지방에 적설량 3m의 사상 유례 없는 폭설 기록-120명 사망자 발생

03.03 금융단·보험단·증권단 공동출자, 회원제 단체 '대한증권거래소' 첫 개장

03.03 제1회 한국문협상 시상-시 김윤성, 소설 오영수

03.03 ≪한국일보≫, 최초 무인신문 자동 판매대 설치

03.05 육군 특전사, 최초의 '스키부대' 편성

03.05 국방부장관-미8군 참모장, 육군 조병창 기술협정 조인

03.05 자유당 전당대회 개최-정·부통령 후보에 이승만·이기붕 지명

03.07 경주박물관의 신라금관(모조품) 도난

03.09 전국 각지에서 '이승만 3선 호소 궐기대회' 개최

03.13 한국-스칸디나비아3국, 메디컬센터 건립 협정-1958. 서울 국립의료원(메디컬 센터)

03.16 한국, 세계기상기구(WMO) 가입

03.17 당인리 화력발전소 최초로 5천㎾ 송전-총 출력 3만5천㎾

03.17 존 포스터 덜레스(Dulles) 미 국무장관 내한-방공전략과 통일방안 등 협의

03.21 〈한중무역협정〉 체결-임금·어물 등(한국)↔식량·면직물 등(대만)

03.25 이승만, 공보실 통해 재출마 결의 담화 발표

03.28 민주당 전당대회에서 정·부통령 후보로 신익희·장면 지명

03.30 배은희·장택상·이범석 등, 공화당(가칭 민정당) 정식 발족

03.31 진보당 준비위원회, 정·부통령 후보로 조봉암·박기출 선출

03.31 탑골공원의 '이승만 동상' 제막-1960.4. 철거

03.00 제1회 동인문학상, 김성한의 『바비도』 수상

04.01 재무부, 제2차 애국복권 판매-산업부흥자금·사회복지자금 마련(~1959.1.)

04.01 한국통신협회 발족-통신사들(합동통신·동양통신 등)의 권익 신장(~1980.11.)

04.04 문교부, 대학 교내 군사훈련 폐지 결정

04.05 공화당 내 족청계(이범석)·비족청계(장택상) 유혈소동-장택상 최고위원 결별 성명

04.08 독도 경비임무, 독도의용수비대에서 국립경찰로 전환

1956

04.13 최고 발전량 15만㎾ 돌파

04.16 한국-미국, 타이어 등 16만 달러의 군납품 구매계약-첫 군수품 국내 조달

04.19 미 국제협조처 본부, 제2차 비료공장건설계획 승인-1959. 충주비료공장 준공

04.23 극예술협의회(회장 이헌구) 창립-6.6. 창립공연-'바람과 함께 사라지다'

04.25 정부-유엔한국재건단, 인천 판유리공장 건설 갱신계약 체결

04.28 문화영화제작자 및 전문기술자 70여 명, 문화영화협회(회장 김일휴) 발족

04.28 송전 제한 8년 만에 철폐-계량기 소유한 각 가정 24시간 송전

04.00 제1회 현대문학상, 김구용의 『잃어버린 자세』, 손창섭의 『혈서』 수상

05.02 민주당 신익희, 한강 백사장 선거연설에서 청중 30만 명 기록

05.03 마산화력발전소(5만㎾) 발전 개시

05.04 제일모직, 소모 방적으로 만든 가는 털실 '소모사' 첫 생산

05.05 민주당 대통령 입후보자 신익희 유세 중 익산에서 급서-5.23. 국민장 거행

05.05 제1회 소파상 수상-〈반달〉 작사·작곡한 윤극영

05.08 '어머니 날' 제정-1973.5. '어버이 날'로 변경

05.11 박기출 진보당 부통령 후보, 후보사퇴 성명-신익희 급서 이후 부통령 단일화 필요

05.12 국내 첫 TV 방송국(HLKZ) 개국-아시아에서 필리핀·일본·태국 이어 4번째(6.16. 첫방)

05.12 한국음악단체연합회 결성-최고위원 김세형·안병조·장사훈·이흥렬·박태현·계정식

05.15 3대 대통령 선거-대통령:이승만(55.7)·조봉암(23.9), 부통령:장면(46.4)·이기붕(44)

05.17 대구에서 괴한 5, 6명의 개표장 난입으로 선거 개표 중단사건 발생

05.20 서머타임제 실시(~9.30)

05.20 육군, 군의관 보충안으로 여자군의관 모집-의사면허증 소지한 여의사(~6.20)

05.22 정·부통령 당선자 공표-대통령 이승만(자유당), 부통령 장면(민주당)

05.25 삼척화력발전소 시운전-시설용량 5만5000㎾(~1985.12. 폐지)

05.28 6.25전쟁 참전 16개국, 휴전감시위원회 해체 결의

05.30 한국국제정치학회 발족-초대 회장 이용희 서울대 외교학과 교수

06.01 한국자유문학자협회, 《자유문학》 창간(~1963.4)

06.01 김내성 『실락원의 별』, 《경향신문》 연재 시작-1957.2. 김내성 사망 중단

06.04 한글문화협회 창립

06.06 제1회 현충일 추도식 거행

06.09 영화, '자유부인'(감독:한형모, 배우:박암·김정림) 개봉

06.09 이희승 첫 수필집, 『벙어리 냉가슴』(일조각) 출판

06.09 제3대 2기 국회의장 이기붕 피선, 조경규·황성수 부의장 피선(~1958.5)

06.15 '대통령 리승만 박사 송수탑' 남한산성에 건립-1960년 4·19혁명 이후 철거

06.16 HLKZ-TV, 매주 수·토·일 저녁 8시부터 2시간 정규방송 개시-청취자 수 100여 명

06.16 임성남발레단(현 한국발레단), 서울시립극장서 제1회 발표회('백조의 호수' 등) 개최

07.01 한미합동군사훈련 실시

07.01 장덕조 『낙화암』, 《동아일보》 연재 시작(~1957.3)-1959. 초판(신태양사)

07.10 진해기지, 5년 만에 최대 3천톤 급 함정 수리 도크 완성-총공사비 60억 환

07.17 국회, 유엔가입 국민운동 전개에 관한 결의안 채택

07.19 민주당 중앙위원회, 대표최고위원에 조병옥 선출

07.21 정부, 국제적십자사에 일본의 재일교포 북송 항의

07.23 충주지구수력발전소 신설 계획-충주댐, 1978.6. 착공(1985.12. 준공)

07.25 이양구, 풍국제과 인수 후 동양제과 창립-오리온그룹·동양그룹 모기업

07.27 서울지법, 불교 종무원의 종정 직권으로 대처승에 반환 판결

07.00 성인만화, 월간 《만화춘추》 발행-대중문화의 총아로 각광 받음

08.02 〈광석개발5개년계획〉 마련-양양·삼화광산 개발, 삼화제철·대한중공업 원료확보

08.07 한국일보·대한야구협회, 첫 재일동포학생야구단 모국방문경기대회 개최(~1998)

08.08 제2대 지방의회(시·읍·면의회) 의원 선거-104명의 면의원 당선

08.13 서울특별시 의원 및 전국 도의회 선거 실시

08.15 이승만 대통령 80회 탄신경축 중앙위원회, 남산에 이승만 동상 제막-1960.4. 철거

08.15 제3대 대통령 이승만 취임(~1960.4)

08.25 여성문제연구원 변호사 이태영 등, 여성법률상담소(현 한국가정법률상담소) 설립

08.25 정부, 대미환율 500대 1 유지 결정

08.30 북한, 8월 종파사건-김일성 1인 지배체제·개인숭배 비판(관련자 망명·숙청)

08.31 합천 해인사, 석가여래입상(국보 408호) 도난

09.01 임원식·이남수 등, 서울방송교향악단(현 KBS교향악단) 발족

09.01 정재호, 미국 AP통신과 수신계약 체결 후 《동화통신》 창간(~1973.4.2.)

09.05 서울시 의회, 첫 개회-시의원 47명, 의장 김진용(민주당)

09.05 한미합동경제위원회, 〈7개년부흥계획〉 수립 결정

09.06 세브란스 의과대학, 우리나라 최초 심장 수술

09.06 야수파 서양화가 이중섭(1916~1956) 사망

09.11 대한발명장려회, 한국발명협회(총재 상공부장관) 개칭, 발족

09.14 1950년 육군 3사단이 최초로 38선을 넘은 10월 1일을 '국군의 날'로 제정

09.15 국산 무명천 광목, 홍콩으로 첫 수출

09.15 아시아축구연맹(AFC) 주최, 홍콩서 제1회 아시아축구선수권대회 개최-한국 우승

09.17 문교부·미국공보원 공동 주최, 덕수궁서 '평화를 위한 원자력 전시회' 개최

09.28 민주당 전당대회에서 대표최고위원에 조병옥 선출

09.28 민주당 전당대회에서 장면 부통령 저격 사건-권총 1발에 왼손 경상

09.29 6.25전쟁 참전 16개국, 휴전감시위원단 철수 결정

10.01 서울운동장서 제1회 '국군의 날' 기념식 거행

10.03 제37회 전국체육대회 개최(서울), 참가 5,950명-1위 서울, 2위 경남, 3위 경북

10.06 서울 무역회관 미도파 4층서 수출입전시장 개장-수출품 6백여 점, 수입품 1백여 점

10.07 KBS라디오 일요일드라마, '청실홍실'(조남사 각본·연출:이경제) 첫 방송(~1957.4)

10.12 전국문화단체총연합회, 사육신 5백년 추념제 개최

10.19 상공부, 유엔한국재건단 중소기업 융자기금 중 1억 5천만 환 각 시도에 배정

10.23 부흥부, 1957년도 기술자 해외파견 계획 발표-총 파견 인원 315명, 173만990달러

10.29 김영수·박홍민 등, 방송작가협회 발기-1962.2. 설립

10.29 반도호텔에서 국내 첫 패션쇼 개최-반도호텔, 1974년 철거(롯데호텔 건립)

10.31 〈국채규정〉 개정 공포-각기 연도별 상환표 확정

11.03 국무회의, 정부기구간소화안 의결-중앙행정기관 유지, 지방관서 대폭 감축

11.10 진보당 창당-조봉암, 위원장에 선출

11.11 국제시계밀수사건 적발-자유당원 박영출 제명, 황성수 국회 부의장 사퇴

11.12 민족대표 33인, 이명룡(1873~1956) 사망-사회장 엄수

11.19 농림부, 〈개간사업5개년계획〉 발표-간척 2만7,600정보, 개간 8만3,700정보

11.21 무연탄대일수출 금지 2년 만에 해제-민영 무연탄 6만 톤, 대일 수출 결정

11.22 제16회 멜버른 올림픽 개막-한국 29위, 금0·은1·동1(~12.8)

11.23 김영주·최순우 등, 한국미술평론가협회 발족-매년 협회상 수여, 전람회 개최 등

11.23 신의주학생의거를 기념하여 '반공학생의 날' 지정

11.24 한국-이탈리아, 국교 수립

11.27 영화, '시집가는 날'(감독:이병일, 배우:조미령·김승호) 개봉

11.28 74년 만에 '한미우호통상항해조약' 재체결-상호통상관계 조장과 호혜원칙 명문화

12.06 〈면직물수출5개년계획〉 수립-1961년도 2백만 필 목표, 수출국:동남아·호주 등

12.06 제16회 멜버른올림픽 복싱 밴텀급 결승전-송순천 베렌트에 3-2 판정승

12.10 고려혁명당 중앙위원, 하얼빈에서 피체 19년 복역한 정이형 사망

12.14 1957년 1월 1일부터 상품정찰제 실시 결정

12.17 치안관의 구류·벌금처분 치안재판(즉결재판) 폐지(1957.1. 실시)-법관, 순회재판 실시

12.25 미국가기획협회(NPA), 12억4천만 달러의 대한5개년원조계획 제창

12.31 국민총생산, 1조 2,237억 환-1인당 국민소득 5만5,993환

00.00 이해연, '단장의 미아리 고개'(작사 반야월, 작곡 이재호) 발표

00.00 크라운제과, '커라운 소프트 산도(현 크라운산도)' 출시

▨▨▨▨▨▨▨▨▨▨▨▨▨▨

01.04 [소련-몽고-중국] 직통 철도 개통

01.10 [미국] 엘비스 프레슬리 히트곡, '브레이크 호텔' 녹음 시작-1.27. 발매

02.25 [소련] 흐루시초프, 제20차 소련 공산당대회서 스탈린 비판 연설

03.04 [영국회사] 알래스카 석유 채굴

03.10 [영국] 전투기 'Fairey Delta 2', 최고 속도 1,132 mph(1,822km/음h) 기록

04.02 [프랑스] 알제리 반군 소탕전서 프랑스군 1천여 명 피해

04.12 [유럽] 북대서양조약기구(NATO) 7개국, 지중해서 해·공군 합동 훈련

04.17 [국제] 국제공산당 정보기관, 코민포름 해산(1947~)

04.18 [모나코] 영화 배우 그레이스 켈리, 모나코 왕 레이니3세와 결혼

04.24 [중국] 중국군, 대만의 금문도 포격

04.29 [프랑스] 프랑스군, 인도차이나서 완전 철수

05.01 [일본] 미나마타만에서 '미나마타병' 발생 첫 보고

05.03 [일본] 제1회 세계유도선수권대회 개막(일본 도쿄)

06.13 [영국] 영국군, 74년 만에 수에즈운하에서 철수-7.26. 이집트, 국유화 선언

08.14 [독일] 『밤의 북소리』 극작가 베르톨트 브레히트(1898~1956) 사망

08.25 [미국] 토키·수중신호장치 발명한 무선공학자 조지 워싱턴 피어스(1872~1956) 사망

08.25 [미국] 『킨제이 보고서』를 낸 동물학자 알프레드 킨제이(1894~1956) 사망

09.12 [독일] 『아름다운 미혹의 해』를 쓴 의사·소설가 한스 카로사1878~1956) 사망

10.16 [국제] 디지털전자계산기 제3세대 프로그래밍 언어 '포트란' 발표

10.17 [영국] 콜다홀 원자력발전소 개소, 본격적인 원자력발전소 시대 개막

10.19 [일본-소련] 국교회복공동선언 및 통상항해의정서 조인

10.29 [국제] 이스라엘, 이집트 시나이 반도 기습 공격, 제2차 중동전쟁 발발

10.31 [미국] 해군기 처음으로 남극 극점 착륙 성공

11.06 [미국] 아이젠하워, 대통령에 재선

11.13 [미국] 공공버스 인종차별 위헌 판결

12.02 [쿠바] 카스트로, 체 게바라 등 82명, 그란마호 타고 쿠바섬 상륙, 쿠바혁명 시작

12.03 [영국-프랑스] 이집트로 부터 즉시 철수 발표

12.12 [일본] 국제연합 가입-12.18. 유엔총회, 일본의 유엔가입 가결

12.28 [미국] 캘리포니아대학, 저온하의 핵융합반응 성공 발표

1957 정유(丁酉) 단기4290 이승만9
아이젠하워/마오쩌둥/이시바시·기시/흐루시초프

01.01 부산시 인구 급증, 행정제도 '구제' 실시-중구·서구·영도구·부산진구·동구·동래구

01.01 북한, 〈인민경제발전 5개년계획〉 시작-공업화 기초구축, 의식주 문제 해결

01.10 제1차 금융통화위원회 개최-1962.5. 금융통화운영위원회로 개칭

01.11 서울 종로구 관훈동서 언론단체 '관훈클럽' 결성-기자들 친목 도모·신문연구 목적

01.14 대통령 선거를 앞두고 김창숙 위원장 등 정통파 축출, 유도회 분규 격화

01.15 광복군 총사령관, 1·2대 국회의원 지청천(1888~1957) 장군 사망

01.23 한국-미국, 500대1 환율 연장에 관한 협정에 서명

01.24 민주당을 제외한 야당 의원, 원내교섭단체로 '정우회' 구성-장택상 등 14명

01.25 제38회 전국동계빙상대회, 한강에서 개막-종목 피겨·스케이팅·아이스하키

01.28 〈저작권법〉 공포-1차(도서·노래 등) 저작물 보호

01.30 〈한미잉여농산물협정〉 체결 발효(~1971)- 미국 측 잉여농산물을 한국 통화로 구매

01.00 담배, '사슴' 시판, 1백 환(~1958.2)

01.00 담배, '진달래' 시판, 1백 환(~1968.6)

02.02 서정주 등 126명, '한국시인협회'(대표 유치환) 창립

02.03 정부, 경제부흥5개년계획안 수립(1957~1961년)-투자 규모 23억7천만 달러

02.03 정한모·김성욱 등, '현대평론가협회' 발족

02.07 서울시립소녀관(현 시립한남직업전문학교) 설립-소녀고아, 무의탁 여성 직업훈련

02.14 〈농업은행법〉·〈농업협동조합법〉 공포

02.18 중앙방송(현 KBS) 작가 13명, 연속집필 방송극 개시

02.20 경북 포항↔진해 군용 장거리 전화 개통

02.21 서울 종로구 세종로 소재 농림부 3층 청사(536평) 전소

02.22 한일 양국 간 어업문제(평화선 침범·밀항)로 발생한 '한일 억류자' 상호석방 합의

03.08 한국-터키, 국교 수립

03.09 함백선(영월↔함백) 개통-석탄을 수송하기 위한 산업철도

03.15 괴산수력발전소(1,000㎾ 발전) 송전-높이 28m·길이 171m, 최초 국내기술 시공

03.24 미국 위싱턴에서 한미군사회담 개최-김용우 국방장관, 장비 현대화 요구

03.25 영화, '바람과 함께 사라지다'(감독:빅터 플레밍고, 배우:클라 게이블, 비비안 리) 개봉

03.26 이기붕 장남 이강석, 이승만 양자로 입적

03.26 한국은행, 신 100환권(이승만 초상) 및 1,000환권(이승만 초상) 발행

03.29 일본, 대한청구권 포기 및 '을사늑약' 무효 선언

03.30 조선어학회, 『조선말큰사전』 4권 편찬-록펠러 재단 지원(전 6권)

04.07 제1회 '신문인의 날' 제정

04.07 전국 일간신문·통신사 편집인, 한국신문편집인협회 발족-〈한국신문윤리강령〉 선포

04.10 서울대 법대학생들, 이승만 양자 이강석 편입학 반대 동맹휴학-서울대 측 허가

04.12 이원만, 한국나이롱주식회사(㈜코오롱 전신) 설립

04.22 미 헌병대, 파주군의 일부 민가를 불법 수색, 물품 2,300여 점 압수

04.24 한국-영국 간, '공사'를 '대사'로 승격

04.24 〈한미항공협정〉 조인-한국·미국 간 민간항공 운영의 촉진

04.30 〈석탄개발10개년계획〉 책정-석탄 수요의 국산탄으로 자급-철도부설·수송강화 등

05.05 섬머타임제 실시(~9.21)

05.05 한국동화작가협회 마해송·방기환·강소천 등, 〈어린이헌장〉 공포-1988.5.5. 개정

05.06 HLKI 텔레비전 방송국, 대한방송주식회사(DBC)(사장 장기영)로 개편(~1961.10)

05.17 〈탄전종합개발10개년계획〉(1957~1966) 수립-1959.4. 8개년 계획으로 수정

05.19 '발명의 날' 제정-세종대왕이 측우기를 공식적으로 사용하기 시작한 날

05.19 서울 국립극장서 1회 미스코리아 선발대회 개최(한국일보)-미스코리아 박현옥 선발

05.20 도쿄 제4회 아시아영화제에서 '시집가는 날'(감독:이병일) 특별 희극상 수상

05.22 한국, 인도양에서 첫 원양 어로 개시

05.22 정전위원회 유엔 측 대표, 한국군의 장비현대화(휴전협정 13조 D항 폐기) 통고

05.24 청계천 복개 공사(대광교↔장교(450m)) 착공-예산 7,400만 환

05.25 국민주권옹호투쟁위원회, 장충단 시국강연회 개최-20만 명 운집, 자유당 테러난동사건

05.26 민간 대한방송 TV, 첫 TV 생중계-전국중고학생 축구대회 결승전

05.26 이효정, 한국 최초로 '나이팅게일 기장' 수상-국립결핵요양원 간호원장으로 30년 봉사

05.00 동아문화연구소(위원장 백낙준) 발족-미국 하버드 엔칭학원에서 재정 지원

06.01 KBS 국영방송국, 시설 확장 후 종일방송 실시

06.01 국립극장, 서울 중구 명동예술회관(예전 극장 명치좌)으로 이전-현재 명동예술극장

06.01 공보실, 방송문화연구실(현 방송문화연구소) 설립

06.04 한국-미국, 삼척지구에 대규모 제철공장 건설 합의

06.14 전국 자동차 수, 760명에 1대 꼴 증가

06.17 고려대 아세아문제연구소 창설

06.21 미 육군, 한국휴전협정 제B조 D항, '무기반입금지' 폐기-6.22. 신형 Z기 배치 등

06.23 부산진 판자촌 전소-사망 49명

06.24 서울 필동에 '코리아 하우스' 개관-한국공예품 진열, 주한 외국인에게 공개

06.27 무기반입금지 폐기에 따라 미국 F100 제트기단, 한국 도착

06.29 한국일간신문발행인협회(이사장 김형근) 창립

06.30 조선어학회, 『조선말큰사전』 5권 편찬

06.00 홍성유, 『비극은 없다』, 한국일보 소설 공모 당선

07.01 유엔군사령부, 일본에서 한국으로 이동-주한미해군사령부 창설

07.05 미국에서 조종사 훈령용 'T33 제트기' 9대 인수

07.10 〈수리사업3개년계획〉 수립

07.13 여호와의 증인 신도, 교리 상 입대 거부로 재판 회부

07.26 6·25전쟁 참전 영국연방군, 한국에서 철수

07.31 〈병역법개정안〉 국회 통과-고등학교 이상 재학생 군사교육 시 군복무 단축 등

08.01 미 1기갑사단, 한국으로 이동

08.01 주한미군 제7공군 제8전투비행단 군산기지(K-8 기지) 인수

08.03 세계은행(IBRD), 한국의 기술원조공여대상국 거부 통고

08.03 조봉암·장택상, 혁신세력 대동통일운동 추진

08.04 전국에 수해-사망 247명, 이재민 6만여 명

08.04 해군교향악단, '서울시립교향악단'으로 새 출발

08.07 대한교육보험주식회사(현 교보생명보험주식회사) 창립

08.07 정부, 튀니지 공화국 승인

08.08 한국, 국제원자력기구(IAEA) 정식 가입

08.15 미국, 주한미군의 핵 무기화 착수 발표

08.15 〈병역법〉 개정-만3년 복무, 2대 독자·생계곤란자 6개월 복무, 만28세 이상 징집 면제

08.18 미국, 한국군 25만 명 감축 주장

08.19 도입 비료의 체감에 따라 〈자급비료증산5개년계획〉 수립

08.22 경찰관 김정제, 남로당 특수부에 가담, 간첩 활동을 펼친 '김정제 사건' 발표

08.26 명보극장(현 명보아트홀) 개관

08.00 제2회 동인문학상, 선우휘의 『불꽃』 수상

09.01 가짜 이강석 사건-강성병, 경북 경주·대구 등에서 이승만 양아들 이강석 행세

09.02 이승만 대통령, 미 국제협조처 자금을 경제 부흥에만 사용토록 지시

09.09 한국의 유엔가입, 유엔안보리에서 소련의 반대로 좌절

09.15 인천 월미도서 '맥아더 장군' 동상 제막

09.15 미군 방송 AFKN(American Forces Korean Network), TV 방송 개시-2012.5. 중단

09.18 베트남 대통령 고 딘 디엠(Ngo Dinh Diem) 내한

09.20 진보당과 근민당 잔류파, 통일준비위원회 구성

09.25 김포공항, 국제공항으로 사용

09.26 문경시멘트공장 2년여 만에 준공-년 20만 톤 생산(1955.10.~)

09.30 인천판유리공장(현 한국유리공업주식회사) 준공

1957

10.09 한글학회, 30년 만에 『큰사전』(전 6권) 완간

10.10 육당 최남선(1890~1957) 사망

10.11 북한, 휴전선에서의 남북교역 제의

10.15 서상일 등 혁신계 인사, 진보정당 '민주혁신당' 결성(~1960.2)

10.23 제38회 전국체육대회(부산), 참가 인원 5,579명

10.26 화천 수력발전소 제3호기 준공

10.30 혼혈아 80명, 첫 미국 입양

11.11 〈농지개량5개년계획〉 수립

11.12 한미재단을 주관하여 한국복리증진에 공헌한 록펠러에게 한국 최고 훈장 수여

11.15 문교부, 상용한자 1,300자 제정

11.16 민주당에서 제명된 김준연 등, 통일당 창당-1961년 5.16군사정변 이후 해체

11.18 북한적십자사, 납북인사 337명 명단 통고

11.18 서울시청 앞에서 1회 '약의 날' 기념식-모범약업자 및 약업발전 공로자 표창

11.25 ICA자금으로 화천 수력발전소 제3호기(2만7천 ㎾) 준공

11.26 유엔 총회, UNKRA 업무 종결 가결

11.00 한국작곡가협회, 제1회 작곡상 수상식-정윤주, 무용조곡 '까치의 죽음' 수상

12.01 KBS 제2방송, '자유대한의 소리' 대북 방송 개시

12.01 국제공항 김포에 우리나라 첫 국제통신소 준공

12.05 국회, 동성동본과 8촌 내 인척의 결혼금지안 채택-2005.3.31. 폐지

12.09 서울대 ≪문리대학보≫, 〈모색-무산대중 체제로의 지향〉 필화 사건

12.10 〈사슴〉 시인 노천명(1912~1957) 사망

12.14 〈무역법〉 공포-외국인 무역업자, 한국 정부의 허가 필요

12.16 국보 197점, 해외 첫 전시-미국 워싱턴 등 8곳에서 1년여 동안 전시

12.18 북한 올림픽위원회 위원장, 제17차 올림픽대회에 남북단일팀 구성 제의

12.21 영화, '애수'(감독:머빈 르로이, 배우:비비안 리, 제임스 테일러) 개봉

12.31 한국-일본, 〈억류자상호석방협정〉 조인

00.00 윤일로, '기타부기'(작사·작곡 이재현) 발표

00.00 손인호, '울어라 기타줄아'(작사 무적인, 작곡 이재호) 발표

00.00 이미자, '열아홉 순정'(작사 나화랑, 작곡 나화랑) 발표

104

■■■■■■■■■■■■■

01.03 [미국] 세계 최초 전자시계 등장

01.05 [미국] 아이젠하워 미국 대통령, '신중동 정책' 발표(아이젠하워 독트린)

01.16 [이탈리아] 지휘자, 토스카니니(1867~1957) 사망

02.09 [미국] 5천 kW 원자로 발전 개시

03.03 [이스라엘] 가자지구서 전면 철수 선언-3.9. 유엔군, 가자지구 진주 완료

03.17 [필리핀] 막사이사이(1907~1957) 대통령, 비행기 사고로 사망

03.22 [미국] 미군기, 태평양 횡단 중 실종, 67명 사망

04.10 [이집트] 수에즈 운하 개방 재개

04.27 [중국] 정풍운동에 관한 지침 공포

05.02 [미국] '매카시즘'의 선동자, 매카시(1908~1957) 사망

05.15 [영국] 수소폭탄 실험 성공, 세계에서 3번째 수폭 보유국

05.21 [인도] 아시아 최대의 우라늄광 발견

06.03 [미국] 중동조약기구(METO)에 가입

06.03 [소련] 흐루시초프, 신스탈린파 말렌코프·몰로토프 등 숙청

06.05 [미국] 과학자들, 핵실험 중지 호소

07.02 [북이란] 지진, 4,000여 명 사망·행방 불명

07.08 [국제] 각국의 과학자가 군축·평화문제를 토의하는 제1회 퍼그워시 회의 개막

07.19 [미국] 네바다서 원자로케트탄 첫 실험

07.29 [국제] 국제원자력기구(IAEA) 발족

08.11 [캐나다] 여객기, 퀘벡 부근에 추락, 79명 사망

08.26 [소련] 대륙간탄도미사일(ICBM) 발사 성공-8.28. 미국, 중거리탄도탄(IRBM) 성공

08.31 [말레이시아] 영국으로부터 독립

09.09 [미국] 아이젠하워 대통령, 흑인 투표권 보장 민권법에 서명, 흑인 투표권 처음 보장

09.20 [핀란드] '이발사' 작곡가 시벨리우스(1865~1957) 사망

10.01 [일본] 유엔안보리 비상임이사국에 선출

10.04 [소련] 세계 최초의 인공위성, '스푸트니크 1호' 발사 성공

10.23 [프랑스] 패션디자이너 크리스찬 디오르(1905~1957) 사망

10.26 [그리스] 『그리스인 조르바』 작가 카잔차키스(1883~1957) 사망

1957

11.03 [소련] 개를 태운 인공위성 '스푸트니크 2호' 발사

11.16 [국제] 모스크바에서 64개국 공산당-노동당 회의 개최

11.21 [동독-서독] 통상협정 성립

11.22 [국제] 모스크바 12개국 공산당회의, '세계평화선언' 발표

12.05 [소련] 최초의 원자력 쇄빙선 레닌호 진수

12.06 [일본-소련] 통상조약 조인

12.13 [이란] 서이란에 지진, 주민 1,400명 사망

12.17 [미국] 대륙간탄도탄미사일(ICBM) 발사 성공

12.24 [일본] NHK방송국, FM 방송 시작

1958 무술(戊戌) 단기4291 이승만10
아이젠하워/마오쩌둥/기시/흐루시초프

01.05 동해창의군을 조직한 한말 의병장 임용상(1877~1958) 사망

01.07 한국-일본, 문화재반환비밀조약 조인

01.07 민주당, 조병옥의 대표최고위원직 사표 수리

01.11 전국언론인대회, 언론 자유를 침해한 '선거법 개정안' 조항 반대 결의문 채택

01.13 조봉암, 국가보안법위반 혐의로 피체(진보당 사건)-1959.7. 사형

01.21 제5차 문맹퇴치운동, 농한기 동안 문맹자 50만 명 대상으로 전개(~3.31)

01.23 《동아일보》 연재만화 '고바우 영감'의 작가 김성환 즉결 심판

01.23 한국기원협회 창립

01.24 국제극예술협회(ITI) 한국본부 창립총회

01.25 국회, 〈민의원·참의원 선거법안〉 통과

01.30 정부, 〈국제공항직제〉 개정 공포-김포공항, 국제공항으로 정식 지정

01.00 국내 최초의 필터 담배, '아리랑' 시판-1갑 2백환(~1988.12.)

02.08 일본 주둔 미 유도탄 대대, 한국으로 이동

02.10 첫 검인정교과서전시회-전국 10개 도시 948종 출품(~3.31)

02.11 도쿄에서 대한반공단 일본특별단부 발족

02.12 한미고위군사회담서 한국 측, 미국의 감군 요구에 동의

02.13 범죄는 112, 화재는 119로 전국 전화번호 통일

02.13 정부, 베네주엘라 정식 승인

02.14 〈원자력발전8개년계획〉 수립

02.16 대한국민항공(KNA) 창랑호 여객기 납북-평양 순안비행장에 강제 착륙(3.6. 송환)

02.19 미 국무성, 주한미군의 불철수 방침 발표

02.22 국회, 〈외자관리법안〉 통과-외자 사용 통제(3.7. 공포)

02.22 우리나라 최초의 '민법' 공포(1960.1.1 시행)

02.25 조봉암 구속 직후 진보당 등록 취소

03.03 북한, 사회주의 노력경쟁운동 '천리마 운동' 시작-1958.9. 본격화

03.03 북한, 최고인민위원회 위원장 김두봉, 조선노동당에서 제명

03.04 충북선(조치원↔봉양) 명암터널 개통

03.05 6·25전쟁 당시 참가 16개군(UN군), 중공의 한반도 철수 제안 거부

03.06 대한항공 부산발 서울행 창랑호(KNA) 납북 승객 32명 귀환(2.16. 사건 발생)

03.08 체신부, 한국 최초로 미국에 사진전송 성공

03.10 부산방송국, 지방국 최초로 종일방송 실시(토·일 제외)

03.11 〈건설업법〉 제정-건설업의 면허, 건설공사의 도급·시공·기술관리 규정

03.11 〈원자력법〉 제정-원자력의 연구·개발·생산·이용과 안전관리 사항 규정

03.12 해군에서 한미합동원자전 훈련실시

03.16 북한 내 중국군 제1진 철수

03.17 CBS라디오, 최초의 DJ프로그램, '노예의 얘기 신고' 신설

03.18 무역법시행령 및 무역위원회 규정 공포

03.20 서울↔제주 간 여객기 취항

03.24 체신부, 한국 최초로 대미국·일본 사진전송업무 취급 개시

03.31 한국-미국, 한국군 6만 감군원칙에 합의

03.00 동아출판사 『국어대사전』 출판

04.01 농업은행, 특수은행으로 발족-금융조합의 단위조합 기반(~1961.8)

04.01 부흥부, 신문로 구 상명고등여학교에 산업개발위원회 발족(~1961.5)

04.01 상업은행, 시중은행 중 처음으로 여자농구부 창설

04.03 한국 정부, 미국에 '국토통일방안' 각서 전달-UN감시 하의 총선거에 의함

04.10 공군수송기 C-46, 납북 미수사건 발생-북한 간첩 현역 공군 대위 주도

04.15 제4차 한일회담 개최-회담 재개·휴회 거듭, 4.19혁명으로 중단(~1960.4.15.)

04.18 '대한극장' 개관(1,924석 규모), 영화 '잊지 못할 사랑(An affair to remember)' 상영

04.19 한국일보사 주최, 제1회 전국남녀활쏘기 대회 개최

04.21 창경원 벚꽃놀이 시작

05.02 4대 민의원 총선거 실시-자유당 126명, 민주당 79명, 무소속 27명, 통일당 1명

05.04 서머타임제 실시(~9.21)

05.12 청계천 대광교 속에서 조선 태조 계비 신덕왕후의 능침석 발견

05.15 강경선(채운역↔연무대)·충북선(조치원↔중앙선 봉양역) 개통

05.15 한강인도교, 공사 만7년 2개월 만에 개통

05.17 타이완에서 이병도 『국사대관』 번역 간행

05.24 역사학회·진단학회, 공동으로 제1회 전국역사학대회 개최

05.24 제3회 도쿄 아시안게임 개막-한국 3위, 금8·은7·동12(~6.1)

05.30 이창훈, 제3회 도쿄아시안게임 마라톤 경기에서 우승

05.31 영화, '별아 내 가슴에'(감독:홍성기, 배우:김지미·김동원) 개봉

05.31 제4대 국회 개원(~1960.7.28.)

06.07 제4대 민의원 개원-제4대 1기 국회의장 이기붕 피선(~1960.4)

06.12 『한국부흥백서』 첫 발간

06.29 뚝섬경마클럽에서 제1회 전국마술선수권대회 개최

06.29 주한 유엔군경제조정관실(OEC), 미국 원조단(USOM)으로 개편

06.00 제2대 대법원장 오용순 임명(~1960.5)

07.02 〈공업부문설비10개년계획안〉·〈전원개발10개년계획〉 수립 발표

07.02 진보당사건, 언도공판에서 조봉암과 양명산에게 각각 5년 구형

07.04 괴청년들, 조봉암·양명산 형량이 가볍다며 법원 난입 소동

07.11 국회서 산업은행 연계자금 부정대출(약 40억 원) 폭로

07.12 영화, '어느 여대생의 고백'(감독:신상옥, 배우:최은희·김승호) 개봉

07.14 부흥부, 개발차관기금 350만 달러 도입 확정 발표

07.16 공군, 최초로 헬기 H-19D 1대 인수

07.17 〈기술훈련5개년계획〉 수립

07.21 대구 부정투표사건 고발

07.23 서울·대전 최초로 FM 이원방송 성공

07.24 도쿄에서 재일한국반공연맹(대한반공단 후신) 발족

08.01 한국-서독, 요소비료공장 건설계약 체결

08.07 대한교육보험주식회사(현 교보생명보험주식회사) 창립

08.08 뇌염으로 1,900여 명 사망

08.08 함석헌, ≪사상계≫(8월호) '생각하는 백성이라야 산다' 게재-⟨국가보안법⟩에 구속

08.11 자유당, 국가보안법을 대폭 강화하는 개정안 국회에 제출

08.12 북한-일본적십자사, 재일동포 북송협정 체결

08.13 제1회 전국민속예술경연대회(현 한국민속예술축제), 육군체육관에서 개최(~8.18)

08.15 최고 유명 향로인 고려 향로, 표충사에서 발견

08.15 한국은행, 신 500환권, 50환권 발행

08.24 시멘트 위탁판매 전환

08.25 뇌염으로 전국 국민학교 휴교령

08.28 대한원조의 감소에 대응하여 ⟨임시외환특별세법⟩ 공포-

09.01 제1회 한국오픈골프선수권대회(현 코오롱 한국오픈골프선수권대회) 개막

09.05 자유당, 참의원선거 실시 않기로 기본방침 결정

09.06 중부에 13년 만의 폭우

09.09 임시정부 외무부장, 국회의원(2대), 6·25전쟁 당시 납북 조소앙(1887~1958) 사망

09.15 미군 방송 AFKN, 텔레비전 개국(1959.1. 프로그램 자체 제작 생방송 실시)

09.25 한미석유협정 수정-부산 석유저장시설, 미국으로부터 인수

09.27 서울야구장, 3년 만에 개장-공사비 3억3천만환, 2만3천명 수용

09.30 ⟨외래어표기법통일안⟩ 수정, 로마자의 한글화표기법 제정 공포

09.00 제3회 동인문학상, 오상원의 『모반』 수상

10.01 구인회, 금성사(현 LG전자) 설립

10.01 전국 공중전화 도수제 실시, 정액제 폐지

10.01 한국-타이, 국교 수립

10.02 문교부, 외래어표기 5원칙 수립 발표

10.02 을지로 6가에 국립의료원 개원-전상병 등 환자 진료, 의료요원 교육과 훈련

10.03 제39회 전국체육대회 개회(서울), 참가인원 7,210명

10.04 〈신규전력개발10개년계획〉 수립

10.12 평화선 수비, 해안경비대 창설

10.21 농업협동조합중앙회 설립 인가

10.25 서울고법, 진보당사건 관련 조봉암·양명산에 사형 선고

10.26 북한, 중공군 철수 완료

10.30 텔레비전 수상기, 7천 대로 집계(10월 말 현재)

11.05 이승만, 고 딘 디엠 대통령의 초청으로 월남 방문

11.12 서울, 정액등과 종등에 한해서 철야 송전 시작

11.14 유엔총회, 한국통일 부흥에 관한 결의안 채택

11.17 쌀 수출위원회 구성-미곡 수출가격, 수입품목 결정

11.18 자유당, 〈국가보안법〉 신안 국회에 제출-보안법파동 시작

11.19 자유당, 반도호텔서 반공투쟁위원회 구성

11.20 농업협동조합중앙회 발족

11.23 조병옥 민주당 대표최고위원, 북한만의 선거 반대, 남북한 총선 주장

11.25 민주당, 국가보안법 개정반대 원내외투쟁위원회 구성

11.26 일본, 재일 동포 북송 검토

11.28 을지로 6가에 국립중앙의료원 설립-전상병 등 환자 진료, 의료요원 교육과 훈련

12.01 전남대 송철범 교수, 한글텔레타이프 발명

12.02 공보실, 미풍양속 문제 삼아 잡지 ≪야담과 실화≫ 폐간 조치(1959.6. 폐간)

12.02 서대문 농업은행 강당서 반공투쟁위원회 결성

12.04 서울 동대문시장 화재-1백동 소실

12.08 카이로에서 '아시아-아프리카 경제회담' 개막

12.11 자유당이 추진 중인 '국가보안법 반대 전국언론인대회' 개최

12.13 부산 조병창 낙성식(1959.1.8. 조업 개시)-소구경 총탄 생산(~1975.4.30.)

12.16 유엔군사령부, 주한미군의 유도탄 보유 발표

12.22 을지로 입구에 국립극장 원각사(민속극장) 개관-3백명 수용, 국악·궁중무용 공연

12.23 해군, 진해공창서 첫 단발비행기 명명식-육상기:1001·1002호, 수상기:통해호

12.23 민주당·무소속·재야인사, 국가보안법반대국민대회 준비위원회 구성-규탄대회·가두시위

110

12.24 자유당, 농성 중인 야당의원 강제 퇴장, 〈신 국가보안법〉 의결(2·4파동)

12.26 정부, 〈국가보안법〉 개정 공포-정부에 대한 비판세력과 국민여론 통제 목적

12.27 천주교 신앙촌을 건설한 박태선 장로, 사기·위증·상해 등의 혐의로 구속 기소

12.29 한국도서관협회, 출판물국제교환센터 설치-각국서 기증 받은 도서, 대학 등에 배부

00.00 나애심, '과거를 묻지 마세요'(작사 정성수, 작곡 전오승) 발표

00.00 도미, '청포도 사랑'(작사 이화촌, 작곡 나화랑) 발표

00.00 남인수, '무너진 사랑탑'(작사 반야월, 작곡 나화랑) 발표

▨▨▨▨▨▨▨▨▨▨▨▨▨

01.01 [국제] 유럽공동체시장(EEC) 발족

01.03 [뉴질랜드] 힐라리 탐험대, 남극 정복

01.04 [소련] 세계 최초의 인공위성, '스푸트니크 1호' 소멸

01.27 [미국-소련] 문화교류협정 조인

01.31 [미국] 인공위성 제1호, '익스플로러' 발사 성공

02.12 [미국] 최초의 유도탄 부대 결성

02.21 [이집트-시리아] 합병해 아랍연합공화국 수립, 초대 대통령에 나세르 취임

02.22 [미국-영국] 유도탄기지협정 조인

03.02 [영국] 후크 탐험대, 사상 최초로 남극대륙 횡단 성공

03.14 [소련] 핵무기 실험 발사

03.19 [유럽] 유럽경제공동체(유럽연합의 전신)의 유럽의회 출범

03.22 [미국] 열전자엔진 발명

04.26 [국제] 스위스 제네바에서 제1회 국제해양법회의 개최, 대륙붕조약 채택

05.05 [중국] 공산당 8기 전국대회 제2차회의 개최-대약진운동, 수정주의와의 투쟁선언

05.19 [미국-캐나다] 북미방공사령부(NORAD) 설치

06.01 [중국] 공산당 기관지, 《홍기》 창간

06.01 [프랑스] 드골 내각 성립

06.07 [브라질] 열차 충돌사고로 769명 사망

06.08 [국제] 제6회 월드컵 스웨덴서 개막-브라질 우승, 펠레 일약 스타로 부상

06.13 [스위스] 의회, 부인참정권 가결

07.13 [국제] 수에즈운하 분규 종식(독일·오스트리아·프랑스 구간)

1958

07.31 [소련] 흐루시초프, 중국 방문, 마오쩌뚱과 회담

08.08 [미국] 원자력 잠수함 노틸러스호, 북극 잠항 횡단 성공

08.10 [소련] 세계 최대의 쿠이비세프 수력발전소 준공

08.27 [국제] 국제우주여행회의서 로켓의 평화적 이용 결의

08.27 [미국] 사이클로트론을 발명한 물리학자 어니스트 로렌스1901~1958) 사망

08.27 [소련] 두 마리의 개를 태운 우주선 ·스푸트닉 3호· 발사

09.08 [국제] 국제올림픽위원회, 올림픽서 중공 제외 발표

09.30 [소련] 핵실험 재개

10.01 [미국] 항공우주국(NASA) 발족

10.05 [프랑스] 제5공화국 출범

10.09 [바티칸] 교황 비오 12세(1876~1958) 사망-10.28 요한 23세, 제262대 교황 선출

10.11 [미국] 달 로켓, '파이오니어' 발사

10.17 [국제] 유엔신탁통치이사회서 토고랜드 독립 부여

10.31 [미·영·소] 제네바 핵실험 정지회담 개최

10.31 [미국-소련] 과학교류협정에 조인

12.15 [미국] 상대성이론·양자론에 공헌한 물리학자 파울리(1900~1958) 사망

12.21 [프랑스] 드골, 대통령에 당선

12.23 [일본] 도쿄타워 완성(338m)

12.29 [미국] 현대무용의 개척자 도리스 험프리(1895~1958) 사망

1959 기해(己亥) 단기4292 이승만11
아이젠하워/마오쩌둥/기시/흐루시초프

01.01 재일본거류민단, ≪조선신문≫(현 ≪통일일보≫) 창간-일본 내 유일한 교포신문

01.05 〈신 국가보안법〉 반대 데모, 전국에서 발생

01.05 KBS 제2방송, 최초의 영어 공개 강좌 개시

01.10 충북선(경부선 조치원역↔중앙선 봉양역) 개통-경부선과 중앙선 연결

01.14 신 국가보안법 반대 국민대회, '민권수호국민연맹'으로 명칭 변경

01.14 북한, 로농적위대 창설-일반 대중으로 구성된 무장조직, 1973년 말 170만여 명

112

01.15 〈신 국가보안법〉 발효-보안법 적용대상·이적행위 개념 확대 등
01.19 서울지방법원, 한국 첫 '저작권법 위반 사건' 유죄 판결-『영어구문론』 도판 문제
01.21 서울 평화시장 화재-130개 점포 소실
01.21 체신도서관 자리에 '원자력원'(원장 김법린) 발족-한국 최초 원자력 담당 정부 기관
01.22 대구 칠성극장에서 보안법 개악 반대 삐라 살포-보안법 발효 후 첫 데모
01.22 자유당, 대한반공청년단 발족-1960년 3월 15일 정·부통령 선거 준비 목적
01.26 여간첩 이효순(북한노동당 대남 총국장)에 신 보안법 첫 적용, 구속기간 연장
01.27 〈병적정비 3개년 계획〉 수립-역종(현역·예비역·후비역·보충병역·국민병역) 정리
01.27 소련 프라우다지 기자 리동준, 판문점을 통해 월남
01.29 서울 시장(허정), 민주당의 한강백사장에서의 국정보고 강연 불허
02.02 국내 최초의 민간 상업텔레비전방송국, 동일빌딩 내 DBC(대한방송주식회사) 전소
02.04 ≪경향신문≫ 컬럼 '여적', 내란 선동 혐의로 기소
02.11 국어심의회, 외래어 한글표기법 최종 결정
02.12 일본, 재일교포 북송을 한국 정부에 통고
02.13 일본 재일교포 북송규탄국민대회 개최(서울·부산·대구)-보안법 반대 데모 무력화
02.26 감리교신학대학 인가
02.26 서울 중구 오장동의 중부시장(건어물 종합시장) 준공 및 개장
02.27 대법원, 진보당 사건 판결-조봉암·양명산에 사형 선고
02.27 6·25전쟁 당시 납북 독립운동가 윤기섭(1881~1959) 숙청 사망
03.02 한국-노르웨이, 국교 수립
03.05 영화, '청춘극장'(감독:홍성기, 배우:김진규·김지미·황정순) 개봉
03.09 한국은행·금융기관, 대출 최고한도제 폐지
03.10 대한노총 주최, 1회 노동절 행사 개최-1920년대 5.1노동절, '근로자의 날'로 변경
03.10 부산 MBC, 시험 전파 발사-4.15. 개국, 최초 민간 상업 방송
03.11 한국-스웨덴, 국교 수립
03.14 제1회 자유문협상 시상, 김남조(시인)·김종문(시인) 수상
03.19 임화수, 반공예술인단 결성-반공예술을 빙자한 정권의 옹호와 선전 역할
03.31 미국, 한국 공군에 세이버 제트기 증강 발표
03.31 한국-덴마크, 국교 수립

1959

03.00 홍성유, 『비극은 없다』(신태양사) 출판

04.05 장성급 정군 단행-군용품 부정 혐의로 임선하 소장, 현역 추방

04.10 재일 한국인 야구 선수 장훈, 일본 프로야구 데뷔

04.10 영국 세계탁구선수권대회 소녀부 단식에서 황율자(산업은행 소속) 우승

04.11 서울 명동에 한국유네스코회관 착공(~1967.2.17.)

04.13 법무부, 지방공무원 당적 금지-내무부, 시·읍·면장에 당적 이탈 지시

04.13 일본-북한, 제네바에서 재일동포 북송회담 개최

04.16 한국-이탈리아 공관, 대사급으로 승격

04.25 일본과 김 수출계약 체결

04.25 제1회 아시아청소년축구대회(말레이시아)에서 한국 우승

04.30 정부, '여적사건'을 빌미로 《경향신문》 강제 폐간-6.26. 서울고법, 효력정지 가처분

05.02 미국 국제협조처 원조로 유조차 64량 도입

05.03 AFKN-TV, *The Story of Korea* 프로그램 신설

05.03 섬머타임제 실시(~9.20)

05.03 한국은행 여자 농구팀, 마닐라 농구대회에서 우승

05.05 휴전 이후 첫 한미연합상륙작전, '거북훈련' 실시

05.09 〈경제개발3개년계획〉 발표-12.24. 국회, 〈경제개발3개년계획〉 의결

05.10 종합수출진흥책 수립-23개 항목 수출진흥책 토대 마련

05.13 국산 판유리, 미국에 첫 수출

05.15 남산 국회의사당 신축(현 어린이과학관 자리) 착공

05.20 국립극장 부설 연극인양성소 출신 40여 명, 소극장 '동인극장' 발족

05.23 남산에 안중근의사 동상 건립

05.23 특용작물증산3개년계획 수립-사탕무우·해바라기 등 신규작물 선정

05.25 필리핀 문화-경제사절단 내한

05.25 조병창 운영권, 주한미군으로부터 인수

05.30 미군 당국, 남침위기에 대처 명령 30분 후면 원자탄 투하 가능하다고 언명

06.01 한국-자유중국, 과학협조 협정

06.01 서울에서 제5차 아시아민족반공대회 개최

06.02 국제언론인협회(IPI), 《경향신문》 강제 폐간 이유로 한국가입 정식 거부

06.07 제3회 아시아야구선수권대회에서 한국 2위

06.09 이승만, 미군원조 없이 북진 가능하다고 언명

06.10 서울시교통안전위원회, 1회 운전수의 날 개최-서울시내버스 운전수 1,053명 초청

06.13 민권수호총연맹, ≪경향신문≫ 폐간을 계기로 언론자유수호국민대회 개최

06.15 미군 정찰기, 한국 동해서 소련기에 피격

06.15 일본 정부의 재일교포 북송에 대항, 대일교역 중단(~10.8)

06.18 '재일동포 북송반대 전국대회' 개최(서울운동장)

06.19 경북 영주 부석사서 유물 46점 발견

06.19 〈사방사업8개년계획〉 수립

06.24 이승만, UPI 기자회견서 무력 단독 북진 강조

06.26 한국, UN여성참정협정에 가입

06.26 정부, ≪경향신문≫ 복간 7시간 후 폐간처분 취소, 무기정간 처분

06.29 자유당 전당대회 개최-제4대 정부통령 후보로 이승만·이기붕 지명

06.29 주한유엔군 경제조정관실(OEC), 미원조단(USOM)으로 개편 발족

06.00 최요안, 『마음의 샘터』(삼중당) 출판

07.03 민간무역에 의한 〈미곡수출요령〉 공표-미곡 수출가격, 당시 국제시세 기준으로 책정

07.03 불암산 기슭의 원자력연구소, 원자로실 착공

07.04 청년시보사, 시공관서 제1회 전국군가 콩쿨대회 개최

07.06 영화, '십대의 반항'(감독:김기영, 배우:황해남·조미령·안성기 등) 개봉

07.07 부산시 영도구 봉래동 평화보세창고 화재, 피해액 1억2천만환

07.15 오산 미공군기지서 대공관제경보기구 인수식 거행

07.17 부산공설운동장 '시민위안의 밤' 행사 중, 폭우로 출구서 67명 사망 150명 부상

07.19 탑골공원서 제1회 전국남여국민가요경연대회 개최-승리·애국·국민의 노래 등

07.23 경북 밀양의 수산교 준공

07.27 국방부과학연구소, 인천 고잔동 해안에서 3단 로켓트 발사 성공

07.31 진보당 조봉암(1898~1959), 사형 집행

07.00 진단학회, 『한국사』(전 5권) 발간

08.03 사상계사, 제1회 전국순회문학강연회 개최

08.03 서울 당인리 화력발전소(현 서울화력발전소) 발전 개시

08.06 서울↔김천 도로확장공사 착공

08.10 농학자 우장춘(1898~1959) 박사 사망

08.12 6형제를 군문에 바친 김병조, 최초로 '건국공로훈장' 수여

08.13 북한-일본 적십자사, 인도 캘커타에서 〈재일교포북송협정〉 체결

08.14 한국공군, 최초로 제트기(F-86D) 완전 수리

08.20 천안역사·대전역사 낙성

08.31 뇌염 발생으로 70명 사망

09.03 서울 당인리 화력발전소(현 서울화력발전소) 발전 개시

09.15 태풍 사라호, 한국 강타-849명 사망, 2,533명 실종(~9.18)

09.19 제4회 동인문학상, 손창섭 단편소설 『잉여인간』 수상-1958.9. ≪사상계≫에 발표

09.21 최초의 정유공장운영체 한국석유주식회사(대표 대한해운공사 남궁연) 창립

09.23 시극연구회(대표 최창봉) 창립-시극 연구, 창작 활동

09.28 9·28수복기념, 제1회 국제마라톤대회 개최

09.30 종로2가 YMCA 회관, 재건 착공

10.01 민주당 신파·구파, 경남도당 분규사건으로 대립 격화

10.01 한국-미국, 주한미군의 잉여물자처분에 관한 협정 조인

10.03 제40회 전국체육대회 개회(서울)-참가인원 7,530명

10.08 부흥부, 1959년 미 잉여농산물 5천만 달러 도입 결정

10.08 정부, 대일통상해제 결정

10.16 민주당, 신파·구파 5명씩, 당 분규 수습 10인위원회 구성

10.19 국제전기통신조약(ITDM)에 가입

10.20 10환(무궁화 문양), 50환(거북선 문양) 주화 발행

10.21 한국영화제작가협회·반공애술인단, 제1회 영화의 날 거행

10.26 전국노동조합협의회 결성대회-대한노총 반대파·민주노조파 중심

10.30 100환(봉황문) 주화 발행

10.31 한국-브라질, 국교 수립

10.31 10월 현재 라디오 수신기 35만 대로 추산

11.05 〈유휴지개간10개년계획〉 수립

11.06 능의선(능곡↔의정부) 착공

11.06 기독교방송국(CBS), 최초의 실화극 '이것이 인생이다' 금요방송극으로 방송

11.06 청량리 역사 낙성

11.13 서울시, 남산 우남정(현 팔각정) 낙성

11.15 금성사, 최초의 국산 라디오(A-501) 생산

11.16 대구 국제백화점에서 화재-300여 점포 소실

11.19 체신부, 모사전송(FAX) 시험 성공-1960년부터 업무 개시 결정

11.20 국립중앙방역연구소, 국산 백신 제조 성공 발표

11.23 주한 미국 원조 기관인 유솜(USOM-K), 대한결핵협회 검진차 지원

11.26 민주당, 정부통령 후보자지명대회 개최-대통령 조병옥, 부통령 장면

11.27 효창공원 국제축구경기장 착공

11.28 육군공병단, 군 작전도로, 강원도 설악산 미시령 개통

11.00 최희숙, 일기체 산문집 『슬픔은 강물처럼』(신태양사) 출판

12.01 서울은행 개점-2002.12. 하나은행에 합병

12.08 대한국민항공사 DC-4 특별기, 민항기 최초로 캐나다 비행(대만-서울-밴쿠버)

12.09 농림부, 홍콩에 한우 20만 마리 첫 수출 발표

12.13 재일동포 북송 반대 데모

12.14 북송교포 제1진 975명, 일본 니이가카(新潟)에서 북한 청진으로 출발

12.16 대한여학사협회·대한YWCA연합회·여성문제연구회 등, 한국여성단체협의회 발족

12.20 노농당 전당대회, '민족주의민주사회당'으로 개칭-대통령후보 전진한 지명

12.21 부산전화국, 국내 최초의 서울↔부산 간 '모사전신' 개통

12.23 비무장지대의 대성동 '자유의 마을' 주택 입주

12.25 6·25전쟁 당시 납북된 원세훈(1887~1959) 사망

12.25 관훈클럽 연구지, ≪신문연구≫(현 관훈저널) 창간

12.28 국회, 호적법 통과-여성의 호주상속 가능(1906.1.1. 공포)

12.29 KBS, 제1방송과 제2방송을 통한 최초의 입체방송 실시

12.30 제4차 한일회담, 재일동포 북송문제로 중단

00.00 명국환, '아리조나 카우보이'(작사 김문응, 작곡 전오승) 발표

00.00 박경원, '나폴리 연가' 발표

1959

01.02 [소련] 최초의 달 탐사선, '루나 1호' 발사

01.02 [영국] 첫 원자력잠수함 건조

01.03 [미국] 알래스카, 미국의 49번째 주로 합병

01.07 [미국] 쿠바의 카스트로 신정부 승인-2.16. 카스트로, 대통령에 취임

01.09 [스페인] 댐 폭발, 100여 명 사망

02.02 [미국] 남부버지니아서 처음으로 흑백공학 실현

02.19 [영국] 키프로스 독립협정(취리히-런던협정) 성립(1906.8) 키프로스 독립

03.05 [미국-터키-이란-파키스탄] 상호방위협정 조인

03.09 [미국] 장난감 회사 마텔사의 '바비인형' 등장

04.25 [미국] 5대호와 대서양을 잇는 '세인트 로렌스 운하' 개통

04.27 [중국] 유소기, 중국 주석에 선출

05.28 [미국] 원숭이를 태운 우주비행에 성공

06.03 [싱가포르] 영연방자치국 독립선언

06.29 [미국] 폴라리스 유도탄 발사 성공

07.02 [소련] 2마리 개와 1마리 토끼를 태운 로케트 발사, 동물회수에도 성공

07.14 [스위스] 광대 세계의 전설적인 인물 그로크 사망

07.17 [미국] 재즈 가수 빌리 할리데이(1915~1959) 사망

07.24 [미국-소련] 닉슨-흐루시초프, 부엌논쟁

08.21 [미국] 하와이, 미 합중국의 50번째 주(州)로 편입

09.14 [소련] 무인탐사위성 루나2호 발사, 인류 최초 달 착륙

09.30 [중국-소련] 흐루시초프, 중국 방문, 중국-소련 대립 격화

01.01 [쿠바] 카스트로, 쿠바혁명 성공

10.01 [국제] 세계은행 총회, 제2 세계은행 설립 가결

10.17 [미국] 샌프란시스코에 지진-300여 명 사망

10.26 [소련] 달 뒷면사진 공개

11.11 [국제] 유엔총회 82개국, 완전군축 만장일치로 공동결의안 가결

11.15 [스코틀랜드] '안개상자'를 개발한 물리학자 찰스 윌슨(1869~1959) 사망

12.01 [국제] 세계 12개국, 워싱턴서 남극조약 조인

12.15 [국제] 나토이사회 개막, 유럽 핵전략군 창설 결의

1960 경자(庚子) 단기4293 이승만12·장면1
아이젠하워/마오쩌둥/기시·이케다/흐루시초프

01.01 한국흥업은행, '한일은행'(현 우리은행)으로 상호 변경

01.02 동두천 미7사단 기지에 밀입 한국 여성의 삭발 사건 발생-한미행정협정 체결 촉구

01.04 충주비료공장, 비료 생산에 필요한 원료인 암모니아 생산 성공

01.07 체신부, 읍면 내에 발착하는 전보의 '시내전보 제도' 실시

01.10 흑산도 해상서 해안경비정 701호(400톤, 30명 탑승), 중국 무장어선에 피습-5명 사상

01.11 한국 농구단, 제1회 필리핀 아시아대회 출전-4위 달성

01.13 비무장 지대 '자유의 마을' 대성동의 판문점에 '자유의 집' 준공

01.14 농림부, 〈농촌고리채정리요강〉 작성-농촌지붕개량비, 3억 환 방출(호당 3만 환)

01.15 담배 '나비' 시판, 70환(~1962.8.)

01.21 〈소도시·농촌 위생시설 계획〉 발표-공동목욕탕 700개소, 공동우물 1,800개소 설치

01.24 민주당, 민권수호국민총연맹 모체로 '공명선거촉진위원회' 구성 결의-3.15대선 대비

01.26 문교부, 고광만·김기석·김두헌·최현배·심태진 등이 작성한 〈국민윤리강령초안〉 통과

01.26 서울역 설 귀성객, 계단에서 밀려 압사 사고-31명 사망, 41명 부상

01.28 영화, '로맨스 빠빠'(감독:신상옥, 배우:최은희·김진규·신성일·김승호) 개봉

01.29 민주당 대통령 후보 조병옥, 신병 치료차 도미

01.29 이승만 대통령, 미국 측 요청에 환율 인상(650:1), 9개 긴급환율대책 발표

02.02 장택상·서상일·이훈구·박기출 등 군소정당 단체 대표들, '반독재민주수호연맹' 결성

02.05 반독재민주수호연맹, 정·부통령 후보에 장택상·박기출 선정

02.07 자유당·민주당, 정·부통령선거 유세 첫 대결-자유당:서울운동장, 민주당:장충단공원

02.08 〈농경지확충5개년계획〉에 농촌 실업자 12만 명 투입 계획

02.10 공군, 세이버독 전투기 'F-86D'(전천후 요격기) 최초 도입-1971년까지 운용

02.12 반독재민주수호연맹의 정·부통령후보 등록 방해사건 발생

02.12 여자국민당, 부통령 후보 임영신 등록

02.12 최인규 내무장관, 공무원의 선거운동 가능 발언-3.15. 부정선거 요인

02.15 조병옥(1894~1960) 민주당 대통령 후보, 신병 치료차 도미 후 사망

02.17 김포국제공항 종합청사(현 국내선 청사 자리) 준공

02.17 서울중앙전화국, 자동교환 시설 3천 회선 개통

02.18 제8회 아이다호 동계올림픽 개막-한국 금0·은0·동0(~2.28)

02.23 미국, 10년 간 대외 군원액 발표-총액 260억 달러, 한국은 129천만 달러(5위)

02.23 한국-말레이시아, 국교 수립

02.24 부산대 장기려 박사, 국내 최초로 '간석엽절제수술' 성공

02.28 범야권연대 민권수호연맹 주축, 3.15대선을 맞아 '공명선거추진전국위원회' 발족

02.00 한국서지학회, ≪서지≫ 제1권 1호 창간

03.02 부산 범일동 국제고무공장 화재-여공 68명 사망

03.07 서울 광화문에 '서시오·가시오' 통행표식 등장

03.15 제4대 대통령에 이승만, 제5대 부통령 이기붕 당선-전국 투표율 97%

03.15 마산, 3·15부정선거 시위 전개-민주당, 3·15선거 무효 선언

03.17 서울 성남고교생 4백여 명, 마산사건 처리에 항의 시위 전개

03.18 국회, 야당의원 총퇴장 하에 정·부통령당선 공고

03.21 민주당, 의원 총사퇴 문제로 신파·구파 대립

03.26 대한농악예술협회(회장 은하수), 1회 전국농악경연대회 도 대표 농악예술대항전 개최

03.00 금성사, 국내 최초 선풍기(D-301) 생산

04.04 제4차 한일회담 재개-한일통상 전면 재개 합의(~4.15)

04.05 서울시내 천도교중앙총본부 강당에서 '천도교 창도 100주년' 기념식 개최

04.06 야당의원들, 3·15부정선거 규탄 데모

04.11 3.15부정선거규탄 당시 참가한 김주열 시신, 실종 27일 만에 발견-2차 마산시위 격화

04.18 부산동래고등학교 1,300여 명, 부정선거 규탄 시위

04.18 정부·자유당 심야 긴급회의, 데모진압책 논의

04.18 정치 깡패들, 종로4가에서 3·15부정선거 규탄 고려대생 습격·40여 명 부상

04.19 4·19혁명 발발-경무대 입구서 경찰 발포로 1백여 명 희생

04.19 계엄사 휘하부대 15사단, 서울 진주

04.19 서울·부산·대구·광주·대전 등지에 비상계엄령 선포(계엄사령관 송요찬)

04.19 시위대, 서울신문·반공회관에 방화·철야 데모

04.20 4·19희생자 시신, 유족 인도 시작

04.20 송요찬 계엄사령관, 학생 보복행위 불허·평화적 데모 인정

04.21 농촌 소설가 이무영(1908~1960) 사망

04.21 매카나기 미 대사, 이승만 대통령과 면담-4.19수습 관련, 의견 전달-재선거 요구

04.21 북한, 〈남조선 인민들에게 고함〉 성명서 발표-남북조선 제정당 사회단체연석회의 제의

04.21 서울대 등 6개 대학 총장, 계엄사령관·검찰총장 방문, 구속학생 즉각 석방 요구

04.21 전 국무위원, 일괄 사표 제출

04.22 국회, 4·19관련 시국수습대책특별위원회 구성-이승만 즉시 하야, 재선거 실시 요구

04.22 송요찬 계엄사령관, 9개 대학 학생대표들과 회담, 4·19희생 학도 장례 허가

04.23 계엄사, 보도 관제 해제

04.23 이기붕 국회의장, '부통령 당선 사퇴 고려' 담화 발표-민주당 즉각 사퇴 요구

04.23 장면 부통령 사임

04.24 서울시 주최 4·19합동위령제 거행-대학생들, 어용위령제라 반발, 위령제 요구

04.24 이승만 대통령, 자유당 총재 사임 등 수습책 담화 발표-자유당 총재직 사퇴

04.24 정부, 서울시 제외한 비상계엄 해제

04.25 민주당, 〈이승만 하야 및 정·부통령 재선거 실시안〉 긴급 동의

04.25 서울지역 대학교수단 4백여 명, 대통령·국회의원·대법관 사퇴 요구 시위

04.25 허정, 외무장관 겸 수석국무위원 임명

04.26 국회, 〈시국수습결의안〉 채택-허정 외무장관에게 과도내각 구성 요청

04.26 시위대, 질서유지 호소·교통정리 활동

04.26 시위대, 파고다공원 내 이승만 동상 파괴

04.26 이승만 대통령 하야

04.27 ≪경향신문≫ 복간

04.27 검찰, 4·19연행자 전원 석방

04.27 국회, 내각책임제 개헌안 기초위원회 결성

04.27 대통령직 대행 허정 수석, 경찰중립화 실천 등 당면문제 천명

04.27 이승만, 국회에 사임서 제출

04.27 자유당 의원총회, 국민에 사과문 발표

04.28 이승만, 경무대에서 이화장으로 거처 옮김

04.28 자유당 부통령 후보 이기붕 일가 자살

04.28 허정과도정부 수립, 각료 발표

04.29 4·19혁명 학생들의 위령제방송극, 김영수의 〈나는 보았다〉 방영

05.01 마지막 서머타임제 실시(~9.18)

05.02 4대 제1기 국회의장 곽상훈 피선(~6.6)-곽상훈, 5.17~5.22. 1주일 대통령 권한대행

05.02 국회, 이승만 대통령 사임서 수리

05.03 부정선거 주도 혐의로 전 내무장관 최인규 구속

05.03 허정과도정부, 학도호국단(1949.9~1960.5) 해체 결의(해체 1960.5.10.)

05.04 정부, 일본인 기자의 무제한 입국 허용

05.11 민주당, 〈내각책임제 개헌안〉 제출

05.13 서상일·윤길중 등 구 진보당 간부·민주혁신당 일부, 사회대중당(~1961.5) 발기

05.18 전 치안국장 김종원, 장면 부통령저격사건(1956.9) 배후 이익흥·임흥순 개입 폭로

05.19 서울운동장에서 4·19순국학도민주혁명 합동위령제 거행

05.20 이승만 정권 부채 2,300여 억 환 발표

05.20 한국사회당 발기-민족주의적 온건 사회민주주의 노선 지향

05.21 국회, 〈내각책임제 개헌안〉 공고

05.21 허정과도정부, 〈경제개혁책〉 발표-부정축재 복지사업 활용, 불법 불하계약 재계약

05.22 대구·서울·부산 초중고 교사·대학교수 3백여 명, 한국교원노조연합회 결성(~1961.11)

05.29 이승만, 하야 1개월여 만에 하와이로 망명-1965.7. 하와이에서 사망

05.31 최초의 연속사극, '당쟁비화'(김희창 작, 이상만 연출) 방영-1961. 영화로 제작

06.01 동아대생, 《부산일보》 집단 습격·인쇄 시설 파괴-20일간 휴간

06.01 자유당 소속 국회의원 138명 가운데 105명 탈당

06.02 구국청년당, '사회혁신당'(대표 고정훈)으로 개칭

06.07 제4대 2기 국회의장 곽상훈 피선(~6.23)

06.10 전국문화단체총연합회 해체, '전국문화단체협의회' 발족

06.12 민족건양회(대표 이종률), 부산에서 민주민족청년동맹 결성

06.14 최규남 등 자유혁신파 43명, 원내교섭단체로 '헌정동지회' 구성

06.15 국회, 제3차 헌법개정안 '의원내각제' 의결, 공포

06.15 허정, 제6대 국무총리 취임(~8.18)

06.16 대구 서문시장 화재, 93동 소실

06.17 곽상훈 국회의장, 새 헌법에 따라 대통령 권한 대행

06.19 아이젠하워 대통령, 미국 대통령으로 처음 방한-한국 총선에서의 민주당 지원

06.21 경찰 2천여 명, 국회의사당 앞에서 시위-국회의원의 경감 구타사건에 반발

06.22 미국 경제조정관실, 1961년부터 대한경제원조투자, 농촌개발 중점으로 전환 언급

06.22 허정 내각수반, 곽상훈 국회의장 사퇴로 대통령직 대행

06.23 〈국회의원선거법〉 공포-민의원·참의원 분리 선거

06.24 국회, 〈신문정당등록법안〉 통과-〈정당에 관한 규칙〉·〈신문 허가제〉 폐기

07.05 서울지법, 3.15부정선거 관련자 30명의 첫 공판 개정-이강학·최인규·송인상 등

07.06 정치깡패 곽영주 등 26명, 서울지방법원에서 첫 재판-1961.12. 곽영주 교수형

07.07 《대구매일신문》, 《매일신문》으로 개칭

07.11 증권거래소, 서울시 교육공채 50억 환 발행 허가-의무교육에 따른 교사 증축 비용

07.12 장면 민주당 대표최고위원, 정견 발표회서 현 70만 병력의 40만 명 감군 언명

07.13 서울지법, 4.19발포 명령 관련 첫 공판-홍진기·조인구·곽영주 등 6명

07.17 한국일보사, 《소년한국일보》 창간

07.19 국방체제개편위원회, 헌병사령부 해체 합의

07.23 전국은행노조연합회(현재 금융산업노조) 결성-조흥은행·제일은행·한일은행 등 노조

07.26 한국-미국, 대충자금 125억 원의 국방비 도입 합의

07.28 문교부, 4.19를 '4월 혁명'으로 용어 통일

07.29 제5대 민·참의원 총선거 실시-민주당 압승(민의원 175/233석, 참의원 31/58석)

07.31 부정축재자 수사 종결-탈세·국유재산 부정처리·국내재산 해외도피 등 수사 부실

08.01 한국일보 자매지 《서울경제신문》(현 《서울경제》) 창간, 국내 최초 경제 전문지

08.03 민주당 신파(한민당·민국당 출신)·구파(자유당 탈당파), 대통령 지명에 대립 표면화

08.03 정낙현 북한 소위, MIG 15기 몰고 귀순-8.13. 서울시민환영대회 개최

08.05 홍콩에 한국무역관 설치 결정

08.07 라디오 일요연속극 '현해탄은 알고 있다'(연출 문수경) 방송(~1961.1.)-1961. 영화 제작

08.08 대검, 이승만·이기붕 국내 재산조사 결과, 이승만 4억 환·이기붕 15억 환

08.08 민의원 무소속 의원 44명, '민정구락부' 구성

08.08 제5대 백낙준 참의원 의장, 곽상훈 민의원 의장 피선(~1961.5.)

08.09 참의원 무소속의원 21명, '참우구락부' 구성

08.12 민의원·참의원 합동회의, 제2공화국 초대 대통령에 '윤보선' 선출-2공화국 출범

08.14 북한 김일성 수상, 8.15경축대회에서 남북연방제 창설 제의

08.17 민의원, 김도연 의원의 국무총리 인준안 부결

08.19 민의원, 제2공화국 초대 국무총리에 '장면' 인준

08.19 서울시, 남산 이승만 동상 철거

08.19 제1기 학사경찰관 440명 졸업-8.24. 시내 각 경찰서에 45명 배치

08.21 한국일보 주최, 제1회 한강 원영(遠泳)대회 개최(2,000m)

08.23 장면 내각 정부 수립(~1961.5.)

08.23 첫 각의에서 총리 이하 전 공무원의 도시락 휴대 의결

08.24 미국, 〈한미상호방위원조법〉 13조 D항 폐기, 한국에 정식 통고

08.25 제17회 로마올림픽 개막-한국 금0·은0·동0(~9.11)

08.28 중앙전화국 용산분국, EMD 자동식 교환시설 개통

08.31 민의원의 구파동지회, 원내교섭단체로 등록

09.02 독립운동가 오화영(1880~1960) 사망

09.06 여군 창설 10주년 기념식, 용산구 서빙고동 여군훈련소 연병장에서 개최

09.07 〈소년병제도〉 신설-만 17세 대상, 포병·항공·기갑·통신 등 장기 복무 하사관 모집

09.09 원자력원, 덕수궁 광장에서 제1회 원자력전람회 개회

09.10 김종필 중령 등 육사 8기생 11명, 현석호 국방장관에 정군 건의-이후 5.16쿠데타 주도

09.12 장면 총리, 구파 5부 장관을 포함한 제2차 조각 명단 발표

09.13 〈복수환율제〉 채택-외환거래 시 일반과 특정 거래, 각각 다른 기준환율 적용

09.14 군 수뇌 회의서 5만 명 감군 결정

09.15 민족자주통일중앙협의회준비위원회(혁신계 인사), '자주·민주·평화' 3대 통일원칙 발표

09.15 비진보계 결별 선언, '사회대중당' 완전 분열

09.22 민주당 '구파동지회', 분당 공식 선언

09.23 민주당 신파, 민의원 원내교섭단체 등록

09.24 서울 시내 79개 남녀 중고교, 신생활계몽대 결성- 양담배, 외래 밀수품 배격 활동

09.26 ≪전남매일신문≫(현 ≪전남매일≫) 창간

09.27 민의원, 〈지방자치법안〉 중 서울시장·각 도지사 직선제 채택

09.00 영화, '박서방'(감독:강대진, 배우:김승호·김진규·황정순 등) 개봉

10.04 부산 국제시장에 큰불-150여 개 점포 소실

10.08 서울지법, 4·19발포 관련-시경국장 유충렬 사형, 백남규 무기징역 외 전원 무죄

10.10 41회 전국체육대회 개회(대전)-참가인원 25종목 7,626명-순위 서울, 경남, 경북

10.11 4·19유족과 부상 학생, 검찰 공소 전면 파기에 국회해산 요구·국회의사당 점거

10.12 3군 수뇌회의, 연내 3만 명 감군 결정(11.19 미국 승인)

10.12 민의원, 〈민주반역자처리법안〉 의결-부정선거 관련자 즉시 재구속 등

10.12 효창국제축구경기장(현 효창운동장) 준공-총면적 2만7,593㎡, 2만5천여 명 수용

10.14 2회 아시아축구선수권대회, 서울 효창운동장에서 개막-한국, 중국팀 꺾고 우승

10.16 작곡가 현제명(1902~1960) 사망

10.19 대법원, '진보당사건' 무죄 확정 판결

10.19 한양대 창립자 김연준, 《평화신문》 인수(1961.2.1. 《대한일보》로 개제)(~1973.5.)

10.21 부산시 충무로 5가 화재, 판자집 8백동 전소

10.25 달러 환율 1,000대 1, 1961년 1월 1일부터 적용 합의

10.25 5차 한일회담 개최-청구권 법리적 논쟁 탈피, 5·16이후 중단(~1961.5.15.)

10.27 부산 억대 규모 밀수단(두목 전직 경찰) 탈주범 8명, 도주 7개월 만에 검거

10.30 소년한국일보 주최, 제1회 소년한국 미술대회 개최

11.01 서울대생들, '민족통일연맹' 구성-남북학생회담 등 주장

11.01 미국 여류 작가 펄 벅 내한

11.05 노원구 공릉동에 연구용 원자로 1호기 준공-1962. 첫 핵분열 연쇄반응, 2016. 철거

11.12 민주당 구파(윤보선·유진산·김영삼 등), 발기인대회 '신민당'으로 개명(12.14. 창당)

11.13 3.15부정선거 관련 장경근(전 내무장관), 서울대병원 입원 중 일본 도주(1977. 귀국)

11.15 구 자유당계, 통일당 등 4당 합당 후 '공화당' 결성

11.18 한국-미국, 핵연구 및 훈련기구와 자재의 공여에 관한 협정 서명 발효

11.19 북한, 남북연방제·경제문화교류를 위한 경제위원회 구성 제의

11.23 한국 최초의 원자로 핵연료, 미국에서 인도

11.24 사회대중당(위원장 김달호) 결성-대표총무 서상일, 간사장 윤길중(~1961.5.)

11.25 대한노총·전국노협, '한국노동조합총연맹'으로 통합-1961.8. 한국노총 재조직

11.28 〈국토건설사업계획〉 발표-유휴노동력 수리·사방공사 등에 활용

11.28 IPI 총회, 한국 가입 승인

11.29 〈제4차 헌법 개헌〉 공포-3·15부정선거 관련자·부정축재자 소급 처벌

11.00 최인훈『광장』, ≪새벽지≫에 발표(1961.2. 발간)

12.01 대구에서 통일민주청년동맹(통민청) 결성대회

12.01 한일정기해상항로(부산↔하카다), 해방 후 첫 취항

12.06 공군, 훈련기 T-28 최초로 도입

12.07 민의원·참의원 일부 의원들, '혁신구락부' 결성

12.10 신앙촌(장로 박태선) 신도 2천여 명, 신앙촌 성화 조작 제기한 동아일보사 습격

12.11 대한음악가협회 결성(이사장 이유선)-음악회관 설치·음악회 면세·저작권 보장 등 요구

12.12 제3대 지방의회 의원 선거(시·도의원) 실시

12.14 민주당 구파, '신민당' 창당

12.16 참의원, 〈부정선거관련자 처벌법안〉 수정 통과

12.19 외자도입촉진위원회, 〈외자도입촉진안〉 채택-외자도입 업종 폐지, 일본 외자도입 개방

12.19 제3대 지방의회 의원 선거(시·읍·면의회의원 선거) 실시

12.24 참의원 법제사법위원회, 〈반민주행위자 공민권 제한 법안〉' 대폭 축소, 통과

12.25 부산 국제시장 화재-234개 점포 소실·피해액 5억 환

12.27 일본 도쿄서 한일경제협회 구성-한일 양국 간 경제협조 촉진

12.28 협화실업 주식회사(코오롱건설 전신) 설립

12.29 특별시·도지사 선거-서울시장 김상돈(민주당), 경기도지사 신광균(민주당) 당선

12.30 윤보선 대통령, 경무대를 '청와대'로 개칭

12.31 〈부정선거처리법〉·〈공민권제한법〉 공포

▨▨▨▨▨▨▨▨▨▨▨▨▨

01.01 [카메룬] 프랑스로부터 독립

01.04 [프랑스] 알베르 카뮈(1913~1960) 사망

01.11 [프랑스] 제1회 국제우주회의, 프랑스 니스에서 개막

01.19 [미국-일본] 신안보조약 조인

01.20 [소련] 태평양 로켓 실험 성공

02.13 [프랑스] 원자폭탄 실험 성공

02.26 [국제] 미국 해군기와 브라질 여객기, 리우데자네이루 상공서 충돌

03.11 [미국] 금성 로켓 '파이어니어 5호' 발사 성공

04.01 [미국] 최초의 기상위성, 티로스 1호 발사

04.21 [브라질] 수도 리우데자네이루에서 브라질리아로 천도

04.27 [토고] 프랑스로부터 독립

05.01 [미국] 정찰기 U2, 소련 상공에서 피격

05.09 [미국] FDA, 먹는 피임약 '에노비드10' 승인

06.20 [말리] 프랑스로부터 독립

07.01 [가나] 영국연방 내 공화국으로 독립

07.01 [소말리아] 영국-이탈리아로부터 독립

07.13 [미국] 민주당대회서 대통령후보로 존 F 케네디 상원의원 지명

07.20 [미국] 잠수함서 IRBD 폴라리스 미사일의 수중발사에 성공

08.07 [코트디부아르] 프랑스로부터 독립

08.07 [쿠바] 카스트로, 쿠바 내 미국재산 몰수

08.12 [미국] 최초의 방송통신위성 '에코 1호' 발사

08.13 [중앙아프리카공화국] 프랑스로부터 독립

08.15 [콩고] 프랑스로부터 독립

08.17 [가봉] 프랑스로부터 독립

08.19 [소련] 개 2마리 태운 인공위성선 2호 발사

08.20 [세네갈] 프랑스로부터 독립

09.10 [일본] NHK 등 8개 방송국, 컬러TV방송 개시

09.14 [국제] 석유수출국기구(OPEC) 설립(이란·이라크·사우디아라비아·쿠웨이트·베네수엘라)

09.18 [국제] 제1회 장애인올림픽대회 개최(로마)(~9.25)

09.24 [미국] 첫 원자력항공모함 엔터프라이즈호 진수

09.26 [미국] 대통령후보 케네디 · 닉슨, TV토론

10.01 [나이지리아] 영국으로부터 독립

11.01 [인도네시아] 석유산업 국유화 선언

11.16 [미국] 헐리웃의 제왕, 영화 배우 클라크 게이블(1901~1960) 사망

12.14 [국제] 유엔총회, 아시아-아프리카 43개국 식민지해방선언안 가결

12.16 [미국] 민간여객기, 뉴욕 상공서 충돌, 134명 사망

12.20 [베트남] 민족해방전선(NLF) 결성

1960

1961 신축(辛丑) 단기4294 장면2·박정희1
아이젠하워·케네디/마오쩌둥/이케다/흐루시초프

01.01 한국일보사, 10만 어린이 부모찾아주기운동 전개

01.05 첫 민선 서울시장에 김상돈 취임

01.06 태국대사관 개관-서울 용산구 대사관로

01.08 '혁신당'(대표 장건상) 결성-신민당 소장 의원, 남북 간 경제교류 주장

01.09 사금융자본에 대해 과세 조치 단행

01.09 참의원 무용론 대두-참의원 폐지, 단원제 국회 개헌 필요성 제기

01.10 한국경제협의회(전국경제인연합회 전신) 발족(회장 김연수)

01.12 국제언론인협회(IPI) 한국위원회 조직-의장 장기영(한국일보 사장)

01.15 민족자주통일중앙협의회, 통일선언 및 강령 발표

01.18 영화, '춘향전'(감독:홍성기, 배우:김지미·신귀식) 개봉

01.18 장면 총리, 쌀값 폭등 대비책 발표-정부미 긴급 방출, 쌀 수출 중지 등

01.21 서상일·이동화·윤길중 등, 혁신정당 '통일사회당' 결성(~1980.10)

01.23 일본 경제사절단, 한국 내 반일 여론에 방한 무기 연기

01.25 도쿄에서 한일예비회담 속개

01.25 특검서 불기소 처분 된 3·15부정선거 관련자 재수사 착수

01.26 민주·신민당 소장 의원 18명, '청조운동' 선언-자동차폐차, 이권운동·요청출입금지

01.26 민주당 소장파 의원 32명, '신풍회' 결성-국정쇄신 천명, 국정연구회 등 부설

01.28 영화, '성춘향'(감독:신상옥, 배우:최은희) 개봉-국내 최초 컬러 시네마스코프

01.00 담배, '모란' 시판, 40환(1961.1-1964.11), '금관' 시판, 250환(~1974.8)

02.03 민의원, 대일정책결의안 채택-선 국교 후 경제 '평화선' 수호

02.08 한미경제기술원조협정 조인(2.28. 발효)-미국원조사절단의 경제·정치적 외교특권 부여

02.09 민의원, 〈부정축재특별처리법안〉 수정 통과(4.14. 공포)-부정축재자 소송제기 제동

02.11 혁신계를 대표하는 《민족일보》 창간(~5.19)

02.12 대법원장과 대법관선거법안 통과-사법권 독립과 사법부 민주화

02.12 아데나워 서독 수상, 한국 경제원조 용의 표명

02.14 사회대중당 등 16개 정당사회단체, '한미경제협정반대 공동투쟁위원회 결성

02.17 장도영 중장, 육군 참모총장에 임명

02.20 신민당 결성-위원장 김도연, 전당대회장 백남훈, 간사장 유진산 등 선출

02.20 주한미대사관에서 장면정부에 '주권보장재확인외교각서' 수교

02.21 MBC 서울 민간방송으로 설립

02.21 진보세력 혁신계, 유엔보장 하 중립화통일추진을 위한 5백만 서명운동 선언

02.21 통일사회당 등 혁신계 우파, 중립화통일연맹 결성-기자·문화인 교류·서신왕래 주장

02.23 4월 5일 식목일, 법정공휴일로 지정(~1996.4.5.)

02.24 한국-필리핀, 무역협정 정식조인

02.25 법무부, 반민주행위자공민권박탈 자동케이스 해당자 609명 명단 발표

02.27 국토건설사업추진요원(2,096명) 연합 종강식-각도 건설 본부에 배치

02.27 함종윤 의원, 중석불(重石弗) 정치자금 조성(100만 달러) 의혹 제기(중석불 파동)

03.01 경기도 시흥 수도영화촬영소 뒷산에서 국토건설사업 착수 기념식 개최

03.02 민의원, 한미행정협정(SOFA) 조속 체결 결의안 가결

03.03 3·15부정선거 관련, 마산발포사건 특별재판소 첫 공판 개정

03.03 한국-중화민국, 통상협정 조인

03.07 국회공민권제한심사위원회, 11명의 민의원 의원직 박탈 결정

03.07 정부, 국가보안법 개정안으로 '반공입시특례법'·'데모규제법' 성안-법제화 무산

03.08 한희석 등 13명의 3·15부정선거관련자, 첫 특별재판 개정

03.09 서울 동대문구 창신동 판자촌 화재, 140동 소실

03.09 장면 정부, 〈반공임시특별법안〉 공개

03.11 '박서방'의 김승호, 제8회 아시아영화제에서 최우수 남우상 수상

03.11 원내외 야당, 반공임시특별법안 반대 극한투쟁 선언

03.13 반공임시특별법안 관련 '반민주악법반대 전국청년단체공동투쟁위원회' 결성

03.14 미국, 한국에 '평화군단' 설치 제의

03.14 시인 변영로(1897~1961) 사망

03.18 한국-독일, 기술원조협정 체결

03.20 〈농산물생산5개년계획〉 수립-식량의 자급자족 목표, 미곡·맥류·두류·잡곡· 등

03.21 정부, 국제연합 총회에 상정할 〈통한각서(統韓覺書)〉 발표

03.22 혁신계, 〈반공법〉 제정 반대 성토대회 횃불시위-경찰과 충돌, 고정훈 등 124명 피검

03.00 신학기, '4월 1일'에서 '3월 1일'로 변경

04.01 독립운동가 유림(1894~1961) 사망

04.05 미국 노스웨스트 DC-8 제트여객기, 서울↔도쿄 노선 취항

04.05 신문윤리위원회 설치-언론부패와 부정자율 목표

04.05 한국-그리스, 국교 수립

04.09 서울 창신동 화재-230동 소실

04.10 한국, 국제언론인협회(IPI) 가입

04.10 한미행정협정(SOFA) 교섭 개시-형사재판관할권, 토지건물사용 등

04.12 미국, 주한미대사에 '버거' 임명

04.13 영화, '오발탄'(감독:유현목, 배우:김진규·최무룡 등) 개봉

04.15 〈물품세법시행령 개정〉 공포-대중 일용 소비물품의 과세 최저 결정, 세부담 경감

04.15 한국-포르투갈, 국교 수립

04.17 최인규 전 내무부장관 등, 3·15부정선거 관련자 선고 공판-최인규 사형선고

04.19 서울대 민족통일연맹, 4.19혁명 1주년 기념식(3천여 명) 후 침묵시위-악법반대투쟁

04.21 국내 여판사 1호, 황윤석(1929~1961)의 변사사건 발생-우발적인 약물 중독사

04.22 〈한일통상협정〉 조인-대한수출제한 철폐·현금결제제 대체·통상부채 청산 방법 등

04.23 KBS, 한국 최초로 럭비경기 실황 중계(아나운서 임택근·이윤재)

04.24 민주당, 총재(장면)·중앙위원장(박순천) 선출

04.29 정부 수립 이후 첫 충주비료공장, 착공 5년 8개월 만에 준공

05.03 서울대 민족통일연맹 대의원대회, 남북학생회담 개최, 남북학생 교류 제의

05.05 3·15부정선거 당시 국무위원 9명, 첫 공판 개정

05.05 민족통일전국학생연맹, 남북학생판문점회담 5월내 개최 결의

05.05 북한, 남북학생회의 제의

05.05 어린이날, 공휴일로 지정

05.06 서울 창덕궁에서 '제4차 국제지역사회개발회의' 개최-14개국 참가

05.06 일본의원 친선사절단, 한국 방문

05.10 〈특정외래품판매금지법〉 공포(9.1. 시행)-선과·건과·커피·코카콜라·펩시콜라·소다수 등

05.10 장면 총리, 남북교류 및 남북학생회담 불허방침 언명

05.11 〈계량법〉 공포-메타법 실시

05.11 〈대한민국 재향군인회법〉 공포-재향군인의 친목 도모, 회원의 권익 향상

05.11 대한중석 사장 문창준, 정치자금 조성 관련 파면

05.11 일본 어선단 5천 척, 평화선 변두리에 출현

05.13 북한, 조국평화통일위원회(위원장 홍명희) 결성대회 개최

05.13 혁신계 인사들, 서울운동장서 '남북학생회담 환영 및 통일촉진궐기대회' 개최

05.15 한국사회당·독노당, 민족통일당(대표최고위원 최달희) 발기

05.16 5·16군사정변 발생-의장 장도영 중장, 부의장 박정희 소장

05.16 국회·지방의회 해산, 전국에 비상계엄령 공포·군사혁명위원회 구성

05.16 군사혁명위원회, 장도영 의장 명의로 〈혁명 공약〉·〈11개 포고문〉 발표

05.16 군사혁명위원회, 〈포고〉 제1호 발표-보도 사전 검열제 실시

05.16 군사혁명위원회, 〈포고〉 제4호 발표-장면 내각의 전 국무위원 체포

05.16 군사혁명위원회, 남북교류 주장자 등 혁신 세력 일제 검거

05.16 그린 미국대사(대리)·매그루더 유엔군 사령관, 합헌적 정부 지지 발표

05.17 군사혁명위원회, 〈노동쟁의 금지령〉 공포

05.17 군사혁명위원회, 전 국무위원의 자진 출두 명령

05.17 북한, 조국평화통일위원회 기관지 ≪조국통일≫ 창간

05.18 군사혁명위원회, 국군 장병과 국민들에게 혁명지지 호소문 발표

05.18 육군사관학교 생도들, 군사혁명 지지 시가행진

05.18 장면내각, 비상계엄 추인 후 총사퇴-장면 총리, 하야 성명 발표

05.18 치안국, 전국 폭력배 1,500여 명 검거 발표

05.19 군사혁명위원회, '국가재건최고회의'로 개칭

05.19 남북협상 주장한 혁신계의 ≪민족일보≫ 폐간(군사정권의 지령 92호)

05.19 윤보선 대통령 하야 성명 발표, 다음날 번복

05.20 군사혁명위원회, '국가재건최고회의'로 개편-혁명내각 구성, 장도영 내각수반 취임

05.20 북한, 남한 군사정권 반대 평양시군중대회

05.21 계엄사령부, 계엄고등군법회의 설치

05.21 국가재건최고회의, 용공분자 2천 명·깡패 4,200여 명 검거 발표

05.22 국가재건최고회의, 〈포고령〉 제6호 공포-정당 및 사회단체 강제 해산

05.23 언론기관 대폭 정비-일간신문(716), 통신(395), 주간지(453) 폐간

05.24 국가재건최고회의, 각 도지사 및 9개 시장 발령

05.24 춤 단속에 걸린 48명의 댄스광, 첫 공개 군사재판 개정

05.25 〈농어촌고리채정리령〉 공포-연리 20% 이상 고리채·농어촌민 생활고 해결 목적

05.26 국가재건최고회의-한국군 작전 지휘권의 유엔군 복귀 공동 성명

05.26 문교정책 4개 항목 발표-간접침략 분쇄·인간개조·빈곤타파·문화혁신

05.27 국가재건최고회의, 비상계엄 해제·경비계엄 선포(~12.6)

05.27 부흥부, '건설부'로 개칭

05.28 국가재건최고회의, 부정축재자 26명(경제인 11·전 관리 10·전 군인 5) 구속

05.30 각 국책은행 총재 임명-한국은행(유창순)·산업은행(이필석)·농업은행(박동규)

06.01 전국 16개 대학 ROTC 1기생 모집 시작

06.01 학원정상화 5개 준수사항 시달-대학생 제복착용·고교생 삭발·유흥장 출입금지 등

06.03 군사재판소, 매점매석 미곡상에 체형 언도

06.04 깡패 965명, 국토개발사업장에 작업 동원

06.04 축첩 공무원 1,385명, 해임 조치

06.06 〈국가재건비상조치법〉 공포-국가재건최고회의, 최고 권력기관 법적 지위 부여

06.08 대한민국 재향군인회 해체

06.10 〈중앙정보부법〉 공포-국가재건최고회의 직속의 정보·수사기관, 중앙정보부 발족

06.10 재건국민운동본부 창설-군사정변 주체세력의 개혁의지, 국민에게 선전·전파·실현

06.10 최고위원회, 〈농어촌고리채정리법〉 공포-농어촌민의 생활고를 해결 목적

06.11 병역의무 미필 공무원 해면 조치

06.12 송요찬, 국방부장관 임명

06.12 최고회의상임위원회 구성-법제사법·내무·외무국방·재정경제·문교사회·교통통신·운영기획

06.14 〈신부정축재처리법〉 공포-공직·정당 지위의 권력, 기타 부정한 방법 재산축적 방지

06.17 농업은행·농업협동조합 통합 결정

06.19 부정축재자로 몰린 이병철, 전 재산 사회 환원 선언

06.21 〈혁명재판소·혁명검찰부조직법〉 공포

06.21 문교부, 전국 대학에 체육교육 강화 지시

06.22 공보실, 공보부로 개편 신설-정부의 업적과 시책을 대내외에 홍보

06.23 강대진 감독의 영화 '마부', 베를린영화제에서 특별은곰상 수상

06.25 구속 중인 축재자들, 재산일체를 국가에 헌납하겠다는 결의문 최고위원회에 제출

06.26 서울-타이베이 팩스 업무 개시

06.27 〈농산물가격 및 임산물단속법〉 공포-부정임산물 단속, 목재수급 조절

06.27 전 주일대사 유태하, 부정축재자 혐의로 구속

06.00 제3대 대법원장 조진만 임명(~1964.1)

07.01 〈부정수표단속법〉 공포-부정수표 등의 발행 단속·처벌

07.01 〈중소기업은행법〉 공포-중소기업자에 대한 효율적인 신용제도 확립

07.01 〈특정범죄처벌임시특례법〉 공포

07.01 경전·남전·조선전업주식회사 통합, '한국전력주식회사(현 한국전력)' 출범

07.01 서울국제방송국 HLCA 개국-KBS 내 대외 전담 방송

07.01 전 내각수반 장도영, 반혁명 혐의로 구속

07.03 〈반공법〉 공포-공산계열의 활동 가담자·방조자 처벌

07.03 국방부장관 송요찬, 내각 수반 취임

07.03 박정희 소장, 국가재건최고회의 의장에 취임

07.04 문교부, 〈교원인사교류 요강〉 발표-벽지 2년 이상·한 학교 5년 이상 근무 금지

07.05 문교부, 학구제 실시 요강 발표

07.06 북한-소련, 〈우호 협력 및 상호원조조약〉 조인

07.09 장도영 중장 등 반혁명세력 44명, 혁명주체 세력 암살음모 혐의로 구금

07.10 〈물가동결령〉 해제

07.10 능의선(경기도 능곡-의정부) 개통

07.10 박병권, 국방부장관 임명

07.11 북한, 중국과 〈우호협력 및 상호원조조약〉 조인

07.12 〈제1차 경제개발5개년계획 개요〉 작성

07.12 군사재판기구 혁명재판소·혁명검찰수 현판식

07.13 전국재해대책위원회(현 전국재해구호협회) 발족-이재민 의연금품 모집·관리·배분 등

07.14 서울시장, 중소기업자금 11억 8천만 원 방출 언명

07.17 경제재건촉진회 창립(한국경제인연합회, 전국경제인협회(1968년 개칭)

07.18 문교부, 무실적 출판사(371개사) 등록 취소

07.19 박정희 의장, 8.15전에 정권이양문제 등 중대 발언 공표

1961

07.20 재무부, 천만 원 이상 체납자 명단 및 처벌방침 발표

07.22 〈종합경제재건5개년계획〉 발표

07.22 정부기구, 1원 11부 1처로 개편-건설부 폐지·경제기획원 신설

07.23 한국-코트디부아르, 국교 수립

07.27 러스크 미 국무장관, 한국 군사정권 지지 성명

07.27 한국-니제르, 국교 수립

07.28 소모사 3,000L/B 홍콩에 첫 수출

07.28 최고회의 법사위, 〈신문등록법안〉 공포-신문발행 공보부 등록·신문등심사위원회 구성

07.29 〈농업협동조합법〉 공포-농업협동조합 설립(8.15), 농민의 경제적·사회적 지위 향상

07.00 담배, '재건' 시판, 3백 환(~1964.11)

07.00 최초의 국산 제1호 자동전화기(GS-1) 생산

08.01 중소기업은행(현 기업은행) 발족

08.02 한일 예비회담 재개

08.03 〈근로자 단체활동에 관한 임시조치법〉 공포-한국노총, 한국노동조합총연맹으로 개편

08.04 전국부정축재기업체 89개소에 감독관 임명

08.05 군사원호청(현 국가보훈처) 개청-보건사회부 원호국·국방부 연금업무 통합

08.06 ≪자유신문≫ 자진 폐간-1945. 창간

08.06 한국-차드, 국교 수립

08.10 한국-카메룬, 국교 수립

08.10 한국표준시, 도쿄 135도를 기준으로 30분 앞당김

08.11 소장 박정희 의장, 중장으로 승진

08.11 송요찬 내각 수반, 국토건설단 창설 발표

08.12 국가재건최고회의 박정희 의장, 1963년 여름에 민정 이양 약속(8·12성명)

08.12 산업철도, 황지선 공사 착공(~1963.5.18.)

08.14 광복절 특사령-대상자 1만5천여 명

08.14 부산 최초의 부산터널(부산 서구 동대신동-중구 영주동) 개통

08.14 한국-가봉, 국교 수립

08.15 농업협동조합 발족-농업생활력의 증진·농민의 경제적·사회적 지위향상 도모

08.16 〈제2차 대학정비방안〉 발표

08.16 경제재건촉진회, '한국경제인협회'로 개칭

08.17 〈수도방위사령부법〉 공포-계엄령 없이 군대 출동 가능

08.17 군사혁명재판소, 정치깡패 이정재 사형 선고(10.19. 집행)

08.19 섬진강 수력발전소 착공(~1965.12. 준공)-최대 출력 2만8천800㎾

08.25 군사혁명재판소, 고려대생 피습사건 관련 임화수 사형 선고-1961.12. 집행

08.26 제1차 학도군사훈련단(현 학생군사교육단) 수료식

08.28 군사혁명재판소, 민족일보 사장 조용수 사형 선고-1961.12. 집행

08.29 한국노동조합총연맹 결성

08.00 담배, '파고다' 시판, 3백 환

08.00 김형석, 『영원과 사랑의 대화』(삼중당) 출판

09.01 국토건설군 설치준비위원회 발족

09.01 유네스코 한국위원회, *Korea Journal* 창간

09.02 장충동 축대붕괴, 20여 명 매몰 사고 발생

09.02 정부, 〈지자체임시조치법〉 공포, 시행-군구역(郡區域) 재획정 등

09.05 정부, 〈국립대학 정비 절차〉 발표

09.08 강영훈 중장 등 반혁명 및 각종 혐의자 27명 석방

09.12 언론인들의 자율심의기구, 한국신문윤리위원회 발족

09.14 군사혁명재판소, 사회당 최백근 사형 선고-1961.12. 집행

09.15 한국-태국, 무역협정 조인

09.16 남산 관광 케이블카 착공-1962.5. 준공

09.18 〈외국인토지법〉 제정-화교들의 부동산 소유 제한

09.20 혁명재판소, 4대 사건 피고 최인규·이강학·한희석에 사형 선고-1961.12. 집행

09.27 한국, 국제과학연맹이사회(ICSU) 가입-1931년 창설

09.28 사상관계 우려 서적 검열, 관련 출판사 등록 규정 마련

09.28 엘살바도르 대통령 방한

09.30 군사혁명재판소, 4.19혁명 당시 발포관련자 홍진기·곽영주 사형 선고

09.30 전국 각급학교 교직자 5백여 명, 정년퇴임식 거행

10.02 새 정부조직표 공포-1원 12부 2처 4청

10.02 조달청 설립-재무부 외청에서 경제기획원장관 소속으로 변경

10.07 한국음악협회(이사장 이유선) 발족-대한음협·음악단체연합회 등 통합

10.11 제42회 전국체육대회 개최(서울), 참가인원 7,371명

10.12 한국인권옹호협회(회장 박한상) 발족

10.16 〈학사자격고시령〉 공포-학사학위 수여 국가고시 실시

10.16 최초 단지아파트(마포아파트) 건설 착공-11층 규모, 10개동(9~15평형)(~1962.12)

10.17 김구 선생 암살범 안두희, 구속 기소-공소시효 소멸로 석방

10.19 정치깡패 이정재(1917~1961), 서울형무소에서 사형 집행

10.20 제6차 한일회담 개최-동북아 안보환경 변화에 따른 국교정상화 시급(~1964.4)

10.24 김종필 중앙정보부장, 이케다 일본 수상과 한일회담 막후 교섭

10.25 한국경제인협회(현 전국경제인연합회) 발족

10.28 문교부, 교육구제 폐지, 각 시·군에 교육위원회 설치-교육자치 실시 목적

10.28 서울시민회관(현 세종문화회관) 준공-1972.12. 소실

10.29 동아일보 주최, 시공관에서 제1회 전국음악콩쿨대회 개최

10.31 민족일보사건 상소심, 조용수·안신규·송지영 등 사형 선고-조용수, 12.21. 사형

10.31 한국-호주, 국교 수립

10.00 제6회 동인문학상, 남정현의 『너는 뭐냐』 수상

11.01 박정희 의장, 90여 일 만에 중장에서 대장으로 승진

11.02 제1차 민간경제교섭단 미국·유럽 지역 출발

11.02 혁명재판소, 장도영 전 최고회의 의장 법정 구속-1963.3. 무기징역, 1963.5. 석방

11.03 토마토·꽁치통조림 1,000상자, 홍콩에 첫 수출

11.04 딘 러스크, 미 국무장관 내한

11.04 한국-룩셈부르크, 국교 수립

11.09 〈물가조절임시조치법〉 공포-쌀·보리쌀 값, 5.15 당시 가격으로 억제

11.10 최고위, 장면 전 총리의 연금 해제와 불기소 발표

11.12 박정희 의장, 이케다 수상과 한일국교정상화 합의

11.13 박정희 의장, 케네디 미 대통령과 회담

11.18 국가재건최고회의, 공무원 관련 〈중상모략과 증수회행위 처벌에 관한 특례법〉 제정

11.18 문교부, 사립대 정비 일환으로 전국 4년제 12개교 폐지 결정-야간대학으로 전환

11.26 경제기획원, 〈경제개발5개년계획〉 지표 제시

136

12.01 정부, 인구비례·자유선거 하의 통일방안 천명

12.02 〈국토건설단설치법〉 공포-효율적인 국토건설사업의 수행 목적

12.02 MBC 라디오 방송 개국

12.02 세제 개편-호별세·교육세 폐지, 재산세 신설

12.02 〈연호에 관한 법률〉 공포-1962년부터 서기 사용

12.03 〈병역미필자 특별조치법〉 개정 공포-병·정종자 구제

12.04 10개 사범학교(서울·인천·청주·공주·전주·광주·대구·부산·춘천·제주), 교육대학 승격

12.04 〈근로기준법〉 개정-해고의 예고, 퇴직금제 신설

12.04 유엔에 '통한(統韓)각서' 제출-유엔 한국문제 토의에 북한 참가 거부 요청

12.05 미국 새 대외원조기관(AID) 발족

12.05 청계천 복개 도로(광교↔오간수교, 2,300m) 개통

12.11 군사혁명검찰부, 활동 시한 종료

12.12 첫 보세가공무역(천우사, 삼도그룹 모체)서 의류 30만 달러 대미 수출

12.12 한국재향군인회(발기인 회장 김홍일) 재건 총회 개최-1961년 5·16군사정변에 해산

12.13 서독과 차관협정 조인

12.14 국내 방송사상 최초, 전화로 방송현상퀴즈 『다이얼 Y를 돌려라』 시작

12.17 사단법인 한국사진작가협회 설립

12.18 〈근로기준법 개정〉 공포- 근로시간 특례제도 신설·퇴직금 제도 도입

12.18 한국미술협회(이사장 박득순) 발족-서양화·조각·공예·서예 5개 분과 설치

12.19 〈예산회계법〉 공포-통일국고주의·예산회계주의·회계연도 독립 원칙

12.19 완도 여객선 침몰-사망 34명

12.19 외자도입촉진위원회 구성-외국자본의 투자 유인 촉진·보호에 자문 및 건의

12.20 숭례문(1호)·석가탑(21호) 등, 국보로 지정

12.21 혁신계 조형수·최백근, 반사회적 인사 최인규·곽영주·임화수, 서대문형무소 사형 집행

12.22 국산 장어통조림, 싱가폴에 첫 수출

12.22 국토건설단 설치-만28세 이상 병역미필자, 울산공업지구·댐공사·철도공사 등에 투입

12.22 첫 대학입학자격 국가고사제 실시-국가고시로만 전형(~1968)

12.24 KBS-TV 시험방송

12.25 삼일당에서 제1회 전국민속미인선발대회 개최

1961

12.26 일본외무성, 독도영유권 주장-재일한국대표부에 항의 구상서(口上書) 발송

12.26 한국연극협회 창립-군사정권의 각종 문화예술단체 통합 정비 방침

12.27 〈향토예비군설치법〉 공포-향토방위, 병참선경비 및 후방지역피해통제 임무 수행

12.28 개성상인집안 출신의 허채경, 한일시멘트주식회사 설립

12.30 〈생활보호법〉 제정-최저생활 보장, 자활 조성

12.30 〈외환관리법〉 공포-외환거래 10만 불 이상, 사형·무기·10년 이상징역(1.19. 시행)

12.30 김동리, 한국문인협회 결성-기관지 발행·출판사업·연구발표회·토론회·강연회 등

12.31 공보처, 서울텔레비젼 방송국(KBS) 개국-채널 9

12.31 국방연구원, 국방대학원으로 개칭

00.00 최희준, '우리 애인은 올드미스'(작사·작곡 손석우) 발표

00.00 한명숙, '노란 샤쓰의 사나이'(작사·작곡 손석우) 발표

▨▨▨▨▨▨▨▨▨▨▨

01.03 [미국] 쿠바와 단교

01.04 [오스트리아] 이론물리학자 슈뢰딩거 사망

01.08 [프랑스] 드골 대통령, 알제리 민족자결정책 승인

01.20 [미국] 존 F 케네디, 미국 대통령에 취임

02.12 [소련] 금성로케트 발사 성공

04.12 [소련] 유리 가가린, 최초 우주비행 성공

04.14 [일본] 재일교포 북송 재개

04.27 [시에라리온] 영국으로부터 독립

05.01 [쿠바] 카스트로 대통령, 사회주의 공화국 선언

05.04 [이탈리아] 폼페이 유적 발견

05.05 [미국] 머큐리호, 세계 최초의 유인탄도비행에 성공, 15분간 비행

05.13 [미국] 영화 배우 게리 쿠퍼(1901~1961) 사망

05.31 [남아프리카연방] 영국자치령에서 독립, 남아프리카공화국 수립

06.01 [국제] 라틴아메리카(남미)자유무역위원회(LAFTA) 발족

06.06 [스위스] 심리학자 칼 융(1875~1961) 사망

06.19 [쿠웨이트] 영국의 보호령(62년간)으로부터 독립

06.26 [미국] 중성자탄 개발 계획 발표

138

07.01 [국제] 국제방송국(HLSA) 개국

07.02 [미국] 소설가 어니스트 헤밍웨이(1899~1961) 사망

07.21 [미국] 유인로케트 발사 성공(제2호)

08.06 [소련] 보스토크 2호 발사, 지구를 17바퀴 일주

08.31 [소련] 핵실험 재개 발표

09.01 [국제] 제1차 비동맹국 정상회담

10.17 [소련] 공산당 22차 대회, 흐루시초프의 반당파 숙청 개시

10.30 [소련] 공산당대회, 레닌묘에서 스탈린 유골 추방 결의

11.11 [일본] 사카이 다카고, 생리용품 '안네 냅킨' 생산·발매

11.23 [아르헨티나서] 여객기 추락, 52명 사망

11.29 [미국] 침팬지 태운 로케트 발사

12.06 [프랑스] 『대지의 저주받은 자들』 작가 프란츠 파농(1925~1961) 사망

12.09 [탄자니아] 영국으로부터 독립

12.15 [이스라엘] 유태인 학살범 아이히만, 법정에서 사형 선고

12.20 [국제] UN총회, 대기권 평화적 이용안 가결

12.21 [미국] 케네디, 맥밀란 버뮤다서 회담, 베를린전략 합의

1962 임인(壬寅) 단기4295 박정희2
케네디/마오쩌둥/이케다/흐루시초프

01.01 공용 연호, '단기'에서 '서기'로 변경

01.05 전국문화단체총연합회(문총) 해체-한국예술문화단체총연합회(예총)(회장 유치진) 발족

01.06 미 7사단소속 미 병사, 파주서 나무꾼 2명 사살 사건 발생

01.10 〈문화재보호법〉 공포-문화재 보호를 위한 필요한 사항 규정, 문화재위원회 설치

01.10 군사혁명재판소, 군내반혁명사건 관련 장도영에게 사형 언도-1963.5. 형 면제

01.12 〈이자제한법〉 공포-제한이자율, 최고한도 연 2할

01.13 국가재건최고회의, 〈1차 경제개발5개년계획〉 발표-국내자본 이용·기간산업 건설

01.15 광화문 전화국(현 KT 광화문지사) 개국

01.15 국립극장, 국립창극단·국립무용단·국립오페라단 등 전속단체 창단

01.15 〈군납촉진법〉 공포-군납업자 등록, 군납조합 설립, 군납촉진위원회 구성

01.15 서울시 시민헌장 선포식-국제적 문화도시로 발전

01.15 〈증권거래법〉 공포-조선유가증권업취체령, 조선증권취인소령 폐지

01.15 〈통계법〉 제정-통계의 진실성과 통계제도의 효율성 확립

01.16 제6차 한일회담 재개(~1964.4)-김종필·오히라 합의, 청구권 문제 타결

01.16 혁명재판소, 부정축재자 양인현 사형, 정태영 무기, 기타 5명 최고 20년 언도

01.19 KBS, 최초 드라마, '나도 인간이 되련다'(연출: 이기하, 출연:최상현·나옥주 등) 방영

01.19 〈영화법〉 제정-사전 검열제, 영화제작 신고, 상영 허가·정지·중지권 부여

01.22 비구·대처승 불교 분쟁, 8년 만에 단합-통합종단 대한불계조계종 출범

01.22 KBS 어린이드라마, '영이의 일기' 방영(~1963.3.27.)

01.23 외자도입 적격업체 확정-시멘트·관광·전기기기·방직기 등 7개 업종에 19개 기업체

01.24 KBS-TV·라디오, 첫 합동방송으로 '수요일 밤의 향연' 방송

01.26 〈울산지구종합공업지대 조성추진위원회 규정〉 공포

01.26 〈특정공업지구 결정의 건〉 공포-울산종합공업지구 확정

01.26 고종황제 외동딸 덕혜옹주 37년 만에 환국-창덕궁 낙선재 거주, 1989.4. 별세

01.26 한국-멕시코, 국교 수립

01.27 군사정부, 일본의 독도 영유 주장에 항의 각서 전달

01.29 〈독일파견 탄광기사 대우에 관한 한독협정〉 서명

01.30 비료·인견사·종합제철·시멘트 공장 건설 결정

01.30 한국-독일 원조 각서 발표

01.00 경성정공, 일본 동양공업과 제휴하여 삼륜자동차 'K-360' 출시

01.00 담배, '새나라' 시판, 250환(~1963.4)

01.00 담배, '해바라기' 시판, 1백환(~1962.10)

02.01 국민은행 개점

02.01 한국광업제련공사(현 LG산전주식회사) 발족-비철금속 채광·제련·가공·판매

02.03 울산군 대현면 고사리에서 울산공업센터 착공-〈제1차 경제개발5개년계획〉 시발

02.04 대학 정원, 5천 명 증원

02.06 한국예술문화단체총연합회, 신인 예술상 제정-상금 1천여 만환

02.07 국립발레단, 국립무용단 소속으로 창단-1970년 발레단·무용단 분리

02.09 〈신탁법 시행령〉 공포

02.12 〈수출진흥종합계획〉 수립

02.13 최고회의, 부정축재 2차 환수금으로 울산공업센터 건설 승인

02.14 〈농지개량사업5개년계획〉 발표

02.18 ≪서울신문≫ 취재 경비행기, 대관령서 추락-기장·취재기자 2명 사망

02.19 〈농가대여양곡법〉 공포-매수분원곡대금상환, 3년 거치 10년 균등년부로 납부

02.24 야구선수 백인천, 해방 후 처음으로 일본 프로야구 도에이팀에 입단

02.26 한국광업진흥공사(현 한국광물자원공사) 발족

02.28 쉐이 미7함대사령관, 핵잠수함 한국 수역 배치 언명

02.29 경남 울산 해안으로 잠입한 무장 간첩선(20톤·30노트) 나포

02.00 전국자동차공업협동조합 창립

03.04 하와이로 망명한 이승만 전 대통령, 귀국 의사 전언-거절 당함

03.08 유엔, 한국에 기술원조 2백만 달러 배당

03.09 〈농촌진흥법안〉 심의 통과

03.09 〈해외이주법〉 공포-해외 이주의 보사부장관 허가, 브라질 등지의 이민 추진

03.10 창경원 케이블카(거리 300m) 개통-1984.5. 과천대공원으로 이전하면서 철거

03.10 한국-콜롬비아, 국교 수립

03.12 독감 서울만 1백만 명, 55개교 휴학

03.13 국립발레단, 명동예술극장에서 〈백의 환상〉(예술감독 임성남) 창립기념 공연

03.13 상공부, 자유중국에 어분(魚粉)을 톤당 150달러(FOB)로 10톤 첫 수출 결정

03.16 〈수출진흥법〉 공포-수출품제조용 원료수입에 정부가 외환을 우선 할당 매각

03.16 〈정치활동정화법〉 공포-정치활동 부적합 판정 후, 6년간 정치활동 금지(~1968.8.15.)

03.17 박정희 최고회의 의장, 이승만 귀국 시기상조 언명

03.19 국가재건최고회의, 1963년 민정이양 발표

03.19 원자력연구소, 원자로에 첫 점화

03.21 KBS, 국립극장 개관식 실황 중계, 최초의 TV 국외중계방송

03.21 시공관, 국립극장으로 재개관

03.22 윤보선 대통령 하야

03.22 춘천시 신동면 의암수력발전소 착공-연장 224m·높이 17.5m(1967.8. 1호기 준공)

03.24 박정희 최고회의 의장, 대통령 권한 대행

03.25 불교 새종헌 공포-승려 자격 규정, 새 종단 구성

03.26 전국 10개 교육대학(2년제) 개교-1,960명 입학

03.26 한국-뉴질랜드, 국교 수립

03.30 〈수산협동조합법시행령〉 공포-농어촌계 마을단위, 위탁판매사업 조합·중앙회 전담

03.30 KBS, 스튜디오서 오페라 첫 방송

03.30 정치정화위원회, 정치활동적격심판대상자 1차 명단(2,900여 명) 발표

03.30 제1회 대종상영화제 시상-'연산군'(감독:신상옥, 신필름) 수상

03.00 김찬삼, 『세계 일주 무전 여행기』(어문각) 출판

04.01 수산협동조합(현 수산업협동조합) 발족-어민·수산가공업자 경제적 이익 추구

04.01 시중은행, 외국환 업무 개시

04.01 증권거래소 보통거래 시작-매매계약 체결 3일 후, 증권과 대금 교환 가능

04.02 농촌진흥청 발족-농촌진흥을 위한 시험·연구, 농민의 지도, 농촌지도자 수련 등

04.03 박정희 최고회의 의장, 정치활동적격심판기준 24개항 발표

04.04 군사정부, 4·19혁명 희생자 186명 건국포장, 156명 원호 대상 결정

04.06 성업공사(현 한국자산관리공사) 발족-금융기관 연체대출금 회수·비업무용 재산 정리 전담

04.09 한국-이스라엘, 국교 수립

04.12 서울 중구 예장동에 소극장드라마센터(현 남산예술센터) 개관

04.13 시민회관에서 국립오페라 '왕자호동' 창립공연

04.15 〈군인복제령〉 공포-독자적인 군복 착용 시작

04.16 〈자동차공업5개년계획〉 발표-디젤엔진 대형자동차조립공장 설립, 매년 3천대 생산

04.17 미터제(자동요금계산기) 택시 등장-기본요금 300환

04.18 대동청년당 조직한 독립운동가 서상일(1887~1962) 사망

04.18 시민회관에서 제1회 서울국제음악제전 개최

04.19 KBS-TV, 이동중계 시설 완비·첫 야외방송(창경원)

04.20 경복궁에서 5·16기념산업박람회 개막-150여 동, 16만5천여 점 전시(~6.6)

04.20 한국-부르키나파소, 국교 수립

04.21 〈임시특별법시행령〉 공포-부정축재환수를 위한 회사 설립

04.21 경주에서 제1회 신라문화제 개막

04.29 엿장수 권중기, 행운의 첫 100만 원 복권 당첨

04.00 아랍연합 6개국, 유럽경제공동체(EEC) 대립하는 아프리카공동시장 창설 제안

05.01 한국일보사·한국문화인류학회, 민요전설찾기운동 전개

05.01 해양경비대, 해양경찰대로 새롭게 발족

05.02 국가재건최고회의, 〈주민등록법〉 통과

05.05 10대 소녀들의 한국전통공연단체, 리틀엔젤스 예술단 창설

05.05 서울 태평로에 '한국신문회관' 개관

05.06 일제 새나라자동차, 60대 첫 도입

05.09 군사혁명재판소·군사혁명검찰부 폐소

05.10 독립운동가 심산 김창숙(1879~1962) 사망

05.11 제1차 미실업인단 내한-기간산업지원 등 5개년계획 투자요청

05.12 제9회 아시아영화제 서울서 개막

05.12 남산 케이블카 개통

05.13 농림부, 브라질에 국산해태 첫 수출 발표-1,000속에 1,050달러

05.14 김성곤, 쌍용양회공업주식회사 설립

05.15 경부선 초특급 '재건호' 운행 개시-서울↔부산 간 6시간 10분 소요

05.15 미국 뉴욕에 한미상공협회 창설-한국 측 이사 송대순

05.17 한·미실업인단, 종합제철공장 건설 가계약 조인

05.20 한일시멘트, 서독 회사와 차관계약 체결

05.22 한·미실업인단, 합성수지공장 건설 합의서 가계약 조인

05.28 박정희 최고회의 의장, 정치활동적격심판 명단 1,337명 최종 확인 서명

05.29 파주서 미군 장교, 한국인 린치 사건-한국인에 도둑 누명 씌워 전신주에 매달고 매질

05.31 〈자동차공업보호법〉 공포-외국산 자동차 및 부품 수입 금지 등

05.31 〈정치활동정화법〉 해당자 정치활동 규제-구 정치인들, 정치무대에서 격리

05.31 주력주 매점·투기 과열로 '증권파동' 발생-주식매매 대금 부족 발생

06.02 국제올림픽위원회, 대한올림픽위원회에 도쿄올림픽 남북한 단일팀 구성 요청

06.03 KBS, 최초 연속드라마 '서울의 뒷골목'(출연:황운진) 방영(~7.8)

06.04 대한조선공사(현 대우조선해양), 공기업으로 운영

06.05 북한 조선올림픽위원회, 국제올림픽위원회에 가입

06.06 고려대 학생, 미군 린치사건에 항의하고 한미행정협정체결 촉구 데모

06.09 〈제3차 긴급통화조치법〉 통과

06.10 제2차 화폐개혁 단행-'환'을 '원'으로 변경, 10:1 평가절하

06.12 한국-칠레, 국교 수립

06.13 합동수사본부, '대학생 지하서클 간첩단 사건' 주모자 김낙중 체포 발표

06.14 방송윤리위원회(현 방송통신심의위원회) 발족

06.15 버거 주한 미 대사, 한미행정협정 신안 제시

06.15 한국-파라과이, 국교 수립

06.17 중앙정보부, 민주당 인사들의 5·16군사정부 전복 음모(이주당사건) 발표

06.18 국토건설청, 건설부로 승격

06.18 박정희 최고회의 의장, 내각수반 취임

06.20 국립의료원 부설 간호학교 제1기 졸업

06.20 대한무역투자진흥공사(KOTRA) 설립-국내 기업의 해외시장 개척·정보수집 등

06.24 김대중 등, 반국가음모협의 사건관련자 11명 석방

06.25 한국-도미니카 공화국, 국교 수립

06.25 한국-시에라리온, 국교 수립

06.26 가수 남인수(1918~1962) 사망

06.27 제2차 미 실업인단 내한

06.29 상업어음에 대한 대출한도제 폐지 의결

06.00 KBS-TV, 최초의 프로듀서제 실시

06.00 김일엽, 『청춘을 불사르고』(문선각) 출판

07.01 무인 공중전화 제도 실시(9.20. 서울시내 9대 개통)-구화 50환 동전 사용

07.06 한국-모로코, 국교 수립

07.07 동해안 무장간첩선 격침 사실 발표

07.11 국가재건최고회의, 헌법심의회 구성

07.14 정부, 농어촌에 라디오 보내기 운동 전개

07.26 한국-요르단, 국교 수립

07.30 독립운동가 엄항섭(1898~1962) 사망

08.02 동아일보 필화사건, '국민투표는 만능이 아니다' 사설로 고재욱·황산덕 피검

08.03 〈국군조직법〉개정안 의결-국군 조직에 공군·해병대 포함

08.03 태풍 '노라호' 전남 강타-310명 사상, 건물 982동, 선박 165척 피해

08.06 서울 광화문우체국 개국

08.10 제3차 한미경제회담 개최-AID차관 첫 케이스로 1,400만 달러 확정

08.11 동대문구 공성제분 회사서 서울양곡시장 첫 개장-서울 양곡 소비량 1일 1만 가마

08.17 장면 총리, 반혁명음모 관련 혐의로 불구속 기소

08.24 제4회 자카르타 아시안게임 개막-한국 5위, 금4·은4·동7(~9.4)

08.27 경기도 부평에서 새나라자동차 공장 준공

08.28 장면 전 총리, 이주당(二主黨) 사건으로 구속-징역 10년형 선고, 형집행 면제 석방

08.28 전남 순천, 수해로 1천여 명 사상

08.30 한국-엘살바도르, 국교 수립

08.31 사상계 발행인 장준하, 막사이사이상 수상

08.00 박경리, 『김약국의 딸들』(을유문화사) 출판

08.00 제7회 동인문학상, 이호철의 『닳아지는 살들』, 전광용의 『꺼삐딴 리』 수상

09.02 혼혈아들을 위한 영화국민학교, 영등포중학교 교실 빌려 개교-63명 입학

09.05 남산 야외음악당 공사 착공(4천 석 규모)-1963.7. 준공, 1980.4. 철거

09.07 서울 한남동 나룻배 전복-사망 37명

09.09 《일요신문》(사장 윤갑수, 현 《한국경제신문》) 창간

09.10 서울 마포구 공덕동에서 조두형 군 유괴사건 발생-미해결

09.11 전국민속예술경연대회 가두 행진, KBS TV 최초로 이동 중계방송

09.11 한국-코스타리카, 국교 수교

09.12 추석 맞아 종묘서 제1회 전국민속체육대회-씨름·그네

09.15 남산 기슭에 반공자유센터(현 자유센터) 착공-김수근 설계

09.20 서울에 무인공중전화 등장-중앙우체국·남대문·을지로입구·화신앞·육군본부 등 7곳

09.20 한미행정협정(SOFA) 실무자회의, 1년 반 만에 재개

09.22 전국에서 뇌염 995명 발생

09.27 서울운동장야구장(전 동대문야구장) 개장

09.27 육군본부 보통군법회의, 이주당사건 관련 장면 전 총리에게 징역 10년 언도

09.29 한국-인도네시아, 통상협정 조인

09.30 한국-파나마, 국교 수립

10.01 한국-가봉, 국교 수립

10.01 한국-사이프러스, 문화교류협정 체결

10.03 문화단체 통합에 한국영화인단체연합회, 한국영화인협회(이사장 윤봉춘)로 재발족

10.05 한국-에콰도르, 국교 수교

10.08 국가재건최고회의, 현행 헌법의 개정 결의-1962.12. 제5차 개헌 단행

10.10 한국-아이슬란드, 국교 수립

10.12 북한-중국, 국경 조약인 〈조중변계조약〉 체결-두만강과 압록강을 국경으로 확정

10.12 계엄사령관, 장면 전 국무총리의 형 집행 면제 조치

10.13 대한석유공사(현 SK) 설립-자본금 25억 원, 반관반민

10.13 한국신문발행인협회(현 한국신문협회) 발족

10.14 대구 팔공산 제2석굴암, 국보 109호 지정

10.15 한미상공협회 한국위원회 발족-미주·동남아·유럽에 무역사절단 파견

10.16 한국-사우디아라비아, 국교 수립

10.17 대한석유공사(현 SK), 미국 플라우어사와 정유공장 건설계약 체결

10.18 대한무역진흥공사, 홍콩무역관 개관

10.18 한국-알제리·쿠바, 국교 합의

10.19 한국-세네갈, 국교 수립

10.20 김종필·오히라 외상 회담-무상 3억, 유상 2억, 상업차관 1억 달러 이상

10.24 제43회 전국체육대회 개회(대구), 참가인원 9,768명

10.24 한국-과테말라, 국교 수립

10.29 경제기획원-미국 경제조정관실, 디젤기관차 도입 관련 차관협정 체결

10.29 김종필 중앙정보부장, 혁명주체세력의 4년간 민정 참여 천명

10.00 경성정공(1944년 설립) 후신, 기아 산업 설립

11.05 제5차 헌법개헌안 공고-대통령 직선제로 환원(임기 4년, 1차 중임)

11.05 한국-말레이시아, 무역협정 조인

11.06 동해북부선(강릉 경포대↔강원도 동해) 개통

11.09 영화, '아낌없이 주련다'(감독:유현목, 배우:이민자·신성일) 개봉

11.13 한국-독일, 차관협정 조인

11.15 병사구사령부를 병무청으로 개편, 발족-국방부가 병무행정 직접 관리

11.16 대한무역진흥공사, 뉴욕무역관 개관

11.20 대한무역진흥공사, 방콕무역관 개관

11.26 '절미운동'(쌀 덜 먹기 운동) 전개-쌀 부족문제 해결

11.27 교통부, 대한국립항공(KNA) 취소-대한항공공사(KAL)에 취항권 부여

11.27 대한무역진흥공사, LA무역관 개관

11.27 서울 홍제동서 판잣집 철거 소동

11.27 서울국제방송국, 『한국어첫걸음』 2천부 발간, 일본에 발송

11.29 한국일보 장기영 사장 등 4명, '가칭 사회노동당 준비설' 기사로 구속

11.00 새나라자동차, 닛산자동차의 BLUE BIRD 조립 생산(~1963.5)

12.01 대한항공공사(현 대한항공) 창립

12.05 5·16군사정변 당시 선포한 〈비상계엄령〉 해제-제5차 헌법개정안 국민투표 관련

12.06 국가재건최고회의, 〈제5차 헌법개정안〉 의결

12.06 동방자동차공업 합병, 하동환자동차공업(주)로 법인 전환

12.10 북한, 〈4대 군사노선〉 채택-전군 간부화·현대화·전 인민 무장화·전 지역 요새화

12.13 서울 창신동 사창가에 화재-이재민 800명

12.13 1963학년도 대학입학자격 국가고사제 실시-대학 본고사와 병행

12.15 영친왕 이은, 한국 국적 회복

12.17 제5차 헌법개정안(대통령중심제) 국민투표 실시-찬성 78.78% 가결

12.18 브라질 이민단(총 17가구 91명), 부산항 출발-1962년 해외이주법 공포 후 첫 이민

12.19 한국-월남, 무역협정 조인

12.19 한국-스위스, 국교 수립

12.22 국가재건최고회의, 제5차 헌법개정안 가결 선포

12.22 낙동강 철교(996.6m) 준공

12.24 군사정부, 3.15부정선거 관련된 전 자유당간부 6명 가석방

12.26 사단법인 워커힐, 워커힐호텔 준공(1963.4.8. 개관)

12.26 제5차 헌법개헌안 공포-박정희, 제5대(1963)·제6대(1969) 대통령 당선

12.26 제6차 한일회담 개최-재산청구권 문제 타결

12.27 박정희 최고회의 의장, 대통령 출마 의사 표명

12.27 일본-중국, 민간무역의정서 조인

12.28 호남비료 나주공장 준공

12.31 실직자 구제 및 활용을 목적의 '국토건설단' 해체

12.31 대통령 선거를 앞두고 〈정당법〉·〈집회시위법〉 공포

12.31 국가재건최고회의, 정치활동정화법에 정치활동 금지된 정치인 171명 해제

12.00 동아화성공업(현 대상), 조미료 '미원' 생산

00.00 권혜경, '호반의 벤치'(작사 이보라, 작곡 황문평) 발표

▨▨▨▨▨▨▨▨▨▨▨▨▨▨

01.01 [서사모아] 뉴질랜드로부터 독립

01.10 [페루] 눈사태로 3,000여 명 사망

02.10 [미국-소련] 소련서 격추당한 미국 조종사와 소련 스파이, 베를린서 맞교환

02.20 [미국] 유인 우주선, '프렌드십 7호' 비행 성공

02.24 [중국] 계몽사상가 후스(胡適) 사망

03.04 [미국] 남극 원자력발전소 조업 개시

03.08 [미국-소련] 문화교류협정 조인

03.17 [미국] 슈퍼 콘스터레이션기 추락, 107명 사망

03.18 [프랑스-알제리] 휴전협정 조인-7.5. 알제리, 프랑스로부터 독립

03.21 [소련] 미국의 우주공동개발 제의에 동의

04.15 [국제] 유럽공동시장(ECC) 설치

05.05 [미국] 나토(NATO)군에 핵무장폴라리스 잠수함 배치 발표

05.19 [독일] 표현주의 화가 가브리엘레 뮌터(1877~1962) 사망

05.28 [미국] 주식시장 1929년 이래 주가 대폭락

05.31 [독일] 나치스 친위대 장교, 유태인 학살범 아돌프 아이히만 교수형

06.03 [프랑스] 여객기 파리공항 추락, 130여 명 사망

06.06 [국제] 요르단 아랍권 5개국, 아랍 경제통합협정 조인

07.06 [미국] 작가 윌리엄 포크너 사망

07.10 [미국] 최초 통신위성 텔스타1호 발사, 위성 TV 가능-7.23. 첫 TV 우주중계

07.19 [미국] 나이키제우스 미사일, 가상 대륙간 탄도미사일(ICBM)요격 성공

08.06 [자메이카] 영국으로부터 독립

08.09 [독일] 작가 헤르만 헤세 사망

08.11 [소련] 유인 우주선 보스토크 3호 발사-8.12. 보스토크 4호 발사

08.27 [미국] 마리너 2호 발사 성공

09.01 [이란] 서북부에 대지진, 2만 명 사망

09.07 [일본] 소설가 요시카와 에이지 사망

09.14 [동부 터키] 지진으로 이재민 10만 명 이상 발생

09.18 [소련] 북극에서 대기권 핵실험

09.30 [미국] 대학에서 흑백인 공학 분규로 학생들 폭동

10.09 [우간다] 영국으로부터 독립

10.11 [인도네시아] 군중, 아시안게임 문제 불만으로 일본대사관 습격

10.13 [미국] 뉴욕 브로드웨이에서 〈누가 버지니아 울프를 두려워하랴〉 초연

10.16 [프랑스] 철학자·문학이론가 가스통 바슐라르(1884~1962) 사망

10.20 [중국-인도] 국경서 전면 충돌-10.31. 양국군 아샘지역에서 접전, 11.22. 휴전

10.28 [소련] 미국에 굴복, 쿠바 기지 철수 명령

10.30 [국제] 유엔총회, 중국 가입안 부결

11.01 [소련] 화성에 로케트 발사 성공

11.20 [미국] 케네디 대통령, 쿠바 해상봉쇄 해제 선언

12.02 [인도] 파키스탄에 불가침조약 제안

12.06 [미국] 마리너 2호 금성 통과

12.15 [국제] NATO, 재래식 군사력 증강에 합의

12.21 [미국-영국] NATO 핵군 창설 합의

1963 계묘(癸卯) 단기4296 박정희3
케네디·존슨/마오쩌둥/이케다/흐루시초프

01.01 KBS-TV 시청료 징수 시작-매월 100원

01.01 부산시, 직할시(시장 김현옥)로 승격

01.01 정권 민정이양을 위해 1년 7개월 만에 '민간인 정치활동 금지 조처' 해제

01.03 구민주당계, 박순천·홍익표 중심 행동 통일 결정

01.03 윤보선·김병로·이인 등 회합, 단일 야당으로 가칭 '민정당' 창당 합의

01.05 김종필 중앙정보부장 사임-민주공화당 창당 준비위원장으로 역할 충실

01.08 한국이 낳은 세계적 프로 레슬러 역도산, 첫 내한

01.10 가칭 재건당(민주공화당 전신) 첫 발기대회-김종필 등 12명 참석

01.10 전 국회부의장 김약수(1893-1964) 사망

01.15 국가재건최고회의, 〈국회의원선거법〉 공포-단원제, 후보 정당공천, 전국구 1/3 선출

01.15 유원식 최고위원, '김종필 중심의 당은 파당'이라며 공개 비판

01.17 설 앞두고 전국 물가 폭등-대구 쌀값 2천 원 돌파, 설탕 가격 32원→40원 급등

01.18 1962년도 초중고생 검사 결과-기생충 보유 40%, 결핵 이환율 0.7%

01.18 민주공화당 발기 선언-위원장 김종필 선출

01.18 순국 군경 유가족과 상군의 보금자리, 착공 9개월 만에 수원에 원호센터 준공

01.18 영암 가지도에서 여객선 연호 침몰-사망 138명

01.21 중앙선거관리위원회 발족-9명(대통령 임명 3명, 국회 선출 3명, 대법원장 지명 3명)

01.24 인천항, 개항 80년 만에 처음 결빙

01.24 제18회 도쿄올림픽 남북한 단일팀 구성-남북 간 예비회담 개최

01.28 사단법인 한국연극협회 창립

01.29 제18차 콜롬보계획기술협력이사회 회원국에 가입, 기술원조 본격화

01.30 〈조선고적천연기념물보호령〉 폐지-중요무형문화재 신설, 제1호 종묘제례악

01.31 국가재건최고회의, 대통령선거법 통과-대통령중심제 채택, 부통령제 폐지, 직선제

01.00 담배, '상록수' 시판, 30원(~1964.11)

01.00 민중 속 연극 침투 목적하에 민중극장(대표간사 이근삼 교수) 창립

02.01 정치정화법 해당자 268명, 2차 해제

02.01 최첨단 돔 건축물, 장충체육관 건립-수용인원 8천여 명(1960.3~)

02.04 영문학자 이양하(1904~1963) 교수 사망

02.05 한국반공연맹(구 한국아시아민족반공연맹) 창립

02.08 국내 최초의 현대화된 담배공장, 신탄진 연초제조창 착공(~1965.7.)

02.09 〈경제개발5개년계획〉 2차년도 기본경제시책 발표

02.09 구자유당계 해금자 22명, 대거 공화당 참여

02.10 문교부, '국민예절기준' 제정·공포-상복 기간 등

02.12 민간사업에 대한 정부 지불보증 중지 의결

02.14 4년제 대학에 교직과, 3년 만에 부활 발표-고등학교 2급 정교사 자격증 획득

02.14 재건호 열차, 안양역에서 과속으로 운행 중 탈선

02.18 박정희 최고회의 의장, 민정불참 선언 및 정국수습 9개 방안 성명(2·18성명)

02.20 ROTC 1기생 2,642명 소위로 임관-육군보병학교 보수과정 이수 후 현역 복무

02.20 김종필, 민주공화당 창당준비위원장 당직 사퇴

02.21 육사 5기 김재춘, 제3대 중앙정보부장에 임명

02.23 이탈리아 음악가 발라브레가(C. Valabrega), 피아노 연주차 내한

02.25 김종필, 민주공화당 창당 자금 관련 4대 의혹사건에 돌연 외유(~10.23)

02.26 대납자금 부족에 증권시장 무기 휴장-주가 조작으로 민주공화당 창당 자금 마련

02.26 시민회관에서 민주공화당(총재 정구영) 창당 대회 개최

02.27 교육공무원 정년, 국공립 61세, 사립 정년제 폐지

02.27 정치지도자·각 군 책임자, '2·18성명' 지지-정국 수습 공동 성명

02.28 국제올림픽위원회 브런디지 위원장, 남북한 단일팀 국기 제안

02.00 대구방송 관현악단 창립

02.00 문교부, 제2차 교육과정 개정-이념교육과 실업교육 강화(~1973.2.)

03.03 전 자유당계 정치인 4백 명, 이승만 이념 내걸고 창당 협의

03.05 '특정범죄처벌에 관한 임시특별법' 개정·공포-국가기관, 5·16부인행위 처벌 신설

03.06 중앙정보부, 4대의혹사건(증권파동·워커힐·새나라자동차·파칭고 사건) 발표

03.07 반도호텔서 수출산업촉진위원회(위원장 이원만) 발회식-해외시장 진출, 수출진흥

03.08 제2회 대종상영화제 시상-'열녀문'(감독:신상옥, 신필름) 수상

03.09 국가재건최고회의, 노동절을 '근로자의 날'로 개칭

03.10 북한 탁구선수단, 부카레스트 국제탁구대회 단체전 우승

03.11 새나라 택시 부정 혐의로 석정선 예비역 대령 구속

03.11 중앙정보부, 군부 내 쿠데타 음모 관련자 김동하·박임항·박창암 등 20명 검거·발표

03.12 대한석유공사(현 SK), 울산정유공장 착공(~1964.5.)

03.14 소설가 횡보 염상섭(1897~1963) 사망

03.15 군사정부 내각 총사퇴 결의

03.15 육군 장교 80여 명, 최고회의에 앞서 군정 연장 요구 데모

03.16 4월혁명총연맹 청년들, 화신백화점 옥상서 군정 연장 반대 유인물 살포

03.16 박정희 최고회의 의장, 4년간 군정 연장 및 국민투표 회부 등 성명(3·16성명)

03.17 조선·동아일보, 15일간 무 사설로 군정 연장 성명에 항의

03.18 〈국민투표법〉 개정 공포-20세 이상 투표권, 중앙국민투표관리위원회 설립

03.19 대한손해재보험공사(현 코리안리재보험) 설립

03.19 박정희 최고회의 의장, 미 케네디 대통령에게 군정 연장 선언 지지 요청

03.19 재야 중진인사들, 박정희 최고회의 의장과 회담-'3·16성명' 철회 요구

03.21 심계원과 감사위원회 통합, 감사원 개원

03.21 케네디 미국 대통령, 기자회견서 한국에 민주적 정부 복귀 열망

03.21 한국-르완다, 국교 수립

03.22 국군비상지휘관회의, '3·16성명' 지지 결의-청와대로 행진

03.22 재야 정치인 3백여 명, 구국선언대회 개최-군정 연장 반대 데모

03.23 미 국무부, 합리적 민정 이양 절차안 제출을 희망하는 공식 견해 발표

03.23 최고회의상임위, 학사자격고시·입학자격 국가고시제 폐지

03.26 한국-우간다, 국교 수립

03.00 대동공업사, 일본 미쯔비시와 제휴-국내 최초의 경운기 생산

04.01 한국-페루, 국교 수립

04.01 한국표준산업분류 제정-산업 관련 통계자료의 정확성·비교성 확보

04.02 최고회의상임위, 대한노총 창립기념일(3.10)을 '근로자의 날'로 정함

04.02 케네디 미 대통령, 군정 종결 희망 친서, 박정희 최고회의 의장에 발송

04.05 제1회 진해 군항제 실시

04.08 박정희 최고회의 의장, 군정 연장 국민투표 보류 및 정치활동 재개 허용 등 성명

04.08 사단법인 워커힐, 워커힐호텔 개관

04.09 각의, 서울대학교에 교육대학원 신설 결의

04.10 한국-콩고민주공화국 국교 수립

04.11 영화, '돌아오지 않는 해병'(감독:이만희, 배우:장동휘·최무룡) 개봉

04.14 독립운동가 민필호(1898~1963) 사망

04.15 재야지도자 11인, '3·16성명'·'4·8성명' 철회와 '2·27선서' 실천 등 요구

04.16 서울 조흥은행 본점, 누전으로 화재-손해액 569만 원

04.19 도쿄 아시아영화제에서 김승호-도금봉, 남녀주연상 수상

04.20 민주당, 신정당 합류 고수파와 결별

04.22 35개 정당사회단체, 군정연장반대전국투쟁위원회(이범석·이윤영 등 5명 의장) 구성

04.25 두 번째 민간상업방송국, DBS 동아방송국 개국

04.25 울산비료공업, 제3비료공장 건설 위해 일본 신호제강과 가계약 체결

04.26 영농세·소득세·법인세 법시행령 공포

04.30 제5회 아시아청소년축구대회에서 한국 1위

04.00 원호처(현 국가보훈처), 경기도 수원에 직업재활원 개원(~9.25)

05.01 김병로 등 재야 14명, 한일회담 민간정부에 이양, 김·오히라 메모 완전 공개 요구

05.02 민주공화당, 당의장에 윤치영 임명

05.03 북한 올림픽위원회, 남북 유일팀 구성을 위한 회담 제의

05.06 아동문학가 강소천(1915~1963) 사망

05.08 문교부, 국민학교 결식 아동에게 분유 특별배급

05.09 증권시장, 73일 만에 재개장

05.12 신정당(가칭) 내 민주계, 집단탈당 결의

05.14 미국, 유엔군사령관에 H.H. 하우즈 대장 임명

05.14 보수야당 민정당 창당(대표: 김병로)-자유민주주의와 평화적 정권교체 실현(~1965.5)

05.14 숭례문, 해체 22개월 만에 중건 완공

05.16 박정희 최고회의 의장, 5·16기념식에서 연내 민정이양방침 재천명

05.16 제1차 남북한체육대표 본회담 개최(홍콩)-도쿄올림픽선수 단일팀 구성 협의

05.17 한국군 최초로 구축함 1척 도입

05.18 미국 가수 페티 페이지, 내한 공연

05.18 산업철도, 우리의 기술로 강원도 태백의 황지선 개통

05.18 최초의 서양 의사, 오긍선(1879~1963) 사망

05.22 한국-오스트리아, 국교 수립

05.24 귀속재산처리에 관한 특별조치법 공포

05.24 중·고교 입시제도 발표-타도 진학 허용, 중학(국어·산수), 고교(국어·수학·영어) 시험

05.26 민족정신선양회, 경제부흥사상 고취 전국웅변대회(각급학교·직장대항) 개최

05.27 민주공화당, 대통령 후보에 박정희 지명

05.31 삼화철산·양양철산 합병, 대한철광개발주식회사 설립

06.01 인천 화약공장 폭발사고, 9명 사망

06.03 CBS, 우리나라 최초로 국악 찬송 제작 방송

06.03 『공초 오상순 시선집』 시인 오상순(1894~1963) 사망

06.05 한강순환도로(금호동↔응봉동, 현 강변북로) 개통(1961.6.~)

06.09 서울 백련사, 42년 만에 '예수제(豫修齊)' 거행

06.10 민정당 비주류계, 민정당 집단탈당, 범국민당 준비위원회 결성

06.12 이범석·안호상 등, '민우당' 발기 선언-9.5. '국민의당' 창당

06.16 정기선, 제17회 전국남녀육상경기대회 100m에서 10초5 기록-한국 신기록 달성

06.25 TBC라디오, 서울방송주식회사(RSB) 설립

06.25 헌병총사령부, 반공포로 석방을 비난한 조병옥 피검, 김성주 구속

06.26 〈사립학교법〉 공포-사학에 대한 각종 규제, 통제강화

06.27 민정·신정 양당, 야당 단일화에 합의

06.28 민정당 정식 발족(대표: 김병로)(~1965.5.)

06.00 월간 교양잡지 ≪세대≫(발행인 오종식) 창간(~1979.12.)

07.01 국산 기계식 교환기 개통

07.01 서울대, 결핵·암·풍토병연구소 신설

07.05 민정당 후보 윤보선, 야당·재야 단일후보 사퇴 성명-7.7. 야당연합추진위원회 구성

07.13 홀리데이 온 아이스쇼단, 내한 공연

07.18 민주당 창당(총재: 박순천)(~1965.5.)

07.18 한미경제협력위원회(ECC) 신설 협정 체결-대한 경제원조·한국경제부흥 지원

07.25 야당통합추진위원회, 단일 정당명 '국민의 당'으로 결정-9.5. 창당

07.27 박정희 최고회의 의장, 민정 이양 일정 발표

07.31 국토건설종합계획 완성-국토건설의 종합적·기본적인 장기계획(10.14. 공포)

07.31 박승희,드라마센타 제정 '제1회 한국연극상' 수상

08.05 김활란 이화여대 명예총장, 막사이사이상 수상

08.08 국사 교육 통일방안 확정-단군은 신화로만 취급, 기자·위만조선의 고조선에 포함 등

08.08 대구에 한국나이론 공장 준공

08.15 국내 최초의 ≪일간스포츠≫ 창간-일요신문 자매지

08.15 탑골공원에 '3·1독립선언 기념탑' 제막

08.20 서울역을 출발, 능곡-의정부역-서울역 서울교외선 개통

08.23 도쿄올림픽위원회, 남북한에 초청장 동시 발송 발표

08.29 구 자유당계 일부 인사 '정민회' 창당대회 개최-대통령후보로 변영태 지명

08.30 박정희 최고회의 의장, 민주공화당에 입당-8.31. 당 총재, 대통령 후보 수락

08.00 이어령, 『흙 속에 저 바람 속에』(현암사) 출판

09.01 노동청·철도청 발족

09.03 자유민주당(위원장 김준연) 창당(~1964.11)

09.03 재야지도자회의·야당단일후보협의회, 허정을 단일후보로 지명

09.05 민우당·신정당·민정당 등, '국민의 당'(최고위원 이범석) 창당(~1964.9.)

09.12 민정당, '국민의 당'과 결별-대통령후보에 윤보선 지명

09.13 서울 중구 필동에 한국자동차회관 개관

09.14 '국민의 당' 전당대회, 허정을 대통령후보로 지명-10.2. 후보 사퇴

09.15 삼양식품, 우리나라 첫 라면, '삼양라면' 생산

09.16 임시의정원 부의장 최동오(1892~1963), 6·25전쟁 당시 납북 뒤 사망

09.17 박정희 최고회의 의장, 가족계획사업 추진 지시

09.21 제5회 아시아야구선수권대회(서울) 개최(한국·일본·중국·필리핀 참가)-한국 첫 우승

09.23 전국에 콜레라 만연-186명 발병·21명 사망

09.25 서울시경, 세종로 사거리에서 제1회 '시민교통안전 날' 기념회 개최

09.30 드라마센터, 제1회 전국 남녀중고연극경연대회 개최

09.30 이준 유해, 56년 만에 네덜란드서 봉환-10.4. 수유리 묘소에 봉안

09.30 〈한미평화식량협정〉 체결

10.03 전북 정읍 황토현에 동학혁명기념탑 제막

10.04 제44회 전국체육대회 개회(전주), 참가인원 13,934명

10.07 김정강, 서울대 정치학과 후배들과 함께 '민족주의비교연구회' 창립

10.07 자유민주당 송요찬, 대통령 후보 사퇴

10.09 드라마센터서 한국부인회(회장 임영신) 창립총회 개최

10.10 전 서울지법소년부지원 광장에서 국내 처음으로 서울가정법원 개원

10.12 원자력연구소, 폐기물 처리 공장 준공

10.14 한국-캐나다, 국교 수립

10.15 5대 대통령선거, 전국 투표율 85%-박정희(46.6)·윤보선(45.1), 박정희 당선

10.19 강원도 인제서 일가족 6명을 살해한 '고재봉 도끼살인사건' 발생-11.12. 검거

10.19 김도연·서민호 등, 자유민주당에 정식 입당

10.20 박상희(박정희 친형) 친구, 거물 간첩 황태성 검거-12.14. 사형

10.21 북한올림픽위원회, 국제올림픽위원회의 정식 성원으로 가입

10.23 김종필, 8개월 만에 외유서 귀국-10.29. 민주공화당에 복당

10.28 북한 ≪노동신문≫, 소련을 '수정주의'라고 비판

10.30 한국독립당, 정당 등록·김홍일 대표 선출

11.01 〈지방공무원법〉 제정-민주적·능률적인 지방자치 행정의 운영 도모 목적

11.05 우리나라 최초의 환경법 〈공해방지법〉 제정·공포(1965.2.25. 발효)(~1977.12.)

11.17 드라마센터에서 한국성우협회 발족

11.22 영친왕 이은, 56년 만에 일본서 귀국-창덕궁 낙선재 기거

11.24 5대 대통령 당선자 박정희, 미국 방문(~11.29)

11.26 6대 국회의원 선거-민주공화당(110석)·민정당(41석)·민주당(14석)·자유민주당(9석)

11.26 한국전기연구소 조연옥 박사팀, 고출력 탄산가스레이저 발진기 첫 개발

11.30 시민회관서 제1회 조선일보영화상(청룡상) 시상-작품상 '혈맥' 수상

11.00 부산 신진공업사, 미군 폐차 부속으로 '신성호' 생산(~1964)

12.02 민주공화당, 의장에 김종필 지명

12.06 〈의료보험법〉 제정(1977.1. 시행)-국민의 의료복지 증진

12.07 최고회의, 새 정부기구 확정-1원 13부 3처 5청, 부총리제 신설

12.08 재일동포 역도산, 일본 도쿄 적판(赤坂)의 카바레서 칼에 맞음(12.15. 사망)

12.09 제1회 아시아 아마추어복싱선수권대회에서 한국, 금1·은3·동1

12.11 수도방위사령부, 수도경비사로 개편

12.14 최고회의, 정치정화법 해당자 192명 추가 해제, 장면 등 74명 미해제

12.14 황태성(1906~1963), 간첩 혐의로 인천 교외서 총살형 집행

12.16 국가재건최고회의 해체

12.17 대통령의 경제과학정책에 관한 자문 기구, 경제과학심의회의 발족(~1993)

12.17 박정희, 제5대 대통령 취임-제3공화국 출범

12.17 원자력연구소 내에 방사선의학연구실 개소

12.17 제6대 국회 개원, 제1기 국회의장 이효상 피선(12.17~1965.12)

12.17 최두선, 제8대 국무총리 취임(~1964.5)

12.18 박정희 대통령, 일본 자민당 부총재 오노(大野)와 회담-한일국교 관련

12.21 광부 123명, 서독에 첫 파견(~1966.1.30.)

12.23 여주 호포 나룻배 전복-사망 49명

12.23 한국-에티오피아, 국교 수립

00.00 최희준, '맨발의 청춘'(작사 유호, 작곡 이봉조) 발표

▨▨▨▨▨▨▨▨▨▨▨▨▨

01.01 [일본] 만화영화, '아톰' 탄생

01.02 [프랑스] 드골 대통령, 독자적 핵군(핵무기 관련 군대) 창설 선언

02.06 [동독-서독] 올림픽 단일팀 문제, 완전 합의

02.14 [미국] 원자력 잠수함, 조지워싱턴호 출항

02.14 [인도] 로잔 결정에 항의, IOC에서 탈퇴

02.24 [소련] 핵실험 재개

03.17 [인도네시아] 발리섬 아궁화산 폭발로 1,900여 명 사망

03.20 [중국-미국] 정상회담, 쿠바 제재 공동선언

04.02 [소련] 달 탐사선 루나 4호 발사

04.10 [미국] 핵잠수함 드레셔호, 대서양 해상에서 침몰, 129명 실종

05.07 [미국] 통신위성 텔스타 2호 발사

05.12 [미국] 앨라배머주, 흑인들의 인종차별 반대운동 격화

05.21 [국제] 국제공산당(코민테른) 해산

05.29 [동파키스탄] 태풍으로 1만여 명 사망

06.02 [사우디아라비아] 노예제 폐지

06.05 [이란] 팔레비 정권, 시아파 지도자 호메이니 체포

06.07 [미국-소련] 백악관-크렘린 간 직통전화 가설 합의-9.1 직통전화 개통

06.14 [소련] 보스토크 5호 발사

06.16 [소련] 발렌티나 테레슈코바, 세계 최초로 여성 우주비행에 성공

06.19 [미국] 케네디 대통령, 인종차별철폐에 관한 특별교서, 의회에 제출

07.25 [국제] 부분 핵실험 금지 조약(PTBT) 조인-10.10. 발표

08.22 [영국] ·모리스·자동차를 처음 생산한 너필드 사망

08.27 [캄보디아] 베트남과 단교

08.28 [미국] 킹 목사, 워싱턴 대행진

08.31 [프랑스] 입체파 발전에 공헌한 화가 브라크 사망

09.10 [미국] 흑인, 버밍햄 백인학교에 첫 입학

10.09 [이탈리아] 바이온트댐 산사태로 4천여 명 사망

10.11 [프랑스] '장미빛 인생(La vie en rose)' 가수 에디트 피아프(1915~1963) 사망

10.11 [프랑스] 시집『알라딘의 램프』시인 장 콕토(1889~1963) 사망

10.16 [서독] 아데나워 수상 사임, 후임에 부수상 에르하르트 취임

10.21 [미국] 유럽과 태평양에 핵미사일 배치

10.26 [소련] 흐루시초프, '달 정복 경쟁' 폐기 선언

11.19 [캐나다] 몬트리올서 캐나다여객기 추락 117명 사망

11.22 [미국] 제35 대통령 존 F. 케네디(1917~1963) 피살

11.22 [영국] 작가 헉슬리(1894~1963) 사망

12.08 [미국] 메릴랜드주에서 여객기 추락, 81명 사망

12.12 [케냐] 영국으로부터 독립

12.24 [미국] 뉴욕국제공항, '케네디공항'으로 개칭

1964 갑진(甲辰) 단기4297 박정희4
존슨/마오쩌둥/이케다·사토/흐루시초프·브레즈네프

01.01 계량합리화 방안 〈미터법〉 실시-미터·리터·그람 사용, 척관법(尺貫法) 사용 시 벌금

01.10 박정희 대통령, 헌정사상 처음으로 국회 본회의서 연두 교서 발표

01.12 여객선 아리랑호(950톤급), 최초로 일본 취항(부산↔하카다)-승객 80명

01.13 초대 대법원장 김병로(1887~1964) 사망

01.16 아시아태평양이사회(ASPAC) 가입

01.18 제주도 일원, 첫 통행금지 해제

158

01.19 오대산 월정사, 비구·대처승 간 패싸움-20여 명 중경상

01.20 대구 경북중학교 전소

01.21 벨 AID처장, 대한 원조는 '지원'→'개발 원조'로 수정 발언

01.22 경기도 포천서 만취 태국 군인, 위안부들에게 권총 난사·5명 중상

01.24 고흥문 민정당 의원, 3분(설탕·시멘트·밀가루) 폭리 진상 폭로

01.25 판문점에서 관광객 2명 납북-1명 자진·1명 피랍

01.00 제4대 대법원장 조진만 임명(~1968.10)

01.00 동아방송, 오락 프로그램 '유쾌한 응접실' 첫 방송

02.01 쟁의 중인 철도·체신·전매 등 공무원노조 대표들, 공동투쟁위원회(의장 이규철) 구성

02.01 제45회 전국체육대회 동계대회 개최(춘천)

02.04 한국·독일 투자증진 협정 서명식

02.07 한국-케냐, 국교 수립

02.10 〈양곡보유량 신고제〉 실시-1964.11. 폐지

02.10 청와대의 이승만 사유재산, 진해 해군기지사령부 안의 '진해 별장' 인계 결정

02.11 한국, 프랑스와 국교 단절-프랑스의 중국 승인에 보복 차원

02.14 〈한미경제개발기술용역협정〉 조인

02.17 주한 미군, 오산 미 공군기지에 침입한 한국인에 총격 사건 발생-1명 부상

02.18 검찰, 3분 폭리 전면 조사 착수-정치자금을 둘러싼 정경유착 문제로 비화

02.24 민주당, 당헌 개정-부총재 신설

02.26 한국민속예술연구원 창립-민속예술의 조사·연구 및 보존·육성 등

03.02 한국과학기술정보센터(KORSTIC)(현 한국과학기술정보연구원) 발족

03.06 제3회 대종상영화제 시상, '혈맥'(감독:이만희, 한양영화사) 수상

03.09 야당 주도, 대일굴욕외교반대 범국민투쟁위원회 결성

03.10 도쿄에서 한일어업각료회담 개최-12해리선, 공동규제수역 설정 협의

03.12 제6차 한일회담, 2년 만에 재개-1개월 후 한일회담 중단 요구 시위로 중단

03.13 남양유업주식회사 설립

03.14 한국-라이베리아 국교 수립

03.15 김종태·최영도·이문규·김질락·정태묵 등, 통일혁명당 창당준비위원회 결성

03.17 대한항공 KAL기, 일본 첫 취항

03.18 창경원 장서각 지하실에서 정조 때의 해시계·측우기 발견

03.20 북한, 서해 백령도 근해에서 어선 2척과 선원 26명 납북-4.15. 귀환

03.20 북한-중국 국경조약, '조중변계조약' 발효-백두산 천지 북한 55%, 중국 45%

03.21 천도교, 대구 달성공원서 순교 100주년 기념 최제우 교조 기념 동상 제막

03.22 이상훈, 한국 마라톤 신기록(2시간 21분 25초) 수립

03.23 김종필, 오히라 회담-한일수교 원칙 확인

03.24 대학생 5천여 명, 한일회담 타결 반대 시위-김종필 즉시 귀국 요구

03.24 민정당, 한일회담 타결 시 의원직 총사퇴 결정

03.25 민정당 삼민회, 대일굴욕외교반대 원내투쟁위원회 구성

03.27 대일굴욕외교 반대 시위 16개 도시로 확대

03.28 영월 쌍용시멘트 공장 가동

04.01 국회, 김종필·오히라 메모 공개 요구

04.01 한국전력, 무제한 송전 선언

04.03 한국영상음반협회(한국음악산업협회 전신) 창립(~2008.10.)-음반 제작자 권익 보호

04.05 영화, '빨간마후라'(감독 신상옥, 배우:신영균·최무룡 등) 개봉

04.07 제8회 신문의 날을 맞아 '한국신문연구소'(위원장 홍종인) 발족

04.10 전국 결핵 환자 100만 명

04.14 동인극장, 셰익스피어 탄생 4백 주년 기념 공연

04.15 제2차 세계대전 후 첫 일본 항공의 한국 노선(서울↔도쿄) 취항

04.15 김은국, 『순교자』(The Martyred)(삼중당) 출판

04.24 뉴욕 세계박람회 한국관 개관

04.28 '고아의 아버지' 해리 홀트(1905~1964), 경기도 고양서 사망

04.29 한국-인도 무역협정 조인

04.00 월간 문예지 《문학춘추》(편집장 전봉건) 창간-1965.6. 폐간

05.01 제1회 '법의 날' 기념식 개최-준법정신 앙양과 법의 존엄성 고취

05.05 세계여자농구 베스트 5, '박신자 선수' 선발

05.07 대한석유공사의 울산정유공장 준공식-하루 생산량 3만5000배럴

05.09 TBC 동양방송 라디오(AM 1380KHz, AM 639KHz로 변경) 개국

05.09 최두선 내각, 한일회담 반대 투쟁에 총사퇴-총리에 정일권 임명

05.10 정일권, 제9대 국무총리 취임(~1970.12)

05.10 합동영화사(대표 곽정환) 창립

05.12 대한상공회의, '상공인의 날' 제정 첫 실시

05.12 〈한미석유협정〉 조인-국내석유제품 공급 및 배정

05.15 제1회 전국남녀중고등학교 효행자 표창대회

05.18 KBS라디오, '김삿갓 북한방랑기' 개시-2001.4. 종방(11,500회)

05.20 서울 시내 대학생들, '민족적민주주의 장례식 및 성토대회' 개최

05.21 무장 육군공수단 군인 13명, 서울법원 난입-한일회담 반대 데모학생 영장 발부 협박

05.24 ≪한국일보≫ 발행 부수 30만 부 돌파

05.26 서울대 서클 '민족주의비교연구회', 반국가단체로 규정-관련자 구속(민비연사건)

05.30 서울대 문리대생 40여 명, 한일수교 반대 단식 투쟁 시작

05.00 현미, '떠날 때는 말 없이'(작사 유호, 작곡 이봉조) 발표-영화 주제가

05.00 한양대 교수 이만영, 한국 최초의 전자계산기 완성

06.01 제1전투비행단, 광주광역시 공군기지에 창설

06.03 학생 1만여 명, 한일회담 반대 시위(6.3항쟁)-오후 8시 서울 일원 비상계엄 선포

06.05 김종필 공화당의장, 한일회담 반대 여론에 사퇴-6.18 김종필, 두 번째 외유

06.12 여야 24명, '시국수습대책위원회' 구성

06.13 화가 김창락, 프랑스 국전 최고상 금상 수상

06.17 KBS TV, 최초의 경매프로그램 이웃돕기 '자선의 밤' 방송

06.18 한국-버마(현 미얀마), 무역협정 체결

06.19 제11회 아시아영화제에서 감독상 신상옥, 남주연상 신영균 수상

06.21 한일시멘트(창업자 허채경) 단양공장 준공

06.24 수출 촉진을 위해 〈수출진흥종합시책〉 발표-수출공업단지 조성 촉진

06.25 'UN군 자유수호 참전기념탑' 제막-양화대교 북단 입구에 설치(1981.6. 철거)

07.01 경주 석굴암 복원공사 준공

07.06 6·3항쟁 배후 도예종·김정강 수배-국가보안법 위반·내란 소요 혐의, '불꽃회 사건'

07.15 미국 존슨 행정부, 한국 정부에 베트남 파병 공식요청

07.15 ≪소년동아≫ 창간-2003.7. ≪어린이동아≫로 제호 변경

07.22 국무회의, 베트남 정부의 군사지원 요청 수락·이동외과병원 파견 의결

07.25 최초의 국악관현악단 창립-50인조 5선보 사용

07.29 6·3항쟁 관련 계엄령 해제(6.3~)

07.30 공화당, 〈언론윤리위원회법〉 발의-정부 비판적인 언론통제 목적(8.2. 통과)

07.30 공화당, 〈학원보호법안〉 발의-대학생들의 시위를 원천 규제

08.04 〈한국군의 베트남 파병안〉 국회 통과-9.11. 1차 파병 140명, 부산항 출항

08.06 증권투자인협회(회장 김영수) 결성

08.12 한국수출산업공단 창립-수출산업공업단지 관리와 입주 기업체 지원

08.13 중부지방 수해 극심-22년 만의 기록적인 집중호우, 116㎜ 기록

08.14 중앙정보부, 인민혁명당 사건 발표(1차 인혁당사건)-북한 지령에 국가반란 기도 발표

08.17 한국기자협회 발족-정부의 〈언론윤리위원회법〉에 반발

08.19 국제의원연맹(IPU) 가입-제53차 덴마크 코펜하겐 총회 때 회원으로 가입

08.20 〈자동차공업종합육성계획〉 발표-국내 자동차 부품공장 육성 등

08.20 부산화력발전소(13만2,000㎾) 준공(1961.2.~)

08.21 4명의 대처승, 비구승 12명을 상대로 종헌 무효 제소

08.31 정부, 언론윤리법 반대 4개 신문사(조선·동아·매일대구·경향)에 협조 거부-9.4. 철회

09.01 서울 종로구 평동에 '4·19도서관(현 4·19혁명기념도서관)' 설립

09.01 인천제철주식회사(현 현대제철) 설립-1966.4. 서독 차관을 들여 공장 착공

09.03 제45회 전국체육대회 개회(인천)

09.04 삼성, 울산 한국비료공장 건설 추진-1967.4. 공장 준공

09.04 자유언론수호 국민대회 발기준비회의, 범국민운동 전개 방침 결정

09.08 인민혁명당 사건 담당 검사 3명, 전원 사표 제출-무혐의로 기소 불가능 주장

09.10 자유언론수호연맹(대표 함석헌) 발족

09.11 국회, 4년 만에 국정감사 실시

09.11 제1이동외과병원(130명)·태권도교관단(10명), 1차 베트남 파병(부산항 출발)

09.15 충북 단양 현대시멘트 준공

09.16 7·29태풍으로 조난된 어부 219명, 북한서 송환

09.17 민주당·국민의 당, 합당 선언

09.23 한국 광부, 매해 2천 명씩 서독 파견 합의

09.24 검찰, 인민혁명당 사건 재수사 착수

09.27 한국일보 발행 시사 주간지 ≪주간한국≫ 창간

09.30 극단드라마센터, 유치진 작 〈마의태자〉 창립 공연

09.00 ≪신동아≫, 1936년 8월 폐간·29년 만에 복간

09.00 영화, '벙어리 삼룡이'(감독:신상옥, 배우:김진규·최은희·박노식 등) 개봉

10.02 민정당, 국회에 유진산 의원 제명 통고

10.07 한국-우루과이, 국교 수립

10.08 사회학자·사학자·체육인 이상백, 국제올림픽위원회(IOC) 위원 취임

10.09 18회 도쿄올림픽 계기로 신금단(북한 여자 육상선수) 부녀, 일본서 14년 만에 상봉

10.10 국제 근대 5종 경기연맹 가입

10.10 제18회 도쿄 올림픽대회 개막-한국 26위, 금0·은2·동1

10.13 이만섭 공화당 의원, 판문점 남북면회소 설치 제의-1965.9. '자유의 집' 준공

10.24 함태영(1873~1964), 전 부통령 사망

10.30 미 경제협조처, 울산 제3비료공장(한국비료) 건설 자금 차관 동의-11.29. 착공

10.30 일본 외무성, 『오늘의 일본』에 독도를 일본 영토로 표기해 물의

10.31 베트남과 국군 파월 위한 협정 체결

10.00 KBS, '실화극장' 첫 방영(~1985)-반공 드라마 효시

11.01 한국양회판매주식회사 발족-시멘트 공판 회사

11.03 한일협정 반대 시위 학생 대표, 6·3동지회(회장 이명박) 결성

11.05 KBS드라마 '실화극장' 방영(~1978.12.31.)

11.05 이윤복, 『저 하늘에도 슬픔이』(신태양사) 출판

11.08 경인문화사 창립

11.10 한국기자협회, ≪기자협회보≫ 창간-1975.3. 강제 폐간, 1975.12. 복간

11.11 부산MBC 사장 황용주의 ≪세대≫ 가을호 기고 '평화통일론' 필화사건

11.15 런던 심포니오케스트라, 서울시민회관 연주

11.20 중앙정보부, 조선일보 필화사건, 선우휘 편집국장 등 2명 구속

11.26 민정당과 자유민주당, 통합 선언

11.27 한국-대만, 우호조약 체결

11.29 국회, 〈국토통일방안결의안〉 채택-유엔 감시하 남북한토착인구비례 자유선거로 통일

11.30 북한 귀순 용사 한정서·이월규·양준명·정봉인 시민환영대회 개최

11.30 '수출의 날'(현 무역의 날) 제정-수출 1억 달러 달성 기념

11.00 담배, '희망' 시판, 15원(~1973.12.)

12.03 장충동에 남산자유센터 개관-한국반공연맹·세계반공연맹사무국

12.03 정부, 민정당 간부에 '김·오히라' 메모 공개

12.03 7차 한일회담 개최-기본관계문서작성·조약무효시점·한국관할권범위 쟁점(~1965.6)

12.04 한국-독일, 경제협정 체결

12.05 제1회 수출의 날(현 무역의 날) 기념식-대통령상 삼호무역·성창기업·삼성물산 등

12.06 박정희 대통령, 서독 방문-12.15. 귀국

12.06 세종로 시민회관 옆에 예총회관(8층) 개관(1963.6.~)-세종문화회관 확장 시 철거

12.07 TBC-TV 동양방송국 개국-호출부호 HLCE, 채널 7, 출력 2㎾

12.07 중요무형문화재 1호, 종묘제례악보존회 지정

12.07 한국-서독, 4천 만 달러 차관협정 조인

12.08 한국-독일 정상회담 개최-국토통일·경제협력 논의

12.09 TBC 최초의 일일연속극, '눈이 나리는데'(연출 황은진) 첫 방영

12.10 한국-바티칸시국(市國), 수교

12.12 민주당, 전당대회 개최-대표최고위원에 박순천 선출

12.16 민정당, 비 윤보선계 13명 제명, 7명 2년간 당원권 정치 조치

12.17 서울가정법원, 고백 안 한 혼전 부정에 대해 이혼 사유 판시

12.18 브라운 주한 미국 대사, 박정희 대통령을 만나 월남전에 한국군 파병 요청

12.18 이만희 감독, 반공영화 '7인의 여포로' 반공법 위반으로 입건-1965.3. 보석 허가

12.18 한국-이탈리아, 로마에서 문화협정 체결

12.23 정일권 국무총리 등 국무위원 8명, 공화당 입당

12.26 박정희 총재, 공화당 의장에 정구영 지명-12.28. 전당대회 개최-정구영 의장 승인

12.28 제9회 동인문학상, 송병수의 『잔해』 수상-《현대문학》 1964년 9월호에 발표

12.31 김종필, 외유 6개월 만에 미국에서 귀국

12.00 담배, '전우' 시판, 5원

00.00 오기택, '아빠의 청춘'(작사 반야월, 작곡 손목인)·'영등포의 밤' 발표

00.00 이미자, '동백 아가씨'(작사 한산도, 작곡 백영호) 발표

00.00 쟈니부라더즈, '빨간 마후라'(작사 한운사, 작곡 황문평) 발표

00.00 신중현, '빗속의 여인'(작사·작곡 신중현) 발표

00.00 현미, '떠날 때는 말없이'(작사 유호, 작곡 이봉조) 발표

▨▨▨▨▨▨▨▨▨▨▨▨

01.08 [파나마] 파나마 분쟁 사건 발생(반미 폭동)-1.17. 미국-파나마 단교, 4.3. 재개

01.23 [미국] 통신위성에 의한 미국-일본 간 텔레비전 중계 성공

01.29 [미국] 초대형 인공위성, '새턴 1호' 발사 성공

01.29 [오스트리아] 제9회 인스부르크 동계올림픽 개막-한국 금0·은0·동0

01.30 [미국] 달 위성 레인저6호, 발사 성공-2.2, 달 '고요의 바다'에 착륙

02.22 [미국] 소련 에코 위성중계로 첫 우주 교신 성공

02.25 [미국] 무하마드 알리, 세계헤비급 챔피언 획득

02.27 [중국] 주은래 수상, 미국과 화해 용의 표명

03.19 [베트남-캄보디아] 국경서 무력 충돌

04.05 [미국] 더글라스 맥아더(1880~1964) 원수 사망

04.08 [미국] 우주선 타이탄 2호, 무인으로 궤도 진입 성공

04.12 [소련] 소련 폴리오트 2호 발사

04.14 [동파키스탄] 돌풍으로 1천여 명 사망

04.24 [국제] 외교관계에 관한 '비엔나협약' 발효

05.28 [아랍] 게릴라 조직 '팔레스타인 해방기구' 창설

06.18 [미국] 뉴욕시 할렘에서 흑인폭동

06.20 [프랑스] 드골 대통령, 소련 방문

07.02 [필리핀] 필리핀에 82년 만의 큰 태풍, 사망 40, 이재민 37만여 명 발생

08.12 [영국] '007 제임스 본드'를 탄생시킨 소설가 이안 플레밍(1908~1964) 사망

09.21 [몰타] 영국으로부터 독립

10.01 [일본] 세계 최초 고속전철 '신칸센' 개통

10.12 [소련] 6인승 우주선, '보스호트호' 발사 성공

10.14 [스웨덴] 노벨평화상, 미국 흑인운동지도자 '마틴 루터킹' 목사로 결정

10.15 [소련] 수상 겸 제1서기 흐루시초프 해임, 수상에 코시긴, 제1서기 브레즈네프 임명

10.16 [중국] 제1차 원폭실험 성공

10.24 [잠비아] 영국으로부터 독립

11.01 [베트남] 월맹게릴라, 월남 미국공군기지 습격, 사상 56명, B57기 27기 파손

11.03 [미국] 존슨, 제35대 미국대통령에 당선

11.11 [베트남] 월남 중부지방에 대홍수, 천여 명 사망, 10만 이상 이재민

12.17 [오스트리아] 우주선(宇宙線)을 발견한 물리학자 헤스(1883~1964) 사망

12.20 [베트남] 월남군부 쿠데타(구엔 칸 최고사령관 주동), 최고회의 해체

12.23 [미국] 서부에 홍수, 이재민 5,000명

12.24 [인도] 해일로 5백여 명 사망

1965 을사(乙巳) 단기4298 박정희5
존슨/마오쩌둥/사토/브레즈네프

01.01 제1회 동아연극상 시상-실험극장, '리어왕' 수상

01.01 영화, '청일전쟁과 여걸민비'(감독:임원식, 배우:최은희·김승호·남궁원 등) 개봉

01.02 정부, 베트남에 비둘기부대(공병대대·경비대대 등) 추가 파병

01.04 1967학년도부터 6·5·4제로 학제 변경 방침 공표-실시 보류

01.05 정부, 〈제2차 경제개발5개년계획〉 발표-식량 자급화·산림 녹화·산업 고도화 등

01.07 중앙라디오·중앙텔레비전 병합, '주식회사 중앙방송'으로 변경

01.08 국무회의, 비전투병력 2천 명 베트남 파병 의결-1.26. 국회 통과

01.08 한국, 유엔무역개발회의(WNCTAD) 가입

01.10 수필가 전혜린(1934~1965) 사망

01.11 사병 복무 연한, 34개월에서 30개월로 단축

01.13 제46회 동계전국체전 개막(서울)-아이스하키·스피드·피겨 등

01.18 한국일보, 제1회 한국연극영화예술상(현 백상예술대상) 시상

01.25 제2한강교(현 양화대교) 개통-마포구 합정동↔영등포구 양평동, 길이 1,053m(1962.6~)

01.27 용산구 후암동 남산공원 내에 서울시립남산도서관 개관

02.05 주월 한국군사원조단(비둘기 부대) 결단-건설 지원단

02.07 한국↔브라질 문화협정 조인

02.09 베트남 파병 장병 국민환송대회-서울운동장에서 3만 명 운집

02.09 서울 경기여중고, 전기사고로 화재-본관 등 28개 교실 전소-1965.12. 교사 신축

02.10 춘천댐 수력발전소(발전용량 57,600㎾) 준공-총 저수량 150,000,000㎥

02.13 의정부서 내연 관계의 미군으로부터 한국 여인 보복 삭발 사건 발생

02.15 경제계획자문위원회(위원장 경제기획원 차관) 발족-경제개발계획 관련 종합적 자문

02.16 F-5전투기, 처음으로 한국에 배치-4.5. F5A제트기(자유의 전사) 도착

02.16 대일굴욕외교반대투쟁위원회, 한일회담 전면 거부 성명

02.17 시이나 에츠사부로 일본 외상 한국 방문, '불행한 과거 깊이 반성한다'고 성명

02.19 시이나 일본 외상 내한 반대 데모

02.20 이동원(외무부 장관)·시이나(일본 외상), 한일기본조약 가조인

02.20 조선일보사, ≪소년조선일보≫ 창간-2018.6. ≪어린이조선일보≫로 개칭

02.22 민정당 전당대회 개최-당헌개정안 채택·윤보선 총재 선출·야당 통합 결의

02.24 한미투자공동관리위원회 발족-한민경제협력위원회(ECC) 산하기관-국제수지 개선 등

02.25 무즙파동-중학교 입시에서 무즙과 관련 문제, 복수 정답 처리 사건(~3.30)

02.25 우리나라 최초의 환경법 〈공해방지법〉 발효

02.25 혁신계 56명 특사 출감

02.27 파라과이 첫 이민자 10세대 75명, 부산항 출발-4.22. 아순시온 항 도착

02.27 사단법인 '광복회' 발족

02.28 제4비료공장(진해화학) 건설지, 진해로 확정 발표

03.01 독립운동가·정치인 안재홍(1891~1965) 사망

03.02 서울시립국악관현악단 창단 제1회 공연

03.09 한국-말라위, 국교 수립

03.09 한국-이탈리아, 〈무역문화협정〉 체결

03.10 베트남 파병 비둘기부대 인천항 출항-규모 2천여 명

03.10 중국 핵실험 규탄대회-1964.10. 고비사막에서 중국 핵실험 실시

03.11 제1차 한일무역회담-한일 간 무역 불균형 시정과 통상관계 정상화 목적

03.12 구로동 수출산업공업단지 착공(~1967.4.1.)

03.12 한·미 기관차 도입 차관협정-기관차 65대, 1,100달러 차관

03.15 국회, '정치활동정화법 전면해제 건의안' 여야 만장일치로 통과

03.16 문교부, 반공·도덕 교육 강화를 위해 1966년도부터 입시과목으로 채택 방침

03.19 국군에 호크 유도탄 부대(현 공군방공유도탄사령부) 창설

03.19 정부, 『한일회담백서』 발표-재산청구권·문화재반환·어업문제 등 한일회담 경위 수록

03.20 '대일 굴욕외교 반대 성토대회' 개최(서울운동장)-이후 전국 각처에서 성토대회

03.22 〈단일변동환율제〉 시행-환율을 고정 않고 외환 시장의 수요와 공급 맞춰 변동

03.25 군산화력발전소(무연탄·중유) 착공(~1968.10)-2004. 활동 중단

03.27 북한, 한일회담 반대 배격 평양시군중대회

03.30 국군묘지, 국립묘지로 승격

03.31 고려개발주식회사(대표이사 정천석) 설립-2020.7. 삼호와 합병, 대림건설로 변경

03.31 제4회 대종상영화제 시상-'벙어리 삼룡이'(감독:신상옥, 신필름) 수상

04.02 이병철, 삼성문화재단(현 삼성미술문화재단) 창설

04.03 공군, 초음속 F-5제트 전투기 20대 도입

04.03 한국-일본, 3대 현안(어업·청구권·교포지위) 요강 가조인, 교섭 일단락

04.08 중앙정보부, 경향신문 이형백 체육부장 등 간첩혐의 구속 발표-정부 조작 발표

04.09 한국-서독 무역협정 체결

04.10 국영기업체의 민영화방안 의결-항공공사·대한중석·인천중공업·대한통운 등

04.10 베트남 전투병 파병동의안 국회 통과

04.11 월간여성 잡지 ≪주부생활≫(학원사 발행) 창간-2012.6. 이후 더북컴퍼니 발행

04.13 서울시내 대학생 4천여 명, 굴욕외교반대 시위-528명 연행, 김중배 시위 중 사망

04.14 한국민주통일국민협의회 결성-공산독재 배제, 민주 방식의 민족통일 추구

04.17 대일굴욕외교반대범국민투쟁위원회, 효창공원서 서울시민 궐기대회 개최

04.17 영화, '007 위기일발'(감독:테렌스 영, 배우:숀 코네리) 개봉

04.18 정부, 대일굴욕외교반대범국민투쟁위원회를 불법단체로 규정

04.19 국방부, 위수령 발동 데모 저지에 병력 동원

04.20 한국-베네수엘라 국교 수립

04.21 한국-감비아 국교 수립

04.24 제1회 서울 아시아여자농구대회 개최(한·일·중·필리핀·말레)-한국팀 8전 8승, 우승

04.26 한일수교 관련 전국대학 대부분 휴교령

04.27 제1회 국제신보 주최, 가요상 최희준 수상

04.29 제1회 아시아여자농구대회 폐막, 한국 8전 8승으로 우승

04.30 공군 최초의 초음속전투기 F-5 20대 도입.

04.00 금성사, 국내 최초의 냉장고(GR-120) 생산

05.01 문화방송라디오, '전설따라 삼천리'(성우 유기현) 방송 시작(~1983.10)

05.01 통일사회당(가칭) 발기 선언

05.02 진해 제4비료공장(진해화학) 착공(~1967.1)

05.02 한국-벨기에, 국교 수립

05.03 민정-민주 양당, 민중당 창당(대표최고위원 박순천)

05.05 영화, '저 하늘에 슬픔이'(감독:김수영, 배우:김천만·신영균 등) 개봉

05.05 제1회 소천아동문학상, 김요섭의 『날아다니는 코끼리』 수상

05.06 ≪신아일보≫ 창간-1980년 경향신문에 흡수·통합

05.08 한국부인회 주최, '제1회 착한 어머니' 표창식 거행

05.11 문화재관리위원회, 속리산 법주사 일원, 사적 및 명승 제4호로 지정

05.11 한국-콩고 단교

05.14 문화재관리위원회, 해인사 일원, 사적 및 명승지 제5호로 지정

05.14 네이산조사단, 『경제비판보고서』 제출-산은·농협 등의 비대, 금융통제 이원화 지적

05.17 미국서 한미정상회담 개최-월남지원 협조, 대한 차관 15천만 달러 등 공동성명

05.20 문화재관리국, 꼭두각시놀음·춘향가·통영오광대·고성오광대, 무형문화재로 지정

05.27 대한성공회 최초의 한국인 주교 이천환 취임

05.30 불교 신도 1백여 명, 서울 사직공원 사직단에서 기우제

06.01 청소년보호대책위원회, '사랑의 종' 운동 시작-밤 10시 우범지대 소년들의 귀가 종용

06.07 나이키 유도탄 도입 협정 체결-1966.3. 나이키허큘리즈대공유토단부대 창설

06.10 비상 가뭄대책으로 3억 3천만 원 긴급방출 개시

06.11 드와이트 비치, 미 8군사령관 취임

06.11 불교 조계종 분규, 대처에 승소 판결

06.12 합성마약 메사돈의 진통제 불법 판매업자 국도제약사 박인석 구속

06.14 민중당 전당대회, 대표최고위원에 박순천 선출

06.21 국무회의, 〈정치활동정화법〉 해제 결정

06.22 이동원(외무장관)-시나(일본 외상), 〈한일어업협정〉 정식 조인-4.8. 발효

06.23 한국군 1개 전투사단 월남 파병에 관한 대미합의각서 수교

06.24 한일협정 조인에 따라 일본서 우리 문화재 1,321점 반환

1965

06.25 영화, '여자가 더 좋아'(감독:김기풍, 배우:서영춘·최지희·남궁원 등) 개봉

06.26 서울 FM방송국 개국-1980.11. 언론통폐합 조치에 KBS에 합병

06.29 월남파병준비위원회(위원장 국방부 차관) 구성-한국군의 베트남 증파 목적

06.30 〈수자원종합개발10개년계획〉 수립-1천억 원 투입, 9개 댐 건설, 50만㎾ 발전

06.30 한일협정비준반대 각 대학 연합체 발족

07.01 문화·동아 등 5개 민간방송, 민방클럽 창설

07.02 아시아자동차공업(주) 설립-1999년 기아자동차(주)에 흡수 합병

07.02 정부, 첫 전투부대 '맹호부대' 파월 결정-1965.10. 파병

07.05 인천 시내 자동전화 개통

07.05 임진강서 북한 소형잠수함 노획

07.06 한일협정규탄 민중성토대회 개최

07.09 남정현, 소설『분지(糞地)』로 구속-《현대문학》 3월호 발표-주한미군 성폭행 내용

07.09 대일굴욕외교범국민반대투쟁위원회, 한일협정비준반대 전국 유세 시작

07.09 역사학회·재경문인 82명, 한일협정 비준 반대 성명

07.12 사회주의 독립운동가 정노식(1899~1965) 사망

07.12 한국방송공사 대구·대전·전주·광주·강릉방송국, 종일 방송 실시

07.13 대한지원원조, '물품계획원조'로 개칭

07.14 국회, 한일협정 비준동의안 발의로 여야 간 격돌 난투

07.18 임진강 도하 4명 무장간첩, 송추에서 2명 검거

07.19 이승만(1875~1965) 전 대통령, 하와이에서 사망-7.23. 유해 귀환

07.20 통일사회당 창당준비위원회 결성

07.27 고 이승만 전 대통령 장례식 거행

07.29 김해공병학교 소속 군인 35명 난동-경찰서 습격, 기자 납치(7.30. 군인 전원 구속)

07.29 태풍 헤리어트로 중부지방 수해

07.31 '조국수호국민협의회' 결성, 한일조약 비준 저지

07.00 담배, '금잔디' 시판, 15원(~1973.12.)·'신탄진' 시판, 50원(~1974.8.)

07.00 신진, 새나라자동차 인수

08.04 윤보선, 민중당 탈당-의원직 상실

08.07 국회 국방위원회, 월남 지원위한 국군 증파안 통과

08.12 민중당 소속 국회의원 61명, 한일협정 조인 반대 의원직 사퇴서 제출

08.13 야당 불참석 하에 전투 사단 파월안 국회 통과

08.14 〈한일협정비준동의안〉, 야당 불참 속 가결-111명 참석, 110명 찬성, 기권 1명

08.15 시각장애인 주간신문, ≪점자한국≫ 창간

08.20 영화, '007 살인번호'(감독:테렌스 영, 배우:숀 코네리) 개봉

08.22 전국 고교생·대학생 1만여 명, 한일협정 비준 무효화 요구 시위

08.26 한일협정 반대 시위 확산, 서울에 위수령 발동-9.25. 해제

08.31 윤보선 등 6명 의원, 의원직 상실

09.01 군수지원사령부 십자성부대(제100군수사령부) 창설-베트남파병부대 지원

09.03 민중당 원외파, 민족수호 민중당 정화동지회 결성

09.03 박정희 대통령, 공화당에 정풍 지시-공무원·공화당원 부정부패 척결

09.05 공안부 이용훈 부장검사 등, '인혁당사건' 기소 거부, 사표 제출

09.08 한국여류문학인회 발족-여류문인들의 친목과 권익 도모

09.13 성곡언론문화재단 창립

09.15 제2영월화력발전소 준공(1962.5~)-외자·내자로 건설, 5만㎾급 2기, 1998.12. 폐지

09.16 서울대 문리대의 민족주의비교연구회 해체-핵심 멤버 5명 구속

09.17 애국가 작곡가 안익태(1906~1965) 사망

09.18 경인선(영등포~인천) 복선 개통

09.20 베트남 파병 전투 해병, 청룡부대 여단 창설-1965.10.3. 파병, 10.9. 캄란만 상륙

09.21 대법원, 1차 인민혁명당 사건 상고 기각-전원 유죄판결-2013.11. 서울고법 무죄 선고

09.22 ≪중앙일보≫ 창간

09.25 주월한국군 사령부 창설, 초대 사령관 채명신

09.30 판문점 '자유의 집' 준공-1998. 4층 건물로 신축

10.01 합동통신, 국내 최초로 해외송신 개시

10.03 〈제2차 경제개발5개년계획안〉, 국민총생산 40% 증가 목표로 수정

10.04 강재구 소령, 베트남 파병을 앞두고 수류탄 폭탄 투척 훈련 중 부하 구하고 순직

10.05 대일굴욕외교범국민반대투쟁위원회, 민중당과 결별, 박순천 등 지도위원 7명 제명

10.05 제46회 전국체육대회 개막(광주)

10.11 맹호부대 환송식, 여의도공항에서 거행-10.16. 베트남 파병, 10.22. 퀴논 상륙

10.14 아리헨티나 첫 이민자 13세대 78명, 부에노스아이레스항에 도착

10.22 한국인 최초의 서양화가 고희동(1886~1965) 사망

10.23 〈모자보건법〉 성안(1973.5. 발효)-임신중절 합법화 등

10.23 영화 '흑맥'(감독 이만희, 출연 신성일·문희) 개봉

10.25 제5회 대종상영화제 시상-'갯마을'(감독:김수용, 대양) 수상

10.26 국무회의, 정치활동 할 수 있는 별정직 공무원 결정

10.29 북한 함정, 강화 앞바다서 어부 109명 납치

11.01 민중당, 강경파 탈당으로 분당

11.02 1965년 노벨문학상 수상 작품, 『고요한 돈강』 번역 출판 금지

11.03 방미민간경제사절단 결단-기업인·은행 중역 11명으로 구성

11.03 한국해외개발공사 발족-이민 사업·파독간호사 취업 등

11.10 한국영화평론가협회 창립

11.12 〈한일협정비준안〉 일본 중의원 통과

11.17 보사부, 결핵 기금 강제모금 결정

11.18 새나라자동차공장, 신진공업에 불하

11.00 월간 《여학생》 창간-1990.11. 폐간

12.02 〈양곡생산5개년계획〉 확정-1970년부터 식량 자급자족 달성

12.03 서울-춘천 도로 포장공사 준공

12.04 한국, 아시아개발은행설립준비위원국으로 피선

12.06 민중당 강경파, 원내 서클 명정회 발족

12.06 한일국교 수립

12.09 외자도입촉진위원회, 팔당수력발전소 건설을 위한 차관 승인

12.11 익산 미륵사지에서 백제 때 석등발견

12.12 제6회 아시아야구선수권대회에서 한국 준우승

12.16 최초로 400회선의 국내 텔렉스 개통

12.17 박정희, 〈한일협정비준서〉에 서명

12.17 제6대 2기 국회의장 이효상 피선(~1967.6)

12.17 한국-일본, 〈민간어업협정〉 체결-한일 양국 인접 수역, 양국 어선 교차 조업

12.18 한일수교 협상시작 14년 만에 비준서 교환, 한일협정 발효

12.19 인천 석관사기촌에서 국내 최초로 녹청자 도요기 발견

12.20 섬진강 다목적댐 준공(1961.8~)-높이 64m, 길이 344.2m, 저수용량 4억6600만 톤

12.21 백범 김구 암살범 안두희, 29세 청년 곽태영으로부터 피습

12.24 공화당 항명 파동으로 김용태·김관식 등 7명 의원 징계

12.27 공화당 전당대회 개최-총재에 박정희 재선, 당의장에 김종필 복귀

12.28 일본, 재일교포 2명에 한국 여행 첫 허가

12.28 〈한·불 문화 및 기술협정〉 조인

12.29 국민학교 교원 〈단일 호봉제〉 실시 발표-1966년부터 실시

00.00 박재란, '산 넘어 남촌에는'(작사 김동환, 작곡 김동한) 발표

00.00 은방울자매, '삼천포 아가씨'(작사 반야월, 작곡 송운선) 발표

00.00 문주란, '동숙의 노래'(작사 한산도, 작곡 백영호) 발표

00.00 최희준, '하숙생'(작사 김석야, 작곡 김호길)·'울어라 열풍아' 발표

00.00 이미자, '정동 대감'(작사 신봉승, 작곡 나화랑) 발표

00.00 남상규, '추풍령'(작사 전범성, 작곡 백영호) 발표

▨▨▨▨▨▨▨▨▨▨▨▨▨

01.04 [영국] 시인 T.S 엘리엇(1888~1965) 사망

01.24 [영국] 영국 정치가, 처칠(1874~1965) 사망

01.26 [베트남] 반미 데모 확대 계엄령 선포

02.07 [미국] 베트남 '북폭' 개시, 2.11. 북베트남 병참기지 공습

02.18 [감비아] 영국으로부터 독립

02.19 [베트남] 람반할 장군 쿠데타(4차) 실패, 해외도주

02.20 [미국] 달 로케트 레인저 8호, 고요의 바다에 명중, 달촬영 성공

02.21 [미국] 급진파 흑인 해방운동가, '맬컴 엑스(말콤X)' 피살

03.06 [미국] 해병대 2개부대, 파월 결정, 3.7. 베트남 다낭 상륙

03.07 [미국] 흑인 인권보장시위-3.19. 흑인 민권행진, 8.6. 존슨 대통령, 흑인투표권법 서명

03.18 [소련] 우주비행사 레오노프 인류 최초로 우주유영에 성공

03.23 [미국] 제미니3호 발사, 지구 3바퀴 비행

05.13 [파키스탄] 동부 파키스탄에 태풍-12,000여 명 사망, 이재민 10만명

05.14 [미국] 루스벨트 시기 각료직에 오른 최초의 여성 정치가 퍼킨스(1882~1965) 사망

05.14 [중국] 제2차 핵폭발 실험 성공

05.20 [파키스탄] 카이로 부근서 파키스탄 여객기 추락, 121명 사망

06.01 [동파키스탄] 태풍으로 3만 명 사망

06.01 [일본] 복강현 광산폭발사고-236명 사망

06.03 [미국] 제미니4호 발사, 애드화이트 소령, 미국 최초로 21분간 우주유영

06.04 [소련-월맹] 원조협정 조인

06.26 [몰디브] 영국으로부터 독립

07.14 [미국] 마리너 4호, 최초로 화성 근접촬영에 성공

07.16 [소련] 중량 12.2톤의 세계 최대 우주관측용 로케트 '프론트 1호' 발사

07.16 [프랑스] 세계 최대 몽블랑터널 개통(11.6㎞)

08.09 [싱가포르] 말레이시아로부터 독립

08.27 [프랑스] 건축가 르코르뷔지에 사망

09.04 [미국] 슈바이쳐(1875~1965) 사망

09.28 [필리핀] 타알화산 폭발, 2000여 명 사망

10.04 [남아공] 더반서 통근열차 탈선사고로 750명 사망

10.12 [스위스] DDT 개발자, 화학자 뮐러(1899~1965) 사망

11.06 [미국] '전위음악의 아버지' 작곡가 에드가 바레즈(1883~1965) 사망

11.08 [영국] 사형제 폐지

11.16 [소련] 금성탐사를 위한 '금성3호' 발사

11.19 [바티칸] 공의회, 신앙의 자유선언안 승인

11.26 [프랑스] 최초의 인공위성 'A1' 발사

12.05 [미국] 생리학자 조셉 얼랜저 사망

12.06 [영국] 『달과 6펜스』 소설가 윌리엄 서머셋 몸(1874~1965) 사망

12.07 [국제] 로마 교황-그리스정교회 총주교, 911년 만에 화해

12.15 [동파키스탄] 태풍과 해일-약 2,000명 사망

12.15 [미국] 2인승 우주선 제미니 6호·7호, 첫 랑데부 성공

12.19 [프랑스] 대통령 선거, 드골 당선

12.22 [영국] BBC 방송 최초의 종군특파원 딤블비(1913~1965) 사망

1966 병오(丙午) 단기4299 박정희6
존슨/마오쩌둥/사토/브레즈네프

01.01 영화 '유정'(감독 : 김수영, 주연 : 김진규·남정임 등) 개봉

01.01 험프리 미 부통령 내한, 박 대통령과 경제원조·월남지원문제 협의

01.03 아시아·아프리카·라틴아메리카 3대륙 인민연대회의-아바나선언 채택

01.04 서울지역 각 대학 총장, 신입생 등록금 3만 원선 합의

01.07 북한, 오찌민이 이끄는 '월맹'에 무상원조 제공 경제협정 체결

01.07 철도청 화물탁송료 횡령 사건, 전국에서 54명 구속

01.08 보사부, 공의제 철폐 및 각 보건소 이동진료반 제도 신설

01.08 한국독립당 내란음모 사건 발생-김두한 의원, 국가보안법 위반·내란음모 혐의 구속

01.15 백낙청 등, ≪창작과 비평≫ 창간호 발행

01.16 서울택시요금 인상-기본요금: 새나라 30원→60원, 시발·왜건 30원→50원

01.17 〈재일교포법적지위협정〉 발표-재일 한국인의 영주권 문제·강제 퇴거 문제 등

01.18 1966년부터 전 학년에 군사훈련 실시 방침 발표

01.18 중구 남산동2가 판자촌 화재-유엔호텔 소실, 사망 21명, 행방불명 5명, 부상 28명

01.19 정선선(예미·증산·고한 간) 개통

01.24 한국, 독일부흥은행과 재정 차관 협정 체결

01.25 민간 방송 최초로 동아방송, 대북 방송 '서울의 애인' 시작-1972.11. 중단

01.27 한국예술문화윤리위원회 발족-영상물등급위원회 전신

01.00 보건병원, 서울시립양아원 통합, 보육병원 개원-1969.4. 시립아동병원 개칭

01.00 (사)국제기능올림픽대회 한국위원회 설립-청소년 기능인력개발·기능 향상 도모

02.01 김광림 등, ≪현대시학≫ 창간-1966.11. 통권 8호로 종간

02.02 존슨 미 대통령, 한국군의 베트남 증파 촉구 친서 송부

02.03 대한제국 마지막 황비, 순종효황후 사망(1894-1966)

02.05 한국방송인협회(회장 육인수) 발족(~1967.2)

02.05 김승옥, 소설 『서울 1964년 겨울』(창우사) 출판

02.06 동양방송, 텔레비전 최초로 인공심장 수술 현장 녹화 중계

02.06 진주 중앙시장에 큰불-570점포 소실, 피해액 1억여 원

02.08 한일어업공동위원회 발족

02.10 한국과학기술연구원 KIST 발족-기초과학기술을 개발하는 국책 연구기관

02.11 〈제2차 경제개발5개년계획〉 시안 작성

02.14 〈특정범죄 가중처벌에 관한 법률안〉 국회 통과-공무원 거액 수뢰에 최고 사형

02.15 민중당 강경파 장택상·권오돈·김성숙 등, 신한당 발족-3.30. 창당. 선명 야당 선언

02.19 대학생 전원 군사훈련 실시 방침 철회

02.22 험프리 미 부통령 방한, 한국군 베트남 증파 합의

02.24 프랑스, 한국군 베트남 파병 경고 성명

02.25 영화 '벙어리 삼룡이', 제26회 베니스영화제 우수상 획득

02.28 한월경제인협회 동시 발족-민간교류 촉진, 통상·기술협력 증진

03.01 국세청·수산청 발족

03.03 〈중소기업신용보증법〉 공포-중소기업을 대상으로 신용보증제도 실시

03.07 한미, '브라운 각서' 서명-베트남 파병 한국군의 처우개선, 국군 장비 현대화 등

03.09 진전사지 3층석탑 국보 122호 지정, 범어사 대웅전 등 보물 지정

03.09 초대 주한 일본대사 기무라 시로시치(木村四郎七) 부임(~1968.7)

03.13 김봉래, 동아마라톤대회서 2시간 19분 7초로 한국신기록 수립 우승

03.14 '강강수월래' 무형문화재로 지정

03.15 〈군인복무규율〉(현 〈군인의 지위 및 복무에 관한 기본법〉) 공포

03.20 국회, 〈전투부대 월남파병 증원안〉 통과-재석 125명 중 가 95·부 27·기권 3

03.22 한국 최초 태권도 국제단체 '국제태권도연맹' 창설-1972. 본부, 캐나다 토론토로 이전

03.23 아시아개발은행대책위원회(현 아시아개발은행) 발족-아시아·태평양지역 개발·협력

03.24 《매일경제신문》 창간(대표 정진기)

03.24 서울서 〈한일무역협정〉 조인-광복 이후 양국 간 무역 재개, 무역 불균형 초래

04.01 북한, 제8회 세계축구선수권대회 앞서 '남북한 축구대회 개최' 제의-남한 측 거부

04.01 한국상업은행, 국내 최초 임대 금고 업무 개시

04.03 무역협회, 무역윤리위원회 발족-덤핑·독점배제 등 규정

04.04 TBC, 서울 FM방송사 인수

04.16 맹호 혜산진부대, 청량리역에서 베트남 파병 환송식-4.16. 베트남 퀴논항 도착

04.09 인천제철(현 현대제철) 착공(~1968.12)

04.10 대한전기협회, 제1회 전기의 날 개최-1900.4.10. 민간 최초 종로 가로등 점등일

04.14 '한국의 쿠베르탱', 이상백(1904~1966) 박사 사망

04.15 한국은행, 적립식 정기예금제 실시

04.16 자진신고 납부제도의 확립을 위해 '녹색신고제' 실시

04.18 중랑교(동대문구↔중랑구) 가설착공식-1971.10 준공

04.30 한국-멕시코, 문화협정 조인

04.00 담배, '스포츠' 시판, 15원

05.05 제13회 아시아영화제 서울 개막-남우주연상 박노식, 여우주연상 최은희 수상

05.10 제3공화국 정치조작사건, '한국독립당 내란음모사건', 무죄 판결

05.22 이탈리아 밀라노 국제아동미술전람회에서 한국 어린이 1, 2, 3등 차지

05.23 효창운동장에서 제1회 전국학도체육대회 개최-각급 중고등학교 대상

05.25 서울 숭인동 판자촌 화재, 160동 소실

05.27 일본, 우리 문화재 1,325점 반환

05.29 KAL기, 서울-오사카 간 운항 시작

05.00 담배, '백조' 시판, 20원

05.00 신진자동차, 일본 도요타와 기술제휴로 '코로나(Corona)' 출시(~1972.11)

05.00 전혜린, 『그리고 아무 말도 하지 않았다』(동아PR연구소) 출판

06.01 월남파병 전투사단 백마부대(9사단) 창설-8.27. 중앙청 환송식, 9.5. 나트랑 상륙

06.02 주한 유엔군사령관에 본스틸 대장 임명(9.1. 취임)

06.03 서울지검, 남북서신교류 주장, 조총련계 자금사용 혐의로 서민호 의원 구속

06.04 장면(1899~1966) 전 총리 사망.6.12. 국민장 장례식 거행

06.08 팔당댐수력발전소 착공-1973.12. 8만㎾ 발전소 준공, 댐 높이 29m

06.11 서울 시내에 코로나 택시 첫 등장

06.14 서울서 제1회 아스팍회의 개최, 아시아·태평양각료이사회 창설

06.15 한국민간방송협회(이사장 조증출) 발족-1974.2. 한국방송협회로 재창립

06.21 익산 미륵사지, 사적 제150호로 지정

06.22 워싱턴에서 한미 국방장관 회담, F-5A전투기 조속 도입, 소총 현대화 등 촉구

06.25 김기수, 복싱 세계주니어 미들급 챔피언 등극

06.28 태릉선수촌 준공-본관 1동 120평, 숙소 4동 330평, 190명 수용, 공사비 2,300만 원

06.29 〈아시아개발은행 차관 협정〉 서명-디젤기관차 도입 목적

06.30 서울 무교동에 대한체육회관 개관(1963.10~)-지하 1층, 지상 10층

07.07 〈제2차 경제개발5개년계획안〉, 〈과학기술진흥5개년계획〉 발표

07.09 한미주둔군행정협회(SOFA) 조인-대전협정·마이어 협정 폐기, 불평등협정 비판

07.11 국회, 전쟁희생자 보호 목적에서 〈제네바협약〉 동의-8.16. 발효

07.13 신진자동차 수입, 일본산 '코로나 자동차' 430대 입하

07.16 ≪한국경제연감≫ 창간

07.20 사울 신문로에 교육회관(현 정우빌딩 자리) 개관

07.20 청량리-휘경동 간 가로등 가설공사 준공

07.21 경부선 특급열차 맹호호 운행 개시-소요 시간 5시간 45분

07.22 맹호부대, 청룡부대 교체 부대 환송

07.28 서울에서 세계교육자단체총연합회 제15차 총회 개최-55개국 600여 명 참석

08.01 서울 시내버스 회수권 제도 실시-1977.12. 토큰제로 전환

08.01 〈석유류판매규칙〉 개정-등유 판매 전국적으로 자유화 실시

08.03 〈외자도입법〉 제정-외국 자본의 국내 유치 및 보호 목적

08.03 출판사 범우사 창립

08.12 대한국제제철차관단 발족-5개국 8개 회사 참여, 포항종합제철 건설 추진

08.15 1원·5원·10원 새 주화 발행, 500원 신권(이순신·거북선 도안) 지폐 유통

08.15 동양FM방송국 개국-동양방송, 서울FM방송 인수, 클래식·경음악 프로그램(~1980.11)

08.16 외자도입촉진위원회, 종합공작기계공장 건설 위한 상업차관 승인

08.20 〈공해방지법〉 첫 적용, 종로구 효제동 솥공장 쌍화주조에 조업정지처분

08.22 한국야구대표팀, 1회 세계아마야구선수권대회 참가(한·미·일·필·하와이)-4위 달성

08.26 양조(釀造)에 쌀 사용 금지 결정-1977.12. 쌀막걸리 제조 허가

08.30 쌍용시멘트, 동해 제2공장 공사 시작-1968.10. 쌍용 동해공장 준공

08.00 금성사, 국내 최초 흑백 TV(VD-191) 생산

08.00 담배, '자유종'(~1968.12)·'수연'(~1974.12) 5원, '새마을'(~1988.12) 10원 시판

09.05 한국·로마교황청, 공관 상호승격 합의

09.07 고등법원, 불교 종헌 분규에서 비구 승소 판결

09.08 MRA(Moral Re-Armament) 아시아대회 서울서 개막

178

09.08 한국·일본 국교 정상화 이후, 첫 양국회담 한일 각료회 서울서 개최

09.09 제1회 전국기능경기대회 개최

09.11 한국비료 사카린 밀수사건-정치자금 관련, 건설자재로 가장하여 사카린 대량 밀수

09.14 서울대 의대 임한종 교수, 헤톨제 투약으로 간디스토마 치료

09.14 〈한미평화봉사단지위협정〉 체결-평화봉사단 베트남 파견, 반공 피난민 정착 사업 등

09.20 혁신정당 통일사회당(대표 김성숙) 창당

09.22 김두환, 국회대정부 질의에서 국무위원에 오물 살포-사카린 밀수사건 관련

09.22 이병철 삼성 회장, 사카린 밀수사건에 한국비료 국가에 헌납, 매스컴·학원 은퇴 발표

09.22 정일권 내각, 삼성의 사카린 밀수사건에 일괄사표 제출

09.30 서울 세종로 광화문 사거리 지하도 개통

10.02 간호사 251명, 서독에 첫 파견

10.03 제1회 민속공예전, 덕수궁미술관에서 개최-갓·모시·빗·죽세공품 등 172점 출품

10.04 경복궁 내 수정전에 한국민속관 개관-1975.4. 한국민속박물관 개관

10.05 김일성, 조선노동당 대표자회에서 '현 정세와 우리 당의 과업'-자주노선 공식선언

10.06 첫 국제결혼, 비둘기부대 이길선 하사·월남 여자

10.06 한국과학기술연구소(현 한국과학기술연구원 KIST) 착공-1969.10 준공

10.09 민중당, 효창구장서 '특정재벌 밀수진상 폭로 및 규명 국민궐기대회' 개최

10.10 제47회 전국체육대회 개막(서울)-재일동포 등 12개 시도서 참가

10.14 문교부, 중고 교과서의 민족 자주정신에 어긋나는 용어 수정 결정

10.14 불국사 석가탑에서 세계 최초 목판 인쇄본, 『무구정광다라니경』 발견

10.15 삼덕조선회사, 문화호(110톤)·제2진도호(70톤) 진수식

10.15 무소유를 강조한 효봉(1888~1966) 스님 입적-법정스님의 스승

10.17 천주교 농민운동 단체, '한국가톨릭농민회' 창립

10.22 민중당, 전당대회 열고 대통령 후보에 유진오 지명

10.23 박정희 대통령·존슨 미 대통령, 필리핀 마닐라에서 단독 회담

10.25 서울 사직터널 착공(1967.5. 준공)-서울시 첫 도로터널, 길이 136m

10.26 장준하, '밀수 왕초' 발언 관련, 국가원수 명예훼손죄 혐의로 구속

10.31 존슨, 미국 대통령 방한-200만 명의 인파

10.00 박계형, 『머무르고 싶었던 순간들』(신아출판사) 출판

1966

11.03 서울에서 아주민족반공연맹 제12차 총회 개최-세계반공연맹 확대 개편 결의

11.04 영남화력발전소 1호기 건설을 위한 서독 재정 차관 승인-1969.5. 착공

11.04 제1회 전국기능올림픽대회 개막-지역 간 숙련기술 수준의 상향 평준화 도모

11.06 아동문학가 마해송(1905~1966) 사망

11.09 경북선 연장선(점촌↔영주) 개통-영동선과 경부선을 직접 연결

11.09 김삼선철도(김천↔삼천포) 착공-1968. 건설 백지화

11.15 제2정유 건설 실수요자로 '호남정유' 결정-1967.5. 호남정유(현 GS칼텍스) 창립

11.20 제1회 남도문화제(전남 광주)-전통민속예술의 발굴 보존 및 전승 목적

11.20 충남선(논산↔부여) 착공-1968. 건설 포기

11.22 종합박물관, 경복궁에 신축 착공-1972.8.25. 개관(국립중앙박물관)

11.22 〈종합농업개발5개년계획〉 발표-식량증산·경제작물증산 등

11.26 제3정유 실수요자로 '한양석유', 석유화학공업센터는 '동양' 결정

11.00 제1회 월탄문학상, 성춘복의 『공원 파고다』 수상

11.00 담배, '타이거' 시판, 80원(~1971.12.)-최초의 파이프용 담배

12.08 북한 권투선수 김귀하, 주(駐)크메르 일본대사관에 망명 요청

12.09 제5회 방콕 아시안게임 개막-한국 2위, 금12·은18·동21(~12.20)

12.12 제1회 이북5도 명예시장 및 군수회의

12.12 한국-멕시코, 〈무역협정〉 체결

12.13 충북 제천 시멘트공장 준공(연산 40만 톤)-국내 자본과 차관 투입

12.16 관세 및 무역에 관한 일반협정 이사회, 한국가입안 통과

12.23 석가탑 완전 복원 기념 사리 봉안식

12.31 한국군 현대화, M48형 신형탱크 인수

12.00 영화, '만추'(감독:이만희, 배우:문정숙·신성일 등) 개봉

00.00 패티김, '초우'(작사 박춘석, 작곡 박춘석) 발표

00.00 김상희 '대머리 총각'(작사 진원, 작곡 정민섭) 발표

00.00 배호, '돌아가는 삼각지'(작사 인성, 작곡 배상태) 발표

00.00 배호, '안개 낀 장충단 공원'(작사 최시수, 작곡 배상태) 발표

01.04 [프랑스] 리옹시 근방 정유공장 폭발-110명 사상

01.21 [베트남] 베트남전 4일간 구정 휴전 발표

01.24 [인도] 인도여객기, 알프스산맥에 추락-117명 사망

02.03 [소련] 루나 9호, 달 표면 연착륙에 성공

03.01 [소련] 금성탐사용 '비너스3호', 3백일 반만에 3억㎞ 비행 후 금성 도달

03.04 [일본] 하네다 공항서 캐나다 여객기 폭발-64명 사망

03.05 [미국] 미시시피주 등에 돌풍으로 500명 사상

03.05 [영국] 제트여객기, 일본 상공서 폭발 124명 사망

03.12 [인도] 간디 총리 취임 2개월 후, 식량 폭동 발생, 20여 명 사망, 수천 명 부상

03.16 [미국] 제미니 8호, 아지나 로케트와 최초 우주도킹 성공

04.08 [소련] 부레즈네프, 당 서기장 취임

04.13 [베트남] 사이공 공항, 베트콩에 피습

04.14 [파키스탄] 눈사태로 469명 사망

04.27 [페루] 페루여객기, 안데스산맥에 추락, 49명 사망

05.09 [중국] 제3차 핵실험, 서부 내륙에서 첫 수폭 실험-10.27. 핵미사일 실험 성공

05.12 [미국-중공] 양국 공군기, 중공-베트남 국경서 공중전, 미그기 1대 격추

05.21 [중국] 문화혁명기, 최초의 대자보 북경대학에 등장

06.02 [미국] 무인탐사기 '서베이어 1호' 달 착륙

06.05 [미국] 제미니9호 발사, 2시간5분간 우주유영성공

06.13 [미국] '미란다 원칙' 고지 의무화 판결

08.18 [중국] 홍위병 100만 명 집회

08.22 [국제] 아시아개발은행(ADB) 발족

09.01 [동파키스탄] 대홍수 피해주민 500만

09.01 [영국] 여객기 유고서 추락-95명 사망

09.12 [미국] 제미니11호, 궤도를 돌던 아지나 로케트와 도킹

10.17 [페루] 중부해안지대에 대지진-사망 1백여 명, 부상 1천여 명

11.23 [중국] 베이징 시내에 국가 주석 유소기 비판하는 대자보 첫 등장

11.24 [국제] 아시아개발은행(ADB) 창립 총회

11.25 [국제] 캄보디아 프놈펜에서 제1회 아시아 가네포(아시아 신흥국 경기대회) 개막

12.01 [서독] 빌리 브란트, 서독 외상 취임, 동방정책 시작

1966

12.08 [그리스] 여객선, 에게해서 침몰, 234명 사망. 생존47명

12.13 [미국] 호찌민의 월맹, 하노이를 처음 폭격

12.15 [미국] 월트 디즈니(1901~1966) 사망

12.19 [국제] 아시아개발은행 개점

12.24 [소련] 우주선 '루나 13호', 달 표면 연착륙 성공

1967 정미(丁未) 단기4300 박정희7
존슨/마오쩌둥/사토/브레즈네프

01.01 영화, '청춘극장'(감독:강대진, 배우:김동원·윤정희·고은아·신성일) 개봉

01.06 서울 삼각지에 한국 최초의 입체교차로 착공-1967.12.27. 개통(1994. 철거)

01.06 한국비료, 암모니아 공장 및 요소 공장 완성 시동식

01.14 경남 가덕도 부근서 해군 구축함과 여객선 한일호 충돌-94명 사망

01.15 1730년대 '조선국통신사입일본강호성입성행렬도' 발견

01.16 〈무역거래법〉·〈상공회의소법〉 제정

01.16 한국-베트남, 〈민간항공협정〉 체결

01.19 해군 경비정 56함, 동해 휴전선 근처에서 북한군 포화로 침몰-39명 전사

01.20 정선선(증산-정선) 개통

01.21 사직터널(독립문~사직공원), 착공 2년 2개월 만에 개통

01.21 진주 검무, 강릉 단오제, 한산 모시짜기 등, 무형문화재로 지정

01.30 외국영화 수입쿼터제 폐지

01.30 한국외환은행(현 외환은행) 발족

01.31 서울 삼양동서 삼국시대 금동보살입상 발견

01.00 만화영화 '홍길동'(감독 신동헌) 개봉-국채 최초 극장용 장편 컬러 애니메이션

01.00 기아산업, 삼륜화물자동차 '기아마스타 T-2000' 출시-1974. 단종

02.01 민주공화당 전당대회 개최, 대통령 후보에 박정희 지명

02.05 야당 통합 4자회담-윤보선 대통령 후보, 유진오 당수 결정

02.06 비구·대처승, '통합종헌'에 서명-14년 동안의 불교 분쟁 종식

02.07 통합 야당, 신민당 창당(대표 유진오)

02.09 문교부, 1968년부터 박사학위과정 이수자에게만 학위신청자격 부여 결정

02.09 베트남 파병 장병, 현지 제대 중지

02.09 〈한미행정협정협정(SOFA)〉 발효

02.13 청마 유치환(1908~1967) 사망

02.15 보사부, 연 2회 이상 기생충 검사 실시 결정

02.20 제2정유공장, 여수서 공사 시작-1969.3. 호남정유 여수공장 준공

02.23 한미, 〈한국노무단(KSC) 협정〉 정식 조인-포탄·식량 등 보급품 전장에 적시 운반

02.24 국제통신위성기구에 56번째로 가입

02.26 KBS TV, 아침방송 첫 실시

02.28 신라호텔 영빈관, 서울 필동에 개관

03.02 뤼프게, 서독 대통령 방한-답방 형식

03.03 〈국가배상법〉 제정-국가·지방자치단체의 손해배상의 책임을 규율하는 법

03.04 영남화력발전소 2호기, 서독 혼성차관으로 착공-1970.12. 준공, 20만 ㎾

03.06 최초의 기숙사제, 춘천제일중학교 개설

03.07 서울시교육위원회, 신학기부터 초중고 '시민생활교육' 필수교과로 결정

03.09 한일협정 비준을 반대하여 서민호 등 '대중당' 창당(~1973.6.)

03.10 〈관세 및 무역에 관한 일반협정(GATT)〉 국회 비준-4.14 발효, 6.3. 가입

03.14 정일권 총리·존슨 대통령 회담-한국군 현대화, 월남전 공동 수행 다짐 등 협의

03.16 서울시, 시영버스 운행 개시

03.16 한독당, 전당대회 개최-대통령 후보에 전진한 지명

03.17 조선일보사, 청룡봉사상 제1회 시상식

03.20 서울 숭덕국민학교 학생 수 1만 명 돌파-세계 1위

03.21 충남 아산 현충사, 사적 115호 지정

03.22 군산대교(군산↔장항) 착공, 건설 취소-2008.9. 동백대교 착공(~2018.12)

03.22 북한 중앙통신 부사장 이수근, 판문점에서 위장 귀순

03.23 전주제1공업단지, 새한 제지공장(현 한솔제지) 착공-신문용지 생산

03.24 롯데제과주식회사(사장 신격호) 설립-1969. 서울 영등포공장 개설

03.25 추풍회, 당명 '통한당'으로 개칭-대통령 후보에 오재영 지명(~1971.5)

03.26 한국-미국 위성중계 직통전화 개설

03.29 남원 실상사서 비천좌상 새겨진 신라대종 발견

03.31 대처승, 사찰 주지 포교사대회 소집-비구 측과 분리 선언

04.01 〈무역거래법(현 대외무역법)〉 발효-수출입의 허가, 승인 및 기별(期別) 공고 등

04.01 원자력원, '원자력청'으로 개칭-1973.2. 폐지, 과학기술처 원자력국에 흡수

04.01 서울 구로동 수출공업단지 준공

04.06 홀트, 호주 수상 내한

04.08 공군 수송기 C-46, 여의도에서 대구로 가던 중 신당동 주택가에 추락, 사망 58명

04.09 진해 제4비료공장(진해화학) 준공-1998. 폐업

04.11 아시아생산성기구(APO) 제8차 이사회 서울서 개최

04.12 기술관리국, '과학기술처'로 확대 개편-1998.2. 과학기술부로 개편

04.12 서해안선 철도 착공-중단

04.14 한국-스위스, 무역협정 체결

04.15 YMCA(대한기독교청년회연맹) 회관 준공-6·25전쟁 중 파괴, 1959. 신축 기공

04.20 제1회 아시아여자농구선수권대회(서울), 한국 1위

04.20 한국개발금융(KDFC, 현 한국장기신용은행) 발족-국내 최초의 민간 금융개발기구

04.20 울산 한국비료공장 준공-년 33만 톤 요소 생산(1965.12~)

04.22 여자농구국가대표팀, 체코 프라하 세계여자농구대회에서 은메달 획득

04.24 동양시멘트 삼척공장 준공

04.25 한국IBM 설립-정부 및 기업에 IT 제품 및 서비스 솔루션 공급

04.26 보사부, 미용성형 위법 결론, 강력 단속 지시

04.27 서울 동부이촌동 공무원아파트 준공 및 착공

04.27 '소양 2교' 준공-미8군 제1103 야전공병단 자재 지원(1997.12. 신축)

04.28 국제개발협회, 대한차관 승인

04.29 국내 최초의 '천체과학관', 광화문전화국 옥상에 개관

04.29 민주당(총재 조재천) 창당-1970.12. 해산

04.00 경제기획원 조사통계국, 처음으로 'IBM 1401' 컴퓨터 도입

05.03 제6대 대통령 선거 실시-박정희(51.4%) 당선, 신민당 윤보선(4.9%)

05.07 신민당 장준하와 통한당 오재영, 선거법 위반 구속

05.08 서민호 대중당 당수, 반공법 위반 혐의 구속

05.10 한국-영국, 〈항공협정〉 발효

05.11 북한군 휴전선 남침 시, UN군사령부로부터 발포 작전권 일부 인수

05.15 신라 5악 조사단, 경북 월성군 봉길리 앞바다서 신라 30대 문무대왕릉 발견

05.16 한국-일본, 〈항공협정〉 조인-8.10. 발효

05.23 봉산탈춤, 무형문화재로 지정

05.24 신진자동차, 일본 도요타 최초의 고유모델 '크라운(CROWN)' 출시(~1972.7)

05.24 유진오 신민당 당수, 행정부의 선거 간섭 노골화 비난

05.26 면사 수입 자유화

05.27 경인고속도로 착공(~1968.12)-총길이 13.44㎞, 한국 최초의 고속도로

05.00 신진자동차, 일본 도요타의 '퍼블리카' 출시(~1971)

06.03 미곡 소비 절약 목적에 〈분식장려방안〉 마련-잡곡 혼용, 미곡 양조 금지

06.05 대한광업진흥공사 발족-2008.12. 한국광물자원공사로 개칭

06.08 7대 국회의원 선거, 공화당 129석·신민당 45석-3선 개헌 목적에 부정선거 자행

06.09 전국 대학생들, 6·8부정선거규탄데모(~6.14)

06.14 부정선거 규탄 학생 데모, 서울 시내 11개 대학 임시 휴교

06.14 신민당, 의원등록 거부 결의-6·8부정선거무효화투쟁위원회 구성

06.15 서울 종로 주상복합 건물 '세운상가' 개관(1966.8~)-2009.5. 일부 철거

06.17 장기영 경제기획원 장관, AID(해외원조기관) 차관 조인

06.23 경기도청, 서울에서 수원으로 이전

06.26 국내 최초 통신위성 사용 텔레비전 생중계

06.26 남산 타워호텔(현 반얀트리 클럽 앤 스파 서울) 준공-25층, 5백 실 규모

06.26 전력부족으로 20시 이후 TV 방송 중단

06.28 전 민정당 최고위원 백남훈(1885~1967) 사망

06.30 종합제철공장 입지로 '포항' 확정-9.10. 〈종합제철공장건설계획〉 확정

07.01 유주현, 『조선총독부』(신태양사)(전 5권) 출판

07.02 스페인 마드리드의 제16회 국제기능올림픽대회에 첫 출전

07.02 한국·미국·일본·자유중국 4개국 수뇌회담

07.05 서울 성북구 하월곡동 천막촌 7백여 가구 철거

07.07 석유화학공업단지로 '울산' 선정

07.08 중앙정보부, 동베를린 거점 대남공작단사건 발표(동백림사건)-194명 간첩 혐의

07.10 제16회 국제기능올림픽(마드리드)에서 한국 금2, 은1, 동2 차지

07.10 제7대 국회 개원-1기 국회의장 이효상 피선(~1969.7)

07.10 한국주택금고 설립-1969.1. 한국주택은행으로 개칭

07.15 문화재관리국, 조선호텔 내 환구단 사적 157호로 지정

07.29 문교부, 새해부터 인문고교 학급, 인문·자연·직업·예능 등으로 전문화 지시

07.30 상공부, 무역자유화정책 실시 발표

07.00 박계주, 소설『순애보』(삼중당) 출판

08.05 구로공단(현 서울디지털국가산업단지) 준공

08.05 〈한일비료협정〉 체결-일본산 비료 도입 3년간 다시 연장

08.08 북한, 무용가 최승희(1911~1967) 사망

08.08 전기협회, 서울 중구 수표동에 전기회관 개관-2015.10. 송파구 가락동으로 이전

08.08 아시아 5개국 동남아국가연합(ASEAN) 결성

08.09 제1차 한일각료회담 개막-지역적 협력체제 유지·강화, 2억 달러 민간 차관 지원

08.11 북한, 월맹과 무상군사원조 및 경제원조 협정 조인

08.13 서울 3·1고가도로(청계고가로) 준공-2006.7. 철거

08.14 대북 종일 방송 개시

08.14 신민당, 『6·8부정선거백서』 발행

08.15 만화영화, '호피와 차돌바위'(감독 신동헌) 개봉

08.17 최초의 북양어선단 9척, 부산항 출항

08.17 한국기자협회, 한국기자상 제1회 시상식-취재보도 부분: 동양방송 김집 기자 선정

08.23 회계연도, '1월 1일'로 환원 합의

08.24 최초의 국산 대형 화물선 '강산호'(6000톤) 부산에서 진수

08.24 한국, 제10차 국제대학스포츠연맹 총회에서 회원국 가입

08.31 증기기관차, 서울역에서 퇴역식-디젤기관차로 대체

09.01 전투경찰대 23개대 창설-대간첩작전 수행, 치안 업무 보조(2016. 폐지)

09.03 한국여자농구대표팀, 도쿄 유니버시아드대회에서 국제대회 최초로 금메달 획득

09.06 청양 구봉광산 광부 양창선, 16일 만에 구출

09.12 공장 및 시설대여제도 도입 결정

09.14 국립의료원, 한국 최초로 흉대동맥 상부복대동맥 이전수술 성공

09.16 휴전선 27㎞에 방책 완료

09.17 미군 의무단 장교, 관세법위반혐의로 구속-〈한미행정협정〉 발효 첫 적용

09.19 1968년부터 남고교에 생활지도관 설립과 연구교수제 전국대학 설치 결정

09.19 서울시 초중고생 65% 기생충 감염 판명

09.19 서울 세종로에 '충무공 이순신 장군 동상' 건립 착공(~1968.4. 건립)

09.20 독립운동가 김학규(1900~1967) 사망

09.23 최초의 유료도로인 제1한강변로(현 강변북로) 개통

09.25 공화당, 양찬우·최석림 등 4명, 해당 행위로 제명

09.25 달라이 라마, 『서장대장경』 원전 100질 동국대에 기증

09.26 전분제조업 허가제 폐지-전분 제조업 장려 목적

10.01 〈공산품품질관리법〉 실시 발표-1993. 〈품질경영촉진법〉 개정

10.01 국립묘지 정화, 현충탑 제막-높이 30m, 이은상의 헌시

10.01 농림부 소속의 산림국, 산림청으로 승격-산림 보호·육성, 산림자원 증식 등

10.01 〈스크린쿼터제〉 도입-연간 90일 국산영화 상영 의무화

10.05 공화당 제명의원 13명, 무소속 교섭단체 '10.5구락부' 발족

10.05 제48회 전국체육대회 개최(서울), 참가인원 14,930명

10.07 최초의 지방은행, '대구은행' 설립

10.09 정부, 담배값 인상(파고다 40원, 아리랑 35원)

10.12 서울시교육위원회, 1968년에 특수학교 신설 결정

10.12 서울지검, 강간치상혐의로 미군 병사 2명 구속 기소-제1호 한미행정협정 위반

10.12 제19회 멕시코 올림픽 개막-한국 36위, 금0·은1·동1(~10.27)

10.14 삼일고가도로(구 청계고가도로) 착공(~1971.8)-2006.7. 철거

10.14 여객선 한일호, 부산 가덕도 앞바다에서 해군 충남함과 충돌·침몰-94명 사망

10.19 서울시교육위원회, 시민 신고함 설치-과외 교사 파면

10.21 검찰, 4.19 당시 치안국장 조인구에게 무기징역형 구형

10.30 〈농수산물가공육성법〉 제정-2008.3. 〈농산물가공산업육성법〉으로 개정

10.00 ≪여성동아≫ 창간

11.10 MBC 무선국, 변경 허가 획득하고 상업방송

11.13 상공부, 〈전원개발(電源開發)10개년장기계획〉 수립-민간 화력발전 건설 지원 등

11.14 서울-부산고속도로 건설계획 수립-1968.2.1. 착공~1970.7.7. 준공

11.16 한국수자원개발공사(현 한국수자원공사) 발족-다목적댐 관리·상하수도 건설 및 관리

11.22 독립운동가 신숙(1885~1967) 사망

11.22 〈법인세법〉·〈소득세법〉·〈영업세법〉·〈부동산투기억제법〉 등 9개 세법 개정안 통과

11.29 〈부동산투기억제에 관한 특별조치법〉 공포-첫 부동산 정책, 차액 50% 투기억제세 납부

11.29 신민당 당선의원 44명, 여당의 부정선거 항의 6개월 만에 등원

11.30 한국-몰디브, 국교 수립

12.01 농어촌개발공사(현 한국농수산식품유통공사) 발족-농수산물 가격안정·수출증대·유통개선 등

12.04 제6회 대종상영화제 시상-'귀로'(감독:이만희, 세기상사)

12.08 미상하양원협의회, 구축함 2척의 한국 해군에 대여 승인-1968.7. 서울함·부산함 인도

12.11 〈한미면직물협정〉 체결-64종목 3,221만 평방 야드 면직물 미국 수출 가능

12.12 대국토건설계획 백지화-전국을 2대 경제권역으로 구분한 국토건설계획 기본구상 작성

12.13 '동백림간첩사건'에 기소된 34명 전원 유죄 선고- 2006.1. 간첩죄 무리 적용 인정

12.15 국가기간 고속도로 건설계획조사단 출범

12.20 을지로1가 '새서울 지하상가' 오픈

12.21 박정희 대통령 호주 방문, 닉슨 미국 대통령과 정상회담

12.21 신민당, 국회의원 당선자 전원 일괄 등록

12.22 최초의 민간전력회사 '동해전력개발주식회사' 설립

12.28 공화당 단독, 68년도 예산안 강제통과(제2의 2·4파동)

12.28 국방부, 『국방백서』 첫 발간-1968년 이후 중단, 1988년(창군40주년) 이후 재발간

12.29 지리산, 우리나라 최초로 국립공원으로 지정

12.29 현대자동차(주) 설립(현 현대자동차그룹)

12.30 최초의 투기억제법 〈부동산 투기 억제에 관한 특별조치세법시행령〉 공포

12.31 충무공 『난중일기』(국보 76호), 현충사 전시 중 도난-1968.1. 일본 유출 직전 회수

00.00 남진, '가슴 아프게'(작사 정두수, 작곡 박춘석) 발표

00.00 이미자, '섬마을 선생님'(작사 이경재, 작곡 박춘석) 발표

00.00 이미자, '흑산도 아가씨'(작사 정두수, 작곡 박춘석) 발표

00.00 정훈희, '안개'(작사 박현, 작곡 이봉조) 발표

00.00 김세레나, '새타령'(작사 진선미, 작곡 김부해) 발표

▨▨▨▨▨▨▨▨▨▨▨▨▨

01.07 [중국] 모택동 친·반파 각 지서 유혈 충돌-1천여 명 사상

01.27 [미국] 우주왕복선 아폴로 1호 발사 전 시험 중에 화재 발생-조종사 3명 사망

01.27 [미국·영국·소련] 우주평화조약 조인

01.31 [중국] 반소 데모대, 소련 대사관에 난입

02.06 [미군] 베트남전에서 대량의 고엽제 살포 개시

02.11 [영국] 세계적 디자이너 메리퀀트, 미니스커트 첫 패션쇼 개최

02.18 [미국] 원자폭탄의 아버지, 이론물리학자 오펜하이머(1904~1967) 사망

02.22 [인도네시아] 수하르토, 전권 장악-3.12. 수하르토, 대통령권한대행

02.28 [미국] 20세기 잡지계의 대부, 헨리 루스(1898~1967) 사망

04.20 [스위스] 여객기, 니코시아공항서 추락-126명 사망

04.24 [소련] 우주선 소유즈 1호 귀환 중 추락-낙하산 고장으로 코마로프 대령 사망

05.19 [소련] 대기권 핵무기 금지조약 비준

06.04 [영국] 여객기 하루 2대 추락-160명 사망

06.05 [국제] 제3차 중동전쟁(6일전쟁) 발발

06.06 [이집트] 수에즈 운하 봉쇄

06.14 [미국] 화성탐사선 마리너 5호 발사

07.01 [국제] 유럽공동체(EC) 결성

07.08 [인도] 영화 배우 비비안 리(1913~1967) 사망

07.23 [터키] 연 이틀 대지진, 사상자 수천명 발생

07.29 [미국] 항공모함 포레스탈호 통킹만서 화재, 인명 261명, 비행기 29대 손실

08.11 [미국-소련] 핵 확산금지안 합의

09.06 [프랑스] 드골 대통령, 서방지도자로서는 전후 처음으로 폴란드 방문

10.02 [프랑스] 다다이즘 화가·조각가인 마르셀 뒤샹(1887~1968) 사망

10.09 [쿠바] 혁명가 체 게바라(1928~1967), 볼리비아 산악지대에서 활동 중 체포·총살

10.17 [청] 마지막 황제 푸이(溥儀)(1906~1967) 사망

10.21 [미국] 워싱턴서 '베트남' 대규모 반전시위

1967

11.06 [미국] 닉슨, 미국 37대 대통령에 당선

11.06 [베트남] 월남평화협상 시작

11.09 [미국] 아폴로 4호 무인우주선 발사-궤도진입 성공

12.03 [남아공] 버나드 박사, 세계 최초로 심장이식수술 성공

12.14 [미국] 스탠퍼드 대학 콘버그-굴리안, DNA 인공합성에 성공

1968 무신(戊申) 단기4301 박정희8
존슨/마오쩌둥/사토/브레즈네프

01.01 만화영화, '손오공'(감독 박영일) 개봉

01.04 가톨릭대 의대, 갑상선 이식수술 성공 발표

01.04 사할린 동포 교환 교섭 위해 일본·국제적십자사에 민간대표단 파견

01.04 호남선 복선공사 착공(~1988.9)

01.05 재미 육영사업가·독립운동가 김호(1884~1968) 사망

01.06 길재호 공화당 사무총장, 개헌론 제기-1968.12. 3선 개헌 공론화, 1969.10. 3선 개헌

01.06 제1회 아시아여자하키선수권대회(뉴델리) 참가

01.07 경남 함양군 버스, 남강으로 추락-43명 사망, 61명 중경상

01.08 주택채권, 증권 지상에 첫 상장

01.09 문교부, 고등학생·대학생 군사교련 실시 결정-9.1. 군사훈련 고교 11개 시범 실시

10.08 경찰, 납북 귀환 어부 49명에 처음으로 <국가보안법> 적용 구속

01.09 <국토보존사업계획> 발표-산림자원조성 17만3천㏊, 국토 보전 1만2천㏊

01.10 서울 홍제동 인왕아파트 준공-최고 6층, 4개동 132세대(17·21평형)

01.10 서울 한남동 외국인 힐탑아파트(현 힐탑트레져) 준공-11층, 당시 최고층 아파트

01.10 <수출보험제도> 시행-대외 거래의 위험에서 기업 보호 차원

01.11 국방부, 휴전선 전역 초토화 결정-유엔군사령부에 살초제 4만5000갤런 요청

01.11 <상업어음 할인제> 폐지

01.11 여야 원내 총무회담, 국회에서 대통령 연두교서 부활 합의-1968.1. 신년기자회견

01.13 신민당, 개헌안 발의 저지 계획 수립

01.13 이병철, 삼성전자의 모태인 삼성전자공업주식회사 설립

01.16 소설가 전영택(1894~1968) 사망

01.19 청와대, 예산교서와 내용 중복 이유로 국회에서 발표하던 연두교서 폐지 발표

01.20 문교부, 한글전용 반대한 유정기 충남대 교수(동양철학) 파면

01.21 북한 무장공비 31명, 청와대 습격 사건-김신조 생포

01.21 신민당, 개헌반대투쟁위원회 구성 본격화

01.23 미 해군 정보함 푸에블로호, 원산 앞바다에서 북한에 피납-12.23. 82명 승무원 석방

01.23 미 핵항공모함 엔터프라이즈호 출동, 주한 미8군 비상령 선포 등 한국전선 초긴장

01.23 정부, 혼분식 장려 강화 명령 고시-식당에서 수·토요일 점심에 밥 판매 금지 등

01.27 제1차 한일민간경제위원회 개최

01.28 문교부, 대학에 한문학과 설치, 인문계교에 한문 과목을 선택과목으로 결정

01.28 미 원조 F102A 전천후 요격기 12대, 김포 도착

01.29 경부고속도로 건설공사사무소 설치-1968.2.1. 경부고속도로 착공

01.00 방영웅, 『분례기』(홍익출판사), 정연희, 『석녀』(문예사) 출판

02.01 서울-수원 간 고속도로(경부고속도로) 착공

02.02 미국, 푸에블로호 사건으로 판문점서 북한과 4차례 비밀협상(~2.7)

02.06 서울시경, 1개 중대 전투경찰대 창설-서울 근교의 산악 초소·서울 진입로 배치

02.06 제10회 그레노블 동계올림픽 개막-한국 금0·은0·동0(~2.18)

02.07 경전선(진주↔순천) 전 구간 개통

02.10 여의도 제방의 석재 확보 목적으로 한강 밤섬 폭파

02.10 원자력병원 산하 방사선의학연구소 부속 암병원 개원

02.13 문교부, 반공교육 강화를 위해 반공 과목 개설

02.13 전 사병 복무기간 6개월 연장 의결-육군 36개월, 해군·공군 39개월

02.14 국회의사당 건립 후보지, 여의도로 결정-1975.9. 준공

02.14 북악 '스카이 웨이' 착공(~9.28)

02.15 KBS 교향악단 제1회 연주발표회 개최

02.16 윤이상, 오페라 『나비의 꿈』 옥중 완성

02.20 재일교포 권희로, 한국인 차별에 항의하며 야쿠자 살해

02.22 인도네시아 경제사절단 파견-600만 달러 수출, 대상수입품목 선정 협의

02.24 대관령에서 제49회 전국체전동계스키대회 개막(~2.27)

02.25 서울역 탑시계, 44돌 맞아 '파발마'로 명명

02.27 〈향토방위군설치법시행령〉 공포-향토예비군 설치·조직·편성·동원

02.27 한국일보 4층 사옥 전소-7명 사망, 고속윤전기 3대 소실-1969.6. 신축

03.03 제5대 대법원장 민복기 임명(1968.10~1973.3)

03.05 북한 부수상, 소설가 홍명희(1888~1968) 사망

03.07 소설가 펄벅 방한

03.15 6·25전쟁 당시 소실된 경복궁 정문 광화문 복원 착공식-1968.12. 준공

03.18 부산 최고층 빌딩(7층) 부산시외전화국 화재, 42명 중경상

03.18 유진오 신민당 당수, 향토예비군 무장 반대 거듭 표명

03.18 태국 제트여객기, 서울↔방콕 첫 취항

03.19 오산에 미국 제5공군 전방사령부 설치-전략대공방위정찰기 부대

03.21 경기도 광주군서 4백 년 전 미라 발견

03.22 제1회 한국무역박람회 신축 건물 착공-구로동 수출산업공단 제2단지 내

03.22 울산 석유화학공업단지 기공식-1971년까지 21개 대규모 공장 건설

03.23 교원교육원 신설 결정-전국 초중고교의 학력 미달 교사(56%) 대상(1968.9. 설치)

03.24 국립박물관, 부산 동래 패총 발굴

03.25 미5공군, F4C 팬텀기 대대, 대구에 창설

03.27 광주 충장로 화재-19개 점포 소실, 피해액 1억5천만 원

03.27 제1회 난파음악상에 정경화(바이올린) 수상

03.28 한국경제인협회, '전국경제인연합회'로 개칭-대기업으로 구성된 종합적 경제단체

03.29 동아일보사가 초빙한 호주발레단, 시민회관에서 내한공연

04.01 종합잡지 ≪월간 중앙≫ 창간

04.01 코오롱상사주식회사(대표이사 이동찬) 설립-나일론 제품의 판매와 유통 전담

04.01 포항종합제철주식회사(사장 박태준) 창립

04.01 향토예비군 창설-250만 명 규모

04.03 경부고속도로 제2공구(오산-대전) 착공

04.03 육군 제1기갑여단(경기 포천), 2기갑여단(경기 양주) 창설-M48전차 주력

04.05 국방부, 전국 고교·대학생에 주 3시간의 군사훈련 실시 결정-1969.3. 본격 실시

04.06 정부, 〈지방차지백서〉 발표-지방자치제 운용 기초 작업

04.08 제1차 동남아탁구선수권대회에서 한국 여자단식 1위

04.10 KBS, 부산 텔레비전중계소 개소

04.12 여원사, 살림 잘하는 주부 '제1회 시상식' 개최

04.18 박정희·존슨 양국 대통령 회담-북한 침략 시 즉각 지원, 미국의 대한군사원조 지속

04.18 한국-보츠와나 국교 수립

04.20 진보당 김달호·윤길중, 국가보안법 위반 혐의로 6년 11개월 형기 마치고 출감

04.21 '제1회 과학의 날' 기념식 개최

04.24 청원경찰 정식 발족-정부기관과 주요 기업체의 자체 방위 목적

04.26 한국국악협회 주최, 시민회관에서 '제1회 세종상' 시상식 거행

04.27 로마교황청, 마산교구장 김수환 주교의 대주교 승격 및 서울대교구장 임명

04.27 서울 세종로 충무공 이순신 동상 제막

04.00 금성사, 국내 최초로 가정용 에어컨(GA-111) 생산

05.04 덕수궁 내에 세종대왕 동상 제막

05.05 남원 광한루에서 제1회 춘향제 개최

05.08 신민당, 대통령 권한 축소·5개년 계획 폐기 등 정강정책안 확정

05.10 여당 단독으로 〈향토예비군설치법 개정법률안〉 통과-지역·직장예비군에 무기 지급

05.11 사명당 송운대사 동상, 장충단공원 광장에서 제막

05.13 세계보건기구, 한국에 아시아뇌염연구소 설치 의결-1969.3. 국립보건원에 개설

05.14 서울 서대문구 금화산 일대 무허가 판잣집 철거

05.15 국립지질조사소, 우리나라 최초의 '해저지질도' 완성

05.17 청록파 시인 조지훈(1920~1968) 사망

05.18 이디오피아 셀라시에 1세 내한

05.20 신민당 제2차 전당대회, 당수에 유진오 추대 및 단일지도체제 채택

05.25 공화당, 김종필계 김용태 등 3명, 국민복지연구회사건으로 제명-3선 개헌 저지 주장

05.25 천연기념물 195호(조개화석), 196호(빗자루화석) 지정

05.27 워싱턴서 제1차 한미국방장관 회담 개최-군수공장 설립, 향군무장 등 공동성명

05.29 김수환 주교, 제12대 서울대교구장에 임명-1969.3. 김수환 대주교, 추기경 임명

05.30 김종필 공화당 의장, 당의장직과 국회의원직 사퇴 및 정계 은퇴 선언

05.31 제1회 집배원의 날 기념식-1995.3. '정보통신의 날'로 개명

06.01 한강종합개발 일환 여의도 제방, 윤중제 준공-높이 15m·폭 20m·길이 7,000m

06.04 박정희 대통령, 공화당 의장서리 윤치영 임명

06.05 대한항공, 서울-도쿄 취항 결정

06.07 제1차 한일국회의원 간담회 열림

06.08 도쿄 오리엔트 팀 이원국(투수), 샌프란시스코 자이안츠 팀 입단-미 프로야구 첫 진출

06.10 서울대 도서관, 1882년 한미통상조약 원본 발견

06.11 서울대 도서관, 한일의정서(1904)·경술국치 조약(1910) 원문 발견

06.13 서울대 암연구소, 국내 첫 항암물질 베타라이포프로테인 인체 유출 성공

06.13 한국-가이아라, 국교 수립

06.16 시인 김수영(1921~1968), 교통사고로 사망

06.18 서울에서 제2차 세계대학총장회의 개최

06.27 한강변 2로(여의도~양화대교, 현 올림픽대로) 개통-유료 도로

06.27 전병순, 『또 하나의 고독』(장문각) 출판

06.00 화천수력발전소 4호기 준공, 100만㎾ 시대 개막

07.01 미 경제조정관실, '주한 미 경제협조처'로 명칭 변경

07.01 정부, 핵확산 금지조약 서명

07.03 〈외국인토지법〉 개정, 화교의 주거 목적 200평·상업용 50평 이내 토지 소유

07.03 윤이상, 서독 함부르크 예술원 종신회원으로 피선

07.04 1원짜리 알루미늄 주화 발행 결정

07.05 〈방위산업육성3개년계획〉 확정

06.23 〈쇠고기 등급 판매제〉 실시-쇠고기 종류, 상하 4등급으로 구분

07.08 국방부, UN군으로부터 작전권 대폭 인수 발표

07.09 주한유엔군사령부 교전수칙 변경-북한군 비무장지대 침범 시 한국군 자체 대처 가능

07.11 독립운동가, 현순(1880~1968) 사망

07.15 문교부, 중학교 입시제도 폐지-추첨제 채택

07.16 영화, '미워도 다시 한번'(감독:정선영, 배우:신영균·문희) 개봉

07.17 국회의원동우회 창립-1989.2. 대한민국 헌정회로 개칭

07.20 〈국토건설계획20년〉 시안 확정-서울·부산권(경제권), 4대강 중심의 4대권 개발

07.20 수출업체에 대한 송전 제한, 전면 해제-1차로 조선(造船) 공사 해제

07.20 중앙정보부, 임자도 거점 고정간첩단 118명 중 거물급 27명 구속 발표

07.24 국립국악원에 '국악사양성소(현재 국립국악고등학교)' 설치

07.25 KAL, 서울↔도쿄 간 취항

07.25 문화공보부(현 문화체육관광부) 개청

07.25 만화영화, '황금철인'(감독 박영일) 개봉-국내 최초의 로봇 만화영화

07.26 동해안 공업도시(묵호·북평·삼척) 개발 착수

07.29 〈축산진흥종합개발계획〉 확정-4개년 간 기업축산 지원 강화

07.30 경인고속도로 개통

08.01 상공부, 〈전자공업진흥책〉 마련-전자제품 개발 5개년 계획 포함

08.06 제1회 아시아청소년농구선수권대회 참가- 한국 남자 2위, 여자 1위

08.07 1902년 제정·공포한 '대한제국 애국가' 악보 발견

08.07 제주비행장, 국제공항으로 승격

08.15 〈정치활동정화법〉 만료(1962.3~)-5·16세력이 구정치인·군내 반대파 제거 목적 시행

08.20 서울시립 종로도서관 개관

08.24 중앙정보부, 공산혁명 조직 통일혁명당 사건 발표-158명 검거, 50명 구속

08.24 ≪주간 중앙≫ 창간-1987.12. 폐간

08.31 영남대 고분 발굴반, 경남 창녕서 가야시대 왕릉 발굴

08.00 한국 최초의 리틀형 담배 〈한강〉 시판, 6개비에 50원

09.09 구로동 제2수출공단 현지에서 제1회 한국무역박람회 개막

09.10 북한 1·21사태로 〈주민등록법시행령 개정안〉 결의-주민등록자 등록번호 부여

09.10 서울 명동에 '대한 YWCA 회관' 신축 준공

09.11 대구부산고속도로 착공-82.05㎞, 너비 23.4m 왕복 4차로(~1969.12)

09.12 제49회 전국체육대회 개최(서울)-1위 경북·2위 서울·3위 전남(~9.17)

09.15 제49회 전국체전 역도 플라이급 박명병 선수, 세계 타이 기록 수립(102.5㎏)

09.17 박정희·호주 고튼 정상회담-문화 및 기술 협력 협정 체결 합의

09.19 서울 성동고등학교부터 고교 군사훈련 시작-1996. 폐지

09.19 서울 최초의 고가도로, 아현고가도로(548.7m) 준공-2014.2. 철거

09.20 한국 박정희 대통령-뉴질랜드 홀리오크 수상 정상회담-1차 산업 협력 다짐

09.22 서울신문사, ≪선데이서울≫ 창간-1991.12. 폐간

09.22 제9회 아시아탁구선수권대회에서 여자단체전 1위

09.23 박정희 대통령, 서사모아 방문

09.25 법주사에서 신라시대 사리 발견

09.25 새 주민등록 신고(~10.10)

09.26 북악 스카이웨이 개통

09.00 한국문인협회 기관지 ≪월간 문학≫ 창간

10.06 경제기획원, 1967년도 총인구 3천만 명 발표

10.11 한국아동만화가협회(초대 회장 박기정) 창립-1975.7. 한국만화가협회로 개칭

10.12 제19회 멕시코올림픽 참가-종합 36위 달성

10.12 한국-뉴질랜드, 경제협력위원회 창설

10.14 문교부, 대학입학 예비국가고사제도 1969년부터 실시 결정

10.20 ≪주간 조선≫ 창간

10.23 서울 광장시장·남대문시장 상인들, 세금 과다부과에 항의·사상 첫 조세 저항 데모

10.24 ≪한국일보≫, 신문학 60년 기념 1백만 원 현상 〈한국창작문학상〉 제정

10.27 제7회 대종상영화제 시상-'대원군'(감독 신상옥) 수상

10.28 YMCA, 제1회 월남(月南)상 시상-배희남·심봉섭·최정숙·서광호·주영근 등 수상

10.28 ≪월간 조선≫ 창간

10.29 서울 신림동 난곡에서 철거민과 철거반원 난투극

10.30 군산화력발전소(7만5천㎾) 준공, 한국 발전 용량 1백만㎾ 돌파(1965.3.~)

10.31 쌍용시멘트 동해공장 준공

10.00 수출용 담배 〈여삼연(麗蔘烟)〉, 홍콩에 첫 수출

11.01 현대자동차, 미국 포드자동차의 '코티나'(1597cc) 출시(~1971.9.)

11.02 울진·삼척에 무장공비, 1백여 명 침투

11.08 국내 최초의 소다회공장, 동양화학 준공

11.09 국무회의, 〈공인회계사법〉 개정 의결-회계법인 설립 가능

11.10 이미자의 '아네모네', 골든히트 퍼레이드에서 1위 차지

11.14 강원도 삼척군 외딴집서 일가 2명 무장 간첩에 피살

11.15 미구축함 1척(3,000톤), 한국 해군에 인도

11.18 대처승종회, 통일종단 백지화 선언

11.19 한국-스와질란드, 국교 수립

11.21 도민증 폐지, 주민등록증 발급 시작

11.21 제1회 보험의 날 기념식

11.22 서울신문사, 제1회 한국문화대상 시상-국악·연예·연극·영화 4부문

11.23 서울 남대문시장에 화재-775점포 소실, 피해액 3억 원, 소방관 1명 순직

11.29 시조시인·국문학자 가람 이병기(1891~1968) 사망

11.29 신동아 필화사건-≪신동아≫ 12월호 '차관, 나는 이렇게 본다' 게재 문제

11.30 서울지역 전차 운행중단-시영버스 증차

11.00 대한조선공사, 주식회사 대한조선공사 민영화-1996. (주)한진중공업 개칭

11.00 영화, '이층집 새댁'(감독:이성구 배우:문희·김희갑·황정순 등) 개봉

12.01 영화 배우 김승호(1918~1968) 사망

12.01 펄 시스터즈, '커피 한 잔'(작사·작곡 신중현) 발표-1970. 김추자 노래 후 유행

12.02 신민당 유진오 총재, 당 의원총회에서 의원직 사퇴서 제출

12.02 한국신탁은행 개점-1976.8. 서울은행과 합병, 서울신탁은행 변경

12.05 〈국민교육헌장〉 선포-2003.11. 국민교육헌장선포 기념일 폐지

12.09 이승복, 강원도 평창군 용평면서 무장공비에 피살

12.11 광화문, 41년 만에 복원-2010.7. 완전 복원

12.12 문공부, 〈문화재보수5개년계획〉 마련

12.12 육군, 미군으로부터 제트추진식 UH 1형 헬리콥터 도입, 기동타격대 창설

12.12 한국투자개발공사 발족(~1977)-기업 공개와 주식 분산 업무

12.18 동양방송, 제1회 전국경음악경연대회 개최

12.18 대학입학예비국가고사 첫 실시-응시자 11만2000여 명, 6만1000명 본고사 자격

12.19 체신부장관 소속 직할 관서, '우정연구소' 설치(~1994.12)

12.21 서울-수원 간 고속도로 개통

12.23 경주·계룡산·한려수도, 국립공원으로 지정

12.23 남산식물원 제1호관 개관

12.23 푸에블로호 피랍 승무원 336일 만에 석방

12.25 10.5구락부 소속 의원 11명과 무소속 의원, 정우회(대표 이동원) 발족

12.25 문공부, 경주에 종합박물관 건립 결정-1975.7. 인왕동에 새 건물 완공

12.27 윤치영 공화당 의장서리, 국민이 원하면 개헌을 단행하겠다고 발언

12.27 인천제철(현 현대제철) 전기로 화입식-년 12만5천 톤 생산 규모(1966.4~)

12.27 통일신라기의 축조 제방, 영천의 '청제비' 발견

12.29 성곡학술문화재단(이사장 김성곤) 설립

12.29 질식성·독성·기타 가스, 세균 전시사용금지 의정서, 한국 가입

12.29 충무 승전무, 무형문화재 21호 지정

12.30 민속무용단, 멕시코올림픽에 참가 공연

12.30 수원-오산 간 고속도로 개통

12.31 경주공립공원 지정-토함산지구(76.1㎢)·남산지구(21㎢)·대본지구(4.10㎢) 등 138.2㎢

12.00 FDA, 국내 최초로 종근당을 공인제약업체로 인정

12.00 제1회 한국일보 문학상, 한말숙의 『신과의 약속』 수상

00.00 봉봉사중창단, '꽃집의 아가씨'(작사 지웅, 작곡 홍현걸) 발표

00.00 이미자, '서울이여 안녕'·'여자의 일생' 발표

00.00 펄시스터즈, '님아'(작사·작곡 신중현)·'커피 한잔'(작사·작곡 신중현) 발표

00.00 배호, '누가 울어'(작사 전우, 작곡 나규호) 발표

00.00 은방울자매, '마포종점(작사 정두수, 작곡 박춘석) 발표

▨▨▨▨▨▨▨▨▨▨▨▨▨

01.31 [월맹-베트콩] 구정 공세 시작

02.19 [영국] 템즈강을 가로지르는 '런던교'(225m), 138년 만에 해체

03.16 [미군] 남베트남 쾅가이성 밀라이 마을에서 주민 500명 학살

04.03 [브라질-우루과이] 연결 꽁꼬르디아다리 준공

04.04 [미국] 마틴 루터 킹 목사 피살

04.17 [일본] 조총련계 조선대학 인가

04.23 [국제] 틀라텔롤코 조약(군사적 핵무기 실험·보유 금지, 남미핵자유지대 설치) 발효

04.29 [미국] 흑인들의 '빈자(貧者)의 행진' 시작

06.01 [미국] 세계 첫 대학교육을 받은 맹농아자, 사회사업가 헬렌 켈러(1880~1968) 사망

06.06 [미국] 로버트 케네디(1925~1968) 상원의원 피살

07.15 [동독] 서베를린 통행제한조치 발효

07.18 [미국] 세계 최대의 다국적 종합 반도체 회사 '인텔' 창업

07.21 [미국] 현대무용 혁신가 세인트 데니스(1877~1968) 사망

07.22 [체코] 소련군 철수 완료

08.16 [미국] 최초의 다핵탄두미사일 포세이돈과 대륙간탄도탄 미니트맨3 발사에 성공

09.19 [미국] 복사기 발명한 물리학자 체스터 칼슨(1906~1968) 사망

12.20 [미국] 사회주의 리얼리즘을 대표하는 소설가 존 스타인벡(1902~1968) 사망

12.21 [미국] 아폴로 8호 발사-지구 바깥의 천체를 탐사한 최초의 유인 우주선

1969 기유(己酉) 단기4302 박정희9
존슨·닉슨/마오쩌둥/사토/브레즈네프

01.01 영화, '남자와 기생'(감독:심우섭, 배우:구봉서·도금봉) 개봉

01.01 만화영화, '보물섬'(감독 박영일) 개봉

01.01 한국일보사, ≪주간 여성≫·≪월간 횃불≫(아동문학 잡지) 창간

01.04 한국주택금고, '한국주택은행'(2001.4. 국민은행과 합병)으로 명칭 변경

01.08 주택채권, 증권지상에 첫 상장

01.08 〈기계공업육성계획〉 발표-자동차·기차·농업기계 등 주요 부품의 국산화 계획

01.09 매주 수·토요일을 '무미일(분식일)'로 제정

01.13 삼성전자공업(삼성전자 전신) 설립

01.14 소설가 펄벅, 여덟 번째 방한-고아육영사업 목적

01.14 이철승 등 〈정치활동정화법〉 해금 인사들, 범국민호헌운동 협의

01.16 〈가정의례준칙에 관한 법률〉 제정-가정의례의 허례허식을 없애고 절차 합리화

01.17 〈한국도로공사법〉 공포-1969.2. 한국도로공사 설립

01.22 〈전직대통령예우법〉 제정-현직 대통령 보수 1년 총액의 95%에 상당 연금 지급 등

01.27 제1차 한일합동민간경제협력위원회 개최(서울 워커힐 호텔)

01.28 문교부, 대학에 한문학과 설치, 인문계고에 한문 과목을 선택 과목으로 결정

01.30 이희승 등 140명, 한글전용반대 성명

01.30 유네스코 본부, 세계고전문학전집 한국편 마련, 『용비어천가』 번역·교열 의뢰

01.31 위장 귀순한 간첩' 누명 쓴 이수근, 베트남 탄손누트공항에서 체포-7.3. 사형집행

01.31 천안역 열차 추돌-승객 41명 사망, 131명 중경상

02.01 전남 완도와 육지를 연결한 연륙교(완도교) 개통(1962.4~)-2012.3. 완도대교 신설

02.01 증권거래소, 〈청산거래제〉 폐지-보통거래제 실시

02.03 공화당, 의원총회서 개헌 찬반으로 논란

02.03 정치활동정화법 해금 인사, 3선개헌반대 범국민투쟁위원회 발기준비위원회 구성

02.05 서울시내 4개 학군 5만여 초등학생, 중학교 무시험 추첨 실시

02.09 민방 합동(CBS·MBC·DBS·TBC) 대북 방송 '자유의 구름다리' 시작

02.10 천안↔대전 간 고속도로 개통

02.11 경제기획원, 차관허가 한도제 실시 결정-한도액, 4억 달러 규모

02.12 일본, 한국산 김 3,500만 장 수입 결정

02.12 한일협력위원회 발족-한일 양국의 국회의원·재계·문화계 인사 등 참여, 민간기구

02.13 중앙정보부, 위장 간첩 이수근(북한 중앙통신사 부사장) 체포 발표(7.3 사형)

02.13 해외원정등반대(훈련대장 이희성), 설악산에서 훈련 중 조난

02.14 한국낙농가공(현 매일유업) 설립

02.15 한국도로공사·지하수개발공사(1970.2. 농업진흥공사에 합병) 발족

02.19 경인화력발전소 착공-1972.2.19. 발전 개시, 4.17. 준공, 1997.7. 폐지

02.20 제1회 전국국민학교 빙상경기 대회 개최(서울)

02.20 파리대학 도서관에서 3·1운동 당시 파리평화회의에 제출한 독립탄원서 발견

02.21 저축추진중앙위원회 설립-1,800억 원 저축 목표

02.22 〈농업기계화 8개년계획〉 확정-경운기 등 43만 대 공급, 경지정리 등

02.25 일본 외상 독도 망언-외무부 장관, 독도는 엄연한 한국 영토라고 반박

02.00 담배 〈청자〉 시판, 100원 당시 최고급 담배(~1988.7)

03.01 국토통일원(현 통일원) 개원-통일 정책·방안 수립, 통일 교육·홍보·선전 업무 수행

03.01 대한항공공사, 한진그룹 인수 대한항공(KAL) 설립

03.02 방한미의원단 22명 내한

03.06 현대자동차, '포드 20M' 출시

03.07 서울 세운상가 화재-점포 52 소실, 부상 10명

03.07 이응노 화백과 최정길, 동베를린사건 관련 복역 중 형집행정지 석방

03.08 국립극장, KBS로부터 교향악단 인수, '국립교향악단'으로 개칭

03.10 일본 정부와 양곡차관협정 체결

03.10 전 국무총리 변영태(1892~1969) 사망

03.11 한미합동 '포커스 레티나 작전' 제1진 도착-3.16. 경기도 여주에서 작전 개시

03.13 남산 제1호 터널(용산구 한남동↔중구 예장동) 착공-1970.8. 개통

03.15 정일권 국무총리, 미군의 오키나와 철수 시, 한국 기지의 제공 언명

03.16 서울시, 시민아파트 건설 예정 지역 내 판잣집 6,668동의 강제 철거 착수

03.16 주문진 무장간첩사건-예비군·군경, 공비 보트 침몰, 공비 6명 전원 익사·사살

03.17 MBC 라디오, '별이 빛나는 밤에' 첫 방송-월~토 오후 11시~11시15분까지

03.18 서울 숭인동 판자촌 화재로 150채 소실, 이재민 2천 명

03.18 제3사관학교 개교(본부 경북 영천)-1970.1. 제1기 771명 임관

03.22 '3·1고가도로'(세종호텔↔마장동) 개통-최장 육교 3,756m, 폭 16m(2005. 철거)

03.24 한국-필리핀, 항공협정 체결

03.25 가톨릭의대 이용각 교수팀, 한국 최초 콩팥이식 성공

03.28 김수환 대주교, 한국인 최초로 추기경에 서임-5.20. 서울 혜화동성당에서 축하미사

03.28 서울시청 앞 김유신장군 동상 착공-1969.9. 제막(1972.3. 남산어린이공원으로 이전)

03.31 한국-튀니지, 국교 수립

04.04 도입 일본 쌀 6,600톤 중 25% 이상 불량미로 판정

04.07 〈껍데기는 가라〉 시인 신동엽(1930~1969) 사망

04.08 공화당 의원 40여 명, 권오병 문교부장관 해임결의안 찬성(4·8항명 파동)

04.09 박정희 공화당 총재, 권오병 문교 해임 관련 항명 의원 숙당 지시

04.12 독립운동가·정치가 김성숙(1898~1969) 사망

04.14 공화당, 항명 이유로 양순직·예춘호·정태성·박종태·김달수 등 5명 제명

04.14 폭력배 검거령, 첫날 1천여 명 검거

04.15 미국 정보기EC-121, 동해 상공서 북한 대공포에 피격 추락-31명 사상

04.17 광부 2천여 명 서독 파견 발표-1970.1. 1천 명 중 3백 명 출발, 3년 만에 재개

04.18 한국-필리핀 항공협정 조인

04.20 대전 중앙시장 화재-362개 점포 소실

04.21 서대문구 냉천동 금화시민아파트 준공, 130개동·5층(1969.1.4.~)-2015.8. 철거

04.21 남산2호터널 공사 시작(~1970.12)-길이 1,620m, 너비 9.6m

04.24 검찰, 동베를린사건 관련 작곡가 윤이상 형집행정지 석방

04.25 서울 당인동 서울화력발전소 5호기 가동-2002. LNG 연료 사용

04.25 〈조선공업진흥법〉 개정안 제정-중화학공업과 방위산업 육성

04.19 충남 아산 '현충사' 중건-충무공 탄신 224주년 맞아 현충사성역화 종합계획 일환

04.29 말레이시아 국왕 내외 방한

04.00 내무부 주관 방위병제도 시행-1995.1. 방위병소집 제도 폐지

04.00 제1회 한정동아동문학상, 박경종의 『우리는 귀염둥이』 수상

04.00 자유극장 대표 이병복, 서울 충무로에 소극장 '까페 떼아뜨르' 개관-1975.11. 해체

05.01 한국방송공사(KBS), 교육텔레비전(현 EBS) 첫 방송

05.01 KBS-TV(현 KBS1), 상업광고 폐지

05.02 서울시 무허가 판잣집 정리, 경기도 광주(현 성남시)로 강제 집단이주 시작

05.03 한국-이란, 우호 조약 조인

05.05 남산 어린이회관(현 서울특별시 교육연구정보원) 착공(~1970.7)

05.07 윤치영 공화당 의장서리, 기자회견서 삼선개헌 주장

05.10 연세대 발굴단, 충남 공주 석장리에서 선사 유물 발굴

05.14 중앙정보부(부장 김형욱), 김규남 의원 등 60여 명의 간첩단 사건 발표

05.15 충남 금산에서 위성통신국 착공(~1971.6.12.)

05.19 〈전자공업진흥기본계획〉 확정 공고-1968.12. 〈전자공업진흥법안〉 국회 통과

05.21 신민당 3차 전당대회 개최, 총재에 유진오 재추대

05.23 문교부, 〈외래어한글표기 원칙〉 발표-인명·지명 한글, 숫자 아라비아 숫자

05.23 세계은행과 재정차관 4,500만 달러 조인-전천후 농업사업(평택·금강)

05.27 구엔 반 티우 월남대통령 방한

05.00 금성사, 국내 최초의 세탁기(WP-181) 생산

05.00 월간 ≪산≫ 창간

06.01 박정희, 미 워싱턴포스트 지 회견서 제주도의 미군기지로 제공용의 언명

06.03 서울서 제2차 한미국방장관회의 개최-한국군 장비현대화 등 협의

06.03 여수 호남정유공장(현 GS칼텍스) 준공

06.04 부산 화력발전소 3·4호기(21만kW) 준공

06.04 제1차 부실기업체 정리 단행-부실기업체의 연체대출채권 회수

06.05 3선개헌반대 범국민투쟁준비위원회 구성-신민당·정정법 해금 인사들 중심

06.05 한국유네스코, 불어판 계간지 *Revue de Coree* 창간

06.07 예비군용 '칼빈 총' 미국에서 인수

06.08 닉슨-티우 대통령, 미드웨이 회담-월남문제는 월남에서 해결한다는 기본적 원칙 확인

06.10 경부선 동대구역·부산역 동시 역사 준공

06.14 부실기업 정리 방안에 '인천제철·인천중공업' 합병 지시-1970.1. 인천제철로 합병

06.18 신상옥·김지미, 제15회 아시아영화제 감독상-여우주연상 수상

06.19 대학생, 3선개헌 반대 시위 시작-7.3. 전국으로 확대

06.20 김영삼 의원 피습, 귀가 중 초산 테러당함

06.24 제2차 부실기업체 정리 단행-대성목재·천우사계 등 5개 업체, 조흥은행에서 인수

06.25 남산 분수대 설치-물줄기 15m-2006. 남산 제 모습 가꾸기 일환에서 철거

06.25 문교부, 방학 중 일체의 학생 집회 금지

06.28 한강철교, 1950년 6월 28일 폭파 후 19년 만에 복구

07.01 김추자, '월남에서 돌아온 김상사'·'늦기 전에'(작사·작곡 신중현) 발표

07.03 위장 간첩 이수근 사형 집행-2008.12. 위장 간첩 부정 판결

07.03 〈일반재수입금융제도〉폐지 결정-일반재 수입 금융지원, 일반대출과 동일

07.03 최초의 알루미늄 제련공장, 울산 알루미늄공장 준공

07.04 서울시내 국민학교 4·5·6학년 일제 학력고사 실시

07.05 농수산물수출진흥회 구성-매달 2회 소집 결정

07.10 민주공화당, 개헌서명공작 착수-연말 개헌안 정식 발의 목표

07.10 제7대 2기 국회의장 이효상 피선(~1971.6.)

07.10 통일혁명당사건 관련자 김종태 사형 집행

07.10 문공부, 한국문화예술상(현 대한민국문화예술상) 제정-1969.10.20. 첫 시상

07.11 승무·길쌈, 무형문화재로 지정

07.12 공화당, 중앙위원 11명 등을 반당행위자로 규정, 제명

07.16 달 탐사선 '아폴로 11호' 발사, KBS TV 국내선 처음으로 중계(~7.24)

07.16 서울지검 외설물단속반, 『서울의 밤』 작가 박승훈, 『반노』 작가 염재만 입건

07.17 '삼선개헌반대 범국민투쟁위원회' 발기인대회 개최

07.21 경인고속도로 완전 개통

07.21 만화영화, '홍길동 장군'(감독 용유수) 개봉

07.23 박정희 대통령, 개헌안 국민투표로 정부 신임을 묻겠다고 선언

07.27 경기도 양평서 시외버스 남한강 추락-50여 명 사상

07.29 공화당 의원총회, 개헌 발의 결의 98명 서명 완료

07.29 서울신도시건설 착수-한강 이남 여의도·한강 개발

07.31 한국어문교육연구회(회장 이희승) 창립 총회-교과서 한자 배제의 한글전용정책 저지

08.01 전 총리 장택상(1893~1969) 사망

08.04 〈증권투자신탁업법〉 제정

08.05 조선 태조 이성계의 호적원본과 승자총 발견

08.07 윤치영 의원 외 121명, 3선개헌안 국회 제출

08.08 MBC TV 개국, 호출부호 HLKV, 채널 11

08.09 이효상 국회의장, 국회 보고 절차 없이 개헌안, 정부에 직송

08.09 서울 종로구 사직공원에 율곡 이이 동상 제막

08.09 서울 영등포구 화곡동 화곡아파트 준공-12개동, 368세대

08.10 한국아동도서보급협회 발족

08.14 MBC, '웃으면 복이와요' 첫 방송(~1985.4.17.)

07.17 여의도 국회의사당 건물 착공(~1975.8.)

08.16 효창공원에 원효대사 동상 제막

08.19 사단법인 흥사단 설립

08.22 박정희 대통령, 미국 방문 닉슨 대통령과 정상 회담

08.22 언론인 김동성(이칭 천리구, 1890~1969) 사망-합동통신사 회장 역임

08.23 경복궁 내에 국립현대미술관 개관-1973. 덕수궁, 1986. 과천 이전

08.23 남산공원 내 백범 김구 선생 동상 제막

08.26 농림부, 국내 최초로 농약항공방제 실시-경남 김해·전북 김제·전남 함평

08.27 콜레라 전국 오염-1,538명 환자 발생, 137명 사망(~10.24)

08.29 미국서 공군 팬텀기 6대 인수-9.23. 'F4D 팬텀 비행대' 창설

08.00 담배, '설악' 시판, 25센트(~1970.11)

08.00 MBC 프로그램, 'OB 그랜드쇼'('토요일 토요일 밤에' 전신) 첫 방송

09.01 인천화력발전소 발족-1970.5. 1호기 준공, 1986.12. 가스발전으로 대체

09.01 〈관인영수증제도〉 실시-상거래 양성화·근거과세제도 확립 목적

09.06 신민당, 박정희 대통령 탄핵소추 결의안을 국회에 제출

09.07 신민당 해산, 동시에 신당발기준비위 구성

09.08 구 신민당 소속 44명 의원, 새 교섭단체 '신민회'로 국회에 등록

09.10 한국 YMCA회관 준공

09.11 문교부, 〈교육과정령〉 개정 공포-반공·도덕교육 강화, 인문고 한문교육 전문화 등

09.11 세계보건기구, 한국의 콜레라 발생, 공식 선포

09.13 야당, 국회에서 개헌 저지 위해 단상 점거 농성

09.14 민주공화당, 〈3선개헌안〉·〈국민투표법안〉, 국회 제3별관서 변칙 통과

09.15 YMCA, 국내 최초로 '스포츠 소년단' 창단-1972.6. 정부, 스포츠 소년단 창단

09.15 주택자금마련 목적 하에 '주택복권' 발행(~2006.3.26.)

09.17 창녕 나룻배 전복-사망 60명

09.20 신민당, 해체한 지 13일 만에 창당 전당대회 개최-신민당(총재 유진오) 재창당

09.21 전주에서 북한 간첩 진낙현 등 10명 체포

09.22 국군 사상 최초로 여자 공수 부대원 8명 탄생

09.23 김유신 장군 동상, 서울시청 앞에 제막-1971. 지하철 1호선 공사로 남산 이전

09.26 한국일보 자매지, 스포츠 전문 일간지 《일간스포츠》 창간

09.27 창경원에 홍학 100마리 도착

09.29 오산↔천안 간 경부고속도로 개통

09.30 통일혁명당 재건 남파간첩 임종영·김삼연 등 12명 체포

09.30 한강철교 옆에 첫 부교 '평화교' 준공(12개 부설 계획)-폭 6m, 길이 360m

09.00 박경리, 『토지』(문학사상사) 출판

10.02 국립교향악단 제1회 연주회, '한국교향악의 밤' 개최

10.02 대한항공, 서울·오오사까·대만·홍콩·사이공·방콕 노선 개설-B720 첫 투입

10.03 서독 올림픽문화위원회, 윤이상에 뮌헨올림픽 개막 오페라 작곡 위촉

10.06 도산서원 정화사업 착공(~1970.12)-유물전시관 신축, 나무 4만 그루 식수 등

10.06 서독 함부르크에 유럽지역수출진흥센터 설치-유럽 수출 1억 달러 달성, 통상 증대

10.07 최초의 다목적댐, 진주 남강댐 준공(1962.5.~)-높이 21m, 길이 975m

10.08 속리산 법주사 팔상전 해체·복원 완료(1968.7.~)

10.09 능동 어린이대공원 후문에 을지문덕장군 동상 준공

10.10 1970년 월드컵축구 아시아 예선대회, 서울서 개최-호주팀 우승

10.13 인왕산 청운스카이웨이(현 인왕스카이웨이) 개통

10.14 한일시멘트 단양공장 준공

10.15 영국 팝송가수, 클리프 리처드 내한 공연

10.15 태백선(정선↔나전) 개통

10.17 개헌안 국민투표 실시-총유권자 77.1% 참여, 65.1% 찬성, 개헌안 통과

10.20 경복궁 내에 국립현대미술관 개관

10.20 정일권 국무총리 이하 전 각료 일괄사표 제출

10.23 서울 하월곡동에 한국과학기술연구소 준공-동양 최대 연구동 등 1만2천평 규모

10.24 멕시코 세계유도선수권대회서 오승립·김치복 선수 동메달

10.26 한국영화 50돌 기념 '영화인의 밤' 개최

10.27 제1회 서울음악제, 시민회관 국립극장 종묘에서 개최

10.28 '하마니' 니제르 대통령 방한

10.28 제50회 전국체육대회 개최(서울), 참가인원 15,338명

10.29 영화, '사운드 오브 뮤직'(감독:로버트 와이즈, 배우:줄리 앤드류스 등) 개봉

10.31 박봉근, 제50회 전국체전 마라톤서 2시간 18분 18초로 한국 신기록 수립

11.01 삼선개헌반대 범국민투쟁위원회 해체

11.03 아폴로 11호 우주인(닐 암스트롱·마이클 콜린스·버즈 올드린) 방한 환영 카퍼레이드

11.08 신민당 김영삼 의원, 1971년 대통령선거 신민당 후보 지명에 출마 선언

11.11 문공부, 8개 시상제도, 6개 경연대회 등을 '한국문화예술상'(10개 부문)으로 통합

11.11 제1회 한국문화예술상 시상-문학:이청준 등, 방송상:모기윤, 미술상:이순석 등

11.14 동양방송 TV, 운현궁 제3스튜디오 개관기념으로 최초 이원방송 실시

11.15 한국 최초로 기상위성추적수신기 가동-1969.8. 미 공군의 기상위성수신기 인수

11.16 상공부·문교부·과학기술처 후원, 국립공보관서 1회 한국전자전람회 개최(~11.25)

11.18 제5회 아시아남자농구선수권대회에서(태국 방콕) 한국 우승

11.18 1970학년도 대학입학예비고사 실시-300점 만점, 입학정원 150% 선발

11.19 아폴로 12호, 달의 '폭풍의 바다'에 착륙(7시간 45분 탐사), 34.35kg 월석 채취

11.19 제2회 킹스컵 아시아축구대회, 한국 우승

11.21 KBS 라디오 연속극 '김삿갓 북한방랑기' 2천 회 기념방송-1964.5.18. 첫 방송

11.21 신민당, 3선개헌에 국회 무기한 등원 거부방침 재확인

11.22 〈농촌근대화촉진법〉 제정-1970.2. 농업진흥공사 발족(현 농어촌진흥공사)

11.25 정부, 일본의 독도 영유권 주장에 반박 각서 전달

11.27 문교부, 처음으로 공민학교·고등공민학교 교육과정 제정

11.28 제2회 킹스컵 축구(태국 방콕), 한국 우승

11.29 문교부, 1970년 이후 고교이상 각급학교 군사훈련 실시 발표

11.29 제5회 아시아남자농구선수권대회(ABC)(태국 방콕), 한국 우승

11.00 신진자동차, 미국 KAISER의 부품 공급 받아 민간용 JEEP 조립 생산

11.00 팔만대장경 134매, 해인사에서 발견

11.00 MBC드라마, '개구리 남편'(출연:최불암·박근형·김혜자 등) 첫 방영(~1970.3.13.)

12.03 포항종합제철 재정 차관, 일본과 협약 체결-대일청구권 7,370만 달러

12.04 제주도서 당나라 때 엽전 2만여 개 발굴

12.04 경제안정위원회 설치 결정-경제안정에 관련한 정책의 관련 부처 간 심의 처리

12.05 한국문화재단 창립-리틀엔젤스예술단 및 예술회관 운영

12.06 문공부장관, 사이비 언론 정비 언명

12.11 대한항공 여객기(강릉→서울) 운항 중 납북-승객·승무원 51명, 원산에 착륙

12.22 IMF, 한국을 SDR 통화공여국으로 지정

12.23 납북된 미정보함 푸에블로호 승무원, 2여 년 만에 귀환

12.27 제3한강교(현 한남대교) 개통-길이 919m, 너비 27m

12.29 대구↔부산 간 고속도로 개통

12.29 베토벤 탄생 200주년 기념 서울시향 연주회

12.30 정부, 수도권 인구분산 법제화 방침

12.31 럭키금성그룹 창업자, 구인회(1907~1969) 사망

00.00 나훈아, '사랑은 눈물의 씨앗(작사 남국인, 작곡 김영광) 발표

00.00 패티김, '서울의 찬가'·'사랑하는 마리아'(작사·작곡 길옥윤) 발표

00.00 트윈폴리오, '하얀 손수건'·'웨딩케익' 발표

1969

01.16 [소련] 소유즈 4호와 5호 간, 첫 우주 도킹 성공

02.03 [팔레스타인] 아라파트, PLO 의장 취임

02.26 [독일] 철학자, 야스퍼스(1883~1969) 사망

03.02 [중국-소련] 국경 우수리강의 진보도(다만스키도)에서 양군 무력충돌

03.02 [프랑스] 콩코드기 첫 시험비행에 성공-10.1. 세계 최초 초음속 비행

03.03 [미국] 두 번째 유인 우주선 '아폴로 9호' 발사-3.7. 모선 랑데뷰 재도킹 성공

03.16 [베네수엘라] 여객기 추락 155명 사망

04.17 [체코] 공산당 제1서기 알렉산더 두브체크 실각, 후임에 후사크

04.20 [미국] 국방성, F4 팬텀기 1개 중대 24기, 한국 도착 발표

06.08 [미국] 영화 배우 로버트 테일러(1911~1969) 사망

06.11 [미국] 노동운동가 존 루이스(1880~1969) 사망

07.20 [미국] 아폴로 11호 우주인(암스트롱·올드린), 인류 최초로 달(고요의 바다) 착륙

07.25 [미국] 〈닉슨독트린〉 발표-아시아의 자주방위 노력 강화·미국의 부담삭감 방침

08.06 [독일] 철학자 테오도르 아도르노(1903~1969) 사망

08.17 [독일] 물리학자 슈테른(1888~1969) 사망

09.02 [미국] 최초의 패킷교환방식·아르파넷 등장, 인터넷의 효시

09.03 [베트남] 호치민(1890~1969), 초대 대통령 사망

09.01 [리비아] 카다피, 쿠데타로 집권

10.05 [미국] 골프의 사회적 지위를 향상시킨 프로 골프선수 월터 헤이건(1892~19169) 사망

10.21 [덴마크] 사상 첫 성(性)박람회 개막

10.21 [서독] 브란트 수상 피선, 사민-자민당 연립 성립

10.27 [서독] 2개의 독일(서독-동독) 인정

10.29 [서독] 발터 쉘 외상, 〈할슈타인 원칙 선언〉 폐기

11.12 [미국] 후생성, DDT 사용금지

11.12 [중국] 전 국가주석 유소기(1898~1969) 사망

11.14 [미국] 유인우주선 '아폴로 12호'(콘라드, 고든, 빈) 발사(~11.24)

11.20 [브라질] 펠레 909경기 만에 1,000골 달성

11.24 [미-소] 〈핵확산방지조약〉 비준

12.16 [영국] 하원, 〈사형폐지법안〉 통과

1970 경술(庚戌) 단기4303 박정희10
닉슨/마오쩌둥/사토/브레즈네프

01.01 영화, '미워도 다시 한 번 3'(감독:정소영, 배우:신영균·문희·전계현·김정훈) 개봉

01.01 〈철강공업육성법〉 공포-제철·제강·압연 및 철강재 제조업자 육성 지원

01.04 농촌근대화10개년계획 확정-농업용수개발·경지정리·농기구개발보급·농가주택개량 등

01.13 한국은행, 1960년대 한국 경제성장률 연평균 8.6% 발표

01.15 문교부, 중·고·대학에 '반공학생회' 조직, 청소년 1일 '승공교육' 실시 결정

01.15 방송윤리위원회, 정기총회에서 방송프로 사전 심의 문제로 파문

01.19 〈이중곡가제〉 실시 결정-식량증산·농가소득증대·소비자가계보호·물가안정에 기여

01.22 이철승 등 민권투쟁위원회 인사 20명, 신민당에 입당

01.23 윤길중 등 재야혁신계 16명, 신민당 입당

01.24 김대중 의원, 신민당 대통령 후보 지명전 출마 선언

01.24 이재학 등 자유당계 21명, 신민당 입당

01.25 박정희 대통령, 스와질란드 수상 접견 서훈

01.25 한독당·신민당 합당, 4.19 및 6.3동지회 9명 입당

01.26 강화대교(강화읍 갑곶리↔김포시 포내리, 694m) 준공(1965.7~)

01.26 신민당 임시전당대회, 유진산을 당수로 선출

01.26 이낙선 상공부장관, 대일수입 전면개방 언명

01.30 국방부, 병무 행정의 부정을 막기 위해 육군 지원병제 폐지

01.00 해태제과, '티피 쵸코볼' 출시

02.02 윤보선 전 대통령, 신민당 탈당-제2 신당운동 표면화

02.09 '농업진흥공사'(현 농어촌진흥공사) 발족-농촌근대화10개년계획 일환

02.10 전 이화여대 총장 김활란(1899~1970) 박사 사망

02.13 한국·미국 민간 경협 촉진하기 위해 '국제경제인협의회' 설립

02.13 KAL기 승객 및 승무원 납북 규탄대회

02.14 KAL 납북 여객기 승격 39명, 66일 만에 판문점을 통해 무사 귀환

02.21 국무회의, 〈수출자유지역설치법 시행령〉 의결-마산수출자유지역 지정

02.21 치안국, 전국 경찰에 예비군 훈련 2회 이상 불참자 즉심 회부 지시

02.26 일본 도쿄 한국연구원, 안중근 옥중자서전 발견 입수

02.00 아시아자동차, 이탈리아 '피아트사'와 기술제휴 'FIAT 124' 출시

02.00 〈조선공업진흥기본계획〉 수립-조선공업을 수출전략산업으로 육성

03.02 TBC드라마, '아씨'(출연:김희준·김동훈·여운계 등) 방영(~1971.1.)

03.03 〈한일조세협정〉 체결-소득에 관한 조세의 이중과세 회피 및 탈세 방지

03.04 서울시 용두동 판자집 50채 전소

03.06 제7회 청룡영화상 시상, 작품상에 '독짓는 늙은이'(감독:최하원) 수상

03.12 샘터사 창립, 《샘터》 창간호 발간

03.17 고급요정 선운각 마담·국무총리 정일권 내연녀, 정인숙 피살 사건

03.17 한국관광공사·아메리칸항공사 합작투자, 조선호텔 신축 개관

03.20 제주화력발전소(1만㎾), 만 3년 만에 준공(1968.3.~)

03.23 태릉 수영장 개장기념 국제수영대회 개최

03.23 한글학자 최현배(1894~1970) 사망

03.26 정부, 첫 아프리카 경제원조-니제르에 도자기공장 건설자금 30~50만 달러 무상공여

03.31 일본 적군파에 납치된 일본항공 요도호, 북한행 중 김포공항 일시 착륙

04.01 포항종합제철공업단지 착공(~1973.7.)

04.01 최초의 아이스크림, 해태제과 '브라보콘' 출시

04.04 MBC 연합광고, 최초의 CM전속 성우 5명 선발

04.04 제4회 아시아 아마추어복싱선거권대회에서 한국 종합 1위

04.08 서울 와우시민아파트 붕괴-사망 33명, 부상 40명

04.13 KBS1, 첫 아침 방송 실시

04.15 호남고속도로(대전↔전주) 착공(~1973.12.)

04.17 영화, '벽 속의 여자'(감독:박종호, 배우:문희·남궁원·남진 등) 채봉

04.19 함석헌, 월간 교양잡지 《씨알의 소리》 창간(~1980.7.)

04.21 장충체육관서 제1회 전국대학체육대회 개막-경희대 우승

04.22 박정희, '새마을 가꾸기 운동' 제창

04.23 한국-미국, M16소총 공장건설 최종 합의-1973.3. 부산 육군 제1 조병창에서 생산

05.01 대한제국의 마지막 황태자, 영친왕 이은(1897~1970) 사망

05.05 국내 최초로 석유화학공업 기초원료 방향제 생산 공장, 울산에 준공

05.06 윤보선·장준하 등, 민주통일국민회의 발기준비위 구성

05.09 문공부, 대처승단인 '한국태고종단' 등록 인정

05.16 서울대교(현 마포대교, 1400m) 개통-4번째 한강 다리

05.16 이승만 전 대통령 부인 프란체스카 귀국-이화장에서 거처, 1992.3. 사망

05.18 역사학자 이홍직(1909~1970) 사망

05.18 한국-캄보디아, 국교 수립

05.22 경남 창원에 경남은행 창립

05.26 미국의 무상 1천만 달러 대한 원조, 공여 협정 25년 만에 종료

05.29 일본 미쓰이[三井]상사와 건설계약-인천화력발전소 1호기(25만kW) 준공(1968.2.~)

06.01 김지하 시인의 『오적』, 신민당 기관지 ≪민주전선≫에 게재

06.02 '오적' 필화사건 발생-≪민주전선≫ 10만 부 압수, 저자 김지하 구속

06.02 한국 최초의 우주 중계국, 금산위성통신지구국 개국

06.05 연평도 서방서 해군방송선, 북한경비정에 피격(승무원 20여 명 사상) 후 납북

06.08 장준하·이동화 등, 민주통일국민회의(가칭), '국민당'으로 변경 발기대회

06.16 부관연락선, 25년 만에 부활-페리 제1호 취항-길이 105m 폭 19m, 3875톤급

06.17 TBC, 최초로 VTR CM 제작

06.17 부산항-일본 혼슈 시모노세키항, 부관 카페리호 부산 입항

06.22 박정희 대통령의 국립묘지 참배를 노린 북한 간첩의 현충문 폭파사건 발생

06.26 한국-엘살바도르, 문화협정 체결

06.28 미국 LA에 한국어방송국 개국

06.29 서울서 제37차 국제 펜대회 개최-주제 '동서문학의 해학'

06.00 김은국, 『빼앗긴 이름』(시사영어사) 출판

07.01 전국 우편번호제 및 우편작업기계화 실시

07.02 전북 익산 왕궁리에서 백제 무열왕릉지 발견

07.06 미국, 주한미군 1개 사단 철수 정식 통고-8.24. 미 부통령 방한

07.07 경부고속도로, 서울~부산 전 구간(416㎞) 개통

07.09 서울 용산 미군 PX 화재

07.16 국회, 주한미군감축계획 철회와 한국 안보 강화 촉구의 대미결의안 채택

07.18 경북 고령 금산재서 버스 추락, 24명 사망, 44명 중경상

07.23 〈농기구국산화10개년계획〉 마련

07.25 육영재단, 남산 어린이회관(현 과학교육원) 개관(1969.5.~)

08.05 국전에서 건축·사진 제외, 회화·조각·서예·공예로 축소

08.06 자주국방의 초석, 국방과학연구소(ADD) 발족

08.08 4대강 유역 종합개발위원회 설치

08.15 남산1호터널(1,530m) 개통-통행료, 승용차 기준 60원 부과(1969.3.~)

08.15 서울역 고가도로 개통(1969.3~)-2015.12. 폐쇄, 2017.5. '서울로7017' 개장

08.15 한국, 메르데카 축구대회 결승서 버마에 1대0 승-첫 단독 우승

08.20 국방부, 국가의 병무 행정 담당하는 '병무청' 신설

08.21 충북 영동군 추풍령서 고속버스 추락-25명 사망

08.24 재무부 세무국(현 관세청), 해방 후 국내 최대의 마약밀수단 적발

08.24 제6회 방콕 아시안게임 개막-한국 3위, 금18·은13·동23(~9.4)

08.24 박정희 대통령, 닉슨 특사 미 부통령 애그뉴와 미군 철군 협상(애그뉴 회담)

08.25 애그뉴 회담 합의-미군 7사단 1만8천 명 감축, 한국군 장비 현대화, 군사 원조

08.26 애그뉴 부통령, '한국군 현대화 완성 후 5년 이내에 주한미군 완전 철수' 번복

08.27 관세청 신설

08.28 양희은, '아침이슬'(작사·작곡 김민기) 발표

08.28 서울시경, 해프잉·히피족 일제 단속-장발 595명 단발, 난잡한 가무·다방 등 단속

08.30 문학과지성사, 문예계간지 ≪문학과 지성≫ 창간

09.01 국내 최고 빌딩, 삼일빌딩(지상 31층, 높이 114m) 화재, 초기 진압

09.02 광주경찰서, 미니스커트 입은 8명을 즉결심판에 회부

09.10 상공부, 우리나라 처음으로 불량상품전시회(406개 업체 1,539점)

09.11 한국-통가, 국교 수립

09.12 북한, '붉은 청년근위대' 창설-중학교 4~6학년 남녀학생들(14~16세) 대상

09.16 경남 양산군서 버스 추락-12명 사망, 44명 중경상

09.20 〈수도권10개년개발안〉 확정

09.25 보사부, 우량식품에 SF(Superior Food) 마크 표시 결정

09.29 김지하의 오적 필화 사건에 ≪사상계≫ 폐간

09.29 신민당, 전당대회에서 김대중 대통령 후보 선출

10.01 질소질비료에 한해 비료자유판매제 실시

10.02 한국-엘살바도르, 무역협정 체결

10.03 북한의 조류학자 원홍구(1888~1970) 사망

10.05 메인 뉴스 'MBC 뉴스데스크' 시작

10.05 육군간호학교(3년제), 첫 졸업 및 임관식 거행

10.06 제51회 전국체육대회 개최(서울)

10.07 문화공보부, 〈언론 출판에 대한 종합 시책〉 발표-신문 한자 1,200자로 제한 등

10.12 서울시청 앞 유관순 동상 제막-1971. 남산2호터널 장충단공원 입구로 이전

10.14 사직공원 내에 신사임당 동상 제막

10.14 충남 모산건널목에서 경서중 수학여행 버스와 장항선 특급열차 충돌-사망 46명

10.14 한미군사회담 합의문 발표-국군 장비 현대화 보장과 철군 상호 합의

10.16 김대중 신민당 대통령 후보-예비군 폐지, 비정치적 남북교류 등 제시

10.20 남산에 이황 동상 제막

10.22 수도권(경인·경수·경원) 지하철, 고속전철 사업 발표-1974.8. 지하철 제1호선 개통

10.26 한국은행, 100원짜리 주화 발행 발표

10.29 쌀값 통제 전면 해제-정부미도 자유 판매 허용

10.29 제55차 한미합동위원회에서 미8군 군사참모장, 주한미군 28개 기지·시설 이양 발표

10.30 영화, '필녀(必女)'(감독:정소영, 배우:김윤정·남궁원 등) 개봉

10.31 〈국토종합개발10개년계획〉 확정-1971.6. 공식 발표

11.02 주한미군 동두천 캠프 비버 폐쇄

11.06 보사부, 첫 국민영양조사 실시

11.11 유네스코, 영문 한국사 *The History of Korea* 발행

11.11 2회 대한민국문화예술상 수상-유광렬(신문)·최창봉(방송)·김광섭(문학)·도상봉(미술) 등

11.13 서울 평화시장 근로자 전태일(1948~1970) 분신자살

11.14 수도권 지하철 4개 노선 확정-1971.4. 지하철 1호선 착공

11.15 미군 캠프카이저 기지(포천), 한국군에 정식 인계

11.15 김추자, '님은 먼 곳에'(작사·작곡 신중현) 발표

11.16 CBS, 1일 방송시간을 우리나라 최초로 22시간으로 연장

11.19 세종대왕기념사업회, 서울 동대문구에 세종대왕기념관 준공(1973.10. 개관)

11.20 미행정부, 〈한국군현대화5개년계획〉 예산 7만5천만 달러 의회에 제출

11.20 1971학년도 대학입학예비고사 실시-본고사 자격 부여

11.21 김대중 신민당 후보, 집권하면 반공법 등의 개정 검토 언명

11.23 영국 런던 셰익스피어 그룹단원, 내한 공연

11.27 〈유선방송법〉 개정-방송 전 사전 승인

11.28 실험극장, 10주년 기념으로 오영진 작 『허생전』 공연

11.30 한국-미국, 주월군장비 소유권의 한국 이양에 최종 합의

11.30 김태희, '소양강 처녀'(작사 반야월, 작곡 이호) 발표

12.01 통일사회당, 대통령 후보 김철 지명

12.02 북한 박성구 소좌, 미그15기 몰고 귀순

12.04 남산 제2호터널(길이 1620m) 개통(1969.5.~)

12.07 청와대에 특별보좌관실 신설

12.08 도산서원 보수공사 준공-유물전시관, 합문 등 신축, 전교당 등 7개동 해체·복원

12.08 추풍령휴게소에 경부고속도로 개통 기념탑 준공

12.10 정부-여당, 노동부 신설 합의-1981.4. 노동청, 노동부로 승격

12.14 조오련 수영선수, 제6회 방콕 아시안게임 자유형 400·1500m서 우승

12.15 제주~부산 간 정기여객선 남영호 침몰-사망 326명

12.17 4대강 유역(한강·낙동강·금강·영산강) 종합개발계획 확정

12.21 백두진, 제10대 국무총리 취임(~1971.6.)

12.22 동해전력, 경남 울산 남화동에 발전소 1호기 준공

12.22 선거법 개정-정부투자기업 임직원, 예비군 소대장 이상, 이·통·반장 선거운동 금지

12.23 세종로 정부종합청사(지상 19층, 지하 3층) 준공(1967.~)

12.24 동대문종합상가 준공-점포 수 3천여 개

12.24 〈무역거래법〉 개정안 국회 통과-비적성공산국과의 무역 개방

12.27 김대중 신민당 후보, 학도군사훈련제 폐지·전국 농토 경지정리 주장

12.29 호남고속도로(대전↔전주, 79.1㎞) 개통(1970.4.~)

12.30 삼청터널(성북구 성북동↔종로구 삼청동, 302m) 개통

12.30 서울역 앞 신축 중인 서울교통센터 화재

00.00 이미자, '아씨'(작사 임희재, 작곡 백영호) 발표

214

00.00 키보이스, '해변으로 가요'(작사·작곡 김희갑) 발표
▧▧▧▧▧▧▧▧▧▧▧▧▧

01.22 [미국] 점보제트기, 뉴욕-런던 간 첫 취항

02.02 [영국] 철학자 겸 논리학자, 버트란드 러셀(1872~1970) 사망

02.04 [아르헨티나] 부에노스 아이레스서 열차 충돌-236명 사망

02.11 [일본] 첫 인공위성 발사 성공

02.18 [미국] 닉슨 대통령, 1970년대 외교특별교서 〈닉슨독트린〉 확정

03.05 [국제] 핵확산방지조약(NPT) 발효

03.06 [체코] 자유화 기수 두브체크, 공산당서 축출

03.19 [동독-서독] 양국 첫 정상회담 개최

04.10 [영국] 비틀스, 10여 년 만에 해체

04.11 [미국] 아폴로 13호, 달 착륙 직전 산소 탱크 폭발-달만 선회, 무사 귀환(~4.17)

04.16 [미국-소련] 제1차 SALT(전략무기제한협상) 회담 개최

04.24 [중국] 최초의 인공위성, '중국 1호' 궤도 진입 성공

05.04 [미국] 주 방위군, 반전운동 시위 켄트대 학생들에 발포, 4명 사망

05.09 [중국-캄보디아] 양국 정식 수교

05.19 [국제] ILO, 빈곤백서 발표-세계인구의 15%가 영양실조로 고통

06.07 [영국] 소설가 에드워드 모건 포스터(1879~1970) 사망

06.26 [체코] '프라하의 봄'을 실현시킨 공산당 제1서기 두브체크, 공산당적 박탈

07.03 [미국] 모더니즘 화가 버넷 뉴먼(1905~1970) 사망

09.25 [독일] 『서부전선 이상 없다』 소설가 레마르크(1898~1970) 사망

10.09 [크메르] 크메르공화국 탄생, 캄보디아 1,151년 만에 군주제 종지부

10.10 [피지] 영국으로부터 독립

11.16 [파키스탄] 태풍과 해일로 150만 명 사망

11.25 [일본] 전후세대의 니힐리즘 소설가 미시마 유키오(1925~1970) 할복 자살

12.05 [소련] 지식인 30여 명, 제헌 34주년 맞아 침묵 데모

12.07 [서독] 빌리 브란트 총리, 폴란드에 사죄

12.07 [서독-폴란드] 바르샤바 조약 조인

12.10 [소련] 반체제 작가 솔제니친, 노벨문학상 수상

1970

1971 신해(辛亥) 단기4304 박정희11
닉슨/마오쩌둥/사토/브레즈네프

01.01 정부, 「근대화백서」 발표-10년간의 치적 수록, 국민소득 5배로 증가

01.06 국민당(총재 윤보선) 창당-1972.10. 10월 유신 이후 해산

01.07 전남 여수항 여객선 질자호 침몰-사망 30명, 실종 2명

01.07 만화영화, '왕자호동과 낙랑공주'(감독 용유수) 개봉

01.12 영화, '내일의 팔도강산'(감독:강대철, 배우:김희갑·황정순) 개봉

01.14 1972년부터 실업보험 실시 결정-근로자 500명 이상의 제조업체 대상

01.15 육군본부 육군 여군처, 육군여군단 창단-1991.1. 해체, 인사참모부 여군처로 승격

01.16 서울 세운상가 화재-70여 점포 피해

01.20 인천지청, 김대중·김형일·송원영 의원 등 대통령 선거법 위반 혐의로 입건

01.21 문교부, 고등학교서 전자정보처리시스템교육 실시 결정

01.22 〈공해방지법〉 개정-수질오염, 대기오염, 소음·진동 등 세분화 관리(9.18 시행)

01.22 박정희 대통령, 건전한 사회기풍 진작을 위해 히피족의 텔레비전 출연 금지 지시

01.23 북한, 속초발 KAL기 납북 미수-강원도 고성 불시착

01.25 1차 수출진흥확대회의(경제단체장·대학교수·해외공관장·법조계 인사 참석) 개최

01.27 김대중 신민당 대통령 후보 집 마당에서 폭발물 폭발 사건 발생

01.27 문교부, 대학교련 강화방안 시달-총 수업 시간의 20% 교련 시간 배정 등

01.30 한국-피지, 국교 수립

01.31 아폴로 14호 유인우주선(앨런 셰퍼드, 스튜어트 루사, 에드거 미첼) 발사

01.00 라나에로스포, '사랑해'(작사 오경운, 작곡 변혁) 발표

02.01 외솔회, 《나라사랑》 창간

02.05 서울 용산구 후암동에 주한 독일문화원 개원

02.06 미국과 주한미군 감축·국군현대화계획 합의-미국, 1차 년도 1억5천만 달러 원조

02.00 경제기획원, '제3차 경제개발5개년계획'(1972~1976) 발표-중화학공업 육성

02.12 최초의 사유 기관차(양회업계 발주), 부산항에 입하

02.12 1970년 11월호 《다리》 지에 '사회참여를 통한 학생운동' 게재 필화사건 발생

02.16 이공계 대학원 한국과학원(KAIS) 설립-1981. 한국과학기술연구소(KIST)와 통합, KAIST

02.17 1·4후퇴 당시 헤어진 한필성·필화 남매, 일본서 국제통화 실현-1990.3. 첫 재회

02.19 문교부, '국민윤리' 교과 신설

02.20 태릉국제스케이트장 개장

02.23 대학교련 필수, 〈교육법시행령개정안〉 의결

02.28 경기중학교 폐교-중학 평준화 계획 일환

02.00 정연희, 『고죄』(중앙출판공사) 출판

03.11 서울 동대문구 홍릉연구단지 내 한국개발연구원 KDI 설립-초대 원장 김만제

03.01 육군, 첫 독자적 〈복제령〉 개정-예복 없애고 전투복과 정복만 착용

03.01 학도군사훈련단, '학생군사교육단'(ROTC)으로 개칭

03.02 김대중 후보, 부산 기자회견서 '대통령 3선 폐지 개헌' 발의 용의 공표

03.04 경기도 오산서 '한미합동공수기동훈련'(프리덤볼트) 개시

03.04 대중당, 대통령 후보에 서민호 의원 지명

03.06 MBC드라마, '수사반장' 첫 방영(~1984.10.18.)

03.11 문교부, 실업계 고교에서도 36~72시간의 한문 수업 결정

03.11 유한양행 설립자 유일한(1895~1971) 박사 사망

03.12 한국군, 서부전선 미 2사단 지역 20㎞ 접수-처음으로 155마일 전 휴전선 담당

03.13 서울대 김정룡 교수, 세계 최초로 혈청성간질바이러스 분리 성공

03.13 한국-미국, 국군용 M16 소총 공장건설계약 체결

03.16 대한교원공제회 창립 총회 개최

03.21 윤항기, '별이 빛나는 밤에'(작사·작곡 윤항기) 발표

03.24 영동고속도로(신갈-강릉) 착공(~1975.10)

03.27 닉슨 독트린의 주한미군 감축에 미 7사단, 23년 10개월 만에 철수-주한미군 첫 철수

03.31 서울~부산 간 자동전화(DDD) 개통-2초에 4원

04.01 각 군의 미 군사고문단, 주한미군합동군사지원국으로 통합 발족

04.01 사병 계급장, 'V'자형에서 '일자형'으로 변경

04.01 저공요격용 채프럴 유도탄·벌컨포를 장비한 미 대공포대대, 미 2사단에 배치

04.01 영화, '화녀'(감독:김기영, 배우:남궁원·전계현·최무룡·윤여정 등) 개봉

04.02 서울대학교 관악종합캠퍼스 착공-1975년 캠퍼스 이전

04.06 각 대학, 교련 반대 데모 확대

04.08 거제대교(통영↔거제, 740m) 개통(1965.5~)

04.08 서독 경찰, 한국대사관의 노무관, 유성근 일가족 실종 발표-북한 납북

04.09 민주수호청년협의회, '반공법 개폐' 첫 공개토론회 개최(서울 대성빌딩)

04.09 장충체육관에서 제1회 전국 건전가요경연대회 개최

04.12 서울지하철 1호선 착공(서울역~청량리)(~1974.8)

04.15 제10회 대종상영화제 시상-'무명의 교사'(서울문화프로모션) 수상

04.15 동아일보 기자들, '언론자유수호선언' 발표-언론에 대한 외부의 압력 배격

04.16 도산기념사업회-서울시, 서울 강남구 신사동에 도산공원 건립 착공(~1973.11.)

04.19 김재준·이병린·천관우 등 최초의 재야 민주화운동 단체, 민주수호국민협의회 결성

04.20 서울 능동의 서울어린이대공원 계획 확정-1973.5.5. 어린이날 개장

04.21 서민호 대중당 당수, 합당 전제로 신민당에 입당

04.21 4.19혁명·6·3항쟁 참가 학생 중심, '민주수호청년협의회' 결성

04.24 인도네시아와 최초로 〈경제 및 기술협력과 협상증진에 관한 협정〉 체결

04.25 MBC·남양유업, 제1회 전국우량아선발대회 개최-만 24개월 미만(~1983.)

04.25 서유석, '아름다운 사람'(작시 헤르만헷세, 작곡 서유석) 발표

04.26 고령서 기원전 1세기 암각화 발견

04.27 제7대 대통령 선거 실시-박정희(53.2%) 당선, 3선 성공-신민당 김대중(45.2%)

05.02 기존 업체에 대한 외국인 투자 및 대외전환사채 발행 허용

05.02 단국대 학술조사단, 충북 진천군 사자봉서 국내 최대 마애여래입상 발견

05.02 제1회 박대통령컵 쟁탈 아시아축구대회 개최

05.10 경기도 가평군 청평호에 시외버스 추락-80명 익사

05.14 치안국, 유낙진 등 11명을 호남통혁당 재건 간첩 사건으로 구속

05.25 제8대 국회의원 총선거 실시-민주공화당 113석(55.4%), 신민당 89석 등

06.03 국군, 미군 어네스트 존 로케트·8인치 자주포·B48A2C 전차 등 신형무기 인수

06.03 김종필 제11대 국무총리 취임(~1975.12)

06.03 베트남 정부, 주월한국군 첫 철수에 대해 1973년 이후로 연기 공식 요청

06.10 박정희 대통령, 1975년 대선(8대 대통령 선거) 불출마 의사 재천명

06.13 일본 정부에 제3차 경제개발5개년계획에 따른 차관 요청

06.25 국내 최초의 해양자원 탐사선, '탐양호'(534톤) 부산서 명명식

06.25 한국투자금융주식회사(현 하나은행) 설립

06.30 수출산업 및 중소기업육성 자금용 대일차관 협정 조인

06.00 장준하, 『돌베개』(사상사) 출판

07.01 국립가족계획연구소, 가족계획연구원(현 한국보건사회연구원) 전환-가족계획사업

07.01 에그뉴 미국 부통령, 1억 달러 장비 제공 대가로 주월한국군 철수 연기 요청

07.03 기업합리화위원회(위원장 국무총리) 발족-총차관 업체 26개(총 147개) 부실기업 규정

07.03 박정희, 제7대 대통령 취임

07.03 한국-모리셔스, 국교 수립

07.03 한미합동 1군단 창설-미2사단과 전선 배치된 한국군 통합지휘

07.06 전국 기업체에 '유급 휴가제' 실시 지시

07.08 충남 공주에서 백제 무녕왕릉 발굴

07.12 제1차 한미안보협의회의 개막-상호방위조약 재확인, 국군현대화계획 이행 등

07.16 서울지법, 월간 종합잡지 ≪다리≫(발행인 김상현) 필화사건 무죄 판결

07.23 만화영화, '번개 아텀'(감독 용유수) 개봉

07.24 유제두 권투선수, 동양챔피언 등극

07.26 제8대 국회의장 백두진 피선(~1972.10)-제8대 국회 개원

07.28 서울형사지법 판사 구속에 반발, 판사 39명 집단 사표-사법부 파동

07.30 서울 외곽 타원형 그린벨트 첫 지정-안양·소사, 양주·광주·시흥·부천·김포 일부

07.00 방위병 제도, 내무부에서 '국방부'로 관리권 이관

07.00 월간 시 전문지 ≪시문학≫(발행인 김광수) 창간(~1973.8)

08.02 1972학년도부터 축구 등 4개 구기종목 특기자, 중학교 특별전형제 실시 결정

08.07 한국일보 주최, 제1회 봉황기 전국고등학교 야구대회 개막-경북고 우승

08.09 최초의 우주인 닐 암스트롱, 평화봉사단 활동 목적으로 방한

08.10 경기도 광주 대단지 주민 3만여 명, 분양지 무상 불하 요구 데모

08.19 서울대 문리대 교수들, 대학 자유화 요구 선언 발표

08.20 남북적십자 대표, 분단 후 판문점에서 첫 회의

08.23 공군 소속 군 특수병 24명, 실미도 집단 탈출 사건-28명 사망, 4명 사형

08.31 경부고속도로, 서울-부산 간 고속도로(고속국도 1)로 지정

08.31 국무회의, 비적성 공산국가와 교역 허용 의결

09.01 부여 국립박물관 신관 개관

09.03 1971년 12월부터 베트남 한국군 철수 일정 확정

09.08 제1차 국토종합개발계획(1972~1981) 확정·발표

09.09 국민대학교, 종로구 창성동에서 성북구 정릉동으로 이전

09.10 남산 식물원 2·3·4호관 개관

09.10 서울 북악터널(성북구 정릉↔종로구 평창, 810m)(1970.7~) 개통(8.31 준공)

09.15 한진 해외파견 노동자, 체불임금 지급 요구하며 KAL빌딩에 방화 사건 발생

09.19 MBC FM4U(95.09Mhz) 개국

09.19 한국 야구, 제9회 아시아야구선수권대회 우승

09.20 남북가족찾기, 남북적십자 제1차 예비회담

09.21 경기도 장단군 500여 실향민, 20년 만에 감격의 귀농 첫발

09.22 남북 최초로 직통전화 가설-적십자회담용 2회선

09.22 동양방송-일본 NTV, 뉴스·TV프로그램 상호조약 체결

09.25 태릉 국제사격장 준공

09.29 여의도 5·16광장(현 여의도공원) 준공

09.00 김민기, '친구'(작사·작곡 김민기) 발표

09.00 양희은, '아침이슬'(작사·작곡 김민기) 발표-1975. 금지곡

10.02 오치성 내무장관 해임안 국회 통과-김성곤 등 공화당 항명 파동

10.05 문교부, 여성교육연구위원회 구성-여성교육 전반에 관한 정책심의

10.08 보사부, 수련의 해외여행 제한 철폐-수련 기간 4년으로 단축

10.08 제52회 전국체육대회 개최(서울)

10.13 서울 시내 고려대·서울대 등 7개 대학생, 교련 폐지 데모 전개

10.15 서울 일원에 〈위수령〉 발동-10개 대학에 무장 군인 진주, 휴업령(~10.30)

10.15 국무회의, 〈공정거래법안〉 의결-독점 사업·사업자의 경쟁 제한 행위 규정 등

10.30 서울 여의도 시범아파트, 착공 13개월 만에 준공

11.00 현대자동차, '뉴 코티나' 출시(~1976.12.)

11.03 삼성문화재단, 제1회 도의문화저작상(현 삼성문학상) 제정

11.06 주 베트남 한국군 1만여 명 철수계획 발표

11.09 〈위수령〉 해제-대학에 진주했던 군부대 원대 복귀

11.09 한국천주교 주교단, 부정부패 빈부격차 등 시정 요구의 공동교서 발표

11.10 한국-세계은행, 고속도로 건설을 위한 차관협정 비준, 공포, 발효

11.12 일본 료쿠야사 주지, 멸종 40년 된 한국 호랑이 한 쌍, 창경원에 기증

11.12 중앙정보부, 내란음모 혐의로 서울대 학생 4명(장기표·조영래·이신범·김근태) 구속

11.15 고리원자력 발전 1호기 착공(~1978.4)

11.18 경남 거창서 7백 년 전 고려시대『선녀비천도』발견

11.19 1972학년도 대학입학예비고사 실시-본고사 자격 부여

11.21 한국식물학 개척자, 정태현(1882~1971) 사망

11.26 호남고속도로, 전주↔순천 간 착공(~1973.11.)

11.00 김추자, '거짓말이야'(작사·작곡 신중현) 발표-저속하다는 이유로 금지

11.00 기아산업, 트럭 '타이탄' 출시(2톤)-국산화 비율 44.5%

12.03 민간방송협회, 남산종합송신탑 준공-12.7 TBC 첫 송신, 232m(1969.12.~)

12.06 박정희, 유신체제를 위한 국가비상사태선언

12.09 베트남 파병 부대, 6년 만에 처음으로 부산항에 귀국

12.10 해방 후 첫 전국 민간 민방공 훈련 실시

12.11 문화공보부, 비상사태에 따른 영화·음반 등 보안 위주의 연예 시책 발표

12.15 부산-제주 정기여객선, 남영호 침몰-326명 사망

12.17 재일 북송교포 237명, 자비북송 형식으로 일본 니카타항 출발

12.18 통일로(서울-문산 간 고속도로, 일반국도 1호 일부) 개통

12.21 공화당, 〈국가보위에 관한 특별조치법〉(대통령 비상대권 부여), 국회에 제출

12.21 영동고속도로(신갈~새말, 104㎞) 개통(1971.3.~)

12.25 김포국제공항, 국내선 청사 준공

12.25 대연각호텔(21층) 화재-사망 164명, 21층 전소

12.27 공화-무소속 의원만으로 국회 4별관서 〈국가보위법안〉 변칙 통과

12.29 그린벨트(개발제한구역) 부산권 지정

12.00 농심, '새우깡' 출시

12.00 강신재,『젊은 느티나무』(대문출판사) 출판-1960.1. ≪사상계≫에 발표

12.00 나훈아, '머나먼 고향'(작사·작곡 박정웅) 발표

00.00 은희, '꽃반지 끼고'(작사 은희, 작곡 변혁) 발표

░░░░░░░░░░░░░

01.06 [미국] 월남지상작전, 월남군에 연내 이양 발표

01.10 [프랑스] 디자이너 샤넬(1883~1971) 사망

01.17 [영국] 항해가 프란시스 치체스터, 대서양 요트 횡단

01.26 [소련] 인공위성 '비너스7호', 금성으로부터 첫 데이타 송신에 성공

01.31 [동독-서독] 베를린, 19년 만에 전화개통

02.05 [미국] 아폴로 14호 우주인, 달 착륙 후 45kg의 달 표본 채취

02.07 [스위스] 국민투표, 여성참정권 인정

02.11 [세계] 65개국, 해저 핵실험 금지조약 조인

02.24 [알제리] 사하라 사막의 석유·천연가스 국유화

04.06 [미국] 작곡가 이고르 스트라빈스키(1882~1971) 사망

04.10 [미국] 탁구선수팀, 중국 첫 방문(핑퐁외교의 시작)

04.17 [방글라데시] 방글라데시공화국 수립

05.25 [일본] 잡지 ≪NonNo≫ 창간

06.04 [헝가리] 정통 마르크스주의자, 미학자 게오르크 루카치(1885~1971) 사망

06.08 [미국] 스탠퍼드대서 중성자보다 작은 새입자 파르촌 발견

06.10 [미국] 닉슨 대통령, 중국에 대한 금수 조치 해제

06.11 [리비아] 대만과 단교, 중국 승인

06.17 [미국-일본] 양국 간 오키나와 반환 협정 조인

07.06 [미국] 재즈의 황제 루이 암스트롱(1901~1971) 사망

09.11 [소련] 전 소련 수상 후루시초프(1894~1971) 사망

09.24 [영국] 스파이 혐의로 소련 외교관 105인 추방

10.25 [중국] 유엔 가입과 대만의 축출

11.13 [미국] 유인 화성위성 마리너 9호, 화성궤도 진입

11.15 [미국] 인텔사의 테드 호프, 마이크로 프로세서(MPU), 세계 최초 탄생

11.23 [중국] 유엔안보리 상임이사국 선출

12.02 [아랍에미레이트] 아랍에미레이트연합, 영국으로부터 독립

12.07 [파키스탄] 인도와 단교

1972 임자(壬子) 단기4305 박정희12
닉슨/마오쩌둥/사토·다나카/브레즈네프

01.04 군사정전위원회 유엔 측 수석대표 폴리 제독, DMZ 평화 이용 4개 항 제의

01.04 전국 10대 관광권 확정-수도·부산·경주·제주·부여공주·한려·속리무주·설악·지리산·내장산

01.04 〈한미섬유협정〉 조인-인조섬유 및 모직물의 교역에 관한 협정

01.10 무시험 중학 진학생, 첫 고교 입시원서 접수 시작

01.12 독일 음악평론가들, 바이올리니스트 정경화를 1972년 음악가로 선정

01.12 박정희 대통령, 양담배 강력 단속 지시-명단 신문에 공개 등

01.14 세계은행, 4,800만 달러 농업개발차관 승인

01.20 제8회 한국연극영화예술상 시상식, 대상 자유극장의 '슬픈 까페의 노래' 수상

01.20 『동국정운』 원본 6권 발견

01.21 재일동포 작가 이회성, 제66회 일본 개천문학상 수상

01.24 병무청, 방위산업 부문의 정밀 기능공에 병역특례 적용 발표

01.24 상공부, 첫 『통상백서』 발표

01.29 육군보안사, 최영호(경북대 교수) 등 대남간첩 23명 검거 발표(간첩 임창술 사건)

01.31 서울시교육위, 신체장애·정신박약아의 공립특수중학교 설립 발표-1974. 특수학급 신설

02.03 제11회 삿포르 동계올림픽 개막-한국 금0·은0·동0

02.07 쌀값 제한 해제 이후, 쌀 한가마 5,700원(1970)에서 1만 원 선 돌파

02.07 청룡부대, 파월 6년 5개월 만에 부산에 귀환(제1진)

02.08 한국민속극연구소, 민족예술 연구 계간지 ≪서낭당≫ 창간-2020. 5집 속간

02.09 허문회 서울대 농과대학 교수, 신품종 '통일벼' 개발

02.11 경제 4단체, 원가 10% 절감 운동·수출상품 제값 받기 운동 등 추진 결의

02.14 서울대에 방송통신대 개설 결정-6.1. 제3방송을 통한 방송통신대학(2년제) 개강

02.14 한국방송공사 라디오, 대공방송 강화 위한 제3방송 실시

02.16 한국꽃예술작가협회 창립-꽃예술의 연구 및 꽃꽂이 작가 육성

02.21 남북적십자회담 첫 실무회의 판문점 중립국감독위원회 회의실에서 개최

02.26 제8회 동아연극상 시상-대상드라마센터 오태석 출연 '사랑' 수상

02.28 문교부, 한문 교과목 신설

02.00 나훈아, '고향역'(작사·작곡 임종수) 발표

02.00 조용필, '돌아와요 부산항에'(작사·작곡 황선우) 발표

03.01 원호처(현 국가보훈처), 독립유공자에 대한 생계 보조금 1억 2천만 원 지급 결정

03.06 녹색어머니회 발족-통학길 어린이 안전보행 지도

03.07 새마을운동중앙협의회(위원장 내무부 장관) 출범

03.09 제1회 외솔상 시상-이주근(문화)·이숙종(실천) 수상

03.14 〈국가보위에 관한 특별조치법〉 공포-비상사태 시 대통령에게 긴급조치권 부여(~1981.12)

03.15 남양유업, 종이 포장 우유 첫 시판

03.15 한국-미국, M16소총 탄약 생산 자금 4,400만 달러 공여 협정 조인

03.19 피아니스트 조영방(피바디음대 출신), 전미 음악콩쿨에서 1등 차지

03.20 세종대왕 신도비, 서울 내곡동 인릉 부근에서 발굴

03.23 현대울산조선소 기공-26만 톤급 유조선 건조 착공

03.27 육군보안사령부, 17년 활동한 정기용 등 22명의 고정간첩단 검거 발표

03.28 김유신장군 동상, 지하철 공사로 남산 야외극장 앞으로 이전

03.30 《대구일보》 창간 19년 만에 강제 정간(1945.10. 창간)-1989.11. 속간

04.01 미국 TV에서 한국 영화로는 처음으로 '용가리' 방영

04.01 주 베트남 한국군, 1단계 철수 완료

04.01 《대구경제신문》, 경영난으로 자진 폐간

04.03 KBS드라마 '여로' 방영 시작(출연:태현실·송승환 등)-211부작, 12.29. 종영

04.03 송신타워 '남산서울타워', 송신 개시-동아·문화·동양 등 3개 방송국 출자

04.05 북한, 일본 기자 17명에게 입북 허가

04.07 호남정유 여수공장 화재-9명 사망, 피해액 2억 원

04.09 한국은행, 1만 원권 새 지폐 발행 의결-석굴암 도안에 종교계 반발로 연기(1973.3)

04.10 히말라야 김정섭 원정대, 마나슬루(8,163m)서 조난-한국인 3명 등 15명 사망

04.14 북한, 김일성 생일 60주년을 맞아 2중 '공화국영웅' 칭호 수여

04.16 한 장상 골퍼, 제15회 한국오픈골프선수권대회에서 3연패

04.17 경인에너지(현 SK에너지) 준공(3만5천 배럴)-1972.6. 신당동 남신주유소 첫 개업

04.18 대일청구권 최종 집계-14만 건, 39억 원

04.22 지상파 TV에서 미스코리아 실황 중계 시작

04.25 이용복, '그 얼굴에 햇살을'(작사·작곡 김강섭) 발표

04.29 비공식적으로 남북직통전화 개통-8.26. 남북적십자본회담 앞서 개통

05.01 국토통일원 부설 통일연구소 개소

05.01 한국반공연맹 서울시지부, 5.16광장(현 여의도광장)서 '방첩 및 승공국민총궐기대회' 개최

05.02 중앙정보부장 이후락, 평양 극비 방문(~5.5)-5.29. 북한 박성철 부수상 서울 방문

05.11 국사교육강화위원회(위원장 이선근) 구성-중고등학교 '국사' 신설, 대학 교양 필수

05.11 초대 국무총리 이범석(1900~1972) 사망(5.17. 국민장)

05.14 애국선열동상건립위원회, 절두산 천주교 성당서 김대건 신부 입상 동상 제막

05.17 GM·포드 대한합작투자진출로 자동차 부품 국산화 목표-1974년 이후 부품 수입 금지

05.17 서울 조선호텔에서 18회 아시아영화제 개최(8개국 3백여 명 참가)-일본 영화 첫 공개

05.18 상업은행(현 우리은행) 민영화 발표

05.18 한국문화재보호협회(이사장 이선근) 발족-1980.4. 한국문화재재단 출범

05.23 대전 충무체육관 앞에서 '윤봉길 의사 동상' 제막식

05.23 대한항공, 서울↔여수 항로 첫 운항

05.27 프랑스 '책의 역사전'서 『직지심경』 처음 공개-세계 첫 금속활자사용국으로 공인

05.00 담배, '은하수' 시판, 150원(~1988.12.)

05.00 양희은, '이루어질 수 없는 사랑'(작사·작곡 김정선) 발표

06.01 육군 보안사령부, 군납부정 사건 관련자 장성 2명 등 8명 구속, 군법회의에 회부

06.07 지엠코리아자동차 GMK 설립-신진자동차와 GM이 50:50 합자

06.09 전기기관차 첫 시운전-증산역↔고한역, 10.07km

06.14 창경원 장서각에서 한말 외교문서 5책 발견

06.15 대한조선공사(현 한진중공업), 국내 첫 다목적화물선 '팬 코리아호'(1만8천톤급) 진수

06.15 정부미 외상 판매제 실시-정부미 판매 부진과 보관 해결 목적

06.16 남북적십자 예비회담-주소·생사 확인, 자유방문·상봉, 서신교환 등, 본회담 의제 확정

06.16 스포츠소년단 창단 및 제1회 전국스포츠소년대회(현 전국소년체육대회) 개막

06.19 경제기획원, 10만 달러 미만 투자의 인가 절차 간소화

06.21 6·25전쟁 당시 참전하였던 '주한 태국군', 22년 만에 철수 완료

06.28 역사자료·민속유물 보존 전시할 '한국역사민속박물관' 건립계획 발표-1975.4. 개관

06.30 경주에서 국내 최초로 신라 석탑 양식의 '마애 3층 석탑' 발견

06.30 규장각에서 『조선왕조실록』 낙장 558장, 『승정원일기』 4권 발견

06.30 쌍용양회, 영월공장 증설공사 준공

07.01 대한법률구조협회(현 대한법률구조공단) 설립-법률상담·소송대리 등 기본적 인권 보호

07.01 잠실대교(광진구 자양동↔송파구 신천동, 1280m) 개통(1970.10.~)

07.01 한국은행, 5천 원권 신지폐 발행-율곡 이이 초상

07.01 정미조, '개여울'(작사 소월, 작곡 이희목) 발표

07.04 〈7·4남북공동성명〉 발표, 자주·평화·민족대단결 통일 등 7개 항

07.04 포항종합제철, 중후판(두께 1~6㎜) 공장 준공

07.05 문공부, '북괴' 호칭, '북한'으로 변경 통고

07.05 문교부, 1973년부터 대학에 국사 교양과목 신설 및 중·고교 국사 독립 발표

07.08 문화재관리국, 백제시대 '귀면청동향로' 국보 145호로 지정

07.13 공화당 당무회의, 직속 기관으로 국토통일위원회 신설

07.13 김대중, 남북한 동시 유엔가입·남북 간 평화공존 등 통일 3단계 추진방안 제시

07.13 유럽거점간첩사건 김규남(전 공화당 국회의원) 사형 집행-2013.10. 무죄 선고

07.13 윤이상 대표작 '예악(禮樂)', 서울시민회관에서 국내 초연-1966.10. 독일에서 초연

07.16 장훈, 일본 프로야구 사상 9번째로 통산 1천 점 득점 타기록

07.16 1회 대통령배쟁탈전국남녀농구대회 개최-남자부(한국은행)·여자부(제일은행) 우승

07.20 조계종, 제4대 종정에 고암 스님 재추대-1988. 가야산 해인사에서 열반

07.28 유럽거점간첩사건 박노수·통혁당 사건 정태묵 등 사형 집행-2013.10. 무죄 선고

07.29 한국, 메르데카배 축구대회서 말레이시아를 2대 1로 누르고 우승

07.30 무더위로 아폴로 눈병 만연

07.31 한국 남자배구, 뮌헨올림픽 아시아 예선에서 북한 제압

07.00 크라운제과, '죠리퐁' 출시

08.01 독일 뮌헨서 윤이상 신작 오페라 '심청' 절찬 공연

08.01 마이크로버스 의암호 추락사고-25명 사망

08.03 〈경제안정과 성장에 관한 긴급명령〉 제15호-사채 동결 긴급재정명령[8·3조치]

08.03 문화재관리국, 국보 15호 안동 극락전, 국내 최고 목조 건물로 추정

08.05 서울 동대문구 전농동 '서울 대왕코너' 상가 화재-9명 사상, 피해액 3억 원

08.07 전국 1,616개 초중고교에 '새마을학교' 설치

08.09 문화공보부, '국기에 대한 맹세' 제정-전국의 각급학교에 시행

08.14 〈문화예술진흥법〉 제정-문화예술 지원, 전통문화예술 계승, 새로운 문화 창조

08.16 문교부, 중등학교 한문 교육용 '기초한자 1800자' 확정

08.16 북한산 비봉의 국보 제3호 신라 진흥왕순수비, 경복궁 근정전으로 이전

08.17 〈신용협동조합법〉 공포

08.25 건설부, 수도권 개발제한구역 확대

08.25 국립박물관, 덕수궁서 국립민속박물관(현) 자리로 이전 '국립중앙박물관' 개칭·개관

08.25 그린벨트, 대구권 지정

08.26 제20회 뮌헨올림픽 개막-한국 33위, 금0, 은1, 동0(~9.11)

08.30 제1차 남북적십자회담, 첫 본회담 평양에서 개최

08.30 체신부, 남북적십자 본회담 기념 우표 150만 장 발행

08.30 한국교육개발원 발족-정부 출연금으로 설립한 교육 연구기관

08.00 GM코리아, '레코드(RECORD) 1900' 출시-4기동 1900cc(~1985.12)

08.00 GM코리아, '시보레 CHV-1700'(~1978.10) 출시

08.00 시각장애인 강영우, 한국 장애인 최초로 정규 유학생으로 미국 파견

09.02 뮌헨올림픽에서 유도 중량급 오승립 선수, 최초의 은메달 획득

09.06 한국민속무용단, 영국 런던에서 공연-9.11. 프랑스 파리 샹젤리제 극장서 공연

09.09 경희대 류근철 교수, 침술 마취 수술 국내에서 처음 성공

09.09 국립국악고등학교(전 국악사양성소) 개교-중학교 과정 폐지

09.12 제2차 남북적십자회담, 서울에서 개최

09.14 제1회 한일축구정기대항전(일본 도쿄) 개최-2:2 무승부

09.15 한국-서사모아, 국교 수립

09.22 경제기획원, 〈새마을사업4개년계획〉 확정

09.26 서울 장충체육관에서 1회 KBS배쟁탈전국장사씨름대회 개최-김성률(경남OB) 장사 등극

09.27 제4회 한국전자전람회 개막-전자제품 205종 26,374점 출품, 칼라 TV도 첫선

09.30 채산성 악화로 영월탄광 폐광(1935~)

09.00 농심, '꿀꽈배기' 출시

10.01 문학사상사, 월간 문예지 《문학사상》 창간

10.03 포항종합제철, 열연공장 준공

10.05 서울 용두동 청계천변 판자촌에 화재-130여 채 소실, 이재민 1천여 명 발생

10.05 일본 학생, 광복 후 처음으로 한국에 수학여행

10.06 서울시 인구 600만 돌파

10.06 영화, '충녀'(감독:김기영, 배우:윤여정·남궁원) 개봉

10.06 제53회 전국체육대회 개최(서울)

10.10 문공부, 1972년 9월 말 현재 전국의 라디오 307만대, 텔레비전 81만대 발표

10.12 남북조절위원회 공동위원장 제1차 회담, 판문각

10.12 서울시, 전 유흥업소에 고고음악·춤 금지 지시

10.16 서울대 중앙도서관서 『고려왕조 등과록』 발견

10.17 〈10월 유신〉 발표, 국회 해산과 전국 비상계엄 실시

10.19 서울 종묘·동묘 자유시장에 화재-120점포 소실

10.20 〈문화예술진흥법〉에 따라 '문화의 날' 선포

10.23 제3차 남북적십자회담, 평양에서 개최

10.25 1만 8,500개 마을 선정, 집중적인 새마을 사업 전개 확정

10.27 〈10월 유신〉 헌법안 공고-3권 통제·임기 6년 간선제·중임제철폐·의원 1/3 대통령 지명

10.27 제11회 대종상영화제 시상-'의사 안중근'(감독:주동진, 연방영화) 수상

10.31 석유화학공장 합동 준공-울산 석유화학 8개 공장 건설

10.00 이청준, 『소문의 벽』(민음사) 출판

11.01 국민학교에 제1회 '자유학습의 날' 실시-주 1일에 취미·스포츠 활동 및 현장학습

11.01 서울 영등포에 대한주정판매주식회사 설립-발효주정을 전국적으로 도매

11.03 서울 능동 어린이대공원 착공

11.04 이후락·박성철, 남북조절위원회 구성·운영합의서 서명-11.11. 쌍방 비방 방송 중지

11.05 양희은, '아름다운 것들'(작사·작곡 방의경) 발표

11.09 한국문화재단 예술단 '리틀 엔젤스', 일본서 첫 공연

11.14 『사랑 손님과 어머니』 소설가 주요섭(1902~1972) 사망

11.19 제5차 한미안보협의회 개최-한국 공군력 증강, 전쟁억제력 제공 합의

11.20 1973학년도 대학입학예비고사 실시-예비고사 성적, 대학별 전형에 30% 반영

11.21 개헌 위한 〈유신헌법〉 국민투표 가결-투표율 91.09%, 찬성 91.5%

11.22 제4차 남북적십자회담(서울) 개최

11.23 남북적십자공동위원회와 남북적십자 판문점공동사업소 설치

11.24 원자력의 민간이용에 관한 '한미원자력협정' 조인-1973.3.19. 발효

11.24 이에리사, 여자탁구 첫 세계제패(제15회 오픈탁구선수권대회)

11.25 〈통일주체국민회의 대의원선거법〉 공포-대의원 수 2,000인~5,000인

11.28 외환은행, 보통예금 온라인 제도 실시

11.29 한국-요르단, 무역협정 체결

11.30 대한태권도협회 중앙도장, 재단법인 국기원 설립

11.30 남진, '님과 함께'(작곡 남국인, 작사 고향) 발표

11.00 정연희, 『일요일의 손님들』(삼성당) 출판

12.01 남북조절위원회 대표단 확정

12.01 제4회 아시아여자농구선수권대회에서 한국팀 우승

12.01 한국은행, 50원짜리 주화 발행

12.02 서울시민회관서 10대 가수 청백전 공연 중 화재-52명 사망, 시민회관 소실

12.07 제11회 아시아 탁구선수권대회에서 한국팀 종합 우승

12.10 경주박물관, 경북 문경군 봉암사 뒤 암벽서 보물급 마애보살좌상 발견

12.10 제2회 아시아청소년 농구선수권대회-한국 여자팀 1위 차지

12.11 철새보호구역 지정-설악산·지리산·낙동강 하류 등지

12.13 〈유신헌법〉 관련 비상계엄, 57일 만에 해제(10.17~)

12.15 초대 통일주체국민회의 대의원 선거 실시-초대 의장 박정희

12.15 최안순, '산까치야'(작사 이순석, 작곡 정주희) 발표

12.17 제1회 전국 남녀학생 애국시조경창대회 개최

12.18 한국-미국, 국제전화 반자동화 개통

12.19 한국 제2 유조선 시스타호(12만톤급), 오만 해상서 브라질 선박과 충돌·침몰

12.23 통일주체국민회의, 제8대 대통령 박정희 선출-재석 2,359표 중 2,357표 찬성(무효2)

12.23 만화영화, '괴수대전쟁'(감독 용유수) 개봉

12.25 리베리아 선적 화물선 '파크로버호' 강풍으로 조난-33명의 한국선원 전원 실종

12.25 북한, 주석제 신설-12.28. 김일성, 국가 주석에 선출

12.25 서울 종로 조계사 대웅전, 방화로 화재

12.25 제1차 남북조절위원회(평양) 개최(~12.28)

1972

12.26 기독교서회, 『그리스도교대사전』 간행

12.26 정부, 1973년부터 잡곡 혼합율 25%, 무미일 주 5일로 늘리기로 결정

12.27 박정희, 제8대 대통령 취임-임기 1972.12~1978.12(6년)

12.27 〈유신헌법〉 공포·시행(~1979.10.)

12.28 북한 최고인민회의 제5기 1차 회의, '사회주의 헌법' 채택

12.29 대한요식업중앙회, 무미일 없애고 혼식율 50%로 늘리기로 관계 당국에 건의

12.30 〈국회의원선거법〉·〈정당법〉 개정 공포-선거구당 2명의 국회의원 선출(중선구제)

12.00 농심, '감자깡' 출시

00.00 나훈아, '물레방아 도는데'(작사 정두수, 작곡 박춘석) 발표

00.00 문정선, '보리밭'(작사 박화목, 작곡 윤용하) 발표

00.00 신중현, '아름다운 강산'(작사·작곡 신중현) 발표-유신독재 헝거 의미

00.00 방주연, '기다리게 해놓고'(작사 박건호, 작곡 장욱조) 발표

▨▨▨▨▨▨▨▨▨▨▨▨▨▨

01.13 [미국] 닉슨 대통령, 5.1까지 주월 미군 7만 명 추가철수 발표

02.21 [미국] 닉슨 대통령, 중국 첫 방문

02.22 [동독] 서베를린 시민, 동독 방문 허가

03.02 [미국] 무인 우주탐사선 파이어니어 10호 발사-태양계 밖의 첫 번째 우주선

03.23 [프랑스] 패션 디자이너 발렌시아가(1895~1972) 사망

04.11 [이란] 대지진으로 4천 명 사망

04.16 [미국] 유인우주선(존 W.영, 토마스 K. 매팅리, 찰스 M.듀크) '아폴로 16호' 발사

04.16 [일본] 『설국』 소설가 가와바타 야스나리[川端康成](1899~1972) 자살

05.08 [미국] 닉슨 대통령, 북베트남 모든 항만에 기뢰봉쇄 선언

05.13 [일본] 오사카서 백화점 화재, 118명 사망

05.15 [미국] 27년 만에 오키나와를 일본에 반환

05.20 [미국] 닉슨 대통령, 방소 등정

06.01 [이라크] 석유국유화 발표

06.05 [국제] 제1차 UN 인간환경회의 스톡홀름서 개막

06.08 [베트남] 소녀 킴 푹(당시 9세), 미군의 살을 태우는 '네이팜탄'에 전신 3도 화상

06.17 [미국] 닉슨 대통령의 민주당 도청 사건(워터게이트 사건), 정가 강타

07.08 [팔레스타인] 『태양 속의 남자들』 소설가 가산 카나파니(1936~1972) 사망

07.22 [국제] 유럽 자유무역권 형성

07.22 [소련] 무인 탐색선 비너스 8호, 금성 착륙

07.23 [미국] 최초의 실험용 지구자원탐사위성 랜드새트 1호 발사

09.29 [일본-중국] 양국 간 국교 정상화

10.03 [국제] 미국과 소련이 체결한 전략무기제한협정(SALT 1) 발효

10.05 [미국] 산업디자이너 헨리 드라이푸스(1904~1972) 사망

10.14 [미국-소련] 양국 간 해운협정 조인

10.30 [국제] 미국-소련이 체결한 탄도탄 요격 미사일 조약(ABM) 발효

11.07 [미국] 닉슨, 제37대 대통령에 재선

12.11 [미국] 마지막 달 탐사 유인우주선 아폴로 17호 발사

12.21 [동독-서독] 동베를린서 동·서 독일의 관계정상화를 위한 조약 체결

12.23 [니카라과] 지진 발생, 수천 명 사망

1973 계축(癸丑) 단기4306 박정희13
닉슨/마오쩌둥/다나카/브레즈네프

01.05 김종필 총리, 트루먼 추도식 참석 후 닉슨 대통령과 회담(워싱턴)

01.11 김종필 총리, 미국에서 귀국 중 도쿄서 다나카 일본 총리와 회담

01.12 공업진흥청 신설-공산품검사기관 지도, 불법·불량 공산품 유통 단속

01.22 문교부, 〈10월 유신〉 반영한 초·중·고의 사회·반공·국사 교과서 개편 결정

01.24 박정희 대통령, 전 베트남 파병부대 즉각 철수 지시

01.25 진도 앞바다에서 여객선 한성호 침몰-사망·실종 61명

01.27 민주통일당(대표 양일동) 창당-1980.10. 해산

01.27 아시아개발은행-정부, 상수도·취수장 시설을 위한 차관협정 비준 공포

01.29 비상국무회의, 〈농수산물도매시장법〉 확정-도매시장 감독 강화, 1도 1시장제 원칙

01.30 군복 군용장구 단속법 제정(5.1 발효)-군복·군용장구 불법 유출·제조판매 금지

01.30 베트남 파병부대 귀국 선발대, 수원 기지에 첫 개선

02.00 제3차 교육과정 시작(~1981.12.)-중·고등학교 국사 교과서 '국정' 전환

02.00 한국과학기술연구원, 한국 최초의 디지털 컴퓨터 '세종 1호' 완성(1972.6.~)

02.01 사법부, 시행 19년 만에 〈구속적부심제도〉 폐지-1980.8. 부활

02.02 국세청, 비위신고처리센터 설치 운영

02.03 베트남 파병, 맹호부대 1진 귀국

02.03 기획원 내에 '공산품원가심의위원회' 설치-원가절감을 통한 공산품 가격 인하

02.06 농수산물도매시장 업무, 상공부에서 농림부로 이관

02.08 〈모자보건법〉 공포(5.10. 발효)-모성 및 유아의 건강 증진 목적

02.10 새 필터담배, '비둘기'(~1975.12), '새마을' 발매

02.11 〈개발도상국 간의 무역협상에 관한 의정서〉 한국 가입

02.12 중학 무시험 진학 배정, 전국서 일제히 추첨

02.15 〈농어촌통신망 건설계획〉 발표-도서 무선시설 30개 섬, 교환전화 120개면 등

02.17 한국원자력연구소 발족-원자력연구소·방사선의학연구소·방사선농학연구소 통합

02.21 주택공사, 미 경제협조처 차관 도입, 반포아파트 건립 결정-1973.3. 창공

02.23 베트남 파병, 백마부대 본대 귀국

02.24 1백 명 이상 고용업체, 복지시설 의무화

02.24 국기원, 통일형 품새 보급을 위해 『태권도교본』 발간

02.24 서울-부산 간 첫 우편 전용열차 등장

02.27 제9대 국회의원 총선거-공화당 73명, 신민당 52명, 민주통일당 2명, 무소속 19명

02.28 강원도 태백선의 국내 최장 터널, 정암터널(4,505m) 관통(1969.8.~)

02.28 1974년도 고교입시 무시험제도, 학군제·연합고사 실시 발표-서울·부산에서 우선 실시

03.01 60년 만에 행정구역 대규모 개편(7.1 시행)-3개읍 '시'로, 33개면 '읍'으로 승격

03.01 생산자 가격표시제 실시-설탕·비누·고무신 등 생필품, TV·기성복 등 소비재 25개 품목

03.03 농림부, '농수산부'로 개칭

03.03 한국방송공사(구 서울중앙방송) KBS 창립

03.04 일요일 우편 배달제 폐지-1억 원의 예산 절감

03.04 제주 우도에 무장간첩 출현-해조 건조장 경비원 1명 사살 후 도주

03.04 마산 부림시장 화재-피해액 5억 원

03.05 그린벨트 제주권 지정

03.05 박정희 대통령, 통일주체국민회의서 선출하는 국회의원(임기 3년) 73명 지명

232

03.06 제10회 청룡영화상 시상식-최우수작품상 '3일 천하 김옥균'(감독 신상옥)

03.10 유신정우회(회장 백두진) 창립-통일주체국민회의서 선출된 국회의원 원내교섭단체

03.11 북제주 빌레동굴에서 3천여 년 전 추정되는 원시인 생활터 발견

03.12 제9대 국회 개원

03.13 〈노동3법〉(노동쟁의법·노동위원회법·노동조합법) 개정 공포-노동운동 탄압

03.14 남북조절위원회 공동위원장(이후락·김영주), 제2차 회담 개최(서울)

03.14 제6대 대법원장 민복기 임명(~1978.12)

03.20 국무회의, 정부 각 부처에 대변인제 설치 의결

03.20 베트남 파병 국군 개선 환영식

03.20 영산강 유역서 BC 2세기 반월도 등 선사 유물 대량 발견

03.20 제1회 상공의 날 기념식 개최-공장새마을전진대회, 공로자 상공인 선발·포상

03.20 제5차 남북적십자회담, 평양에서 개최

03.22 국사편찬위원회, 『여지도서』 전질 55책 발견

03.27 비엔나 필하모닉 교향악단, 내한공연

03.28 한국문화예술진흥원 발족-민족문화 계승·발전, 문화예술 연구·창작·보급활동 지원

03.00 물가안정에 관한 법률 제정-주요물자 최고가격 지정, 매점·매석 단속

04.01 서울 명동 천주교회에서 한국 천주교회 첫 야외 미사

04.01 지방세의 기간인 〈주민세〉 신설-개인·법인 소득에 과세

04.03 영화진흥공사 창립-불황의 늪에 빠진 한국 영화 지원

04.05 농협중앙회, 새마을사업 지원 결정

04.05 제32회 세계탁구선수권대회에서 한국 여자단체 1위

04.06 경주서 기마도 발굴 시작

04.06 정부, 81개 업체 73명의 반사회적 기업인 명단 발표-5년간 금융지원 중단, 세금조사

04.10 여자탁구단, 제32회 세계탁구선수권대회(유고 사라예보) 단체전에서 첫 우승-8전 8승

04.17 '한국미술 2000년전' 개최(경복궁 안 박물관)-25만 명 관람

04.20 만 20살 이상의 '성년의 날' 제정-1975. '5.16'일로 변경

04.28 군부의 권력 스캔들, 윤필용(전 수도경비사령관) 사건 발생

04.29 서양화가 김용기, 파리 르살롱미술전 금상 획득

04.29 야구 국가대표팀, 제10회 아시아야구대회서 첫 승리(마닐라)

1973

04.30 운영난으로 ≪동화통신≫ 자진 폐간

05.00 극립극장, 국립발레단·국립합창단 창단

05.00 담배, '비둘기' 시판, 80원

05.04 9개 지역, 지방공업개발장려지구 지정-춘천·원주·청주·대전·전주·익산·광주·목포

05.05 서울 광진구 능동 서울어린이대공원(59만3,036㎡) 개원

05.07 문화재관리국, 선사시대 암각화 울주 천전리 석각 국보 147호로 지정

05.08 '어버이날' 첫 행사

05.08 제6차 남북적십자회담(서울) 개최

05.11 육상연맹, 제1회 서울아시아친선육상경기대회 개최-10개국 참가, 한국 1위

05.15 수재의연금 횡령 사건으로 ≪대한일보≫ 폐간

05.16 KAL 점보 1호기 '비약호', 미주노선 첫 취항

05.16 서울시경, 장발족 집중단속-이틀 만에 985명 즉결심판 회부

05.17 〈가정의례준칙〉 제정(6.1 시행)-허례허식을 없애고 의식절차 간소화

05.17 북한, 세계보건기구(WHO)에 가입

05.18 보사부·문교부, 1974년부터 여고 교과서에 가족계획 교육 내용 수록 합의

05.23 대법원, 공해에 첫 배상 판결-영남화학에 320만 원 지급 판결

05.24 '중화학공업건설' 확정·발표-철강·화학·비철금속·기계·조선·전자 등 6개 부문

05.25 국기원, 제1회 세계태권도선수권대회 개최-17개국 20개 팀 161명 참가

05.25 부산지방항만관리청 발족

05.26 서울위생병원 간호학교, 고교생 흡연 실태 조사-26.5% 흡연

05.27 소련, 한국인에 첫 입국 허가

05.28 세계태권도연맹(총재 김운용) 결성-17개 국 35명의 대표들 참석

05.28 월드컵축구, 아시아지역 A조 예선에서 한국 우승

05.31 대전 국군통합병원 준공

06.01 경제기획원, 〈물가안정법〉 제정 이후, 서울과 부산에서 첫 가격표시제 실시

06.01 재정난으로 ≪호남매일≫ 폐간(1965.1.~)

06.02 부산서 국내 건조 최대 유조선 '코리아 갤럭시호'(2만톤급) 진수

06.03 제9대 1기 국회의장 정일권 피선

06.04 MBC라디오, '싱글벙글쇼' 첫 방송

234

06.06 '창원기계공업단지' 조성(125만 평)-중화학공업의 시책의 일환

06.08 포항종합제철, 제선공장 준공식 및 용광로 입광식 개최

06.10 북한, 휴전선서 대남방송 재개

06.12 경주박물관, 경주 황남동고분 발굴

06.12 제3차 남북조절위원회 개최(서울)

06.12 한국은행, 1만 원권 새 지폐 발행-세종대왕 도안

06.18 일본 한국산업장기개발계획조사단 한국 방문

06.19 '경주법주' 첫선-쌀 70%, 찹쌀 30%, 오미자·구기자 등 약제 배합

06.19 리처드 스틸웰, 주한미8군사령관 임명

06.20 중앙선(청량리-제천) 전철 개통

06.22 우리나라 최초의 현수교 남해대교(경남 남해↔하동, 600m) 개통(1968.5.~)

06.23 6.23평화통일선언외교정책선언 발표-공산권에의 문호개방, 남북한동시 유엔가입 등

06.23 제2회 한일축구 정기전에서 한국 승리

06.25 한미경제협의회(KUSEC) 발족-양국 간 경제의 상호이해와 경제교류증진 도모

06.27 그린벨트 지정-대전·울산·마산·창원-진해·춘천·청주·전주·진주·통영권

07.01 경기도 용인시에 제3군사령부 창설-경기도와 수도권 방어 목적

07.01 국세청, 〈주류관리규정〉 제정-각종 주류의 질 개선, 주류업체 기업성 확보

07.01 덕수궁 국립현대미술관 개관

07.01 주류업체통폐합 실시-탁주:2226개→1500개, 청주 20개→6개, 희석식소주:68개→15개

07.03 불국사 복원(1969.6.~)

07.03 포항종합제철 제1기 설비 준공-10개 단위공장과 12개 부대시설(1984.5.~)

07.03 경주 '화랑의 집' 준공-화랑의 얼을 청소년들에게 심어주기 위한 수련장

07.06 1974학년도 고등학교 전형요강 확정-전·후기 분할모집, 전기 실업계 등, 후기 인문계

07.09 제1회 보도사진전, 금상 박태홍(한국일보) '기적의 소녀'-시민회관 화재 당시 생존자

07.10 제7차 남북적십자회담 개최(평양)

07.11 천마총 유물 출토 시작-7.13. 천마총에서 신라 금관 발견

07.15 서울광화문전화국 등 5개 전화국, 7만여 대의 전화 자동화

07.18 조선공사-미국 수출입은행, 거제도 옥포조선소 건설 차관협정 체결

07.21 보사부, 탁아소 어린이에게 무료 급식 실시

1973

07.26 재무부, 신용보증평가기준제 마련

07.27 경제기획원, 상환기간 10년 미만의 중단기 사업차관 불인가 결정

08.01 말레이시아 육상연맹선수권대회 여자 투포환에서 백옥자 선수 1위(14m84)

08.05 부산 영도구 동삼동 패총에서 2천 년 전 추정 남자인골 발견

08.08 김대중 납치사건, 일본 도쿄서 '구국동맹행동대원' 5명에게 피랍

08.10 국립현대미술관에서 피카소특별전

08.13 경제기획원, 외국인투자 및 중화학공업 차관도입 지침 마련

08.13 김대중, 납치 후 5일 만에 서울 동교동 자택으로 귀환

08.23 경주 155호 고분서 천마도 발견

08.24 정부, 김대중납치사건 보도기사 취소 불응한 ≪요미우리신문≫ 서울지국 폐쇄

08.24 한국-핀란드, 국교 수립

08.28 남북조절위원회 평양 측, 남북대화 중단 선언

09.01 ≪경기매일신문≫·≪경기일보≫·≪연합신문≫ 3사 통합, ≪경기신문≫ 창간

09.01 지폐 500원 권 첫선, 은행서 무제한 방출-거북선 도안

09.05 북한, 평양지하철 개통-지하 120m, 길이 35㎞

09.14 국무회의, 〈국군조직법〉 개정안 의결-해병대 해체

09.15 녹십자사, 혈우병 치료제 항혈우병인자(AMF) 국내 생산, 환자 평생무료 공급 결정

09.22 실업고등전문학교, 2년제로 개편

09.25 서울서 제3차 세계침구학술회의 개최-27개국 700여 명 참가

09.00 최인호, 『별들의 고향』(예문관) 출판

10.02 서울 문리대에서 유신헌법 선포 이후 최초의 학생 시위 발생-20명 구속

10.04 서울시, 영동·잠실지구 신시가지 개발 계획 발표

10.05 구미전자공업단지 준공

10.05 흥선대원군 한글 친필, 1백여 년 만에 ≪문학사상≫에 공개

10.10 해병대, 대한민국 해군에 통합

10.11 거제도 옥포조선소 착공(~1981.10.)

10.11 대한민국 문화예술진흥원 개원

10.11 화재로 전소된 서울시민회관(현 세종문화회관) 착공(~1978.4)

10.12 제54회 전국체육대회 개최(부산)

236

10.15 소양강다목적댐 준공-높이 123m, 제방 530m, 총저수량 29억톤, 시설발전용량 20만kW(1967.4~)

10.17 명동 시공관 국립극장, 장충동으로 이전 개관(1967.10.~)

10.17 익산수출자유지역 및 군산외항 건설 착공

10.17 중동전쟁 발발-석유전쟁으로 비화, 제1차 석유파동

10.19 간첩혐의 구속된 서울법대 최종길(1931~1973) 교수, 중앙정보부 건물 앞 사체로 발견

10.20 제12회 대종상영화제 시상-'홍의장군'(감독:이두용, 합동영화) 수상

10.25 중앙정보부, 유럽거점 대규모 간첩단 적발하여 3명 구속

10.31 제1회 대한민국 방송상 시상-대통령상 KBS '우리들의 새노래'

11.02 김종필 총리 방일, 다나카 일본 총리와 회담-김대중 사건에 유감 표명

11.04 충북 단양 고수동굴에서 동양 최초로 동굴벽화 발견

11.09 도산공원 개원

11.11 동학혁명군 위령탑, 공주읍 금학동 우금치 고개서 제막식

11.14 남해고속도로 전 구간(전남 영암↔부산 덕천2동, 169.3㎞) 개통(1972.1.~)

11.14 호남고속도로 전 구간(충남 목천↔전남 순천, 195.2㎞) 개통(1970.4.~)

11.15 유신체제 반대 투쟁, 경북대 시위를 계기로 전국 확산

11.16 1974학년도 대학입학예비고사 실시

11.19 SOFA(주한미군행협위), 미 군표 사용 중지 발표

11.28 울산에 현대조선중공업 설립

11.30 한일합섬(현 동양메이저 한일합섬), 1억 달러탑 수여

12.01 국회, 〈국민연금법〉·〈국민복지연금특별회계법〉 제정

12.10 북한함정 서해 대청도 부근에 계속 출몰, 긴장 상태 조성

12.15 정부, 이스라엘의 점령지 철수 등 4개 항의 친 아랍성명 발표

12.17 영남·동해화력발전소 통합, 울산화력발전소 출범

12.18 한국-방글라데시, 국교 수립

12.19 김종필 총리, 경제단체초청 간담회서 유신체제에 대한 도전 불용 언명

12.24 장준하 등 개헌청원 1백만인 서명운동 전개

11.07 〈국민복지연금법(현 국민연금법)〉 제정-노령·폐질 또는 사망에 연금급여 지급(1988.1. 시행)

12.29 박정희 대통령, 개헌 운동 즉각 중지 담화문 발표

12.31 한국-아프가니스탄, 국교 수립

1973

12.00 농심, '고구마깡' 출시

00.00 패티김, '이별'(작사·작곡 길옥윤) 발표

00.00 이장희, '그건 너'(작사·작곡 이장희) 발표

00.00 이은하, '최진사댁 셋째 딸'(작사·작곡 전우종) 발표

▨▨▨▨▨▨▨▨▨▨▨▨

01.01 [영국·에이레·덴마크], 유럽공동체 EC에 가맹

01.22 [미국] 제36대 대통령, 존슨(1908~1973) 사망

01.22 [미국] 조지 포먼, 세계 헤비급타이틀전서 조 프레이저 누르고 KO승

01.27 [베트남] 베트남전 종식을 위한 '파리평화협정' 조인

02.21 [이스라엘] 전투기, 리비아 여객기 격추 1백여 명 사망

02.22 [미국-중국] 공동성명, 북경-워싱턴에 연락사무소 설치 합의

03.06 [미국] 『대지』 소설가 펄 벅(1892~1973) 사망

04.06 [미국] 태양계 탐사선, 파이오니어 11호 발사

04.08 [프랑스] '아비뇽의 처녀들' 화가 피카소(1881~1973) 사망

05.14 [미국] 첫 우주정거장 스카이랩 1호 발사

05.14 [미국-일본] 워싱턴-도쿄 간 하틀라인(비상전화선) 개통

06.03 [소련] 초음속항공기(TU144), 파리에 추락

06.05 [국제] 유엔환경계획(UNEP), 제1회 세계환경의 날 개최

07.20 [중국] 브루스 리(이소룡)(1940~1973) 사망

08.01 [동독] 제2차 세계대전 후 최고 실력자 울브리히트(1893~1973) 사망

09.16 [미국] 34세 여인, 6쌍 동이 제왕절개 후 분만

09.18 [동서독] 양 서독 유엔 동시 가입

09.23 [영국] 서머힐 학교를 창립한 교육자 알렉산더 닐(1883~1973) 사망

10.02 [핀란드] 1920·1924·1928년 올림픽서 6개 금메달, 육상선수 누르미(1895~1973) 사망

10.06 [국제] 제4차 중동전쟁(아랍-이스라엘 분쟁) 발발

10.06 [인도] 원자폭탄 실험

10.14 [태국] 반정부 학생데모로 4백명 사상, 타놈내각 총사직

10.23 [스페인] 첼리스트 파블로 카살스(1876~1973) 사망

10.24 [이집트-시리아-이스라엘] 3국간 간의 '10월 전쟁'(중동전쟁) 종결

238

10.25 [에티오피아] 세계적 마라톤 선수, 맨발의 아베베(1932~1973) 사망

10.28 [이집트] 현대 아랍 소설의 초석을 다진 소설가 타하 후세인(1889~1973) 사망

11.10 [국제] 자카르타서 제1회 신생국경기대회 개최

12.03 [미국] 파이오니어 10호, 최초로 목성 탐사

12.28 [소련] 솔제니친 소설『수용소 군도』출간

1974 갑인(甲寅) 단기4307 박정희14
닉슨·포드/마오쩌둥/다나카·미키/브레즈네프

01.01 영화, '증언'(감독:임권택, 배우:신일룡·김창숙·김희라) 개봉

01.08 대통령긴급조치 1호(헌법논의금지), 2호(비상군법회의 설치) 선포

01.11 서울시내 특급호텔, 외국인 상대의 매춘 여성 출입 금지 자체 정화 캠페인 결의

01.13 내외문제연구소 부설기관 '내외통신'(현 연합뉴스) 설치-북한 뉴스·연구자료 공급

01.13 비상보통군법회의 검찰부, 긴급조치 1호 위반 혐의로 장준하·백기완 구속

01.14 대통령긴급조치 3호(국민생활안정을 위한 조치) 선포

01.15 강원도 태백의 황지탄광 광부 12명 매몰-16일만에 시신 16구 모두 발굴

01.17 아나키스트 박열(1902~1974) 사망

01.18 박정희 대통령, '남북한 불가침 협정체결'을 북한에 제의

01.18 한국영상자료원 창립

01.19 한국-사우디아라비아, 경제 및 기술협력협정 체결

01.21 한국-독일, 비자면제협정 체결

01.23 구미공단 내 윤성방적 전소-피해액 150억 원

01.24 다나카 일본 총리, 일제시대에 김 재배법과 의무교육제 등 일본 공헌 망언

01.28 대구에서 전기 고교 입시 부정 사건 발생-경북 학무국장 등 15명 직위 해직

01.30 〈한일대륙붕협정〉 체결(1978.6.22 발효)-대륙붕의 석유·천연가스 공동 개발

02.01 금록통상 대표 박영복, 8개 은행에서 74억 원 부정 대출

02.01 산업기지개발공사(현 한국수자원개발공사) 발족

02.01 '국민투자기금' 설치-중화학공업 등 중요산업에 대한 자금공급 목적

02.04 문공부, 헌법 긴급조치 비난한 일본 아사히 신문 수입허가 취소

02.15 북한함, 백령도 서쪽 공해서 우리 어선에 포격-1척 납북, 1척 침몰

02.22 농업진흥청, 볍씨 이리 327호 육종에 성공

02.22 여자탁구(정현숙), 제27회 서독국제오픈탁구대회에서 우승

02.22 충무 앞바다에서 해군 예인정 YTL함 조타술 미숙 등으로 전복-157명 순직

02.28 방송통신대학교 제1회 졸업식 거행

03.05 소비자가격표시제 실시-설탕·세탁비누·합성세제·볼펜·크레파스·TV·냉장고·전화기 등

03.09 쌍용양회, 방글라데시에 시멘트 1만5천 톤 처음 수출

03.15 고려조선주식회사(삼성조선 전신) 설립

03.15 중앙정보부, 통혁당재건사건과 관련 전영관·김용득 등 47명 검거 발표

03.19 경남 창원에서 성산패총 발굴

03.22 충남 대덕연구학원도시 마스터플랜 8년 계획 최종 확정-4월 착공

03.23 북한, 미국에 4개 항 평화협정 제의-상대방 침범하지 않고 무력 충돌 위험성 제거

03.23 서울·부산에 방송통신고등학교 개교

03.24 문흥주, 제45회 동아마라톤 대회에서 한국 신기록(2시간16분15초) 수립

03.27 산업기지개발지역 6개 지역 확정-창원·온산·여천·옥포·죽도·안정, 총 3천30만 평

03.28 동해고속도로(강릉~동해)·영동고속도로(새말~강릉, 97㎞) 공사 착공(~1975.10)

03.28 한국-오만, 국교 수립

03.30 미 뉴욕서 '양반전' 등, 우리나라 고전극 첫 공연

03.00 경북대·서강대·연세대 등에서 구국 선언

03.00 황석영, 첫 창작집 『객지』(창작과비평사) 출판

04.01 담배, 연초가루 담배 '학' 10원 시판

04.01 담배, '남대문' 50원(~1978.12.) 시판

04.01 담배, '개나리' 80원(~1979.07) 시판

04.01 담배, '환희' 80원((~1988.12) 시판

04.01 담배, '단오' 100원(~1976.3.) 시판

04.01 담배, '한산도' 150원(~1988.12) 시판

04.03 대통령긴급조치 4호 발표-민청학련 관련 활동금지, 학생들의 집단행동 금지 등

04.03 이화여대서 '전국민주청년학생총연맹(민청학련) 명의의 '민중·민족·민주선언' 발표

04.04 신진지프자동차공업(주)(현 쌍용자동차) 설립

04.08 마산 성산패총지에서 한국 최초 동심원안 십자방위무늬 토기 등 20여 점 발견

04.11 지하철 요금 결정-기본요금 30원

04.13 북한, '인민문화궁전' 준공-700석·3,000석 회의실, 연회장·영화관·기자회견실 등

04.16 국립박물관, 서울 암사동에서 5천 년 전의 신석기시대 취락지 발굴

04.18 한국-카타르, 국교 수립

04.25 중앙정보부, 긴급조치 4호·국가보안법 위반자 240명 체포

04.26 영화, '별들의 고향'(감독:이장호, 배우:안인숙·신성일 등) 개봉

04.28 전 신민당 총재 유진산(1905~1974) 사망

04.29 장서각에서 임진왜란 당시 의병장 조정의 일기 『임란일기』 발견

05.01 바그너 오페라, '방랑하는 화린인'(출연:오현명) 국립극장서 한국 초연

05.02 강원도 오대산 상원사에서 고려 초 다층석탑 발견

05.03 매일경제, 제1회 한국광고인 대상 시상-이종배(한독약품 광고부장) 수상

05.04 미국체육회, 태권도를 정식종목으로 채택

05.10 한국낙농유업, 국제개발협회 차관으로 매일유업 평택 유가공 공장 준공

05.10 동양 최대 인천항 갑문 도크(월미도↔소월미도) 준공-5만톤급 입항 가능(1966~)

05.12 체신부, 서울-대구 및 서울-안양 자동전화 개통

05.14 독립운동가·민의원 장건상(1882~1974) 사망

05.15 〈한미원자력협정〉 개정(1974.6. 발효)-동력용·원자로 건설, 평화적 이용·개발 가능

05.15 한국-네팔, 국교 수립

05.17 한독재정차관협정 조인-3,500만 마르크 차관 제공

05.18 보사부, 폐수방출 업체에 시설 개선령 시달

05.20 한국-사우디아라비아, 경제기술 협력협정 체결

05.22 남양아산방조제(평택 포승면↔화성 우정면, 2060m) 준공(1971.3.~)-농지 확보

05.24 팔당댐 수력발전소(80만kW) 준공(1966.6~)

05.27 비상군법회의 검찰부, 인혁당 재건위 관련자 기소(제2차 인혁당 사건)

05.29 북한, 만국우편연합(UPU) 가입

05.00 제1회 만해문학상, 신경림의 『농무』 수상

06.01 대한적십자사 중앙혈액원, '헌혈의 집'을 서울 명동에 첫 개관

06.01 담배, '명승' 시판, 50원(~1979.7.)

06.03 동아일보 주최, 유관순기념관서 정명훈 초청 피아노독주회 개최

06.05 리영희, 『전환시대의 논리』(창작과비평사) 출판

06.11 경북 안동군 봉정사에서 조선초 벽화 『영산회도』 발견

06.11 한국여성문화생활회 창립

06.20 태백선(제천~고한) 80.1㎞ 전철화 개통

06.24 한국부인회, 부정외래품배격촉진대회 개최

06.28 현대조선소서 국내 최초의 대형유조선 '어틀랜틱 배론'(26만 톤) 명명식 거행

06.30 세계 최초의 경주고분공원 조성 완료(전체 3만8천여 평)-고분 총 18기, 산책로 1600m

06.30 제5회 아시아여자농구대회서 한국 2연패 달성, 세계선수권대회 출전권 획득

07.01 담배, '샘'(~1987.3) 시판

07.01 담배, '수정' 150원(~1978.3) 시판

07.01 담배, '태양' 200원(~1989.9) 시판

07.01 담배, '거북선'(~1989.3) 시판

07.02 정명훈, 제5회 차이콥스키 콩쿠르에서 준우승(피아노부문) 수상

07.04 '엄마 나 챔피언 먹었어' 유행어 만든 홍수환, WBA 밴텀급 세계챔피언 획득

07.06 시인 신석정(107~1974) 사망

07.10 비상보통군법회의, 인민혁명당 8명 사형 선고-1975.4.9. 집행-2007.1. 무죄 선고

07.11 문교부, 중고 교과서의 한자 병용 발표

07.13 계엄사 군법회의, 민청학련 관련자 사형(7명)·무기징역(9명) 선고(2차 인혁당사건)

07.16 계엄사 군법회의, 윤보선 전 대통령, 민청학련 관련 혐의로 기소

07.16 계엄사 군법회의, 지학순 주교, 내란 선동 및 긴급조치 제1·4호 위반으로 기소

07.17 수도권 1호선 전철(청량리~서울역) 시운전

07.19 서울·부산·대구·대전·광주, 연탄구매카드제 실시(배급제)-연탄업자의 횡포·폭리 방지

07.20 사형선고된 민청학련 이철·유인태·나병식·김병곤·김지하 등 무기로 감형

07.20 석탄 수요 증가에 따른 '중앙연료대책위원회' 발족-원동연료 비상대책

07.21 조계종, 제5대 종정 백양사 조실 이서옹 스님 추대

07.24 《경향신문》, MBC에 흡수 통합

08.09 피카소특별전, 덕수궁에서 개막

08.10 이장희, '나 그대에게 모두 드리리'(작사·작곡 이장희) 발표

08.12 계엄사 군법회의, 지학순 교주에 징역 15년, 자격정지 15년 선고

08.13 미국 상원외교위원회, 대한군사원조 12,295만 달러 승인-미 행정부 요구안 반감

08.14 북한, 대민족회의 제의

08.14 정부, 김대중 특수 체포·감금 사건 관련 수사 중지를 일본에 정식 통고

08.15 경부선 '새마을호' 운행 개시-1969. '관광호' 개명, 2018.4. 퇴역

08.15 광복절 식장에서 육영수(1925~1974) 여사, 피격 사망-재일교포 문세광(23세) 저격 논란

08.15 서울 지하철 1호선 개통(서울역~청량리역)

08.21 대통령 저격 사건에 박종규 대통령 경호실장 사표-후임에 차지철 임명

08.22 신민당 임시 전당대회, 총재에 김영삼 당선

08.23 긴급조치 1호, 4호 해제

08.29 〈사채신용보증제도〉 발표-건전한 기업 자금조달 원활화 목적

09.01 제7회 아시아 테헤란대회 개막-한국 4위, 금16·은26·동15

09.02 원신희, 제7회 아시아 테헤란대회 역도에서 금메달 3개 획득

09.03 월간 ≪문학사상≫, 민비 친필 한글 편지 10통을 80년 만에 공개

09.05 한국 여자테니스팀, 아시아 테헤란대회 단체전서 금메달 획득

09.07 조오련, 아시아 테헤란대회 수영 자유형(1500m)서 아시아신기록으로 금메달

09.08 김정호, '이름 모를 소녀'(작사·작곡 김정호) 발표

09.13 과학기술처 산하에 국립천문대(현재 한국천문연구원) 발족

09.16 검찰, 밀수 보석거래 상류층 부인 35명 기소

09.16 북한, 국제원자력기구(IAEA) 가입

09.18 현대조선 울산공장종업원 2,500여 명, 도급제 반대 시위

09.21 강원도 평창군 용평에 '이승복 기념탑' 제막

09.23 민주수호국민협의회(대표: 함석헌·김재준·천관우), 유신규탄 성명

09.26 '천주교정의구현전국사제단' 결성-지학순 주교가 체포 후 젊은 사제들이 주도

09.28 서울 성동구 석촌동 속칭 '말 무덤'서 고구려 양식의 적석총 발견

09.00 아시아핸드볼연맹, 테헤란 아시안게임기간 중 결성-중공·북한·파키스탄 등 주도

10.01 신민당, 학원탄압중지요구(10개 대학 휴교) 성명

10.03 경기도 용인군 기흥면에 민속촌 개관(20만 평)(1973.8~)

10.08 제55회 전국체육대회 개최(서울)

10.14 경성합성세제, '연성세제'로 전환 결정-환경 오염 문제-1980.11. 가정용 생산 중단

09.16 제7회 아시아 테헤란대회 폐막, 한국 4위(금 16, 은 26, 동 15)

10.18 세계체조선수권대회에 한국팀 첫 출전(불가리아)

10.22 제13회 대종상영화제 시상-'토지'(감독:김수용, 우성사) 수상

10.24 동아일보 기자들, 〈자유언론실천선언〉 발표-12월 중순부터 광고 해약 속출

10.25 한국기자협회, 언론자유수호선언 지지성명 발표-기자, 방송제작사 직원 대부분 해고

10.26 극작가 겸 연출가 박진(1905~1974, 본명 박승진) 사망

10.30 유기춘 문교부 장관, 계고장 받은 대학에 학사 개입·휴업령 언명

10.30 현대자동차 '포니 1', 제55회 토리노 모터쇼에 첫선

10.00 기아자동차, 마쓰다자동차 파밀리아의 차체 이용 '부리사(BRISA)' 출시-픽업 트럭

10.00 제1회 한국문학작가상, 고은의 『산골이야기』 수상

11.01 국립지원 발족(현 국토지리정보원)-지도 제작업무 일원화(1958.4. 지리연구소 설립)

11.02 문교부, 박정희 대통령 퇴진 요구 데모한 성균관대 학생들 제적 지시

11.03 서울 청량리 대왕코너 6층 브라운호텔에서 화재-투숙객 88명 사망

11.09 김종필 총리, 외국인 교역자의 '반정부 선동'에 '범법행위' 추방 운운

11.12 고려대 '검은 10월단 사건' 구속자 가족 50명, 대법원의 상고기각에 단식농성

11.13 1975학년도 대학입학예비고사 실시

11.15 경기도 연천 고랑포서 북한군 '제1 땅굴' 발견

11.18 고은·신경림·염무웅·황석영 등, 자유실천문인협의회(민족문학작가회 전신) 결성

11.22 박정희 대통령, 방한한 포드 미국 대통령과 정상회담-주한미군 철수 중단

11.23 영화 배우 김지미, 파나마 국제영화제서 여우주연상 수상

11.26 오리온 '초코파이' 첫 출시

11.30 북한, 11차 남북조절위원회(1975.5.30. 개최 예정) 무기 연기 통고-대화 완전 단절

12.01 담배, '하루방' 시판, 1천 원

12.02 국립중앙도서관, 남산의 전 어린이회관으로 이전 개관

12.05 신민당 소속 의원 55명, 국회서 '민주회복을 위한 개헌' 주장-무기 농성 돌입

12.07 경제특별조치 단행-환율 20%, 석유류·전기·철도 요금 30~40% 인상(12·7특별조치)

12.09 백낙청 서울문리대 교수, '민주회복국민선언' 뒤 권고사직 거부에 파면-1980.3. 복직

12.09 유엔총회, 남북대화 촉진 결의

12.10 김대중, 박정희에게 자택 24시간 감시·기관원 배치·도청 등 시정 요구 공개서한

12.12 주한유엔군사령부, 작전명령권이 유엔에서 미 합참으로 귀속 발표

12.17 대법원, 육영수 여사 저격범 혐의로 문세광에 사형 확정-12.20. 집행

12.18 중공인 첫 입국-기항지 상륙 허가 얻어 12시간 체류, KAL 호텔 투숙

12.21 중앙일보-TBC 합병, (주) '중앙일보 동양방송'으로 상호 변경

12.25 국문학자 이재수(1912~1974) 사망

12.25 서울 YMCA에서 민주회복국민회의(대표 강원용 목사) 창립총회, 정식 발족

12.24 동아일보 기자들 언론탄압철폐 요구-12.26. 정부 압력에 광고주, 광고해약(~1975.3.)

12.26 언론투쟁에 나선 ≪동아일보≫·≪조선일보≫ 등 114명 기자 해고

12.00 기아산업, 승용차 '브리사' 출시

00.00 오리온제과, '새알' 출시

00.00 송창식, '고래사냥'(작사 최인호, 작곡 송창식) 발표-1975.12. 금지곡 선정

00.00 신중현과 엽전들, '미인'(작사·작곡 신중현) 발표

00.00 한대수, '물 좀 주소'(작사·작곡 한 대수) 발표

00.00 딕훼밀리, '나는 못난이'(작사·작곡 이요섭) 발표

00.00 어니언스, '편지(작사·작곡 임창제)' 발표

00.00 해태제과, '에이스' 출시

▨▨▨▨▨▨▨▨▨▨▨▨▨▨

01.28 [중국] 비림비공운동(임표·공자비판운동) 확대

02.01 [브라질] 사웅파울루시 호텔 화재-220명 사망

02.13 [소련] 반체제 작가 솔제니친, 소련으로부터 추방

03.03 [터키] 여객기, 파리 근교에 추락-345명 사망

04.05 [스웨덴] 스톡홀름서 세계환경 보전·개선 원칙 '나이로비 선언' 채택

04.19 [파키스탄] 근대화에 기여한 대통령 아유브 칸(1907~1974) 사망

04.22 [미국] 팬암기, 인도네시아서 추락-107명 사망

05.06 [서독] 브란트 수상, 보좌관의 스파이 사건으로 인책 사퇴

06.13 [중국] 비림(批林)·비공(批孔) 운동 전개

07.03 [미국-소련] 지하핵실험제한협정 조인

1974

07.11 [스웨덴] 소설가 라게르크비스트(1891~1974) 사망

07.24 [영국] 중성자 발견한 물리학자 채드윅(1891~1974) 사망

07.27 [미국] 하원 사법위원회, 닉슨 대통령 탄핵 결의

08.02 [국제] 아시아개발은행(ADB) 발족

08.09 [미국] 닉슨 대통령 사임 후 포드 부통령, 제38대 대통령에 취임

10.11 [일본] 유엔안보리 비상임이사국에 선출

10.24 [미국] 공군, 사상최초로 ICBM의 기상(機上) 발사 성공

10.24 [소련] 바이올린 연주자 오이스트라흐(1908~1974) 사망

11.05 [국제] 로마서 제1회 세계식량회담 개최-국제곡물은행 설치 합의

11.13 [팔레스타인] 아라파트 PLO 의장, 유엔총회서 첫 연설

12.04 [네덜란드] 전세기 DC-8기, 스리랑카 콜롬보 부근서 추락-191명 사망

12.08 [그리스] 국민투표로 142년간의 왕정 종식

12.28 [파키스탄] 대지진으로 4,700명 사망

1975 을묘(乙卯) 단기4308 박정희15
포드/마오쩌둥/미키/브레즈네프

01.01 대통령 긴급조치 제3호 해제(1974.1.~)

01.04 서울대, 일본어를 대입시 선택과목(제2외국어)에서 제외 발표

01.06 민주회복국민회의 상임대표위원 윤형중 신부, 박정희 정권 퇴진 요구의 기자 회견

01.07 16개 대기업 광고주, '동아방송'의 광고 방송 해약-광고 중단

01.08 장기영 남북조절위원회 부위원장, 남북 간 우편물교환 제의

01.10 구미대교(구미 공단동↔임수동, 688m) 개통(1973.8.~)

01.10 김치열 검찰총장, '시민의 소리' 전담검사 설치 지시-보도 내용 기록부 비치

01.14 국무회의, 석가탄신일·어린이날 공휴일로 지정

01.14 상공부, 국제화학을 '종합무역상사'로 지정

01.20 서울대학교 캠퍼스(혜화동·공릉동·수원 등지), 관악으로 이전-3.14. 첫 강의

01.22 박정희 대통령, 〈유신헌법〉의 찬반 국민투표 실시 공고-2.12. 실시, 가결

01.00 린나이코리아, 국산 최초 전자레인지(RD-615) 생산

01.00 제1회 한국아동문학상, 권정생의 동화집 『강아지 똥』 수상

02.01 사단법인 '내외통신'(현 연합뉴스), 내외문제연구소에서 분리, 독립

02.05 서울시경, 정치색 있는 종교집회 금지

02.05 포은 정몽주 초상화 발견

02.11 영화, '영자의 전성시대'(감독:김호선, 배우:염복순·송재호) 개봉

02.12 유신헌법 찬반 국민투표 실시-투표율 79.8%, 찬성 73.1%

02.12 북한 강력전파로 국민투표 당일 아침 8시부터 KBS 라디오·TV 방송 방해

02.12 상공부, 250개 점포 선정, 〈판매가격표시제〉 실시

02.14 정부, 북한의 KBS-TV 전파 방해 경고

02.15 긴급조치 1·4호 위반자 중 인혁당사건, 반공법 위반자 제외 전원 석방

02.20 박정희 대통령, 일부 인사의 국민선동에 대해 헌법상 권한 발동 경고

02.21 제1회 킹스컵 복싱대회(태국 방콕)에서 유종만·박태식 등 우승

02.24 조달청, 한국 최초로 해외선물거래에 참가

02.24 황산덕 법무장관, 인혁당은 반공법에 규정된 반국가단체라고 언명

02.25 쌍용그룹 창업주 김성곤(1913~1975) 사망

03.01 범민주진영 민주회복국민회의, 유신체제에 맞서 「민주국민헌장」 발표

03.03 유엔 군사정전위원회, 북한의 서해 상공 침해 항의

03.07 시인 신석초(1909~1975) 사망

03.10 정부, 한국기자협회 기관지 ≪기자협회보≫ 등록 취소-3.15. 폐간, 11.22. 복간

03.12 국무회의, 1976년부터 5인 이상 업체에 〈근로기준법〉 적용 의결

03.13 형집행정지로 풀려난 김지하, 옥중수기 『苦行-1974』로 석방 27일 만에 재구속됨

03.14 KAL, 서울-파리 첫 취항

03.15 진보문인단체 자유실천문인협의회, '165인 선언'-기자 해고, 김지하 재구속 항의

03.19 강원도 철원 동북방 13㎞ 지점에서 제2땅굴 발견

03.19 국회, 〈형법개정안〉 통과-외국인 상대의 반국가언동 규제

03.21 문교부, 1975년부터 체육시간 5% 범위 내에서 공기총 사격 훈련 의무화

03.22 전북 김제서 한국 최고의 저수지 '벽골제' 일부 발굴

03.27 금강·평택·광주·삽교천·계화도, 대단위농업개발사업 추진

03.27 대청다목적댐 착공(~1980.12.)

03.29 증여세직접조사대상자선정위원회 신설-증여세 직접조사 폐단 억제 목적

03.00 롯데제과, '가나 초코렛' 출시

04.02 호주 A형 인플루엔자 환자 첫 발견-한양대의대의료원 소아과 환자(2세)

04.05 한국, 캄보디아와 단교-크메르루즈 집권, 공산화 영향

04.08 '긴급조치 7호' 공포-고려대 학생들의 반유신 데모에 휴교령

04.08 서울농대생 김상진, 유신철폐 양심선언 후 할복 자살-4.12. 사망

04.09 도예종·서도원·여정남 등 인민혁명당 관련자 8명 사형 집행-2007.1. 무죄 판결

04.10 IMF, 공업성장 지속 지원을 위한 한국 차관 승인-1억 달러, 철도건설 투입

04.11 '가을의 기도' 시인 다형 김현승(1913~1975) 사망

04.11 경복궁 내 전 현대미술관에 한국민속박물관(현 국립민속박물관) 개관(1973.6.~)

04.14 경주 안압지에서 신라유물 800여 점 출토-4.22. 통나무배 발굴

04.18 북한, 김일성 14년 만에 중국 방문, 마오쩌둥과 회담

04.23 한국에서 〈핵확산금지조약〉(NPT) 발효

04.29 박정희 대통령, 남베트남 공산화 관련 총력안보 '시국에 관한 특별담화문' 발표

04.29 주베트남 한국대사관, 베트남 사이공 철수

04.30 미국 메리놀회 소속 시노트 신부, 반정부 활동 혐의로 추방됨

04.30 수출증대 목적에서 전담회사 종합무역상사제도 실시-1호 삼성물산

05.06 '성년의 날', 4월 20일→5월 6일로 변경-1985. 5월 셋째 월요일로 변경

05.06 롯데제과, 아마추어 야구단 '롯데 자이언트' 창단.

05.09 '한독경제협력위원회' 창설-한국·독일 양국 간 민간경제협력 증진 목적

05.10 '서울시민 안보궐기대회' 여의도서 개최-'멸공구국' 다짐-140만 명 참가

05.13 〈긴급조치 9호〉 발표-유신헌법 비방·반대·개정 주장 금지(1979.10. 해제)

05.13 베트남 난민 태운 LST함 2척, 부산에 입항-총 1,364명, 베트남인 329명

05.16 국회, 베트남 패망에 따라 여야 만장일치로 안보결의문 채택

05.16 한국-미얀마, 국교 수립

05.19 삼성물산(주), 종합무역상사 1호로 지정

05.20 전국 98개 대학 총장회의서 '학도호국단' 재창설 논의-9.2. 여의도광장에서 발단식

05.21 박정희 대통령·김영삼 신민당 총재, 청와대에서 회담-이후 김영삼의 비판강도 약화

05.22 경제장관회의, 〈한국석유개발공사법안〉 통과-국내외 유전개발·석유 수급 조절

05.23 영화, '삼포 가는 길'(감독:이만희, 배우:백일섭·김진규·문숙) 개봉

05.24 가발제조업체 YH무역 노동조합 결성-1979.8. 여성노동자 농성, 10.26도화선

05.24 외신, 미국 걸프사가 1971년 한국 공화당에 400만 달러 정치자금 제공 보도

05.24 한심석 서울대 총장, 재학생들의 유신철폐 데모 관련 사퇴

05.27 쌍용·대우·국제·한일 등 4개 업체, 종합무역상사로 추가 지정

06.07 문교부, 총학생회 해체 후 학도호국단 설치 발표

06.07 유제두, WBA 주니어미들급 세계 챔피언 획득

06.09 북한 항공기, 백령도 상공 침범

06.10 남대문시장 화재-8백 여 점포 전소

06.11 가요심의전문위원회, 김추자 '거짓말이야' 외 43곡 금지곡 선정

06.16 송창식, '왜 불러'(작사·작곡 송창식) 발표

06.20 국무회의, 〈민방위기본법안〉 의결-민방위대 편성, 17세~50세 남녀(8.1. 시행)

06.20 슐레진저 미 국방장관, 한국에 전술 핵무기 배치 인정

06.24 국민대, 대학 최초로 학도호국단 발단식 거행

06.25 전 조총련 간부 재일동포 14명, 30~40년 만에 고국 방문

06.25 KBS드라마, '전우'(출연:라시찬·강민호·장항선·이원종 등)(~1978.4.8.)

06.30 국방부, 전투예비군부대 창설-북한의 후방지역 침공 대비책

07.01 건설부, 치수사업11개년장기종합계획 발표-전국 하천 개보수, 수해방지·식량증산

07.01 제11회 아시아야구선수권대회 폐막-한국 7승 1무로 우승

07.01 텔레비전수상기 등록대 수, 180만 2,572대로 집계(1975년 6월 말 현재)

07.02 국립경주박물관 개관

07.04 송대관, '해뜰날'(작사 송대관, 작곡 신대성) 발표

07.04 한국예술문화윤리위원회, '연락선은 떠난다' 등 월북작가 작곡가요 87곡 금지

07.05 가봉 봉고 대통령 내한

07.05 한국-사우디아라비아, 문화협정 체결

07.06 슐레진저 미 국방장관, 유사시 한반도서 미국의 핵무기 사용 언명

07.09 국회 〈4대 전시입법안〉 통과-사회안전법·방위세법·민방위기본법·교육관계법 등

07.10 한국방송공사·한국영화진흥사, 제1회 한국청소년영화제(현 서울독립영화제) 시상식 개최

07.15 포항종합제철, 한국종합제철 흡수 합병

07.16 〈방위세법〉 공포-자주국방에 필요한 재원 확보-1990.12. 폐지

07.16 국회, 〈사회안전법〉 등 4대 전시 입법 날치기 통과

07.20 한국방송공사, 광복30주년기념 애국가요 최우수작 윤수천 '소망' 수상

07.25 울산현대조선소, 23만 톤 급 유조선 진수

08.02 정부, 3년 이하 단기성 현금차관 도입 허용 결정

08.04 이태영 변호사, 막사이사이상 수상

08.06 UN안보리, 한국의 UN 가입 신청-7대 6으로 부결

08.08 한국-싱가포르, 국교 수립

08.10 김훈, '나를 두고 아리랑'(작사·작곡 김중신) 발표

08.14 한국야구대표팀, 제2회 대륙간컵세계야구대회 처음 참가(캐나다)-예선 탈락

08.15 서울 지하철 개통(서울역~청량리역)(1974.4.~)

08.17 장준하(1918~1975), 포천 약사봉 등산 중 의문의 죽음

08.21 서울지검, '장준하 사인에 관한 의문점' 기사 게재한 성낙오 동아일보 기자 구속

08.26 서울 잠실아파트(13평형, 1,500가구) 준공

08.26 서울서 제8차 한미안보협의회의 개막-주한미군 현상유지 등 공동 성명

08.27 문공부, 장준하의 『해방의 길목에서』 등 15종 도서 판매 금지 처분

08.27 통일사회당 당수 김철, '긴급조치 9호 해제하라' 기자회견에 구속-징역 2년 복역

09.01 여의도 국회의사당 준공(1969.7~)

09.02 전국중앙학도호국단 창설-1985.1. 학생자치기구 부활 이후 폐지

09.06 '보이스 오브 코리아' 잡지를 창간한 독립운동가 김용중(1898~1975) 사망

09.13 조총련계 재일한인 제1진 35명, 추석 성묘차 모국 첫 방문

09.20 보사부, 결핵사업비 전액 정부 보조 결정-X마스실 판매모금 등 폐지

09.22 대검특별수사반, 남해안 밀수 관련 폭력배·경찰서장·세관장 등 175명 검거

09.22 민방위대 발대식 거행-20세에서 40세까지의 남자 및 지원한 여자로 편성

09.22 주민등록증 1차 갱신(12자리→13자리), 발급업무 시작

09.00 주한미군, 주한 미군 시설에서 UN기 철수 완료(8.16~)

10.07 제56회 전국체육대회 개최(대구)

10.08 55일 동안 17명을 살해한 살인마 김대두 검거-1976.12. 사형 집행

10.08 김옥선 의원, 국회서 '관제 안보궐기대회' 발언 파문-10.13. 의원직 자진 사퇴

10.08 정부, 전량 수출조건의 합작 업체 한독맥주의 내수 판매 허용

10.14 '부처님오신 날'(음력 4.8), '어린이날'(5.5) 공휴일로 지정

10.14 영동고속도로(새말~강릉), 동해고속도로(강릉~동해) 준공

10.21 김윤식·계훈제, 유신 부당성과 인권탄압 비난 발언-긴급조치 위반 혐의로 구속

10.22 제14회 대종상영화제 시상-'불꽃'(감독:유현목, 남아진흥) 수상

10.25 정종숙, '둘이 걸었네'(작사·작곡 최주호) 발표

10.25 버들피리, '눈이 큰 아이'(작사 이종환, 작곡 김홍경) 발표

10.31 한국-국제원자력기구(IAEA), 핵무기 비확산조약 협정(NPT) 체결

10.00 김정호, '하얀 나비'(작사·작곡 김정호) 발표

11.07 함대함 미사일, 남해해상에서 시험발사 성공

11.12 1976학년도 대학입학예비고사 실시

11.19 한국-이란 각료공동회의, 이란에 기술자 파견 및 건설참여 등 10개항 조인

11.20 대구 서문시장 화재-1,800여 점포 전소

11.20 새법씨 밀양 21호, 밀양 23호 개발-밀양 21호, 1976년 장려품종으로 보급

11.22 통일혁명당 지도부 구성 기도 혐의로 재일교포유학생 간첩단 21명 검거 발표

11.22 한국기자협회, 월간 《기협회보》 복간-3.15. 《기자협회보》 폐간 이후 복간

11.27 명동예술극장 부지 대한투자금융에 매각-장충동 국립극장 건축비 충당

12.00 물가안정 및 공정거래법 제정(1976.3.15. 시행)-독과점상품가격의 실질적인 규제

12.01 국산승용차 1호, 현대자동차의 '포니'(1238cc) 생산 개시(~1985.12.)

12.05 영동선(고한~백산~철암~북평) 23.7㎞ 완전 전철화 준공

12.09 대법원, 염재만의 소설, 『반노』의 '음란문서제조죄'에 무죄 판결

12.19 최규하, 국무총리 서리에 취임

12.23 김대심 등 승려 20여 명, 불교 조계종 총무원 난입-종권 탈취 기도

12.27 이부영·성유보, 긴급조치 9호 위반죄로 징역 각각 9년, 4년 선고

12.29 농수산부, 농협 단일미 무제한 방출

12.30 김영삼 신민당 총재, 8월 기자회견 내용, 긴급조치 9호 위반으로 검찰에 출두

12.00 송대관, '해뜰날'(작사 송대관, 작곡 신대성) 발표

12.00 혜은이, '당신은 모르실 거야'(작사·작곡 길옥윤) 발표

00.00 둘다섯, '긴 머리 소녀'(작사·작곡 오세복) 발표

00.00 최헌, '오동잎'(작사·작곡 안치행) 발표

00.00 해태제과, '맛동산'·'샤브레' 출시

■■■■■■■■■■■■■■

01.01 [미국] 워터게이트 사건 관련자 4명, 유죄판결

01.19 [중국] 신헌법 발표 후 국가주석제 폐지

03.04 [영국] 영화 배우 찰리 채플린, 기사 작위 수여

03.05 [쿠웨이트] 석유산업 국유화

04.05 [대만] 총통 장제스(1887~1995) 사망

04.17 [캄보디아] 해방세력 캄푸치아민족통일전선, 수도 프놈펜 점령

04.30 [베트남] 공산 월맹, 수도 사이공 함락

06.05 [국제] 수에즈 운하 8년 만에 재개

06.19 [국제] 멕시코시티서 제1회 세계 여성대회 개최, 여성 호칭을 '미즈, Ms'로 통일

07.17 [미국-소련] 아폴로-소유즈 도킹 성공

07.29 [국제] 미주기구(OAS), 대 쿠바봉쇄 해제 결의

07.30 [국제] 유럽안전보장협력회의 헬싱키서 개막

08.03 [모로코] 로열 에어모로코항공 소속 보잉707 여객기 추락-188명 사망

10.16 [모로코] 스페인령 사하라서 모로코 35만 명 평화행진

10.22 [소련] 비너스 9호, 금성 연착륙에 성공

10.22 [영국] 『역사의 연구』 역사학자 아놀드 토인비(1889~1975) 사망

11.15 [국제] 미·영·프·이·서독·일 6개국, 제1회 서방선진국 정상회담 파리에서 개최

11.16 [국제] 스페인령 사하라, 모로코와 모리타니아가 분할키로 합의

11.24 [국제] 유엔, 고문금지선언 채택

12.01 [미국-중국] 포드 대통령과 등소명 주석, 정상회담

12.07 [미국] 포드 대통령, '신태평양독트린' 발표

12.10 [소련] 반체제 물리학자 사하로프, 노벨평화상 수상

12.16 [중국] 제5호 인공위성 발사

12.29 [영국] 남녀차별금지법 및 균등보수법 발효

12.31 [중국] 진시황릉 발굴

1976 병진(丙辰) 단기4309 박정희16
포드·카터/마오쩌둥·덩샤오핑/미키·후쿠다/브레즈네프

01.08 대학가에 대마초 담배 팔은 대학생 등 9명 구속

01.12 아시아핸드볼연맹에 한국 가입

01.12 작곡가 신중현, 대마초 흡연 사건과 관련, 영화협회에서 제명처분

01.14 김영삼 총재 비서 김덕룡, 긴급조치 9호 위반에 구속-4.7. 징역10월·집행유예2년 선고

01.15 박정희 대통령, 연두기자 회견-경북 영일에서 석유 발견해 매장량 조사 중 언명

01.16 한·영·캐나다 3국, 고리원자력 2호기 건설차관협정 체결-900만 달러

01.17 울릉도 근해 여객선 침몰-사망 37명

01.19 서울지검, 김영삼 신민당 총재, 긴급조치 9호 위반혐의로 불구속기소

01.22 여배우 등 7명, 대마초 상습 흡연 혐의로 검거-김정호·김세환·나하영·장제훈 등

01.20 대마초 흡연에 구속 기소된 연예인 4명, 2~3년 구형

01.24 조총련계 재일동포 구정 성묘단 1진 527명, 첫 모국 방문

01.00 담배 전투경찰용, '충성' 담배(25원) 시판

02.01 뉴욕타임지, 한국의 원자탄 생산 가능 보도

02.04 제12회 오스트리아 인스부르크 동계올림픽 개막-한국 금0·은0·동0

02.14 박정희 대통령, 제2기 유정회 의원 73명 발표-2.16. 통일주체국민회의 의원 확정

02.15 비료 재고·미수금 증가로 비료인수자금, 현금지급에서 어음방식으로 변경

02.17 한국, 피지에 3만 달러 첫 무상원조 제공

02.23 '한국미술 5천년전', 일본 교토서 개막

02.24 신민당 의원 이철승 등, 총재 김영삼에 대항 합의-1976.9. 이철승, 대표최고의원 선출

02.28 강원도 시외버스 춘천호에 추락-32명 익사

02.28 문교부, 전국 98개 대학교수 재임명 단행-탈락 교수 국공립 212명, 사립 54명

02.29 여자탁구(이에리사), 서독국제오픈 개인 단식에서 우승

02.00 이해인, 『민들레의 영토』(가톨릭출판사) 출판

03.01 명동성당 3·1절행사기념미사에서 유신 반대 '민주구국선언문' 발표-20명 입건

03.04 북한, 아프리카 모잠비크에 군사고문단 파견-해방 게릴라전 지원

03.05 국제전화 187개 지역, 국제텔렉스 173개 지역으로 업무 확장

03.09 윤보선 전 대통령, 유신헌법 철폐 주장

03.11 서울지검, '민주구국선언'을 '정부전복선동사건'이라며 김대중 등 11명 구속(명동사건)

03.12 제9대 2기 국회의장 정일권 피선(~1979.3)

03.13 최규하, 제12대 국무총리 임명(~1979.12)

03.15 한국브리태니커 회사의 한창기, 월간종합잡지 ≪뿌리 깊은 나무≫ 창간(~1980.8)

03.16 여수 호남석유화학 설립-폴리에틸렌·폴리프로필렌 등 석유화학 제품 생산

03.19 항만청(현 해양항만청) 개청

03.21 몬트리올올림픽 축구 예선, 한국 대일본 1차전 2:0으로 한국 승리

03.21 제47회 동아마라톤대회서 박원근, 2시간 18분 20초로 우승

03.22 신민당, '명동사건' 관련 구속 인사들의 석방건의안 국회에 제출

03.22 이은하, '아직도 그대는 내 사랑'(작사·작곡 원희명) 발표

03.26 한국-과테말라, 무역협정 1234

03.29 정부, 포항종합제철 등 민영화 방안 발표-2000.9. 포항제철 민영화

03.00 GM자동차, '카미나(CAMINA)' 출시(~1978.1)

04.09 전매청, 담배갑에 '지나친 흡연 삼가합시다' 경고문 첫 기재

04.12 남북조절위원회 서울 측, 남북고미술품 교환 전시 등 북한에 전화 통지로 제의

04.12 한국은행·산업은행, 최초의 은행 조합 창립

04.15 법정, 『무소유』(범우사) 출판

04.17 삼성 창업주 이병철 회장, 용인자연농원(현 에버랜드) 개원

04.17 한국-바레인, 국교 수립

04.18 로버트 멀둔, 뉴질랜드 수상 내한

04.20 보사부, 과자 등 식품명에 외국어 금지

04.20 제18회 아시아 청소년축구선수권대회서 남북한 대결, 1:0으로 한국 패배

04.25 조용필, '정'(작사 조남사, 작곡 김학송) 발표

04.28 보사부, 〈모자보건법〉 개정-임신 중절 합법화(1976.5. 보류)

04.29 이호왕 박사, 유행성출혈열 바이러스 발표

04.00 해태제과, '바밤바'·'아카시아 껌' 출시

04.30 매월 마지막 날 '반상회 날'로 지정-5.31. 첫 반상회 개최(매달 25일로 수정)

05.06 아시아청소년축구대회서 해방 후, 첫 남북대결, 1:0으로 패배

05.10 서울시경, 서울시내 110개 극장 일제 단속-미성년자 출입 극장 30곳, 형사입건

05.18 경부고속도로 양산 근처서 고속버스 추락-23명 사망, 25명 중경상

05.19 한국-파푸아뉴기니, 국교 수립

05.25 신민당 주류(김영삼)·비주류(이철승), 폭력 난동 끝에 별도의 전당대회 강행

05.00 동양전산, 최초의 국산컴퓨터 '오리콤530' 출시

06.01 신용보증기금 설립-기업에 대한 신용보증업무 전담

06.01 소련, 사할린 한인동포 100명에 첫 출국 허가-일본은 입국심사에 착수

06.05 서울영등포경찰서, 머리 짧게 깎기 거부한 예비군 첫 구속

06.09 제17차 남북적십자 실무회담 개최-추석성묘단 5백명 씩 교류 제의, 북한 거부

06.09 미국 의회, 대한 7,500만 불 어치의 레이더·보조장비 등 판매 승인

06.10 한미합동군사훈련 팀스피리트 훈련 시작(~1993.4.20.)-한미협력체제 공고·전쟁 억제

06.11 신민당 총재 김영삼, 총재직 사퇴 선언-9.15. 통합전당대회에서 이철승 총재 선출

06.14 한국, 제7회 자카르타시 창립기념일 축구대회서 첫 우승

06.15 제22회 아시아영화제, 부산시민회관에서 개막-10개국 51개 작품 출품

06.16 현대건설, 사우디아라비아 항만건설공사 계약 체결-9억4천만 달러 수주

06.17 신민당, 당 정상화 위해 10인 수습위원회 구성

06.24 구마고속도로(대구-마산) 착공(~1977.12)

06.27 프로복싱 헤비급 세계챔피언, 무하마드 알리 방한

06.29 실업대·전문교 졸업생 기사 시험 의무화 결정-1977.5. 국가기술자격시험 실시

06.00 현대자동차 '포니 1', 중남미 에콰도르에 6대 첫 수출

06.00 제1회 반공문학상(현 한국문학상) 강용준·김동현·김중희·양명문·허근욱 수상

06.00 이청준, 『당신들의 천국』(문화과지성사) 출판

07.01 한국수출입은행 발족-수출입 회사들에 저금리로 장기 자금 제공

07.08 윤봉길 의사 『사형판결서』, 『옥중취조기록』 등 발견

07.09 미국 주태평양 미8전투비행단, 한국에 이동 배치 발표

07.15 한강 잠수교(용산구 서빙고동↔서초구 반포동, 795m) 개통

07.17 제21회 몬트리올 올림픽 개막-한국 19위, 금1·은1·동4

07.24 만화영화, '로보트태권V'(감독 김청기) 개봉

07.27 교통부, 6·25전쟁 전적지 50곳 개발-반공교육 및 관광에 활용 결정

07.00 극단 '뿌리' 창단

08.01 김해국제공항 개장-부산 강서구 대저2동

08.01 양정모, 제21회 몬트리올올림픽 레슬링종목에서 해방 후 첫 금메달 획득

08.02 대한항공 화물기, 이란 테헤란공항 불시착 폭발-5명 사망

08.02 핵연료개발공단 설립 결정-1976.12. 한국핵연료개발공단(현 한국원자력연구원) 설립

08.02 제21회 몬트리올 올림픽대회, 금1, 은4개로 종합 순위 19위

08.03 주한 미314공군사령부 본부, 용산으로 이동

08.06 여의도 한국증권거래소 착공(~1979.7.)

08.10 국립현대미술관, 프랑스 도예전 개최

08.10 연세대·충북대 조사단, 충북 청원 두루봉동굴에서 선사시대 유적 3백여 점 발굴

08.12 서해 낙도 순회 적십자병원선 백련호, 첫 취항

08.17 고려대장경의 초장경, 『도행반야경』 발견

08.18 판문점 도끼 만행사건-미군 장교 2명 사망, 미군 사병·한국군 장교·사병 8명 중경상

08.19 미8군, 예비경계 돌입-휴가 미군에 귀대령, 2개 전투 비행대대를 한국에 급파

08.20 미국, 한국에 항공모함 미드웨이 호와 해병대 파병

08.21 우리나라 최초의 정화시설 청계천 하수처리장, 6년 만에 준공(1970.6~)

08.23 미국, 8.18사건 관련한 김일성의 유감 메시지, 긍정적으로 인정

08.24 문화교육부, 중학 교과서 전면 국정화

08.28 '명동사건' 선고 공판-김대중·문익환 등 18명 전원에 실형 선고

08.30 한국 최초 한의학 박사 5명 탄생

09.06 정전위원회 비서장 회의-판문점 공동경비구역 분할관리 합의서 교환(8.18사건 종결)

09.10 국립극장에서 제1회 한국음악제(현 한국국제음악제) 개최

09.14 보사부, 저소득층 의료비, 국가가 부담하는 국민의료시혜 확대 방안 확정

09.15 신민당(대표최고위원 이철승), 집단지도체제 당헌 채택

09.21 경제기획원, 도매 물가와 소비자물가 편제 조정

09.21 독립운동가·정치가 임병직(1893~1976) 사망

09.30 한국-브라질, 통상협정 체결

10.01 우리나라 최초의 양수 발전소, 안동댐 수력발전소(9만㎾) 가동

10.02 건설부, 경기도 반월공업도시계획 발표-1977.6. 확정 고시(현 반월국가산업단지)

10.02 충남 천안시 성거읍에 국립묘원 '망향의 동산' 준공-KAL격추사건 희생자 위령탑 등

10.04 대우엔지니어링 설립

10.10 이봉창 의사 추모제-순국 44년 만에 서울 효창공원 묘소에서 거행

10.12 미 국무부, 수송기 AC 130기 한국 잠정 배치

10.12 '쌀' 완전 자급자족 달성-3천3백만 섬 달성

10.12 제57회 전국체육대회 개최(부산)

10.15 덴마크, 북한공관원 마약 등 밀수혐의로 전원 추방

10.25 미국 워싱턴포스트, 재미실업가 박동선의 미 의원 로비활동(코리아게이트) 폭로

10.27 영산강 유역 4대호와 안동 양수겸용 다목적댐(높이 83m·길이 612m·9만㎾) 준공

10.28 울릉도 근해 폭풍으로 어선 전복-사망·실종 408명

10.00 기아산업, 아시아자동차공업 인수

10.00 담배, '연송' 시판, 1,500원

10.00 남조선민족주의민주해방전선준비위원회 결성-사회운동·통일운동 단체

10.00 제15회 대종상영화제 시상-'어머니'(감독:임원식, 합동영화) 수상

11.01 KBS, 여의도 새 방송종합청사에서 첫 방영전파 자동 송출

11.01 전남 신안 앞바다, 송·원나라 해저 보물 인양

11.05 문교부, 대학의 실업계·체능계 무시험 진학 요강 확정

11.11 문교부, 국민학교에 유아원 병설 허용, 점차 확대 결정

11.12 1977학년도 대학입학예비고사 실시

11.15 오웅진 신부, 꽃동네 설립('사랑의 집' 준공)

11.16 국무회의, 기획원 안에 해외경제기술위원회 설치 결의

11.18 문양자, 종별사격대회서 스탠다드 권총 부문 세계신기록 수립

11.20 태릉 국제스케이트장 개장

11.21 한국-루마니아, 무역·경제협력협정 조인

11.22 염동균, 프로복싱 WBC 슈터 밴텀급 챔피언 타이틀 획득

11.24 주미 한국대사관 김상근 참사관, 미국연방수사국(FBI)에 미국 체류요청

11.00 GM코리아자동차, '새한자동차'로 상호 변경

12.01 KBS, 여의도 방송시대 개막

12.02 대전 기계창(현 국방과학연구소) 준공-국방력 강화와 자주국방 실현

12.04 박동선 사건(코리아 게이트) 관련-신직수 중앙정보부장 경질, 김재규 임명

12.06 한국야구대표팀, 제1회 세계아마추어야구선수권대회(콜롬비아) 참가-12개국, 5위

12.07 '중국인민해방군가' 작곡가 정율성(1918~1976) 사망

12.07 제4차 경제개발5개년계획 최종안 발표-성장·형평·능률 기본이념의 질적 구조개선

12.08 현대종합상사 설립-현대그룹의 중화학 부문 수출을 전담하는 무역회사

12.09 정부, 박동선 사건 관련 미국 정부의 청와대 도청 비난

12.13 만화영화, '철인007'(감독 한하림) 개봉

12.21 서울시, 수도권광역하수처리계획 발표-한강하류 남부안에 대규모종합하수처리장 건설

12.22 〈부가가치세〉(1977.7.1. 실시) 공포-복잡한 간접세 통합·체계화, 근거에 의한 과세\

12.23 만화영화, '우주작전'(감독 김청기) 개봉-'로보트 태권브이' 2탄

12.24 한길사(사장 김언호) 창립-인문·역사·예술·문학 분야의 서적 간행

12.25 전신 전화분실 증축, 시내전화를 자석식에서 공전식교환방식으로 변경

12.31 서울형사지법, 김지하 피고인에게 징역 7년 선고

12.00 기아산업, '왜건(K-303)' 출시(~1981.12)

00.00 오리온제과, '오징어땅콩' 출시

00.00 전영록, '애심'(작사·작곡 김용기) 발표

▨▨▨▨▨▨▨▨▨▨▨▨▨▨

01.08 [중국] 전 총리 주은래(1893~1976) 사망

01.21 [프랑스] 초음속 콩코드기, 파리-런던 간 첫 상업 취항

02.04 [과테말라] 진도 7.5 지진, 22-778명 사망

03.20 [소련] 모스크바, 볼쇼이극장 창립 200주년

04.05 [중국] 주은래 추모 20만명 군중 시위, 제1차 천안문사태 발생

04.07 [중국] 등소평, '천안문 사태' 배후자로 지목돼 실각-수상에 화국봉 임명

05.09 [이탈리아] 북부 지진-750여 명 사망

05.28 [미국-소련] 평화목적 지하핵실험 제한 조약 조인

06.28 [실론] 독립, 국가명을 '스리랑카'로 명명

07.01 [베트남] 베트남사회주의공화국 수립

07.06 [중국] 인민해방군 '건군의 아버지' 주덕(1886~1976) 사망

07.18 [국제] 코마네치, 몬트리올올림픽에서 세계 체조사상 첫 10점 만점 기록

07.20 [미국] 무인우주선 바이킹 1호, 화성 연착 성공

07.27 [일본] 다나카 가쿠에이 전 일본 수상, 록히드 사건으로 구속

07.27 [중국] 당산에 강진 65만 명 사망

08.20 [국제] 비동맹회의, 콜롬보 선언 채택

08.26 [독일] 20세기 전반을 대표하는 소프라노 가수 릴리 레만(1888~1976) 사망

08.27 [미국] 메사추세츠 공대, 최초로 유전자 합성에 성공

09.03 [미국] 바이킹 2호, 화성에 연착륙

09.09 [중국] 마오쩌둥 주석(1893~1976) 사망

09.09 미국] NBC방송 뉴욕서 설립

09.10 [영국-유고] 여객기 공중 충돌-탑승자 176명 전원 사망

10.06 [소련] 북한에 차관 중단

10.06 [중국] 4인방(강청·장춘교·왕홍문·요문원) 체포-문화대혁명 소멸

10.09 [중국] 공산당 주석에 화국봉 임명

11.03 [미국] 지미 카터, 미국 대통령 당선

11.11 [미국] 조각가 모빌 창시자 콜더(1898~1976) 사망

11.15 [프랑스] 영화 배우 쟝 가뱅(1904~1976) 사망

11.23 [프랑스] 『인간의 조건』 소설가·정치인 앙드레 말로(1901~1976) 사망

12.24 [일본] 후쿠다 내각 출범

1977 정사(丁巳) 단기4310 박정희17
포드·카터/덩샤오핑·화궈펑/후쿠다/브레즈네프

01.01 공중전화요금, 5원에서 10원으로 인상

01.01 이치현과 벗님들, '당신만이'(작사·작곡 이용균) 발표

01.01 정부, 주 2회 실시해 오던 '무미일', 폐지(1969.1.~)

01.01 직장의료보험제 출범-500인 사업장을 대상으로 우선 시행

01.01 생활보호대상자 1·2차 진료 전액 무료, 저소득층 1차 진료 무료

01.04 상공부, 〈석유사업법〉 발동-석유류의 수급난 해소키 위해 정유3사 가동율 증대

01.04 한국-미국, '미국 연안에서의 어업에 관한 협정' 조인(3.1 발효)-어획 쿼터 40% 감소

01.05 재무부, 연중 560억 원 단기재정증권 발행 결정

01.05 이은하, '밤차'(작사·작곡 유승엽) 발표

01.06 북한군 전사 리석모, 중동부 휴전선을 통해 귀순

01.11 최고 대장경인본, 『어제비장전』 권6 발견

01.12 각 시도에 지방세심의위원회 설치 지시-공무원 3급·판검사·대학교수 등 12인 이내

01.12 박정희 대통령, 북한에 남북불가침협정 체결 후 주한미군 철수 찬성 선언

01.14 농업진흥공사, 남강유역종합개발 1단계 발표-농지기반 조성, 경지정리, 개간·개답

01.14 포항종합제철, 제2 분괴공장 착공(~1980.12.)

01.15 김만수 '푸른 시절'(작사 지명길, 작곡 신승용) 발표

01.16 미 국방부, 1978년까지 주한미군 철수·재배치계획 없다고 천명

01.18 대지 60평, 건평 25평 이하의 〈주택 양도소득세〉 전면 면제

01.19 미 정부, 마버릭 공대지 미사일 200기, 한국 판매를 의회에 통고

01.24 철도청 서울공작창(현 서울철도차량정비창), 최초로 전기기관차 재생에 성공

01.28 박정희 대통령, 핵·전투기를 제외한 모든 무기의 국산화 언명

01.30 겨울 가뭄 3개월 지속, 식수난-4월 초 봄비에 가뭄 해소

02.01 서울 수도요금 수납업무 〈지로납부제도〉 실시

02.01 해상작전헬기, 대잠헬기(ALT-III) 최초 도입

02.04 시인·국문학자·영문학자 양주동(1903~1977) 사망

02.04 정부, 석탄 값 34%, 연탄 소매 값 25% 인상 결정

02.06 한국방송통신고교, 첫 졸업생 2,600명 배출

02.07 한국-스페인, 문화협정 체결

02.10 한일농업차관 조인-농업개발을 위해 일화 126억 원 제공

02.10 정부, 임시행정수도 건설 구상 발표-수도권 인구집중 억제 목적, 통일될 때까지

02.14 채권시장육성안 발표-신종사채 4종 개발·경제개발계획의 내자동원 극대화

02.14 한국투자공사 해체, 대한투자신탁주식회사 발족

02.15 산업체 근로청소년들을 위해 산업체부설학교(중학교·고등학교)·특별학급 설치

02.17 중앙대 전 총장 임영신(1899~1977) 사망

02.19 증권감독원 개원(1999.1 금융감독원에 통합)-유가증권 발행·관리, 거래 질서 확립

02.22 농진청, 볍씨 '이리327호'(노풍벼) 육종에 성공-도열병에 약해 1978년 피해 막대

02.24 북한, 김일성(당시 66세) 후계자로 큰아들 김정일(당시 36세) 확정

02.27 대한상공회의소, 중남미에 경제사절단 파견-경제협력 증진, 민간경제외교 확대

02.28 포항종합제철, 냉간압연공장 2년 6개월 만에 준공

02.00 하동환자동차공업(주), 동아자동차(현 쌍용자동차)로 상호 변경

03.01 고리원자력 발전 2호기 착공(~1983.7.)

03.01 일본 중의원, 한국에 폐유 7만 드럼을 판 '공해수출사건'으로 논란

03.01 미 국무부, 6·25전쟁 당시 원폭 사용을 6차례 검토 판명

03.02 농수산부, 전국 414정보의 천수답, 밭으로 전환 방침 마련-가뭄대책 일환

03.02 미 행정부, 미 의회에 한국군사원조 2억8천만 달러 요청-5.3. 미 의회 통과

03.03 건설부, 제2제철기지·공업항구건설 착수 결정

03.09 미국 카터 대통령, 주한미군 4~5년에 걸쳐 철수계획 발표

03.09 미 정부, 미국인의 북한 여행제한 해제 발표

03.10 경주서 선사시대 주거지 발굴

03.12 국무회의, 중소기업협동조합법시행령 개정안 의결

03.14 한국·사우디아라비아 상공장관, 한국기업의 전화사업 참여 합의 공동성명

03.15 화가 허백련(1891~1977) 사망

03.16 검인정교과서 부정·비리사건-검인정교과서 발행업자의 공무원에 뇌물·폭리

03.17 전주대사습놀이보존회 창립

03.19 서울시, 4대문 안 한옥 940채 중 17채를 지방문화재(민속자료)로 지정

03.20 이란 경제사절단 방한

03.21 한국·스위스, 민간경제협력위원회 발족

03.23 윤보선 등 10인, '민주구국헌장' 발표-유신헌법 철폐, 고문·사찰·폭압정치 종식

03.24 중앙정보부, 재일교포투자자 위장 간첩 활동 일당 11명 검거 발표

03.26 한국·과테말라, 무역협정 서명

03.28 주한미군 39,821명(1976. 현재)-육군 32,276명, 공군 7,254명, 해군 250명, 해병 41명

03.30 경부고속도로 신갈 부근에서 팬텀기 이착륙 시범

03.30 정부, 반월신공업도시 건설 착공

03.00 현대자동차, '코티나 M-5' 출시(~1980.12)

1977

04.01 전력사용 제한기준 실시-전력난 해소책의 일환, 장식조명·네온사인 전면 금지 등

04.03 한국축구대표팀, 월드컵축구 예선 우승-일본을 1대0으로 제압

04.03 한양대의원 김근호·지행옥 박사팀, 국내 최초로 인조관 이식수술 성공

04.04 미국에 구매사절단 파견

04.05 박완서, 『꼴찌에게 보내는 갈채』(평민사) 출판

04.06 대우중공업, 국내 최초로 국산 전동차 편성 제작

04.06 케냐 구매사절단 22명 방한

04.07 사칠언론인회(현 대한언론인회) 설립-자격, 일간신문사·통신사 10년 이상 종사자

04.13 정부, 삽교천개발 1단계 사업 착공(~1979.10.)

04.13 한국·수단, 국교 수립

04.14 미 육군장관, 재한 서전트핵미사일 철수, 지대공 허큘리스 한국군에 이양 발표

04.14 부산↔제주 카페리호 첫 취항

04.14 미국 정부, 재미 영주권 외국인에게 북한지역 여행제한 철폐

04.15 정부 보유 보리쌀, 품귀현상에 전국에 무제한 방출

04.15 북한, 금수산태양궁전(주석궁) 준공-김일성 65회 생일 맞아 준공

04.18 그린벨트(개발제한구역) 여수권 지정

04.18 『북간도』 소설가 안수길(1911~1977) 사망

04.18 신민당 김영삼 전 총재 등 당원 33명, '야당성회복 투쟁동지회' 발족

04.20 실내경기장 잠실학생체육관 개관-1만2천 명 수용(1972.11.~)

04.21 충북대 조사팀, 청원군 두루봉동굴에서 약 20만 년 전 동물벽화 발견

04.22 이종학, 독도를 '조선해 내의 무인도'로 표시한 '환해항로신도', '신정만국전도' 발견

04.25 국민주택 청약부금제 실시-매월 5~50만원 일정기간 납입, 85㎡ 이하 주택청약권 부여

04.27 일본 중의원, 한일대륙붕협정 비준안 통과

04.30 서울↔여수, 대전↔부산 간 초고압 송변전 시설 준공

04.00 제1회 오늘의 작가상, 한수산의 『부초』 수상

05.02 단국대 학술조사단, 충북 진천군서 국내 최대 '마애여래입상' 발견

05.03 북한 무장공비 총격으로 국군 2명 사상

05.04 남미 이민 일시 중단-아르헨티나 한인 간의 골육상쟁 '백골단사건'

05.05 서울대, 여주군에서 석기시대 농경기구 발견

05.07 가축매매증명서 인지세 폐지-가축 밀매매와 가격 조장 성행 방지

05.12 강원도 정선서 우리나라 첫 네 쌍둥이 자매(일매·일란·일국·일죽) 출생

05.12 농업협동조합중앙회, 새마을금고 흡수, 수신·대출업무 취급 결정

05.13 헬리콥터를 이용한 농약 살포

05.16 농업진흥공사, 영산강유역 4대호 통수식

05.16 재무부, 전 금융기관 예금·적금 등 철저한 비밀보장 지시

05.16 정부, 가계수표제도 시행-서울지역 우선 실시, 급여의 50% 이상 예치 가능

05.19 국제금융기구로부터 주택건설용 1억 달러 공공차관 도입 결정-51만2천 가구 건설

05.23 『성북동 비둘기』 시인 김광섭(1906~1977) 사망

05.26 재무부, 전기료 수납업무 대상으로 은행지로제도 실시 결정

05.26 카터 미 대통령, 한국, 침략을 당할 시 핵 사용 언명

05.27 농촌진흥청 맥류연구소(수원 시탑동) 개소-밀 신품종 개발 촉진, 자급률 증진

05.27 아메리칸 익스프레스 인터내셔널 은행, 서울지점 개점

05.28 '77 MBC 서울가요제(문화체육관)-혜은이, '당신만을 사랑해' 최우수 인기상 수상

05.30 250억원 양곡증권(10·50·100·500만원권) 발행-년 18%, 거치 1년 후 원리금 일시상환

06.01 한국은행, 신 5천원권 통용-율곡 이이, 오죽헌 도안

06.06 농수산부, 총 410억 원의 축산진흥기금 조성 결정

06.07 영국 로이드 인터내셔널 은행, 서울지점 개점

06.09 불소 섞인 지하수 마신 김제군 동자포 주민 1백여 명, 불치의 반상치병환자로 판명

06.15 월성 원자력발전소 1호기 착공(~1983.4.22.)

06.16 세계적인 핵물리학자 이휘소(1935~1977) 박사 의문사

06.17 국무회의, 임시행정수도 건설 특별법안 가결

06.19 최초의 원자력발전기, 고리원자력 1호기(595천㎾) 점화

06.20 뉴욕타임즈, 미 CIA가 1975년부터 고성능 전파로 한국 청와대 도청 보도

06.22 미국에 망명한 김형욱, 프레이저 청문회에서 유신정권의 비밀사건 거침없이 폭로

06.22 재무부, 부가가치세 시행 및 소비자가격표시 의무화

06.24 국회, 대정부 질의에서 핵무기 독자개발 촉구

06.24 농촌진흥청, 추위에 잘 견디는 다수확 보리 개발(수원 183호)

06.29 박동진 외무장관, '국가 보전 위해 핵 개발할 수 있다'고 언명

07.05 부산 해운대·송도 해수욕장 출처 불명의 폐유 오염으로 수영금지령

07.07 금융통화위원회, 3개 해외은행 서울사무소 설치-일반은행 점포 29개 신설 허용

07.07 한국여자배구팀, 한·일·미·멕시코 4개국 초청 주니어여자배구대회에서 우승

07.07 포항↔울릉도 쾌속여객선 취항(6시간)

07.08 한국, 아태전기통신협의회(APT) 가입

07.08 한미군사실무회의, 주한미군 철수 규모 등 6개 항 합의

07.12 국회, 미군 철수 반대 결의안 등 미국에 발송

07.13 세계보건기구(WHO)가 개발한 종이 피임약, 우리나라에 첫 등장

07.15 북한의 200해리경제수역 선포(7. 1)에 대하여 정부는 불인정 발표

07.20 만화영화, '수중특공대'(감독 김청기) 개봉-로보트 태권 V 3탄

07.21 율곡사상연구원 창립(서울시 종로구 원남동)

07.22 여수화력발전소 2호기 준공-500만㎾ 시대 개막

07.23 검찰, 불법적 폐수처리 기업 등 63개 공해업소 입건

07.24 충북 옥천군의 지탄역서 열차 충돌-160여 명 사상

07.26 〈농수산물유통·가격안정법시행령〉 공포

07.27 제10차 한미안보협의회의-한미연합사 설치, 주한미군 철수 등 폐막 성명

07.27 만화영화, '태권동자 마루치아라치'(감독 임정규) 개봉

07.28 미 국무부, 의회에 F-4E 18대 등 한국 무기판매 계획 보고

07.30 백건우·윤정희 부부, 피랍 중 파리로 귀환

07.31 전국 35년 만의 혹서 계속, 영·호남 가뭄 비상령

07.31 한국, 마닐라 제1회 국제청소년 역도대회 종합 우승(금8, 은6, 동2)

08.04 대륙붕개발을 위한 첫 한일실무자회의, 7광구공동개발 협의

08.04 세계 최대 단일공장, 남해화학 여수공장(7비) 준공

08.04 한국·케냐, 무역 및 경제·기술협력에 관한 협정 서명

08.07 충청지역 집중호우-9명 사망·실종

08.08 외화 수입의 급증에 따라 외화 사용 규제 완화

08.10 한국·유럽공동체, 제2차 오일쇼크에 첫 석유회담 개최

08.11 박정희 대통령, 경북 영일 석유탐사 중단 언명

08.12 미국, 주한지상군 철수 보완책으로 9월 이후 F-4전투기 12대 증파 발표

08.19 정부, 1979년에 우라늄정련공장 준공-핵연료의 완전 국산화방침 발표

08.21 전영, '어디쯤 가고 있을까'(작사 이경미, 작곡 이현섭) 발표

08.23 불가리아, 한국 외교관 입국 허용

08.23 이화여대, 여성학 강좌 교과목 채택

08.31 건설부, 국토개발원 신설 결정-1978.9. 발족

08.31 제21회 메르데카배쟁탈 국제축구대회에서 한국 우승

08.31 제2회 세계연식정구선수권대회, 한국 여자 개인 및 복식 우승

08.00 금성사, 국내 최초로 19인치 컬러 TV(CT-808) 생산

09.01 미연방 대배심원, 박동선을 뇌물제공·선거자금 불법 제공 혐의로 기소-1979.8. 철회

09.01 금산 제2 위성통신 지구국 개통

09.03 정유 3사, 적자로 3개월 만에 석유 가격 10% 인상을 상공부에 요청

09.06 북한·일본, 민간어업협정 체결

09.09 10월 말까지 수출용 시멘트 선적 전면 중단 결정-내수용 시멘트의 품귀현상

09.09 서울 연극인회관 세실극장서 제1회 대한민국 연극제 개막

09.12 제1회 MBC대학가요제-샌드페블즈 '나 어떡해'(작사·작곡 김창훈) 대상 수상

09.14 남대문시장에 대화재-재산피해 20억 추정

09.15 고상돈 등 한국 등산대, 에베레스트 정상 등정 성공

09.16 금융단, 개인신용정보 집중관리제도 시행

09.16 제1회 세계주니어배구선수권대회에서 한국 우승

09.18 제3회 세계태권도선수권대회에서 한국 우승

09.23 경제기획원, 〈소비자보호기본법안〉 의결-소비생활의 안정과 향상 도모

09.23 제1회 아시아 여성·청소년 사격대회에서 한국 종합 우승

09.27 영화, '겨울여자'(감독:김호선, 배우:장미희·신성일) 개봉

09.28 북한 외무장관 허담, 미국 방문-한국 배제, 북미 직접 협상

09.29 정부, 〈해양오염방지법안〉 마련(1977.12. 제정)-해양 배출 기름·폐기물 규제 등

10.06 서울시, 지하철 2호 순환선 건설계획 확정-1978.3. 착공

10.07 최대 규모 예비군 동원훈련 '쌍룡연습' 실시-동원 사단 편성, 전방 이동훈련

10.07 매년 11월 첫 토요일, '육림의 날' 선포-1989. 폐지

10.08 서울대 의과대학 김정룡 박사, 바이러스성 간염 B형 예방 백신 개발

10.10 제58회 전국체육대회 개최(광주)

10.12 국방부, 육군 경비행기 1대, 항로착오로 월북 발표

10.14 쌀 수확 증가로 쌀 7분 도정제 폐지-9분 도정제로 환원(1974.12.~)

10.18 KBS TV, '전설의 고향' 첫 방영(~1989.10.3.)

10.19 한국 전통의 예술세계를 그려낸 서양화가 도상봉(1902~1977) 사망

10.24 일본, 독도 영유권 주장-6.14. 일본 정부, 2백 해리 수역 발표

10.25 군산화력발전소(5만㎾) 준공-가스터빈 4대

10.25 강원도 동해시 부평화력발전소(현 GS동해전력) 가동

10.26 한국·요르단, 문화협정 체결

10.28 민간단체 '자연보호협의회' 발족-자연보호운동을 체계적으로 승화·발전

10.30 문교부, 대입 예비고사 합격제 폐지

10.31 한국국악교육회, 제1회 전국 초중고 국악경연대회 개최

10.00 제1회 이상문학상, 김승옥의 『서울의 달빛 0장』 수상

10.00 제16회 대종상영화제 시상-'난중일기'(감독:장일호, 한진흥업) 수상

11.01 보사부, 성병환자 무료 진료 실시

11.03 혜은이 '당신만을 사랑해'(작사·작곡 길옥윤) 발표

11.04 아산화력발전소(현 평택화력발전소) 착공-1980.5. 완공, 35만㎾

11.07 1977년 수출실적 랭킹 발표, 1위 현대조선에 첫 6억 불탑 수여

11.08 박정희 대통령, 12월 12일부터 쌀막걸리 제조 지시

11.08 자연보호운동 첫 강권 발동, 배터리 전류로 물고기 잡은 2명 영장

11.10 한국여자배구, 월드컵대회서 처음으로 소련팀 격파

11.10 1978학년도 대학입학예비고사 실시

11.11 이리역(현 익산역) 화약운송열차 폭발-사망 59명, 1,158명 부상, 1,647세대 이재민

11.11 한국야구대표팀, 제3회 슈퍼월드컵야구대회 참가(니카라과)-9개국, 우승

11.12 제10회 킹스컵 축구대회(방콕)에서 한국 충무팀·말레이시아 공동우승

11.14 한국·가나, 국교 수립

11.14 한국·스리랑카, 국교 수립

11.16 강원도 장성탄광 갱도에 화재-46명 사상

11.18 전 외무장관 최덕신, 미국에 망명-1986.4 북한으로 건너감

11.18 정부, 고철·생고무 등 60개 품목, 수입 자유화

11.21 한국·프랑스, 종합금융주식회사 발족

11.23 리영희 교수, 『8억인과의 대화』 내용 일부, 반공법 위반혐의로 구속

11.26 한국, 제3회 슈퍼월드컵 야구대회 우승

11.27 홍수환, 파나마서 WBA슈퍼 밴턴급 타이틀 획득(4전5기 신화)

12.01 서울시내버스, 주화식 승차 '토큰제' 전면 실시-어른 40원·학생 30원

12.01 해태그룹의 창업자, 박병규(1925~1977) 사망

12.01 김동길, 『하늘을 우러러』(샘터사) 출판

12.02 김병걸·백낙청·염무웅·송기숙·리영희 등, 해직교수협의회 구성

12.05 자연보호중앙협의회 창립-범국민적인 자연보호운동 전개

12.07 신동아건설㈜ 설립-아파트 건설·수주공사, 부동산 임대업체

12.07 전주권 광역도시개발 및 공업단지 조성

12.08 쌀막걸리, 14년 만에 재생산

12.08 한국-지부티, 국교 수립

12.08 만화영화, '전자인간337'(감독 임정규) 개봉

12.13 정부·여당, 해외의 반국가행위자 국내 재산 몰수 관련 '특별조치법안' 발표

12.15 산울림, '아니 벌써'(작사·작곡 김창완) 발표

12.16 국회, 해양오염방지법 통과-선박·해양시설의 해양배출 기름·폐기물 규제

12.16 동력자원부(현 산업자원부) 신설-동력·지하자원·전기·연료·열관리 사무 관장

12.17 구마고속도로(대구~마산) 개통

12.18 국회 〈출입국관리법개정안〉 통과-주한 외국인의 정치활동 규제, 활동중지 명령

12.19 김대중, 전주교도소에 수감 중 신경통 악화로 서울대병원 이감

12.21 제1회 대한민국 작곡상 시상식-국악인 박일훈 수상

12.22 수출 100억 달러 달성

12.24 미국, 1978년 1월 F-15이글기 8대 한국 배치 계획 발표

12.25 '3·1민주구국선언' 관련 함세웅 신부 등, 긴급조치 9호 위반자 11명, 형집행정지 석방

12.29 각계 인권운동단체의 연합체 '한국인권운동협의회' 결성

12.30 1977년 국민총생산 10.3% 실질성장(잠정), 1인당 국민총생산 864달러 집계

12.31 '3·1민주구국선언' 관련자(문익환·서남동·문정현 등 5명), 형집행정지로 석방

12.31 〈환경보전법〉 제정-국민의 건강과 자연환경 보호 목적

12.31 〈특수교육진흥법〉 제정-심신 장애인에 대한 국가와 지자체의 재정 지원 규정

12.00 새한자동차, '제미니(GEMINI)' 출시(~1981.3.)

12.00 전영, '어디쯤 가고 있을까'(작사 이경미, 작곡 이현섭) 발표

00.00 롯데제과, '롯데 샌드' 출시

00.00 해태제과, '계란과자', '알사탕' 출시

▨▨▨▨▨▨▨▨▨▨▨▨▨▨

01.07 [체코] 지식인 257명, 자유회복을 호소하는 '77헌장' 발표

01.21 [미국] 카터, 39대 대통령에 취임

01.23 [미국] 아프리카 노예의 이야기, 'ROOTS 뿌리' 방영(~1.30)

03.04 [국제] 루마니아를 비롯한 발칸반도 강진-1,541명 사망

03.04 [미국] 세이무어 크레이, 프레온 냉각방식의 '크레이-1' 슈퍼컴퓨터 개발

03.11 [브라질] 미국 인권외교에 반발, 대미 군사협정 폐기

03.22 [인도] 인디라 간디, 수상 사임

05.11 [중국] 서안사건 주동자 장학량, 연금 40년 만에 해제

05.20 [프랑스] 파리-이스탄불 간 '오리엔트 특급열차' 마지막 운행

05.21 [미국] 카터 대통령, 철군계획 반대한 주한미군 참모장 싱글러브 소장 해임

07.01 [미국] 상원, 중성자탄 개발 허용

07.02 [러시아] 작가 블라디미르 나보코프(1899~1977) 사망

07.14 [일본] 최초의 기상위성 히마와리(GMS) 발사

07.19 [중국] 덩샤오핑 복권

07.20 [국제] 유엔안보리, 베트남의 가맹 승인

08.16 [미국] '하트브레이크 호텔' 가수 엘비스 프레슬리(1935~1977) 사망

09.03 [일본] 왕정치, 756홈런으로 세계신기록 수립

09.05 [미국] 보이저1호 발사

09.10 [사우디] 석유무기화 재 선언

09.12 [중국] 핵탄두 미사일 발사 실험 성공

09.16 [미국] 영원한 오페라의 프리 마돈나, 마리아 칼라스(1923~1977) 사망

09.28 [일본] 적군파, 일본항공(JAL)기 납치

10.04 [소련] 신헌법 공포, 당서기장이 최고회의 간부회의 의장직 겸임, 브레주네프 체제 구축

10.06 [미국] MX미사일 개발 발표

10.13 [서독] 루프트한자 여객기, 서독 적군파에 피랍

11.01 [미국] 국제노동기구(ILO) 탈퇴 선언

11.12 [자이레] 화산 폭발-2천여 명 사망

11.19 [인도] 해일 발생-2만여 명 실종

11.22 [프랑스] 초음속 콩코드기, 파리-뉴욕 첫 운행

12.04 [소련] 당대 최고 남자 고전 무용수 에글레프스키(1917~1977) 사망

12.20 [이란] 대지진, 800여 명 사망

12.21 [소련] 에너지광선무기 개발

12.25 [미국] 찰리 채플린(1889~1977) 사망

12.30 [프랑스] 크루즈 미사일 개발

12.31 [캄보디아] 베트남과 단교

1978 무오(戊午) 단기4311 박정희18
카터/화궈펑/후쿠다·오히라/브레즈네프

01.01 북한, 인민경제발전 제2차 7개년계획(1978-1984) 발표-농촌 '기계화 가정운동' 개시

01.01 최헌, '앵두'(작사·작곡 안치행) 발표

01.04 서남해안 일대 63만5천 정보 간척사업 추진 결정-40만 농지 확보

01.05 만화영화, '황금날개 1.2.3'(감독 김청기) 개봉

01.06 국민투자기금 지원(총 2,870억 원) 발표-중화학공업·전기업 등에 지원

01.06 이영하, 제2차 스피드스케이팅 남자 500m 한국 신기록 작성

01.06 한국-기니, 국교 수립(~1980.1.)

01.11 전주지방법원, 옥구기지촌 여성 살해·방화사건 관련 미군에게 첫 무기징역 구형

01.14 영화 배우 최은희, 홍콩에서 납북-7.19. 남편 신상옥, 홍콩에서 납북

01.16 농수산부, 남미 아르헨티나에 첫 어업 20세대 이민 파송 결정-4.18. 부산항 출항

01.18 박정희 대통령, 연두기자회견에서 대통령 출마 시사

01.19 고구려 고선지 장군, 에베레스트 첫 정복자라는 기록 발견

01.20 영산강 유역 농업종합개발 제2단계 사업 착공

01.26 강원도 장성·은성서 716만 톤 추정의 새 탄맥 발견

01.27 동·서해공업지역을 잇는 횡단고속도로(포항↔군산) 건설 및 간척계획 수립

02.04 양가 결혼 비용, 〈가정의례준칙규정〉의 2.5배인 평균 4백만 원

02.13 와타나베 쇼시로우, 안중근 의사의 옥중기·사진 등 주일대사관 통해 한국 기증

02.20 동해 폭풍으로 8척 침몰-29명 익사

02.20 〈행정전산화 10년 계획〉 발표-전국 단일 정보권의 행정 정보시스템 구축

02.21 동일방직 인천공장, 대의원 선출 당일 '똥물 투척' 사건-여성 노동자 탄압 사건

02.24 무형문화재 지정-거문고 산조 한갑득, 장장도(粧匠刀) 박용기 등

02.27 미전술공군사령부, 1개 대대 A7 D코세어 전투기 한국 첫 배치계획 발표

02.27 협화실업주식회사, 코오롱종합건설주식회사로 이름 변경

03.09 서울 순환선 지하철 2호선 착공(~1984.5.)

03.11 전남 완도 해남군 연안, 좌초한 유조선에서 나온 6백 드럼 중유로 오염

03.13 재벌기업에 공업고 설립·인수 권장-기술계 인력 수요 급증, 30개교 확보 목표

03.20 식물분류학회, 동식물 7백여 종 '제이름찾아주기' 캠페인-동식물 표기 혼란 해결

03.20 제26차 남북적십자 실무회담 개최-북측 불참으로 유회

03.20 장응숙, '춤을 추어요'(작사 지명길, 작곡 강승식) 발표

03.23 주한미군 1진 철수 후 지상레이더·미사일 등 장비, 한국에 이양 계획

03.24 청록파 시인 박목월(1916~1978) 사망

03.29 서울대병원에 수감 중인 김대중, 신민당에 탈당계 제출

03.30 호남선(대전-익산) 복선 개통

03.31 남산 3호터널(용산동↔회현동, 1280m) 개통(1976.5.~)

04.01 농업경제연구소, 재단법인 한국농촌경제연구원으로 확대 개편·축산진흥회 신설

04.01 대한체육회가 만든 국민체조, 전 국민에게 보급-12동작, 5분

04.01 박현채, 『민족경제론』(한길사) 발간

04.03 고리원자력발전소 1·2호기 원자로 공급 핵연료 가공 계약 정식 체결

04.06 경남 창원 중기공장, 국산 고성능 전차 M48A3·M48A5 개조 생산 시작

04.12 춘천가톨릭농민회 유남선·박명근 등, 《농민회보》 관련 긴급조치 9호 위반에 구속

04.13 서울 땅값, 14년간 60배 상승

04.14 세종문화회관 개관(1974.1.~)-'위대한 전진' 공연-시립교향악단 등 12개 단체 860명 출연

04.14 〈수입자유화 조치〉 발표-수입 자유·감시·제한·금지 대상으로 구분

04.14 1979년부터 고교 무시험제 확대 방침 발표-전주·대전·청주·원주 등 4개 도시

04.17 전남 여천에 제3석유화학 단지건설계획 발표

04.18 담양 중독사건 계기로 중금속오염 장기종합대책 수립-전국 환경오염실태조사 착수

04.21 KAL 보잉707기 항로 이탈, 소련 전투기의 총격에 무르만스크에 강제 착륙

04.21 카터 미 대통령, 주한미군 철수계획 축소 발표-6,000→3,400명

04.22 영화, '죠스'(감독:스티븐 스필버그, 배우:로이 샤이더·로버트 쇼 등) 개봉

04.23 한국등반대 유동옥 등, 안나푸르나 제4봉(7,525m) 정복

04.24 함평고구마사건 발생-농협의 비리·무성의로 고구마전량 수매 약속 불이행

04.29 고리원자력 발전소 1호기(58만7천㎾) 상업 운전 개시-세계에서 21번째

04.30 〈영해법〉 시행-종래 3해리 영해의 범위, '12해리'로 확장(사삼십선언), 대한해협 3해리

04.00 제1회 한국펜문학상, 김종문 「먼 통로에 기대고」 수상

05.01 인명진 목사, 긴급조치 9호 위반 혐의로 구속-2016.12. 새누리당 비상위원장

05.01 1차 수입자유화 단행-3차에 걸쳐 75개 품목 수입(자유화율 53%)-개방무역 체제 돌입

05.02 13세 피아니스트 손은수, 전미 청소년 피아노 콩쿠르 1위 입상

05.05 장애아동 전문재활치료 병원, 서울시립아동병원 이전(사직동→내곡동) 준공 개원

05.08 제5차 경제개발계획(1982~1986) 주요정책 방향 책정-정부주도→시장중심으로 전환

05.10 김창완, '나 어떡해'(작사·작곡 김창완) 발표

05.11 가뭄비상대책 수립-비상동원령, 대책비 237억 원 투입, 6만3천정보 못자리 설치

05.11 전국 가정용 전압 110V→220V로 승압 확정

05.11 한국-과테말라, 문화협정 체결

05.12 한미연합사령부 본부건물 착공식

05.13 가뭄 속에 소금 과잉 생산, 산지 값 폭락

05.14 대만서 육군대장 구니노미야[久邇宮]를 처단한 조명하 의사 동상, 대만에서 제막

05.14 한국-요르단, 항공협정 체결

05.17 1981년까지 부산항에 4배 규모의 새 항구 건설 결정

05.18 제2대 통일주체국민회의대의원 선거(투표율 78.095%)

05.20 이평송, 전국종별육상경기선수권대회 넓이뛰기 7.71m기록, 38년 만에 기록 경신

05.22 부마고속도로(현 남해고속도로 제2지선, 20.6㎞) 착공(~1980.9.4.)

05.24 가뭄으로 인한 공업용수 부족으로 공업가동 중단 속출

05.26 전남 여천석유화학공단(현 LG화학 석유화학공장) 준공

05.27 제일교포 유학생 서준식, 반공법위반죄로 출감 후 사회안전법에 재수감-1988. 출감

06.03 4대강 유역 종합개발계획의 일환으로 충주다목적댐 착공(~1985.12.31.)

06.05 조세희, 『난장이가 쏘아올린 작은 공』(문학과지성사) 출간

06.07 한국·벨기에 합작, 국내 첫 창원직업훈련원(현 한국폴리텍Ⅶ대학)-전액 국비

06.10 국제 규모의 제주항 종합개발계획 발표-총 442억 원 투입, 1986년 완성

06.13 제42회 세계사격선수권대회 기념주화 구입에 2만 명 인파 쇄도-20명 부상

06.16 경희대에서 첫 자연박물관 개관

06.16 정부수립 이후 최대 규모 '멸공특전훈련' 중부전선에서 실시

06.17 보사부, 〈심신장애아 종합보호대책〉 발표-지체부자유아·시청각장애자에게 보장구 지급

06.17 〈소비자보호기본법〉 마련-소비생활의 안정과 향상 도모-1980.1. 〈소비자보호법〉 공포

06.17 영등포도시산업선교회 호주선교사 라벤더, 노사문제 관여 이유로 강제 출국

06.22 한일대륙붕협정 비준서 발효-대륙붕 북부구역경계획정·남부구역공동개발 협정

06.28 한국-미국 제1차 군사위원회 개최, 전략지침 1호 시달-11.7. 한미연합군사령부 창설

06.30 한국정신문화연구원(현 한국학중앙연구원) 개원

07.01 '78 MBC 서울국제가요제(세종문화회관)-윤복희, '바늘과 실' 최우수 가창상 수상

07.02 5대 광역(서울·부산·대구·광주·대전) 공원 벨트 설정

07.04 138개 업체, 자동차부품 전문생산공장으로 지정

07.06 통일주체국민회의, 9대 대통령 단독후보 박정희 선출-대의원 2578명, 찬성 99.09%

07.07 대한도시가스(현 코원에너지서비스) 설립

07.13 문교부, 대학입시에 고교성적 내신제 반영(고교평준화) 발표-1981학년도 실시

07.17 원효대교 착공(~1981.10)

07.20 만화영화, '77단의 비밀'(감독 박승철) 개봉

07.21 농업진흥청, 다수확 밀 품종 개발

07.22 만화영화, '달려라 마징가 X'(감독 김현용) 개봉

07.22 TBC 제1회 해변가요제(연포해수욕장)-왕영은, '징검다리' 최우수상 수상

07.23 한강대교 버스 추락사고 발생, 운전사 부주의와 정비 불량-33명 사망

07.26 미 상원, 총 11억 6천만 달러 규모의 〈국제안보지원법〉 통과-대한군사지원 포함

07.26 만화영화, '로보트태권V와 황금날개의 대결'(감독 김청기) 개봉

07.27 경주 백룡사 목탑 심초석에서 국보급 백자항아리 등 신라유물 170점 출토

07.27 〈환경보전법〉 시행 후, 부산 모 교회 종소리에 첫 규제 명령

07.30 경주 황룡사지에서 금동불입상·풍탁·금동귀걸이 등 국보급 유물 4만여 점 발굴

07.31 백운사 목탑 적심석 밑에서 국보급 유물 등 250점 발굴

07.31 만화영화, '날아라 원더공주'(감독 김청기) 개봉

08.03 강원도 탄전지대 일손 부족으로 삼척군 풍곡리 연화광업소 '갱내여자광부' 첫 등장

08.03 아동문학가 윤석중, 필리핀 막사이사이상 언론·문학·창작부문 수상

08.06 한국여자농구, 중국 꺾고 제1회 아시아여자농구에서 우승

08.08 부동산 과열 투기, 부동산투기억제 종합대책 발표-토지거래 허가, 신고제 실시

08.12 경북도교위 가짜 중등교사 자격증 발급 사건 관련 46명 구속, 36명 불구속 입건

08.16 함평고구마사건 관련 무안군 해제면 농협단위조합장 등 5명 구속

08.17 미 의회, 대전차 토우 미사일(1,108기)·155㎜자주곡사포·박격포 등 한국 판매 승인

08.18 윤보선 전 대통령의 99칸 집, 중요민속자료(196호)로 지정

08.22 압구정동 현대아파트 특혜분양사건 계기로 사원용 아파트 특별규제방안 마련

08.26 공인중개사·중개법인제도 신설 결정-1985.9. 제1회 공인중개사 자격시험 실시

08.28 1979년 하반기 국산 컬러 TV 시판 결정-1980.8. 첫 판매, 12.1. 첫 TV 방송

08.28 한국수출입은행, 로스앤젤레스 사업소 개소

08.29 옥포조선소, 조선공사와 분리되어 대우그룹에 인수

08.30 부산에서 제24회 국제기능올림픽 개막

08.31 TBC 제1회 해변가요제-피버스, '그대로 그렇게·블랙테트라, '구름과 나' 발표

08.31 한국-소련 첫 국제전화 통화-세계여자배구선수권대회 취재(서울-도쿄-모스크바-레닌그라드)

09.01 한국수출입은행, 홍콩사무소 개소

09.01 공무원 처우 개선-공무원 중·고교 재학 자녀 2명의 학비 면제

09.01 건국대 동굴탐사반, 강원도 영월군 문산리에서 한국 최대 깊이의 수직 동굴 발견(연하동굴)

09.02 북한, 평양↔원산 고속도로 개통

09.02 야간대학·전문대학 지망 사업체 근로자, 대학입학 예비고사 면제

09.03 신현확 보사부장관, 1차 보건의료국제회의 참석 차 소련 첫 입국

09.04 제4차 세계 여기자·작가협회, 서울에서 개막

09.04 유럽피안 아시아은행, 서울지점 개점

09.06 WHO 1차 보건의료국제회의(알마타), 취재·보도 관련 한국인 기자 첫 소련 입국

09.06 〈관세법〉 개정-평균 관세율 25%로 인하

09.06 삼척탄전동부 함태탄광에서 석탄 매장량 360만 톤의 탄층 발견

09.12 제2차 수입자유화 조치, 18개 품목(자유화율 64.09%)

09.12 북한 김일성 주석, 중국 등소평과 정상 회담

09.12 제2회 MBC대학가요제(정동문화체육관)-썰물, '밀려오는 파도 소리에' 대상 수상

09.12 심수봉, '그때 그 사람'(작사·작곡 심수봉) 발표-제2회 MBC대학가요제 발표

09.13 의료보험제도, 1979년 7월부터 3백인 이상의 사업장으로 확대 실시 확정

09.13 서울대생 2천여 명, 유신철폐 요구 시위

09.13 국어학자 이극로(1893~1978), 북한에서 사망

09.15 한국-솔로몬군도, 국교 수립

09.15 31개 중소 도시, 초등학교 육성회비 폐지

09.16 박경애, '곡예사의 첫사랑'(작사·작곡 정민섭) 발표

09.17 삼성전자, 태양에너지개발본부 설치-솔라 하우스자재 개발 본격화

09.17 소련군 침공 후 들어선 아프가니스탄 친소정부와 단교

09.19 김만준, '모모'(작사·작곡 박홍철) 발표

09.20 고려대장경 초주본 59종 73권 발견

09.21 민방위 교육 훈련 단축 결정-1979년부터 지역 18시간, 직장 20시간으로 단축

09.22 〈국민보건의료 특별조치법〉 의결-3년 간 무의촌 지역에 공중보건의 임명 등

09.23 정부 시책 비판 이유로 ≪월간중앙≫ 10월호 압수-3개월간 자진 휴간

09.23 마늘·고추값 파동 방지 위해 1979년부터 생필품 등 해외원자재 30개 품목 비축 확정

09.24 제42회 서울 세계사격선수권대회 개최

09.25 세종문화회관서 제1회 오페라 푸치니 '라보엠' 공연

09.25 훈련 중이던 공군 F4D 팬텀 전투기 1대, 서울 영등포 대한통운 화물야적장에 추락

09.26 고령 가야고분 32호서 '황형식 금동관' 발굴

09.26 국산 중거리 유도탄·다연발 로케트 시험발사 성공

09.26 초가 보존 위해 전국 20개 마을 648채 보전 가옥 지정

09.26 대우조선공업주식회사(현 대우조선해양) 설립

09.27 50억 원 이상 은행 대출 410개 여신관리대상기업, 1980년까지 비업무용 소유 부동산 처분

09.27 수도권전철·서울지하철 건설계획 발표-서울 중심 반경 20㎞ 이내 철도 전철화 등

09.27 대법원, 이리역 열차폭발사고 관련 한국화약 호송원 10년 징역 확정

09.28 북한군 권정훈 하사 귀순

09.29 국립천문대 '소백산 천체 관측소' 완공-국내 최초로 현대식 천체망원경 설치

09.29 국제한국참전향군회연맹 창립총회 개최-참전 19개국 향군 대표·예비역 장성·용사 참석

09.29 부산항 종합개발 제1단계 사업, 컨테이너 전용부두 준공

09.30 김성준, WBC 라이트플라이급 세계 챔피언 획득

10.04 국기 하강식 실시(겨울: 오후 5시, 그 외 6시) 시작(~1989.1.22.)

10.04 국토개발원(현 국토연구원) 발족

10.05 〈자연보호헌장〉 선포-자연보호를 위한 범국민적 결의를 집약

10.06 대한불교 조계종, 종단분규 수습 위해 종단재건회의, 종헌기초위원회 구성

10.06 민간업자 최초로 강남구 대치동에 도시가스공장 착공

10.07 충남 홍성, 강도 4 지진 발생-가옥 2,800여 채 균열

10.10 한국 청소년대표 축구팀, 중공과의 사상 첫 대결에서 역전승(데카 경기장)

10.12 제59회 전국체육대회 개최(인천)

10.17 김택수 대한체육회장, 1986년 제10회 아시안게임 서울 유치 발표-1981.9. 유치 결정

10.17 판문점 남쪽에서 제3의 땅굴 발견-경기도 파주시 장단면 위치

10.24 제17회 대종상영화제 시상-'경찰관'(감독:이두용, 합동영화) 수상

10.25 온양민속박물관(충남 아산) 개관

10.28 제20회 아시아청소년축구선수권대회에서 한국·이라크 공동우승

10.30 포항종합제철, 제2제철의 건설 실수요자로 확정

10.31 인천화력발전소 제4호기(32만5000㎾) 준공(1975.5.~)

10.00 현대자동차, '그라나다' 출시(~1985.12.)-1,993cc

11.05 김대건의 조선전도 원본, 파리 국립도서관에서 발견

11.05 한국-투발루, 국교 수립

11.07 1979학년도 대입예비고사 실시-3수생 감점 첫 적용, 경쟁률 2대 1 미만

11.07 서울 대기오염 근본 대책으로 공해 자동측정장치 29대 신설

11.07 한미연합사령부(CFC) 창설(사령관 미군 대장)-주한미군 철수 후 작전지휘체계 효율화

11.08 대구기지에 미 F4D팬텀기 1개 대대(12대) 도착-미군 철수에 따른 미 공군력 증강

11.08 미술계인사와 미술애호가, 현대미술관회(회장 민병도) 창립

11.09 긴축금융조치로 기업 자금난 심화-8·3조치 이후 사채시장 최대 호황

11.09 미 국방장관, 주한미군 추가 철수(3,600명) 발표

11.13 조계종, 제6대 종정에 윤고암 스님 선출

11.16 영화, '속. 별들의 고향'(감독:하길종, 배우:신성일·장미희·도금봉) 개봉

11.16 포항종합제철 제1제강 공장, 출강 1천만 톤 돌파

11.21 행주대교(덕양구 행주외동↔강서구 개화동, 1460m) 개통(1975.7~)

11.27 관광객 유치, 100만 명 돌파

11.27 부산 자유시장 화재-점포 1,031개 소실, 50억 피해

11.27 한국문학진흥재단 창립-한국문학의 해외보급과 문학진흥

12.06 국립광주박물관 개관-해방 이후 우리 손으로 지은 첫 번째 국립 박물관

12.07 남북호(5,549톤), 사상 최초로 남극해 어로 출항-인류 최후의 단백질 자원 확보

12.08 동양 최대의 서울대병원 준공-병상 1,956개

12.08 포항종합제철 3기 설비 확장공사 준공-연간 조강생산량 260만톤→550만톤 증가

12.09 영화, '지옥의 특전대'(감독:앤드류 V. 맥라글렌, 배우:앤드류 V. 맥라글렌) 개봉

12.09 용산-청량리 간 경원선 전동차 운행 개시

12.09 제8회 방콕 아시안게임 개막-한국 3위, 금18·은20·동31

12.12 제10대 국회의원 총선거 실시-공화당 68명, 신민당 61명, 통일당 3명

12.13 주한미군 철수부대 1진 219명, 오산기지 출발

12.15 소비자물가 1978년 11월 말까지 15.09% 상승 집계

12.18 1979년부터 징집등급 1-4급 확정 구분-4등급, '방위소집' 통보

12.19 한국-모리타니, 국교 수립

12.20 문화재위원회, 단양 신라적성비 등 3점 국보 지정

12.20 최헌, '가을비 우산 속'(작사 이수형, 작곡 백태기) 발표

12.25 가람과 뫼, '생일'(작사·작곡 민재홍) 발표

12.25 축구선수 차범근, 서독 분데스리가의 SV다름슈타트98 팀에 입단

12.27 김대중, 특별사면 제1호로 형집행정지로 서울대병원에서 석방(1976.3.~)

12.27 박정희, 제9대 대통령 취임(~1979.10.)

12.27 정부, 긴급조치 9호 위반자 106명 포함 5,378명 사면 석방

12.28 성래운 교수, 전남대 '우리의 교육지표' 선언 관련 긴급조치 9호위반 혐의로 구속

12.29 원자력발전소용 기자재 국산 첫 제품, 중수로 핵연료장전관 제작 완성

12.29 제8회 아시아축구선수권대회(마닐라)에서 한국 우승

12.30 국사편찬위원회, 『한국사』 24권 간행

12.30 김상현, WBC 수퍼라이트급 세계챔피언 획득

12.30 장거리 자동 공중전화(DDD) 시대 개막

12.00 만화영화, '손오공과 별들의 전쟁'(감독 한헌명) 개봉

00.00 바스콘셀로스, 『나의 라임오렌지나무』(광민사) 출판

■■■■■■■■■■■■■■■

01.24 [소련] 핵 추진 위성, 캐나다에 추락

03.12 [미국] 뮤지컬 '레미제라블', 뉴욕 브로드웨이에서 초연

03.17 [미국] 대형 유조선, 프랑스 브리타니 해안에서 좌초, 대형 기름유출 사고

05.20 [일본] 나리타 공항(신도쿄국제공항) 개항

06.26 [미국] 최초의 해양 위성 시샛(seasat) 발사

07.07 [솔로몬군도] 영국으로부터 독립

08.06 [바티칸] 교황 바오로6세(1897~1978) 사망-9.3. 요한 바오로 1세, 교황 즉위

08.13 [이스라엘] 베이루트 PLO 본부 폭파

08.17 [필리핀] 민다나오섬 지진-8천여 명 사상

08.25 [중공-베트남] 국경서 유혈 분쟁

09.09 [미국] 워너브러더스 영화사 설립한 잭 워너(1892~1978) 사망

09.16 [이란] 타바스, 지진으로 2만5천여명 사망

09.28 [바티칸] 교황 요한 바오로 1세(1912~1978), 재위 33일 만에 사망

10.13 [중국] 모스크바 겨냥 대륙간탄도미사일(ICBM) 설치 발표

10.16 [바티칸] 요한 바오로 2세, 제265대 교황으로 즉위

10.23 [일본-중국] 평화우호조약 비준서 교환-11.26 양국 간 무역협정 체결

11.03 [소련-베트남] 양국 우호조약조인

11.15 [미국] 인류학자 마가렛 미드(1901~1978) 사망

11.17 [소련] 중성자탄 시험 성공 발표

11.18 [남미 가이아나] 사이비종교단체 '인민사원' 집단 자살-914명 사망

11.19 [중국] 북경에 모택동 비판 대자보 등장-11.27 북경서 사상 처음으로 자유 요구 데모

11.24 [국제] 전 세계 라디오 주파수 변경

12.01 [루마니아] 탈 소련 선언

12.15 [미국-중국], 국교정상화 발표

12.27 [베트남] 난민선, 마닐라만서 침몰-200여 명 사망

12.31 [미국] 에이즈(AIDS) 환자, 미국에서 발견

1979 기미(己未) 단기4312 박정희19
카터/화궈펑/오히라/브레즈네프

01.01 3차 수입자유화 조치(가스레인지·난방기기 등 349개 품목) 단행-자유화율 68.6%

01.01 초등학교 교과서 무상 배포

01.09 정부, 정세 왜곡보도에 《마이니치신문》 국내 판매 금지-특파원 강제 퇴거 명령

01.10 충북 단양서 신라 진흥왕대 석비 및 입석 불상(높이 480cm) 발견

01.11 활주로, '탈춤'(작사 김종태, 작곡 지덕엽) 발표-1978 대학가요제 입상곡

01.16 제3전자공업단지(구미시·칠곡군 등지) 조성 발표(457만9천㎡)(1987. 착공~1995)

01.18 강릉대학 설립 인가

01.19 박정희 대통령, 남북당국자 간 무조건 대화 촉구

01.20 영화, '깊은 밤 깊은 곳에'(감독:찰스 재롯 , 배우:마리 프랑스 피지에, 존 벡) 개봉

01.22 설날 승차권 예매 첫날-서울역·여의도 광장에서 인파가 밀려 10여 명 압사

01.23 북한, 9월 초 서울이나 평양에서 전 민족대회 개최 등 제의

01.23 MB드라마, '봄비'(출연:이정길·김자옥·이효춘 등) 첫 방영(~5.19)

01.31 동해고속도로(삼척↔포항) 개통(192.1km)-종전 6시간30분에서 3시간으로 단축

01.31 만화영화, '똘이장군-제3땅굴'(감독 김청기) 개봉-반공 만화영화

01.00 혜은이, '제3한강교'(작사·작곡 길옥윤) 발표

02.01 육군참모총장, 정승화 대장 임명

02.06 국내 최초로 칠레와 전대차관 공여 협정 체결-2백만 달러 규모

02.07 근현대 동양화단 채색화 대가 김은호(1892~1979) 사망

02.10 이영하, 세계빙상선수권대회 500m서 한국 최초로 동메달 획득

02.14 내무부, 인구 3만 이상의 48개 읍, 준시로 개편 발표

02.14 1981년부터 고교 입시에 연합고사 폐지, 내신제 적용 발표

02.14 3년 만에 〈최저임금제〉 폐지 발표-각 업체별로 임금 조정-1978. 최저임금 3만 원

02.14 한국, 이란회교공화국 승인

02.17 남북대화 단절 3년 11개월 만에 판문점에서 1차 접촉

02.17 영화, '26×365=0'(감독:노세한, 배우:유지인·하명중·김추련 등) 개봉

02.19 한국-코모로, 국교 수립

02.20 북한, 평양세계탁구대회에 남북한단일팀 구성 제의

02.22 국제탁구연맹, 평양 세계탁구대회에 남북한 단일팀 구성 거부

02.27 남북탁구협회, 평양 세계탁구대회 단일팀구성 협의차 판문점에서 협의, 결렬(~3.12)

02.28 영화 '바보들의 행진'(1975), 영화 감독 하길종(1941~1979) 사망

02.00 기아산업, '푸조 604' 출시(~1981.12.)

03.01 윤보선·김대중 등 재야인사, '민주주의와 민족통일을 위한 국민연합' 결성

03.02 한국과학기술연구소 김장호박사팀, 국산 전기자동차 개발 성공

03.05 김성동, 『만다라』(한국문학사) 출판

03.06 한국-멕시코, 〈일반사증면제협정〉 체결-비자 면제

03.08 국내 첫 태양열교실, 월배국민학교(경북 달성)에서 6년 만에 실용화-난방·도시락 보온

03.17 제10대 국회의장 백두진 피선(~12.17)

03.18 박찬희, WBC 플라이급 세계챔피언 획득

03.27 한국토지개발공사 설립-부동산 투기 억제와 지가 안정 도모

03.00 제7대 대법원장 이영섭 임명(~1981.4)

04.02 KBS FM, 스테레오 음악방송 시작

04.03 신선호 회장 등 외국환관리법 위반과 횡령죄로 구속-14개 율산그룹 도산(율산파동)

04.06 경주 보문관광단지(190만 평) 개장

04.06 북한, 제3차 화폐개혁 단행, 유휴화폐 회수 목적

04.08 충주 중원고구려비(국보 제205호) 발견

04.09 고리원자력발전소 3·4호기(부산 기장) 착공-1985.9. 3기, 1986.4. 4기 준공

04.10 과천 제2정부청사 착공(~1983.3)

04.13 KBS1드라마, '문예극장' 첫 방영-1980.12.18. 'TV 문학관'(~1987.10)

04.14 강원도 함백탄광 화약 폭발 사고-26명 사망

04.15 전 수도여고 교사(고상문), 노르웨이에서 납북

04.16 울주군의 남창역과 온산역을 잇는 온산선 준공(1977.3~)

04.18 서울 잠실체육관(13,595석 규모) 건립(1976.12~)

04.22 셍고르 세네갈, 초대 대통령 방한-4.24. 양국 경제기술협력 및 문화협정 체결

04.25 북한, 제35회 평양 세계탁구대회 개최(평양체육관)

04.29 서울서 제8회 세계여자농구대회 개막

04.00 이해인, 『내 혼에 불을 놓아』(분도출판사) 출판

04.00 기아산업, '피아트 132' 출시(~1981.12)

05.01 한국미술5천년전, 미국 샌프란시스코 전시회 개최

05.03 영화, '내가버린 남자'(감독:정소용, 배우:유지인·윤일봉) 개봉

05.07 MBC드라마, '소망'(출연:이정길·이효춘·정혜선·최불암) 첫 방영(~9.8)

05.10 배인숙, '누구라도 그러하듯이'(작사 배인숙, 작곡 외국곡) 발표

05.15 이은하, '아리송해'(작사 이은하, 작곡이승대)·'봄비'(작사 이희우, 작곡 김희갑) 발표

05.26 MBC드라마, '엄마, 아빠 좋아'(출연:김혜자·오지명·김무생 등)(~9.23)

05.29 산악인 고상돈(1948~1979), 알래스카 매킨리봉(6,194m) 등정 성공-하산길에 사망

05.29 카터 미국 대통령, 주한미군 철수 동결 결정

05.30 신민당 전당대회, 총재에 김영삼 선출

05.31 영화, '록키 2'(감독:실버스터 스탤론, 배우:실버스터 스탤론·탈리아 샤이어) 개봉

05.00 국무회의, 긴급조치 9호 해제 결의(~12.7.)

06.01 김이연, 소설『방황의 끝』(고려원) 출판

06.02 '79 MBC 서울국제가요제(세종문화회관)-방수원, '사랑의 마술사' 우수 가창상 수상

06.11 미국 민간대외원조협회(CARE) 한국서 철수

06.11 한국-쿠웨이트, 국교 수립

06.15 이문열, 『사람의 아들』(민음사) 출판

06.15 TBC드라마, '야! 곰례야'(출연:노주현·정윤희 등) 첫 방영(~1980.3.13.)

06.25 MBC드라마, '최후의 증인'(출연:전운·김해숙·오지명·김무생 등) 첫 방영(~6.27)

06.29 카터 미국 대통령 방한-6.30. 정상회담, 주한미군 철수·한국 인권 상황 설전

07.02 여의도 한국증권거래소 개소

07.03 강남구 삼성동에 한국종합전시장(KOEX) 개장-수출입 상품 상설전시 및 거래 주선

07.05 영화, '메세이지'(감독:J 리 톰슨, 안소니 퀸, 말콤 멕도웰·제임스 메이슨) 개봉

07.05 김트리오, '연안부두'(작사 조운파, 작곡 안치행) 발표

07.10 들고양이들, '마음 약해서'(작사 정두수, 작곡 김영광) 발표

07.12 차범근, 서독 축구팀 프랑크푸르트팀 입단(~1989)

07.17 사랑과 평화, '얘기할 수 없어요'(작사·작곡 이장희) 발표

07.20 김진호, 제30회 세계양궁선수권대회서 60m더블라운드 세계신기록(5관왕)

07.21 만화영화, '별나라 삼총사'(감독 임정규) 개봉

07.21 만화영화, '은하함대 지구호'(감독 김청기) 개봉

07.21 TBC 제2회 젊은이의 가요제(시민회관)-한승기, '탑돌이' 최우수상 수상

07.25 가톨릭농민회(안동교구) 임원 오원춘, 정부의 종자에 항의하다 정보기관에 납치·감금

07.26 만화영화, '도깨비 감투'(감독 박승철) 개봉

07.28 MBC 제1회 강변가요제 개최(청평유원지)-홍삼트리오, '기도' 금상 수상

07.31 TBC 제3회 젊은이의 가요제-로커스트, '하늘색 꿈' 대상 수상

08.06 제26차 세계교사교육자대회 서울 개막-36개국 참가

08.09 가발수출업체 YH무역 여공들, 회사폐업조치에 신민당사에서 농성

08.11 경찰, YH무역여공 강제진압-여공 김경숙 사망, 취재기자·국회의원 등 중상(YH사건)

08.13 MBC드라마, '한국인'(출연:최불암·이효춘·김무생 등)(~8.16)

08.14 YH노조지부장 최순영 등 신병 확보, 배후 조종 혐의로 이문영·문동환·고은 등 구속

08.20 한국-나우르, 국교 수립

08.23 보사부, 전국 국민학교생 중 폐결핵 환자 5천여 명 조사 발표

08.24 국제사면위원회 런던본부, 문익환 목사를 '8월의 양심수'로 선정 발표

08.27 김영삼 신민당 총재, 양일동 통일당 총재와 합당키로 합의-불발

08.00 만화영화, '간첩 잡는 똘이 장군'(감독 김청기) 개봉-반공 만화영화

09.01 서울시, 1988년 제24회 올림픽경기 유치 신청 결정

1979

09.08 영화, '챔프'(감독:프랑코 제페렐리, 배우:존 보이트, 페이 더너웨이) 개봉

09.10 김영삼 신민당 총재, 기자회견서 '박정권 타도' 선언

09.10 MBC드라마, '안국동 아씨'(출연:김영란·최불암·김혜자 등) 첫 방영(~1980.3.29.)

09.11 제3회 MBC대학가요제(정동문화체육관)-김학래·임철우, '내가' 대상 수상

09.12 정부, 김대중의 외부 접촉 일절 금지

09.12 정부, 실업자 53만 7천 명 발표

09.14 한국-적도기니, 국교 수립

09.17 우리나라 최초의 무인속도측정기, 경부고속도로에 설치·단속 시작

09.18 국산 디젤기관차(1978.11. 현대차량주식회사 제작) 운행 개시

09.18 김정명(일본 아오모리대 교수), 안중근 의사가 형무소서 쓴 『동양평화론』 공개

09.28 세계관광기구총회, 한국을 이사국으로 선출

09.29 영화, '취권'(감독:원화평, 배우:성룡·황정리·원소전) 개봉

10.01 경제기획원, 한국인 평균 수명 발표-여자 70세, 남자 66.1세

10.01 보건사회부, 어린이 천연두 접종 폐지

10.01 송건호 외, 『해방전후사의 인식』 1 발간

10.01 제1회 대한민국무용제(현 서울국제무용제) 개막-9개 단체 참가

10.01 나미와 머슴아들, '영원한 친구' 발표-영화, '고독이 몸부림칠 때' 삽입곡

10.02 제18회 대종상영화제 시상-'깃발 없는 기수'(감독:임권택, 화천공사) 수상

10.02 환경청(현 환경부) 신설

10.04 여당 의원들, 〈김영삼 신민당 총재 징계안〉 기습 처리

10.07 김형욱 전 중앙정보부장, 프랑스 파리에서 의문의 실종

10.08 신안 23개 섬, 전화 사업 준공-해저케이블로 첫 송전

10.09 과천신도시개발계획 확정 발표-과천면 문원리·관문리 69만여 평, 4만5천명 규모

10.09 남조선민족해방전선(남민전) 사건 발표

10.12 제60회 전국체육대회 개최(충남)

10.13 무장 간첩 1명 사살, 잔당 2명 추적 중 발표

10.13 신민당 의원 66명, 통일당 의원 3명 전원, 국회의원직 사퇴서 제출

10.16 부마항쟁 시작-유신체제 반대운동-부산에서 1058명, 마산에서 505명 연행(~10.20)

10.16 성수대교(성동구 성수동↔강남구 압구정동, 1,161M) 개통(1977.4.~)

10.18 부마항쟁으로 부산에 비상계엄령 선포-각 대학 휴교·통금, 66명 군사재판 회부

10.19 미국과 한국에서 'F5F전투기'(노드롭사) 공동조립 생산 합의(1982.9. 첫 생산)

10.19 박정희 대통령, 방한한 리콴유 싱가포르 수상 접견

10.20 부마항쟁으로 마산·창원에 위수령 선포, 59명 군사재판에 회부

10.24 미국, 북한 여행제한 철폐 확인

10.24 TBC, '독수리 5형제' 첫 방송(~1980.8.27.)

10.26 삽교천 방조제(당진 운정리↔아산 문방리, 3,360m) 준공(1976.12.~)

10.26 박정희(1917~1979) 대통령, 김재규 중앙정보부장 총격으로 사망

10.27 노재현 국방부장관, '군의 정치 불간여, 민주주의 환원' 성명서 발표

10.27 대통령 사망에 전국(제주 제외) 비상계엄 공포(계엄사령관 육군참모총장 정승화)(~11.19)

10.27 최규하 국무총리, 대통령권한대행 취임

10.00 제1회 가람시조문학상, 정완영 수상

10.00 만화영화, '검은별과 황금박쥐'(감독 한헌명) 개봉

11.03 미국 항공모함 키티호크, 11척 선단을 이끌고 제주남방 10㎞ 해상 도착

11.03 박정희 대통령 국장 영결식, 동작동 국립묘지 안장

11.05 여천석유화학공단 2단지 준공

11.06 1980학년도 대학입학예비고사 실시

11.09 한국전력-호주 페코·일렉트로이픽 진크사, 원자력발전소 우라늄정광 장착공급 계약 체결

11.10 노고지리, '찻잔'(작사·작곡 김창완) 발표

11.12 민주공화당, 김종필을 총재로 선출

11.15 현기영, 제주4.3사건 관련 『순이 삼촌』 발간

11.17 '불놀이' 시인 주요한(1900~1979) 사망

11.19 계엄 당국의 휴교 해제-전국 각 대학교 전면 개교

11.25 일본 칸토 지방서 조선왕조 궁중무용 7편 수록된 최고 기록영화 발견

11.26 YMCA 위장결혼식 사건-통일주체국민회의 대통령 선출 반대, 관련자 96명 검거

11.29 수원 성곽 복원

11.00 김성동, 장편소설 『만다라』(한국문학사) 출판

12.01 TBC 만화영화, '그랜다이저' 첫 방영(~1980.7.12)-정부, 로봇 애니메이션 방영 금지

12.02 들고양이들, '정든 부두'(작사 김중순, 작곡 한정선) 발표

12.03 도시 주민 주택 부족률 40%로 집계

12.04 김재규 등 8명, 박정희 대통령 시해 사건 관련 첫 공개 재판

12.06 최규하, 통일주체국민회의서 제10대 대통령에 선출

12.09 제1회 동양방송 텔레비전 세계가요제-일본 대표 오오하시 준코, 그랑프리 수상

12.11 경남 울주 온산동제련소, 3년 만에 준공-전기동의 자급 기반 마련(1976.11.~)

12.12 문교부, 초중고 교과서에서 유신내용 삭제 결정

12.12 전두환 보안사령관, 정승화 계엄사령관 연행, 총격사건 발생(12·12군사반란)

12.13 신현확, 제13대 국무총리 취임(~1980.5)

12.13 제10대 최규하 대통령 취임

12.14 유네스코, 경주를 세계 10대 유적 도시로 지정

12.16 한국정신문화연구원(현 한국학중앙연구원), 제1회 한국학 국제학술대회 개최

12.21 영화, '사형도수'(감독:원화평, 배우:성룡·원소전·황정리) 개봉

12.24 경남 창원 기계공단에 있는 금성사 공장에 큰 불-피해액 435억 원

12.27 대한체육회, 북한의 제22회 모스크바 올림픽대회 남북한 단일팀 구성제의 접수

12.29 1979년 쌀 생산량, 목표에 미달, 외국산 쌀 도입(350만 섬) 결정

12.29 서울 북방, 수도권 방위벽 준공-북한군의 전차·장갑차·자주포 통로 차단

12.31 첫 국산화 시범발전소, 남제주화력발전소 1호기(1만㎾) 준공(1977.6.~)

00.00 KBS드라마, '토지'(출연:한혜숙 등) 첫 방영

00.00 롯데제과, '빠다 코코낫', '야채 크래커' 출시

00.00 오리온제과, '밀크 캬라멜' 출시-2015.11. '오리온캬라멜' 개칭

00.00 해태제과, '웨하스'·'쌍쌍바' 출시

▨▨▨▨▨▨▨▨▨▨▨▨▨

01·01 [미국-자유중국] 단교, 상호방위조약 파기

01.28 [중국] 등소평, 미국 방문

02.05 [이란] 종교지도자, 호메이니 귀국(2.1), 회교공화국 수립

02.06 [파키스탄] 최고재판소, 부토 전 수상의 사형판결 확정

02.12 [이란] 석유 국유화

02.13 [사우디아라비아] 세계 최대의 미계석유회사 아람코 완전 국유화

02.14 [이란] 좌익과격파, 테헤란 미대사관 습격

02.17 [중국] 베트남 침공-2.18 베트남-캄보디아 우호협력조약 조인, 3.5. 철수

02.18 사하라 사막 일대에 적설량 30cm 기록

02.22 [세인트루시아] 영국으로부터 독립

03.04 [미국-중공] 7개년 통상협정 체결-7.7. 양국 무역협정 조인

03.09 [중국] 미국 AP와 UPI통신 북경지국 개설 허가

03.12 [이란] 중앙조약기구(CENTO) 탈퇴-4.1. 회교공화국 선포

03.14 [소련] 대륙간탄도미사일(ICBM) SS-18 개발

04.03 [중국] 소련-중국상호원조조약 폐기, 소련에 통고

04.07 [국제] 국제올림픽위원회(IOC), 중국 가맹 승인

04.23 [사우디아라비아-이집트] 양국 단교

04.26 [국제] 중동평화조약 정식 발효

05.09 [미국-소련] 전략무기제한협정(SALT2)협정, 기본적 합의

05.13 [이란] 혁명최고재판소, 전 팔레비 국왕에 사형선고

05.17 [국제] 전 아프리카 회의, 아프리카 난민 200만명 발표

05.25 [미국] 시카고 공항서 아메리카항공 소속 DC10기 추락-274명 사망

06.02 [바티칸] 교황 요한 바오로2세, 폴란드 방문

06.08 [이란] 전 은행, 국유화

06.11 [미국] 영화 배우 존 웨인(1907~1979) 사망

06.18 [미국] 카터 대통령, 브레즈네프 전략무기제한협정(SALT II) 서명

06.28 [국제] 석유수출국기구(OPEC), 기준유가 59% 인상

07.01 [일본] 소니 워크맨 등장

07.11 [미국] 첫 우주정거장 '스카이랩' 8년 임무 마치고 인도양 추락

07.16 [이라크] 후세인, 이라크 대통령에 취임

07.17 [니카라과] 좌익정권 탄생, 소모사 대통령 미국 망명

07.22 [미국] 매독 검사법을 개발한 면역학자 칸 사망

08.13 [중국] 산아제한정책 발표-한 가정 한 자녀 정책(2015. 1가족 2자녀 정책 실시)

08.19 [소련] 우주선 소유즈 34호, 우주체재 175일 기록 세우고 귀환

09.01 [미국] 파이오니어 2호 토성서 자장 확인, 토성테두리 사진 등을 지구에 전송

10.25 [남아공] 미국 언론, 남아공 첫 핵실험 성공 보도

10.26 [국제] 세계보건기구(WHO), 천연두 근절 선언

11.05 [이란] 미국에 대한 우호조약 파기 선언

11.26 [국제] IOC(국제올림픽위원회), 중국의 올림픽 복귀 결정

12.10 [국제] 테레사 수녀, 노벨 평화상 수상

12.27 [아프가니스탄] 친소 쿠데타 발발

1980 경신(庚申) 단기4313 최규하1
카터/화궈펑/오히라·스즈키/브레즈네프

01.06 KBS1, 'KBS 바둑왕전' 첫 방송(~2019.12.29.)

01.08 평북 의주·삭주·귀성 지역, 진도 5.3 지진 발생

01.09 〈한국·덴마크 해운협정〉 체결

01.12 북한, 서신으로 남북총리회담 제의-'한국' 호칭 처음 사용

01.15 문공부, 일본 요미우리신문 서울지국 재개설 허가-1977.5. 폐쇄

01.18 정승화 계엄사령관·육군참모총장, 내란방조죄로 구속-1993. 군적 회복, 1997. 무죄 선고

01.19 TBC 코미디 프로그램, '토요일이다! 전원 출발' 첫 방송(~8.30)

01.21 문교부, 사립대학 등록금 전면자율화 조처 시달-1992. 전면 자율화 시행

01.24 신현확 국무총리, 북한 남북총리회담 제의에 실무급 접촉 제의-2.6. 판문점 첫 만남

01.28 한국전력통신, 국산 전자교환기 첫 출하-1981.3. 첫 개통

01.28 뚝섬 지역 민물고기, 환경오염에 생존 불가능 지적

01.28 MBC 만화영화, '오로라 공주와 손오공' 첫 방영(~8.18)-정부, 폭력성 만화영화 금지

01.30 부산대교(중구↔영도구, 260m) 개통(1976.10~)

01.31 해군, 거북선 원형 복원(전장 113척·폭 34척·높이 21척), 남해안서 진수식

01.00 농심, '켈로그 콘후레이크', '허니스맥' 수입

02.06 자동차부품 전문기업 현대양행(1962. 창립), '만도기계'로 개칭

02.07 남북 직통전화, 단절 3년 만에 재개

02.08 TV 가구당 보급률, 도시 88.5%·농촌 67%-전국 평균 79.2%(1970년말 현재)

02.13 제13회 레이크플레시드 동계올림픽 개막-한국 금0·은0·동0

02.15 서울 가정집에서 고려시대 목조장롱(가로75·세로37·높이73) 발견-1366년(공민왕 15) 제작

02.17 권투 선수 김태식, WBA 플라이급 세계 챔피언 획득

02.21 한국전력-미국 수출입은행, 원자력 발전 7·8호기 건설 차관협정에 서명

02.22 한국-나이지리아, 국교 수립

02.23 서울대병원 의공학과팀, 당뇨병 자동치료기구 '인공췌장' 개발 성공

02.24 제9회 아시아아마복싱선수권대회에서 종합우승-금 3개·은 3개

02.25 김대중·김영삼·김종필 3김, 인촌기념관서 회동-개헌·복권 등 의견 교환

02.25 계은숙, '노래하며 춤추며'(작사양언자, 작곡김현우)·'기다리는 여심' 발표

02.26 서울지하철 2호선, 왕십리↔문래역 강북구간 착공

02.27 한국은행, 〈고정환율제〉에서 〈변동환율제〉로 전환

02.29 서울지하철 3·4호선 착공-1985.10. 개통

02.29 윤보선·김대중 등 687명 복권조치 단행-긴급조치로 해직·제적된 교수·학생 복학

03.01 미국 하와이주립대에 '한국학센터(Center for Korea Studies)' 개관

03.06 김영삼 신민당 총재·김대중과 회담-입당·대통령 후보 문제 논의

03.13 대통령 직속 기관으로 '헌법개정심의위원회'(각계 68명) 발족

03.14 과천 신도시 건설공사 착공-1981~1984년 주공 1~12단지 1만4000여 가구 입주

03.14 한미 1군단, '한미연합야전군사령부'로 개칭

03.18 용인자연농원(에버랜드), 오물 방류로 팔당댐 한강물 오염으로 사회 문제화

03.21 한국-프랑스-가봉, 가봉의 우라늄광 공동 탐사 계약 체결

03.22 한국 여자핸드볼팀, 35년 한국 핸드볼 사상 첫 올림픽 참가권 획득

03.24 서울 서북방 23㎞지점서 수중 침투 무장공비 3명 사살 발표

03.25 실천문학사, 계간 문예지 ≪실천문학≫ 창간

03.25 윤수일, '유랑자'(작사백태기, 작곡안치행) 발표

03.29 MBC드라마, '종점'(출연:이정길·김자옥·전운·박근형 등) 첫 방영(~8.31)

03.31 평택화력발전소 1호기(중유·가스연소 겸용, 35㎾) 준공(1976.12~)

03.00 조용필, '단발머리'(작사박건호, 작곡조용필)·'창밖의 여자'(작사배명숙) 발표

03.00 MBC, 만화영화 '날으는 전함 V호' 첫 방영

04.01 한국문화재보호협회 발족-한국무형문화재보존·한국문화재보급·보호협회 통합

04.01 독립문(사적 32호) 이전 복원 공사 완료

04.06 태풍 동반 집중 호우-9명 사망, 2명 실종

04.07 경찰, '수사권 독립'으로 검찰과 마찰

04.11 유통산업근대화 5개년계획 마련-농공산물 도매시장 신·증설, 슈퍼체인 신설

04.11 한국, 미국 항공기의 서울 경유 중국행 허용

04.13 권투 선수 박찬희, 한국 프로복싱 사상 첫 5차 방어 성공

04.14 전두환 보안사령관, 중앙정보부장 서리 겸임-권력장악 기반 마련

04.16 국내 최초의 양수발전소, 청평양수발전소(40만㎾) 1·2호기 준공(1975.9~)

04.16 제1회 전국새마을지도자 웅변대회 개최

04.20 현숙, '정말로'(작사김상범, 작곡김정택) 발표

04.21 강원도 정선 사북탄광 광부 7백 명, 임금과 어용노조 문제로 총파업(사북사태)

04.24 서울지역 대학교수 361명, 교수 재임명 철폐·학원민주화 촉구 등 성명서 발표

04.25 주택난 해소를 위해 〈임대가옥 입주자 보호에 관한 특별법〉 마련

04.28 동국대산악회, 세계 5번째로 마나슬루봉(8,163m) 정복

04.28 자체 제작한 첫 호위함 '울산함'(2천 톤), 진해에서 진수식(1975.7~)-2014.12. 퇴역

04.00 방미, '날 보러와요'(작사김관현, 외국곡) 발표

05.02 남조선민족해방전선준비위원회(남민전) 사건-피고 4명, 사형 선고-2006.3. 명예회복

05.02 한국-키리바시, 국교 수립

05.03 한국-이란, 석유 온산공장 준공

05.03 1979년도 한국의 조선 수주, 세계 2위(2백만 톤)

05.03 영화, '사제출마(師弟出馬)'(감독:성룡, 배우:성룡·원호·위백·황인식) 개봉

05.05 산울림, '창문너머 어렴풋이 옛 생각이 나겠지요'(작사·작곡 김창완) 발표

05.11 최규하 대통령, 사우디아라비아 방문·할리드 국왕 예방

05.14 최규하 대통령, 쿠웨이트 샤베르 국왕과 정상회담

05.15 전국 대학생 10만여 명, 서울역 시위·계엄령 철폐 요구-서울역 회귀

05.16 북한군 비무장지대에 침투, 미군과 교전 사실 발표

05.16 전남 광주 학생·시민들, 평화적 시위 및 횟불 시위

05.17 계엄사, 김종필·이후락 등 부정축재·김대중·문익환 등 소요 조종 혐의로 연행

05.17 전국에 비상계엄 확대-전·현직 국가원수 비방금지·정치활동금지·대학휴교 등

05.17 정부, 제22회 모스크바올림픽대회 불참 최종 결정

05.18 전남대 정문에서 학생·공수부대 간 첫 충돌-5·18민주화운동 시작(~5.27)

05.19 계엄사, 민주인사·학생 549명 검거, 광주시민들이 청년·학생과 합세

05.20 박정희 대통령 시해 사건(10.26사건) 관련자 김재규 등, 사형 확정-5.24. 집행

05.20 공수부대원, 광주시민에 첫 발포

05.20 신현확 내각, 국내 소요사태에 총사퇴

05.21 광주 시위군중, 시내 전 공공건물과 시내 일원 완전 장악

05.21 새 내각 구성, 총리서리에 박충동 임명

05.22 변호사·목사·신부·기업가 등 15명, '5.18수습대책위원회'(회장 최한영) 결성

05.23 위컴 한미연합군사령관, 연합사 소속 병력의 광주시위 진압 동원에 동의

05.24 '80 MBC 서울국제가요제-Marilyn Miller, 'Everytime You Go' 대상 수상

05.27 계엄군, 광주시민에 무차별 사격으로 도청진압·통제권 장악

05.28 장훈 야구선수, 일본 프로야구 사상 첫 3000안타 기록

05.28 경주, 남산신성비(南山新城碑; 진평왕 13년·591년) 발견

05.28 광주시민 수천 명 체포 연행, 구급 수배 시작

05.31 계엄사, '광주사태' 사망 170명·부상 380명(사망 166명·행불 47명·중경상 2800여 명) 발표

05.31 전두환 보안사령관, 국가보위비상대책위원회(위원장 전두환) 설치-신군부 통치권 확립

05.00 농심, '비빔면' 출시

05.00 새한자동차, '레코드 디젤(REKORD DSL)' 출시(~1989.4)

06.01 김현식, '봄여름가을겨울'(작사·작곡 김현식) 발표

06.02 전두환, 중앙정보부장 서리 사표-국군보안사령관-국보위상임위원장 겸임

06.02 한국에 대한 악의적으로 왜곡 보도한 일본쿄토공동통신 서울지국 폐쇄(1966.6~)

06.02 한국장기신용은행 발족-1998. 국민은행에 흡수

06.03 계엄사, '광주사태' 사망자 148명 명단 발표

06.04 경주에서 신라 최초의 비구니사찰, '영흥사지' 발견

06.06 영화, '뭔가 보여드리겠습니다'(감독:김수형, 배우:이주일·김윤미·이승현) 개봉

06.07 국내 최초의 사장교, 서강대교 착공-1982.9. 자금 문제로 중단(~1997.4)

06.11 음주측정기 음주운전 단속 시작

06.11 창원공단, 봉암천 등 17개 하천·마산만에서 공장폐수 배출 확인

06.12 여천공단 주변 농경지·과수원, 공장의 유독가스 공해로 수확 피해 판명

06.14 서울 동대문구 장안평의 국내 첫 태양광발전소(1㎾) 가동

06.16 KBS, 'TV고교가정학습' 첫 방송

06.17 계엄사, 부정축재·국기문란·시위주모·배후조종 등 혐의로 329명 지명 수배

06.18 한국-아랍에미레이트연합, 국교 수립

06.18 계엄사, 권력형 부정축재자 김종필·이후락·박종규 등 9명(853억1154만원) 수사 발표

06.19 축구선수 차범근, 서독분데스리가 1979-80시즌 베스트 11에 선발

06.20 김도향, '바보처럼 살았군요'(작사·작곡김도향) 발표

06.21 영화, '미워도 다시 한 번 80'(감독:변장호, 배우:윤일봉·김영란) 개봉

06.26 공업진흥청, 첫 국민표준체위 조사 발표-한국인 키 20년간 평균 2.8cm 성장

06.29 북한 주민 1명, 휴전선 넘어 귀순 발표

06.29 한국여자탁구(이수자·김경자), 일본 꺾고 제50회 전미오픈탁구대회 단체전 우승

06.30 성산대교(망원동↔양평동, 1,410m) 개통(1977.4~)

06.30 에너지관리공단(현 한국에너지공단) 발족

06.30 첫 국산화 시범발전소, 남제주화력발전소 2호기(1만㎾) 준공(1977.6.~)

06.30 평택화력발전소 2호기(35만㎾) 준공(1977.11.~)

06.00 수연, '첫사랑'(작사 석송, 작곡 신대성) 발표

07.01 김포국제공항관리공단(현 한국공항공사) 발족

07.01 황석영, 『어둠의 자식들』(현암사) 출판

07.02 국내 최초의 PC생산업체, 삼보컴퓨터(창업자 이용태, TG삼보컴퓨터) 설립

07.02 시중은행(한일은행·상업은행), 5천만 달러씩 첫 은행차관 체결

07.03 정부, 아사히 신문·시사통신 서울지국 폐쇄(~9.27)

07.04 계엄사, '김대중 내란음모 사건' 발표-김대중 일당이 정권 잡고자 5·18봉기

07.07 동양방송 주관, 서울서 미스유니버스 선발대회 개최

07.08 라이너스, '연'(작사·작곡 조진원) 발표-1979년 TBC '젊은이의 가요제' 우수상

07.09 국보위, '사회정화 작업의 일환'으로 2급 이상 고급공무원 232명 숙정 발표

07.12 계엄사 합동수사본부, 김대중·문익환 등 9명 내란음모혐의로 구속

07.14 인천 폐염전 지역에 새로운 공업단지 조성 계획 발표

07.15 국보위, '사회정화 작업의 일환'으로 3급 이하 공무원 4,760명 숙정

07.16 현대건설, 리비아·이라크에서 모두 5억 9천만 달러 공사 수주

07.20 TBC 외화드라마, '두 얼굴을 가진 사나이' 방영

07.22 정부, 정부투자기관 등 127개 산하 기관의 임직원 1,819명 숙정 발표

07.22 중부지방 집중폭우, 96명 사망

07.25 만화영화, '독수리 5형제'(한국판)(감독:이규홍) 개봉

07.28 박광자·정연선 등, 첫 여성기술사 배출

07.29 방미, '날 보러와요'(작사 김관현, 작곡 외국곡) 발표

07.30 국보위, 〈교육정상화 및 과외금지 조치〉 발표-대입본고사 폐지·졸업정원제 실시

07.31 계엄사, 김대중·문익환·예춘호 등 37명, 〈내란음모혐의〉로 계엄보통군법회의에 기소

07.31 ≪기자협회보≫·≪씨알의 소리≫·≪뿌리깊은 나무≫ 등 간행물 172개 등록 취소

07.31 TBC 제3회 젊은이의 가요제(장충체육관)-로커스트, '하늘색의 꿈' 대상 수상

07.00 농심, '포테이칩' 출시

08.01 컬러 TV, 첫 국내 판매 개시

08.04 계엄사령관, 국보위의 삼청계획 5호에 근거 〈계엄포고 제13호〉 발령-불량배 일제 검거

08.04 국보위, 〈삼청교육대 순화교육 계획〉 발표

08.04 삼청교육대 '순화 교육'-3만9천여 명, 전후방 26개 부대에서 실시(~1981.1.21.)

08.04 최규하 대통령, 전두환 육군 중장을 대장으로 진급 발령

08.06 계엄사, 폭력배 등 1만6천여 명 검거-군사재판·근로·순화대상 분류 중간 발표

08.06 노영문·이재웅, 국산 요트 1호 '파랑새호'로 75일만에 태평양 횡단(샌프란시스코)

08.06 서울시내버스 요금 인상-일반 10원 인상 90원, 대학생·청소년·초등생 10원 인상 65원

08.08 독립운동가·군인·정치가 김홍일(1898~1980) 사망

08.11 김포국제공항 국제선 1청사 개관-국제공항 면모 갖춤

08.11 조오련, 대한해협(부산 다대포-일본 대마도) 횡단 성공-13시간16분

08.11 여의도에서 '80세계복음화대성회' 개막-한국 오순절교의 부흥 대성회

08.12 정부, 기술 부문 고급두뇌 양성대책, 과학영재학교 설립 추진 발표

08.13 김영삼 신민당 총재, 신군부에 의한 정계 은퇴

08.13 노태우, 중장 진급 신고

08.14 '김대중 내란음모사건' 첫 공판-김대중, 사형 선고·1981.1. 무기징역 감형

08.16 최규하 대통령 사임(~1979.12~)

08.17 미국 위싱턴포스트, 전두환의 대통령 추대를 반대 안 하기로 결정했다고 보도

08.19 국보위, 〈사학운영 쇄신책〉 발표-재단·학교경영 완전분리, 설립자·존비속 학사 간여 금지

08.19 문화공보부, 전국 2,597개 출판사 중 617개 출판사 등록 취소

08.20 발전설비·중장비 대우그룹, 승용차 기존 3사 현대그룹으로 통폐합

08.20 서울 장충단공원서 한국연예인협회(이사장 박일호) 사회정화궐기대회 개최

08.20 김세환, '어느날 오후'(작사·작곡김주현) 발표

08.21 전군주요지휘관 회의, 전두환 장군의 국가원수 추대-8.22. 전두환, 대장으로 전역

08.27 전두환, 통일주체국민회의에서 제11대 대통령에 당선

08.28 전국 대학 휴교령, 107일 만에 해제(5.17~)

08.00 담배, '솔' 450원 시판

08.00 함중아, '네게도 사랑이'(작사·작곡 함중아) 발표

09.01 한국교육개발원(EBS), KBS 'TV고교가정학습' 인수-'TV고교 교육방송' 실시

09.01 MBC드라마, '간양록'(출연:김해숙·이정길·최불암 등) 첫 방영-주제가, 조용필

09.02 제1회 서울시장기 쟁탈 고교야구대회, 신일고 우승

09.03 북한중앙통신, 평남 대안시 덕흥리에서 1,500년 전의 '고구려벽화고분' 발견 보도

09.04 북한, 휴전선 11개 지역에서 '대남 비방방송' 재개

09.05 문화교육부, 대학교육 시안으로 졸업정원제 채택-1990년까지 졸업자 한해 적용

09.06 TBC드라마, '축복'(출연:이순재) 첫 방영

09.07 연세대박물관팀, 충북 단양 상시리 바위그늘에서 6~10만년 전의 인류 유골 발견

09.01 전두환, 제11대 대통령에 취임(~1981.2)

09.10 영동 영남 해안 풍랑-어선 10척 표류, 실종 100여 명

09.11 새마을지도자중앙협의회(회장 황종철) 창립

09.15 조동진, '나뭇잎 사이로'(작사·작곡 조동진) 발표

09.16 금성사(현 LG전자), 국내 처음으로 태국과 TV생산 기술 수출 계약 체결

09.16 미국 보스턴에서 〈한국미술5000년전〉 개막

09.19 〈한국-프랑스 어업협정〉 체결(12.19. 발효)-남태평양 프랑스령 조업 가능

09.19 송창식, '가나다라'(작사·작곡 송창식) 발표

09.20 KBS 오락 프로그램, '100분 쇼' 첫 방송(~1986.5.24.)

09.21 북한, 김대중 내란음모사건 관련 평양시 군중대회

09.21 한국여자농구, 중국 꺾고 제8회 아시아농구선수권대회(홍콩) 우승

09.22 남덕우, 제14대 국무총리 취임(~1982.1)

09.28 한양대 마취·정형외과팀, 뼈와 살 동시 이식수술 성공

09.29 제5공화국 〈헌법개정안〉(제8차 개헌안) 공고

09.00 새한자동차, '로얄살롱' 출시(~1991.9.)

09.00 현대자동차, '코티나 M' 출시(~1983.5.)

09.00 기아자동차, 1톤 트럭 '봉고' 출시

09.00 KBS2, '젊음의 행진' 첫 방송(~1994.2.19.)

09.00 TBC, 만화영화 '원탁의 기사' 첫 방영

10.01 건설부, 〈주택 5백만 채 건설계획〉 발표-1991년까지 주택보급률 90% 달성 목표

10.01 한국여성산악회팀(리더 이혜경), 첫 해외등정 미국 요세미테(3,500m) 등반 후 개선

10.01 KBS1드라마, '달동네'(출연:염홍·추송웅·서승현·백찬기 등) 첫 방영(~1981.9.5.)

10.04 광주↔대구 간 고속도로, '동서고속도로(현 88고속도로)'로 명명

10.07 대학교수, 겸직금지 조치 해제

10.07 부산항 개항 100주년 기념, 부산도시고속도로(21㎞) 개통

10.07 경기 포천군 영중면에서 불발 포탄 폭발, 9명 사망

10.08 제19회 대종상영화제 시상-'사람의 아들'(감독 유현목·합동영화) 수상

10.08 제61회 전국체육대회 개최(전북)-1위 경기, 2위 서울, 3위 전남

10.10 미국 행정부, 주한 미 공군 F4D를 'F16'으로 대체 결정

10.10 이라크, 북한과의 단교 발표

10.12 한국국제문화협회·주한네덜란드대사관, 제주도 남제군에 '하멜기념비' 제막

10.13 이정희, '그대여'(작사오동식, 작곡오동식) 발표

10.14 윤시내, '천년'(작사 임선경, 작곡 최종혁) 발표

10.15 4대강 오염 방지 〈수질보전10개년종합계획〉 발표-인구과밀화·공장밀집 환경 오염

10.16 문교부장관, 과학·어학 등 영재학교 1-2년 내에 신설 발표

10.18 전 내각 수반 송요찬(1918~1980) 사망

10.20 부산지하철 1호선 착공(~1994.6)

10.20 북한, 제6차 당대회 개최-김정일, 김일성의 후계자로 공식 발표

10.21 MBC드라마, '전원일기'(출연:최불암·김혜자·김용건 등) 첫 방영(~2002.12.29.)

10.22 제5공화국 헌법, 국민투표로 확정(투표율 95.5%)-찬성 91.6%(10.27. 공포)

10.22 해외 건설 수출-1980년 목표 60억 달러 돌파

10.23 서울 아황산가스 대기오염 평균치, 기준치 2배 초과 사실 확인

10.24 공주사대 공산성건물지발굴단, 동문지 50m 지점에서 백제토성 발굴

10.25 한일대륙붕 제7소구 코암사의 시추선 백룡3호, 석유 발견 실패

10.26 한국 남녀배구, 제1회 아시아주니어 배구선수권대회(서울) 우승

10.27 제8차 개헌안(제5공화국 헌법) 공포-대통령 7년 단임·간선제

10.27 국회의 권한 대행, 국가보위입법회의(의장 이호) 발족(~1981.4)

10.27 신군부, '불교계 정화' 사건-비리·부패·범법행위 승려 46명 연행(10·27법난)

10.28 전두환 대통령, 국가보위입법회의 의원 81명 임명

10.30 동아방송·TBC텔레비전·전일반송·서해방송 등, KBS로 통폐합

10.31 서울지하철 2호선, 신설동↔종합운동장 구간(14.3㎞) 개통

10.31 〈재외동포교육 강화 방안〉 발표-재외 한국학교 3개교, 한국교육원 5개 증설

11.01 원폭피해자 권삼출 등 10여 명, 히로시마 원폭병원서 입원 치료 결정 발표

11.01 국무총리 산하 '사회정화위원회' 설립-정치적·도덕적 정당성 위장 목적(~1989.3)

11.03 군사재판 항소심, 내란음모사건과 관련 김대중에 사형 선고-1982.12. 석방, 미국행

11.05 국가보위입법회의, 〈정치풍토쇄신을 위한 특별조치법〉 의결-반대세력의 정치활동 금지

11.05 한국-바누아트, 국교 수립

11.05 만화가협회, 국립극장서 '만화 자율정화대회' 개최-불량저질 만화 추방

11.06 바둑 기사 조치훈, 일본 바둑 명인위 획득

11.07 경북 울진군 원자력발전소 9·10호기, 프랑스 프라마톰사에 발주 확정

11.09 KBS1, '전국노래자랑' 첫 방송

11.09 영일만에서 유조선·화물선 충돌-영일만 일대 벙커C유 유출, 미역·김 양식 큰 피해

11.12 정치쇄신위, 국회의원·정당간부·권력형부정축재자 등 정치활동 규제자 811명 발표

11.14 대리모에 의한 첫 신생아 출산

11.14 〈조선공업육성방안〉 발표-279억 달러 투입, 조선시설 650만 톤 규모로 확장

11.17 KBS, 공영체제로 기구개편-채널 9(KBS1, 종합), 채널 7(KBS2(TBC), 사회교육·교양)

11.17 한경애, '옛시인의 노래'(작사 이경미, 작곡 이현섭) 발표

11.17 작곡가 이흥렬(1909~1980) 사망

11.19 KAL기, 김포공항서 착륙 중 화재-15명 사망·15명 부상

11.20 1981학년도 대학입학예비고사 실시

11.21 한일의원연맹(회장 박태준) 활동 재개-1975.5. 설립, 양국 의원 친목, 교류 증진

11.22 〈계엄포고 15호〉 발표-정당 창설 목적·정당기구 운영의 옥내 집회 허용

11.25 신문통폐합 조치에 ≪국제신문≫·≪내외경제≫·≪경남일보≫ 등 12개 신문 종간

11.27 사회정화위원회, 군경 합동 불량배 검거 발표

11.27 영화, '바람 불어 좋은 날'(감독:이장호, 배우:이영호·안성기·김성찬 등) 개봉

11.28 2차 정기간행물 66종(민주당화보·민주전선·교육춘추 등) 등록 취소

11.28 한국-일본 간, 최초의 해저 동축케이블 부설

11.30 한국 여자탁구, 제23회 스칸디나비아 오픈 탁구선수권대회서 1-3위 차지

11.00 한경애, '옛 시인의 노래'(작사 이경미, 작곡 이현섭) 발표

12.01 새마을운동 관련 각 직장단체 통합, 새마을운동중앙본부(회장 김준) 발족

12.01 인구 2만 명 이상의 35개 면, '읍'으로 승격

12.01 컬러 TV, 첫 방송

12.01 ≪대구매일신문≫·≪부산일보≫·≪경남매일신문≫·≪광주일보≫ 창간

12.02 대간첩대책본부, 경남 남해안 침투 무장간첩 3인조 사살·간첩선 1척 격침 발표

12.02 대청다목적댐 5년 8개월 만에 준공-충청·전북일원 13억㎥ 용수 공급(1975.3~)

12.03 부산대 고분발굴단, 동래 복천동서 4-5세기 가야시대의 금동관·철갑옷 등 발굴

12.04 포항종합제철, 제2분괴공장 화입-연간 280만 톤 강괴 처리 가능

12.05 조용필, '촛불'(작사이희우, 작곡조용필) 발표

12.11 인혁당 관련자 김지하 등 8명, 행집행 정지 결정에 석방

12.11 혜은이, '옛사랑의 돌담길'(작사·작곡 길옥윤) 발표

12.15 징집연령 20세→19세로 인하-1982.1. 이후 시행

12.18 〈사회보호법〉(1981.1.8. 시행) 제정-범죄자의 보호처분에 관한 사항 규정(~2005.8.)

12.19 국방부, 일반 예비군훈련 35세→33세로 인하 발표-1981.1.1. 이후 시행

12.19 동양통신·합동통신 통폐합, 연합통신(YNA)(현 연합뉴스) 창립

12.20 국내 최초 프로축구팀, 할렐루야 창단-1985년 아마추어팀으로 전환

12.20 민방위 교육시간 단축-직장 연 14시간→6시간·지역 연 10시간→4시간

12.20 중국 수상 자오쯔양[조자양], 평양 방문

12.22 서울형사지법 피의자구속적부심 부활 후 첫 석방 결정

1980

12.22 제4회 MBC대학가요제(정동문화체육관)-이범용·한명훈, '꿈의 대화' 대상 수상

12.24 국민은행, 국내 첫 야간 금고제 실시

12.24 신용호, 대한교육보험주식회사 자회사 '교보문고' 설립

12.25 혜은희, '옛사랑의 돌담길'(작사·작곡길옥윤) 발표

12.26 국가보위입법회의, 제5공화국의 뼈대를 이룬 〈언론기본법〉·〈대통령선거법〉 의결

12.29 〈공무원윤리헌장〉(전 〈공무원의 신조〉) 5개항 선포-숙정 공무원 8천여 명 사면

12.29 한국-리비아, 국교 수립

12.30 국가보위입법회의, 5개 〈노동관계법안〉 등 의결-사업장 단위의 노사협의회 설치 등

12.30 22개 낙도, 자동전화 개통

12.30 국가보위입법회의, 〈반공법〉 폐지-〈국가보안법〉에 흡수

12.30 터키, 북한과의 무역의정서 폐기

12.31 합동통신(1945.12.20. 창간)·동양통신(1952.4.20. 창간) 종간

12.31 〈독점규제 및 공정거래법〉 제정(1981.4.1 시행)

12.31 국가보위입법회의, 언론 규제 〈언론기본법〉 공포-언론특권·의무제한(~1987.11)

12.00 KBS 만화영화, '보물섬' 첫 방영(~1981.5.)

00.00 백영규, '슬픈 계절에 만나요'(작사·작곡 백영규) 발표

00.00 윤항기, '나는 행복합니다'(작사·작곡 윤항기)-1994년 이후 한화 이글스 응원가

▨▨▨▨▨▨▨▨▨▨▨▨

01.04 [미국] 카터 대통령, 소련군 아프간 침공 항의-곡물수출 대폭삭감 등 보복조치 발표

01.20 [미국] 카터 미 대통령, 제22회 모스크바올림픽 불참 촉구

01.26 [이집트-이스라엘] 양국 간 정식 국교 수립

02.07 [미국] 이란에 대한 경제제재 동결

02.12 [미국] 아라비아해에 해병대 1,800명을 처음으로 파견

02.13 [미국] 2년3개월 만에 국제노동기구(IOL) 복귀 결정

03.18 [미국] 정신분석학자, 에리히 프롬(1900~1980) 사망

04.07 [미국] 이란과 단교 선언

04.10 [소련-중국] 우호동맹-상호원조조약 실효

04.15 [프랑스] 철학자 장 폴 사르트르(1905~1980) 사망

04.17 [국제] 국제통화기금(IMF), 중국 가입 승인

04.22 [유럽연합(EC)] 미국인 인질사건 관련, 이란에 집단제재 조치

04.25 [미국] 이란대사관 인질구출작전 실패

04.28 [국제] 아프리카 통일기구(OAL), 아프리카 공동시장 창설 결의

04.29 [영국] 영화감독 알프레드 히치콕(1899~1980) 사망

05.01 [국제] 팔레스타인 자치문제 타개 위한 미국·이집트·이스라엘 3국회담 개막

05.04 [유고] 티토(1892~1980) 대통령 사망

05.08 [국제] WHO, 천연두 완전 퇴치 선언

06.01 [미국] CNN 방송 개국

06.25 [엘살바도르] 국외 탈출 꾀한 시민에 무차별 발포로 600여 명 사망

07.07 [영국] 세계 최초로 국제전송우편제 실시

07.11 [미국] MIT대, 세계 최초로 인공피부생산 피부이식에 성공

07.17 [미국] 이상 폭서로 1,000여 명 사망

07.19 [국제] 제22회 모스크바올림픽 개막-미국·한국 등 60여 개국 불참

08.02 [이탈리아] 볼로냐역 폭탄 테러로 84명 사망

08.19 [사우디아라비아] 여객기, 리야드에 불시착 폭발, 301명 사망

09.17 [폴란드] 자유노조 ·연대· 출범

10.01 [중국] 항공기, 미국-중공(시애틀~북경) 간 첫 취항

10.10 [알제리] 강도 7.5 지진-2만5천여 명 사망, 20여만 명 이재민 발생

10.17 [영국] 여왕 엘리자베스 2세, 로마 교황을 방문해 448년 만에 화해

10.19 [그리이스] NATO(북대서양조약기구)에 복귀

10.31 [중국] 사회주의경제와 자유주의경제 혼합

11.07 [미국] '대탈주' 영화 배우 스티브 매퀸(1930~1980) 사망

11.12 [미국] 보이저 1호, 토성 근접 촬영

11.17 [중국] 공산당, 공자 복권 발표

11.23 [이탈리아] 남부지역에 진도 7.2의 지진 발생-4,800명 사망

12.07 [미국-중국] 민간항로 31년 만에 재개

12.08 [영국] 비틀즈 멤버 존 레논(1940~1980), 사진사 마이클 채프먼이 쏜 총탄에 피살

12.16 [국제] 유엔, 팔레스타인해방기구(PLO) 독립창설 촉구 결의안 채택

12.27 [국제] 유럽경제공동체(EEC), 중동평화안 마련

1981 신유(辛酉) 단기4314 전두환1
카터·레이건/덩샤오핑/스즈키/브레즈네프

01.01 중앙정보부, '국가안전기획부'로 개칭

01.01 한국전기통신공사(현 KT) 설립

01.01 조용필, '고추잠자리'(작사 김순곤, 작곡 조용필)·'일편단심 민들레야'·'물망초' 발표

01.04 국내 언론사 통폐합, ≪연합통신≫ 창간호 발행

01.05 KBS1드라마, '대명'(출연:김흥기·원미경·김성원·백일섭 등) 첫 방영(~12.28)

01.05 문공부, 각 영화사 연 4편 이상 제작 의무화 발표

01.05 한국과학원(KAIS)·한국과학기술연구소(KIST) 통합, 한국과학기술원(KAIST) 출범

01.07 '한국미술 5천년전' 미국 뉴욕에서 개막

01.07 영화, '007 문레이커'(감독:루이스 길버트, 배우:로저 무어·미쉘 론스데일) 개봉

01.10 MBC드라마, '안녕하세요'(출연:김무생·조경환·임채무 등) 첫 방영(7.12)

01.11 한국 제작 만화영화, '혹성 로보트 썬더A'(감독:조항리) 개봉

01.12 부산대, 경북 의성군에서 1억 년 전 공룡화석 발견

01.12 전두환 대통령, 평화통일을 위한 남북한당국 최고책임자 상호방문 제의

01.14 단국대 고적조사단, 강원도 영월읍 정량리에서 고구려 왕검성 발견

01.15 민주정의당 창당(총재 전두환)(1981.1~1990.2)-전두환, 제12대 대통령 후보로 지명

01.15 MBC드라마, '교동마님'(출연:김영란·유인촌·정혜선·오지명 등) 첫 방영(~9.11)

01.17 정치활동금지조치가 해제된 뒤 '민주한국당' 창당(총재 유치송)(~1988.4.)

01.19 안기부, 3개 간첩망 15명 검거 발표-4명 구속, 5명 불구속

01.20 대한불교조계종, 제7대 종정에 이성철 스님 선출

01.20 민주사회당 창당(당수 고정훈)(~1986.5.)

01.20 이은하, '겨울장미'(작사·작곡 유승엽) 발표

01.20 민해경, '누구의 노래일까'(작사 박건호, 작곡 이범희) 발표

01.22 한국방송광고공사(사장 홍두표) 발족

01.23 국가보위입법회의에 참여하였던 김의택 등, 민권당(총재 김의택) 창당(~1985.2.)

01.23 대법원, 김대중내란음모사건 피고인 12명의 상고 기각-김대중 사형 등 형량 확정

01.23 영국 웨일즈오픈국제탁구선수권대회 단체전 및 개인 단·복식, 한국 우승

01.23 한국국민당 창당(총재 김종철)(~1987.10)

01.24 부마항쟁 이후 선포된 비상계엄령, 1년 3개월 만에 전면 해제

01.24 아동문학가 이원수(1911~1981) 사망

01.25 김철호, WBC 슈퍼플라이급 세계챔피언 획득

01.25 KBS1 외화드라마, '기동순찰대' 첫 방영

01.27 한국기독교100주년기념사업협의회, 1차 총회 개최-총재 한경직 목사 추대

01.28 전두환 대통령, 레이건 미 대통령의 초청으로 미국 공식방문 등정

01.31 시인·소설가·비평가 월탄 박종화(1901~1981) 사망

01.00 삼보컴퓨터, 한국 최초의 개인용 컴퓨터 삼보 SE-8001 생산

02.02 교육채널 KBS 3TV(컬러방송), KBS 교육라디오(FM) 개국(현 EBS)

02.02 KBS2 토크쇼 프로그램, '8시에 만납시다'(만나고 싶었습니다) 첫 방송(~1993.3.28.)

02.02 MBC, '민병철 생활영어' 첫 방송(~1991.4.)

02.03 전두환-레이건 한미 정상회담-주한미군 철수 백지화 등 14개항 공동성명 발표

02.06 한국-루마니아, 문화협정 체결

02.08 북한, 《노동신문》과 방송 등을 통해 전두환 대통령의 1·21제의 비난

02.10 KBS, '가요톱 10' 첫 방송(~1998.2.11.)

02.11 대통령선거인단 선거 실시-5,278명 선출(투표율 78.1%)

02.12 한국-레바논, 국교 수립

02.14 15층 이내 4대문 안 고도제한 해제 결정

02.14 MBC 어린이 프로그램, '모두 모두 즐겁게' 첫 방송(~1984.10.21.)

02.17 한국-수리남, 경제기술3협정 체결

02.18 포철 4기 설비 확장공사 준공-년조동 850만 톤 생산

02.19 조선 초(1402년)에 제작된 세계지도, '혼일역대국도강리지도' 일본서 발견

02.19 호남선 복선공사 착공(~2004.3.)

02.19 전남 영광원자력발전소(현 한빛원자력) 1, 2호기 착공-1986.8·1987.6. 준공

02.20 경희대 의대 임수덕 교수팀, 암치료제 인터페론 첫 생산에 성공

02.20 윤형주, '바보'(작사·작곡 윤형주) 발표

02.21 필동 '한국의 집', 일반인에 공개-전통음악·무용상설극장, 전통공예품 전시·판매

02.22 경남도시가스주식회사(현 경남에너지) 창립

02.24 한국동력자원연구소, 충남 금산의 우라늄광 발견 발표

02.25 대통령선거인단 투표, 전두환, 12대 대통령에 당선

02.27 영화, '사랑하는 사람아'(감독:장일호, 배우:정윤희·한진희·김민희 등) 개봉

02.27 영화, '레이더스'(감독:스티븐 스필버그, 배우:해리슨 포드·카렌 알렌) 개봉

02.28 승용차(현대·새한)·오토바이(대림·효성) 이원화, 트럭·중소형버스(동아·기아 통합)

02.28 전남 영산강 하구둑 준공-유역면적: 3,371㎢, 높이: 19.5m, 길이: 4,350m

02.00 신진자동차, (주)거화로 상호 변경

03.01 제22회 아시아청소년축구대회(태국)에서 한국 우승

03.03 부마·광주항쟁 및 민청학련 사건과 10·26사태 관련자, 5,221명 사면 복권

03.03 전두환, 제12대 대통령에 취임-제5공화국 출범

03.04 국내 최초의 영재교육실험학교, 구미고등학교 첫 입학식-남여 신입생 720명

03.05 〈주택임대차보호법〉 제정-국민 주거생활의 안정 보장 목적

03.06 공단조성, 도시개발 사업에 환경영향평가제 실시

03.07 KBS, 상업광고 시작

03.08 고려본 『삼국사기』 최고본 발견(성암고서박물관 소장)-6.19. 보물 지정

03.11 김만수, '그 사람'(작사김만수, 작곡김만수) 발표

03.13 강원도 영월 상동광산에서 동양 최대 몰리브덴광맥 발견

03.13 정부조직법개정안 의결-노동청→노동부로 승격, 무임소장관→정무장관으로 개칭 등

03.16 국제극예술협회(ITI), 제3세계 연극제 서울에서 개막

03.16 MBC드라마, '호랑이 선생님'(출연:조경환·천동석·신민경) 첫 방영(~1986.10.31.)

03.17 MBC시사 프로그램, '레이다 11'(MBC 리포트 전신) 첫 방송(~1984.10.17.)

03.19 한국청소년연맹 발족

03.21 대한상의·전경련·재계 중진, 금융자율화방안 마련-민간주도형 경제체제 정착

03.21 MBC 오락프로그램, '쇼 2000' 첫 방송-1985.11.9. '토요일 토요일은 즐거워' 개편

03.21 MBC 뉴스, 'MBC 뉴스센터' 첫 방송-일요일 밤 9시 방송

03.23 체신부, 국산전자교환기 첫 개통-서울 봉천·광장, 부산 범일동 지역

03.24 서울시, 난지도 개발 사업 확정-교량건설(난지도~행주산성), 난지도 제방축조 등

03.25 민족대표 33인 이갑성(1889~1981) 사망

03.25 〈연좌제〉 폐지-75만 명 취업·해외여행 불이익 제거

03.25 제11대 국회의원 선거-민주정의당 151석, 민주한국당 82석, 한국국민당 25석 등

03.29 MBC 버라이어티 프로그램, '일요일 밤의 대행진' 첫 방송(~1988.11.20.)

03.31 국가보위입법회의 154일간의 활동 종료, 폐지(1980.10.27. 설치, 국회 권한 대행)

03.31 언론중재위원회 발족-언론보도의 분쟁 중재, 언론침해 사항 심의

04.01 MBC, ㈜문화방송과 사단법인 경향신문으로 분리

04.01 독점규제 및 공정거래법 발효-독과점 폐단 적절히 규제·조정

04.01 서지학자 안춘근, 최초의 '애국가' 가사 발굴-1904년 이전 추정

04.01 한국-체코·폴란드, 국제전화 개통

04.02 MBC드라마, '제1공화국'(출연:최불암·이영후·박규채·김애경 등) 첫 방영(~1982.2.11.)

04.03 5.18광주민주화운동 관련 83명 전원에 감형 및 사면 단행

04.08 윤수일밴드, '제2의 고향'(작사·작곡윤수일) 발표

04.09 안기부, 박창석·김학봉 등, 간첩 13명 검거 발표-1988.12. 특별사면

04.10 김수철과 작은 거인, '일곱빛깔 무지개'(작사·작곡 김수철) 발표

04.11 제11대 국회 개원-제11대 1기 국회의장 정래혁 피선(~1983.4)

04.15 지진 발생 진도 4.8, 경상북도 포항 동쪽 약 65㎞ 해역

04.16 북한군 하사관 귀순

04.17 우리나라 최초의 사장교 진도와 돌산 연육교 착공(~1984.12.)

04.17 한미문화교류위원회 설치 각서 교환

04.17 북한-일본 간 직통전화 개통

04.18 영화, '빙점 81'(감독:고영남, 배우:남궁원·김영애) 개봉

04.20 신군부세력이 설치한 대통령 자문기관, 국정자문회의(의장 최규하) 발족

04.20 제1회 장애인의 날 기념식 개최-장애인 인권선언문 낭독, 장애인 복지유공자 포상

04.28 미 국방부, F16전투기 36대 한국 판매 발표

04.28 사단법인 '한국평생교육기구' 창립(회장 이인기)-평생교육이념 구현

04.29 대한병원협회, 병원윤리강령 마련-병원의 사회적 공익성 제고, 건전한 진료윤리 확립

04.00 제8대 대법원장 유태흥 임명(~1986.4.)

05.01 을지 국립중앙의료원 발족-의학 교육·연구·진료 복합기관

05.01 정부, 1982년부터 〈교육세〉 신설 발표-학교시설과 교원 처우개선

05.03 성녀 마리아 테레사 수녀, 첫 방한

05.06 공정거래위원회 발족-독점 및 불공정거래에 관한 사안 심의·의결

05.06 한국-아르헨티나, 무역해운협정 체결

05.07 평화통일정책 수립에 관한 대통령 자문기관, 평화통일정책자문회의 설치

05.08 한일의원연맹 재구성

05.14 경부선 경산 열차 추돌사고-56명 사망, 부상자 244명

05.14 사단법인 민족통일중앙협의회(회장 천관우) 발족-민족의 평화적 통일 실현

05.15 윤시내, '고목'(작사 임선경, 작곡 최종혁)·'열애'(작사 배경모, 작곡 최종혁) 발표

05.18 미국에서 도입한 최신예 구축함, 기어링급 경기함(3,130톤) 취역식-1998.8. 퇴역

05.18 정부, 일본 아사히 신문 서울지국 재개 및 특파원 서울 상주 허용

05.19 '임을 위한 행진곡'(작곡 김종률, 작사 백기완) 발표

05.21 새세대육영회(현 아이코리아) 창립(회장 이순자)

05.23 '81 MBC 서울국제가요제-Beatrice, 'Hello, How are you' 대상 수상

05.24 제1회 프로복싱 전국신인선수권대회 폐막-최우수 복서 신희섭

05.25 KBS·MBC, 1973년 12월 에너지파동 이후 7년 5개월 만에 아침방송 재개

05.25 MBC 어린이 아침 프로그램, '뽀뽀뽀' 첫 방송

05.26 한국-싱가포르, 해운협정 서명

05.27 영국 BBC교향악(지휘자 아드리언 볼트) 내한 공연

05.27 정부, 한국 선원의 베트남 기항 허용

05.28 여의도에서 '국풍81' 개막-신군부의 정치적 이벤트, 학원가의 군사정권 저항 약화

05.00 KBS 아침 교양 프로그램, '스튜디오 830'(현 아침마당) 첫 방송(~1987.2.)

06.01 대구서 시각장애인들을 위한 국내 최대 점자도서관 개관-대구 달서구

06.01 서울 종로1가 1번지 교보생명 지하에 교보문고 개점-대형서점 효시

06.01 이동철, 『꼬방동네 사람들』(현암사) 출판-1982.7. 영화로 제작

06.01 KBS 국풍81 젊은이의 가요제(여의도광장)-갤럭시, '학' 대상 수상

06.03 서울시, 한강살리기종합대책 마련-공해업소 152곳 이전, 하수처리장 착공, 정화조 정비

06.06 가뭄으로 영호남 지역 일부 모내기가 30% 불과

06.07 자민당 간사장, 독도가 일본 고유영토라 주장, 일본 어선의 안전조업 보장 요청

06.07 초여름 무더위로 전국 8명 익사

06.11 제1공영호 선원 21명, 서해 북방한계선에서 납북

06.12 한국언론연구원(전 한국신문연구소) 발족(이사장 방우영)-언론인의 재교육, 연구조사

06.13 영화, '피막'(감독:이두용, 배우:유지인·남궁원·황정순 등) 개봉

06.16 일본 우회 침투 간첩 2명 검거

06.18 제1회 건설의 날 기념식 개최-건설업 종사자들의 화합과 결의 다짐

06.18 ≪동아일본≫ 창간 60주년기념 현상 장편소설에 최명희『혼불』당선

06.23 고종황제가 외교고문 데니에게 하사한 태극기, 91년 만에 귀환, 정부에 기증

06.26 전두환 대통령, 수하르토 인도네시아 대통령 정상회담

06.27 한국 이슬람교, 경기 광주 성원 개원식

06.29 전두환 대통령, 말레이시아 방문, 아마드 국왕 예방

06.31 영화, '자유부인 81'(감독:박태호, 배우:윤정희·최무룡·남궁원) 개봉

06.00 이동철,『꼬방동네 사람들』(현암사) 출판

07.01 대구·인천, 직할시로 승격

07.01 레이건 미대통령, 한국 및 대만산 신발류에 대한 수입쿼터제 철폐 결정

07.01 전두환 대통령, 싱가포르 방문, 리콴유 수상과 정상회담

07.03 장마 폭우로 사망·실종 9명, 손실 6억 등 피해 발생

07.04 서울시, 수해방지10개년계획 마련-11개 지역에 유수지 설치, 92대 모터펌프 가설 등

07.04 전두환 대통령, 프렘 태국 수상 정상회담

07.04 쿠바 아바나, 국제의회연맹(IPU) 총회에 한국 초청

07.06 서울시 종로구 관훈동서 한국고고미술연구소 창립-한국 고고미술사 연구발전 도모

07.07 전두환 대통령, 아세아방문에서 마르코스 필리핀 대통령과 정상회담

07.10 조용필, '미워 미워 미워'(작사정욱, 작곡정풍송) 발표

07.11 노태우, 육군대장 진급 신고

07.14 한국여자농구, 미국을 꺾고 최초로 제5회 존스컵국제여자농구대회서 우승

07.18 서울신문사, ≪TV 가이드≫ 창간-1995. 경영부실로 폐간

07.18 한국야구대표팀, 제1회 세계청소년야구선수권대회 참가(미국)-우승

07.19 김환진, WBA 주니어플라이급 세계챔피언 획득

07.19 선동열·김건우 등 미국을 꺾고 제1회 세계청소년야구선수권전(뉴욕) 우승

07.20 국민주택기금 설치-무주택 서민의 내집 마련 지원

07.20 남궁옥분, '사랑 사랑 누가 말했나'·'꿈을 먹는 젊은이' 발표

07.23 이태복 등 25명, 전국민주학생연맹·전국민주노동연맹사건으로 구속

07.27 경남 거창군 문화공보실 임영우, 거창에서 신석기시대 지석군 발견

07.28 교육세 부활-콩나물교실, 2부제 수업 등 교육환경 개선에 필요한 재원 확보

07.28 한국-인도네시아, 해상화물 분담에 관한 해운협정 체결

07.29 윤장섭 소장 고미술품(835점) 출연, 성보문화재단 창립

07.30 〈새 여권시행규칙〉 공포-소양교육 면제 등, 전국 11개 시도에서 10일 이내 발급

07.31 안기부, 전남 진도서 24년간 활동해온 박영준(60세) 등, 간첩 7명 검거 발표

07.00 김복선 대위(육군항공대 소속), 한국 여성 헬기 조종사 1호 탄생-1985.9. 전역

07.00 이청준, 『낮은 데로 임하소서』(홍성사) 출판

08.01 영화, '비도권운산'(감독:나유, 배우:성룡·전준) 개봉

08.01 제1회 월드게임 태권도종목, 10체급 중 금 9개로 한국태권도팀 종합 우승

08.01 해외여행자유화조치 시행-여권 단복수 구분 및 관계부처 추천 및 조회제도 등 폐지

08.01 MBC 제2회 강변가요제(청평유원지)-사랑의 하모니, '별이여 사랑이여' 금상 수상

08.05 광복절에 광주항쟁과 '김대중내란음모사건' 관련자 등 1,061명 특별사면, 가석방

08.06 영화, '13일의 금요일'(감독:하니컴, 배우:뱃시 팔머·크로스비) 개봉

08.07 영화, '어둠의 자식들'(감독:이장호, 배우:안성기·김희라) 개봉

08.10 북한군, 비무장지대서 무차별 사격

08.13 안기부, 남매 고정간첩 나진·나수연 검거 발표-간첩조작사건

08.19 전두환 대통령 사촌동생 전우환, 사기행각 관련 구속됨

08.20 로커스트, '내가 말했잖아'(작사·작곡 이현희) 발표

08.21 제5차 경제사회발전5개년계획 발표-경제성장률 7.5%, 경상수지 4억 달러 흑자

08.22 북한 미그21 전투기 2대, 백령도 상공 침범 후 도주 발표

08.24 제2차 국토종합개발10개년계획 발표-지역 간 균형 개발, 서울 인구집중 억제 등

08.26 북한, 공해상 정찰 중이던 미군 SR71기에 미사일 공격

08.28 국제여행알선업, 허가제에서 등록제로 변경

08.28 유심초, '사랑이여'(작사·작곡 최용식) 발표

08.00 이창우, 『옛날 옛날 한 옛날에』(두레) 출판

09.01 서울시 지하철공사, 국내 첫 지방자치단체 산하 공사로 발족

09.01 현숙, '멋쟁이'(작곡 김현우) 발표

09.04 국회문공위 위원, 교육공무원법 심의와 관련, 대한교련에 고급돗자리 수수 사건

09.04 부마고속도로(부산~마산, 43.5km) 개통

09.04 영화, '차타레 부인의 사랑'(감독:쟈스트 재킨, 배우:실비아 크리스탈) 개봉

09.04 태풍 애그니스 피해-사망·실종 89명, 재산손실 164억 원

09.05 윤시내, '고목'(작사임선경, 작곡최종혁) 발표

09.05 박종학, 제12회 세계유도선수권대회 라이트급, 한국 유도사상 첫 금메달 획득

09.07 KBS2, 국민학생 대상 프로그램 '퀴즈로 배웁시다' 첫 방송(~1985.2.22.)

09.10 전국 2천개 리·동 단위 '보건진료소운영협의회' 설치 결정-무의촌 해소(10.1. 운영)

09.11 북한군, 동부전선 비무장지대에서 아군초소에 기관총 사격, 발표

09.11 제5회 MBC대학가요제(정동문화체육관)-정오차, '바윗돌' 대상 수상

09.12 영화, '만다라'(감독:임권택, 배우:전무송·안성기·방희 등) 개봉

09.14 미국 최신예 전투기 F-16기, 8대 한국 배치

09.17 대한상공회의 중심으로 한미금융주식회사(현 한국씨티은행) 설립

09.19 문화재관리국, 신안 해저 유물 2천500여 점 인양 발표

09.19 전국의료보험협의회, 중앙의료보험조합연합회(현 의료보험연합회)로 개편

09.20 한국-바베이도스, 문화 및 경제협정 체결

09.22 한국-코스타리카, 입국사증면제 합의

09.25 옥슨 80, '불놀이야'(작사·작곡 홍서범) 발표-제3회 TBC 젊은이의 가요제 금상

09.29 제5차 5개년 농수산부문 실천계획 확정-주곡 자급, 수리답 76% 목표

09.30 IOC, 1988년 24회 하계올림픽 개최지로 '서울' 결정

09.00 여성 교양잡지 《영레이디》 창간

09.00 김홍신, 『인간시장』 1(해냄) 출판(총 10권)

10.01 공중전화요금, 10원에서 20원으로 인상

10.01 산울림, '산할아버지'(작사·작곡 김창완) 발표

10.02 제1회 장애인체전 개최(서울)

10.05 MBC드라마, '여인열전 장희빈'(출연:유인촌·이미숙·이혜숙 등) 첫 방영(~1982.4.30.)

10.07 한일 대륙붕공동개발, 7소구 시추 개시-12.16. 상업성 유정 발견 실패

10.09 미국 파이오니아사 광학 레이저를 이용한 비디오테이프 플레이어 발매 시작

10.09 영화, '테스(Tess)'(감독:로만 폴란스키, 배우:나스타샤킨스키) 개봉

10.10 제62회 전국체육대회 개최(서울)-1위 서울, 2위 전남, 3위 충남

10.10 마그마, '해야'(작사·작곡 조하문) 발표

10.12 전두환 대통령, 방한한 시아가 자메이카 수상 접견

10.12 카라소, 코스타리카 대통령 내한

10.12 한국-쿠웨이트, 항공협정 체결

10.13 문교부, 국민학교 영어교육 결정-영어 조기 교육 방침 도입

10.16 21개 대학교에 이데올로기비판센터 설치 발표-이데올로기 비판교육 강화

10.16 88올림픽고속도로(대구↔광주, 175㎞) 착공

10.17 단일 독으로 세계 최대 '대우옥포조선소' 준공-연산 120만 톤 규모(1973.10~)

10.20 서울 반포동에 강남고속터미널(경부선·구마선) 준공-지하 1층, 지상 11층(1978.11~)

10.23 제20회 대종상영화제 시상-'초대받은 사람들'(감독:최하원, 동아흥행) 수상

10.24 영화, '앵무새는 몸으로 울었다'(감독:정진우, 배우:황해·최윤석·정윤희) 개봉

10.24 영화, '초대받은 사람들'(감독:최하원, 배우:이영하·원미경) 개봉

10.27 강남 삼성동에 '중요무형문화재 서울전수회관'(현 서울문화재전수회관) 준공

10.27 원효대교(원효로4가↔여의도동, 1,470m) 준공(1978.7~)

10.31 서부전선 북한 경비초소에서 아군 초소를 향해 3차례 총격

10.00 현대자동차 '포니 1', 영국에 1,500대 첫 수출

10.00 김홍신, 『인간시장』(행림출판사) 출판

11.01 이문열, 『젊은 날의 초상』(민음사) 출판

11.02 서울올림픽대회조직위원회(위원장 박세직) 구성

11.02 한국 성인 평균키-남자 169m, 여자 157m

11.05 삼척 앞바다서 러일전쟁 때 침몰한 러시아군함에서 유물 인양

11.05 정부, 제2제철 광양만에 건설키로 확정

11.09 노태우 제2정무장관, 대통령 특사로 유럽·아프리카 13개국 순방 등정

11.11 보안사, 대학가서 통혁당 결성 기도한 이주광 등 재일동포 2세 2명, 검거 발표

11.12 미국 은행에서 대한항공 편으로 보낸 2백만 달러 증발 사건

11.12 전두환 대통령, 김일성 서울방문 제의

11.12 한국방송공사 자회사, 한국방송사업단(초대 사장 이덕주) 창립

11.14 한국-우루과이, 무역협정 체결

11.16 연합통신, 제1회 전국신문·방송발행인 및 편집·보도국장회의 개최

11.19 여·야, 정부에 야간통금 해제 건의-1982.1. 37년 만에 야간통행금지 전면 해제

11.21 중국, 서울올림픽 참가 의사 표명

11.22 부산 금정산 버스 추락-사망 33명, 중상 37명

11.23 경남 김해에서 가야시대 철갑 발견-도굴 물품

11.23 이춘덕, 제1회 계산기능대회(일본)서 세계 계산왕에 등극

11.24 한국 근·현대문학을 정립한 문학평론가 조연현(1920~1981) 사망

11.24 1982학년도 첫 대학입학학력고사 실시-필기시험 320점, 체력장 20점

11.25 아시아경기연맹 집행위원회, 86아시안게임 개최지 서울로 결정

11.27 환율 7백 원대 돌파

11.27 영화, '007 문레이커'(감독:존 글렌, 배우:로저 무어·캐롤 부케) 개봉

11.30 기아산업-동아자동차, 1대 1 통합 합의

11.00 금성사, 국내 최초의 VHS방식의 전자식 VTR(GHV-8100) 생산

11.00 농심, '사발면' 첫 출시

12.05 북한, 『리조실록』 번역 완간

12.05 한국방송광고공사, 한국공익광고 시작

12.08 영산강종합개발사업, 영산호(4,351m) 준공-2만7천ha 농경지에 농업용수 공급(1978~)

12.09 북한군, 중부 전선 아군초소에 총격

12.11 한국프로야구 창설-MBC(서울)·롯데(부산)·삼성(대구)·삼미(인천)·해태(광주)·OB(대전)

12.17 한국-파라과이, 무역협정 체결

12.18 한국-페루, 경제과학 및 기술협정 체결

12.19 한국 수출, 200억 달러 돌파

12.21 중국, 광개토대왕비를 1급 보물로 선정

12.22 정여진·최불암, '아빠의 말씀'(작사 지명길, 번안곡) 발표

12.26 제1회 한국문학상, 시인 정공채 『해점(海店)』 수상

12.27 제1회 김수영문학상, 정희성의 『저문 강에 삽을 씻고』(창작과비평사) 수상

12.30 한국 남녀배구 대표팀, 네덜란드 라보디나모 국제배구대회서 동반 우승

12.30 옥슨80, '불놀이야'(작사·작곡 홍서범) 발표

12.30 함중아, '내게도 사랑이'(작사·작곡 함중아) 발표

12.31 서울언론재단(전 서울언론문화클럽) 창립-언론인 해외연수지원, 언론단체 세미나 지원

12.31 한양주택개발주식회사, ㈜한양으로 이름 변경

12.31 〈공직자윤리법〉 제정-1983.1. 시행

12.00 이외수, 『들개』(문학예술사) 출판

00.00 해태제과, '홈런볼' 출시

■■■■■■■■■■■■■■■

01.16 [미국] 대륙간탄도미사일 요격용, 레이저광선무기실험 성공

01.20 [미국] 로널드 레이건, 제40대 대통령에 취임

01.20 [이란] 미국 인질 52명 석방

01.25 [중국] 급진 문혁파, '4인방'에 사형 판결

02.07 [소련] 군용기 추락, 장성 등 70여 명 사망

02.14 [중국] 신강 위구르자치서 6,470년 전 추정 소녀 시신 발견

02.18 [미국] 레이건 대통령, 경제재건계획 '레이거노믹스' 발표

03.17 [소련] 위성파괴무기 개발 성공

04.12 [미국] 12년간 세계헤비급챔피언, 권투선수 조 루이스(1914~1981) 사망

04.12 [미국] 유인 우주왕복선 콜럼비아 1호 발사, 무사 귀환

04.17 [폴란드] 자유농민노조 결성 허용

04.24 [미국] 소련으로 곡물수출 금지조치 해제 발표

05.02 [미국] 심리학자 데이빗 웩슬러(1896~1981) 사망

05.11 [영국] 뮤지컬 '캣츠' 런던서 첫 개막

05.13 [국제] 교황 바오로2세, 총격 받고 부상

06.05 [미국] AIDS(후천성면역결핍증), 첫 발견

06.06 [인도] 열차 추락 사고, 5천여 명 사망

06.11 [이란] 켈만주에 대지진-1,500~3,000명 사망

06.19 [국제] 유럽 공동개발한 우주로켓트 '아리안'호, 남미 가이아나에서 발사

06.19 [이집트] 카이로서 기독교도↔이슬람교도 유혈충돌

06.30 [중국] 실용주의 체제 선언

07.07 [영국] 태양전지 비행기 ·솔라 챌린저(Solar Challenger)·호 도버해협 횡단비행 성공

07.16 [미국] 핵확산금지지침 발표

07.18 [폴란드] 공산당, 동구권 최초의 직접 비밀투표서 카니아 제1서기 당선

07.29 [영국] 찰스 황태자, 다이애나와 결혼

08.01 [미국] 24시간 음악방송, MTV 개국

08.12 [미국] IBM PC 첫 등장

08.22 [자유중국(대만)] 여객기 공중 폭발-110명 사망

09.08 [미국] 최초로 동물유전자 이식에 성공

09.09 [프랑스] '프로이트의 계승자' 정신분석학자 자크 라캉(1901~1981) 사망

09.16 [이집트] 소련 기술자 1,500명 추방

09.18 [프랑스] 하원, 사형제도 폐지안 의결

09.27 [중공] 대만에 교역 제의-9.30. 대만, 대화 제의 거부

10.01 [독일] 동독-서독 간 대규모 간첩 교환

10.06 [이집트] 중동평화의 길을 연 사다트(1918~1981) 대통령, 피살

10.06 [인도] 총선에서 간디 재집권

10.29 [프랑스] 샹송가수 조르주 브라생스(1921~1981) 사망

11.13 [미국] 우주왕복선 콜롬비아호 2차 발사

11.22 [소련] 반체제 인사 사하로프 박사, 유배지 고리키에서 단식 시작(18일간)

11.24 [미국] 보잉사, 크루즈미사일 첫 생산

11.29 [미국] 영화 배우 나탈리 우드(1938~1981) 사망

12.01 [유고] 여객기, 프랑스 공항서 추락, 178명 사망

12.30 [미국] 레이건 대통령, 폴란드사태와 관련 7개항의 소련경제제재조치 발표

1982 임술(壬戌) 단기4315 전두환2
레이건/덩샤오핑/스즈키·나카소네/브레즈네프·안드로포프

01.01 영화, '겨울로 가는 마차'(감독:정소영, 배우:김영애·이영하 등) 개봉

01.01 중고생 교복 자율화 발표

01.02 MBC, 만화영화 '은하철도 999' 첫 방영(~1983.1.16.)

01.05 야간 통행금지 37년 만에 전면 해제

01.07 중부전선으로 북한 주민 김용준, 월남 귀순

01.08 〈학교체육관리지침〉 발표-인문계 고교 2·3학년 체육시간 연 108시간 배정 등

01.09 770년 제작된 일본 최고의 목판인쇄불경, 국내서 '백만탑다라니경' 2점 발견

01.10 KBS1드라마, '풍운'(출연:이순재·김영애·반효정·서우림 등) 첫 방영(~12.26)

01.15 송골매 '어쩌다 마주친 그대'(작사·작곡 구창모)·'모두 다 사랑하리' 발표

01.11 한국은행, 개인 신용카드제 실시 결정-1982.4. 크레디트카드 발급 시작

01.11 한국전력공사 발족

01.12 한국산업경제기술연구원(현 산업연구원) 개원-산업·무역·기술 관련 정보수집·조사연구

01.13 백제문화개발연구원 창립

01.16 한국미술전람회, '한국미술대전'으로 개편

01.16 한국-쿠웨이트, 항공협정 발효

01.22 서울형사지법, '학림사건'의 이태복(30세)에게 무기징역 선고

01.22 전두환 대통령, 민족화합 민주통일방안 제의

01.23 유창순, 제15대 국무총리 취임(~1982.6)

01.23 한국여자탁구(안해숙 선수), 서독오픈탁구대회 우승

01.25 KBS 뉴스, "보도본부 24시' 첫 방송(~1984.10.26.)

01.29 독립유공자 단체, 한국독립유공자협회 창립

01.29 제1회 과학기술진흥확대회의 개최

01.00 4차 교육과정-개인교습·보습학원 금지, 학교자율학습 허용, 대학입시본고사 폐지

01.00 현대자동차 '포니 1', 북미 캐나다에 첫 수출

02.01 윤경화 보살 피살사건 선고공판, 고문 자백 무죄 선고-사건발생 194일 만에 종결

02.01 〈수입담보금제〉 폐지-수입금액의 5~20%씩 예치 폐지

02.02 경로우대증, 만 65세 이상 노인에게 발급

02.03 통화관리방식, 간접규제방식으로 전환 결정

02.06 영화, '애마부인'(감독:정인엽, 배우:안소영·임동진 등) 개봉

02.06 해남 유선도유물관 녹우당서 4백 년 전의 거문고와 악보 발견

02.08 도쿄 뉴저팬호텔 화재-한국인 8명 사망

02.10 경로우대제 실시-국공립박물관·전철·지하철 등 무료, 철도운임 50% 할인

02.11 주한미군, 오산주둔 OV10기, 신형 OA37기로 대체 발표

02.12 안기부, 경기도 강화군 이법도에서 20년간 간첩활동해 온 황용윤 등 구속 발표

02.12 영화, '보디히트'(감독:로렌스 캐스단, 배우:윌리엄 허트·캐슬린 터너) 개봉

02.14 진도 4.5 지진 발생-황해도 사리원 남서부

02.16 미 국방부, 개량형 호크유도미사일 170기, 로켓 723기 한국 판매 계획 발표

02.16 〈섬유공업육성방안〉 확정-섬유산업구조 개편

02.17 서울·부산 8개 국민학교, 주5일제 수업 학교로 선정-2012년도 전면 시행

02.18 포항종합제철소 4기 설비 준공-조강연산 850만 톤

02.21 이념 서적, 35년 만에 시판 허용

02.22 서울대, 서울대, 일부 학생들의 좌경화에 2학기부터 필수과목으로 이념교육 실시 결정

02.24 문교부, 소풍 및 수학여행 자유화 발표

02.24 민방위 교육훈련 50세까지 연장 방안 철회, 46세 이상자 4시간 정신교육 실시

02.27 영화, '레이더스'(감독:스티븐 스필버그, 배우:해리슨 포드·카렌 알렌) 개봉

02.28 제5회 세계태권도선수권대회에서 한국팀 종합 5연패 달성

02.28 문성재, '부산갈매기'(작사·작곡 문중순) 발표

02.00 모든 택시에 LPG 사용 허용

02.00 MBC, 'MBC 바둑제왕전' 첫 방송(~2004)

03.01 진도 4.7 지진 발생-경북 울진 북동쪽 약 45㎞ 해역

03.02 서울 강남구 개포지구 택지개발사업 계획 발표

03.03 MBC, '모여라 꿈동산' 첫 방송(~1988.5.6.)

03.04 사병 복무기간, 1984년까지 단계적으로 30개월로 단축

03.05 광양 제2제철 건설사업계획 발표

03.07 MBC, 'MBC 바둑제왕전' 첫 방송(~1995, 제13회로 중단)

03.10 한국데이터통신(주)(현 LG-데이콤) 창립

03.16 중앙청(구 조선총독부) 건물, 국립박물관으로 개수 확정

03.17 이용 '잊혀진 계절'·'서울'(작사 박건호, 작곡 이범희) 발표

03.18 부산지역 대학생들, 부산미문화원 방화-미국의 광주민주화운동 유혈진압·독재정권 비호

03.19 산유국 원유가격의 계속된 하락에 원유도입 자율화방침 결정

03.19 서울올림픽대회범민시족추진위원회(위원장 김상협) 구성

03.20 체육부 신설-초대 장관 노태우 임명

03.21 김창문, 경남 진주에 조선조가구장식문양박물관 개관-조선시대 20만 점 소장

03.25 산울림, '내게 사랑은 너무 써'(작사·작곡 김창완)·'회상'(작사·작곡 김창훈) 발표

03.27 프로야구 출범-동대문운동장서 MBC 청룡과 삼성 라이온즈 개막 경기

03.28 제1회 서울국제마라톤대회 개최-7천4백여 명 참가-외국초청선수 46명 포함

03.00 현대자동차, '포니 2' 출시(~1990.1)-348만5천 원, 1,400cc

03.00 새한자동차, '맵시(MAEPSY)' 출시(~1989.2.)-370만 원, 1,492cc

04.01 은행신용카드협회(현 BC카드) 설립

04.02 전국 89개 대학의 지하 서클 112개 정밀조사

04.02 전국 97개 대학 총·학장, 사단법인 한국대학교육협의회 발족

04.03 부산 미문화원방화사건 배후 인물로 지목된 김현장 검거-징역7년형, 1993.3. 석방

04.05 고교에서도 좌경이데올로기 비판교육 실시 발표

04.07 전두환 대통령, 공군 최초로 국산 전투기 군 배치 발표

04.08 천주교 원주교구 교육원장 최기식 신부, 김현장 은닉 혐의로 구속

04.08 서울 현저동 지하철공사장 붕괴-시내버스 추락, 사망 10명·부상 42명

04.12 안기부, 3개 간첩망 18명 검거, 10명 구속 발표

04.15 국제교류진흥회 창립-한국의 전통문화 해외보급과 번역사업 진흥

04.15 북한, 김일성 주석 70회 생일 맞아 세계에서 가장 높은 탑 '주체사상탑'(170m) 건립

04.17 중소기업진흥10개년계획 발표-중소기업 업종확대·대기업 침투차단·납품대금지연 규제

04.19 EBS, '딩동댕 유치원' 첫 방송(~2018.8.24.)

04.20 전경련에 수출촉진특별위원회 결성-정·부위원장, 위원: 수출업체 이사급 50~60여 명

04.21 북한군이 중부전선에서 아군 초소를 향해 8백여 발 총격 발표

04.21 한국-영국, 문화협정 체결

04.22 용인 호암미술관 개관-삼성그룹 창업주 이병철 소장, 한국미술품 1천2백여 점

04.23 이라크 공사 현장에서 문경희·이명호, 쿠르드족 게릴라에게 납치됨-7.21. 석방

04.24 영화, '샤키머신'(감독:버트 레이놀즈, 배우:버트 레이놀즈·비토리오 가스먼) 개봉

04.25 봄 가뭄 극심

04.25 신민당 부총재 정일형(1904~1982) 사망

04.26 의령경찰서 궁류지서 우범곤 순경, 총기 난사로 58명 사망

04.26 전두환 대통령, 방한한 조지 부시 미국 대통령 정상회담

04.28 한국데이타통신주식회사(사장 이용태) 창업

05.03 영화, '여자의 함정'(감독:이경태, 배우:정윤희·윤일봉 등) 개봉

05.04 조훈현, 바둑 역사상 첫 9단 입신

05.05 한국여자농구팀, 제9회 아시아여자농구선수권대회 우승

05.07 대화산업회장 이철희·장영자 부부, 외국환관리법위반혐의로 구속

05.07 한국여자등반대, 여성 처음으로 히말라야 람중히말봉(6,986m) 정복

05.08 〈노인헌장〉 제정-노인문제에 대한 범국민적 관심 고취

05.10 전두환 대통령, 방한한 도우 라이베리아 대통령과 만찬

05.11 서울·인천·경기 전 지역 〈수도권건축규제계획〉 발표-과밀부담금 납부

05.15 '스승의 날' 부활-1973년 중단

05.15 강원도 고성 해안 침투 북한 2인조 간첩 발견, 1명 사살, 1명 추격 발표

05.15 국립극장, 야외놀이마당 개장

05.17 유엔군사령부, 철원 인근 비무장지대에서 북한의 무차별 총격 사실 발표

05.17 조용필, '못 찾겠다 꾀꼬리'·'비련'·'자존심' 발표

05.18 장영자사건과 관련 그의 형부이며 대통령 처삼촌인 이규광 구속

05.25 낙동강 하구 쥐섬 앞바다서 쾌속여객선 에어페리호와 피닉스호 충돌, 49명 부상

05.29 산악인 허영호, 세계 5위 마카루봉(8,481m) 정상 정복

05.29 '82 MBC 서울국제가요제-Louie Reyes & Villaluz, 'Nothing I Want More' 대상

05.31 EBS, '딩동댕 유치원' 첫 방송

06.01 경기도 성남부근서 군수송기 추락, 장병 53명 사망

06.05 강만길 외, 『한국민족주의론』 1 발간

06.07 5개 시중은행(조흥·상업·제일·한일·서울), 공동으로 신용카드 발급 시작

06.07 나훈아, '잡초'(작사·작곡 나훈아) 발표

06.12 500원짜리 새 주화 발행

06.25 김상협, 신임 국무총리 임명장 수여

06.25 반포대교(서빙고동↔반포동, 1,490m) 개통(1980.1.~)

06.25 외국인투자 허용대상, 포지티브 시스템으로 전환, 최고 100% 외국인투자 허용

06.26 영화, '낮은데로 임하소서'(감독:이장호, 배우:이영호·신성일 등) 개봉

06.28 전영록, '종이학'(작사 이건우, 작곡 이범희) 발표

06.29 한국중공업 창원종합기계공장(사장 박정기) 준공

06.30 윤수일 '아파트'(작사·작곡 윤수일) 발표

06.30 정광태, '독도는 우리땅'(작사·작곡 박인호) 발표

06.00 농심, '해피 소고기' 라면 출시

06.00 이시형, 『배짱으로 삽시다』(집현전) 출판

07.01 서독 취업 간부 김진주 등 3개 간첩망 3명 구속 발표

07.01 친지 초청의 해외여행 허용

07.03 예금·주식·국공채·사채 등 실명거래제 1983년 실시 발표(7.3조치)

07.03 영화, '헬나이트'(감독:톰 드시몬, 배우:린다 블레어·빈센트 밴 패튼) 개봉

07.03 제10회 아시아아마추어복싱선수권대회에서 한국 종합 우승

07.05 동해서 조업 중 성진5호, 북한에 납치 발표

07.07 신한은행 업무 개시

07.09 북한군, 강원도 고성 비무장지대에서 아군 초소를 향해 기관총 사격

07.12 한국-호주, 조세의 이중과세 및 탈세방지협약 서명

07.13 경북 울릉도 공해상에서 제5마산호와 선원 35명, 북한초계정에 납북

07.14 일본 역사교과서 왜곡문제 발생-일본의 '침략'을 '진출'로 수정

07.15 경주에서 제12회 세계평화국제학술회의 개막

07.15 잠실야구장 준공(1980.4~)-관중석 30,306석

07.17 영화, '꼬방동네 사람들'(감독:배창호, 배우:김보연·안성기 등) 개봉

07.19 한국-자메이카, 경제기술협력협정 체결(킹스턴)

07.20 남진, '빈잔'(작사 조운파, 작곡 박춘석) 발표

07.24 영화, '개인교수'(감독:앨런 마이어슨, 배우:실비아 크리스텔·에릭 브라운) 개봉

07.26 기아산업, 동아자동차 합병작업 백지화 결정

07.27 정부, 일본역사교과서 왜곡기술 관련 진상규명을 일본정부에 공식요구

07.30 대일역사왜곡규탄 및 시정요구국민회의, '일본역사교과서 왜곡문제 공청회' 개최

07.30 일본, 한국정부에 한국 측의 비판과 의견을 겸허히 수용 천명

07.31 MBC 제3회 강변가요제(청평유원지)-천국의 이방인, '태양의 예언' 금상 수상

07.00 과천 제2청사 준공 후 보건사회부·과학기술처 첫 입주

07.00 한국 인터넷의 시작, SDN(System Development Network)

08.04 덕유산에서 제8회 아시아·태평양지역 잼버리대회 개최

08.05 국회 문공위, 일본교과서 왜곡시정 촉구 4개항 결의문 채택

08.05 북한, 『조선전사』 현대편 18권 발간

08.10 부산지법, 부산미문화원 방화 관련 선고공판서 문부식·김현장 피고에 사형 선고

08.11 세계교육협회 제31차 국제학술회의 서울개최, '세계교육협회선언문' 채택·발표

08.14 서울 국제주니어오픈육상경주대회 개최

08.16 제11호 태풍 세실-40명 사망, 6천 명 이재민 발생

08.18 전두환 대통령, 아프리카 4개국(케냐·나이지리아·가봉·세네갈) 순방

08.19 북한 협동농장원 1명 귀순 발표

08.28 독립기념관건립준비위원회 발족

08.29 서해 중부 덕적군도 서쪽 해역, 진도 4.0 지진 발생

08.30 전두환 대통령, 캐나다 방문, 슈라이어 총독과 정상회담

08.31 제2회 서울오픈국제탁구선수권대회에서 한국 5종목 석권

09.01 서울극장, 국내 처음으로 전화 예약제 실시

09.01 영화, '포스트맨은 벨을 두 번 울린다'(감독:봅 라펠슨, 잭 니콜슨, 제시카 랭) 개봉

09.04 실명거래법안과 세법 개정안 발표-1983년도부터 신규금융거래 시 실명거래 의무화

09.04 제27회 세계야구선수권대회 개최(서울), 한국 우승

09.08 레이건 미 대통령, 원자력 수출 통제국에서 한국 제외

09.08 부산대, 경남 합천군 사양리서 세계최대 이암(泥岩) 자연동굴(길이 260m) 발견

09.09 국산 초음속 제트전투기, 'F5F 타이거 2' 시험비행-마하 10.6 성공

09.10 경북대, 경남 섬천서 1억년 전 공룡화석 발견

09.10 안기부, 서울·충북 거점 25년간 활동해온 송지섭 등 고정간첩단 12명 구속 발표

09.12 제6회 MBC대학가요제(정동문화체육관)-조정희, '참새와 허수아비' 대상 수상

09.13 경북대, 경남 합천에서 공룡 화석 발견

09.15 과기원, 핵자착공명 단층촬영기 개발, 촬영에 성공

09.15 한양대병원, 장기은행 발족

09.16 북한 김일성, 중국 방문-9.18 덩샤오핑과 회담

09.20 KBS1드라마, '보통 사람들'(출연:황정순·이순재·김민자·송재호) 첫 방영(~1984.5.31.)

09.20 KBS2, 'TV유치원 하나 둘 셋' 첫 방송(~2014.1.2.)

09.21 제23차 세계여성단체협의회 서울 총회 개최

09.21 김상협, 제16대 국무총리 취임(~1983.10.)

09.22 전자신문사, 《전자신문》 창간-처음으로 발행한 정보기술(IT) 관련 일간신문

09.24 서울국제무역박람회(SITRA) 개막, 676개 업체-미·일·영·프 등 40개국(262개 업체) 참가

09.25 문화진흥원, 제1회 대한민국 미술대전 개최-대상 한국화 전래식 '여정'

09.28 한강종합개발 착공-저수로정비·시민공원조성·올림픽대로 건설·하수처리장(~1986)

09.29 제일은행(현 SC제일은행) 민영화

09.30 서울신탁은행 민영화-2002.12. 하나은행과 합병

09.00 담배, '장미' 600원 시판

10.04 한국·아세안경협증진공동세미나 개최-동남아국가연합 간의 경제협력증진방안 모색

10.05 서울서 제5차 세계언론인회의 개막-100여 국 270여 명 참가

10.06 한국-노르웨이, 경제·기술협력협정 서명

10.07 서울시교육위원회, 1983년에 외국어고교 신설 발표

10.08 KBS1 만화영화, '미래소년 코난' 첫 방영(~1983.6.7.)

10.08 MBC, '어린이 명작동화' 첫 방영(~1983.6.7.)

10.11 프로야구, OB베어스가 삼성 라이온즈를 누르고 한국시리즈 우승

10.13 울진원자력발전소 9·10호기(국내 최초 1000㎿급) 착공(~1990.2)

10.14 제63회 전국체육대회 개최(경남)-1위 서울, 2위 전남, 3위 경남

10.15 축산진흥과 산지개발 촉진, 초지개발10개년계획 발표-20만ha 산지, 초지로 개발

10.16 수하르토, 인도네시아 대통령 방한

10.17 제21회 대종상영화제 시상-'낮은 데로 임하소서'(감독:이장호) 수상

10.19 삼성증권 창립

10.20 4개 해역(진해만(부산항)·사천만·광양만·울산만), '연안오염특별관리해역' 선포

10.24 광주사태·김대중내란음모사건 등 관련자 등, 1,206명 형집행정지로 석방

10.26 강원도 평창군 용평면에 '이승복 기념관' 개관

10.29 제11회 서울아시아예술심포지엄(세종문화회관) 개막

10.29 제14회 한국전자박람회 개막-SPC-1000과 SPC-2000 첫 선

10.29 KBS 만화영화, '개구리 왕눈이' 첫 방영(~1983.3.24.)

10.30 현대건설, 리비아 종합제철공사와 5억7천만 달러 건설 계약 체결

10.31 의료보험법시행령 개정-100인 이상 상시근로자 사업장 적용 대상 확대

10.31 제4회 전미오픈유도선수권대회에서 한국 종합우승

10.00 KBS, '전국일주' 첫 방송(~1993.4)

10.00 이동기, '논개'(작사·작곡 이동기) 발표

11.02 올빼미 등 21종, 독도 등 5개 섬, 천연기념물 지정

11.02 제1회 한국번역문학상, 번역가 안정효의 존·업다이크 『토끼는 부자다』 선정

11.03 삼성그룹, 조선호텔 및 주변부지 매입

11.04 현대미포조선소, 세계 최고의 대단위 수리조선소 제2공장 준공

11.12 모국 방문을 가장한 재일동포 간첩 13명 검거 발표

11.14 김득구(1955~1982), WBA 라이트급 챔피언 타이틀전서 의식불명(11.18. 사망)

11.16 국내 첫 근대 2종 경기(수상·육상) 개막, 우승 강석인

11.18 원거리 경비함 호베트를 개조한 '한국형 해군 경비함' 첫 진수

11.18 일본, 일본역사교과서 왜곡내용 중 일부만 시정, 그 외 계속 검토 통보

11.19 제9회 뉴델리 아시안게임 개막-한국 3위, 금28·은28·동37

11.21 조선의 마지막 상궁, 박창복(1906~1981) 여사 사망

11.24 일본 정부, 왜곡 역사교과서 시정키로 결정

11.25 제일제당 식품연구소, 항암제 인터페론 생산 성공

11.25 김수희, '명예'(작사·작곡 추세호) 발표

11.26 한국전력공사 자회사 한국핵연료주식회사(현 한전원전연료주식회사) 발족

11.27 독립기념관 건립 예정지, 충남 천안군 흑성산으로 확정

11.27 KBS1드라마, '지금 평양에선'(출연:김병기·최정훈·백일섭 등) 첫 방송(~1985.5.14.)

11.00 농심, '너구리 우동(순한맛)'·'육개장 사발면' 출시

12.02 1983학년도 대학입학학력고사 실시-필기시험 320점, 체력장 20점

12.04 영화, 'ET'(감독:스티븐 스필버그) 개봉

12.08 사회주의 서클활동 혐의로 군산의 고교교사 8명 등 구속 발표(오송회 사건)

12.10 강병철과 삼태기, '삼태기매들리'·'행운을 드립니다'(작사·작곡 김용만) 발표

12.11 한국등반대, 히말라야 푸모리봉(7,068m) 정복

12.13 금융실명제, 1986년부터 단계적 실시 의결-1993.8.12. 도입

12.15 서울서 무선호출서비스 시작-1989.4. 가입자 100만 명

12.16 정부, 복역 중인 김대중의 서울대학병원 이송과 도미 허용(12.23. 도미)

12.18 국제축구연맹(FIFA), 북한에 2년간 국제축구대회 출전정지 명령

12.19 지리산 등산객 50명, 눈에 갇혀 조난-1명 사망, 4명 동상

12.20 이북5도민회, '1천만 이산가족재회추진위원회'(위원장 조영식) 발족

12.21 '의료보험법시행령' 개정, 16인 이상 상시근로자 사업장으로 적용 대상 확대

12.21 에브렌, 터키 대통령 방한

12.22 제23회 아시아청소년축구대회(방콕)서 우승, 이라크에 2:1승

12.22 치안본부, 신체장애자에 운전면허응시자격 허용

12.23 2차 석유파동에 도산위기의 해운산업 합리화계획 발표, 해운회사 20개로 통폐합

12.23 서울지하철 2호선, 종합운동장~교대 구간(5.5㎞) 준공

12.24 영화, '록키 3'(감독:실베스터 스탤론, 배우:실베스터 스탤론·탈리아 샤이어) 개봉

12.27 현대자동차, 자동차 생산 50만 대 돌파

12.29 대구 금호호텔 화재-10명 사망

12.31 유아교육진흥법안 공포-유아교육기관의 유치원·새마을유아원으로 통합·정비

12.00 삼성전자, 8비트 퍼스널 컴퓨터 SPC-1000 개발-1983.2 시판

12.00 제1회 신동엽창작상, 이문구의 『산너머 남촌』 수상

00.00 오리온제과, '땅콩강정' 출시

00.00 크라운제과, '비단박하' 출시

00.00 현철과 벌떼들, '사랑은 얄미운 나비인가봐'(작사·작곡 박성훈) 발표

▨▨▨▨▨▨▨▨▨▨▨▨▨

02.02 [미국] X선 레이저장치 개발

02.09 [일본] JAL 여객기, 가와사키 앞바다 추락

03.05 [소련] 금성 우주탐색선, '비너스 14호' 금성 착륙

04.07 [미국] 베일러의대, 인간유전자 복제 성공 발표

04.16 [중국-소련] 국경무역 20년 만에 재개

04.17 [영국] 엘리자베스 2세, 캐나다 신헌법 서명

04.25 [이스라엘] 시나이반도, 이집트에 반환-14년10개월 만에 완전 철수

04.30 [국제] 유엔해양법회의, 국제해양법조약 채택-영해 12해리, 경제수역 200해리

05.29 [서독] 축구영웅 베켄바워 은퇴

318

06.06 [이스라엘] 레바논 전면 침공-6.26 UN, 레바논주둔 이스라엘군 전면철수 결의

06.10 [독일] 독일의 전설적 영화감독 파스빈더(1946~1982) 사망

06.13 [국제] 제12회 월드컵 스페인서 개막

07.06 [미국-소련] 미소전략무기감축협상(START) 개시

07.09 [미국] 팬암 보잉727기, 뉴올리언즈공항 이륙 중 벼락으로 추락, 153명 사망

08.02 [중국] 홍콩과 마카오의 영유권 재확인, 평화적 재통일 선언

08.12 [미국] 영화 배우 헨리 폰다(1905~1982) 사망

08.29 [스웨덴] 영화 배우 잉그리드 버그만(1915~1982) 사망

09.05 [이스라엘] 요르단강 서안과 가자지구에 8개 정착촌 건설 승인

09.05 [중국] 공산당, 주석제를 총서기제로 개편-9.12 당총서기에 호요방 선출

09.10 [소련] 국제전화 폐쇄

09.13 [스페인] 여객기, 말라가공항 이륙 직후 추락-승객 등 77명 사망 실종

09.14 [미국] 영화 배우 그레이스 켈리(1929~1982) 사망

09.17 [레바논] 민병대, 서베이루트 내 팔레스타인 난민 1,800명 대량학살

09.21 [미국·프랑스·이탈리아] 레바논의 치안회복 위해 다국적 평화유지군의 파병 결정

10.02 [이란] 테헤란서 폭발 사고-사망 60명, 부상 700명

10.26 [국제] 유엔총회, 이스라엘 축출안 부결

10.28 [국제] 유엔무역개발회의(UNCTAD), 이스라엘 축출

11.10 [소련] 서기장 브레즈네프(1906~1982) 사망

11.11 [미국] 우주왕복선 콜롬비아호 발사

11.12 [소련] 공산당 서기장에 유리 안드로포프 선출

11.12 [폴란드] 11개월 만에 바웬사 석방

11.13 [미국] 레이건 대통령, 소련금수조치 해제-새 동서무역정책 선언

11.13 [영국] 『새로운 사회』 저술한 역사학자 에드워드 핼릿 카(1892~1982) 사망

11.19 [미국] 사정 1800㎞, 마하 1.0 '퍼싱Ⅱ' 핵탄도미사일 발사 성공

11.25 [일본] 나카소네 제11대 자민당 총재에 취임

12.01 [미국] 유타대학 메디컬센터에서 세계 최초로 인공심장 이식수술 성공

12.09 [소련] 두 우주인, 211일간의 우주 체공 기록을 세우고 귀환

12.20 [미국] 폴란드 태생의 피아니스트 루빈스타인(1887~1982) 사망

1982

1983 계해(癸亥) 단기4316 전두환4
레이건/덩샤오핑/나카소네/안드로포프

01.01 해외여행 제한적 자유화 시행-50세 이상자 해외여행 허용

01.01 영화, '신서유기'(감독:김종성, 배우:진준량·양수신) 개봉

01.01 영화, '사관과 신사'(감독:테일러 핵포드, 출연 리차드 기어·데브라 윙거) 개봉

01.02 KBS1드라마, '개국'(출연:임동진·임혁·선우은숙 등) 첫 방영(12.8)

01.03 MBC드라마, '거부실록-무역왕 최봉준'(출연:이대근·김보연·한인수) 첫 방영(~3.22)

01.04 문학평론가·불문학자 이헌구(1905~1983) 사망

01.09 전 민중당 대표 박순천(1898~1983) 사망

01.10 산울림, '어머니와 고등어'(작사·작곡 김창완) 발표

01.11 KBS1드라마, '개국'(출연:임동진·임혁·선우은숙·신구 등) 첫 방영(~12.8)

01.11 나카소네 야스히로 일본 총리, 첫 한국 공식 방문-40억 달러 경제협력 지원 합의

01.13 동아건설, '원효대교'를 서울시에 기부 체납-2.1. 이후 무료 통행

01.14 한국, 비행정보구역 일본-중공기 통과 허용-3.21. 시험 비행

01.15 대구시경, 전두환 대통령 친척 전창환 등 6명, 상법 위반혐의로 구속

01.17 남미 농업이민 중단-남미 이민 대상국의 수민 정책 문제

01.20 마이어, 미 육참총장 방한, 북한남침 경우 미군 핵무기 사용 언급

01.00 새한자동차, 대우자동차로 상호 변경

02.06 한국-쿠웨이트, 문화협정 체결

02.09 4대문 안 재개발사업지구, 건물 고도규제 완전 철폐-건폐율 완화

02.14 석유개발공사, 대륙붕 4개 광구 시추 및 해외 유전확보 방안 발표

02.15 민해경·김현준, '내 인생은 나의 것'(작사 박건호, 작곡 방기남) 발표

02.21 문교부, 1984년까지 전국 13개 시도에 과학고등학교 1개교씩 설치 운영 결정

02.23 서울대 규장각, 독도를 한국령으로 표기한 일본 해군성 수로국 발행 지도원본 공개

02.25 북한 이웅평 대위, MIG 19기 몰고 귀순

02.25 정치활동 규제자 555명 중에서 250명 해제(1차 해금)

02.26 KBS2, '사랑방중계' 첫 방송(~1993.3.27)

02.27 KBS1, '추적 60분' 첫 방송(~2019.8.20.)

02.00 농심 '너구리 우동'(얼큰한 맛) 첫 출시

03.02 1987년까지 4개소(난지도·강동·강서·도봉)에 대단위 쓰레기소각장 건설 확정

03.02 중·고교생, 복장자율화 실시

03.03 KBS1드라마, '고교생 일기'(출연:최재성·채시라·손창민 등) 첫 방영(~1986.10.31.)

03.06 한국, 해적 출판 세계 1위

03.08 부산 미문화원 방화사건의 피고 김현장·문부식 사형 확정-3.15. 무기로 감형

03.11 안기부, 미군 부대 거점 활동한 2개 간첩망, 4명 검거, 2명 구속 발표

03.15 서울 시내버스, 격번제 정차

03.16 최초의 한미합작은행, 한미은행(현 씨티은행) 업무 개시

03.18 부산 컨테이너 전용 6부두(603m) 4년 만에 준공

03.20 노사연, '님 그림자'(작사·작곡 김욱) 발표

03.26 장정구, WBC 라이트플라이급 세계챔피언 획득

03.26 MBC드라마, '조선왕조 500년-추동궁 마마'(출연:김무생박영지 등) 첫 방영

03.28 MBC드라마, '야망의 25시'(출연:박규채·최불암·조경환·정욱 등) 첫 방영(~6.14)

03.31 KBS2드라마, '안개'(출연:금보라·권기선·정영숙 등) 첫 방영(~10.28)

03.00 과천 제2청사 1동(보건사회부·과학기술처)·2동(건설부·농림수산부·법무부) 입주완료

03.00 패티김 '가을을 남기고 간 사랑'(작사·작곡 박춘석) 발표

03.00 KBS2, 일본 만화영화 '요술공주 밍키' 첫 방영

04.01 1억 원 올림픽복권 발행(~1988.12)

04.01 나훈아, '18세 순이'·'사랑'·'너무합니다'(작사·작곡 나훈아) 발표

04.02 KBS2, '유머 1번지'(출연:임하룡·심형래·김형곤 등) 첫 방송(~1992.10.4.)

04.03 인수봉 등반 사고 7명 사망

04.04 김상협 국무총리, 4대 재벌 토지 재매입 과정 부정 여부 철저 규명 지시

04.05 북한산(836m), 15번째 국립공원으로 지정

04.08 마마로니, 솔로몬군도국 수상 내한

04.09 교육부, 대학 여름학기 신설 허용

04.09 해저유물조사단, 충남 태안반도 해저서 청자·백자 등 1천여 점 자기류 발견

04.11 서울시, 목동-신정동 택지개발계획 발표

04.11 제11대 2기 국회의장 채문식 피선(~1985.4)

04.13 산업기지개발공사 요청에 을숙도 철새보호구역(천연기념물 179호) 60만평 해제(1966.7~)

04.14 제1회 천하장사 씨름대회 개최-4.17. 천하장사 이만기 등극

04.18 대구 디스코홀 화재-25명 사망

04.19 문공부, 공산권의 순수음악 음반 수입 허용

04.21 한국여성개발원(현 한국여성정책연구원) 개원

04.22 '아기공룡 둘리' 탄생, 월간지 ≪보물섬≫ 연재 시작

04.22 월성원자력발전소 1호기(67만7㎾) 준공, 1,000만㎾ 시대 개막

04.23 낙동강 하구언 공사(사하구 하단동↔강서구 명지동) 착공(~1987.11)

05.02 공군기지 방어종합시범훈련 공군 사상 최대 규모로 실시

05.05 한국-오만, 항공협정 체결

05.06 호남고속도로, 대전↔광주 4차선 확장 착공(~1986.9)

05.07 국방부, 북한군 신중철 대위, 비무장지대 넘어 월남 귀순 발표

05.09 정부, 외국상표 도입 자유화 결정-연간 100여만 달러의 로열티 지불

05.13 한국 최초의 여기자 최은희의 기탁금액(5천만 원)으로 '최은희여기자상' 제정

05.14 울산 현대중공업 특수조선소에서 최신식 한국형 경비함 진수

05.15 대규모 신석기 유적지 경북 울진서 발굴 발표

05.15 동녘편집부, 『철학에세이』(동녘) 출판

05.15 김학래, '슬픔의 심로'(작사·작곡 김학래) 발표

05.15 해바라기, '행복을 주는 사람'(작사·작곡 이주호) 발표

05.18 공무원 및 16인 이상 사업장 근로자, 정기건강진단 시 성병 검사 추가 결정

05.18 김영삼 전 신민당 총재, 정치활동 피규제자 해금 등 요구 단식 시작(~6.9)

05.22 문교부, 성교육 교재 국·중·고교 교사에 보급

05.23 대기업재무구조 개선방안 발표-대기업의 비업무용 토지매입 단속

05.24 외국인 토지소유제한 완화-외국 국적 취득한 내국인의 토지 소유 인정

05.25 과외단속기준지침 마련-과외지도 삼촌까지 허용, 학습내용 비디오테잎 판매 금지

05.25 송창식 '우리는'(작사·작곡 송창식)·'푸르른 날'(서정주 시, 작곡 송창식) 발표

05.25 영화, '스타워즈 에피소드 6: 제다이의 귀환'(감독:리처드 마퀀드) 개봉

05.26 안기부, 김성규·김병규 등 2개 간첩망 8명 검거 발표

05.28 국무총리실, 종합청사로 이전

05.28 '83 MBC 서울국제가요제-A La, Carte, 'Radio' 대상 수상

05.31 5대 대기오염물질(저탄장·시멘트공장·원료저장소의 먼지 등) 환경기준 추가 설정

05.00 현대자동차, '스텔라' 출시(~1997.1)-1,439cc

06.01 북한 벌목노동자 정범호, 군사분계선 넘어 귀순 발표

06.01 패티김, '가을을 남기고 간 사랑'(작사·작곡 박춘석) 발표

06.10 중국 항로, 한국비행구역 통과 허용 발표

06.11 1만 원권(세종대왕·경회루)·5천 원권(이이)·1천 원권(이황) 신 지폐 발행 공급

06.11 여성의전화(현 한국여성의전화) 창립-남편에게 매를 맞는 여성을 위한 상담

06.12 경남 양산군서 열차-버스 충돌-6명 사망, 35명 부상

06.12 멕시코 제4회 세계청소년축구대회(감독 박종환) 4강 진출

06.15 50여 명 세무조사요원, 명성그룹 정밀 법인조사-8.17. 김철호 회장 구속(~7.20)

06.15 국립중앙박물관 이전 개축공사, 구 중앙청서 착공

06.17 영화, '람보'(감독:테드 코체프, 배우:실베스터 스탤론·리처드 크레나 등) 개봉

06.18 민주화운동에 참여한 여성 지식인, 여성평우회(현 여성민우회) 창립

06.18 현철, '사랑은 나비인가봐'(작사·작곡 박성훈) 발표

06.19 경기도 문산에서 수중 침투하던 북한 공작원 3명 사살 발표

06.20 문교부, 교사들의 학생 체벌금지지침 각 학교에 시달

06.25 조용필 '친구여'(작사 하지영, 작곡 이호준) 발표

06.30 KBS-TV, 이산가족찾기운동 생방송(~11.14)

06.30 세계 최대 단일기지의 여천 LNG기지 준공-저장 용량 15만2천 톤

07.01 경남도청, 부산에서 창원으로 이전

07.01 부분적 금융자산실명제 실시-차등 세율 적용

07.01 최인호, 장편소설『고래사냥』(동화출판사) 출판

07.02 영화, '최가박당'(감독:증지위, 배우:허관걸·맥가·장애가) 개봉

07.07 대우 옥포조선소, 35만톤급 제2독 준공

07.11 서울시, 보신탕· 뱀집 등 도심 영업 금지

07.13 안기부, 김광호·김동계 등 3개 간첩망, 6명 검거 발표

07.13 정부, 입법 예고제 첫 실시

07.15 목포해양박물관 건립

07.18 서울시, 남자의 미장원 출입 금지

07.25 고리원자력발전소 2호기(65만kW), 상업 운전 개시(1977.3~)

07.25 이규태, 『한국인의 의식구조』(신원문화사) 출판

07.27 보사부, 2자녀 갖기 운동, '2자녀 이하 갖기 운동'으로 변경 시행 발표

07.28 북한, 중국에 청진항 개방

07.30 패티김, '누가 이 사람을 모르시나요' 발표-곽순옥, '남과 북' 원곡

07.00 대우자동차, '로얄 프린스' 출시(~1993.7)-1,897cc

08.01 아르헨티나 등 21개국과 국제전화 자동화 개시

08.01 한국고대문화전, 도쿄 국립박물관에서 개막

08.03 삼성반도체, 64KD램 개발 성공

08.05 동해안 월성원자력발전소 남방 5km지점 해상서 북한무장간첩선 1척 격침 발표

08.05 중국 여객기, 한국비행정보구역 첫 통과

08.05 MBC드라마, '3840 유격대'(출연:김희라·이승현·임영규 등) 첫 방영(~1984.10.15.)

08.06 이산가족들 만남의 창구가 될 여의도 '만남의 광장' 24시간 개장

08.07 중국 공군 손천근, 미그 21 몰고 귀순-서울·경기지역 실제 공습경보 발령

08.08 MBC 제4회 강변가요제(청평유원지)-손현희, '이름 없는 새' 대상 수상

08.12 광복절 특사로 부산 미문화원 방화사건·김대중 사건 관련자 등 1,944명 석방

08.13 울릉도 동쪽 해상, 일본 어선으로 위장한 북한 무장간첩선 1척 격침 발표

08.13 KBS2, '요술공주 밍키' 첫 방영(~1984.5.17.)

08.11 혜은이, '독백'(작사 이성만, 작곡 이범희) 발표

08.15 김수철, '못다핀 꽃 한송이'(작사·작곡 김수철) 발표

08.15 천안독립기념관 착공(~1987.8)

08.15 김수철, '못 다 핀 꽃 한송이'(작사·작곡 김수철) 발표

08.20 중국 공군 조종사 손천근, 대만으로 망명

08.27 국제기능올림픽 5연패

08.29 MBC드라마, '간난이'(출연:김수양·김수용·정혜선 등) 첫 방영(~1984.4.27.)

08.00 MBC, '어린이 명작동화' 첫 방송

08.00 농심, '자갈치' 출시

08.00 국내 벤처 1호 기업, 비트컴퓨터 설립-의료정보 소프트웨어 개발, 헬스케어 서비스

09.01 일반인 무선전화기 사용 허가-관할 전화국에 허가신청, 시판 가격 10만원 선

09.01 항로 이탈한 대한항공 여객기, 소련 전투기에 사할린 부근서 격추됨-269명 전원 사망

09.01 이해인, 『오늘은 내가 반달로 떠도』(분도출판사) 출판

09.07 비씨카드주식회사 설립

09.08 제1회 오늘의 책 선정협의회, 한영우의 『조선전기사회경제연구』 등 28권 선정

09.10 영화, '투씨(TOOTSIE)'(감독:시드니 폴락, 배우:더스틴 호프만, 제시카 랭) 개봉

09.10 후세인 요르단 국왕 방한

09.14 한국·미국 등 10개국, 소련 규탄 공동결의안 확정

09.16 서울지하철 2호선, 을지로~성수역 구간(7.9㎞) 개통

09.17 황해도 멸악산 북서 지역, 진도 4.2 지진 발생

09.22 대구 미문화원 정문 앞에서 폭발물 폭발사건-1명 사망, 4명 중경상

09.25 53차 ASTA(미주여행업협회) 총회(서울)-128개국 6천여명 참가, 외국관광객 다원화

09.25 프로축구, 할렐루야가 대우를 누르고 슈퍼리그 우승

09.27 로마 교황청, 김대건 신부 등 한국인 가톨릭신자 93명 '성인' 최종 승인

09.29 서울·인천 등에 하수도료 첫 부과 발표

09.30 민주화운동청년연합(민청련) 결성(의장 김근태)

09.00 농심, '안성탕면' 출시

09.00 윤시내, '공부합시다'(작사 이성하, 작곡 이범희) 발표

10.01 롯데제과, '꼬깔콘' 출시

10.02 서울 국회의사당에서 제76차 IPU총회 개막

10.04 한국-아일랜드, 국교 수립

10.05 국내 최초 가스발전소, 평택화력발전소 3·4호기(각각 35만㎾) 준공

10.06 제64회 전국체육대회 개최(인천)-1위 서울, 2위 전남, 3위 충남

10.07 정수라, '아! 대한민국'(작사 박건호, 작곡 김재일) 발표

10.08 전두환 대통령, 서남아·대양주 6개국 순방 출발

10.08 창경원 동물, 과천 서울대공원으로 이동 시작

10.09 미얀마 아웅산 폭발사건-대통령 수행원 서석준 부총리 등 17명 순직, 15명 부상

10.13 여의도광장에서 순국 외교사절 합동국민장 엄수

10.15 김창완, '어머니와 고등어'(작사·작곡 김창완) 발표

10.17 진의종, 제17대 국무총리 취임(~1985.2)

10.20 동양증권, 대우증권주식회사로 이름 변경

10.20 프로야구, 해태가 MBC청룡을 누르고 한국시리즈 우승

10.22 광주 MBC FM 개국(91.5㎒)

10.22 김진호, 제32회 세계양궁선수권대회서(미국 롱비치) 세계신기록 수립

10.23 제32회 세계양궁선수권대회(미국 롱비치) 여자단체 개인종합 우승

10.26 서울시교육위, 독어·프랑스어·일어·스페인어 등 4개 외국어전문고등학교 설치 인가

10.27 등반인 허영호, 한국인 최초로 마나슬루봉(8,156m) 단독등정 성공

10.29 제1회 한국시조문학상, 시조시인 이은방 수상

10.29 영화, '적도의 꽃'(감독:배창호, 배우:남궁원·장미희·신일룡 등) 개봉

10.29 제7회 MBC대학가요제(잠실체육관)-에밀레, '그대 떠난 빈 들에 서서' 대상 수상

10.00 농심, '양파링' 출시

11.01 전영록, '사랑은 연필로 쓰세요'(작사 유명진, 작곡 남궁인) 발표

11.01 KBS1, '전국일주' 첫 방송(~1993.4)

11.03 미국 LA에서 1919년 2월 작성된 순 한글체 「대한독립여자선언서」 발견

11.04 대구 신흥재벌 광명그룹, 무리한 확장에 567억 부도

11.04 버마(현 미얀마), 북한과 단교-1983.10. 아웅산 폭탄테러 관련

11.04 KBS2, 만화영화 '개구장이 스머프' 첫 방영

11.05 현대중공업 산업기술연구소 준공

11.06 MBC, 'MBC 베스트셀러극장' 첫 방영(~1989.7.9.)

11.07 동아건설, 리비아 대수로 공사 1단계(1,895㎞) 수주

11.07 한국-파키스탄, 국교 수립

11.07 KBS2드라마, '금남의 집'(출연:박근형·서우림·임옥경 등) 첫 방영(~1984.10.26.)

11.07 KBS2, '개구쟁이 스머프' 첫 방영(~1984.10.26.)

11.10 허영란, '날개'(작사·작곡조운파) 발표

11.12 레이건 미국 대통령, 방한-11.13. 휴전선 최전방 시찰

11.20 아시아테니스선수권대회(홍콩) 여자단식·남자복식·혼합복식서 한국대표팀 우승

11.22 1984학년도 대학입학학력고사 실시-필기시험 320점, 체력장 20점

11.28 로마자표기법 개정안 확정-'ㅓ'는 Ŏ, 'ㅡ'는 Ŭ, 'ㄱ'은 K(무성)·G(유성), 'ㄲ'은 KK

11.29 88서울올림픽 휘장-마스코트(호돌이) 확정

12.01 일해재단(1996.9. 세종연구소로 개칭) 발족-아웅산묘소 폭발사건 관련 유족 지원 등

12.01 최혜영, '그것은 인생'(작사 박건호, 작곡 김재일) 발표

12.02 소련 폭격기 9대, 독도 근해 출현

12.03 부산 다대포 앞바다 무장간첩선 격침, 2명 생포

12.05 해직 교수 86명, 복직 처리지침 마련, 1984학년도 신학기부터 임용 허용

12.06 코스타리카, 북한과 단교

12.08 브라질, 한국인 불법체류 4,500명 영주권 부여

12.12 국회 재무위, '독립공채 상환에 관한 특별법' 의결

12.12 서울지하철 2호선, 교대~서울대입구 구간(19.8㎞) 개통

12.12 영화, '오복성'(감독:홍금보, 배우:홍금보·성룡 등) 개봉

12.18 대전중앙시장 화재, 115개 점포 전소

12.18 청소년 탁구, 중국을 5:0으로 완파-아시아 정상 차지

12.19 안기부, 유재선·정영·김상원 등 3개 간첩망 12명 검거 발표-간첩조작의혹 사건

12.20 코모로, 북한과 단교

12.21 학원자율화 조치 발표-학원 사태 제적생 복교 허용

12.22 공안관련자 172명 석방, 정승화·최기식·고은 등 142명 복권

12.22 서사모아, 북한과 단교

12.23 영화, '007 네버 세이 네버 어게인'(감독:어빈 케쉬너, 배우:숀 코네리) 개봉

12.23 한국-기니비사우국, 국교 수립

12.30 제22회 대종상영화제 시상-'물레야 물레야'(감독:이두용, 한림영화) 수상

12.30 해외건설 수주액 최초로 100억 달러 초과

12.31 〈유전공학육성법〉 제정(1984.9. 시행)-유전공학 연구의 기반 조성

12.31 기아자동차, 농업용 봉고 트럭, '세레스(CERES)'(1톤) 출시

00.00 김신, 장편소설 『대학별곡』(소설문학사) 출판

00.00 롯데제과, '빼빼로' 출시

00.00 크라운제과, '빅파이' 출시

00.00 해태제과, '초코픽'·'자두메론' 출시

00.00 동서식품, '맥스웰 스틱형 커피믹스' 출시

1983

▨▨▨▨▨▨▨▨▨▨▨

02.12 [소련] 장거리 핵미사일 SSNX20, 핵잠함서 발사 성공

03.10 [미국] 200해리 경제수역 선포

04.04 [미국] 우주왕복선 챌린저호 발사

04.12 [미국] 해럴드, 흑인 최초 미국 워싱턴 시카고 시장에 취임

04.15 [일본] 도쿄 디즈니랜드 개원

05.04 [이란] 공산당 해체

05.28 [국제] 서방 7개국 정상회담 개막(윌리암스버그)

06.16 [바티칸] 교황 요한바오로 2세, 모국 폴란드 방문

06.18 [중국] 국가주석에 리셴녠, 국가중앙군사위 주석에 덩샤오핑 선출

06.30 [소련] 원격조정 통한 인공위성 도킹 성공

07.03 [미국] 칼빈 스미스, 육상 100m 9초93으로 15년 7개월여 만에 세계신기록 달성

07.21 [중국] 상해 등 외국인에 개방

07.29 [영국] 영화 배우 데이비드 니븐(1910~1983) 사망

07.30 [미국-중국] 무역분쟁 종식

08.04 [이탈리아] 첫 사회당 정부 수립

09.17 [미국] 미스아메리카 최초로 흑인 여성 선발

10.10 [영국] 연극·영화 배우 랄프 리처드슨(1944~1983) 사망

10.23 [그레나다] 친 쿠바 정책을 추진한 마르크스주의자 비숍, 그레나다 수상 피살

10.31 [바티칸] 로마교황청, 350년 만에 갈릴레오 갈릴레이를 복권

11.10 [미국] MS, GUI 운용체계(OS) 윈도우 최초 공개

11.14 [아이슬란드] 시인 토마스 그뷔드뮌드손(1901~1983) 사망

11.20 [미국] ABC-TV, 핵 공포 가상영화 '그날 이후' 방영

11.27 [필리핀] 아키노 51회 생일 맞아 20만 명 반정부 시위

12.02 [국제] 특정 재래식무기금지협약(CCW) 발효

12.02 [미국] 우주선 콜롬비아호 과학자들, 우주서 아연과 알루미늄 합금 성공

12.03 [미국] 백악관 콘크리트 방벽 설치

12.07 [스페인] 두 여객기 충돌-104명 사망 23명 중상

12.09 [버마] 2명의 아웅산 테러범에 사형 선고

12.14 [소련] 세계 최대 군용수송기 개발

12.20 [팔레스타인해방기구(PLO)] 아라파트파 4,000명, 레바논 철수

1984 갑자(甲子) 단기4317 전두환5
레이건/덩샤오핑/나카소네/안드로포프·체르넨코

01.04 국군체육부대, '상무' 창설-상징: 불사조. 구호: 조국의 영광, 여기서 우리가!

01.09 MBC드라마, '조선왕조500년-설중매'(출연:고두심 등) 첫 방영(~1985.2.26.)

01.11 강만길·리영희·조승혁 등, 통일방안 강연에 국가보안법 위반 혐의로 구속

01.12 서울대학교, 졸업정원제로 인한 강제 탈락률 폐지 결정

01.13 문교부, 로마자 표기를 25년 만에 정자법에서 '표음주의 표기법'으로 통일

01.14 부산 대아관광호텔 화재-38명 사망, 23명 중경상

01.15 제2회 아시아·오세아니아 양궁선수권대회 단체전서 한국 남녀 동반 우승

01.19 정부, 강원도 고성 통일전망대 첫 공개

01.21 민주한국당(유치송), 평화적 정권 교체 위한 개헌 주장

01.21 한국-사우디아라비아, 항공협정 체결

01.22 녹십자, B형간염 백신 인터페론 양산

01.22 하형주, 1984년 프랑스오픈 국제유도대회 하프헤비급 우승

01.24 과천 서울대공원 내 놀이동산, '서울랜드' 착공(~1988.5)

02.01 5개 시중은행(제일·서울·조흥·한일·외환은행), 신탁업 인가

02.09 조용필, '눈물의 파티'(작사 박건호, 작곡 이범희) 발표

02.15 '한국미술 5000년' 유럽 순회 전 개막-영국 런던 개최

02.17 상공부, 현대자동차에 버스·트럭용 디젤엔진 생산 허가

02.23 안기부, 2개 간첩망 7명 검거 발표

02.25 서산지구방조제 물막이 공사(정주영 유조선 공법) 성공-3.10. 축조공사 준공

02.25 정치활동 규제자 202명 해제(2차 해금)

02.25 한국 테니스 선수단 8명, 데이비스컵 예선전 참석차 사상 첫 중국 입국

02.27 새세대심장재단(현 한국심장재단) 창립-경제적 약자의 심장병 수술·진료 비용 등 지원

02.28 진의종 국무총리, 현행 헌법으로 1988년에 정부 이양한다고 언명

02.00 정비석, 『소설 손자병법』(고려원) 출판

03.01 중소기업의 신종기업어음 발행 허용

03.02 학원사태 관련 학생 등 1,176명, 3·1절 특사로 형집행정지 또는 특별가석방

03.02 정태춘·박은옥, '사랑하는 이에게'(작사·작곡 김종환) 발표

03.02 정태춘, '떠나가는 배'(작사·작곡 정태춘) 발표

03.02 공연·예술 전문 잡지, 월간 《객석》 창간

03.09 37개 품목의 거래 단위, '미터법'으로 표준화

03.14 문교부, 중고교 보충수업 주 5시간 허용

03.18 이홍열, 55회 동아마라톤대회에서 10년 만에 한국 신기록 수록-2시간14분59초

03.19 농심, '짜파게티' 출시

03.21 팀스피릿 훈련 중이던 미군항모 키티호크호와 소련군 핵잠수함과 충돌-한반도 동해상

03.25 임희숙, '내 하나의 사랑은 가고'(작사·작곡 백창우) 발표

03.26 농촌진흥청, 볍씨 '기호' 개발-'후지' 280과 'BL1' 교배, 1985년 이후 농가 보급

03.27 코리아타고마조선소에서 최신형 초계전투함(마산함) 진수(1985.8.~2019.12)

03.29 한국이동통신서비스(현 SK텔레콤) 설립-4.2. 차량 이동전화 업무 개시

03.30 북한, LA올림픽에서 남북단일팀 결성 제안-구소련 등 공산국의 불참으로 무산

03.31 영화, '고래사냥'(감독:배창호, 배우:김수철·이미숙·안성기) 개봉

03.31 영화, '애정의 조건'(감독:제임스 L. 브룩스, 배우:셜리 맥클레인·데브라 윙거) 개봉

04.01 삼성반도체통신, 64KD램 공장 착공 6개월 만에 준공(경기도 기흥)

04.02 안기부, 영화 배우 최은희와 영화감독 신상옥 납북 발표-납북 6년 만에 공식 발표

04.03 KBS1, 가족오락관 첫 방송(~2009.4.18.)

04.04 유럽공동체 10개국과 철강재 수출 자율규제요강 확정

04.06 세제상 산업 간 차등 지원 배제, 관세 감면 대상 업종 축소 조정(133개→87개)

04.08 한국-브루나이, 정상회담

04.08 한국-중국, 국제전화 개통

04.08 KBS2, '연예가중계' 첫 방송(~2019.11.29.)

04.09 남북체육회담 판문점에서 개최-제23회 LA올림픽대회 단일팀 구성 협의, 결렬(~6.1)

04.10 한마음, '말하고 싶어요'·'갯바위'(작사·작곡 강영철) 발표

04.10 옥슨 80, '가난한 연인들의 기도'(작사·작곡 홍서범) 발표

04.14 경제기획원, 유통산업근대화를 위한 자본 투입 결정

04.14 연극·영화·탈춤·놀이·소리·그림·만화 등의 예술인, 민중문화운동협의회 발족

04.20 세이크 칼리파, 카타르 국왕 내한

04.21 한국-카타르, 경제기술무역협정 체결

04.22 제1회 '전국 퍼스널컴퓨터 경진대회' 개최

04.24 국산 구축함 FFK-952 서울함(울산급) 진수-2015년 퇴역, 한강변 서울함 공원

04.25 한국전기통신연구소, 한국형 전자교환기 DTX 1 개발 개통식

04.28 한국석유탐사반, 인도네시아 마두라 KE-2광구에서 첫 원유 생산

04.29 MBC, '청춘만만세(청춘행진곡)' 첫 방송(~1992.3)

04.00 심수봉, '남자는 배 여자는 항구'(작사·작곡 심수봉) 발표

04.00 윤수일밴드, '아름다워'(작사·작곡 윤수일) 발표

05.01 과천 국립현대미술관 착공(~1986.8)

05.01 서울대공원 동물원 개원

05.01 한국데이타통신-미국 다이얼컴, 국제전자사서함 개통

05.03 제264대 교황 요한 바오르2세 방한

05.06 김대건 안드레아 신부 등, 한국 순교 103위의 성인 탄생

05.10 서울 종로구 동숭동에 마로니에 조각공원 준공

05.11 필리핀 정부의 요청에 바나나 7천 톤 수입 결정-350만 달러어치

05.12 교육부, 고교국어 문법통일안 마련-'주어+서술절'→'주제어+주어+서술어' 등

05.12 MBC드라마 '사랑과 진실'(출연:정애리·김용림·유인촌·이덕화) 첫 방영(~1985.4.28.)

05.13 캔자스시티 스타, 미국 병든 소 한국 수출 보도

05.14 해운항만청, 해운산업합리화방안 발표-해운업체 66개사가 17개 그룹으로 통폐합

05.15 배따라기, '그댄 봄비를 무척 좋아하나요'(작사·작곡 이혜민) 발표

05.18 동남여객선 카페리호(2,904톤, 부산↔제주도) 풍랑으로 조난-12명 익사

05.18 민주화추진협의회 발족-공동의장 김영삼, 공동의장 대행 김상현, 고문 김대중

05.19 전국 음식점에 정부미 사용 의무화 시행

05.22 서울지하철 2호선, 서울대입구~을지로입구 구간(19.8㎞) 개통-완전 개통

05.23 현대엘리베이터주식회사 설립

05.24 수산청, 경남 통영 자란만 해역, 청정해역으로 지정

05.26 연세대 의대, 인간성장호르몬 국내 생산 성공 발표

05.26 '83 MBC 서울국제가요제-Mariella Farre, 'Not This Way' 대상 수상

05.30 영화, '수녀 아가다'(감독:김현명, 배우:이보희·유인촌·김원섭 등) 개봉

05.00 데이콤, DACOM-Net 상에서 상용 전자우편서비스 시작

06.07 최은희여기자상 제정-제1회 수상자 서울신문의 신동식 기자 수상

06.08 삼천포화력발전소 1·2호기(각각 56만kW) 착공 5년 만에 준공(1978.10~)

06.10 비구니 1,200여 명, 영화 '비구니'(감독:임권택, 배우:김지미) 제작 중지 요구

06.11 국방부, 북한이 비무장지대에서 한국군 초소에 총격 발표

06.14 삼성반도체통신, 경기도 부천서 광통신공장 준공

06.22 전위예술가 백남준, 35년 만에 고국 방문

06.27 88올림픽고속도로(광주↔대구, 182.09㎞) 개통(1981.10.~)

06.30 영화, 'ET'(감독:스티븐 스필버그, 배우:헨리 토마스·디 월리스 등) 개봉

06.30 이은하, '사랑도 못해 본 사람은'(작사·작곡 김창완) 발표

07.01 한국 화물선 원진호(1만톤급), 이란에서 이라크 공군기에 피격-한국 선원 4명 부상

07.02 한국-노르웨이, 섬유류 쿼터협정 체결

07.09 디우프 세네갈 대통령 방한

07.09 MBC 제5회 강변가요제(남이섬)-이선희, 'J에게' 대상 수상

07.15 혜은이, '비가'(작사·작곡 유영건) 발표

07.18 치안본부, 고정간첩 3명 검거 발표

07.20 강원도 상원사에서 전신사리 8과와 다라니경 등 불경 13권 발견

07.20 이문세 '나는 행복한 사람'(작사·작곡 오동식) 발표

07.21 영화, '프로젝트 A'(감독:성룡, 배우:성룡·홍금보·원표 등) 개봉

07.28 국방부, 북한군 하사 1명 귀순 발표

07.29 영화, '007 옥터퍼시'(감독:존 글렌, 배우:로저 무어·머드 애덤스 등) 개봉

07.31 대학별 기초학문·첨단과학분야 육성-서울(전자)·고대(생물)·연세(수학)·서강(화학) 등

07.00 국내공중정보통신망(DACOM-NET) 개통

08.02 김원기(레슬링), LA올림픽 금메달 획득

08.07 안병근·하형주(유도), LA올림픽 금메달 획득

08.09 월북 소설가 이기영(1895~1984) 사망-우리나라 최고의 사실주의 작가

08.10 MBC, '차인태의 출발 새아침' 첫 방송(~1988)

08.12 신준섭(복싱)·서향순(양궁)·유인탁(레슬링), LA올림픽서 금메달 획득

08.18 서울버스요금 인상-일반 10원(120원), 대학생·청소년 5원(90원), 초등 동결(60원)

08.19 석유 위기 대비 유가절약 모의훈련 실시

08.23 일본, 한국의 비관세장벽 철폐요구 거절

08.26 리틀야구월드시리즈에서 한국팀, 미국팀 꺾고 첫 우승(6:2)

08.31 체코 교포 화가 이기순, 34년 만에 귀국

08.31 한국-일본 정상 간(전두환-나카소네) 직통전화 개설

08.00 최진희, '사랑의 미로'(작사 지명길, 작곡 김희갑) 발표

09.02 서울 한강주변지역(풍납동·성내1·2동·망원동) 침수, 수중 도시

09.05 나미, '빙글빙글'(작사 박건호, 작곡 김명곤) 발표

09.06 여수에너지주식회사(E1) 설립-액화석유가스(LPG) 수출입 회사

09.06 전두환, 국가원수로 첫 일본 방문-히로히토 일본 천황, 과거 한일관계 유감 표명

09.08 북한 적십자중앙위원회, 한국에 수재물자 제공 제의

09.09 제28회 메르데카배 국제축구대회 한국팀(감독 박종환), 브라질팀 꺾고 우승

09.15 서울서 제20차 아시아태평양국회회원연맹 총회 개막

09.20 김현식 '사랑했어요'(작사·작곡 김현식) 발표

09.21 봉고 가봉 대통령 방한

09.24 대간첩대책본부, 북한 무장간첩 1명 음독 사망 발표

09.25 박노해, 『노동의 새벽』(풀빛) 발간

09.29 북한 적십자사, 판문점 통해 한국에 수재 구호물품 전달

09.29 잠실올림픽 주경기장(69,950석 규모), 착공 6년10개월 만에 준공(1976.11~)

09.30 영화, '무릎과 무릎 사이'(감독:이장호, 배우:이보희·안성기 등) 개봉

09.00 이문열, 장편소설 『영웅시대』(민음사) 출판

10.01 한국형 병력수송장갑차(APC) K-200, 국군의 날 처음 공개-1990년대 초 실전배치

10.01 김수철, '젊은 그대'(작사 안양자, 작곡 김수철), '나도야 간다' 발표

10.05 재일교포 1천여 명, 지문날인 거부 집회

10.08 삼성반도체, 256KD램 개발

10.09 프로야구, 롯데가 삼성을 누르고 한국시리즈 우승

10.11 제65회 전국체육대회 개최(대구)-1위 서울, 2위 전남, 3위 충남(~10.16)

10.13 재일동포 모국 유학생 윤정헌 등 6명, 간첩 혐의로 구속-보안사 간첩조작 사건

10.16 통신종합센터(구 서울광화문국제전신전화국(KIT)) 준공

10.18 첫 사장교 진도대교(해남군 학동리↔진도군 녹진리, 484m) 준공(1981.4.~)

10.19 안기부(현 국정원), 간첩 1명 검거 발표

10.22 한국 우정국 100주년 기념, '1984 필라델피아 세계우표전시회' 개최(~10.31)

10.22 MBC, '야! 일요일이다' 첫 방송(~1991.4.21.)

10.24 기초과정시험 거부 우려한 서울대 측 요구로 경찰 6,400여 명 투입

10.24 MBC, '유쾌한 스튜디오' 첫 방송(~1986.4.17.)

10.27 베를린필하모닉오케스트라(지휘자 카라얀), 첫 내한 공연

10.29 제8회 MBC대학가요제(잠실체육관)-이유진, '눈물 한 방울로 사랑은 시작되고' 대상

10.30 KBS, '퀴즈탐험 신비의 세계' 첫 방송(~2004.10.31.)

10.30 김원중, '바위섬'(작사·작곡 배창희) 발표

10.00 안병욱, 에세이 『처음을 위하여 마지막을 위하여』(자유문학사) 출판

10.00 이진관, '인생은 미완성'(작사 김지평, 작곡 이진관) 발표

11.03 11년 만에 '학생의 날' 부활-1974. '10월 유신'으로 '학생의 날' 폐지

11.07 서천화력발전소 1·2호기(각각 20만㎾) 준공(1978.10.~)

11.10 〈산업합리화법〉 제정·공정거래법안 보완 검토-재벌의 문어발식 출자 규제

11.11 프로축구, 부산 대우로얄즈가 유공을 누르고 슈퍼리그 우승

11.11 KBS2, '행운의 스튜디오' 첫 방송(~1992.10.4.)

11.14 동작대교(용산구 이촌동↔동작구 동작동, 1,330m) 개통(1978.10.~)

11.15 '제1회 남북경제회담' 개최(판문점)-교역품목과 경제협력사업 등

11.16 충남 태안반도 대호만의 '대호방조제'(7,807m) 준공(1979.8.~)

11.23 1985학년도 대학입학학력고사 실시-필기시험 320점, 체력장 20점

11.23 재단법인 한국기독교100주년기념사업협의회 설립 인가-초대 이사장 한경직 목사

11.24 한국표준연구소(대덕), 표준주파수·표준시간 알리는 '표준주파수국' 개국

11.26 소련-북한, 국경협정 가조인-1985.4.17. 모스크바에서 조소국경조약 체결

11.30 여성단체, 가족법 개정 촉구-호주제, 남녀동등친권행사, 동성동본혼인금지 폐지 등

11.30 정치규제자 99명 중 84명 해제(3차 해금)-'3김' 명단 제외

11.30 제23회 대종상영화제 시상-'자녀목'(감독:정진우, 우진필름) 수상

11.00 서울대·고려대·연세대·성균관대 운동권 학생, 전국민주투쟁학생연합 결성

11.00 여성중심 월간잡지 ≪샘이 깊은물≫ 창간-≪뿌리 깊은 나무≫ 후신

12.05 삼성전자, 미국 뉴저지에 칼라TV(80만대)·전자레인지(40만대) 공장 준공

12.07 여성산악인 김영자, 안나푸르나봉(8,091m) 정복

12.10 양희은, '행복의 나라로'(작사·작곡 한대수) 발표

12.16 여수 돌산연육교(여수 남산동↔여천 우두리, 450m) 개통(1981.4.~)

12.16 프랑스, 북한통상대표부의 '일반대표부'로 격상 시인

12.18 구 민주공화당 의원들, 민족중흥동지회(회장 전예용 전 공화당 의장서리) 발족

12.19 민주언론운동협의회(민언협) 설립

12.20 한국-미국, 한국의 대미철강류 수출물량 자율규제 합의

12.20 흥사단강당서 해금자 주축으로 '신한민주당' 창당 발기인대회

12.22 영화, '터미네이터'(감독:제임스 캐머런, 배우:아놀드 슈왈제네거·마이클 빈) 개봉

12.22 영화, '고스트버스터즈'(감독:아이번 라이트먼, 배우:빌 머레이 등) 개봉

12.27 정부, 프랑스 정부의 북한 총대표부 승격 조치에 항의, 주불대사 귀국령

12.31 충남 대덕 연구단지 내에 한국과학기술대학(KIT) 설립

12.00 현철 '청춘을 돌려다오'(작사 최치수, 작곡 신세영) 발표

12.00 동아자동차(현 쌍용자동차), (주)거화 흡수 합병

12.00 농심, '해물탕면' 출시

00.00 롯데, '칸쵸' 출시

00.00 삼양, '뽀빠이' 출시

00.00 오리온제과, '쵸코송이', '고래밥' 출시

00.00 크라운제과, '웨하스', '커피나' 출시

00.00 해태, '버터일', '오예스' 출시

▨▨▨▨▨▨▨▨▨▨▨▨

01.24 [미국] 세 번째 우주왕복선 '디스커버리'호 첫 발사(~2011.3. 퇴역)

01.30 [일본] 세계 최초의 256KS램 개발 성공

02.08 [유고] 제14회 사라예보 동계올림픽 개막-한국 금0·은0·동0

1984

02.09 [소련] 안드로포프(1914~1984), 소련공산당 서기장 사망-2.13. 체르넨코 선출

03.21 [미국] 항공모함 키티호크호, 동해서 소련 잠수함과 충돌

04.10 [호주] 최초 냉동 수정아 출산 성공 발표

05.08 [소련] LA올림픽 불참 선언

05.28 [국제] 세계물리학자 50명, 소련 물리학자 반체제 인사 안드레이 사하로프 석방 요구

05.28 [인도] 힌두교도와 이슬람교도 충돌-228명 사망

06.05 [인도] 펀잡주 시크교도 반란, 정부군과 교전 400여 명 사망

06.25 [프랑스] 철학자 미셀 푸코(1926~1984) 사망

07.02 [프랑스] 공군, 최신예전투기 '미라지 2000' 실전배치 개시

07.25 [미국-중국] 항공우주기술협정 체결

07.26 [미국] 여론조사 전문가 갤럽 사망

07.28 [국제] 제23회 LA올림픽 개막-한국 10위, 금6·은6·동7

09.07 [교황청] 해방신학의 기수 '보프' 신부 사문

09.26 [영국-중공] 홍콩반환협정 가조인

10.12 [영국] 보수당, 전당대회장인 호텔서 폭탄 폭발-4명 사망, 30명 부상

10.20 [중국] 공산당 제12기 중앙위 3차 전체회의, 자본주의경제개혁안 채택

10.21 [프랑스] '쥘과 짐' 영화감독 트뤼포(1932~1984) 사망

10.31 [인도] 인도 최초의 여성 총리 인디라 간디(1917~1984), 시크교도들에게 피살

11.08 [미국] 우주왕복선 디스커버리호, 제14차 우주여행 시작

11.12 [미국] 디스커버리호, 고장위성 사상 처음으로 회수

11.13 [중국] 산서성 당서기 선거, 중국사상 처음 비밀투표 실시

11.19 [멕시코] 멕시코시티 가스공장서 대규모 폭발사고 544명 사망, 주민35만명 대피

11.26 [미국-이라크] 양국 간 17년 만에 외교관계 재개

11.30 [소련-중국] 무역협정 조인

12.03 [인도] 농약제조 원료 유독가스 메틸이소시안 누출, 1만여 명 사망, 60여 만명 부상

12.04 [쿠웨이트] 쿠웨이트기 공중피납, 테헤란공항 착륙

12.14 [스페인] 시인 비센테 알레익산드레(1898~1984) 사망

12.19 [영국-중국], 홍콩반환협정 조인

1985 을축(乙丑) 단기4318 전두환6
레이건/덩샤오핑/나카소네/체르넨코·고르바초프

01.01 영화, '쾌찬차(快餐車)'(감독:홍금보, 배우:원표·성룡 등) 개봉

01.08 한림해운소속 '한림 마리너'호(1만1천톤), 이라크 미사일에 피격- 1명 사망

01.10 미국 NBC방송, 의정부에 핵배낭(SADM) 특수부대의 배치 보도

01.14 부산 남동쪽 약 90㎞ 해역, 진도 4.2 지진 발생

01.15 김용옥, 『동양학 어떻게 할 것인가』(민음사) 출판

01.15 해바라기, '모두가 사랑이예요'(작사 윤경하, 작곡 이주호) 발표

01.18 국무회의, 구정을 '민속의 날' 공휴일로 지정

01.18 신한민주당(총재 이민우) 창당(~1988.4.)

01.24 건설부, 제주도 특정지역 종합개발계획 확정-3개 관광단지·14개 관광지구 지정

01.25 이선희, '아! 옛날이여'(작사 송수욱, 작곡 송주호) 발표

01.26 성녀 마리아 테레사 수녀, 세 번째 방한-1981.5.3. 첫 번째, 1982.4.28. 두 번째

01.00 여성잡지 ≪가정조선≫(현 ≪여성조선≫) 창간

02.02 동호대교(옥수동↔압구정동, 1095m) 개통(1980.6.~)

02.05 국방부, 백령도 공해상에서 어선 2척 북한경비정에 납북 발표

02.05 서울대·중앙대 학생, 동작구 유세 중인 민정당의 허청일 후보에게 암모니아 투척

02.06 경기도 반월, 서울 위성도시로 결정

02.07 한국과학기술원(KAIST) 부설 유전공학센터(센터장 한문희) 발족-현 생명공학연구소

02.08 김대중, 2년3개월 만에 미국에서 귀국

02.11 서울 강서구 목동 재개발지구 전세입주자, 대책수립 요구 농성

02.18 중금속공해병 비중격천공 환자, 국내 첫 발생

02.19 노신영, 국무총리 서리 취임(~5.15)-1985.5.16. 제18대 국무총리 취임

02.21 정부, 국제그룹 해체 및 주력기업 매각 결정

02.22 12대 국회의원 총선거-민정당 148석, 신민당 67석, 민한당 35석, 한국당 20석 등

02.23 노태우, 민정당 대표위원 임명

02.27 신민당 이민우 총재, 양심수·구속학생 석방·정치규제법 폐기 등 정부에 촉구

02.00 현대자동차, '엑셀' 출시(~1989.3)

03.01 영화 '깊고 푸른 밤'(감독:배창호, 배우:안성기·장미희) 개봉

03.06 전두환, 김대중·김영삼·김종필 등 14명에 대한 정치 해금 단행

03.08 제1회 한국 여성대회 개최(14개 단체)-'민족·민주·민중과 함께 하는 여성운동'

03.09 여신관리대상 66개 기업군 발표-강원산업·경남기업·고려합섬·국제상사·금호 등

03.10 김범룡, '바람 바람 바람'(작사·작곡 김범룡) 발표

03.11 노태우 민정당 대표, 현 대통령 임기 중 대통령직선제 개헌 반대 회견

03.14 국무회의, 학도호국단 9년9월 만에 폐지-대학자치활동의 보장(1975.6~)

03.18 김대중, 민주화추진협의회 공동의장직에 정식 취임

03.19 목동 철거민, 철야농성-안양천변 뚝방마을 철거민과 세입자, 아파트 입주권 요구

03.20 안기부, 서울·안동 거점의 김철 등 4개 간첩망 14명 검거, 8명 구속 발표

03.21 신정사회당 대표 고정훈, 영세중립국 촉구 등 통일정책 발표

03.22 국민당, 전당대회를 열고 총재에 이만섭 선출

03.27 서울대 의대 산부인과, 시험관아기 시술 성공 발표

03.28 은행빚 많은 30대 재벌(현대·대우·삼성·럭키금성·선경 등), 여신별도관리대상기업 지정

03.29 재야운동세력의 연합체 '민주통일민중운동연합' 결성(~1989.1)

03.31 가수 방미, 일본 TBS텔레비전 주최 제14회 도쿄음악제에서 은상 수상

03.00 주현미, '비 내리는 영동교'(작사 정은이, 작곡 남국인) 발표

04.01 서울지하철 4호선 '돈암역'에서 '성신여대입구역'으로 변경

04.03 민한당 조윤형 총재, 신민당에 무조건 합당 선언

04.06 한국언론진흥재단 빌딩, 한국프레스센터(한국언론회관) 준공(1982.4.~)

04.08 이병주, 장편소설 『지리산』(전 7권 완간, 기린원) 출판

04.09 북한, 남북 국회회담 제의-1985.7.23. 판문점 중립국감독위원회 회의실 개최

04.11 정부, 81개 남녀차별개선지침과 여성발전중장기 기본계획 심의 의결

04.20 서울지하철 4호선, 상계~한성대입구 11.8㎞ 구간 개통

04.21 한국외교관 2명, UN세미나(북경) 참석 위해 중국 첫 입국

04.23 울산·온산공단 공해 피해 주민 이주 결정-공단이용계획 재조종, 공해요인 최소화

04.23 전두환 대통령 방미-레이건 미국 대통령에게 호헌 공개 지지 요구, 미국 거부

04.24 KBS드라마, '빛과 그림자'(출연:서인석·차화연 등) 첫 방영(~1986.1.16.)

04.25 석유개발공사·유공·삼환기업·현대, 헌트사와 합작으로 북예멘 정유공장 건설 발표

04.25 대우자동차 부평공장 파업 9일 만에 쟁의 타결-김우중(대우그룹회장)·홍영표

04.29 4차 태평양경제협력회의 개막(서울·22개국 165명)-뉴라운드·자본협력방안 등 논의

04.00 조용필, '여행을 떠나요'(작사 하지영, 작곡 조용필) 발표

05.04 부평경찰서, 대우자동차부평공장 농성사건 주동자 홍영표 등 5명 구속

05.04 성문·현담스님 등, 불교 민중화를 위해 '민중불교운동연합' 창립

05.05 이은하, '다시는 사랑하지 않으리'(작사·작곡 김창남) 발표

05.06 5월 6일 '성년의 날', 5월 3째 주 월요일로 변경

05.06 서울 마포구·서대문구 일대, 도시가스 연쇄폭발사고 발생-배관설비 잘못 원인

05.06 하크, 파키스탄 대통령 방한

05.07 전국 등록자동차 1백만 대 돌파

05.10 가락동 농수산물도매시장 정식 개장

05.11 미 포드사, 기아와 합작 결정

05.13 제12대 국회 개원-제12대 1기 국회의장 이재형 피선(~1987.5.)

05.16 노신영, 제18대 국무총리 취임(~1987.5)

05.17 출판계 원로 17명, '출판에 대한 규제는 사회문화 쇠퇴' 등 8개항 성명 발표

05.18 신민당, '광주사태 진상조사'를 촉구하는 특별성명 발표

05.18 제2차 남북경제회담 결렬, 부총리급 공동위원장 경제협력기구 설치 제안

05.18 제주행 대한항공 여객기 납북 시도한 정신질환자 체포

05.20 윤재경·김진경(교사)·송기원(실천문학 주간) 등, ≪민중교육≫ 발간

05.21 삼성반도체, 256KD램 대량생산체제공장 준공

05.21 육완순, 사단법인 한국현대무용진흥회 창립-현대무용 창작, 진흥 도모

05.23 대학생 76명, 서울 을지로의 미문화원 기습 점거-광주사태 공개사과 요구

05.23 김정빈, 장편소설 『단(丹)』(정신세계사) 출판

05.28 서울 미문화원 점거 관련 서울대 삼민투위원장 함운경 등 25명 구속

05.28 제8차 남북적십자 본회담, 12년 만에 서울에서 개최

05.30 신민당 103명 국회의원, '광주사태진상조사를 위한 국정조사 결의안' 국회 제출

05.30 여의도 대한생명 63빌딩(249m) 준공(1980.2.~)

05.30 나미, '슬픈 인연'(작사 박건호, 작곡 김명곤) 발표

05.30 영화, '아가다'(감독:김현명, 배우:이보희·김원섭·유인촌 등) 개봉

05.31 신민당 103명 국회의원, '헌법개정 특별위원회 구성 결의안' 국회에 제출

05.00 SDN(디지털정보통신망)에서 한글을 이용한 전자우편 송수신 가능

06.01 영화, '킬링필드'(감독:롤랑 조페, 배우:샘 워터스톤·행 S 응고르) 개봉

06.01 김승덕, '아베마리아'(작사 김승덕, 작곡 계동균) 발표

06.01 화장품, 밀가루 등 65개 품목, 수입 자유화

06.04 북한, 김정일의 지시에 보천보전자악단(보천보경음악단) 창단

06.05 평화통일정책자문회의, 4개항 대북결의문 채택-남북한 당국 최고책임자 회담 등

06.06 MBC드라마, '억새풀'(출연:오지명·김용림·문정숙 등) 첫 방영(~12.26)

06.07 국방부, 국회서 '광주사태 전모' 발표-무장난동 무정부상태, 사망 191명, 중상 122명

06.07 한국공해문제연구소, 85반공해선언-대기오염 수치, 수돗물성분 등 공개 요구

06.09 북한 김일성, 일본 ≪세카이≫와 회견에서 남북한과 미국의 3자회담 개최 촉구

06.18 민중언론운동협의회, 진보적 성격의 월간 기관지 ≪말≫ 창간

06.20 제3차 남북경제회담 개최-부총리급 위원장 남북경제협력공동위원회 설치

06.20 현이와 덕이, '너 나 좋아해 나 너 좋아해'(작사·작곡 장덕) 발표

06.22 서울신문의 자매지, ≪스포츠서울≫ 창간

06.25 서해 중부 영흥도 부근 해역, 진도 4.0 지진 발생

06.25 충북대박물관, 충북 단양의 후기구석기시대 유적지에서 2만여 점 발굴

06.26 시민의 모임, 〈환자권리선언〉 발표-의료비와 진료내용 공개 요구

06.27 영화, '창밖에 잠수교가 보인다'(감독:송영수, 배우:정승호·김진아 등) 개봉

06.28 일본 거점 간첩단 3명 검거 발표

07.01 공군, 자동화방공체계 중앙방공통제소(MCRC)의 방공작전 개시

07.03 제4차 한미경제협의회에서 미국 측 금융·보험시장 개방 강력히 요구

07.03 한국-인도, 인도 화폐의 국내 제조·수출 계약 체결

07.08 한국-바하마, 국교 수립

07.11 남측(박철언·김용환)·북측(한시해·최봉준), '평화의집'서 남북정상회담 실무회담

07.11 문공부, 경북 영풍군서 발견된 5세기 말 신라시대 채색고분벽화 공개

07.13 경제기획원, 제6차 5개년계획 산업구조 고도화와 기술개발전력방안 발표

07.15 남북적십자사, 남북한 이산가족 고향방문단 및 예술공연단 교환 합의(8.22. 발효)

07.18 전국학생총연합 산하 조직 삼민투쟁위원회와 관련 김태룡 등 56명 구속 발표

07.19 강원도 태백서 1천만 톤 규모의 연·아연광 발견

07.19 부산지하철 1호선 1단계(범어사~서면, 16.2㎞) 개통(1981.6.~)

07.20 경찰, 〈1985년 한국미술 20대의 힘〉전 출품작품 강제 철거-출품작가 19명 연행

07.20 MBC 제6회 강변가요제(남이섬)-마음과 마음, '그대 먼 곳에' 대상 수상

07.23 남북국회회담, 판문점서 1차 준비 접촉-9.7. 제11차까지 접촉, 의제 문제로 결렬

07.25 서울중부경찰서, 자유실천문인협화 발간 월간지 ≪민족문학≫ 5호 배포 금지

07.25 〈학원안정법〉 제정 추진 언론보도, 학내외 집회 및 시위 규제(학내 병영화)

07.29 광복 40주년기념 새 보신각종 완성

07.29 KBS2 외화드라마, '전격 Z작전' 첫 방영(~1987.6)

07.30 동북아문화연구원 창립-동북아의 전통사회문화 조사연구

08.01 문학인 401명 시국선언-창작과 표현의 자유 요구

08.02 신민당 임시전당대회-이민우 총재에 재선, 김대중·김영삼 당 상임고문 추대

08.06 서울대서 배포된 유인물「깃발」, '용공이적' 보안법 적용 안병룡·윤성주 등 구속

08.07 민주화추진협의회, 학원안정법저지비상대책위원회(위원장 김명윤) 구성

08.07 〈학원안정법〉 파동, 여·야와 학생들의 반대—8.17. 〈학원안정법〉 입법 일단 보류

08.14 〈공업구조고도화촉진법〉 제정 결정-시장경제 원리에 따른 유망업종 적극 지원

08.17 ≪민중교육≫ 창간호 관련 실천문학사 송기원·교사 2명, 국가보안법 위반혐의 구속

08.21 한국, 선박과 육상의 교신 목적의 국제이동위성기구(INMARSAT) 가입

08.24 중국 경폭격기(Ilyushin 28), 연료 부족으로 전북 익산에 불시착-2명 사망(농민·항법사)

08.25 첫 공인중개사 자격시험 실시

08.26 제9차 남북적십자회담, 평양에서 개최

08.00 30대 대기업 여신규제 1986년 6월 말까지 완화-대기업의 설비투자 활성화 목적

09.04 북한 허담, 전두환 대통령과 서울서 비밀 회동

09.09 안기부, 김성만·양동화 등 '구미유학생 학원침투간첩단' 검거 발표

09.10 남북예술단 선발대 5명, 각각 서울과 평양 상호방문

09.10 치안본부, '민주화청년운동연합' 전 의장 김근태 구속

09.10 한국의 5인조 그룹 들국화, '들국화 1집' 발매-한국 대중음악의 부흥 계기

09.10 들국화, '행진'(작사·작곡 전인권) 발표

09.10 임병수, '사랑이란 말은 너무너무 흔해'(작사·작곡 이장희) 발표

09.14 고려대 국민토론회 방문한 신민당 박찬종·조순형 의원 등 13명 불구속 송치

09.16 장세동(대통령 특사)·박철언(수석대표), 평양 극비 방문

09.18 제4차 남북경제회담 개최-물자교류·경제협력추진·남북경제협력공동위원회 설치

09.20 남북고향방문단(남측 35명, 북측 30명), 군사분계선 넘어 서울·평양 상호 방문

09.22 프로축구, 럭키금성이 상무를 누르고 축구대제전 우승

09.25 남북국회회담, 2차 예비회담(판문점)-1986년 팀스피릿 훈련 이유로 북한 측 거부

09.27 국립중앙박물관·부여박물관, 부여에서 청동기시대 움집터 원형대로 발굴

09.27 한국 첫 해외 유전 인도네시아 마두라 유전, 생산 개시

09.28 영화, '어우동'(감독:이장호, 배우:이보희·안성기·김명곤·박원숙 등) 개봉

09.30 고리원자력발전소 3호기(95만㎾), 상업운전 개시(1978.1.~)

09.00 제1회 윤동주문학상, 이형기의 『보물섬의 지도』 수상

09.00 양희은, '한계령'(작사 양희은, 작곡 하덕규) 발표

10.01 제33회 세계양궁선수권대회, 한국 남자단체 우승

10.04 김근태 변호인단, 김씨의 신체에 남아 있는 고문 흔적에 대한 증거보전 신청

10.04 울산·온산공단 피해주민 이주대책 발표-8천여 가구 1986년부터 3년간 단계적 이주

10.06 제2계영호와 선원, 북한경비정에 납북 발표

10.08 남북체육회담, IOC 주재로 로잔서 개최-서울올림픽대회 '공동개최' 협의, 결렬

10.08 서울서 제40차 세계은행(IBRD)·국제통화기금(IMF) 총회 개막

10.10 제66회 전국체육대회 개최(강원)-1위 서울, 2위 전남, 3위 부산(~10.15)

10.10 혜은이, '열정, 파란 나라'(작사 지명길, 작곡 김명곤) 발표

10.12 서울대 의과대학 연구팀, 한국 최초로 시험관 아기 출산 성공

10.13 문학평론가 백철(1908~1985) 사망

10.14 세계 최초 금속활자 인쇄 장소, 청주 흥덕사지 발견

10.14 MBC드라마, '조선왕조 500년-임진왜란'(출연:김무생·임채무 등) 첫 방영(1986.4.15.)

10.15 서울시내 택시요금체계, 거리·시간병산제로 전환

10.15 강은철, '삼포로 가는 길'(작사·작곡 이혜민) 발표

10.17 충주다목적댐(27억5천만㎥, 41만2천㎾), 7년4개월 만에 준공(1978.6~)

10.18 서울지하철 3호선(28.9㎞)·4호선(한성대-사당 16.5㎞) 전 구간 개통(1980.2~)

10.19 MBC드라마, '남자의 계절'(출연:이덕화·최명길·변희봉 등) 첫 방영(~1986.6.29)

10.20 북한 무장간첩선 1척 격침 발표

10.21 노신영 국무총리, UN 40주년기념 총회서 한국 첫 대표 연설

10.22 MBC, 애니메이션 '컴퓨터 형사 가제트' 첫 방영

10.26 MBC 외화드라마, '출동! 에어울프' 첫 방영(~1988.1.9.)

10.29 서울지검, 서울대 '민주화추진위원회' 사건 관련 문용식 등 26명 구속 발표

10.29 서해·동중국해 공해 어로자제선, 서쪽으로 10마일 확장

10.00 한국데이타통신, 국내 최초로 생활정보 시범서비스 개시

10.00 현대자동차, '소나타' 출시(~1987.2.)

11.01 국군보안사령부, 나종인 등 5개 간첩망 16명 검거 발표

11.03 월드컵축구 한국대표팀, 아시아 최종예선서 일본 누르고 32년 만에 본선 진출

11.04 KBS1, '가요무대' 첫 방송

11.06 한국-우루과이, 경제·과학·기술협력 협정 체결

11.09 MBC, '토요일 토요일은 즐거워' 첫 방송(~1997.3.1.)

11.12 재무부, 국내기업의 주식관련 해외증권 발행 허용

11.14 윤성민 국방부장관, 방위병 복무기간 연장(14개월→18개월) 발표(1986.1.1 시행)

11.15 조용필, '그 겨울의 찻집', '킬리만자로의 표범', '허공' 발표

11.18 서울 14개 대학생 185명, 민정당 수원중앙정치연수원 점거

11.20 제5차 남북경제회담-사업추진의 원칙 문제와 사업의 구체적 명시 논쟁

11.20 1986학년도 대학입학학력고사 실시-필기시험 320점, 체력장 20점

11.23 영화, '아마데우스'(감독:밀로스 포먼, 배우:F. 머레이 에이브러햄, 톰 헐스) 개봉

11.26 금성반도체, 1메가비트 롬 개발 발표

11.29 일본 히로시마 고서점서 일제강점기 '105인 사건' 재판기록 발견 공개

11.29 한국 남극탐험대, 남극 최고봉 빈슨매시프봉(4892m) 정복

11.30 민영환이 에케르트에게 의뢰해 작곡한 '애국가'(1902) 악보, 일본서 발견 공개

12.02 문교부, 국민학교에 교과전담교사제 도입

12.02 서울서 제10차 남북적십자회담 개최

12.04 민주화추진협의회(의장 김영삼·김대중), 개헌추진운동 관련 1천만 명 서명운동 결정

12.08 유명우, WBA 주니어플라이급 세계챔피언 획득

12.09 미 국무부, 한국에 방공용 스팅거미사일 발사대 판매 승인

12.09 서울시, 무등록 정기간행물 발행 이유로 '창작과 비평사'(부정기간행물) 등록 취소

12.09 유학생 위장 일본인 간첩, 이나바 유다카 검거 발표

12.11 연세대 의대 이원영 교수, 에이즈 생성하는 세포배양에 성공

12.12 민주화실천가족운동협의회 결성-양심수 후원 목적의 사회운동단체

12.13 보사부, 소년소녀가장을 생활보호대상자로 지정-최저 생계보장 결정

12.14 영화, '그렘린'(감독:죠 단체, 배우:자크 걸리건·피비 케이츠 등) 개봉

12.20 제24회 대종상영화제 시상-감독상 '길소뜸'(임권택)·'깊고 푸른 밤'(배창호) 수상

12.21 제9회 MBC대학가요제(MBC공개홀)-높은음자리, '바다에 누워' 대상 수상

12.28 치안본부, 북한 간첩 8개망 11명 검거 발표-학원 침투 지하조직 구축 기도

12.29 연극배우 추송웅(1941~1985) 사망

00.00 오리온제과, '핫브레이크' 출시

00.00 크라운제과, '콘초콘치'·'그레이스' 출시

▨▨▨▨▨▨▨▨▨▨▨▨▨

01.24 [미국] '디스커버리호' 발사

03.03 [칠레] 강진, 150명 사망

03.11 [소련] 미하일 고르바초프, 소련 서기장으로 선출

03.12 [미-소] 군축협상 제네바에서 재개

04.15 [남아공] 남아프리카공화국 잡혼금지법 철폐

04.17 [북한-소련] 국경조약 조인

06.11 [소련] 금성탐사위성 베가1호 착륙선, 금성에 착륙

07.10 [국제] 그린피스의 핵실험감시선 '무지개 전사'호, 뉴질랜드 오클랜드항서 폭발

07.13 [소련] 장대높이뛰기선수 부부카, 6m 세계신기록 수립

07.16 [독일] 『검은 양』 소설가 하인리히 뵐(1917~1985) 사망

07.28 [페루] 가르시아 대통령에 취임, 40년 7개월여 만에 평화적 정권교체

07.29 [소련] 고르바초프 대통령, 5개월간 핵실험 중지 발표

08.12 [일본] 일본항공(JAL) 소속 보잉747기, 오스타카 산에 추락, 524명 사망

09.19 [멕시코] 멕시코시티에 대지진 발생(사망 1만여 명, 부상 1만8000여 명)

09.30 [미국] 지진 규모를 측정하는 리히터 척도 개발한 물리학자·지진학자 리히터 사망

10.02 [미국] '무기여 잘있거라' 영화 배우 록 허드슨(1925~1985), AIDS로 사망

10.10 [미국] '왕과 나' 러시아 출신 영화 배우 율 브리너(1915~1985) 사망

10.14 [프랑스] 배우 미셸 콜뤼시, '사랑의 식당(Restos du coeur)' 운동 시작

11.13 [콜롬비아] 루이스화산 폭발로 2만5000여명 사망

1986 병인(丙寅) 단기4319 전두환7
레이건/덩샤오핑/나카소네/고르바초프

01.02 부산선적, 유조선 진용호(1,429톤) 암초에 부딪혀 침몰-7백여 드럼 벙커C유 유출

01.05 서울, 영하 19.2도-16년 만에 최저기온

01.11 정부, 경기 침체로 30대 재벌그룹 여신관리규제 완화 6개월 연장

01.12 첫 대입논술고사, 전국 63개 전기대학 중 51개 대학에서 실시

01.20 현대자동차 '포니'·'엑셀' 1천 대, 첫 대미 수출 선적

01.28 1988년부터 〈최저임금제〉 실시 확정-현재 저임금 통상임금 10만 원 미만

01.28 레바논 주한국대사관 도재승 2등서기관 겸 영사, 무장괴한에 피랍-1987.11. 귀국

02.04 대우중공업, 일본 닛산자동차와 기술제휴계약 체결

02.07 김영삼 민주화추진협의회 공동의장, 신민당 입당-총재상임고문 정식 취임

02.08 영화, '뽕'(감독:이두용, 배우:이미숙·이대근 등) 개봉

02.12 신민당·민주화추진협의회, 대통령직선제 개헌 1천만 명 서명운동 시작

02.15 KBS2드라마, '그대의 초상'(출연:이순재·사미자·정영숙 등) 첫 방영(~8.3)

02.18 풍산금속, 반도체부품용 소재제조기술 서독에 수출

02.19 원화의 대엔화 환율, 5백 원대 돌파

02.20 한국-레소토, 국교 수립

02.24 전두환 대통령, 3당 대표 회담서 1989년 개헌 언급

03.05 농어촌종합대책 발표-농촌공업화 유도, 이농현상 억제, 생활여건 개선 등

03.05 양도성 예금증서 발행 및 대출금리 자유화

03.08 민주통일민중운동연합 여성부 등 20여 개 여성단체, 여성생존권대책위원회 발족

03.11 제주-중문관광단지 고속화도로(40㎞) 개통

03.13 최은희·신상옥 부부, 베를린국제영화제 참석 틈타 납북 8년 만에 탈출-1990. 귀국

03.15 한국배드민턴 선수단, 제76회 영국오픈배드민턴대회에서 4개 종목 우승

03.17 신흥정밀 근로자 박영진, 임금인상 투쟁 당시 '근로기준법을 지켜라'며 분신자살

03.00 전기통신연구소(현 한국전자통신연구원), 전자식교환기(TDX) 세계 10번째 국산화 성공

03.00 강석경, 『숲속의 방』(민음사) 출판

04.02 종합주가지수 2백선 돌파

04.04 6차 경제사회발전 5개년계획 기간 중 평생사원제·국민복지연금제 등 도입 발표

04.05 전두환 대통령, 유럽 4개국(영국·서독·프랑스·벨기에) 순방 등정

04.12 영화, '겨울 나그네'(감독:곽지균, 배우:안성기·강석우·이미숙 등) 개봉

04.14 군·경·예비군·민방위대 합동 '땅벌86훈련', 한강 이남 지역에서 실시

04.14 한울·일월서각 등 21개 출판사 대표, 출판 탄압사태 관련 성명

04.14 KBS1드라마, '여심'(출연:김희애·정영숙·이영하 등) 첫 방영(~12.26)

04.21 서울서 제5회 세계올림픽연합회 총회 개막-152개국 대표 852명 참가

04.28 김세진·이재호, 전방부대 입소거부 시위 도중 '반전반핵' 외치며 분신자살 기도

04.29 고리원자력발전소 4호기(95만㎾), 상업운전 개시(1978.1~)

04.30 서울 송파구 올림픽공원 준공-43만 평에 잔디밭·광장·조각품·조깅코스 등 조성

04.00 제9대 대법원장 김용철 임명(~1988.6)

05.02 마거릿 대처, 영국 총리 한국 방문

05.02 올림픽대로(강도구 하일동↔강서구 행주대교, 37㎞) 개통(1982.9~)

05.03 재야인사·학생 5천여 명, 인천서 개헌 서명 집회 격렬 시위(5.3인천사태)

05.03 영화, '변강쇠'(감독:엄종선, 배우:이대근·원미경 등) 개봉

05.05 경찰, 학생운동 투쟁체 자민투·민민투, 용공좌익단체로 규정-주모자 27명 수배

05.05 KBS2드라마, '임이여 임일레라'(출연:정종준·금보라·김영애 등) 첫 방영(~1987.1.30.)

05.06 천주교정의구현사제단, 〈민주화 위한 시국성명서〉 발표

05.10 YMCA중등교육자협의회(서울·부산·광주·춘천) 소속 교사 546명, 교육민주화선언 발표

05.15 민주교육실천협의회 발족-대학 교수 및 전·현직 교사 120여 명

05.25 이은하, '미소를 띄우며 나를 보낸 그 모습처럼'(작사 이은하, 작곡 장덕) 발표

05.26 김만제 부총리, 농축산물과 양담배 수입개방 불가피 언급

06.02 전국대학교교수단(23개 대학 265명), 연합시국선언-한국사회의 총체적 구조개혁 요구

06.02 축구국가대표팀(감독:김정남), 제13회 멕시코월드컵 본선에 진출, 첫 골 득점

06.03 한국은행, 6,844억 원 특별융자 실시-해외건설·해운업 등 부실기업지원·정리 자금

06.05 국무회의, 전매청을 한국전매공사로 전환-담배·홍삼 전담 결정

06.11 IOC, 88올림픽 남북 분산개최 제의-탁구·양궁 등 4종목 북한 개최

06.12 『불꽃』 소설가, 언론인 선우휘(1922~1986) 사망

06.18 서울 상계동 재개발지역 주민, 세입자 이주대책 요구

06.20 제67회 전국체육대회 개최(서울·경기·부산)-1위 경기, 2위 전남, 3위 부산

06.21 2백여 명의 출판관계자들, 출판 탄압에 맞서 한국출판문화운동협의회 창립

06.27 삼성그룹, 삼성종합기술원 설립(용인)-신사업·융복합기술·기초기술 중점 연구

06.00 조성기, 소설 『야훼의 밤』(고려원) 출판

07.03 해고근로자 권인숙, 부천경찰서 문귀동 경장을 강제추행혐의 고소-징역 5년 선고

07.05 MBC드라마, '풀잎마다 이슬'(출연:한인수·이휘향·김무생 등) 첫 방영(~12.14)

07.06 태고종, 성북구 성북동에 중앙불교회관(현 동방불교대학) 준공

07.08 삼성반도체 1MD램 개발

07.16 검찰, 부천서 성고문과 관련 '성적 모욕'은 사실무근 발표-문귀동 경장 파면

07.17 민주교육실천협의회 초중고 교사 550여 명, 명동성당서 '민주교육탄압저지대회' 개최

07.19 '성고문 용공조작 범국민폭로대회' 장소 명동성당 완전 차단, 김대중 등 가택 연금

07.19 영화, '인도로 가는 길'(감독:데이빗 린, 배우:주디 데이비스·페기 아쉬크로프트) 개봉

07.19 영화, '예스마담'(감독:원규, 배우:양자경·신시아·로스록 등) 개봉

07.21 한미통상협상 일괄 타결, 양담배 수입허용

07.22 문교부, 신규 채용 전문대 교수 4백여 명, 이념연수교육 실시

07.26 '86 MBC 서울국제가요제-Meri D, 'Take Me' 대상 수상

07.30 국회 여·야, 헌법개정특별위원회 발족-여: 의원내각제, 야: 대통령직선제 주장

07.00 대우자동차, '르망(LEMANS)' 출시(~1997.2)

07.00 한국 최초의 IP주소(128.134.0.0) 할당 받음, 도메인 KR 사용

07.00 현대자동차, '그랜저' 출시(~1992.9)

07.00 다섯손가락 '풍선'(작사 이두헌, 작곡 김성호) 발표

08.01 한국방송공사, '88예술단'(현 문체부 서울예술단) 창단-한국적 가무극 창작 공연

08.02 영화, '이장호의 외인구단'(감독:이장호, 배우:안성기·이보희·최재성) 개봉

08.02 MBC 제7회 강변가요제(남이섬)-유미리, '젊음의 노트' 금상 수상

08.02 영화, '이장호의 외인구단'(감독:이장호, 배우:안성기·이보희·최재성 등) 개봉

08.04 독립기념관 개관 앞두고 화재 발생-1987.8.15. 개관

08.04 5차 한미섬유협상 최종 합의-섬유류 수출 쿼터 연평균 0.825% 증가(1986~1989)

08.08 Internet NIC에 SDN의 7개 호스트 가입, 도메인 공식 등록

08.08 민족미술협의회, 71명 참여 그림전시회 '통일전' 개최

08.09 KBS2드라마, '내 마음 별과 같이'(출연:선우은숙·한진희 등) 첫 방영(~1987.3.1.)

08.12 서울대박물관, 석촌동 백제고분군 적석묘·옹관묘·토광묘 등 발굴 발표

08.14 서울 강남유흥가 조직폭력배 집단 편싸움-4명 사망(서진룸살롱 집단살인사건)

08.16 신민당 탈당한 신보수회 중심의 민중민주당(총재: 유한열) 창당

08.17 서독올림픽위원회, 베를린올림픽 마라톤 우승 부상품 '그리스 청동투구' 손기정에 반환

08.21 국립중앙박물관, 구 중앙청 청사로 이전·개관

08.22 새마을운동중앙본부 회장 전경환, 횡령·탈세 연루 사표 제출하고 도미

08.23 창경궁 문정전, 복원 중건-사도세자가 죽임을 맞이했던 곳

08.23 영화, '여곡성'(감독:이혁수, 배우:이계인·서인수 등) 개봉

08.25 과천 국립현대미술관 개관(1984.5~)

08.25 모자보건수첩제도 시행 결정(1987.1.1 시행)-비정상아 출산, 영아사망률 저하

08.25 민주정의당, 의원내각제 개헌안 국회 개헌특별위원회에 제출

08.25 영광 원자력 1호기(95만㎾) 상업 운전

08.28 대우중공업-시코스키사 합작, 최신형 헬기 생산 발표

08.30 YMCA, 민족주체성과 자주 확립 시민대회 개최-양담배 금연운동 스티커 3만여 장 배포

08.30 국산 기뢰탐색함(HMC) 첫 진수-부설기뢰 탐색·제거로 주요항구 출입항로 보호

08.30 영화, '프리찌스 오너'(감독:존 휴스턴, 배우:잭 니콜슨·캐슬린 터너) 개봉

09.01 도시영세상인생존권대책위원회, 아시안게임 대비한 노점단속에 항의 성명

09.01 외국산 담배 시판 시작

09.02 한국데이타통신, 천리안 서비스(CCIS, 천리안I) 시작-전자우편서비스 개시

09.07 KBS2드라마, '첫사랑'(출연:이승연·최수종 등) 첫 방영(~1997.4.20.)

09.08 삼성반도체통신, 반도체 256KS램 개발 성공 발표

09.08 공중전화카드 첫선-5천 원·1만 원권, 시내통화료 20원

09.10 한강종합개발사업 준공-올림픽대로·하수처리장 건설, 유람선·수상레저 시설(1982.9~)

09.11 호남고속도로 대전↔광주 4차선 확장공사 준공(1983.5~)

09.13 영화, '백야'(감독:테일러 핵포드, 배우:미하일 바리시니코프) 개봉

09.13 제31회 서울 아시아·태평양 영화제 개막

09.14 서울 아시안게임 개막 앞두고 김포공항서 폭발물 테러로 5명 사망

09.16 제6차 경제사회발전5개년계획 발표-성장률 7.2%, 1991년 국민소득 3,800달러

09.19 화성연쇄살인사건(이춘재연쇄살인사건) 첫 발생(~1991. 총 10회)

09.20 제10회 서울 아시안게임 개막-한국 2위, 금93·은55·동76

09.22 산업정책심의회, 28개 부실기업(국제상사·경남기업·남광토건·대성목재 등) 정리

09.27 신민당, 헌법개정특위 불참 선언

10.03 부활, '희야'(작사·작곡 양홍섭) 발표

10.04 상계동 재개발지역 철거반, 프란치스코수녀회 수녀 10명·예수회 정일우 신부 집단 구타

10.05 조정래, 『태백산맥』(한길사) 출판

10.06 삼성전자, 초소형 4mm VTR 세계 최초로 개발

10.07 어선 '화동호', 북해도 부근 공해서 소련군함에 피랍-피랍 50일 만인 11.26. 귀환

10.11 북한기관지 ≪민주조선≫ 보도 내용 벽보, 서울대서 발견(서울대 대자보사건)

10.14 유성환 의원(신민당), 대정부질문 중 "국시(國是)는 반공보다 통일" 발언

10.14 서울대 의대 부설, 간 연구소 설립 준공식

10.16 민정당, 국시 발언 유성안 의원 체포동의안 변칙 통과-10.17. 유성환 의원 구속

10.20 카드식 공중전화기 첫 설치

10.21 ≪내외통신≫(북한·공산권 전문 통신사), 북한 수력발전용 금강산댐 건설 착수 보도

10.24 검찰, ML당 사건 발표-김선태(서울사대) 등 27명 검거

10.25 프로야구, 해태가 삼성을 누르고 한국시리즈 우승

10.25 한강유람선, 여의도·잠실 선착장서 운항 개시

10.25 KBS1드라마, '노다지'(출연:김진태·한혜숙·임성민 등) 첫 방영(~1987.5.31.)

10.27 검찰, 5·3인천사태 배후주동 혐의로 이부영을 국가보안법 위반혐의로 구속

10.28 26개 대 2천여 명, 건국대 점령(건국대사태)-반외세 자주화·반독재 민주화·조국 통일

10.31 AIDS 병원체 국내 첫 검출

10.31 전경 8천여 명 투입, 건국대 농성학생 1,219명 전원 연행(총 연행자 1,525명)

11.01 광주, 직할시로 승격

11.03 MBC드라마, '꾸러기'(출연:명상훈·남성훈·견미리 등) 첫 방영(~1988.5.6.)

11.04 제일제당, 제2세대 간염백신 개발 발표

11.05 김대중, 직선제 수락 조건하에 대권 출마 포기 선언

11.05 현대중공업, 세계 최대 광석운반선 '베르게스탈호'(342m) 건조-재화중량 364,767톤

11.05 MBC외화드라마, '맥가이버' 첫 방영(~1992.8.1.)

11.06 고려대 등 대학가, 90분짜리 8mm 의식화 영화, '부활하는 산하' 상영

11.06 이기백 국방부장관, 금강산댐 건설공사 즉각 중단 대북 성명

11.07 서울노동운동연합(서노련)·인천지역노동자연맹(인노련) 해산 명령

11.09 MBC드라마, '한지붕 세가족'(출연:현석·오미연·임현식 등) 첫 방영(~1994.11.13.)

11.10 신민당, 학생단체인 민족통일연합(민통련) 해산명령에 항의 국회 보이콧

11.14 미 국방부·주한 미8군사령부, 랜스미사일 한국 배치 발표

11.14 유성환 의원(신민당), 서울형사지법에 기소-국가보안법 위반혐의-징역 1년 선고

11.17 조선일보, 김일성 피격 사망설 오보-1994.7.8. 김일성 사망

11.19 문화재관리국 경주고적발굴조사단, 경주월성에서 신라토기 창고터 발견

11.20 1987학년도 대학입학학력고사 실시-필기시험 320점, 체력장 20점

11.21 이웅희 문공부장관, 북한 금강산댐 건설 공사 즉각 중지 성명

11.23 프로축구, 포철이 럭키금성을 누르고 축구대제전 우승

11.25 1988년부터 국가출제 대학별고사 방식으로 전환-논술고사·졸업정원제 폐지

11.26 정부, '평화의 댐' 건설계획 발표-북한 금강산댐 축조 위협

11.28 한국, 남극조약 세계 33번째로 가입-남극대륙 본격 진출, 남극과학탐사 추진

11.00 쌍용그룹, 동아자동차 매입

12.02 신민당 의원 87명, 예산안 날치기 통과에 항의-의원직사퇴서 제출

12.03 신민당, 전면 장외투쟁 선언-무산된 개헌대회 재개최 결정

12.04 인천지법, 부천서 성고문사건 권인숙에게 공문서변조·사문서 위조로 1년6개월 선고

12.05 금성반도체, 고속형 256KS램 개발 성공 발표

12.06 전북 김제군 금산사 본당, 대적광전(보물476호) 전소-1990년 복원

12.12 서울 지하철요금 17.7% 인상, 1구역 170원→200원, 2구역 250원→300원

12.13 김태홍·신홍범·김주언 등, 《말》지 특집호에 '보도지침' 폭로 혐의로 구속

12.19 제25회 대종상예술제 시상-'안개기둥'(감독:박철수, 황기성사단)

350

12.19 제10회 MBC대학가요제(잠실체육관)-유열, '지금 그대로의 모습으로' 대상 수상

12.20 영화, '아웃 오브 아프리카'(감독:시드니 폴락, 배우:로버트 레드포드) 개봉

12.20 영화, '외계에서 온 우레매'(감독:김청기, 배우:심영래·천은경 등) 개봉

12.24 영화, '미션'(감독:롤랑 조페, 배우:로버트 드니로·제레미 아이언스) 개봉

12.24 현대자동차 '엑셀', 미국 자동차 베스트 10에 선정

12.31 〈최저임금법〉 제정·공포(1988.1. 시행)-적용대상, 10인 이상 제조업에 한정

12.00 도종환, 시집 『접시꽃 당신』(실천문학사) 출판

12.00 제1회 소월시문학상, 오세영의 『그릇 1』 수상(상금 2백만 원)

00.00 오리온제과, '초코칩 쿠기' 출시

00.00 크라운제과, '참크래커'·'쿠크다스' 출시

▨▨▨▨▨▨▨▨▨▨▨▨▨

01.04 [미국] 오클라호마주 동부 핵연료 공장서 방사능가스 유출-100여 명 사상

01.24 [미국] 보이저 2호 천왕성에 접근, 새로운 위성 10개 발견

01.28 [미국] 우주왕복선, '챌린저호' 발사 75초 만에 폭발

02.07 [필리핀] 17년 만에 대통령 선거

02.20 [소련] 유인 우주정거장 미르호 발사

02.25 [필리핀] 독재자 마르코스 대통령 하와이로 망명, 코라손 아키노, 대통령에 취임

03.13 [소련] 우주비행사 레오니드 키짐, 블라디미르 솔로비예프, 미르호에 도착

04.14 [프랑스] 작가 보부아르(1908~1986) 사망

05.25 [국제] 세계 75개국서 아프리카 난민돕기 '스포츠에이드' 동시 개막

06.13 [미국] 클라리넷 연주자, '스윙재즈의 킹' 베니 굿맨(1909~1986) 사망

06.14 [아르헨티나] 작가 보르헤스(1899~1986) 사망

06.25 [브라질] 22년 6개월 만에 쿠바와 외교관계 재개

06.29 [이탈리아] 86년 멕시코 월드컵서 '축구의 신' 마라도나 등장

07.05 [미국] 테니스선수 나브라틸로바, 윔블든 여자단식서 5연패 달성

09.08 [일본] 도이 다카코, 일본 최초의 여성 당수(사회당)로 선출

10.31 [미국] 분자궤도법 창시한 물리학자 멀리컨(1896~1986) 사망

12.23 [중국] 북경 칭화대 학생 4천여 명, 북경대학생 3천여 명, 민주화시위

12.29 [영국] 보수당 지도자로 수상을 지낸 맥밀런(1894~1986) 사망

1987 정묘(丁卯) 단기4320 전두환8·노태우1
레이건/덩샤오핑/나카소네·다케시다/고르바초프

01.01 농수산부, 산림청 흡수, 농림수산부로 개편

01.01 영화, '용형호제'(감독:성룡, 배우:성룡 등) 개봉

01.04 이봉걸, 제1회 통일전하장사 씨름대회 우승

01.07 신민당 총재 이민우, 김영삼·김대중에 반발, 충남 온양으로 잠적

01.10 정부, 부산 오지(160만 평)와 전북 군산(200만 평) 등 공업단지개발 확정

01.10 MBC드라마, '사랑과 야망'(출연:남성훈·이덕화·김청 등) 첫 방영(~12.27)

01.13 대우자동차, '르망' 첫 수출분 250대 LA항 도착

01.13 방한한 글라이스틴(전 주한미국대사), 광주사태에 미국 책임 불인정

01.14 서울대생 박종철(1964~1987), 치안본부 남영동 대공분실서 고문으로 사망

01.15 북한, 김만철 일가 귀순에 백령도 근해서 조업하던 제27 동진호 납북

01.15 청진의과대학 병원 의사 김만철 일가 11명, 북한 탈출-2.8. 김포공항 도착

01.17 국사편찬위원회, 과천 새 청사로 이전

01.24 천주교정의구현전국사제단, 명동성당에서 '고문살인의 종식을 위한 우리의 선언' 발표

01.26 동해펄프·한주·진해화학, 민영화 발표

01.30 한국전산원(현 한국정보화진흥원) 발족

02.01 정부, 한방(韓方)의료보험 전국 확대 실시

02.02 문교부, 근현대사 대폭 개편과 함께 『한국사』 새로 편찬 결정

02.02 KBS2드라마, '사모곡'(출연:김용우·박준금·김혜수 등) 첫 방영(~11.27)

02.04 과학기술원 유한식·손태환 박사팀, 초강력 고분자 알로이섬유 세계 최초 개발

02.07 경찰, 박종철 추도식 원천봉쇄-전국 주요 도시에서 산발 시위

02.18 영화, '우리는 지금 제네바로 간다'(감독:송영수, 배우:강수연·이영하 등) 개봉

02.09 일반건설업 면허발급 재개, 민영감리사 신설 허용

02.10 독립기념관 한국독립운동사연구소 현판식

02.12 케냐에서 수혈 경험이 있는 에이즈 양성 환자, 국내에서 첫 사망

02.14 배기태, 네덜란드 세계남자스피드스케이팅 선수권대회 500m 경기 우승(37초04)

02.16 보건사회부, 10인 이상 사업장 노동자에게 국민복지연금증서 발급

02.18 민정당·신민당·국민당 등 3당, 개헌특위 가동 정상화 등 4개 항 합의

02.23 서울올림픽 기념주화 32종, 5차로 나눠 발매(~1988.8.)

02.23 신민당 간부회의, 내각책임제 지지 표명한 이철승 의원 제명

02.25 문화발전연구소(현 한국문화관광정책연구원) 발족-문예정책개발·연구·사회교육 강화

02.28 북한의 금강산댐에 맞서 강원도 화천군 '평화의 댐' 착공(~2005.10.)

03.01 양영자·현정화, 인도 뉴델리 세계여자탁구선수권대회 우승

03.03 KBS, '생방송 전국은 지금' 첫 방송(~1994.10)

03.03 경찰, 박종철 군 49재와 '고문추방 국민대행진' 원천봉쇄-전국에서 439명 연행

03.04 KBS2드라마, '욕망의 문'(출연:정한용·조민수·여운계 등) 첫 방영(~1988.2.25.)

03.05 기아산업, '프라이드' 출시(~2000.10.1.)

03.06 대동강 하구 남포 부근 지역, 진도 4.0 지진 발생

03.06 한국프로축구위원회(현 프로축구연맹) 발족

03.11 충남 홍성 용봉사에서 국내에서 가장 오래된 명문 마애불상 발견

03.17 녹십자, 에이즈 진단 시약 국내 첫 개발

03.18 한국-바레인, 문화협정 체결

03.21 한국여성노동자회 창립-일하는 여성들의 정치적·경제적·사회적 지위 향상 목적

03.21 영화, '씨받이'(감독:임권택, 배우:강수연·이구순 등) 개봉

03.22 부산 형제복지원 원생 1명 구타 사망-12년 간 531명 사망, 일부 의과대 실습용 매매

03.25 전두환 대통령, 노태우 민정당 대표에게 정국 타개 전권 부여

03.27 경기지역 한강종합개발사업 착공-팔당댐, 고수부지 조성, 토평제 등 제방축조

03.29 한국사회경제학회 창립, 《사회경제평론》 발간

03.31 종합주가지수 4백선 돌파

03.00 유재하 '사랑하기 때문에'(작사·작곡 유재하) 발표

04.01 비상장주식거래를 위한 장외시장 개설

04.01 한국전매공사(현 KT&G) 발족-담배·인삼 관련 사업의 민영기업

04.02 산업은행·한전·전기통신공사 등 31개 공기업, 하반기부터 민영화 결정

04.02 재무부, 기관 투자자의 주식 매입 금지

04.04 경기 남양주 광릉에 첫 산림박물관 준공

04.04 내각제 지지한 신민당 이택희 의원 징계에 당원 200여 명, 당사 점거-유혈 충돌

04.04 부실기업 정리, 정우개발→벽산 인수, 대한선주→한진 인수, 고려개발→대림 인수

04.08 김대중·김영삼 지지 신민당 소속의원 74명 탈당, 창당 선언

04.09 한국-콰테말라, 경제기술협력협정 체결

04.13 서울형사지법, 국시 발언 유성환 의원에 국가보안법 위반죄 적용-징역 1년 실형 선고

04.13 전두환 대통령, '개헌논의 유보', '대통령선거 연내 실시' 등 발표-4·13호헌 조치

04.20 서정윤, 시집 『홀로서기』(한국문학도서관) 출판

04.29 시화지구 간척사업 착공(~1994.2.)

04.30 가야문화연구원 창립-가야문화의 연구·개발, 전통승계, 복원보존

04.00 담배, '88' 600원(~2011.5.) 시판

05.01 통일민주당(총재 김영삼) 창당(~1990.1.)

05.07 포항종합제철 광양제철소 1기 준공-연간 270만 톤 조강 생산능력(1985.3.~)

05.10 88서울올림픽 관련 서머타임제 실시(~10.11)

05.11 KBS1드라마, '사랑이 꽃피는 나무'(출연:최재성·손창민 등) 첫 방영(~1991.7.3.)

05.13 제12대 국회 2기 국회의장 이재형 피선(~1988.5.)

05.16 영화, '강시선생'(감독:유관위, 배우:허관영·임정영 등) 개봉

05.20 신계행, '가을 사랑'(작사·작곡 민재홍) 발표

05.21 『학으로만 살아야 하는가』 시인 김해강(1903~1987) 사망

05.23 영화, '영웅본색'(감독:오우삼, 배우:적룡·주윤발·장국영 등) 개봉

05.26 연극 『칠수와 만수』 폐막-1년 동안 397회 4만7천 관객 동원(1986.5.~)

05.27 민주당·재야단체, 민주헌법쟁취국민운동본부 결성

05.29 제30회 전국역사학대회 350여 명, 〈『한국민중사』 사건에 대한 우리의 견해〉 성명

05.30 18개 여성단체, KBS시청료 거부 위한 범시민운동연합 결성

05.31 김민기 등 민중가요 중 사전검열 통과한 9곡, 『노래를 찾는 사람들 1』 앨범 발간

05.31 ≪노동신문≫(북한), 올림픽 전 종목 서울서만 개최되면 위기 맞게 될 것 보도

06.01 중앙기상대, 비 눈 여부에 대한 확률 예보제 실시

06.01 제10회 이탈리아 오픈 유도대회서 한국 종합우승(금2·은3·동2개)

06.09 이한열, 연세대 '6·10대회 출정 결의대회' 후 전경의 최루탄에 머리 적중-7.5. 사망

06.10 민정당 전당대회, 노태우 대표위원을 차기 대통령 후보로 지명

06.10 서울지검, '박종철 군 고문치사 조작·은폐 규탄 및 호헌철폐 국민대회' 봉쇄

06.10 전국 18개 도시에서 가두시위, '6.10항쟁' 시작

06.10 김수희, '남행열차'(작사 정혜경, 작곡 김진룡) 발표

06.13 대전고, 청룡기쟁탈 고교야구대회에서 경남고 꺾고 42년 만에 우승

06.17 거제도 해금강 유람선 침몰-사망 28명, 실종 7명

06.17 국방부, 북한군 중사 귀순 발표

06.23 농림수산부, 보리 수매가 5% 인상 확정

06.23 영광원자력발전소 가압경수로형 1·2호기(각각 95만㎾) 준공

06.24 전두환 대통령·김영삼 민주당 총재, 청와대 회담 결렬-4.13호헌 철회, 직선제 거부

06.26 비폭력·평화시위, '6·26 대행진'

06.28 권투선수 장정구, 세계타이틀 10차 방어전에 성공

06.29 노태우 대통령 후보, '6.29선언'-대통령중심제 직선제 개헌 발표

06.29 헤비메탈그룹 시나위 앨범, 'Down And Up' 발간-김종서 데뷔

06.30 윤시내, '열애'(작사 임선경, 작곡 최종혁) 발표

07.01 전국 전화 완전 자동화

07.01 전두환 대통령, '시국 수습에 관한 특별 담화' 발표, 6·29선언 8개 항 모두 수용

07.04 영화, '미미와 철수의 청춘스케치'(감독:이규형, 배우:강수연·박중훈) 개봉

07.04 영화, '플래툰'(감독:올리버 스톤, 배우:톰 베린저·윌렘 데포) 개봉

07.09 연세대생 이한열 장례식 노제에 100만 인파 운집

07.10 김대중 등 2,335명 사면·복권, 357명 석방, 270명 수배 해제

07.10 최성수, '동행'(작사·작곡 최성수) 발표

07.13 과기원 유전공학센터, 세계 3번째로 항암제 '인터루킨' 개발

07.13 북한 외교부 대변인, 한반도 반핵평화지대 설치 관련 성명

07.14 민주교육실천협의회 등 5개 단체, '교육민주화를 위한 서울지역교사 대토론회 개최

07.14 영화, '스타워즈 에피소드 6-제다이의 귀환'(감독:리차드 마퀀드) 개봉

07.15 태풍 셀마 피해 발생-고흥반도 상륙, 사망·실종 345명, 이재민 10만여 명

07.17 김대중 민주화추진협의회 공동의장, 대통령 불출마 선언 번복

07.17 영화, '백 투 더 퓨쳐'(감독:로버트 저메키스, 배우:마이클 J. 폭스) 개봉

07.20 대우시코스키 항공, 미국에 이어 두 번째로 다목적 헬기1호(HI76) 출고

07.21 전국 30개 대학 교수 443명, '민주화를위한전국교수협의회' 창립

07.23 북한, 남북한 및 미국이 참가하는 '다국적 군축' 협상 제의

07.00 5차 교육과정 발표-과외금지해제·학력고사실시·기술·산업과 가정교과 분리(~1992.10.)

08.01 한국-몰타, 국교 수립

08.05 노태우, 민주정의당 총재에 취임

08.07 김정렬, 제19대 국무총리 취임(~1988.2.)

08.08 김대중 민주협공동의장, 통일민주당(총재 김영삼)에 입당

08.08 MBC 제8회 강변가요제(남이섬)-문희경, '그리움은 빗물처럼' 대상 수상

08.10 정부, 군산·보은산업기지 확정

08.14 한국문인협회, 납북·월북 작가 해금 관련 월북·납북문인작품심의위원회 구성

08.15 천안 독립기념관 개관(1983.8.~)

08.18 공연윤리위원회, '동백아가씨', '고래사냥' 등 금지가요 186곡 해금

08.19 전국 95개 대학생, 전국대학생대표협의회(전대협) 결성(충남대)-초대 의장 이인영

08.19 종합주가지수 5백선 돌파

08.24 통일민주당 상임고문 김대중, '공화국연방제' 통일방안 제시

08.26 제일제당, B형 만성간염 치료제 국내 최초로 개발

08.29 오대양회사 구내식당 천장서 32구 시체 발견-사이비종교 32명 집단자살(오대양사건)

08.30 헌법학자·정치인 유진오(1906~1987) 사망

08.31 민정당·통일민주당 8인 정치회담, 직선제 개헌안 협상 타결

08.00 담배, '마라도' 250원 시판(~1988.10.)

09.01 문화공보부, 영화 시나리오 검열 폐지

09.01 한국 유조선 아스트로 페가서스 호(42,510톤), 페르시아만에서 이란 미사일에 피격

09.02 노사분규, 1987년 3천 건 돌파

09.02 노태우·김영삼 회담, 정치일정과 노사문제의 자율원칙 등 5개 항 합의

09.05 방송심의위원회, 방송금지 가요 500곡 해제

09.08 내무부, 민방위 훈련시간 단축-년 10시간→8시간, 4회→2회 조정

09.09 영화 배우 강수연, 베니스영화제에서 '씨받이'로 여우주연상 수상

09.10 한국-미국, 생명보험회사 합작투자 합의-보험시장 전면 개방

09.12 한국여성민우회 창립-성폭력피해 상담, 생활협동조합, 호주제폐지운동 등 전개

09.15 서울시경, '백두산의 산자락 아래 밝아오는 새날이여' 작가 이상호 등 구속

09.17 자유실천문인협의회 확대·개편, 민족문학작가회의 창립-대표적 진보 문인단체

09.18 국산 한국형 탱크, '88전차(K1 전차)' 명명식-육군 주력 전차

09.20 9차 서울 세계언론인대회 개막(37개국, 271명)-'분열된 세계에서의 언론의 책임'

09.24 상공부, 수입 규제 품목 해제 및 수입 절차의 간소화

09.25 한국-소말리아, 국교 수립

09.27 전국 규모의 교사협의회, 민주교육추진전국교사협의회(전교조 전신) 발족

09.29 국내전화 1,000만 회선 돌파, '1가구 1전화 시대' 개막

09.29 통일민주당 김영삼·김대중, 대통령 후보 단일화 회담 결렬

10.01 한국, 세계저작권조약(UCC) 가입

10.01 영화, '에이리언'(감독:리들리 스콧, 배우:톰 스커릿·시고니 위버 등) 개봉

10.02 인촌기념회, 제1회 인촌상수상자 언론출판부문 함석헌 등 수상

10.07 여수 동진수산 소속 제32진영호, 북한경비정에 피격

10.10 김영삼 민주당 총재, 대통령 출마 공식선언

10.12 국회, 대통령 직선제 개헌안 가결

10.13 제68회 전국체육대회 개최(광주)(~10.18)-1위 서울, 2위 경기, 3위 부산

10.17 토요일 낮 방송 개시, 종일방송체제 KBS·MBC

10.18 KBS2드라마, 'TV 손자병법'(출연:서인석·정종준·김희라 등) 첫 방영(~1993.10.14.)

10.19 민정당·민주당 8인 정치회담, 대통령선거법·국민투표법·선거관리위원회법 타결

10.23 김유순 북한 올림픽위원장, 남한정부와 서울올림픽 공동주최 불가 입장 발표

10.24 서울 차병원, 국내 처음 난소 없는 여성 인공임신 성공

10.24 KBS1드라마, '토지'(출연:안연홍·정승규·김수정 등) 첫 방영(~1989.8.6.)

10.25 프로야구, 해태가 삼성을 누르고 한국시리즈 우승

10.27 국민투표에서 직선제 개헌안, 93.1% 찬성으로 통과

10.28 민주당 김대중 고문, 대통령 출마와 신당 창당 공식선언

10.29 서울 116개 서점 압수수색, 사법심사 의뢰 181종·월북·공산권 작가 작품 38종 등 219종

10.29 헌법재판소 창설-헌법에 관한 분쟁이나 의의(疑義)를 처리하는 특별재판소

10.30 신민주공화당 창당, 총재 및 대통령 후보로 김종필 추대(~1990.1.)

10.30 김종찬 '사랑이 저만치 가네'(작사·작곡 김정욱) 발표

10.31 영화, '컬러 오브 머니'(감독:마틴 스콜세지, 배우:폴 뉴먼·톰 크루즈) 개봉

10.00 기아산업, '콩코드' 출시(~1995.6.)

11.01 프로축구, 대우가 유공을 누르고 프로축구대회 우승

11.01 해병대사령부 재창설(경기도 화성)-1973.10.10. 해병대사령부, 해군본부에 통폐합

11.03 도재승 레바논 주재 서기관, 피랍 21개월 만에 석방되어 귀국

11.04 한국어린이문화예술원 창립-동심문화의 연구 및 개발보급

11.06 대통령후보 단일화 촉구 의원(박찬종·조순형·홍사덕·이철·허경구), 통일민주당 탈당

11.09 통일민주당, 임시전당대회서 김영삼 총재를 대통령 후보로 추대

11.11 상공부, 한국 섬유류수출액 1백억 달러 초과 발표

11.12 문화공보부, 불교의식 '영산제', 중요무형문화제 50호로 지정

11.12 전화접수 우편환 송금제도 실시

11.12 평화민주당(총재 김대중)_창당, 대통령후보로 김대중 선출(~1991.9)

11.16 남해·낙동강을 막는 '낙동강 하구둑'(2,400m) 준공-년 6억48백만 톤 용수공급(1983.3~)

11.17 캐나다 동부 세인트존수해역서 트롤어선 호산나 1호 침몰, 한국선원 33명 실종

11.19 삼성그룹 회장 이병철(1910~1987) 사망-12.1, 이건희, 삼성그룹 회장 취임

11.21 북한군, 아군 초소에 총격

11.21 여전도회관서 인도주의실천의사협의회 창립-회원 187명

11.23 민주통일민중운동연합 부의장 백기완, 대통령후보 등록-12.14. 후보 사퇴

11.25 금성사, 서독에 VTR 및 컬러텔레비전 현지 공장 준공

11.29 북한, 대한항공 858기, 미얀마 안다만해 상공서 폭파-115명 전원 사망

11.30 서울대박물관, 강원도 양양군 신석기유적지서 대형 흑요석, 국내 처음 발굴

11.30 KBS1드라마, '어머니'(출연:정영숙·신구·김희애 등) 첫 방영(~1988.4.22.)

11.30 KBS2드라마, '꼬치미'(출연:백일섭·최민수·강문영 등) 첫 방영(~1988.7.1.)

12.02 시민단체, 장애우권익문제연구소 창립

12.03 중부고속도로(서울↔대전, 332.5㎞) 개통(1985.4~)

12.06 박종팔, WBA 슈퍼미들급 세계챔피언 획득

12.08 대륙붕 6광구서 처음으로 가스층 발견

12.09 영화, '탑건'(감독:토니 스콧, 배우:톰 크루즈·켈리 맥길리스) 개봉

12.10 과학기술처, 제1회 한국과학상 시상-대상 김진의 교수(물리학) 수상

12.14 지역별노동조합협의회 처음으로 마산창원지역노동조합총연합 창립

12.15 KAL 858기 폭파범 김현희, 서울로 이송

12.16 노동조합, 전국사무금융노동조합연맹 결성

12.16 제13대 대통령 선거, 노태우 당선-노태우(36.6)·김영삼(28)·김대중(27)·김종필(8)

12.19 제11회 MBC대학가요제(MBC공개홀)-작품하나, '난 아직도 널' 대상 수상

12.21 제26회 대종상영화제 시상-감독상 '연산 일기'(감독:임권택, 풍전흥업) 수상

12.22 1988학년도 대학입학학력고사 실시-필기시험 320점, 체력장 20점

12.24 산악인 허영호, 에베레스트(8,848m) 등정 성공

12.24 영화, '로보캅'(감독:폴 버호벤, 출연:피터 웰러·낸시 알렌) 개봉

12.25 목재운반선 현대 7호, 두바이로 가던 중 이란 군함에 피격

12.25 영화, '천녀유혼'(감독:정소동, 배우:장국영·왕조현 등) 개봉

12.26 병무청, 새 병역제도 발표-대입 재수생 입영연기 혜택 등

00.00 현철, '내마음 별과 같이'(작사 주일청, 작곡 임택수) 발표

00.00 롯데제과, '마가렛트' 출시

▨▨▨▨▨▨▨▨▨▨▨▨

01.16 [중국] 호야요방, 중국공산당 총서기 사임-1989.4.15 사망

02.20 [브라질] 외채 1,080억 달러, 지불정지 선언

02.22 [미국] 팝 아트 운동의 창시자, 앤디 워홀(1928~1987) 사망

03.19 [일본] AIDS 예방 치료약, VFC-A 개발

04.02 [미국] MS·IBM OS/2 발표

04.16 [미국] 미사일기술통제체제(MTCR) 창설

05.03 [프랑스] 샹송 가수 달리다(1933~1987) 자살

05.06 [중국] 서북부 산림 대화재-사망 193명, 피해면적 1만1000㎢

05.28 [서독] 10대 마티아스 루스트, 세스나기 몰고 소련 방공망 뚫고 붉은광장에 착륙

06.01 [레바논] 라시드 카라미 총리, 군 헬리콥터 탑승 중 폭탄폭발로 사망

06.26 [네덜란드] 작곡가 바딩스(1907~1987) 사망

07.04 [프랑스] '리용의 백정' 클라우스 바비에게 종신형 선고

07.10 [미국] 스윙음악을 알린 재즈음악가 해먼드(1910~1987) 사망

07.11 [국제] 세계 인구 50억 돌파

07.15 [대만] 38년 만에 계엄령 해제

07.31 [이란] 메카 유혈사태, 이란인 순례자 400명 사망

08.17 [독일] 전 나치 부총통 루돌프 헤스, 감옥에서 사망

09.07 [독일] 호네커 동독공산당 서기장, 분단 후 첫 서독 방문

10.19 [미국] 뉴욕주가 1929년 대공황 이후 최대 폭락(블랙먼데이)

11.02 [중국] 자오쯔양(趙紫陽) 중국공산당 총서기에 선출

11.18 [일본] 소니사, 미국의 CBS레코드사 인수

12.07 [소련] 고르바초프, 1973년 이후 소련 지도자로선 첫 미국 공식방문

12.08 [미-소] 중단거리 핵미사일(INF) 폐기협정에 서명

12.10 [미국] 바이올린 연주의 패러다임을 근본적으로 바꾼 하이페츠(1901~1987) 사망

12.17 [프랑스] 『하드리아누스 황제의 회상록』 소설가 유르스나르(1903~1987) 사망

12.20 [필리핀] 근해서 여객선 도나 파즈호 유조선과 충돌, 1,749명 사망

12.23 [소련] '수소폭탄의 아버지' 사하로프 유배 해제

1988 무진(戊辰) 단기4321 노태우1
레이건/덩샤오핑/다케시다/고르바초프

01.01 〈최저임금제〉 시행-10인 이상 제조업, 1그룹(섬유·의복 등 재무구조 취약업종) 462.5원

01.01 〈국민연금법〉 제정 18년 만에 시행-18세 이상 60세 미만 국내거주민 대상

01.01 김일성 주석, 남북연석회의 연내 개최 및 노태우 대통령 당선자와 대화용의 표명

01.01 영화, '더티 댄싱'(감독:에밀 아돌리노, 배우:패트릭 스웨이지·제니퍼 그레이) 개봉

01.05 한미통상회담, 담배·보험·농산물시장 개방 결정

01.06 제1회 아시아·아프리카 챔피언 결정전(카타르)에서 한국 우승

01.10 신촌 블루스 1집 앨범, '그대 없는 거리' 발매

01.11 소련 관영 타스통신, 소련의 88서울올림픽 참가 보도

01.11 정부자문기구, 민주화합추진위원회 발족

01.12 국립과학수사연구소 황적준 박사, 경찰 수뇌부의 박종철 고문치사사건 은폐 조작 증언

01.12 북한, 88서울올림픽 불참 발표

01.13 MBC드라마, '조선왕조 500년-인현왕후'(출연:전인화·이덕화 등) 첫 방영(~10.13)

01.14 문교부, 〈새로운 한글맞춤법과 표준어 규정〉 확정 발표

01.20 국내기업-헌트사 공동개발한 북예멘 마리브유전 원유, 울산항 첫 입항

01.22 언론인 친목 단체 '사칠언론인회', '대한언론인회'로 개칭

01.26 증권시장, 공산권과 교역확대 호재로 사상 처음으로 주가지수 600선 돌파

02.03 재야의 문동환 교수 등 97명, 평민당에 정식 입당

02.08 민주당 총재 김영삼, 총재직 사퇴

02.08 서울대 민병구 박사, 국내 첫 인공심장 개발

02.09 삼성반도체·금성반도체·현대전자·전자통신연구소 공동, 4MD램 개발

02.11 민주교육추진전국교사협의회, 해직교사복직 촉구-연명청원서(4,245명) 제출

02.12 금호그룹 서울항공(현 아시아나항공) 출범

02.13 문화공보부, 광고방송 축소, 교양프로 40%이상 편성 등, '방송법시행령' 확정

02.13 서울 인사동에 미술품 상설경매장 출현

02.15 예술의전당 음악당·서예관 개관

02.17 남극 킹조지 섬에 '세종과학기지' 준공

02.17 예춘호·조순형·고영구 등, 진보정당 '한겨레민주당' 창당 발기대회(~1990.7.)

02.23 김기훈, 캘거리 동계올림픽 쇼트트랙 1500미터(시범종목)에서 금메달 획득

02.24 서울시내 5개 대학 학생 5명, 미문화원 점거 농성

02.24 포항 앞바다에서 유조선 경신호(995톤) 침몰-2011.6. 잔존 기름 완전 회수

02.25 노태우, 제13대 대통령 취임-제6공화국 출범

02.27 시국사범 1,731명 등, 7,234명 사면 복권

02.28 헝가리 라이코무용단, 미수교 국가 최초로 세종문화회관 대강당서 내한 공연

02.29 유조선 경신호 침몰로 벙커C유 유출, 영일만 양식장 피해

03.01 증권거래소 민영화, 회원제 조직으로 개편

03.02 이현재, 제20대 국무총리 취임(~1988.12.)

03.05 나훈아, '무시로'(작사·작곡 나훈아) 발표

03.05 KBS2드라마, '순심이'(출연:김혜수·김주승·김인문 등) 첫 방영(~9.11)

03.06 진보 정당 '민중의 당'(대표위원 정태윤) 창당대회-1990.11. 민중당 창당

03.08 민주정의당, 완전 소선거구제 국회의원선거법 개정안 통과-지역구 224명, 전국구 75명

03.11 원순이, 제3회 세계여자역도대회 56kg급에서 금메달

03.14 제1회 서울컵 국제아마추어 복싱대회 개최

03.17 김대중, 대선 패배 책임을 지고 평민당 총재 사퇴

03.17 서울대 김수태교수팀, 국내 처음으로 간 이식수술 성공

03.19 영화, '접시꽃 당신'(감독:박철수, 배우:이덕화·이보희·정혜선 등) 개봉

03.21 안기부, '반미청년회'를 이적단체로 규정-관련자 장원섭 등 7명 구속 발표

03.24 영국 로얄발레단, 세종문화회관서 '백조의 호수' 공연

03.24 헝가리, 동유럽권 국가 최초로 서울무역사무소 정식 개설

03.28 한국연극협회·국제극예술협회 한국본부·민중극단, 공산권 연극 국내 공연허가 요구

03.29 맥도널드, 서울 압구정동에 1호점 개점-첫 한국 진출

03.30 최호섭, '세월이 가면'(작사 최명섭, 작곡 최귀섭) 발표

03.31 삼성전자, 멕시코에 컬러 TV 공장 착공

03.00 동아자동차, '쌍용자동차'로 상호 변경

04.01 서울 천호대교서 버스 추락-19명 사망, 35명 중경상

04.02 외무부, 해외관광여행자 연령제한 완전 철폐

04.04 북한 김일성종합대학학생회, 6·10 남북학생대표 실무회담 수락

04.06 대구 주둔 미공군, 제497 전술전투비행중대 해체 발표

04.06 전국 15개 언론사노조 대표, '전국언론사노동조합협의회' 결성

04.09 전 부천경찰서 경장 문귀동, 성고문혐의로 구속

04.10 해태제과, '닭다리' 출시

04.13 전두환 전 대통령 정계 은퇴

04.14 대한항공, 미 보잉사와 B747-400 10대 구매계약 체결

04.15 제17회 베니토후아레스 국제사격대회에서 한국 금메달 7개로 우승

04.16 새마을운동중앙본부 비리 관련, 전경환 등 관련구속자 12명 기소

04.26 13대 국회의원 총선거-민정 87석, 평민 54석, 민주 46석, 공화 27석, 여소야대 정국

04.00 외제차 수입자유화 2000cc 이하까지 확대

04.00 오리온, '치토스' 출시

05.04 문교부, 보충수업 사실상 전면 허용

05.04 전경련, 경제사회개발원(원장 김우중) 설립-소득분배와 균형문제 해결

05.04 정부, 종합소득세(모든 소득을 종합하여 과세하는 조세) 전면 실시 발표

05.04 MBC, '주부가요열창' 첫 방송(~2009)

05.05 MBC 장편만화, '머털도사' 방송

05.06 현대건설, 노조설립을 주도한 서정의 위원장 피랍·감금

05.07 평민당 임시전당대회, 김대중 전 총재를 총재에 재 추대

05.08 서울올림픽 관련 서머타임제 실시(~10.9. 이후 중단)

05.09 제69회 전국체육대회 개최(전국일원)

05.12 민주당 전당대회에서 단일지도체제 채택-김영삼 전 총재를 총재에 추대

05.13 서울지역 28개 대학생 3천여 명, 연세대에서 서울지역총학생회연합 발족

05.15 ≪한겨레신문≫ 창간

05.16 MBC드라마, '인간시장'(출연:박상원·박순천 등) 첫 방영(~6.7)

05.21 삼성그룹, 삼성종합화학회사 신설

05.27 '평화의 댐', 1단계 준공

05.28 서초동 국립중앙도서관 개관

05.28 이문열, 『삼국지』(민음사) 출판

05.29 시국사건 변론 변호사 46명, '민주사회를 위한 변호사 모임'(민변) 결성

05.30 제13대 1기 국회의장 김재순 피선(~1990.5.)

05.30 농심, '벌집피자' 출시

05.00 서울팝스오케스트라 창단-9.14. 창단 기념연주회

06.10 국민주 1호로 포항종합제철주식 증권거래소 상장

06.10 안철수, 브레인 퇴치용 프로그램인 백신(Vaccine) 개발

06.11 문교부, 국공립대총장 직선제 허용

06.15 변진섭 '홀로 된다는 것'(작사 지예, 작곡 하광훈) 발표

06.17 상공부, 방위산업체 71개사 쟁의금지업체로 지정

06.20 담배, 한약재 넣은 '도라지' 시판(~2003.6)

06.21 서울올림픽조직위원회, 올림픽 공식노래 '손에 손잡고' 발표

06.21 소설가 전광용(1919~1988) 사망

06.27 국회, 광주진상조사특별위원회 구성결의안 통과

06.27 장정구, WBC 15차 방어에 성공

06.00 현대자동차, 뉴 쏘나타 출시(~1993.12.)

07.01 직수입한 중국산 원유, 여수항에 첫 입항

07.01 한국이동통신(현 SK텔레콤), 서울지역 휴대전화 업무 개시

07.04 50개 재야단체, 학생, 시민 등 3천여 명, '통일염원범국민평화대행진' 개최

07.04 KBS2드라마, '하늘아 하늘아'(출연:정보석·하희라·김성겸 등) 첫 방영(~1989.3.31.)

07.05 한국, 유고 무역사무소 공식 개설

07.07 노태우 대통령, '민족자존과 통일번영을 위한 특별선언'(7·7선언) 발표

07.08 '중공' 명칭, '중국'으로 개칭

07.12 포항종합제철 광양제철소 제2기 설비 준공

07.15 1천만 이상가족재회추진위원회, 북한 가족에게 보내는 편지 접수 시작

07.18 현대증권, 국내증권사 처음으로 일본에서 주식 매수 주문

07.19 정부, 월북작가 홍명희 등 5명 제외한 100여 명의 해방 전 문학작품 출판 허용

07.19 평민당 서경원 의원 밀입북-1989.6. 서경원 의원, 국가보안법 위반 혐의로 구속

07.20 재야 11개 단체, 조국의 자주적 평화통일을 위한 '민주단체협의회' 발족

07.21 삼성반도체통신, 자체기술로 256KS램 개발 성공 발표

07.22 영화, '영웅본색 2'(감독:오우삼, 배우:석천·적룡·장국영 등) 개봉

07.23 재독작가 윤이상, 한국 정부에 '남북합동음악축제' 수락 촉구

07.23 영화, '폴리스 스토리'(감독:성룡, 배우:성룡·장만옥·임청하 등) 개봉

07.24 김용강, WBC 플라이급 세계챔피언 획득

07.26 한국-멕시코, 항공협정 체결

07.00 제10대 대법원장 이일규 임명(~1990.12.)

07.00 이태, 『남부군』(두레) 출판

08.01 방미 중인 김종필(공화당 총재), 의원내각제 개헌 발언

08.03 윤길중(민정당 대표위원), 필리핀 방문 중 의원내각제 개헌 발언

08.03 한반도 평화통일을 위한 '세계대회 및 범민족대회 추진본부' 결성

08.06 육군정보사, '청산해야 할 군사문화' 기사 쓴 오홍근(『중앙경제신문』 사회부장) 테러

08.06 MBC 제9회 강변가요제(남이섬)-이상은, '담다디' 대상 수상

08.10 미수교 20개 국가와 국제자동전화 개통 발표

08.10 한국-미국 정부, 용산 미8군사령부 지방이전문제 원칙적 합의

08.11 금호그룹의 서울항공, '아시아나항공'으로 개칭

08.11 전국 대학가, 8·15 남북학생회담 관련 출정식

08.13 주택 2백만호 건설 발표-1992년까지 16조3천억 원 투입, 택지 5천7백만평 마련

08.13 영화, '플라이'(감독:데이빗 크로넨버그, 배우:제프 골프브럼 등) 개봉

08.13 현대자동차, '엑셀' 일본 수출

08.14 프로 권투선수 문성길, WBA 밴텀급 챔피언 타이틀 획득

08.15 KBS2 만화, '달려라 하니' 첫 방영(~11.20)-1989.7.7.~8.29. '천방지축 하니'

08.15 경찰, 8.15남북학생회담 저지-학생 2,020명 연행

08.16 서울국제연극제 개막-6개국(브라질·체코·폴란드·그리스·프랑스·일본) 참가(~10.2)

08.16 서울올림픽 문화예술축전-이탈리아 오페라단 공연, 서울연극제, 세계합창제 등

08.16 이탈리아 라스칼라극장의 오페라 '투란도트' 공연

08.19 동유럽 극단 최초로 체코 스보시극단 마임, '충돌' 공연

08.19 상공부, 43개 업종, 1,177개 부품을 중소기업계열화 품목으로 지정

08.20 서울오페라단 창단

08.21 제10회 서울국제무용제(대한민국무용제 임시 개칭) 개막

08.24 주한 미군사령부, 한국 배치 전투기, F16으로 대체 발표

08.26 서울대 환경안전연구소, 방사성폐기물 처리시설 준공

08.29 서울서 제52차 국제펜대회 개막

08.00 주현미, '신사동 그 사람'(작사 정은희, 작곡 남국인) 발표

08.00 여성매거진, ≪우먼센스≫ 창간

09.01 한국자동차공업협회(KAMA) 창립-국내 완성차 업체, 비영리 공익단체

09.02 문교부, 대학등록금 자율화방안 발표

09.03 소련 볼쇼이발레단 내한 공연

09.03 진보주의 성향의 '한국역사연구회' 창립

09.08 전남 여수서국민학교 교사 21명, 국민학교 최초로 교사협의회 창립

09.10 울진원자력발전소 1호기(95만kW) 준공(1982.3.~)

09.12 부산·광주·원주에서 서울국제민속축제 개막

09.12 서울서 제94차 국제올림픽위원회(IOC) 총회 개막

09.12 MBC드라마, '모래성'(출연:김혜자·김청·박근형 등) 첫 방영(~10.18)

09.14 소련 모스크바 필하모닉 오케스트라, 첫 내한 공연

09.15 이문세 '붉은 노을'·'광화문 연가'가로수 그늘 아래서면'(작사·작곡 이영훈) 발표

09.16 대형 레저·쇼핑타운 잠실 롯데월드(대지 12만8245㎡) 개관(1985.8.~)

09.16 올림픽성화, 서울시청 앞 성화대 점화

09.17 노점상 1천여 명, 경희대서 노점상강제단속 중지와 빈민생존권 보장 요구

09.17 제24회 서울올림픽 개막-한국 4위, 금12·은10·동11

09.19 대우그룹, 중국 하이난성과 자동차 수출계획 체결 발표

09.21 제43차 유엔총회운영위원회, 남북한 대표 첫 본회의 연설 결정

09.24 영화 '매춘'(감독:유진선, 배우:나영희·김문희·마홍식) 개봉

09.26 영화, '위험한 정사'(감독:아드리안 린, 배우:마이클 더글라스) 상영-첫 UPI 직배

09.27 김창선·엄홍길, 에베레스트 정상 정복

09.29 여자핸드볼, 올림픽 구기 사상 첫 금메달

09.00 담배, '백자' 200원(~1996.8.) 시판

10.05 국회, 16년 만에 국정감사 재개

10.07 대북경제개방 7개 조치 발표-민간상사 북한물자 교역·중계, 북한원산지표시 허용 등

10.07 서해안개발사업계획 발표-서해안고속도로 건설, 인천항 확장 등 27개 사업

10.09 서초동 꽃마을에 화재, 이재민 1천500여 명 발생

10.10 삼성반도체, 4메가D램 양산공장 공사 시작

10.15 88서울장애자 올림픽 개막-65개국 4천361명 참가

10.15 재무부, 일부 품목 제외 외국인 투자 기업에 대해 무역업 전면 개방

10.16 탈주범 지강헌 등 4명, 서대문구 북가좌동 가정집서 인질극, 3명 사망, 1명 생포

10.18 노태우 대통령, 유엔 연설에서 6자회담(남한·북한·미·소·일·중) 제안

10.19 MBC드라마, '조선왕조500년-한중록'(출연:최수종·하희라 등) 첫 방영(~1989.6.1.)

10.21 노태우 대통령·레이건 미국 대통령 정상회담, 동북아평화회의 긴밀 협조 합의

10.25 안산선(안산↔금정, 20㎞) 개통

10.25 헝가리 부다페스트에 한국대표부 설치

10.26 프랑스, 한국산 텔레비전 5개월간 수입 봉쇄

10.26 프로야구, 해태가 빙그레를 누르고 한국시리즈 우승

10.28 마포경찰서, '도서출판 한울', 재미동포 북한방문기 『미완의 귀향일기』 등 640여권 압수

10.30 국내 가입전화, 1천만 회선 돌파

366

10.00 신달자, 『백치애인』(자유문학사) 출판

11.02 프로축구, 포항제철이 대우를 누르고 프로축구대회 우승

11.03 국회 5공비리조사 특별위원회, 1차 청문회 개최

11.03 노태우 대통령, 4국(말레이시아·호주·인도네시아·브루나이) 순방 출국

11.04 국회, 일해재단 1차 청문회, TV 생중계

11.05 문학예술연구회·여성사연구회·역사문제연구소 등 '학술단체협의회' 창립

11.07 국회, 친족 범위 남녀 8촌 이내, 동성동본 금혼 8촌까지 '가족법 개정안' 접수

11.12 진보역사단체 '구로역사연구소'(현 역사학연구소) 창립

11.15 동요 작곡가 윤극영(1903~1988) 사망

11.15 전두환 처남 이창석·이동일, 공금 10억 원 횡령 혐의로 구속

11.16 북한 연형묵 총리, 부총리급을 단장으로 하는 '남북정치군사회담' 제의

11.16 삼성전자, 1메가S램 개발

11.18 국회, 5공 광주청문회 시작-5·18광주민주화운동진상조사특별위원회 활동

11.18 보건사회부, 결식아동 1만5천여 명에게 1989년 신학기부터 점심 무료제공 결정

11.21 국회 문공위원회, 1980년 언론사태진상규명청문회 시작

11.23 전두환 전 대통령, 대국민사과문 발표 후 백담사에 25개월 은둔(~1989.12.)

11.24 종합주가지수 8백선 돌파

11.25 문교부, 대학생 군사교육 1989년 1학기부터 폐지 결정

11.25 한국-폴란드, 무역사무소개설협정 체결

11.26 노태우 대통령, 전두환 사면, 5공비리조사, 시국사범 석방 등 민주화 6개항 발표

11.26 전국언론노조(위원장 권영길) 창립-41개 언론사 노조 참여

11.00 이문열, 『추락하는 것은 날개가 있다』(자유문학사) 출판

11.00 시드니 셸던, 『시간의 모래밭』(김영사), 출판

11.00 제1회 전태일청소년문학상, 정인화의 『불매가』 수상

12.01 서초구 양재동에 윤봉길의사기념관(대지 1,992평) 개관

12.05 강영훈 국무총리 서리 취임

12.05 금리자유화 실시-가계대출 11.5%→12.5% 인상, 우대 금리 11%

12.06 5.18광주민주화운동진상규명 청문회 속개

12.10 ≪국민일보≫ 창간

1988

12.13 5공비리 특별수사부, 본격 수사 착수

12.14 영동고속도로(인천 서창동↔강릉시 송암리, 234.4㎞) 준공(1971.3.~)

12.16 강영훈, 제21대 국무총리 취임(~1990.12.)

12.16 1989학년도 대학입학학력고사 실시-필기시험 320점, 체력장 20점

12.17 현대 이충희 선수, 88농구대잔치 1차대회에서 3천 득점 돌파

12.21 녹십자, 유전공학 이용한 제2세대 B형 간염백신, 세계 4번째로 개발 발표

12.21 미륵사지 발굴조사단, 익산군 미륵사지서 고려·백제 유물 8백여 점 발굴

12.22 〈해외여행 제한연령〉 폐지 발표(1989.1.1 시행)

12.23 아시아나항공, 서울-광주노선 첫 취항

12.23 진보적 문화예술인들의 모임 '한국민족예술인총연합'(민예총) 창립

12.24 영화, '마지막 황제'(감독:베르나르도 베르톨루치, 배우:존 론·조안 첸) 개봉

12.24 제12회 MBC대학가요제(올림픽공원체조경기장)-무한궤도, '그대에게' 대상 수상

12.28 강영훈 총리, 북한에 남북총리회담 제의

12.30 정주영 현대그룹 명예회장, 상공부에 북한방문신청서 제출

12.00 현철, '봉선화 연정'(작사 김동찬, 작곡 박현진) 발표

00.00 오리온제과, '포카칩' 출시

00.00 해태제과, '초코틴틴'·목캔디·초코틴틴 출시

▨▨▨▨▨▨▨▨▨▨▨▨▨

02.13 [캐나다] 제15회 캘거리 동계올림픽 개막-한국 금0·은0·동0

03.17 [이라크] 쿠르드 난민에 독가스 사용(4,000명 사망)

03.17 [일본] 도쿄돔 야구장 개장

04.09 [쿠웨이트] 여객기, 시아파 과격단체에 의해 알제(Algiers)로 납치

04.15 [아프가니스탄] 아프가니스탄 평화협정 제네바에서 체결

05.10 [중국] 현대 문학가 선충원(沈從文)(1902~1988) 사망

05.15 [소련] 아프가니스탄 철수 시작

05.19 [미국] 월스트리트 저널지, 노드롭 스캔들 폭로

06.01 [미-소] 중단거리 핵미사일(INF) 폐기조약 비준서 교환

07.03 [이란] 에어버스, 페르시아만에서 미군함에 의해 격추, 290명 사망

08.20 [이란-이라크] 양국 간 정전 발효

08.23 [미국] 레이건 대통령, 포괄무역법안(수퍼301조 포함) 서명

09.29 [미국] 챌린저호 폭발 이후 2년 9개월 만에 우주왕복선 비행 재개

11.15 [소련] 첫 우주왕복선 부란호 발사

12.07 [아르메니아] 스피타크 대지진으로 2만5천명 사망

12.21 [영국] 팬암기, 영국 상공에서 폭발, 269명 사망

1989 기사(己巳) 단기4322 노태우2
레이건·부시/덩샤오핑·장쩌민/나카소네·우노/고르바초프

01.01 김일성, 남북정치협상회의 제의-노태우·김종필·김영삼·김대중·김수환·문익환·백기완 초청

01.09 서대문 독립공원 착공(~1992.8.)

01.10 아시아나항공, 국제노선(서울↔도쿄) 첫 취항

01.10 재불화가 이응로(1904~1989) 사망

01.10 한국·소련 간 신용장 개설, 첫 직교역 성사

01.12 재일교포 2세 여류작가 이양지, 일본 아쿠타가와상[芥川賞] 수상

01.14 영화, '오, 꿈의 나라'(감독:이은, 배우:권인찬·김경선) 개봉-광주민주화운동 소재

01.17 노태우 대통령, 지방자치제 연내 실시 발표

01.17 미국산 포도주, 전면 수입 자율화

01.17 판문점에서 제445차 군사정전위원회 본회의 비공개로 개최

01.19 정부, 평양 개최 '세계청년학생축전'에 학생대표단 참가 허용 방침

01.19 포항종합제철, 광양 제1기 냉연공장(122만5천톤 규모) 준공

01.21 영화, '폭주 기관차'(감독:안드레이 콘찰로프스키, 배우:존 보이트) 개봉

01.21 재야민족민주운동의 전국적 조직, '전국민족민주운동연합' 발족

01.23 국기 강하 시·영화 상영 시 '애국가' 폐지

01.23 정주영 현대그룹 명예회장, 경제협력 논의를 위해 방북

01.24 중앙교육심의회, 1989년 여름방학부터 초·중·고교 재학생 방학과외 전면 허용

01.25 롯데백화점 미술관, '북한 화폐 및 유표 특별전' 개최

01.25 헌법재판소 첫 위헌 결정-국가상대 재산권 가집행 금지는 위헌

01.26 정부, 경제성 없는 탄광 폐광 신청-1987년도 채탄 성과가 4천 미만인 경우 등

01.26 정부, 구정 연휴를 3일로 확정하고 명칭을 '설날'로 변경

01.28 김대중 평민당 총재, 신년기자회견에서 '공화국연방제'를 거듭 천명

01.28 코리아심포니오케스트라 창립

01.31 검찰, 5공비리 수사 발표 후 특수부 해체

01.00 마광수, 에세이 『나는 야한 여자가 좋다』(자유문학사) 출판

02.01 개인-기업, 해외부동산 투자 전면 자유화

02.01 대구·대전·광주지역 휴대전화 서비스 개시

02.01 동구 공산권 국가, 헝가리와 첫 국교 수립

02.01 미국 LA에서 '라디오 코리아' 개국

02.01 효성물산, 북한산 무연탄 2만톤(1백5만 달러), 첫 남북직항로 인천항으로 직수입

02.01 ≪세계일보≫ 창간

02.01 필립 체스터필드, 『내 아들아 너는 인생을 그렇게 살아라』(을유문화사) 출판

02.02 대학생 과외 전면 허용

02.02 정주영 현대그룹 명예회장, 방북 후 북한과 금강산 개발 합의 발표

02.03 MBC, 광주항쟁 다룬 다큐멘터리 '어머니의 노래' 방영

02.03 일월서각, 북한 간행물 대행사 도쿄 구월서방과 남북한 간행물 상호공급조약 체결 발표

02.04 재야운동가 함석헌(1901~1989) 사망

02.07 제3회 헝가리 국제여자핸드볼대회에서 헝가리를 물리치고 한국 우승

02.08 남북총리회담, 첫 예비회담

02.08 KBS드라마, '왕룽일가'(출연:전무송·김영애·김영옥 등) 첫 방영(~4.27)

02.12 제37·38 태양호, 원선조업 중 북한 경비정에 납북되었다가 귀환

02.15 나미, '인디안 인형처럼'(작사 김순곤, 작곡 이호준) 발표

02.15 햇빛촌, '유리창엔 비'(작사·작곡 이정한) 발표

02.16 국무회의, 사회정화위원회 폐지(1980.11~)

02.19 전국교사협의회, 대의원회의 열고 교원노조결성 만장일치로 결의

02.20 한국-오스트리아, 투자협정 체결 합의

02.24 제27회 대종상영화제 시상, '아제 아제 바라아제'(감독:임권택, 태흥영화) 수상

02.25 미 하버드대 옌칭도서관서 정의부 신문 ≪대동민보≫, 잡지 ≪견우≫ 발견

02.25 체코의대 북한유학생 2명, 한국대사관에 정치적 망명 요청 후 김포공항 통해 입국

02.27 부시, 미국 대통령 방한-서울 등 78곳서 부시 방한 반대, 시위자 112명 연행

02.00 대우자동차, 임패리얼(IMPERIAL) 출시(~1993.12.)

02.00 필립 체스터필드, 『내 아들아 너는 인생을 이렇게 살아라』(을유문화사) 출판

02.00 현대자동차, '뉴 엑셀' 출시(~1994.7.)

02.00 햇빛촌, '유리창엔 비(작사 이정한, 작곡 고병희)' 발표

03.01 1933년 〈한글맞춤법통일안〉 보완, 개정 한글맞춤법 시행(1988.1 개정 고시)

03.01 가톨릭·기독교 농민회, 전국농민운동연합 결성-수세폐지·토지무상양도 등 운동 전개

03.01 영화, '욜(Yol)'(감독:일마즈 귀니, 배우:타릭 아칸·세리프 세제르) 개봉

03.02 문공부, 평화방송·불교방송 설립 인가

03.03 영화, '아제아제 바라아제'(감독:임권택, 배우:강수연) 개봉

03.04 근로자 주 44시간 노동제 결정

03.06 소련의 카자흐스탄서 홍범도 장군 초상화 발견

03.06 KBS1, '현장 기록 요즘 사람들' 첫 방송(~1993)

03.08 KBS1, 광주민주화운동 다룬 다큐멘터리 『광주는 말한다』 방영

03.09 국회본회의, 사회보호법·집시법·지자체법·노동조합법 개정안 통과

03.11 KBS2, '쟈니윤 쇼' 첫 방송(~1990.4.5.)

03.12 동계유니버시아드 쇼트트랙에서 김기훈·이준호, 4개 금메달 획득

03.14 전교협, 교직원노조 건설추진을 위한 특별위원회 발족-노조결성 본격 추진

03.16 현대백화점, 일본 상사를 통해 수입한 북한상품 판매

03.19 이열우, WBC 라이트플라이급 세계챔피언 획득

03.20 노태우 대통령, 중간평가 무기 연기 발표

03.20 작가 황석영, 통일운동차원에서 평양 방문-독일에서 체류 중 1993.4. 귀국

03.21 한국군 제12사단 소속 김태식 이병, 월북

03.22 한국화학연구소 김완주 박사팀, 기존보다 1백배 이상 강한 KR10664 항생제 개발

03.24 노태우 대통령, 의보법·지자제법·노동조합법·노동쟁의조정법 거부권 행사

03.25 문익환 목사, 정부와 사전 협의 없이 베이징 거쳐 평양 방문

03.25 영화, '서울무지개'(감독:김호선, 배우:강리나 등) 개봉

03.27 방북한 문익환 목사, 김일성 주석과 회담

03.30 현대중공업 파업 108일 만에 경찰 8천여 명 투입으로 강제 해산

03.31 전국 초중고에 『통일안보교육 지도자료』 배포

03.31 주가지수 1,000포인트 돌파

03.00 기아산업, '캐피탈' 출시(~1996.12.)

03.00 남북체육회담(판문점) 개최-북경아시안게임 단일팀 구성 협의, 결렬(~1990.2.)

03.00 나미, '인디언 인형처럼'(작사 김순곤, 작곡 이호준) 발표

04.01 정일권 등, 한국자유총연맹(구 한국반공연맹) 창립

04.01 바람꽃, '비와 외로움'(작사·작곡 양홍섭) 발표

04.03 공안당국, 공안합동수사본부(합수부) 설치

04.08 영화, '간디'(감독:리처드 어텐보로, 배우:벤 킹슬리) 개봉

04.08 현대극장 창립동인 이해랑(1916~1898) 사망

04.12 한국교육개발원, 대학입시 준비를 위한 TV과외 계획안 발표

04.13 공안합수부, 방북 후 귀국한 문익환·유원호 국가보안법 위반혐의로 구속

04.13 MBC외화드라마, '마이애미의 두 형사' 첫 방영(~8.7)

04.19 한국-이란, 경제협력위원회 발족

04.20 국민체육진흥공단 발족

04.20 외환은행, 소련에 1천만 달러의 상업차관 제공

04.21 고종황제의 고명딸, 덕혜옹주(1912~1989) 사망

04.22 KBS2드라마, '사랑의 굴레'(출연:고두심·노주현·김미숙 등) 첫 방영(~10.8)

04.24 이찬진 등, 아래아 한글 '흔글' 1.0판 출시

04.25 삼성전자, 세계 두 번째로 16MD램 개발

04.27 주택 2백만 호 건설 일환, 성남·분당·고양·일산 등 신도시 건설계획 발표

04.30 조선의 마지막 황태자 영친왕 미망인, 이방자(1901~1989) 여사 사망

04.00 로버트 폴컴, 『내가 정말 알아야 할 모든 것은 유치원에서 배웠다』(김영사) 출판

04.00 무선호출기 서비스 가입자 100만 명 돌파

04.00 태진아, '옥경이'(작사 조운파, 작곡 임종수) 발표

04.00 MBC, '우정의 무대' 첫 방송(~1997.3)

05.01 고급 국산 담배 '한라산' 시판

05.03 동의대 학생들과 경찰 대치 상황 속에서 화재로 도서관에 감금된 전경 7명 사망

05.05 영화, '레인 맨'(감독:베리 레빈슨, 배우:더스틴 호프만·톰 크루즈) 개봉

05.06 폴란드 북한 유학생 동영준·김운학, 한국대사관에 망명 요청 후 한국 입국

05.07 명성2호 선원 4명, 대청도 해상에서 조업 중 북한 경비정에 의해 납북

05.07 북한 중앙통신, 송해흥·전권수 북한에 망명 보도

05.10 수배 중이던 조선대생 이철규(1964~1989), 수원지서 변사체로 발견

05.16 유공(현 SK), 중국과 원유 직수입 장기계약

05.18 국내 처음으로 산조음악 집대성 음반집「산조전집」출시

05.21 서울서 89로터리클럽 세계대회 개막

05.24 국보급 고려시대 금서(金書)『대장경』발견

05.25 남산1호 쌍둥이터널(한남동↔예장동, 1,530m) 착공(~19940.1)

05.27 정명훈, 국립바스티유오페라단 음악총감독 겸 상임지휘자 취임(~1994.7)

05.28 백인철, WBA 슈퍼미들급 세계챔피언 획득

05.28 전국교직원노동조합(전교조) 결성

05.29 나이지리아에 첫 '원화 차관' 제공

05.00 소리새, '그대 그리고 나'(작사·작곡 정현우) 발표

05.00 제1회 정지용문학상, 박두진의『서한체』수상

06.01 국방부, 민통선 북상조정-10개 지역 6천1백만여 평의 민간인 출입통제 해제

06.02 대통령자문기구, 21세기위원회(위원장 나웅배)(현 미래기획위원회) 발족

06.02 삼성종합기술원, 갈륨비소단결정과 기판 개발

06.06 문규현 신부, 미국 유학 중 북한 방문(1차)-평양 장충성당서 미사 봉헌

06.10 건설부, 일산 등 전국 22곳 738만평을 택지개발예정지구로 지정고시

06.10 해바라기, '사랑으로'(작사·작곡 이주호) 발표

06.10 환경청, 석면폐증·중피종 등 인체에 치명적인 영향을 끼치는 석면사용 규제

06.12 한국과학기술원(KAIST)에서 한국과학기술연구소(KIST) 분리

06.14 아시아도시빈민 서울대회 개막-일본·홍콩·필리핀 등 10개국 90여 명 참석

06.15 조정현, '그 아픔까지 사랑한 거야'(작사 이지영, 작곡 신재홍) 발표

06.18 차범근, 서독에서 축구선수 은퇴

06.21 영화인 2백여 명, 서울 대학로서 미국 UIP사 영화직배 중단 요구 시위

06.21 유네스코 문맹퇴치 공로상, '세종대왕상' 창설

06.23 서울아산병원 개원(서울시 송파구 풍납2동)

06.23 전국대학생대표자협의회 1천여 명, 통일선봉대 조직, 평양축전홍보 통일대장정 돌입

06.23 영화, '배트맨'(감독:팀 버튼, 배우:마이클 키턴·니컬슨 등) 개봉

06.26 재무부, 외국인투자 자유화업종 확대 및 투자절차 간소화 발표

06.26 정부, 경인운하건설계획 발표-김포 계양↔인천항 21㎞, 유람·바지·화물선 통행

06.27 방북한 서경원 의원, 국가보안법 위반혐의로 구속(1998.3. 가석방)

06.27 무라카미 하루키, 『상실의 시대』(문학사상) 출판

06.28 KBS2드라마, '무풍지대'(출연:나한일·유혜영·조경한 등) 첫 방영(~9.7)

06.30 전대협 대표 임수경, 평양 세계청년학생축전 참가

06.00 임정진, 『행복은 성적순이 아니잖아요』(고려원), 출판

06.00 이선희, '겨울 애상'(작사 김요일, 작곡 송시현)·'한바탕 웃음으로' 발표

06.00 조덕배, '그대 내 맘에 들어오면'(작사·작곡 조덕배) 발표

07.01 북한, 제13차 평양세계청년학생축전 개막-179개국 2만여 명 참석

07.01 김완선, '나만의 것'(작사 김순곤, 작곡 손무현) 발표

07.03 백제시대 최대사찰인 익산 미륵사 터에서 백제시대 채색 벽화조각 발견

07.04 한국과학기술원(KAIST)·한국과학기술대학(KIT) 통합

07.08 국내 최초의 삼림욕장, 광릉수목원에 설치

07.08 김수녕·왕희경·김경욱, 제35회 세계양궁선수권대회 세계신기록, 금메달 획득

07.08 명동 YMCA, 경제정의실천시민연합(경실련) 발기인대회 개최(11.4 창립)

07.08 한국과학기술원 김명환 교수팀, 슈퍼컴퓨터 개발

07.08 영화, '태양의 제국'(감독:스티븐 스필버스, 배우:크리스찬 베일 등) 개봉

07.09 한국-이라크, 국교 수립

07.12 안기부, 서경원 의원 사건과 관련, ≪한겨레신문≫ 편집국, 압수수색 실시

07.14 문교부, 교사 신규임용 때 시위전력·성행불량자 등 제외 결정

07.14 헌법재판소, 사회보호법에 근거한 보호감호제 위헌 결정

07.15 영화, '정복자 펠레'(감독:빌 오거스트, 배우:막스 본 시도우·펠레 베네가아르드) 개봉

07.16 MBC드라마, '제2공화국'(출연:이진수·고은아·고두심 등) 첫 방영(~4.29)

07.18 강수연, '제아제바라아제'로 모스크바국제영화제에서 최우수 여우주연상 수상

07.22 계룡산 육군본부 새 청사 현판식 거행

07.22 영화, '인디아나 존스:최후의 성전'(감독:스티븐 스필버그, 배우:해리슨 포드) 개봉

07.26 문규현 신부, 임수경 판문점 동행할 천주교정의구현전국사제단 대표로 북한 방문(2차)

07.27 대한항공 여객기, 리비아 트리폴리공항 착륙 중 추락-사망·실종 80명, 부상 119명

07.27 안기부, 서경원 의원 입북 관련 김대중(평민당 총재)·문동환(전 부총재) 구인장 발부

07.28 정부, 한국중공업 민영화 결정-2000.12 두산그룹 인수

07.29 영화, '영구와 땡칠이'(감독:남기남, 배우:심형래·김학래 등) 개봉

07.29 영화, '첩혈쌍웅'(감독:오우삼, 배우:주윤발·이수현 등) 개봉

07.31 전교조 활동과 관련 구속 41명, 파면·해임 267명, 직위해제 626명, 면직 48명

07.00 주병선, '칠갑산'(작사·작곡 조운파) 발표

08.01 김우중, 『세계는 넓고 할 일은 많다』(김영사) 출판

08.01 소방차, '연애편지'(작사 이건우, 작곡 이호준) 발표

08.02 김대중 평민당 총재, 서경원 밀입북 사건 관련, 국가안전기획부 구인, 철야 조사

08.03 국방부, 북한 상등병 1명 귀순 발표

08.05 고려무역, 베트남산 무연탄 수입 계약 체결

08.05 MBC 제10회 강변가요제(남이섬)-박영미, '이젠 모두 잊고 싶어요' 대상 수상

08.10 '자유의 다리' 경비책임, 미군에서 한국군으로 이관

08.10 노사연, '만남'(작사 박신, 작곡 최대석) 발표

08.10 국민주 2호, 한국전력주식회사 코스닥에 상장

08.13 배용균 감독, '달마가 동쪽으로 간 까닭은' 제42회 로카르노 영화제 최우수 작품상 수상

08.13 한반도 통일을 위한 1차 8·15 범민족대회, 서울과 판문점에서 각기 개최

08.14 국사학자 이병도(1896~1989) 사망

08.15 임수경·문규현, 판문점 통해 귀환 즉시 국가보안법 위반 혐의로 구속

08.15 중앙대 안성캠퍼스 학생회장 이내창, 거문도에서 변사체로 발견

08.15 이은하, '돌이키지 마'(작사·작곡 전영록) 발표

08.17 검찰, 『모내기』 화가 신학철 구속(11.15 출소)-북한을 찬양한 이적 표현물로 규정

08.28 전교조 결성을 계기로 '참교육을 위한 전국학부모협의회' 결성

08.30 김지애(유정부르스), '몰래한 사랑'(작사 김동원, 작곡 이용) 발표

08.31 동아건설, 리비아 대수로공사 2단계(1,652㎞) 수주

08.00 김흥국, '호랑나비'(작사·작곡 이혜민) 발표

08.00 노사연, '만남'(작사 박신, 작곡 최대석) 발표

08.00 제1회 이산문학상, 백무산의 『만국의 노동자여』 수상

09.01 뚝섬경마장(1954.5~1980.9.8 폐장, 과천경마장 개장-35,000명 수용 규모

09.01 이미자의 '섬마을 선생님', 21년 만에 해금

09.02 제30회 기능올림픽 종합 우승-대회 8연패

09.09 최성수, '잊지 말아요'(작사·작곡 이두헌) 발표

09.11 노태우 대통령, 신뢰구축협력·남북연합·단일민족국가 '한민족공동체통일방안' 제시

09.13 영화, '트윈스'(감독:이반 라이트만, 배우:아놀드 슈왈츠네거 등) 개봉

09.15 〈최저임금제〉, 10인 이상 모든 산업체로 확대(1990.11 시행)

09.15 한국성인 표준체위, 남자 키 171cm 몸무게 64kg, 여자 160cm 몸무게 53kg

09.18 '서울평화상' 제정-인류화합·세계평화에 이바지한 개인·단체에 수여

09.26 제70회 전국체육대회 개최(경기)

09.28 북한, 평양 봉화예술극장서 재서독 작곡가 윤이상음악회 개최

09.00 담배, 'Lilac라일락' 시판

09.00 김성호, '회상'(작사 박은옥, 작곡 정태춘) 발표

09.00 보수 잡지 ≪한국논단≫ 창간

10.01 대전, 직할시로 승격

10.01 해외여행 전면 자유화-관광 여권, 발급 제한 완전 철폐 등

10.01 봄여름가을겨울, '어떤 이의 꿈'(작사·작곡 김종진) 발표

10.02 경찰, 풍산금속 안강공장서 농성 중인 노동자 37명 연행

10.02 변진섭 2집, '너에게로 또 다시' 발매-최초의 밀리언셀러 싱글 음반

10.03 북한 예술품 612점, 남북교역사상 처음으로 부산항 입항

10.03 서울지검, KAL기 폭파범 김현희 불구속 기소-살인·항공기폭파치사·국가보안법위반 혐의

10.04 WBA, 프로복서 유명우 선수, '88년 최우수 복서'로 선정

10.04 상공부, 삼성물산의 북한산 냉동 명태 반입 승인

10.04 서울 여의도광장에서 제44차 세계성체대회('그리스도 우리의 평화') 개막

10.04 정계·언론계·경제계·예술계 각계 인사, '자유지성 3백인회' 창립

10.05 공병대대 장교 이동균·김종대, 군 정치적 중립 및 정치군인 각성촉구 '명예선언' 발표

10.07 교황 요한 바오로 2세, 한국 방문

10.07 소련, 현대중공업에 선박 9척 발주

10.07 영화, '문스트럭'(감독:노만 주이슨, 배우:쉐어·니콜라스 케이지) 개봉

10.10 항공우주연구소(현 한국항공우주연구원) 발족-항공기·인공위성·우주발사체 연구개발 등

10.12 인문·사회·자연과학 분야 교수 17명, 남북교수학술교류추진위원회 발족

10.12 첨단산업발전5개년계획안 확정-마이크로일렉트로닉스·메카트로닉스·신소재 등 7개 업종

10.12 KBS1, '역사탐험' 첫 방송-우리시대의 역사인식

10.14 KBS2드라마, '달빛가족'(출연:이휘향·서인석·길용우 등) 첫 방영(~1990.4.8.)

10.15 노태우 대통령 미국 방문, 부시 대통령과 정상회담

10.15 이승환 1집, 'B.C 603' 발매 데뷔-이승환, '텅빈 마음'(자사·작곡 류화지) 발표

10.15 제1회 동서커피문학상 시상-대상, 유준희 '찻집에서' 수상

10.20 시사잡지 ≪시사저널≫ 창간

10.21 인간성회복운동추진협의회 창립-건강한 가정, 건강한 사회 만들기 운동 펼침

10.23 MBC드라마, '완장'(출연:조형기·김영옥·홍순찬 등) 첫 방영(11.14)

10.23 문주란, '남자는 여자를 귀찮게 해'(작사 양인자, 작곡 김희갑) 발표

10.25 변진섭, '희망사항'(작사·작곡 노영심)·'너에게로 또다시'·'로라' 발표

10.28 프로축구, 유공이 럭키금성을 누르고 프로축구대회 우승

10.28 강인원·권인하·김현식, '비오는 날의 수채화'(작사·작곡 강인원) 발표

10.00 강남사회복지학교, '강남대학'으로 개편

10.00 기아산업, 포드사 '머큐리 세이블' 출시(~1996.2.)

10.00 마광수, 『나는 야한 여자가 좋다』(자유문학사) 출판

10.00 이동원·박인수, '향수'(작사 정지용, 작곡 김희갑) 발표

10.00 한국서예대전, 한국미술대전에서 분리 개최

11.01 프로야구, 해태가 빙그레를 누리고 한국시리즈 우승

11.01 한국-폴란드, 대사급 외교관계 수립

11.01 여행스케치, '별이 진다네'(작사·작곡 조병석) 발표

11.03 공업용 우지로 라면·마가린 등 제조한 5개 업체 대표 10명 구속

11.06 중앙고속도로(춘천↔대구) 착공(~2001.12)

11.06 KBS2드라마, '울밑에선 봉선화'(출연:전인화·김미숙·김윤경 등) 첫 방영(~1990.8.31.)

11.09 한국-멕시코, 경제과학 및 기술협정 체결

11.11 북한 동독유학생 장영철·전철우, 서독으로 탈출 망명 요청(11.15 서울 도착)

11.11 서울시철거민협의회·전국철거민연합 등 6개 단체, 고려대서 '전국빈민연합' 결성

11.12 문학평론가 임종국(1929~1989) 사망

11.12 최점환, WBC 스트로우급 세계챔피언 획득

11.15 한강 16번째 교량, '올림픽대교'(구의동↔풍납동, 1225m) 개통(1985.11~)

11.16 제4차 남북체육회담, 90북경아시안게임 단일팀 협의-명칭 '코리아'로 결정

11.17 제1회 이중섭 미술상, 화가 황용엽 선정

11.18 국립국악원 연주단과 무용단, 헝가리에서 첫 공연

11.18 노대통령, 유럽(서독·헝가리·영국·프랑스) 순방 등정

11.20 김수철, '정신차려'(작사·작곡 김수철) 발표

11.22 노태우 대통령, 국가원수로는 첫 헝가리 방문-11.22. 한국-헝가리, 항공협정 체결

11.22 헝가리 부다페스트에서 한국영화주간행사

11.23 재무부, 주식발행계획 사전예고제 도입

11.27 국어학자 이희승(1896~1989) 사망

11.29 한국-소련, 영사 관계 수립 합의

11.30 박성신, '한 번만 더'(작사·작곡 최선) 발표

11.00 박완서, 『그대 아직도 꿈꾸고 있는가』(삼진기획) 출판

11.00 민해경, '보고 싶은 얼굴'(작사·작곡 이주호) 발표

11.00 송대관, '정 때문에'(작사 장경수, 작곡 정주희) 발표

12.01 대전극동방송 개국-대전지역 라디오 방송

12.01 목동아이스링크 개장-건축면적 1,820평, 관람석 5천석 규모(1987.12~)

12.04 KBS2드라마, '꽃피는 둥지'(출연:신구·이혜숙·정영숙 등) 첫 방영(~1990.4.14.)

12.08 삼성전자, 4M D램 반도체 해외 첫 출하

12.08 한국과학기술원 윤한식·이화섭 박사팀, 아크릴 섬유 개발

12.09 제13회 MBC대학가요제(장충체육관)-전유나, '사랑이라는 건' 대상 수상

12.10 이승철, '마지막 콘서트'(작사·작곡 김태원) 발표

12.13 정보사회종합대책 발표-산업무역전산망 개통, 사회복지 전산망 구성 등

12.14 프로야구 MBC 청룡야구단, 럭키금성(LG) 그룹에 매각

12.15 1988학년도 대학입학학력고사 실시-필기시험 320점, 체력장 20점

12.16 제14회 아시아사이클선수권대회에서 한국 종합우승

12.18 대전 한국가톨릭농민회관서 '전국여성농민위원회' 결성-미국의 수입개방 압력 비판

12.18 전대협(전국대학생대표자협의회) 제3기 의장, 한양대 학생회장 임종석 검거

12.20 국방부, FX기종 FA18기 확정

12.23 영화, '도신(정전자)'(감독:왕정, 배우:주윤발·유덕화·장민 등) 개봉

12.28 한국-유고슬라비아, 국교 수립

12.31 전두환 전 대통령 국회 출석, 광주·5공비리 관련 모두 부인

12.00 김영철, 『사랑과 비즈니스에는 국경이 없더라』(청림출판) 출판

12.00 칼릴 지부란, 『보여줄수 있는 사랑은 아주 작습니다』(진선출판사) 출판

12.00 에릭 시걸, 『닥터스 1』(김영사) 출판

12.00 영화, '시네마 천국'(감독:쥬세페 토르나토레, 배우:자크 페렝·브리지트 포시) 개봉

00.00 롯데, '카스타드' 출시

00.00 오리온제과, '후라보노' 출시

00.00 크라운제과, '땅콩 카라멜' 출시

▨▨▨▨▨▨▨▨▨▨▨▨

01.07 [일본] 히로히토(裕仁) 일왕 사망

01.07 [프랑스] 화학무기금지를 위한 파리국제회의 개막

01.20 [미국] 조지 부시, 제41대 대통령 취임

01.23 [프랑스] 초현실주의 화가, 살바도르 달리(1904~1989) 사망

02.02 [파라과이] 로드리게스, 파라과이 군부 쿠데타로 실권 장악

02.09 [일본] '우주소년 아톰' 제작자, 만화가 데즈카 오사무(1928~1989) 사망

02.14 [이란] 호메이니, 『악마의 시』 저자 샐먼 루시디에 사형 선고

02.15 [소련] 아프가니스탄 철수 완료

02.27 [오스트리아] 동물학자 로렌츠(1903~1989) 사망

03.04 [미국] 타임사-워너영화사(타임워너) 합병 발표

03.07 [이란] 루시디의 소설, 『악마의 시』 문제로 영국과 단교

04.15 [중국] 호요방, 전 중국공산당 총서기 사망

05.04 [미국] 우주왕복선 아틀란티스호에서 금성궤도선 마젤란 발사

05.14 [아르헨티나] 카를로스 메넴, 대통령에 당선

05.20 [중국] 자오쯔양, 중국공산당 총서기 실각

06.03 [이란] 이란혁명의 최고지도자 호메이니(1902~1989) 사망

06.04 [중국] 천안문 사태 발생

06.08 [소련] 반체제 작가 솔제니친 작품, 15년 만에 소련에서 해금

07.11 [미국] 영화 배우 로렌스 올리비에(1907~1989) 사망

07.16 [오스트리아] 베를린필하모니의 상임지휘자 헤르베르트 폰 카라얀(1908~1989) 사망

07.17 [미국] B2 스텔스 폭격기, 시험비행 성공

07.20 [미얀마] 아웅산 수지 여사, 가택 연금(2010.11. 해제)

08.08 [일본] 가이후 도시키, 일본 총리에 선출

08.10 [미국] 콜린 파월, 미국 사상 첫 흑인 합참의장 임명

08.19 [동독] 시민, 헝가리 경유해 오스트리아 탈출 러시

08.25 [미국] 보이저 2호. 해왕성 접근

08.31 [영국] 앤 공주와 마크필립스 공, 결혼 16년 만에 이혼

09.04 [벨기에] 추리소설 작가 조르주 심농(1903~1989) 사망

09.21 [베트남] 베트남군, 11년에 걸친 캄보디아 군사개입 종식. 철수 시작

09.27 [일본] 소니사, 미국 영화사 콜롬비아 인수 발표

09.28 [필리핀] 마르코스 전 대통령, 망명지 하와이서 사망

10.05 [국제] 달라이 라마, 노벨평화상 수상자로 선정

10.17 [미국] 샌프란시스코 지진-272여 명 사망

10.21 [온두라스] 항공사 소속 보잉 727여객기 추락-131명 사망

10.23 [헝가리] 40년간의 공산통치 종식하고 공화제 선언

11.05 [미국] 20세기 최고의 피아니스트 블라디미르 호로비츠(1903~1989) 사망

11.22 [레바논] 르네 무하마드 대통령, 취임 17일 만에 폭탄 테러로 피살

11.29 [루마니아] 체조요정 코마네치, 헝가리로 망명

12.02 [미국-소련] 부시 대통령과 고르바초프 서기장 몰타회담

12.14 [소련] '수소폭탄의 아버지' 반체제 물리학자 사하로프(1921~1989) 사망

12.22 [아일랜드] 『고도를 기다리며』 작가 사뮈엘 베케트(1906~1989) 사망

12.25 [루마니아] 독재자, 차우셰스쿠 총살형

12.25 [미국] 타임즈, 고르바초프 소련공산당 서기장, '1980년대 인물'로 선정

12.28 [체코] 체코슬로바키아 의회, 두브체크를 의장으로 선출

1990 경오(庚午) 단기4323 노태우3
부시/장쩌민/우노·가이후/고르바초프

01.01 〈최저임금제〉 제조업·광업·건설업 외의 10인 이상 전 사업체 확대 적용, 시급 690원

01.01 〈향토예비군설치법 개정〉 시행-보충역의 예비군 복무연한, 35세에서 33세로 단축

01.01 박영미, '나는 외로움 그대는 그리움'(작사·작곡 김성호) 발표

01.01 설운도, '혼자이고 싶어요'(작사 이수진, 작곡 이유림) 발표

01.01 현철, '싫다 싫어'(작사 이호섭, 작곡 박성훈) 발표

01.01 이정현, '한여름의 크리스마스'(작사 이건우, 작곡 이정현) 발표

01.03 KBS2드라마, '빙점'(출연:임동진·김영애·정동환 등) 첫 방영(~2.22)

01.05 KBS2 만화영화, '옛날 옛적에' 첫 방영(3.29)

01.06 MBC드라마, '배반의 장미'(출연:정애리·이정길·남성훈 등) 첫 방영(~8.26)

01.12 대한항공-아에로플로트, 서울-모스크바 간 항로 취항 합의-3.31. 첫 취항-410여 명 탑승

01.15 한국-알제리, 국교 수립

01.16 재무부, 기업의 자유로운 영화매입과 보유 허용

01.18 MBC 청룡의 후신, 'LG 트윈스' 창단

01.19 중요무형문화재 제1호, 종묘제례악의 예능보유자 이석재(1912~1990) 사망

01.21 시민단체, '건강사회를 위한 약사회' 창립-노동자·도시 빈민 건강 지원, 의료보장제도 연구

01.22 노태우·김영삼·김종필, 민주정의당·통일민주당·신민주공화당 '3당 합당' 선언

01.22 전국노동조합협의회(의장 단병호, 현 민주노총), 성균관대 수원캠퍼스에서 창립

01.23 김지연, '찬바람이 불면'(작사·작곡 김성호) 발표

01.24 마산항 오징어잡이선 침몰-실종 24명

01.25 KBS·MBC의 PD 6명, 유명가수 출연 조건으로 상납받아 서울지방검찰청에 구속

01.25 태아의 성을 감별해준 산부인과 의사 5명, 처음으로 3개월 자격정지 처분

01.27 구정, '설날'로 개칭-휴일 일수, 하루에서 3일간으로 증가

01.30 주한 미공군 기지 통폐합 합의-광주·대구·수원 철수, 오산·군산에 통폐합

01.30 최저임금 결정시기 변경-11월 30일 결정·다음해 1월 시행→8월 5일 결정, 9월 시행

01.00 데이콤 PC-Serve(PC통신) 상용화 시작

01.00 해태제과, '파시통통' 출시

02.05 MBC드라마, '여자는 무엇으로 사는가'(출연:김희애·김혜자 등) 첫 방영(3.13)

02.09 민주자유당 창당(노태우·김영삼·김종필)-1995.12 당명, 신한국당으로 개칭

02.10 김민우 '사랑일뿐야'(작사 박주연, 작곡 하광훈)·'입영열차 안에서' 발표

02.13 체신부, 통신·방송위성 발사계획과 시베리아횡단 광케이블 사업 추진

02.17 영화, '비 오는 날의 수채화'(감독:곽재용, 배우:강석현·옥소리·이경영 등) 개봉

02.20 문교부, 120여 개 인문고에 실업계 학과 설치-대학진학 과열 완화, 고교직업교육 강화

02.20 삼성물산, 소련에 전자기기 생산설비 제공, 수출 계약 체결

02.21 북한 ≪노동신문≫, 남북경제합작과 교류 실현 강조

02.24 『석보상절』 제20권 초간본 발견

02.25 박선주, '소중한 너'(작사·작곡 조규찬) 발표

02.27 울진원자력발전소 2호기(95만㎾) 준공(1982.10.~)

02.00 현대자동차, '스쿠프(SCOOP)' 출시(~1995.5)-국내 최초의 4인승 2도어 쿠페

03.01 '택지소유 상한에 관한 법률' 등 토지공개념 법률 시행(1998. 폐지)-투기방지 목적

03.02 〈시장평균환율제도〉 도입-외환시장의 수요와 공급에 따라 환율 결정

03.03 강원 양구 북동쪽 26㎞ 지점서 제4 땅굴 발견-1978년 이후 12년 만에 발견

03.08 이산가족 한필성·필화 남매, 일본에서 40년 만에 상봉

03.10 이열우, WBA 플라이급 세계챔피언 획득

03.12 강호동, 제18대 천하장사에 최연소 등극

03.13 건설부, 제3차 국토개발계획 착수(1992.1 공표)-지역균형개발, 국토이용체제 확립

03.15 국제환증서 한도액 인상-25달러→100달러

03.15 이은성, 『소설 동의보감』(창작과비평) 출판-전체 상·중·하 3권

03.16 28회 대종상영화제 시상-'추락하는 것은 날개가 있다'(감독:장길수, 다남흥업) 수상

03.17 영화, '7월 4일생'(감독:올리버 스톤, 배우:톰 크루즈) 개봉

03.19 MBC드라마 '완전한 사랑'(출연:하재영·이상아·김무생 등) 첫 방영

03.19 MBC라디오(91.9㎒), '배철수의 음악캠프' 첫 방송

03.21 한국-나미비아, 국교 수립

03.21 ≪스포츠조선≫ 창간

03.22 한국-체코, 대사급 외교관계 수립

03.23 한국-불가리아, 대사급 외교관계 수립-6.13 주불가리아 한국대사관 개설

03.24 국방부, 환태평양훈련(RIMPAC)에 한국 구축함 최초 참가

03.26 한국-몽골, 대사급 외교관계 수립

03.28 장산곶매, 첫 장편 노동영화 '파업전야'(감독:이은·장동홍·장윤현·이재구) 제작

03.28 KBS2드라마, '겨울나그네'(출연:손창민·최화정·김희애 등) 첫 방영(~6.21)

03.28 차세대 전투기 사업, 제너럴 다이내믹스사 F16 기종 확정

03.30 일본, 재일교포 3세에 영주권 부여

03.30 한국-루마니아, 대사급 외교관계 수립

03.31 남북 음악인, 일본 도쿄에서 '한겨레울림특별연주회' 공동 개최

03.31 대한항공-아에로플로트, 서울↔모스크바 간 첫 취항

03.31 한국프로야구 제8구단 '쌍방울 레이더스' 창단(~2000.1. 해체)

03.31 이원복, 『만화로 보는 자본주의 공산주의』(동아출판사) 출판

03.00 기아산업, '기아자동차'로 상호 변경

03.00 이은성, 『소설 동의보감』(창작과비평사) 출판

03.00 노아 벤샤, 『빵장수 야곱』(김영사) 출판

03.00 이원복, 『만화로 보는 자본주의·공산주의』(두산잡지BU) 출판

03.00 송대관, '차표 한 장' 발표(작사 송대관, 작곡 조동산) 발표

04.02 소련 북한 유학생 남명철·박철진, 한국 귀순

04.06 정부가 상영금지 한 '파업전야', 서울·부산·인천 등 11개 도시에서 상영

04.07 소련 레닌그라드 필하모닉 오케스트라 단원 120명 한국 방문

04.10 한국역사민속학회 창립-민속학 '서민의 삶' 중심 연구

04.12 노태우 대통령, 대한항공 858기 폭파범 김현희 특별 사면

04.13 '민중의 정당건설을 위한 민주연합추진위' 출범-백기완·고영구·이우재 공동대표

04.15 천주교 서울대교구, 평화방송 PBC 개국

04.16 MBC드라마, '똠방각하'(출연:연규진·신신애·황신혜 등) 첫 방영(~6.12)

04.18 롯데백화점, 인산주 등 북한 상품 1만 5천여 점 전시회

04.20 유럽지역 한국학연구회, 폴란드 수도 바르샤바에서 개최

04.21 제주-고흥 간 해저 케이블 준공-총길이 172㎞(1989.4~)

04.23 교토의 조선인 12만6천 명 귀무덤, 박삼중 스님에 의해 부산 동명불원에 봉안

04.24 전국농민운동연합, '전국농민회총연맹(전농)'으로 재결성

04.28 영화, '섹스 거짓말 그리고 비디오테이프'(감독:스티븐 소더버그, 배우:제임스 스페이더) 개봉

04.30 KBS 파업에 경찰 1000여 명 투입-333명 연행, 철야 조사

04.00 김수희, '애모'(작사·작곡 유영건) 발표

04.00 강수지, '보라빛 향기'(작사 강수지, 작곡 윤상) 발표

05.01 불교방송 BBC 개국

05.01 신해철, '슬픈 표정 하지 말아요'(작사 신해철, 작곡 원경) 발표

05.02 MBC드라마, '그 여자'(출연:최명길·정한용·김용림 등) 첫 방영(~12.27)

05.03 이화여자대학교, 첫 대학 여자축구팀 창단

05.05 국립국악원생 등 2천여 명, 서울 종묘에서 조선조 궁중의례인 종묘제례 거행

05.06 MBC드라마, '조선왕조 500년-대원군'(출연:임동진·최수종·김희애 등) 첫 방영(~12.23)

05.08 MBC시사프로그램, 'PD수첩' 첫 방송

05.09 민자당 첫 정당 대회 개최-총재 노태우, 대표 김영삼 선출

05.09 서울 도심서 2만 명 반 민자당 격렬 시위

05.12 영화, '드라이빙 미스 데이지'(감독:브루스 베레스포드, 배우:모건 프리먼) 개봉

05.12 정부, 5개 항의 〈청소년헌장〉 선포

05.15 영화, '남부군'(감독:정지영, 배우:안성기·이혜영·강태기·최민수 등) 개봉

05.17 교통부, 수도권 신공항 입지를 '영종도'로 확정-1992.11 착공, 2001.3 개항

05.19 영화, '워킹 걸'(감독:마이크 니콜스, 배우:해리슨 포드, 시고니 위버) 개봉

05.19 영화, '죽은 시인의 사회'(감독:피터 위어, 배우:로빈 윌리엄스) 개봉

05.20 KBS1, '이계진의 아침마당'(현 아침마당) 첫 방송

05.21 문교부, 1991년부터 초중고교에 월반 및 유급제도 도입 허용

05.21 중요무형문화재 판소리 고법 기·예능보유자, 명고수 김득수(1917~1990) 사망

05.22 한국-예맨, 국교 수립

05.22 롯데그룹, 부산 ≪국제신문≫ 인수-1999.9. 롯데로부터 독립

05.26 문교부, 전국 645개 초등학교에 '컴퓨터 교실' 개설

05.28 북한, 36년 만에 처음으로 6·25전쟁 당시 미군 유해 5구 판문점을 통해 인도

05.30 제15대 2기 국회의장 박준규(1925~) 피선(~1992.5.)

06.01 한국 네트워크, 인터넷에 처음 연결-한국 인터넷 시대 개막

06.01 김정수, '당신'(작사·작곡 김정수) 발표

06.02 《제주신문》 폐업 이후 110여 명의 사원, 《제민일보》 창간

06.04 노태우 대통령-고르바초프 대통령 간 정상회담(샌프란시스코) 개최

06.07 시인 모윤숙(1910~1990) 사망

06.08 한국 축구대표팀, 제14회 이탈리아월드컵 연속 2회 본선 진출

06.09 영화, '장군의 아들'(감독:임권택, 주연:박상민·신현준 등) 개봉

06.11 TBS 교통방송 개국

06.13 럭키개발, 소련 레닌그라드 개발 참여 발표

06.15 교통부, 경부고속철도 노선 확정-천안~대전~대구~경주~부산(409㎞)

06.15 민주당 창당대회 개최, 이기택(1937~2016) 총재 선출

06.16 삼성전자, 헝가리 오리온사와 합작으로 컬러TV 공장 준공

06.16 KBS, '쇼 토요특급' 첫 방송-1991.5. '토요대행진' 변경

06.19 한국-이스라엘, 학술교류 협력의정서 체결

06.24 용산주한미군사령부, 1996년까지 지방 이전 완료 합의-1993. 막대한 비용문제로 전면 유보

06.27 문학평론가 김현(1942~1990) 사망

06.27 서울지하철 5호선(방화동↔고덕동) 건설공사 착공-1996.12. 완전 개통

06.00 바바 하리 다스, 『성자가 된 청소부』(타임기획) 출판

06.00 클라인바움, 『죽은 시인의 사회』(성현출판사) 출판

07.01 동물원, '시청 앞 지하철 역에서'(작사·작곡 김창기) 발표

07.01 015B, '텅빈 거리에서'(작사·작곡 정원석) 발표

07.01 김완선, '삐에로는 우릴 보고 웃지'(작사 이승호, 작곡 손무현) 발표

07.10 한국-일본-홍콩 해저광케이블 개통-4,600㎞. 13개국 1억7천5백만 달러 공동투자(1988.1~)

07.10 한국정신대연구소 발족-일본군위안부 문제 해결 연구소

07.14 국회, 〈방송관계법〉·〈국군조직법개정안〉·〈광주보상법〉 등 기습 통과

07.14 영화, '있잖아요 비밀이에요'(감독:조금환, 배우:최수종·하희라·이경영 등) 개봉

07.15 인천 앞바다서 유조선 2척 충돌- 벙커C유 5백여 톤 유출

07.18 전 대통령 윤보선(1897~1990) 사망

07.20 노태우 대통령, 〈남북 간의 민족 대교류 위한 특별선언〉 발표

07.20 제7차 경제사회발전5개년계획 추진안 마련-연평균 경제성장률 7.5% 등

07.23 정부, '8·15범민족대회'에 한국 단체·인사의 참가허용 결정-7.26. 북한대표팀 불참, 무산

07.24 한국, 소련 시베리아 횡단 광케이블 건설 참여

07.27 MBC 제11회 강변가요제(춘천 의암호반)-권성연, '한여름 밤의 꿈' 대상 수상

07.28 영화, '꼭지딴'(감독:김영남, 배우:정보석·최진실·박진성 등) 개봉

07.30 태진아, '거울도 안 보는 여자'(작사 김동주, 작곡 김영광)·'미안 미안해' 발표

07.00 민해경 '보고 싶은 얼굴'(작사·작곡 이주호) 발표

07.00 서정범 외, 『인생의 가장 행복한 반 시간』(풀잎) 출판

07.00 주현미, '잠깐만'(작사 이호섭, 작곡 김영광) 발표

08.01 제1회 해외한국문학상, 김용익의 소설 『꽃신』 수상

08.02 국무회의, 〈남북교류협력법·남북협력기금법〉 등 시행령 의결

08.03 고려대서 범민족대회추진본부(본부장 신창균) 결성

08.03 한국문인협회, 제1회 해외문학심포지움 개최

08.05 박지숙, 제1회 넬리킴배 국제체조대회 여자마루운동에서 10점 만점 획득

08.07 일본, 일제강점기 동안 7만9천여 명의 한국인 강제연행자 명부 발표

08.08 황석영, 범민족대회 남측 추진본부 대표 자격으로 평양 방문

08.09 〈남북교류협력에 관한 법률 시행령〉 제정-남북한 간의 실질적 교류 목적

08.10 청주신공항 건설지, 청주시 청원구 내수읍 입상리로 확정-1992.3. 착공, 1997.4. 개항

08.10 삼성전자, 16메가D램 개발

08.10 재미교포 음악인들, '남북통일염원음악회' 평양 개최 결정-10.18. 평양에서 개최

08.15 KBS, 허영만의 원작 만화, '날아라 슈퍼보드' 애니메이션 첫 방영

08.18 SBS 주파수, '폴 VHF 6'으로 결정

08.18 보건사회부, 9월 1일부터 의약품 가격 전면 자율화 발표

08.20 한국과학기술원 남수우 교수, 용접 가능한 알루미늄합금 개발 발표

08.22 한국-니카라과, 국교 수립

08.25 양수경, '당신은 어디 있나요'(작사·작곡 김범룡)·'이별의 끝은 어디인가요' 발표

08.31 일본 시민단체 '미쓰비시 관련 전후문제대책회', 강제징용 한국인 2,351명 명단 공개

08.00 한국화약그룹(현 한화그룹), 《경향신문》 인수-1998.3. 한화그룹에서 분리

09.01 MBC드라마, '몽실 언니'(출연:이경진·임동진·한진희 등) 첫 방영(~12.30)

09.03 KBS1드라마, '서울뚝배기'(출연:최수종·도지원·오지명·주현 등) 첫 방영(~1991.7.5.)

09.04 농수산물 수입 개방 10년 계획 추진-120개 농수산물 3년간 단계 개방

09.04 서울서 1회 남북고위급회담 개최(남·정원식, 북·연형묵)-남북한 유엔가입 문제 등

09.04 한국-잠비아, 국교 수립

09.06 남북고위급회담 북측대표단 수행 북한 기자단, 동아일보·한겨레신문 방문 취재

09.06 노태우 대통령, 연형묵 총리 등 남북고위급회담 대표 초청-남북정상회담 개최 제의

09.08 영국 물리학자, 스티븐 호킹 박사 방한

09.08 정유 3사(유공·호남정유·극동), 사우디 정유회사와 원유 공급 장기계약 체결

09.08 제1회 세종대왕 문해상 시상-과학대중화운동(인도) 수상

09.09 65년 만의 폭우로 한강 범람-고양·일산·능곡 일대 침수-163명 사망·실종, 18만 명 이재민

09.09 KBS1드라마, '대추나무 사랑 걸렸네'(출연:김성겸·백일섭 등) 첫 방영(~2007.10.10.)

09.11 북한 김일성 주석, 중국 방문-덩샤오핑과 정상회담

09.13 임시정부 초대 국무령 이상룡 선생 등 유해 5구 봉환-9.11. 대전애국지사 묘역 안장

09.14 삼성전자, 소련과 15억 달러 규모의 가전제품 수출 합의

09.15 영화, '카르멘'(감독:카를로스 사우라, 배우:안토니오 거주, 로라 델 솔) 개봉

09.16 KBS1드라마, '여명의 그 날'(출연:신수·태현실·박병호 등) 첫 방영(~12.16)

09.19 칠레 연안에서 대우 선박 화물선 실종-선원 24명 실종

09.21 고려대 이호왕 박사팀·녹십자사, 세계 최초로 유행성출혈열 예방백신 개발

09.22 제8회 베이징 아시안게임 개막-한국 2위, 금54·은54·동73

09.25 제1회 서울평화상, 사마란치 국제올림픽위원회 위원장 수상

09.27 한국기독교역사연구소(소장 이만열) 설립-한국 개신교의 역사 연구 기관

09.27 한국-말리, 국교 수립

09.28 전쟁기념사업회, 전쟁기념관 착공(~1994.6)-옛 육군본부 자리 11만5,000㎡에 조성

09.29 국방부, 동티모르 파견 상록수부대 창설

09.29 서울심포니오케스트라 창립-서초구 서초동 예술의전당 소재

09.29 지역의료보험에 의료비 지원제 도입

09.30 한국-라트비아, 국교 수립

09.30 송골매, '모여라'(작사·작곡 배철수) 발표

09.00 전유나, '너를 사랑하고도'(작사·작곡 김진룡, 편곡:송홍섭) 발표

10.01 노태우 대통령, '5공 청산' 종결 선언

10.01 문화공보부 폐지, '문화부'와 '공보처' 신설

10.01 영화, '언터쳐블'(감독:브라이언 드 팔마, 배우:케빈 코스트너·찰스 마틴 스미스) 개봉

10.01 한국-소련, 대사급 외교관계 수립 합의

10.01 환경청, '환경처'(현 환경부)로 승격

10.01 법정근로시간, 종업원 3백 명 이상 사업장의 경우 46시간에서 '44시간'으로 단축

10.03 KBS2드라마 '그대 아직도 꿈꾸고 있는가'(출연:이효춘·정동환·이경표 등) 첫 방영

10.03 한국-베냉, 국교 수립

10.04 윤석양 이병, '보안사의 민간인(노무현·한승헌·김승훈·문동환·이효재 등) 사찰' 폭로

10.05 노태우 대통령, 포철회장 박태준 의원, 민정당 대표위원에 임명

10.05 KBS2 만화영화, '영심이' 첫 방영(~12.28)

10.06 그린벨트 내 불량 주거지역 재개발 허용

10.06 서울-파리 간 KAL여객기, 소련 시베리아 영공 첫 통과

10.08 경찰, 버스전용차선제 도입-2개 노선 우선 실시 결정

10.08 무용가 한영숙(1920~1990) 사망

10.09 (주)한글과컴퓨터 설립-창립자 이찬진

10.09 폴란드에 경제협력기금 5천만 달러 자금지원 결정

10.10 뉴욕에서 남북한영화제 개막-남북 영화예술인 6백여 명 참가

10.11 남북통일축구대회 1차전, 평양 능라도 5·1경기장에서 2대1로 북한 승리

10.11 제12회 서울무용제(전 대한민국무용제) 개막

10.12 서울-파리, 우호협력협정 체결

10.13 노태우 대통령, '공동체 파괴 범죄와 폭력에 대한 전쟁(범죄와의 전쟁)' 선포

10.13 영화, '천장지구'(감독:진목승, 배우:유덕화·오천련·황광량 등) 개봉

10.15 제71회 전국체육대회 개최(충북)

10.17 예술의전당 한가람미술관 서울예술자료관 개관

10.17 제2차 남북고위급 회담 개최(평양)

10.18 강영훈 국무총리, 북한주석 김일성 주석과 만나 남북정상회담 촉구

10.18 평양 2.8문화회관서 서울전통음악연주단(대표 황병기), '범민족통일음악회' 개막

10.19 서울 전통예술단, 평양 범민족통일음악회에서 첫 단독 공연

10.20 프로축구, 럭키금성이 포철을 누르고 프로축구대회 우승

10.20 한중무역대표부 상호설치합의서 조인-1991.1. 중국, 한국 기자의 비자 발급 개시

10.20 KBS2드라마, '야망의 세월'(출연:유인촌·황신혜·강부자 등) 첫 방영(~1991.10.20.)

10.22 정부, 소련에 경제협력 및 자금 지원 결정

10.23 남북통일축구대회 2차전, 서울 올림픽경기장에서 열려 1:1 무승부 기록

10.24 북한 평양 만류대구역에 '조선콤퓨터쎈터' 설립

10.25 '3당 합당' 당시 노태우·김영삼·김종필 등의 내각제개헌 약속한 '각서' 공개

10.26 국립전주박물관 개관

10.26 한국-체코, 무역·경제협력협정 체결

10.26 MBC드라마, '우리들의 천국'(출연:홍학표·박철·한석규 등) 첫 방영(~1994.4.8.)

10.28 프로야구, LG가 삼성을 누르고 한국시리즈 우승

10.31 (주)태영, 새 민방 TV방송(SBS) 지배주주로 선정

10.31 금성사, 소련과 전자제품 플랜트수출계약 체결

10.00 현대자동차, '엘란트라' 출시(~1995.3.)

10.00 윤재근, 『장자-학의 다리가 길다고 자르지 마라』(둥지) 출판

11.01 경기도 과천에 국군통신사령부(전신 육군전략통신사령부, 현 국군지휘통신사령부) 창설

11.01 한국 최초의 축구전용구장 포항 스틸야드 준공

11.01 박학기, '아름다운 세상'(작사·작곡 박학기) 발표

11.02 건설부, 광주첨단산업기지 건설 확정-항공·우주·생명공학분야 업체 2백여 개 입주계획

11.05 농어민후계자협의회장 이경해, 우루과이라운드협상 문제로 제네바 GATT 사무실서 할복

11.06 한국-소련 간 직통전화 개통

11.07 보리사브 요비치 유고 대통령, 동구권국가 원수로는 처음으로 방한

11.10 진보적 혁신정당, 민중당(상임대표 이우재) 창당(~1992.3)

11.10 최초 축구 전용구장, 포항 축구전용구장 개장

11.10 영화, '그들도 우리처럼'(감독:박광수, 배우:문성근·박중훈·심혜진 등) 개봉

11.16 한국정신대문제대책협의회 결성-일본군 위안부 문제의 진실 규명, 생존자 지원

11.17 영화, '도성'(감독:원규·유진위, 배우:주성치·장민·유진위 등) 개봉

11.20 통일을 목적으로 결성한 재야운동단체, 베를린서 조국통일범민족연합 결성

11.21 서울외곽순환고속도로 노선 최종 확정-일산~중동~판교(118.4㎞)

11.23 김대중 평민당 총재, 국회연설서 북한방문계획, UN단독가입 반대 등 주장

11.23 나자르바예프 소련 카자흐공화국 대통령 내한

11.24 영화, '사랑과 영혼'(감독:제리 주커, 배우:패트릭 스웨이지·데미 무어 등) 개봉

11.28 나훈아, '영영'(작사·작곡 나훈아) 발표

11.29 남북체육회담 개최(판문점 통일각)-남북 체육교류, 국제대회 단일팀 구성 협의

11.30 소련으로부터 연간 농축 우라늄 40톤 첫 도입

11.30 윤상, '이별의 그늘'(작사 박주연, 작곡 윤상) 발표

11.00 이계진, 『뉴스를 말씀드리겠습니다, 딸꾹!』(우석출판사) 출판

11.00 앨빈 토플러, 『권력이동』(한국경제신문사) 출판

11.00 조용필, '이젠 그랬으면 좋겠네'(작사 박주연, 작곡 조용필) 발표

12.01 김완선 '삐에로는 우릴 보고 웃지'(작사 이승호, 작곡 손무현) 발표

12.01 제14회 MBC대학가요제(올림픽공원체조경기장)-소나기, '누군가' 대상 수상

12.01 이상은, '사랑할거야'(작사 이상은, 작곡 안지우)·'그대 떠난 후' 발표

12.03 서울대 김수행 교수, 맑스 『자본론』 6년 만에 5권으로 완역

12.07 소콜로프, 초대 러시아 한국주재대사로 부임

12.07 현정화·홍차옥, 제10회 아시아탁구선수권대회 여자단체 우승

12.09 남북 1990년 송년통일전통음악회, 서울 예술의전당에서 개최

12.12 인권변호사 조영래(1947~1990) 사망

12.13 노태우 대통령, 고르바초프 대통령과 정상회담, '모스크바 선언' 발표

12.18 1991학년도 대학입학학력고사 실시-필기시험 320점, 체력장 20점

12.19 영화, '토탈 리콜'(감독:폴 버호벤, 배우:아놀드 슈왈제네거 등) 개봉

12.19 청룡영화상, 17년 만에 부활

12.21 한국전기연구소, 자기부상열차 개발

12.22 영화, '록키 5'(감독:존, 배우:실베스터 스텔론·탈리아 샤이어·버트 영 등) 개봉

12.26 대법원, 이름 가능 한자 2,731자로 제한(개정호적법 시행규칙) 확정

12.27 교육방송국 EBS 개국

12.27 국군보안사령부 명칭, '국군기무사령부'로 변경

12.27 노재봉(1936~), 국무총리 서리 취임(1991.1 취임)

12.27 서양화가 장욱진(1917~1990) 사망

12.28 중앙기상대, '기상청'으로 승격

12.29 영화, '나의 사랑 나의 신부'(감독:이명세, 배우:박중훈·최진실 등) 개봉

12.30 전두환 전 대통령 부부, 769일 만에 백담사에서 자택으로 귀환

12.00 제11대 대법원장 김덕주 임명(~1993.9.)

12.00 첫 한국·소련 합작드라마, '갈대숲의 고양이들' 방송-1937년경 연해주 한인 이주 과정

12.00 이상우, '그녀를 만나는 곳 100미터 전'(작사 노영심, 작곡 이남우) 발표

12.00 이상우, '이젠'(작사·작곡 박정원) 발표

12.00 최병서, 『병팔이랑 민지랑』(명서원) 출판

00.00 오리온제과, '비틀즈' 출시

▨▨▨▨▨▨▨▨▨▨▨▨▨▨

01.11 [중국] 천안문 사태 계엄령 해제

02.10 [인도네시아] 켈루드화산 폭발

02.11 [남아공] 흑인지도자 만델라, 수감 27년 만에 석방

02.11 [미국] 핵 주먹 타이슨, 무명의 더글러스에 KO패

02.27 [소련] 최고회의, 고르비에 막강 권력 부여, 미국식 대통령제 승인

03.15 [소련] 고르바초프, 초대 대통령에 취임

03.21 [나미비아] 아프리카 최후의 식민지, 남아공으로부터 독립

04.17 [미국] 흑인 목사, 민원운동가 애버내시(1926~1990) 사망

05.06 [러시아] 사회민주당 창당

05.14 [소련] 고르비, 에스토니아·라트비아의 독립선언, 불법화

05.29 [러시아] 옐친, 러시아공화국 대통령 당선-7.10. 고르바초프, 공산당 서기장에 재선

06.08 [국제] 제14회 월드컵 이탈리아서 개막

07.29 [몽골] 최초의 자유선거 실시, 인민혁명당(공산당) 승리

08.02 [이라크] 쿠웨이트 침공, 걸프전 발발

08.09 [유엔 안보리] 이라크의 쿠웨이트합병, '법적 타당성이 없으며 무효' 선언

09.14 [미국] 사상 최초 유전자 이식수술 실시

09.22 [소련] 최고회의, 공산주의 경제 청산하고 자유시장경제로 전환

10.03 [독일] 동독·서독, 분단 55년 만에 통일

10.14 [미국] 지휘자 레너드 번스타인(1918~1990) 사망

11.12 [일본] 아키히토(明仁), 일본 제125대 왕에 즉위

11.16 [미국] '나홀로 집에' 개봉-크리스마스 영화의 전설

11.25 [폴란드] 역사상 최초의 직선 대통령 선거 실시

12.01 [국제] 영국과 프랑스를 잇는 '도버해협 터널'(50㎞) 관통-1995. 개통

12.02 [일본] 최초의 우주비행사, 소련 우주선 '소유즈11호'에 승선

12.10 [미국] 석유왕, 옥시덴털 석유 회장 아먼드 해머(1898~1990) 사망

12.10 [소련] 고르바초프 대통령, 노벨평화상 수상

1991 신미(辛未) 단기4324 노태우4
부시/장쩌민/가이후·미야자와/이바시코·옐친

01.01 임재범, '이 밤이 지나면'(작사·작곡 이수) 발표

01.04 코오롱상사의 한국산 표기 양말제조기계, 북한 평양조선방직에 첫 수출

01.04 한미주둔군지위협정(SOFA) 1차 개정-형사재판권 자동포기조항 삭제

01.06 KBS1드라마, '왕도'(출연:김영철·강석우·신구·김자옥 등) 첫 방영(10.5)

01.09 노태우 대통령, 일본 총리 가이후 도시키(海部)와 정상 회담

01.09 MBC드라마, '까치며느리'(출연:전운·하희라·안정훈 등) 첫 방영(10.3)

01.10 〈재일 한국인의 법적지위와 처우에 관한 각서〉 체결-재일 한국인 지문날인제도 폐지

01.11 우루과이라운드 대책 확정-극소수 품목 제외 대부분 수입 개방

01.14 한국의료지원단, 걸프전 지원 위해 선발대 28명 사우디아라비아로 파병

01.15 남북체육회담, 41회 일본 세계탁구선수권대회 단일팀 합의-4.24. 남북단일팀 출전

01.15 언론인·국사학자 천관우(1925~1991) 사망

01.15 신승훈, '미소 속에 비친 그대'(작사·작곡 신승훈) 발표

01.17 노태우 대통령, 이라크에 대한 미국의 군사 조치 지지 전문 발송

01.19 영화, '딕 트레이시'(감독:워렌 비티, 배우:워렌 비티) 개봉

01.21 이현우, '꿈'(작사·작곡 이현우) 발표

01.22 걸프전에 한국군의료지원단(동의부대) 파견

01.23 노재봉, 제22대 국무총리 취임(~1991.5)

01.23 농지소유상한선 자경농의 경우, 3㏊에서 5~10㏊로 확대

01.26 김현식, '내 사랑 내 곁에'(작사·작곡 오태호) 발표

01.28 유가연동제 도입-유류의 국내 판매가격을 국제 원유가와 환율의 변동에 따라 결정

02.01 최희용, WBA 미니멈급 세계챔피언 획득

02.02 강남 수서지구 택지 특혜분양 사건 발생-주택조합 특혜분양에 청와대·정치권 개입 의혹

02.02 재야 민주연합의 이부영·고영구 등 68명, 민주당과의 통합 선언

02.04 북한산 무연탄 수입 재개-1989.2. 중단

02.05 서울시, 특별분양으로 말썽이 된 수서지구 택지 분양 백지화

02.07 한중합작수산회사 소속 '남해 006호'(160톤), 서해상 조업 중 납북-한국인 5명, 중국인

02.10 세계레슬링자유형대회에서 금4·은2·동2로 종합 우승

02.14 영화, '좋은 친구들'(감독:마틴 스콜세지, 배우:로버드 드니로) 개봉

02.17 보건사회부, 농어촌 총각 결혼난 해소책, 중국교포 처녀와의 성혼사업 추진 결정

02.19 남북 간 '화해·불가침·교류협력 기본합의서', '비핵화 공동선언' 비준교환

02.20 김광석, '사랑했지만'(작사·작곡 한동준) 발표

02.23 국문학자·시인 정한모(1923~1991) 사망

02.23 전북 장수 아침 기온 76년 만에 2월 강추위 기록 경신-영하 25.8도

02.27 반민족문제연구소(현 민족문제연구소) 설립

02.27 서해안고속도로(인천↔목포, 353㎞) 착공(~2001.12.)

02.00 버지니아 울프, 『세월』(대흥) 출판

02.00 예반, 『누군가에게 무엇이 되어』(대흥) 출판

02.00 이호, 『그대의 야심, 첫 번째』(성림) 출판

03.01 영화, '미저리'(감독:롭 라이너, 배우:제임스 칸·케시 베이츠) 개봉

03.06 충남 금산위성지국에서 국제해사위성 지구국 개통식 개최

03.07 고 박정희 대통령 아들 박지만, 마약 상습복용혐의로 구속

03.09 평민당, 보라매공원서 5만 명의 당원·시민, '수서 비리 규탄 국민대회' 거행

03.09 한국박물관협회 창립-국내외 박물관 유기적 협조체제 유지, 제도적 보호 육성

03.12 대학교육심의회, 대학교육적성시험 명칭, '대학수학능력시험'으로 변경

03.12 제29회 대종상영화제 시상-'젊은 날의 초상'(감독:곽지균, 태흥영화)

03.14 20개 공업단지 신설 확정-석문·남포 등 간척지 공업용지 전환 등 총 1,954만 평

03.14 낙동강 페놀 오염 사건-경북 구미시 두산전자의 페놀 원액 누출, 낙동강 오염

03.15 문화부, 신라 지증왕 4년(503년) 건립된 영일 내수리신라비, 국보 264호로 지정

03.16 영화, '광란의 사랑'(감독:데이빗 린치, 배우:니콜라스 케이지·로라 던) 개봉

03.16 한국실학연구회 창립

03.19 이해방 박사, 인슐린 피부 투여법 세계 최초 개발

03.20 SBS 라디오 방송국 개국-파워FM(MHz) 107.7, 러브FM(MHz) 103.5

03.20 신해철, '내 마음 깊은 곳의 너'(작사·작곡 신해철) 발표

03.21 원양참치어선 702호(312톤), 말라카해협서 베트남 해적선에 24명 피랍-5.10. 무사 귀국

03.26 대구 개구리 소년 실종사건 발생-2002.9. 성산고 신축공사장 부근에서 유골 발견

03.26 제41회 세계탁구선수권대회 남북단일팀 참가

03.26 지방자치제 구·시·군 기초의회 의원 선거 시행-31년 만에 지방 선거 부활

03.28 차세대전투기사업 기종, F16으로 확정

03.30 박영균, WBA 페더급 세계챔피언 획득

03.31 남북음악인, 일본 도쿄에서 '한겨레 울림 특별연주회' 공동 개최

03.31 영화, '늑대와 춤을'(감독:케빈 코스트너, 배우:케빈 코스트너) 개봉

03.31 이상우, '그녀를 만나는 곳 100m 전'(작사 노영심, 작곡 이남우) 발표

03.00 김광석 '사랑했지만'(작사·작곡 한동준) 발표

03.00 박정수, '그대 품에서 잠들었으면'(작사 조기원, 작곡 백영규) 발표

04.01 강원도 명주군에서 2~3세기 원삼국 집단 집터 발굴

04.01 1990년 국민 평균 수명-남자 66.09세, 여자 75세

04.01 외교통상부 산하 한국국제협력단(KOICA) 창립-대외 무상 협력 사업 주관

04.01 제47차 ESCAP(아시아·태평양 경제사회위원회) 총회, 서울서 개막

04.03 화성 연쇄살인 사건의 마지막 사건(10차 사건) 발생

04.05 한국-마샬군도, 국교 수립

04.10 남북직교역 승인-천지무역상사(남)·금강산국제무역개발회사(북), 쌀과 무연탄·시멘트 교역

04.11 경부고속전철 구간(총연장 411㎞) 설계 확정-서울~천안~대전~대구~경주~부산

04.11 언론인 몽향 최석채(1917~1990) 사망

04.12 KBS대하드라마, '삼국기'(출연:조경한·박영목·이경표 등) 첫 방영(~1993.4.17.)

04.13 한국성폭력상담소 개소-성폭력 피해 여성들을 위한 전문 상담소

04.14 경상북도 의성군 양평면 일대, 진도 3.1 지진 발생

04.15 도서상품권제도 시작-1970년 한국출판금고 발행의 '공통도서권'이 시초

04.15 신민주연합당 정식 출범(총재 김대중)-평화민주당+통일민주당+신민주공화당 합당

04.15 한국-투르크메니스탄, 통상경제협력협정 체결

04.19 고르바초프 방한, 제주정상회담-한반도 평화정착·한국 UN가입·북한 핵사찰 등 논의

04.20 조용필, '꿈'(작사·작곡 조용필) 발표

04.22 구미 두산전자, 페놀원액 2톤 또다시 유출

04.24 남북단일팀 한반도기, 'KOREA', 제41회 세계탁구선수권대회 출전, 종합 3위

04.26 명지대 학생 강경대 시위 중 구타 사망-이후 연쇄 분신파동 전개

04.27 한국국회대표단, 제85차 국제의회연맹 평양총회 참석 위해 판문점 거쳐 평양 도착

04.29 남한사회주의노동자동맹 해산-국가안전기획부의 박노해·백태웅 등의 검거

04.29 노재봉 국무총리, 강경대 구타치사사건에 대한 대국민사과문 발표

04.30 015B, '이젠 안녕'(작사·작곡 정석원) 발표

04.00 부산 로얄오락실에서 '노래방' 첫 등장

04.00 MBC, '몰래카메라(일요일일요일밤에)' 첫 방송(~1992.11)

04.00 원미연, '이별여행'(작사 김기호, 작곡 신재홍) 발표

05.01 전자통신연구소 이진효 박사, 256MD램 제조기술 개발

05.02 현대전자, '미니겜보' 출시-닌텐도, 휴대용 게임기 '게임보이' 국내 시판

05.02 SBS드라마, '두려움 없는 사랑'(출연:최재성·고현정·서정민 등) 첫 방영(~10.25)

05.06 방위소집대상자 산업기능인력 활용 확정-매년 1만-1만5천명, 5년간 산업체 근무(병역대체)

05.07 한국 오로라탐험대, 세계 11번째로 북극점 탐험 성공

05.07 한국과학기술원, 고교·대학교육 정상화 위해 신입생 무시험 선발 발표

05.10 국회, 〈국가보안법〉·〈경찰법〉 개정안 날치기 통과

05.12 세계청소년축구대회 출전 남북단일팀 '코리아', 남북한 각각 31명씩으로 확정

05.14 강경대군 장례일에 맞춰 전국 15개 도시에서 15만 명이 추도국민대회 참가

05.14 한국-터키, 투자보장협정 체결

05.15 현대그룹과 소련 칼미크공화국, 유전 공동개발 합의

05.16 조중건 대한항공 사장, 국내 3개 기업 맥도넬 더글라스 MD12기 제작 공동참여 발표

05.19 신민당과 민주당, 군중집회를 갖고 노재봉 내각 총사퇴 등 요구

05.19 주한미군 감축에 따라 1단계 조처로 7천 명 철수 시작

05.20 KBS1, '6시 내고향' 첫 방송

05.20 KBS2, '한바탕 웃음으로' 첫 방송(~1994.10.8.)

05.22 교통부, 오염방지책으로 1톤 이하의 소형 경유차 1995년 이후 생산 금지 결정

05.24 노재봉 총리 해임-의원 외유사건, 수서사건, 강경대 군 사건 관련 책임론 고조

05.25 33년간의 옥살이로 위암말기 판정을 받은 비전향 장기수 왕영안 석방

05.25 김원룡 교수 등 남한 학자 16명, 북한학자 2명과 장군총 등 고구려 고분 공동조사

05.25 성균관대 학생 김귀정, 시위 도중 사망

05.25 중학교 무상의무교육, 1992년부터 읍·면 단위 전 학년 실시-2004년 전국적 시행

05.27 한국-체코, 체육교류협정 체결

05.28 북한, 단일의석 유엔 가입 철회, 남한과 분리 유엔가입 발표

05.00 대우자동차, '티코' 출시(~2001.3.)

05.00 오쇼 라즈니쉬, 『배꼽』(장원) 출판

06.01 김용강, WBA 플라이급 세계챔피언 획득

06.01 MBC드라마, '질투'(출연:최수종·최진실·이응경 등) 첫 방영(~7.21)

06.03 시민단체, 한국여성정치연맹 창립-여성의 정치 참여와 정치역량 강화 목적

06.03 정원식 국무총리 서리, 외국어대학교서 대학생들로부터 계란·밀가루 세례받음

06.08 기아자동차, 공업 메탄올 연료 자동차 개발

06.10 한국-루마니아, 뉴스교환 협정 체결

06.14 외국인 투자자에게 주식시장 개방 발표-1992.1. 개방 본격화, 외국인 20% 보유 한도

06.15 영화, '양들의 침묵'(감독:조나단 드미, 배우:조디 포스터, 안소니 홉킨스) 개봉

06.20 시도의원선거 실시(투표율 58.09%)-민자당이 압승

06.23 남북단일 '코리아팀'(감독 안세욱), 제6회 세계청소년축구대회(포르투갈)에서 8강 진출

06.24 북한, 6.25전쟁 중 실종됐던 미군 유해 11구 미국에 인도

06.00 대우자동차, 프린스·브로엄 출시(~1997.3.)

06.00 김흥국, '59년 왕십리'(작사·작곡 이해민) 발표-1987.12. 김재희 첫 발표

07.01 공군 방공포사령부(현 공군 유도탄사령부) 창설-적 항공기의 영공침투 방호

07.01 수입상품 원산지 표시제 도입-농산물 제외 소비재 250개 품목 대상

07.02 노태우 대통령, 워싱턴서 부시 미 대통령과 정상회담-북한 핵무기 개발 저지 등 논의

07.06 영화, '나홀로 집에'(감독:크리스 콜럼버스, 배우:맥컬리 컬킨 등) 개봉

07.06 영화, '터미네이터 2-심판의 날'(감독:제임스 캐머런, 배우:아놀드 슈왈제네거) 개봉

07.08 정원식, 제23대 국무총리 취임(~1992.10.)

07.08 통일원, 8월 15일 남북 각계인사 1천 명 참가하는 '통일대행진' 추진-북측 거절

07.08 현대그룹, 중국에 대규모 플랜트 수출 본격 추진

07.08 KBS1드라마, '옛날의 금잔디'(출연:이낙훈·김영옥 등) 첫 방송(~1992.4)

07.08 MBC드라마, '행복어사전'(출연:최수종·배종옥·이응경 등) 첫 방영(~8.27)

07.09 한국동력자원연구소 김동찬 박사팀, 폐타이어·폐유에서 석유회수 기술 개발

07.12 권오대 포항공대 교수팀, 광소자 개발 발표

07.13 ≪민주일보≫, 경영난으로 폐간-1989.11. 창간

07.15 하나은행(전신 한국투자금융) 개점-2015.9. 외환은행과 통합

07.15 이승환, '세상에 뿌려진 사랑만큼'(작사·작곡 오태호) 발표

07.17 북한 조선중앙통신, 육군 이등병 1명의 북한 망명 보도

07.17 서울대 첫 직선 총장, 김종운 교수 선출

07.19 용산 미군기지, 1996~1997년까지 오산·평택으로 이전 발표-2000년 이후로 연기

07.20 영화, '장군의 아들 2'(감독:임권택, 배우:박상민·이일재 등) 개봉

07.23 한국영상연구소 창립-영상문화의 창달 도모, 영상예술 및 기술발전 연구 목적

07.24 합동참모본부, 판문점 비무장지대 관할권 10월부터 한국군에 단계적 이양 발표

07.27 화물선 콘돌호, 통일쌀 5천 톤 북송

07.27 한국통신, 하이텔 서비스 시작-2007.2. 서비스 종료

07.29 재일본조선인총연합회, 한국인강제징용 자료『징용령서』, 고마자와대학서 발견

07.31 강수지, '시간속의 향기'(작사 강수지, 작곡 윤상) 발표

07.00 설운도, '다함께 차차차'(작사 김병걸, 작곡 이호섭) 발표

08.01 경찰청(전신 치안본부) 발족-경찰종합정보체제 구축, 민생치안의 정착 등

08.01 아산만 항만공업단지개발계획 확정-총사업비 2조2,734억 원, 12월 착공 1996년 완료

08.02 전대협, 북한 조선청년위원회와 남북국토종단대행진 남북한 교환 합의 발표

08.02 MBC 제12회 강변가요제(춘천 의암호반)-박숙영, '노래하는 인형' 대상 수상

08.04 김학순 할머니, '일본군 종군 위안부' 첫 증언 기자회견-1997.12. 김학순 할머니 사망

08.04 MBC프로그램, 'MBC 베스트극장' 첫 방영(~2007.3.10.)

08.05 북한의 남북국토종단대행진 참석차 판문점으로 가려던 전대협 학생 2명 연행

08.05 전대협 대학생 1천여 명, '국토순례대행진' 실시-목포와 진주에서 각각 출발

08.07 설악산에서 제17회 세계잼버리대회 개막-보이스카우트의 세계야영대회

08.09 남북한 UN가입 권고 결의안, UN안보리 전체회의에서 만장일치로 통과

08.10 김상배, '몇 미터 앞에 두고'(작사 조동산, 작곡 원희명) 발표

08.19 한민족과학기술자학술대회(중국 연길) 개최, 남북한·해외동포 등 관계자 참여

08.20 이범학, '이별 아닌 이별'(작사·작곡 오태호) 발표

08.21 1회 한민족철학자대회 개최-국내 및 재미·소·중·독 학자 5백여 명 참석, 북한 불참

08.22 김수녕, 36회 세계양궁선수권대회에서 세계신기록 수립-1,030점(종전 1,010점)

08.22 태풍 글래디스 상륙-이재민 2만여 명, 사망·실종 103명, 부상자 72명, 재산피해 2,630억여 원

08.22 한국-알바니아, 국교 수립

08.28 동아건설, 리비아 대수로 1차 공사 통수식

08.30 송대관, '우리 순이'(작사·작곡 진남성) 발표

08.00 강수지 '흩어진 나날들'(작사 강수지, 작곡 윤상) 발표

08.00 심신, '오직 하나뿐인 그대'(작사 심신, 작곡 박건호) 발표

08.00 전유나, '너를 사랑하고도'(작사·작곡 김진룡) 발표

08.00 김현성, '이등병의 편지'(작사·작곡 김현성) 발표-1992. 김광석 리메이크

09.01 오석준, '웃어요'(작사·작곡 오석준) 발표

09.04 사립대학 재정난 타개책, 기여입학제 도입·등록금사전예고제 시행 결정-반대 여론에 중단

09.05 국방부, 병역제도개선책 발표-1993.1. 이후 현역병 복무기간 2~5개월 단축, 방위병제 폐지

09.09 하이텔(hitel) 서비스 개시

09.10 서울시경, 여자형사기동대 창설-강간과 인신매매 등 여성을 상대로 범죄 예방 주력

09.10 신민당과 민주당, 통합민주당 창당(공동대표 김대중, 이기택)

09.12 독일산 최초의 잠수함, '장보고' 진수식-길이: 56m, 폭: 6.25m, 높이: 5.5m, 33명 탑승

09.16 외무부, 한·소어업협정 서명-소련 수역 내 어업활동, 어업공동위원회 설치 등

09.18 남북한 동시 유엔 가입

09.24 노태우 대통령, UN총회 참석, 북한과 군축문제 협의 용의 등 기조연설

09.25 한국-멕시코, 과학·관광·경제사회개발기획 협력협정 체결

09.28 프로축구, 대우가 현대를 누르고 프로축구대회 우승

09.28 한국중공업, 원자로 설립 전 공정을 국산화 발표

09.00 류시화,『그대가 곁에 있어도 나는 그대가 그립다』(푸른숲) 출판

10.01 국군의 날, 법정공휴일에서 제외

10.01 양희은, '사랑 그 쓸쓸함에 대하여'(작사 양희은, 작곡 이병우) 발표

10.02 국무회의, 종합유선방송법안 의결-1995.3 케이블 TV, 뉴미디어 방송 도입

10.02 영화, '미스터 맘마'(감독:강우석, 배우:최민수·최진실·김민형 등) 개봉

10.03 한국-부룬디, 국교 수립

10.04 농림수산부, 1992년부터 통일벼 정부 매입 중단 계획 발표

10.04 일본 북해도 동해상에서 한국 선박과 소련 선박 충돌-21명 실종

10.04 KBS2 만화영화, '날아라 슈퍼보드' 첫 방영(~1992.1)

10.07 MBC드라마 '여명의 눈동자'(출연:최재성·채시라·박상원 등) 첫 방영(~1992.2.6.)

10.07 제72회 전국체육대회 개최(전북)-1위 경기, 2위 서울, 3위 전북

10.07 MBC 만화영화, '말괄량이 뱁스' 첫 방영(~1993)

10.09 한글날, 법정공휴일에서 제외-2013.10. 22년 만에 공휴일로 부활

10.10 서울대 규장각, 국내 최고의 지도로 추정되는 '동국지도' 공개

10.13 프로야구, 해태가 빙그레를 누르고 한국시리즈 우승

10.14 한국-리투아니아, 국교 수립

10.19 소설가 정비석(1911~1991) 사망

10.19 KBS1, '도전 차차차' 첫 방송(~1993.4.28)

10.21 한국-라트비아, 국교 수립

10.22 정부, 북한 위성TV 시청 허용

10.28 한국-루마니아, 문화협정 체결

10.00 담배, 'Expo' 시판(~1992.12.)

10.00 현대자동차, '갤로퍼' 출시-스포츠 유틸리티 차량

11.01 비무장지대의 주한미군 경계임무, 한국군으로 이양

11.01 석간 일간지 ≪문화일보≫ 창간

11.01 이상우, '하룻밤의 꿈'(작사·작곡 오태호) 발표

11.04 MBC드라마, '여자의 방'(출연:배종옥·이미숙·고현정 등) 첫 방영(~1993.5.6.)

11.05 조만식 선생 유발(머리카락·손톱) 수습, 동작동국립묘지에 안장-미망인 전선애 여사 보관

11.08 국방부, 방위병소집제 완전 폐지(1995.1. 시행) 등 방위병제도 발표

11.08 노태우 대통령, '한반도 비핵화 평화구축' 선언

11.09 SBS드라마, '관촌수필'(출연:김용림·김혜선·박근형 등) 첫 방영(~1993.2.16.)

11.11 신승훈 '보이지 않는 사랑'(작사·작곡 신승훈) 발표

11.11 KBS2드라마, '형'(출연:주현·양동근·오지명 등) 첫 방영(~1992.12.29)

11.12 7차 경제사회발전5개년계획(1992~1996) 발표-경제성장률 7.5%·소비자물가상승률 5% 유지

11.13 신성우, '내일을 향해(작사 신성우, 작곡 신성우·이근형) 발표

11.14 세계일보 사태, 기자 130명 집단 사직-사측의 교학신문사 합병·기자 편입 반대

11.20 우편물 차량배달제 시행

11.20 양수경, '사랑은 차가운 유혹'(작사 이건우, 작곡 김기표) 발표

11.20 박장렬, 『소설 토정비결』(해냄) 출판

11.22 시민단체, 신장을기증한사람들의모임(현 사랑의장기기증운동본부) 출범

11.23 MBC드라마, '사랑이 뭐길래' 첫 방영(시청률 64%)-최초의 한류드라마(~1992.5.31.)

11.25 국산 다목적경비행기(5인승) '창공 91호' 시험비행 성공-항속거리 1,500km, 시속 242km

11.25 남북여성대표, '아시아의 평화와 여성의 역할' 세미나-여연구 등 북한대표단 15명 참가

11.27 한국통신, 최첨단 '신경망칩' 국내 첫 개발

11.28 새만금간척종합사업(군산·김제·부안) 착공-방조제 33.9km, 간척지 28,300ha, 2020년 완공 예정

11.28 정부, 남북기업 간 물자 직교역 첫 승인

11.30 통일교 문선명 교주·세계일보 박보희 사장, 김일성 주석과 면담 위해 방북

11.30 신승훈, '보이지 않는 사랑'·'우연히'·'날 울리지마' 발표

11.00 영화, '베로니카의 이중 생활'(감독:크지슈토프 키에슬로프스키, 배우:이렌느 야콥) 개봉

11.00 이재운, 『소설 토정비결(상)』(해냄출판사) 출판

12.01 도서에 ISSN(국제표준도서번호) 제도 도입

12.01 김한길, 『여자의 남자』(해냄) 출판

12.05 주간 만화잡지, ≪코믹 챔프≫(현 주간 소년챔프) 창간

12.06 문선명 목사, 김일성 주석과 이산가족의 상면 문제 논의

12.07 고 김현식, '내 사랑 내 곁에' 골든디스크 대상 수상

12.09 서울방송 SBS 개국-동양방송 폐국 이후 11년 만에 민영방송 부활

12.09 한국, 국제노동기구(ILO)에 151번째 회원국으로 가입

12.10 SBS드라마, '고독의 문' 첫 방영(~1992.5.15.)

12.10 SBS, '남편은 요리사' 첫 방송(~1994.1.29.)

12.10 SBS, '사랑의 징검다리' 첫 방송(~1999)

12.11 SBS, '코미디 전망대' 첫 방송(~1997.6.24.)

12.13 5차 남북고위급회담대표, '남북사이의 화해와 불가침 및 교류·협력에 관한 합의서' 서명

12.15 1991 월드그랑프리 배드민턴 파이널스대회 여자복식에서 황혜영·정소영 조 우승

12.17 1992학년도 대학입학학력고사 실시-필기시험 320점, 체력장 20점

12.17 ≪워싱턴 포스트≫ 지, 미국은 한국으로부터 모든 핵무기 철수 완료, 보도

12.18 노태우 대통령, 한국의 핵부재 선언

12.21 제15회 MBC대학가요제(올림픽공원체조경기장)-김경호, '나를 슬프게 하는 사람들' 대상

12.21 영화, '경마장 가는 길'(감독:장선우, 배우:강수연·문성근·김보연 등) 개봉

12.21 영화, '인어공주'(감독:존 머스커) 개봉

12.24 북한 김정일, 조선인민군 최고사령관 추대

12.28 북한, 나진·선봉자유경제무역지대 설립

12.30 한국정신문화연구원, 『한국민족문화대백과사전』 27권 완간

12.31 남북한, '한반도 비핵화공동선언' 채택

12.31 한국-중국, 무역협정 체결

12.00 심신, '욕심쟁이'(작사·작곡 김진룡) 발표

■■■■■■■■■■■■■

01.17 [국제] 33개 다국적군, 쿠웨이트를 침공한 이라크에 공중폭격 개시(걸프전)

02.01 [남아공] 데 클레르크 대통령, 인종차별법 폐지 발표

02.04 [미국] 지구 온난화 방지, 첫 국제회의 워싱턴에서 개최

02.25 [유럽] 동구권 8개국 군사동맹조약기구, 바르샤바조약기구 해체

02.28 [이라크] 항복으로 걸프전 종결-4.11. 유엔 안보리서 걸프전 종전 공식선언

03.10 [러시아] 옐친 대통령 지지자 50만 명, 고르바초프 퇴진 요구 시위

04.03 [영국] 소설가 그레이엄 그린(190-4~1991) 사망

04.13 [키프로스] 11만톤급 유조선 '헤이븐' 이탈리아 제노바 근해서 폭발, 원유 유출

05.21 [인도] 간디의 장남, 라지브 간디(1944~1991), 폭탄 테러로 사망

06.13 [러시아] 옐친, 러시아 초대 대통령(직선) 당선-8.19. 공산당 보수파, 쿠데타 시도

06.28 [국제] 공산 각국 간의 경제협력기구 코메콘, 42년 만에 공식해체(1949.1~)

07.01 [미국] '초원의 집'의 배우 마이클 랜든(1936~1991) 사망

07.11 [캐나다] 내셔널 에어 전세기 DC8기, 사우디아라비아 제다 근처 추락-262명 사망

07.31 [미국-소련] 미소정상회담, 전략무기감축협정(START I) 조인

08.06 [미국] 웹브라우저 창시자 팀 버너스, '월드 와이드웹(www)' 공개

08.23 [소련] 고르바초프(소련 대통령)-옐친(러시아공화국 대통령), 연립정부 구성에 합의

08.25 [핀란드] 리누스 토발즈, 컴퓨터 운영체제 '리눅스' 처음 공개

09.06 [국제] 소련연방국 라트비아·리투아니아·에스토니아 독립

10.11 [소련] 국가보안위원회, KGB 해체

10.14 [국제] 아웅산 수지 여사, 노벨평화상 수상

10.22 [국제] 유럽공동체(EC), 유럽자유무역연합(EFTA), 유럽경제지역(EEA) 창설

11.05 [영국] '맥스웰 커뮤니케이션' 회장, 언론재벌 총수 맥스웰(1923~1991) 사망

11.05 [필리핀] 태풍 '셀마'로 4천여 명 사망, 실종

11.21 [프랑스] 제라르 다보빌, 나룻배로 노을 저어 최초로 태평양 횡단에 성공

12.01 [미국] 경제학자 조지 스티글러(1911~1991) 사망

12.03 [일본] 중의원, 자위대의 유엔평화유지활동(PKO) 협력법안 가결

12.14 [이집트] 사파가항 부근에서 여객선 좌초-460여 명 사망

12.21 [국제] 소련 11개 공화국, 독립국가연합(CIS) 창설-소련 공식 소멸

12.21 [소련] 우즈베키스탄·몰도바·우크라이나·그루지야·카자흐스탄 등 12개국 독립

1992 임신(壬申) 단기4325 노태우5
부시/장쩌민/미야자와/옐친

01.01 발타자르 그라시안, 『세상을 보는 지혜』(아침나라) 출판

01.01 이외수, 『벽오금학도』(동문선) 출판

01.01 이무송. '사는 게 뭔지'(작사·작곡 이무송) 발표

01.01 이주원, '아껴둔 사랑을 위해'(작사 박주연, 작곡 손무현) 발표

01.03 외국인의 주식투자 허용

01.05 부시, 미 대통령 방한-우루과이라운드협상·시장개방·북한핵문제 등 논의

01.06 한국-앙골라, 국교 수립

01.07 국방부, 1992년도 팀스피리트 한미연합군사훈련, 미실시 공식 발표

01.08 '일본군 위안부', 일본대사관 앞 첫 '수요집회' 개최-2011.11. 1천회 당시 소녀상 건립

01.08 정주영 전 현대그룹 명예회장, 대통령에게 300억 원 정치자금 헌납 언급

01.10 노태우 대통령, 자치단체장 선거 연기·내각제 포기·대통령후보 총선 뒤 경선 등 선언

01.10 정주영, '통일국민당' 창당발기인대회 개최-2.8 통일국민당 창당, 1994.7. 해체

01.10 노영심, '별걸 다 기억하는 남자'(작사·작곡 노영심) 발표

01.12 이덕진, '내가 아는 한 가지'(작사·작곡 이덕진) 발표

01.13 MBC만화영화, '마이티 마우스' 첫 방영(~6.19)

01.15 금성정치군사대학, '김정일군사정치군사대학'으로 개칭

01.16 김우중 대우그룹 회장 방북

01.16 미야자와(宮澤喜一) 일본 총리 방한-국회연설에서 과거사 문제 사죄 의사 표명

01.21 경기 부천의 서울신학대학 보관 창고에서 후기 대입문제지 일부 유출-2.10. 시험 실시

01.21 경남 울산 남동쪽 약 50㎞ 해역, 진도 4.0 지진 발생

01.26 광주 북구 누문동 스포츠 완구 보관 창고 화재- 4,100여만 원의 재산 피해

01.26 김우중 대우그룹 회장, 남북합작공단 건설 합의 발표-남포에 2백만 평 규모

01.28 한국-카자흐스탄, 국교 수립

01.29 한국-우즈베키스탄, 국교 수립

01.30 북한, 국제원자력기구 핵안전협정(NPT)에 서명-핵물질·시설 등 전면적 국제 핵사찰 수락

01.30 한국 축구, 중국을 꺾고 28년 만에 자력으로 올림픽 본선 진출

01.30 김종서, '지금은 알 수 없어'(작사 최명섭, 작곡 김종서)·'대답 없는 너' 발표

01.31 한국-몰도바, 국교 수립

01.31 한국-키르키스스탄, 국교 수립

02.01 경기도 고양군, 일산 신도시 개발로 고양시로 승격-'군'지역의 '시' 승격, 최초

02.01 김영희, 『아이를 잘 만드는 여자』(디자인하우스) 출판

02.01 구자경, 『오직 이 길밖에 없다』(행림) 출판

02.05 북한, '한반도의 비핵화에 관한 공동선언' 정식 승인

02.05 현역 사병 복무기간, 단계적 감소 결정-1993.1.이후 복무기간 단축에 단계별 추진

02.06 목포 외항부두에서 산소용접 중 유조선(협동3호) 화재-사상 3명, 피해 2,800만 원

02.06 한국통신·데이콤, 한국-일본-괌 연결 해저 광케이블 착공

02.07 진보정당 민중당·한국노동당 통합 공식 선언-제14대 총선 대비

02.07 한국-투르크메니스탄, 국교 수립

02.08 태평양전쟁유족회 광주지부, '우키시마마루 사건' 희생자 410명 명단 공개

02.10 한국-우크라이나 국교 수립

02.12 삼성, 8비트 마이컴 국내 첫 개발

02.13 보훈처, 베트남전 참전 고엽제피해자, 국가유공자 예우 시행령 보완 결정

02.14 육군 7군단장 이현부 중장 등, 부대 순시 중 헬기 추락-7명 사망

02.17 경남 통영군에서 BC4천년 경 한반도 최고 인골 출토

02.17 노태우 대통령, 남북기본합의서와 비핵화공동선언 서명

02.17 미국 팝그룹, '뉴키즈 온 더 블록' 공연 중 압사 사고로 여고생 1명 사망

02.18 한국통신, '한국경제신문사' 소유의 PC통신망 '케텔'(KETEL) 인수

02.19 제6차 남북고위급회담 개최-'화해와 불가침에 관한 남북기본합의서' 발효

02.21 김기훈 선수, 알베르빌 동계올림픽 첫 공식종목 쇼트트랙 남자 1000m 금메달

02.23 광주 북구 해양도시가스 탱크 연쇄 폭발-2만 명 대피, 소방관 등 12명 중화상

02.28 백범 김구 암살범 안두희, 백범 묘소 참배

02.00 구자경, 『오직 이 길밖에 없다』(행림출판사) 출판

02.00 김영희, 『아이를 잘 만드는 여자』(디자인하우스) 출판

02.00 농심, '알새우칩' 출시

03.04 제14대 1기 국회의장 박준규 피선

03.11 SBS농구팀 창단

03.12 대전 동구 중동 중앙시장 내 '대전도매시장' 화재-점포 130개 소실

03.14 영화, '벅시'(감독:베리 레빈슨, 배우:워렌 비티·아네트 베닝) 개봉

03.15 2회 세계쇼트트랙 스피드스케이팅대회(일본 노베야마), 한국 남녀 동반 종합우승

03.18 『경국대전』 초간본(1470년 간행) 발견-현존하는 최고의 성문법전(신묘대전)

03.19 서울백병원 이혁상 교수팀, 뇌사자 간 생체 이식 성공

03.19 이승만 전 대통령 미망인, 프란체스카(1900~1992) 여사 사망

03.19 재무부, 한국노총의 '노동은행' 인가-(주) 노동금융 합법화(1992.6. 평화은행)

03.22 육군 9사단 소속 이지문 중위, 군 부재자투표 공개투표 등 선거부정 폭로

03.23 서태지와 아이들, '난 알아요'(작사·작곡 서태지)·'환상 속의 그대' 발표

03.24 14대 국회의원 총선거 실시(투표율 71.09%)-민자당 149석, 민주당 97석, 국민당 31석

03.26 정부, 통신위원회 구성-정보통신부의 유일한 감독기구(1997.8 사무국 설립, 본격 활동)

03.29 SBS, '초특급 꾸러기 대행진' 첫 방송(~1993.4.25.)

03.31 SBS, '그것이 알고싶다' 첫 방영-첫 방송 당시 '미스터리 다큐멘터리 그것이 알고싶다'

03.30 이오덕, 『우리글 바로쓰기』 발간

03.00 김한길, 『여자의 남자 1』(해냄) 출판

03.30 김민종, '또 다른 만남을 위해'(작사 지우, 작곡 서영진) 발표

03.00 김국환, '타타타'(작사 양인자, 작곡 김희갑) 발표

03.00 송대관, '차표 한 장'(작사 조동산, 작곡 원희명) 발표

03.00 농심, '오징어집' 출시

04.03 제30회 대종상영화제 시상-'개벽'(감독:임권택, 춘우영화사)

04.06 윈도우 3.1 출시

04.06 KBS2만화영화, '외계소년 위제트' 첫 방영(~11.16)

04.10 UR 농산물협상 이행계획서, GATT에 제출-보리 등 14개 품목 2~3.3% 수입, 쌀 제외

04.11 KBS1, '노영심의 작은 음악회' 첫 방송(~1994.4.29.)

04.11 KBS2, '디즈니 만화동산' 첫 방영(~2006.1.20.)

04.13 북한, 김일성에 '대원수' 칭호 부여

04.15 24회 아시아역도선수권대회(중국 푸저우)에서 한국팀 종합우승-금12·은6·동5

04.18 전북 김제 만경교서 빗길 과속으로 버스 추락-15명 사망

04.20 유서대필사건 강기훈 항소심, 징역 3년·자격정지 1년6월·2015.5. 대법원 무죄 판결

04.24 법무부, 구속영장실질심사제 도입-판사가 피의자 심문 후, 구속 여부 판단

04.24 한국교육개발원, 1990년 한 해 사교육비 9조 4천억 원으로 집계

04.25 인문사회계열 영재교육기관 국립국제고등학교 설립 결정-1998.3. 부산국제고 첫 개교

04.27 한국-타지키스탄, 국교 수립

04.29 남한사회주의노동자동맹 백태웅 등 간부 39명 검거(사노맹사건)-1999.3. 특별사면·복권

04.29 미국 LA 흑인 폭동-코리아타운 집중 약탈·방화

04.30 한국-탄자니아, 국교 수립

04.00 기아자동차, '포텐샤(POTENTIA)' 출시(~2002.5)

04.00 서태지와 아이들, 1집 앨범 『Yo! Taiji』 발표

04.00 KBS2, '출발 시간여행' 첫 방송

05.02 SBS드라마, '두려움 없는 사랑'(출연:최재성·고현정 등) 첫 방영(~10.25)

05.02 한국-중국, 투자보장협정 체결

05.02 영화, 'JFK'(감독:올리버 스톤, 배우:케빈 코스트너) 개봉

05.05 북한 유학생 김명세, 러시아 정부에 망명 요청-6.17. 러시아 정부, 망명 승인

05.05 7차 남북고위급회담 개최(서울)-남북군사공동위원회·남북교류협력공동위원회 구성 합의

05.06 삼성전자, 4메가S램 반도체 개발

05.07 환경처, 외국산 어류 방생으로 생태계 파괴와 하천 오염 심각성 지적

05.15 통일국민당, 임시전당대회 개최-정주영 대표, 14대 대통령후보 선출

05.19 김영삼 민자당 대표최고위원, 14대 대통령 후보에 선출

05.21 삼성항공, 국내 최대 항공기 조립공장 착공(경남 사천)-1999.12. 한국항공우주산업(KAI) 설립

05.22 서울 지하철 2호선, 신도림역~양천구청역 구간 개통

05.22 지방자치단체장 선거, 1995년 이후 연기 방침 표명

05.22 철원 북방 비무장지대서 북한군 무장침투조 사살 발표-국군 1명 중상·북한군 3명 사망

05.23 분단 이후 최초로 '북한 현대미술전'(예술의전당 미술관) 개최

05.23 영화, '원초적 본능'(감독:폴 버호벤, 배우:마이클 더글라스, 샤론 스톤) 개봉

05.25 국제원자력기구 임시 핵 사찰단 방북

05.25 민주당 전당대회, 김대중·이기택 대표 재선출

05.26 계명대학교 화재-15명 사망, 부상 11명

05.26 민주당 공동대표 김대중, 14대 대통령 후보에 선출

05.30 전국대학생대표자협의회[전대협] 출범-1993.5. 한국대학총학생회

05.30 황인경, 『소설 목민심서』(삼진) 출판

05.31 전교조 전·현직 교사와 시민 1만 5천여 명, 교육대개혁, 해직교사 원상복직 요구

05.31 이은미, '기억 속으로'(작사·작곡 문창배) 발표

05.00 아시아자동차, '타우너(TOWNER)' 출시(~2000.)

05.00 태진아, '노란 손수건'(작사 김동주, 작곡 김영광) 발표

05.00 황인경, 『소설 목민심서 1』(삼진기획) 출판

06.01 MBC드라마 '질투'(출연:최수종·최진실 등) 방영(~7.21)

06.03 한국 표준과학연구원 강홍렬 박사팀, 소형 고성능 니켈수소전지 개발 발표

06.06 숭의여전 등 서울지역 전문대생 2백여 명, 서울지역전문대총학생회협의회 출범

06.07 독일건설회사 파견근무 중이던 북한 건축설계사 김영성 귀순 발표

06.08 정주영 국민당 대표, '공산당 용인' 및 국보법 폐지 주장

06.10 전국적으로 '6월 항쟁' 기념식과 민자당 타도 결의대회 개최

06.17 남북한, 〈기계화를 위한 한글의 로마자 표기법 통일안〉 합의

06.20 한국은행, 1원·5원 동전 제조 중단

06.30 경부고속전철, 대전-천안 시험구간 철로공사 착공

06.30 유승범, '질투'(작사 최연지, 작곡 김지환) 발표

06.30 SBS 만화영화, '천하무적 오보트' 첫 방영(~7.28)

06.00 방위병제도 점진적 폐지 발표-1994.6. 폐지

07.01 한국-우크라이나, 과학기술협력협정 체결

07.01 한미야전군사령부(미군 2사단·한국군 2개 군단) 해체-지상구성군사령관, 한국군 장성 보임

07.01 박정운, '오늘같은 밤이면'(작사·작곡 박정운) 발표

07.01 이면우, 『W이론을 만들자』(지식산업사) 출판

07.01 예민, '산골 소년의 사랑이야기'(작사·작곡 예민) 발표

07.02 설운도, '여자 여자 여자'(작사 이수진, 작곡 설운도) 발표

07.03 월북 국어학자 홍기문(1903~1992) 사망

07.03 한국-카자흐스탄, 무역협정 체결

07.04 영화, '결혼이야기'(감독:김의석, 배우:최민수·심혜진) 개봉

07.04 영화, '미녀와 야수'(감독:게리 트러스데일·커크 와이즈, 배우:페이지 오하라) 개봉

07.04 영화, '하얀전쟁'(감독:정지영, 배우:안성기·이경영·심혜진 등) 개봉

07.10 전국빈민엽합·천주교도시빈민회 등, 전국도시빈민협의회 창립

07.10 이문구, 『매월당 김시습』(문이당) 출판

07.11 영화, '인도차이나'(감독:레지스 와그니어, 배우:까뜨린느 드뇌브·뱅상 뻬레) 개봉

07.11 영화, '배트맨 리턴즈'(감독:팀 버튼, 배우:마이클 키튼·대니 드비토 등) 개봉

07.14 현대자동차, 승용차 4천여 대 프랑스 수출 발표

07.15 정부, UN평화유지활동(PKO) 의료지원부대와 군 옵서버 등 지원 병력 파병 결정

07.17 남북한, 프랑스 파리에서 '기계화를 위한 한글의 로마자 표기법 통일안'에 합의

07.19 북한 정무원 부총리 김달현, 경제 시찰 목적으로 판문점 경유 서울 도착

07.20 KBS1만화영화, '정글북' 첫 방영

07.25 이문구, 『매월당 김시습』(문이당) 출판

07.26 SBS만화영화, '거북이 특공대' 첫 방영

07.31 신행주대교(벽산건설 시공), 공사 중(공정 80%) 붕괴-교각 7개, 상판 등 860m 소실

07.31 015B, '아주 오래된 연인들'(작사·작곡 정석원) 발표

07.00 신세용, 『나는 한국인이야』(사이버출판올포유) 출판

08.01 양귀자, 『나는 소망한다 내게 금지된 것을』(살림) 출판

08.04 남북한 여성계 대표, '아시아 평화와 여성의 역할' 3차 토론회 9월 평양 개최 합의

08.08 여자핸드볼, 바르셀로나올림픽에서 한국 구기 종목 첫 올림픽 2연패

08.08 이산가족 방문 사실상 무산-장기수 이인모 노인 송환 문제 등에 이견

08.09 황영조, 25회 바르셀로나올림픽 마라톤에서 금메달 획득-기록 2시간13분23초

08.10 서울경찰청, 범민족대회 개최 예정지 중앙대·숭실대 압수수색-전대협 의장 등 71명 연행

08.10 MBC 만화영화, '울트라맨' 첫 방영(~12.10)

08.11 과학위성, '우리별 1호' 발사 성공

08.11 한국·대만·필리핀·타이·홍콩 등 여성단체, '강제종군위안부문제아시아연대' 결성

08.12 MBC 제13회 강변가요제(춘천 의암호반)-이후종, '왜 내게 널' 대상 수상

08.15 92범민족대회 개최(서울대)-4만여 명 참가

08.16 MBC 예술단과 북한예술단, 러시아 사할린에서 제1회 통일예술제 개최

08.17 베트남 하노이에 베트남주재 한국연락대표부 개설

08.20 민주당 내 재야 출신 '평민연', '민주연합'과 통합, '민주개혁 정치모임' 출범

08.20 제2이동통신 사업자로 선경그룹의 '대한텔레콤'(현 SK텔레콤) 선정

08.20 주한 미공군, 패트리어트 미사일 한국 배치

08.24 한국-중국, 국교 수립, 중화민국과 단교-9.23 중화민국 대사관 완전 철수

08.25 전 민중당 대표 김낙중 등 4명, 보안법 위반 구속

08.25 통일교 합동결혼식 기네스 기록, 3만 쌍 결혼식 진행-서울 잠실종합운동장 주경기장

08.25 양수경, '사랑은 차가운 유혹'(작사 이건우, 작곡 김기표) 발표

08.27 선경그룹, 제2이동통신사업권 포기 공식 발표

08.28 한국 주재 중국 대표부, '대사관'으로 승격-2014.7. 명동에 주한 중국대사관 신축 개관

08.31 국가안전기획부, 전 민중당 대표 김낙중 간첩 혐의로 구속

08.00 양귀자, 『나는 소망한다 내게 금지된 것을』(살림) 출판

08.00 현진영, '흐린 기억 속의 그대'(작사·작곡 이탁) 발표

09.01 제37회 서울 아시아태평양영화제 개막

09.01 한국문화재보호협회, '한국문화재보호재단'으로 개칭

09.02 푸른하늘, '자아도취'(작사·작곡 유영석) 발표

09.07 제2회 서울평화상, 조지 슐츠 전 미 국무장관 수상

09.18 노태우 대통령, 제14대 총선 패배 후 민자당 탈당-거국적 중립내각 수립 선언

09.25 국내 위성통신 시범서비스 개시

09.25 삼성전자, 64메가D램 반도체 자체 개발 발표

09.25 영화, '라스트 모히칸'(감독:마이클 만, 배우:다니엘 데이 루이스·매들린 스토우) 개봉

09.26 정부, 소프트웨어단지 조성 결정

09.27 노태우 대통령, 중국 방문-중국 8차 경제개발 5개년계획에 한국기업 참여 협의

09.00 기아자동차, '세피아' 출시(~1997.8)

09.00 현대자동차, '뉴그랜저' 출시(~1998.7)

10.02 포항제철 종합 준공식-광양제철소 4기 준공(조강 연산 2,080만 톤)

10.03 MBC드라마, '아들과 딸'(출연:정혜선·최수종·김희애 등) 첫 방영(~1993.5.9.)

10.03 김종찬 서울대 교수, 차세대 고집적기억소자 제조법 개발

10.04 정지영 영화감독 '하얀전쟁', 제5회 도쿄국제영화제 최우수 작품상·감독상 수상

10.06 안기부, '조선로동당 남부지역당 사건' 발표, 황인오 등 62명 구속

10.08 현승종, 제24대 국무총리 취임(~1993.2)

10.10 제73회 전국체육대회 개최(대구)-1위 서울, 2위 경기, 3위 대구

10.12 국내 최초의 잠수함, '이천함'(SS-62) 진수-1994.4. 실천배치

10.12 SBS드라마, '가을 여자'(출연:김영애·현석·홍진희 등) 첫 방영(1993.4.2.)

10.14 박철언 의원 등 국회의원 5명, 민자당 탈당

10.14 중요무형문화재 제3호 남사당놀이, 예능보유자 김재원(1923~1993) 사망

10.14 프로야구, 롯데가 빙그레를 누르고 한국시리즈 우승

10.15 윤상, '가려진 시간 사이로'(작사 박주연, 작곡 윤상) 발표

10.15 윤종신, '너의 결혼식'(작사 박주연, 작곡 정석원) 발표

10.20 김원준, '모두 잠든 후에'(작사·작곡 김원준) 발표

10.22 태평양 괌도해상광석운반선 대양하니호(6만4천 톤) 침몰-선원 28명 실종

10.22 MBC만화영화, '나디아' 첫 방영(~1993.4.1.)

10.28 윤금이, 동두천에서 주한 미군에 피살-주한미군지위협정(SOFA) 개정운동 본격화

10.29 김우중 대우그룹 회장, 대통령선거 불출마 선언

10.29 김건모, '첫인상'(작사 김창환, 작곡 김형석)·'잠 못드는 밤 비는 내리고' 발표

10.29 『즐거운 사라』 작가 연세대 마광수 교수, 음란문서제조혐의로 구속

10.31 영화, '바톤 핑크'(감독:조엘 코엔, 배우:존 터투로·존 굿맨) 개봉

10.00 박완서, 『그 많던 싱아는 누가 다 먹었을까』(웅진출판) 출판

10.00 석용산, 『여보게 저승 갈 때 뭘 가지고 가지』(열린마음열린세상) 출판

10.00 6차 교육과정 실시(~1997.12.)-초등학교로 개명·대학수학능력시험·기술·가정과 신설

11.01 노이즈, '너에게 원한 건'(작사 홍종구, 작곡 천성일) 발표

11.01 파트리크 쥐스킨트, 『좀머 씨 이야기』(열린책들) 출판

11.02 영국 찰스 왕세자·다이애너 왕세자비 내한-영국 왕실인사로는 첫 한국 공식방문

11.03 한국여성중소기업인협회 창립

11.04 전남 서쪽 약 320㎞ 해역에서 '진도 4.4 지진' 발생

11.06 유창순 전경련 회장, 대통령 선거 관련 선거자금 창구 역할 거부 선언

11.08 노태우 대통령, 일본에서 미야자와 총리와 정상회담-종군위안부 사죄와 반성 표명

11.11 고려대 한민홍 교수, 무인자동차 개발

11.11 울산대 의대 서울중앙병원, 국내 처음으로 뇌사자 심장 이식수술 시행

11.12 영종도에서 인천국제공항 착공-2001.3. 개항

11.13 서울시, 경희궁 복원 결정-20004. 중단, 2017. 경희궁 일부 복원

11.13 MBC만화영화, '펭킹 라이킹' 첫 방영(~1993.2.27.)

11.17 새한국당(대표 이종찬 의원) 창당-1995.3. 해체

11.17 서인천 복합화력발전소(1800MW) 준공

11.18 옐친 러시아 대통령 방한-소련·북한 간 상호원조조약, '군사자동개입' 조항 재검토 발언

11.18 유명우, WBA 주니어플라이급 세계챔피언 다시 획득

11.18 한국-슬로베니아·크로아티아, 국교 수립

11.19 MBC, '오늘은 좋은 날' 첫 방송(~1999.5.8.)

11.19 MBC, '도전 추리특급' 첫 방송(~1995.10.20.)

11.20 한국-우즈베키스탄, 무역협정·투자보장협정·과학기술협력협정 체결

11.22 MBC, '웃으면 복이 와요'(2차) 첫 방영(~1994.10.17.)

11.21 프로축구, 포철이 성남일화를 누르고 프로축구대회 우승

11.23 육군 사조직, 육사 출신의 '알자회' 파문-노태우 대통령, 군 내 사조직 발본색원 지시

11.25 민주당과 전국연합, 김대중 민주당 후보를 '범국민 단일후보'로 확정

11.26 원측대사의 『해심밀경소』진본 발견

11.27 대덕연구단지 준공(1974. 착공)-연구와 교육을 결합한 과학기술거점 역할

11.27 우루과이라운드협상에서 '쌀시장 개방' 절대 불가 입장 고수

11.30 SBS만화영화, '몽키삼총사' 첫 방영(~1993.3.29.)

11.30 태진아, '사모곡'(작사 이덕상, 작곡 서승일) 발표

11.30 피노키오 '사랑과 우정 사이'(작사·작곡 오태호) 발표

12.01 세계보건기구, 대도시 중 서울 대기오염 2위 발표

12.01 한국-남아공, 국교 수립

12.01 위기철, 『반갑다 논리야』(사계절) 출판

12.03 호서문화연구소, 충남 보은군서 2,600여 명의 동학농민군 살해 집단 매장 장소 발견

12.03 KBS2만화영화, '날아라 슈퍼보드 3기' 첫 방영(~1993.3.19.)

12.05 영화, '보디가드'(감독:믹 잭슨, 배우:케빈 코스트너·휘트니 휴스턴) 개봉

12.11 '부산 초원복집' 사건-부산기관장, 대통령 선거 직접 개입 모의

12.11 대전 충남방직 공장 화재-300여억 원의 재산피해

12.12 제16회 MBC대학가요제(장충체육관)-김경호, '슬픈 영혼의 아리아' 대상 수상

12.13 경남 울산 동남동쪽 약 70㎞ 해역에서 '진도 4.0 지진' 발생

12.13 김영삼 민자당 대통령후보, 유세 중 김대중 민주당 후보의 용공론 제기

12.13 새한국당 이종찬 대통령 후보, 정주영 후보 지지 표명 뒤 후보 사퇴

12.14 김동길 국민당 선거대책위원장, 부산 기관장들의 김영삼 후보 지원책 논의 폭로

12.17 포항제철과 동아건설, 베트남과 합작 건설회사 설립 합의

12.18 영화, '어 퓨 굿 맨'(감독:롭 라이너, 배우:톰 크루즈·잭 니콜슨) 개봉

12.18 14대 대통령 선거(투표율 81.09%)-김영삼(42%) 당선, 김대중(33.8%)·정주영(16%)

12.19 김대중, 대통령선거패배와 관련 의원직 사임, 정치일선 은퇴 선언

12.21 유남규·김택수, 제2회 세계복식컵탁구대회(미국 라스베가스)에서 우승, 2연패 달성

12.22 1993학년도 대학입학학력고사 실시-필기시험 320점, 체력장 20점

12.22 한국-베트남, 국교 수립

1992

12.24 임수경·문규현 신부, 5공 비리사범, 수서사건사법 등 26명 석방

12.25 영화, '그대안의 블루'(감독:이현승, 배우:안성기·강수연·최유라 등) 개봉

12.00 대우자동차, 미국 GM과의 합작 관계 청산

12.00 위기철, 『반갑다 논리야』(사계절) 출판

00.00 해태, '칸츄리콘' 출시

00.00 롯데, '씨리얼' 출시

▨▨▨▨▨▨▨▨▨▨▨▨▨

02.07 [유럽] 유럽중앙은행 창설 등의 '마스트리히트조약' 조인

02.08 [프랑스] 제16회 알베르빌 동계올림픽 개막-한국 10위, 금2·은1·동1

02.20 [이스라엘] 레바논 침공, 국경서 5km 점령 지중해 진격

03.03 [보스니아 헤르체고비나] 유고슬라비아 사회주의연방공화국에서 분리 독립

03.13 [터키] 강도 6.2의 강진으로 3천~5천 명 사망

03.19 [영국] 앤드루왕자와 퍼커슨왕자비 이혼 공식발표

04.14 [독일] 적군파, 테러 포기 선언

06.03 [국제] 유엔환경개발회의 리우정상회담 개최, UN환경·개발회의 선언문 재확인

06.16 [미국·소련] 미소정상회담, 전략무기감축협정(START I) 합의

06.22 [루마니아] 루마니아 망명작가·신부, 『25시』 게오르규 사망

07.25 [국제] 제25회 바르셀로나올림픽 개막-한국 7위, 금12·은5·동·12

08.12 [미국] 부시 대통령, 세계 최대의 자유무역지대, NAFTA 타결 선언

08.12 [미국] 작곡가 존 케이지(1912~1992) 사망

09.30 [미국] 수빅만 해군기지, 필리핀에 공식 반환

10.30 [프랑스] 제스처 화가 존 미첼 사망

11.07 [체코] '프라하의 봄'을 주도한 두브체크(1921~1992) 사망

11.20 [국제] 태평양 해저케이블(TPC4) 개통(일본-미국-캐나다), 총길이 9850km

11.24 [중국] 여객기 보잉 737기, 이륙 30분 만에 추락, 141명 사망

12.03 [국제] 유엔안보리, 소말리아 군사개입결의안 채택

12.09 [미국] 해병대, 유엔평화유지군의 일원으로 소말리아에 첫 상륙

12.14 [미국] 로스엔젤레스, 흑인폭동으로 비상경계령 선포

12.29 [미국-러시아] 제2단계 전략무기감축협정 타결-전략핵무기 3분의 1 감축

1993 계유(癸酉) 단기4326 김영삼1

부시·클린턴/장쩌민/미야자와·호소카와/옐친

01.01 한호림, 『꼬리에 꼬리를 무는 영어』(디자인하우스) 출판

01.04 KBS2드라마, '일월'(출연:홍리나·박원숙·김성녀 등) 첫 방송(~12.28)

01.04 KBS1드라마, '들국화'(출연:이병헌·오현경·송창민 등) 첫 방송(~9.10)

01.06 세계 최고 금속활자본, 『삼장문선』(성암고서박물관 소장) 발견

01.07 대우그룹, 베트남에 컬러·흑백 브라운관 공장 착공

01.07 청주 우암상가아파트 붕괴-29명 사망, 48명 부상, 370여 명 이재민

01.08 국립교육평가원, 독학사 147명 첫 배출

01.09 아동문학가 방기환(1923~1993) 사망

01.09 영화, '드라큐라'(감독:프란시스 포드 코폴라, 배우:게리 올드만·위노나 라이더) 개봉

01.18 MBC드라마, '걸어서 하늘까지'(출연:김혜선·최민수·손지창 등) 첫 방영(~3.9)

01.18 장현철, '걸어서 하늘까지'(작사 손태주, 작곡 최규성) 발표-MBC드라마 주제곡

01.00 이청준, 『서편제』(열림원) 출판

01.00 이희재, 『아름다운 여자』(자유시대사) 출판

01.00 철이와 미애, '너는 왜'(작사 이승호, 작곡 김진) 발표

02.02 한국-베트남, 경제·기술협력 협정 서명

02.07 MBC드라마, '제3공화국'(출연:홍경인·이창환·이진수 등) 첫 방영(~8.1)

02.09 국민당 대표 정주영, 대표최고위원직 사퇴, 정계 은퇴 시사-2.11. 탈당

02.10 공중전화요금, 20원에서 30원으로 인상

02.15 아시아 최초의 오페라전용극장, 서울오페라극장(현 오페라하우스) 개관

02.16 삼성, 세계 처음으로 디지탈 VTR 개발

02.17 국립민속박물관, 옛 중앙박물관 터로 이전 개관

02.22 SBS드라마, '댁의 남편은 어떠십니까'(출연:백준기·이영애 등) 첫 방영(~10.19)

02.23 KBS2드라마, '판관 포청천' 첫 방영-대만 CTS 편성(~1994.1.18.)

02.25 김영삼, 제14대 대통령에 취임

02.25 황인성, 제25대 국무총리 임명(~1993.12)

02.28 프로야구 선수 양준혁, 사상 첫 억대 타자 등극-1억1천2백만 원에 삼성 입단

02.00 하퍼 리, 『앵무새 죽이기』(한겨레) 출판

02.00 배일호, '신토불이'(작사 김동찬, 작곡 박현진) 발표

02.00 신신애, '세상은 요지경'(작사 신신애, 작곡 박시춘) 발표-KBS2드라마 '희망' 수록곡

03.01 전북 정주시 북서쪽 약 10㎞ 지역, 진도 3.8 지진 발생

03.01 이정옥 '숨어 우는 바람소리'(작사 김지평, 작곡 김옥) 발표

03.04 김영삼 대통령, '궁정동 안가' 철거 후 시민공원 조성 결정-1993.7. 무궁화동산 조성

03.04 김영삼 대통령, 정치자금 수수 거부 선언

03.04 대한의사협회, 뇌사판정기준 마련-뇌사자 장기 이식, 공식 인정

03.08 김영삼 대통령, 군 사조직 '하나회' 청산 시작

03.09 감사원 자문기관, 부정방지대책위원회 설치

03.12 북한, 핵확산금지조약 NPT에서 탈퇴

03.12 천주교 지학순(1921~1993) 주교 사망

03.13 영화, '용서받지 못한 자'(감독:클린트 이스트우드, 배우:클린트 이스트우드) 개봉

03.19 40여 년 미전향 장기수 이인모(1917~2007), 판문점 통해 북송

03.20 영화, '여인의 향기'(감독:마틴 브레스트, 배우:알 파치노) 개봉

03.25 청와대 앞길, 인왕산길 개방

03.26 시민단체, 녹색교통운동 창립-시민의 교통권 확보와 친환경적 교통체계 실현 목표

03.26 강산에, '...라구요'(작사·작곡 강산에) 발표

03.28 변정일, WBC 밴텀급 세계챔피언 획득

03.28 부산 구포역, 무궁화 열차 탈선 전복-78명 사망, 112명 부상

03.28 제주도 서쪽 약 230㎞ 해역, 진도 4.5 지진 발생

03.31 김종서, '겨울비'(작사 신대철, 작곡 김종서) 발표

03.00 발타자르 그라시안, 『세상을 보는 지혜』(아침나라) 출판

03.00 김진명, 『무궁화 꽃이 피었습니다』(새움) 출판

03.00 영화, '용서받지 못한 자'(감독:클린트 이스트우드, 배우:클린트 이스트우드) 개봉

04.01 장덕균, 『YS는 못말려』(미래사) 출판

04.02 시민단체, 환경운동연합 창립-환경오염·생태계 파괴로부터 인간의 삶과 지구환경 보호

04.08 F16전투기 야간비행 중, 충북 충주댐 근처에 추락-조종사 순직

04.09 32비트 마이크로프로세서 국내 첫 개발

04.09 북한 김정일, 국방위원장에 추대

04.10 영화 '서편제'(감독:임권택, 배우:김명곤·오정해·김규철) 개봉

04.10 영화, '하워즈 엔드'(감독:제임스 아이버리. 배우:안소니 홉킨스) 개봉

04.10 제31회 대종상영화제 시상-'서편제'(감독:임권택, 태흥영화사) 수상

04.15 MBC드라마, '사춘기'(출연:정준·주현·선우은숙 등) 첫 방송(~1996.8.14.)

04.15 신승훈, '널 사랑하니까'(작사·작곡 신승훈) 발표

04.19 김영삼 대통령, 4·19묘소 참배 첫 대통령, 성지화 지시-1995.4. '4.19국립묘지' 승격

04.19 탈영병 서울도심서 수류탄·총기 난사-사망 1명, 부상 7명

04.21 지하철 4호선 상계-당고개 구간 연장 개통

04.24 SBS드라마, '산다는 것은'(출연:김영옥·김해숙·김혜선 등) 첫 방영(~10.17)

04.24 KBS1드라마, '먼동'(출연:김진태·하희라·이동준 등) 첫 방영(~1994.4.30.)

04.24 박준규 국회의장, 재산 공개 파동과 관련 의장직 사퇴서 제출

04.24 영화, '흐르는 강물처럼'(감독:로버트 레드포드, 배우:크레이그 셰퍼, 브래드 피트) 개봉

04.27 9개 지역 200여 개 대학 총학생회, 한국대학총학생회연합(한총련) 결성

04.27 제16대 1기 국회의장 이만섭 피선(~1994.6)

04.27 율곡사업 특감 착수, 군 사정 개혁-7.9. 118건 적발, 6명 고발

04.28 '천상의 시인' 천상병(1930~1993) 사망

05.01 노동절 행사, 35년 만에 해금

05.01 영화, '시스터 액트'(감독:에밀 아돌리노, 배우:우피 골드버그) 개봉

05.01 KBS2, '사건 25시' 첫 방송(~1994.9.24.)

05.02 KBS1, 'KBS 정책진단' 첫 방송

05.03 김민종, '하늘 아래서'(작사 김민종, 작곡 서영진) 발표

05.06 MBC, '경찰청 사람들' 첫 방송(~1999.1.12.)

05.08 남북한 첫 직교역 실시-설탕·소주 교환

05.08 영화, '블레이드 러너'(감독:리들리 스콧, 배우:해리슨 포드) 개봉

05.09 KBS1, '열린음악회' 첫 방송

05.09 KBS1, '다큐멘터리 극장' 첫 방송

05.10 한국 여성(대장 지현옥) 최초로 에베레스트 정상 정복

05.12 MBC드라마 '폭풍의 계절'(출연:최진실·김희애·도지원 등) 첫 방영(~12.30)

05.13 '12.12사건', '하극상에 의한 군사쿠데타적인 사건'으로 규정

05.15 MBC드라마, '엄마의 바다'(출연:김혜자·고현정·고소영 등) 첫 방영(~12.26)

05.15 영화, '베를린 천사의 시'(감독:빔 벤더스, 배우:브루노 간츠, 솔베이그 도마르틴) 개봉

05.15 영화, '그랑블루'(감독:뤽 베송, 배우:장 르노·쟝 마르 바 등) 개봉

05.18 희극 배우 김희갑(1923~1993) 사망

05.19 KBS2드라마, '연인' 첫 방영(~10.17)-주말연속극 최초 외주 제작

05.19 한국-마다르스카르, 국교 수립

05.20 〈공직자윤리법〉 개정-공직자의 재산등록 의무화

05.22 현정화, 제42회 세계탁구선수권대회(스웨덴 예테보리)서 처음으로 여자 단식 우승

05.26 한국-에리트레아, 국교 수립

05.27 남북 학자, 발해유적 첫 공동 발굴

05.31 성균관대 이종태 교수팀, 수소자동차 국내 첫 개발

05.00 국민은행, 최초로 PC뱅킹(홈뱅킹) 서비스 실시-천리안을 통해 제공

05.00 삼성전자, '그린컴퓨터' 출시

05.00 유홍준, 『나의 문화유산 답사기』(창작과비평사) 출판

05.00 현대자동차, '소나타 II' 출시(~1996.2)

05.00 로버트 제임스 월러, 『매디슨 카운티의 다리』 출판

06.01 신효범, '언제나 그 자리에'(작사 신효범, 작곡 홍성규) 발표

06.02 독일서 도입한 우리나라 첫 실전배치 잠수함, 장보고함(209형, 1200톤) 취역

06.02 제1차 북한-미국 고위급회담 개최(제네바)

06.10 북한, 동해안에서 사정거리 1,000km 미사일 발사 실험 실시

06.10 연천 육군 포병사격장 폭발 사고-예비군·현역 20명 사망, 5명 중경상

06.12 영화, '클리프 행어'(감독:레니 할린, 배우:실베스터 스탤론 등) 개봉

06.14 영화 '남자 위의 여자'의 선상 결혼식 장면 촬영 중 헬기, 한강에 추락-사망 7명

06.19 영화, '101번째 프로포즈'(감독:오석근, 배우:문성근·김희애) 개봉

06.21 서태지와 아이들, '하여가'(작사·작곡 서태지) 발표

06.25 여성중소기업경영자, 전국여성경영인총연합회(회장 이윤미) 출범

06.28 이이의 『격몽요결』(1577) 초간본 김천서 발견

06.29 상록수부대 선발대, 유엔평화유지군으로 소말리아 파병

06.00 SBS, '열려라 웃음천국' 첫 방송

07.01 이인화, 『영원한 제국』(세계사) 출판

07.02 '신경제5개년계획' 발표-세제·금융·재정 부문 제도개혁, 성장 잠재력 확충 방안

07.03 영화, '알라딘'(감독:가이 리치, 배우:나오미 스콧·윌 스미스 등) 개봉

07.05 인천 첫 지하철 1호선 착공-총연장 23.7㎞, 총사업비 1조2,060억 원, 22개 역

07.09 감사원, 율곡비리특별감사 결과 발표-이종구 전 국방장관 등 6명 검찰 고발

07.13 제2차 북한-미국 고위급회담(제네바)

07.14 상록수부대 본대, 유엔평화유지군(PKO)으로 아프리카 소말리아에 파병

07.17 가야금병창 인간문화재, 박귀희(1921~1993) 사망

07.17 영화, '쥬라기공원'(감독:스티븐 스필버그, 배우:샘 닐·로라 던) 개봉

07.21 우리나라 위성방송 전송방식 '디지털'로 결정

07.24 영화, '라스트 액션 히어로'(감독:존 맥티어난, 배우:아놀드 슈왈제네거) 개봉

07.24 영화, '그 여자 그 남자'(감독:김의석, 배우:이경영·강수연·영희경 등) 개봉

07.26 아시아나항공 737기, 전남 해남 야산에 추락-66명 사망, 44명 부상

07.31 동학농민혁명기념사업회 창립

07.00 담배, '글로리' 900원 시판

07.00 박경리, 『김약국의 딸들』(나남) 재출판(1962. 첫 출판)

07.00 이인화, 『영원한 제국』(세계사) 출판

07.00 기아자동차 '스포티지(SPORTAGE)' 출시

07.00 한혜진, '갈색추억'(작사·작곡 정풍송) 발표

08.03 북한 핵 관련 IAEA 핵사찰팀 3명, 평양에 도착

08.04 MBC 제14회 강변가요제(춘천 의암호반)-칼라, '후회하고 있는거야' 대상 수상

08.05 한국 임시정부 선열 5위(박은식·신규식·노백린·김인전·안태국), 중국 상해서 봉환

08.07 우리나라 첫 엑스포, '대전엑스포' 개막(~11.7)

08.11 한국-모잠비크, 국교 수립

08.12 금융실명제, 모든 금융거래에 도입(~1997.12)

08.19 초고속정보통신망 기본계획 수립-1994.8. 초고속정보통신망 구축기획단 출범

08.20 경부고속철도 차종, 프랑스 알스톰사의 TGV로 결정

08.20 첫 '대학수학능력시험' 1차 실시-접수자 742,668명, 응시자 716,326명(96.5%)

08.31 국회, '12 · 12사태'와 '율곡사업' 및 '평화의 댐'에 대한 진상조사 착수

08.31 러시아 함대, 1904년 러일전쟁 이후 89년 만에 한국 방문

08.31 유선방송 관련 보도·스포츠·영화·교양 등 11개 분야 20개 프로그램 공급업자 발표

08.31 이승환, '덩크슛'(작사·작곡 김광진) 발표

08.00 김진명, 『무궁화꽃이 피었습니다』(해냄) 출판

08.00 쌍용자동차, '무쏘' 출시

09.01 과학관측 로켓 '과학2호', 충남 서해안 안흥시험장에서 발사 성공

09.02 국내 최초 다목적 경비행기, '창공91호' 개발

09.03 한약 제조권을 둘러싼 약사법 개정안, 한의사·약사 분쟁 시작

09.07 공직자 재산공개-행정부·입법부·사법부·중앙선관위·헌법재판소 등 1,167명

09.10 KBS드라마 'X 파일' 시리지 1, 첫 방영-2002년까지 총 9개 시즌 제작

09.11 영화, '도망자'(감독:앤드루 데이비스, 배우:해리슨 포드) 개봉

09.13 MBC드라마, '파일럿'(출연:최수종·채시라·이재룡 등) 첫 방영(~11.2)

09.13 KBS1드라마, '당신이 그리워질 때'(출연:박지영·김규철 등) 첫 방영(~1994.12.30.)

09.14 김영삼 대통령, 프랑수아 미테랑 프랑스 대통령과 정상회담

09.15 무선호출 경쟁 본격화-서울·경인·대구·경북·충북·전북 무선호출 제2사업자, 서비스 개시

09.16 북한, 사정 2000㎞ 미사일 신형 '노동2호' 개발

09.24 한약 분쟁으로 약국 전면 휴업

09.25 프로축구, 성남일화가 코리안리그 우승

09.25 영화, '가슴달린 남자'(감독:심승수, 배우:박선영·최민수 등) 개봉

09.26 국내 기술로 설계·제작된 인공위성, '우리별 2호' 프랑스령 기아나크루지서 발사, 성공

09.00 제12대 대법원장 윤관(1935~) 임명(~1999.9)

09.00 홍정욱, 『7막 7장』(삼성) 출판

10.01 김건모, '핑계'(작사·작곡 김창환) 발표

10.09 ≪내일신문≫ 창간

10.10 전북 부안 위도 앞바다에서 110톤급 서해 페리호(110t급) 침몰-292명 사망

10.11 제74회 전국체육대회 개최(광주)-1위 경기, 2위 서울, 3위 전북

10.12 북한, 국제원자력기구의 핵사찰 중단 선언-영변 핵 미신고 2곳 특별사찰 요구에 반발

10.14 영화 '서편제'로 임권택·오정해, 상하이국제영화제서 감독상·여우주연상 수상

10.15 전교조, 해직 교사 복직 결정

10.15 청와대, 일제강점기 총독 관저, 구 본관 철거 시작

10.16 Mr.2, '하얀 겨울'(작사·작곡 오동석) 발표

10.18 KBS1, '사람과 사람들' 첫 방송(~2017.9.27.)

10.18 KBS2, '퍼즐 특급열차' 첫 방송-1997.11. '퍼즐특급'으로 개칭

10.21 포항공과대학 이성익 교수팀, 수은계 고온 초전도체 합성 성공

10.24 KBS2, '체험 삶의 현장' 첫 방송(~2012.2.25.)

10.24 KBS1, '시청자 의견을 듣습니다' 첫 방송(~2000.4.30.)

10.24 KBS2, '사랑의 가족' 첫 방송-2014.11. KBS1로 고정 방영

10.24 MBC, 'TV 속의 TV' 첫 방송(~2018.9.15.)

10.24 SBS, '열린TV 시청자 세상' 첫 방송

10.25 SBS드라마, '결혼'(출연:최명길·조민수·유호정 등) 첫 방영(~4.12)

10.26 프로야구, 해태가 삼성을 누르고 한국시리즈 우승

10.29 MBC, '출발 비디오 여행' 첫 방송

10.31 부활, '사랑할수록'(작사·작곡 김태원) 발표

10.00 MBC, '김한길과 사람들' 첫 방송(~1996.1)

11.01 김현철, '달의 몰락'(작사·작곡 김현철) 발표

11.04 대한불교 조계종 종정 겸 해인총림방장, 성철(1912~1993) 스님 입적

11.05 SBS드라마, '머나먼 쏭바강'(출연:박중훈·이경영·권해효 등) 첫 방영(~1994.1.25.)

11.08 MBC드라마, '여자의 남자'(출연:김혜수·정보석·김주승 등) 첫 방영(~1993.12.28.)

11.11 국무회의 〈병역법개정안〉 의결-방위병 폐지, 상근예비역·공익근무요원 소집제도 신설

11.14 가톨릭의대, 국내 최초로 신장 재이식 수술 성공

11.14 전국 6대 도시 주유소 설치 거리 제한 전면 폐지

11.14 한국고고학의 개척자, 김원룡(1922~1993) 박사 사망

11.14 현대자동차, 태양광자동차 개발

11.15 조계종, 제8대 종정 송서암 스님 추대

11.16 1994학년도 2차 대학수학능력시험 실시-접수자 750,181명, 응시자 726,634명(96.9%)

11.23 '와사등' 시인 김광균(1914~1993) 사망

11.27 영화, '델마와 루이스'(감독:리들리 스콧, 배우:수잔 서랜든, 지나 데이비스) 개봉

11.30 박진영, '날 떠나지마'(작사·작곡 박진영) 발표

11.00 제1회 대산문학상, 고은의 『내일의 노래』 수상

11.00 윤종신, '오래 전 그날'(작사 박주연, 작곡 윤종신) 발표

11.00 황규영, '나는 문제 없어'(작사 황규영, 작곡 김성호) 발표

12.09 김영삼 대통령, 우루과이라운드협상에 따른 쌀 개방 담화 발표

12.11 제17회 MBC대학가요제(잠실체육관)-전람회, '꿈 속에서' 대상 수상

12.12 이봉주, 호놀룰루 마라톤서 우승-2시간 13분 16초

12.14 국방부, 프랑스 무기상에 55억 원 사기 당함

12.15 우루과이 라운드 협상 타결

12.17 이회창, 제26대 국무총리 취임(~1994.4.)

12.22 충남 부여 능산리고분에서 '금동용봉봉래산향로' 발굴

12.28 영화 '투캅스'(감독:강우석, 배우:안성기·박중훈) 개봉

12.29 한국통신(KT), ISDN(종합정보통신망) 상용 서비스 시범 개시

12.31 한국, 천연두를 예방접종에서 제외

00.00 최연제, '너의 마음을 내게 준다면'(작사 최연제, 작곡 Joey Carbone) 발표

00.00 오리온, '스윙칩'·'썬칩' 출시

▨▨▨▨▨▨▨▨▨▨▨▨

01.01 [체코슬로바키아공화국] 체코공화국-슬로바키아공화국 분리

01.03 [미국-소련] 정상회담, 전략무기감축협정(START II) 조인

01.05 [스코트랜드] 세틀랜드 군도에서 유조선 좌초, 원유 2천400만 갤런 유출

02.19 [아이티] 아이티 여객선 침몰, 2천명 익사

02.26 [미국] 뉴욕 세계무역센터 폭발

03.09 [영국] '공무원 수는 일정 비율로 증가'한다는 '파킨슨 법칙'의 파킨슨 사망

04.10 [남아공] 흑인지도자 크리스 하니 피살

04.19 [미국] 사교집단 '다윗파' 집단 자살

05.01 [스리랑카] 프레마다사 대통령, 폭탄테러로 사망

05.10 [국제] IWC(국제고래잡이위원회) 45차총회 교토서 개막, '고래잡이 금지' 철폐

05.13 [독일] 1955년 연방군 창설 이후 처음으로 유엔 소말리아 전후 복구작전에 파병

05.15 [일본] 프로축구리그, 'J리그' 출범

06.19 [영국] 『파리대왕』으로 노벨문학상 수상한 소설가 골딩(1911~1993) 사망

08.09 [일본] 호소카와 연립내각 탄생, 자민당의 1당 지배 붕괴

09.04 [러시아] 옐친 대통령, 최고회의 의사당서 농성중인 보수파 의원, 무력 진압

09.13 [국제] 이스라엘-PLO 평화협정 서명

10.31 [이탈리아] 영화감독 펠리니(1920~1993) 사망

11.01 [국제] 유럽의 정치-경제 통합에 관한 '마스트리히트조약' 발효

11.05 [국제] 서유럽방위 도모 목적의 초국가적인 유럽통합군 창설

12.15 [국제] 우루과이라운드(UR) 협상, 제네바에서 7년여 난항 끝에 타결

12.16 [일본] 록히드사건의 중심인물인 다나카 가쿠에이 사망

12.22 [남아공] 의회, 신헌법안 승인, 백인지배체제 종지부

12.30 [국제] 이스라엘·로마교황청 수교로 2000년 갈등 청산

1994 갑술(甲戌) 단기4327 김영삼2
클린턴/장쩌민/호소카와·하타·무라야마/옐친

01.03 KBS1드라마, '한명회'(출연:이덕화·서인석·이응경 등) 첫 방영(~12.27)

01.03 MBC드라마, '마지막 승부'(출연:장동건·심은하·손지창·이종원 등) 첫 방영(~2.22)

01.03 김민교, '마지막 승부'(작사 강은경, 작곡 신훈철) 발표

01.07 〈개인정보보호법〉 제정-공공기관의 개인정보보호에 관한 법률

01.08 MBC드라마, '서울의 달'(출연:한석규·최민식·채시라·김원희 등) 첫 방영(~10.15)

01.08 남산 1호 쌍둥이 터널 개통(1989.5.~)

01.08 서울 2기 지하철(6·7·8호) 착공-6호선(2000.8), 7호선(1996.10). 8호선 (1996.11) 개통

01.08 임주리, '립스틱 짙게 바르고'(작사 양인자, 작곡 김희갑) 발표

01.10 삼성전관, 세계 두 번째로 와이드 TV용 평면 브라운관 개발

01.11 박찬호, 미국 메이저리그에 첫 진출(LA다저스 입단)(2010년까지 활동)

01.11 한국남극점탐험대 허영호 등 4명, 1,400여 ㎞를 걸어서 44일 만에 남극점 정복

01.13 환경처, 낙동강에서 발암물질 검출 발표

01.15 육군 상록수부대, 소말리아 평화유지활동(PKO) 완료, 귀국(1993.6~)

01.17 한국-스페인, 투자보장협정-경제협력협정-문화협력협정 체결

01.17 미 씨티은행 서울지점, 직불카드 첫 시행

01.18 2002년 월드컵축구대회 유치위원회 공식 출범-1996.5. 한일월드컵 공동개최 확정

01.18 재야운동가 문익환(1918~1994) 목사 사망

01.21 북한, 국제원자력기구의 7개 핵시설 전면사찰 수용요구 거부

01.24 시화지구 방조제 물막이 공사 완료

01.25 가수 정태춘, 음반 사전심의 거부로 불구속 기소-1995.12, 서울지법, 선고유예 판결

01.26 KBS2드라마, '폴리스'(출연:이병헌·김호진·오현경·엄정화 등) 첫 방영(~3.24)

01.27 김대중 전 민주당 대표, '아시아태평양 평화재단' 설립

01.29 표류 북한군, 자유의사에 따라 북한 인도 결정

01.00 대우자동차, '아카디아' 출시(~1999.12.)

01.00 이우혁, 판타지 소설 『퇴마록』(들녘) 출판

01.00 녹색지대, '사랑을 할거야'(작사·작곡 이성환) 발표

02.01 한국-오만, 문화협정 체결

02.02 국어학자 이숭녕(1908~2004) 박사 사망

02.13 시인 김남주(1946~1994) 사망

02.15 북한, 국제원자력기구의 핵사찰 수용

02.15 정부기록보존소, 동학농민운동 가담자 248명 재판기록 발견

02.18 북미, '슈퍼 화요일' 도출-팀스피릿훈련 중단·IAEA사찰·남북특사교환·북미회담개최

02.19 상근 예비역 복무기간, 30개월에서 26개월로 단축

02.21 제44회 베를린영화제서 '화엄경'(감독:장선우, 배우:오태경·이혜영) 특별상 수상

02.27 KBS2, '풍물기행 세계를 가다' 첫 방송(~2003.2.15.)

02.27 MBC, '시사매거진 2580' 첫 방송(~2017.8.13.)

02.28 1995학년도 대학입시제도 개선안 발표-수학능력시험 년 1회 실시

02.28 박상민, '멀어져간 사람아'(작사·작곡 신대철) 발표

03.01 국제원자력기구 사찰단, 평양 도착

03.02 해직 전교조 교사 1,135명, 4년 만에 교단 복귀

03.03 근로자의 날, '3월 10일'→'5월 1일'로 변경

03.04 〈공정선거 및 선거부정방지법〉, 〈정치자금법〉 등 '정치관계법' 국회 통과

03.05 영화, '쉰들러 리스트'(감독:스티븐 스필버그, 배우:리암 니슨·벤 킹슬리 등) 개봉

03.07 남성 염색체 가진 불임여성, 인공임신 국내 첫 성공

03.09 컴퓨터 통신 동호회원, 컴퓨터 통신망에 이적 표현물 게재 혐의로 구속

03.10 종로5가 지하 통신케이블 화재-정보·금융·통신망 마비

03.15 서울도시철도공사 창립

03.16 보건사회부, 생수 국내 시판 허용

03.18 상록수부대, 소말리아에서 귀국

03.19 박영수 북한 측 단장, 제8차 남북한실무접촉에서 '서울 불바다' 발언-회담 중단

03.20 세계쇼트트랙선수권대회(영국 길퍼드) 한국 종합 1위

03.22 미 국방부, 한국에 패트리어트미사일 배치 결정-2008.9. 한국 공군에 첫 배치

03.22 우루과이라운드 최종 이행계획서 가트(GATT)에 수정 제출

03.23 체신부, 초고속정보통신망 구축 종합계획 발표-2015년까지 총 45조 원 투입

03.24 김영삼 대통령, 일본 총리 호소카와 모리히로와 정상회담(도쿄)-북핵 공조 합의 등

03.28 김영삼 대통령, 중국 강택민 주석과 정상회담(북경)-북한 핵문제, 경제협력 집중 논의

03.30 뇌사자 심장, 첫 원거리(구로병원→서울대병원) 이식 성공

03.00 기아자동차, '아벨라' 출시(~1999.11.)

04.01 중국 여행 허가제 폐지-중국 여행 전면 자유화

04.01 신효범, '난 널 사랑해'(작사 엄승섭, 작곡 신성호) 발표

04.01 이원진, '시작되는 연인들을 위해'(작사 채정은, 작곡 황영철) 발표

04.02 제32회 대종상영화제 시상-'두 여자 이야기'(감독:이정국, 고려영화) 수상

04.04 서재필·전명운 유해, 미국에서 봉환-동작동 국립묘지에 안장

04.07 시민단체, 녹색연합 창립-국토의 오염 방지를 목적으로 하는 한국의 사회단체

04.09 국민고충처리위원회 출범-2008.2. 국가청렴위·행정심판위 통합, 국민권익위원회 설립

04.09 우루과이라운드 비준 반대 집회-전국 3만여 명 가두 행진

04.09 SBS드라마, '사랑의 향기'(출연:최진실·이병헌·김영애 등) 첫 방영(~10.2)

04.11 리비아유전개발컨소시엄, 원유개발 성공

04.12 서울대 이종협 교수, 세라믹 이용 폐수 중금속 분리 기술 개발

04.18 제43차 아시아태평양관광협회(PATA) 총회 개막(서울)

04.20 한국케이블텔레비전방송협회(현 한국케이블TV방송협회) 창립

1994

04.22 경남 울산 남동쪽 약 175㎞ 해역, 진도 4.6 지진 발생

04.30 대우조선, 첫 국산 잠수함 이천함(장보고급 1,300톤) 해군 인도, 실전 배치

04.30 북한 여만철과 그 가족 5명 귀순

04.30 이영덕, 제27대 국무총리 취임(~1994.12.)

04.00 담배, '컴팩트' 400원 시판

04.00 현대자동차, '액센트' 출시(~1999.5.)

04.00 스티븐 코비, 『성공하는 사람들의 7가지 습관』(김영사) 출판

05.01 강산에, '넌 할 수 있어'(작사 강산에, 작곡 홍성수) 발표

05.04 국책은행 국민은행 민영화 확정-1995.1. 국민은행 민영화

05.09 조계종, 제9대 종정 월하 스님 추대

05.14 록 뮤지컬 『지하철 1호선』 공연 시작

05.17 한국-아르헨티나, 투자보장협정 체결

05.18 북한 출신 시베리아 벌목공 제3국 경유 귀순

05.20 잡지 ≪YOUNG CHAMP≫ 창간-2013.2. 폐간, 2013.9. ≪코믹챔프≫와 통합

05.23 KBS1, 'TV는 사랑을 싣고' 첫 방송(~2010.5.8.)

05.28 영화, '세상 밖으로'(감독:여균동, 배우:문성근·이경영·심혜진 등) 개봉

05.30 국민당(김동길)·신정당(박찬종) 대표, 양당 통합 선언-7.8. 신민당 창당

05.00 대우자동차, '씨에로' 출시(~1996.11.)

05.00 유홍준, 『나의 문화유산답사기 1-남도답사일번지』(창작과비평사) 출판

05.00 김혜연, '서울 대전 대구 부산'(작사 서판석, 작곡 정의송) 발표

06.01 김영삼 대통령, 옐친 대통령 별장에서 정상회담-건설적·상호보완적 동반자 공동 선언

06.01 영등포구 내셔널플라스틱 제품 공장 화재-소방관 순직, 4억8천8백만 원 재산피해

06.02 병원·의원 등에 환자진료기록, 처방전 한글사용 의무화

06.04 김영삼 대통령, 우즈베키스탄 카리모프 대통령과 정상회담-북한 핵 문제 노력 합의

06.06 MBC드라마, '사랑을 그대 품안에'(출연:차인표·신애라·이승연) 첫 방영(~7.26)

06.08 구 조선총독부 건물 해체 결정-1995.8.15. 조선총독부 건물 해체

06.10 용산 전쟁기념관 개관(1990.9~)-연건평 2만5천 평, 지하 2층, 지상 4층 규모

06.13 북한, IAEA 탈퇴-생필품 사재기 열풍 고조, 미국 핵시설 군사적 공격 계획 수립

06.13 SBS드라마, '작별'(출연:한진희·윤여정·고현정·손창민 등) 첫 방영(~12.27)

06.15 미국 전 대통령 지미 카터, 김일성의 초청으로 방북

06.16 김일성, 카터 전 미국 대통령과 회담-남북정상회담에 동의, 북한 핵프로그램 동결

06.17 제15회 미국월드컵에 한국 축구대표팀 본선 진출

06.25 김광석 '서른 즈음에'(작사·작곡 강승원)·'일어나'(작사·작곡 김광석) 발표

06.25 영화, '스피드'(감독:쟝 드봉, 배우:키아누 리브스·데니스 호퍼 등) 개봉

06.25 공지영, 『고등어』(웅진출판) 출판

06.28 김영삼 대통령, 남북정상회담 합의-7.25. 평양방문, 정상회담 개최 계획 수립

06.29 가톨릭농민회, 농산물수입개방에 '우리농촌살리기운동' 창립-농도불이(農都不二)운동

06.29 제14대 2기 국회의장 황낙주(1928~2002) 피선(~1996.5.)

06.30 현대정공, 지하철 자동제어시스템 개발 발표

06.00 공지영, 『고등어』(웅진출판) 출판

07.01 〈농어촌특별세법〉 시행-우루과이라운드 타결에 따른 농어촌 재원 충당 목적

07.01 전여옥, 『일본은 없다』(지식공작소) 출판

07.02 고 문익환 목사 등의 발의로 자주평화통일민족회의 창립

07.02 영화, '라이온 킹'(감독:로저 앨러스) 개봉

07.07 천연기념물 324호, '붉은색 큰 소쩍새' 발견

07.08 북한, 김일성(1912~1994) 주석 사망-남북정상회담 무산

07.11 김일성 '조문 파동' 전개-조문을 둘러싼 국내의 찬반 갈등과 북한의 대화 단절

07.14 세계일보 사장 박보희, 김일성 조문 위해 평양 도착

07.15 국내 7개 신용카드사 공동으로 '다모아' 선불카드 발행-5천원·1만원·2만원·3만원권

07.19 김일성대학 교수 조명철, 귀순 발표

07.20 KBS2드라마, '느낌'(출연:손지창·김민종·이정재 등) 첫 방영(~9.8)

07.20 The Classic, '마법의 성'(작사·작곡 김광진) 발표

07.25 새만금간척지구 1·3호 방조제 준공

07.25 SBS드라마, '영웅일기'(출연:박철·옥소리·김남주 등) 첫 방영(~9.13)

07.26 전남 홍도 서북서쪽 100㎞ 해역, 진도 4.09 지진 발생

07.28 북한 금강산무역회사 과장 김동훈 귀순 발표

07.00 현철 '들국화 여인'(작사 정은이, 작곡 남국인) 발표

07.00 구본승, '너 하나만을 위해'(작사·작곡 이현도) 발표

07.00 최영미, 『서른 잔치는 끝났다』(창작과비평사) 출판

08.01 MBC드라마 'M'(출연:심은하·이창훈·김지수 등) 첫 방영(~8.30)

08.01 공중전화요금, 30원에서 40원으로 인상

08.05 제3차 북미고위급 회담 개최(제네바)

08.05 MBC 제15회 강변가요제(춘천 공지천)-이재혁, '재미있는 세상' 대상 수상

08.10 제주국제공항에 대한항공 착륙 중 충돌로 화재-6명 부상

08.13 영화, '트루 라이즈'(감독:제임스 캐머런, 배우:아놀드 슈왈츠제너거 등) 개봉

08.13 서태지와 아이들, '발해를 꿈꾸며'(작사·작곡 서태지) 발표

08.14 KBS2, '생방송 게임천국' 첫 방송(~1996.3.2.)

08.16 북한 벌목공 8명 귀순

08.20 영화, '마스크'(감독:척 러셀, 배우:짐 캐리·피터 리거트·피터 리거트 등) 개봉

08.23 고전음악 감상실, '르네상스' 설립자 박용찬(1915~1994) 사망

08.25 서강대 총장 박홍, 여의도클럽 토론회서 '주사파' 발언 논란

08.29 삼성전자, 256메가 D램 세계 최초 개발

09.01 지하철 분당선(왕십리역↔수원역) 개통(1990.2.~)

09.03 KBS2드라마, '딸부잣집'(출연:하유미·변소정·전운·이아현 등) 첫 방영(~1995.4.30.)

09.04 태권도, 2000년 시드니올림픽에 정식 종목으로 채택

09.06 PKO 국군의료지원단 서부사하라 파견

09.08 '윤이상 음악축제', 예술의 전당에서 개최

09.10 인천 송도 앞바다 간석지 매립, 해상 신도시 조성 공사 착공-총면적 1,611만 평

09.10 참여 민주사회와 인권을 위한 시민연대(참여연대) 창립

09.12 담배, '디스' 900원 시판

09.15 신승훈, '그 후로 오랫동안'(작사·작곡 신승훈) 발표

09.17 재미 원로시인 박남수(1918~1994) 사망

09.17 영화, '태백산맥'(감독:임권택, 배우:안성기·김명곤·김갑수·오정해 등) 개봉

09.19 1년여 동안 5명을 엽기적으로 연쇄 살해한 지존파 7명 체포

09.23 38차 국제원자력기구(IAEA) 연차 총회 개최-북한에 핵안전협정 전면이행 촉구

09.00 여행스케치, '산다는 건 다 그런 게 아니겠니'(작사·작곡 조병석) 발표

10.01 KBS 1TV 상업광고 폐지-시청료 징수 시작

10.01 영화, '너에게 나를 보낸다'(감독:장선우, 배우:문성근·정선경·여균동 등) 개봉

10.01 조관우, '늪'(작사·작곡 허광훈) 발표

10.02 제12회 히로시마 아시안게임 개막-한국 3위, 금63·은56·동64

10.04 국회 법사위, '백범 김구선생시해 진상규명소위원회'(위원장 강신옥) 첫 가동

10.06 대입 본고사, 14년 만에 부활

10.06 한국-멕시코, 이중과세방지협정 체결

10.07 한국-체코, 문화교류협정 체결

10.08 박경리, 대하소설 『토지』 완간

10.09 황영조, 일본 히로시마 아시안게임 마라톤서 우승-2시간11분13초 기록

10.10 서지원, '또 다른 시작'(작사·작곡 오태호) 발표

10.11 북한, 단군릉 준공

10.14 북한군 하사 안명철 귀순 발표

10.14 포항제철 주식, 뉴욕증시에 상장

10.15 제18회 MBC대학가요제(고려대학교)-이한철, '껍질을 깨고' 대상 수상

10.15 영화, '포레스트 검프'(감독:로버트 저메키스, 배우:톰 행크스·로빈 라이트 등) 개봉

10.18 한국과학기술연구원 이윤용 박사팀, 수소화불화탄소물질 개발

10.20 직할시 명칭, 1995년 3월부터 광역시로 바꿈

10.21 북한·미국, 제네바에서 핵협상 타결, <제네바 기본합의서> 공식 서명

10.21 성수대교 붕괴-32명 사망

10.22 KBS1, '역사의 라이벌' 첫 방송(~1995.9.2.)

10.23 프로야구, LG가 태평양 돌핀스를 누르고 한국시리즈 우승

10.23 KBS1, 'KBS 일요스페셜' 첫 방송(~2018.3.30.)

10.23 MBC, '사랑의 스튜디오' 첫 방송(~2001.11.4.)

10.24 안기부, 6.25전쟁 포로 조창호, 43년 만에 북한 탈출 발표

10.24 충주5호 유람선 화재 사고-29명 사망

10.24 SBS, 'SBS 나이트라인' 첫 방송

10.27 제75회 전국체육대회 개최(대전)

10.27 한국전력 주식, 뉴욕증시에 상장

10.29 검찰, 12·12사태, 신군부 세력이 사전계획을 실행한 군사반란, 수사 결과 발표

11.08 삼성전자, 비메모리 계열 디지털신호처리용 반도체 개발

11.11 사랑의 장기은행 발족

11.11 제1회 서울단편영화제 개최(현 서울독립영화제)

11.12 프로축구, 성남일화, 코리안리그 우승

11.17 한국-베네수엘라, 문화협정 체결

11.18 한국-짐바브웨, 국교 수립

11.20 남산 외인아파트(17층), 남산경관 위해 폭파 철거

11.20 MBC드라마, '짝'(출연:안재욱·이종원·김혜수·채림 등) 첫 방영(~1998.1.4.)

11.23 1995학년도 대학수학능력시험 실시-접수자 781,749명, 응시자 757,488명(96.9%)

11.29 서봉수 9단, 국내 첫 1,000승

11.29 '서울1000년' 타임캡슐, 남산공원에 매설

11.29 최명길, 프랑스 낭트영화제에서 여우주연상 수상

12.01 국군평시작전통제권, 유엔군사령부로부터 환수

12.03 경제기획원·재무부-재정경제원, 건설부·교통부-건설교통부 개편

12.06 북한 대표단, 북한-미국 연락사무소 개설을 위해 워싱턴 방문

12.07 서울 마포구 아현3동, 아현도시가스 공급기지 폭발 화재-사망 12명

12.07 정부, 삼성자동차 신규 진출 허용

12.09 김영삼 대통령, 폴란드 바웬사 대통령과 정상회담

12.09 해태그룹, 오디오 업체 ㈜인켈 인수

12.10 보람은행, 현금카드 겸용 국제학생증 발매

12.16 국회, WTO 비준동의안 통과-찬성 152, 반대 58, 기권 1

12.17 미군 제17항공여단 소속 OH58헬기, 정찰 중 북한에 불시착-조종사 사망 1명 억류

12.17 이홍구, 제28대 국무총리에 취임(~1995.12.)

12.17 영화, '덤 앤 더머'(감독:피터 패럴리, 배우:바비 페럴리·짐 캐리 등) 개봉

12.17 영화, '마누라 죽이기'(감독:강우석, 배우:박중훈·최진실·엄정화 등) 개봉

12.19 4개 지역 민영 TV 방송국(PSB부산·TBC대구·TJB대전, KBC광주) 가허가

12.20 전북 임실군 관촌의 국내 최장 슬치터널(6,128m), 착공 5년 만에 관통

12.23 포항제철, 유기피복강판 개발

12.26 가양대교(강서구 가양동↔마포구 상암동, 1,700m) 착공(~2002.5.)

428

12.28 삼성전자, 64메가 D램 상업 생산 시작

12.00 윤도현, '사랑 Two'(작사 이경희, 작곡 임준천) 발표

00.00 롯데, '체크' 출시

🔲🔲🔲🔲🔲🔲🔲🔲🔲🔲🔲🔲🔲🔲

01.01 [국제] 북미자유무역협정(NAFTA) 발족

02.12 [노르웨이] 제17회 릴레함메르 동계올림픽 개막-한국 6위, 금4·은1·동1

03.12 [영국] 성공회, 최초의 여성 사제 서품

05.04 [이스라엘-팔레스타인] 가자지구와 예리코시에 대한 자치협정 서명

05.06 [영국-프랑스] 해저터널, '유로터널' 개통

05.09 [남아공] 넬슨 만델라, 남아공 최초의 흑인 대통령으로 선출

05.12 [미국] 정신분석학자 에릭 에릭슨(1902~1994) 사망

05.13 [일본] 헬륨원소보다 2.5배 무거운 '헬륨10' 세계 최초 발견

05.13 [이스라엘] 요르단강 서안의 중심지 예리코시, 팔레스타인 경찰에 정식이양

05.19 [아프리카 말라위] 카무주 반다 대통령의, 30년 독재 마감

05.20 [미국] 세기의 퍼스트레이디, 재클린 케네디 사망

05.29 [독일] 에리히 호네커(1912~1994), 전 동독 공산당 서기장 사망

06.06 [중국] 여객기 추락-160명 사망

06.07 [영국] 천문학팀 '슈퍼 갤럭시'(거대은하) 발견

06.12 [오스트리아] EU가입 결정

06.14 [미국] '문 리버' 작곡자 헨리 맨시니(1924~1994) 사망

06.17 [국제] 제15회 월드컵 미국서 개막

06.22 [러시아-나토] 군사 정치적 관계 정립을 위한 '평화동반관계' 서명

06.30 [일본] 원로 사학자 하타다 다카시(1908~1994) 교수 사망

07.02 [콜롬비아] 월드컵서 자살골, 안드레스 에스코바르 선수 피살

07.20 [벨기에] 초현실주의 화가 폴 델보(1897~1994) 사망

07.25 [이스라엘-요르단] 46년간 적대관계 청산 선언에 서명

07.30 [영국] 추리 소설가 로빈 쿡 암(1940~1994)으로 사망

09.04 [일본] 오사카 간사이국제공항 개항

09.17 [독일] 철학자 칼 포퍼(1902~1994) 사망

1994

09.20 [미국] 무대음악의 거장 줄리 스타인(1905~1994) 사망

09.22 [인도] 봄베이 서부의 항구도시 수라트, 페스트 번져 200여 명 사망

09.28 [에스토니아] 여객선 침몰 대참사, 900명 이상 몰사

10.10 [미국] 웹브라우저 대표 프로그램, '넷스케이프 내비게이터' 첫 출시

10.13 [북아일랜드] 신교도 무장조직들, 구교도와 아일랜드 공화군에 대한 휴전선언

10.14 [국제] PLO 아라파트 의장-이스라엘 라빈 수상, 노벨평화상 수상

10.15 [아이티] 아리스티드 대통령, 망명지 미국에서 아이티로 귀국

11.17 [체코] 테니스 선수 마르티나 나브라틸로바 은퇴

11.20 [앙골라] 19년간의 내전 종식

12.14 [중국] 세계 최대의 중국 '삼협댐' 착공(~2006.5)

12.24 [프랑스] 극단과격파 무장이슬람단, 에어프랑스 여객기, 알제리 공항서 납치

12.28 [일본] 동북구, 7.5도 강진 발생

1995 을해(乙亥) 단기4328 김영삼3
클린턴/장쩌민/무라야마/옐친

01.01 국립극장, 국립국악관현악단 창단

01.01 럭키그룹, 'LG'로 회사명 변경

01.01 방위병(단기사병) 제도 30여 년 만에 폐지-공익근무요원제 실시

01.01 쓰레기 종량제 실시-쓰레기 배출량에 따라 처리비 차등 부과

01.01 김건모, '잘못된 만남'(작사·작곡 김창환) 발표

01.02 KBS2드라마, '장녹수'(출연:박지영·유동근·김소이 등) 첫 방영(~6.27)

01.05 전국 32개 지역에서 첫 케이블TV 시험방송 개시

01.09 SBS드라마 '모래시계'(출연:최민수·고현정·박상원 등) 첫 방영(~2.16)

01.11 한국은행, 통화안정증권 발행 공고

01.13 서울민사지방법원, 1980년 신군부의 부정축재자 재산 몰수, 절차상 무효 판결

01.21 세계화추진위원회 발족-공동위원장 이홍구(국무총리)·김진현(전 과학기술처 장관)

01.25 국립국악관현악단 공식 창단

01.26 김영삼 대통령, '마틴 루터 킹 평화상' 수상

01.27 한국-세이셸, 국교 수립

01.28 오정해, 일본 영화비평가협회의 최우수 여우주연상 수상

01.00 최백호, '낭만에 대하여'(작사·작곡 최백호) 발표

01.00 휴대 전화 100만 고객 돌파

01.00 이명박, 『신화는 없다』(김영사) 출판

02.01 정부, 각 부처 산하 417개 위원회의 통폐합 결정

02.02 삼성전자, 미국에 대규모 반도체 생산공장 설립 발표

02.03 삼성전자, 2세대 64메가 D램 생산 발표

02.03 서울 시내버스, 전용 전일 차로제 실시

02.04 최희용, WBA 주니어플라이급 세계챔피언 획득

02.07 정명훈, 프랑스에서 94최고음악가상 등 3개상 수상

02.09 SBS, '한밤의 TV연예' 첫 방송

02.15 연합 TV, 첫 시험방송

02.15 한국-러시아-일본 잇는 국제 해저 광케이블 개통

02.18 영화, '레옹'(감독:뤽 베송, 배우:장 르노·나탈리 포트만·게리 올드만 등) 개봉

02.20 포털, '다음커뮤니케이션' 설립

02.21 자유민주연합(약칭 자민련) 공식 출범(총재 김종필)-3.30. 창당대회 개최

02.23 KBS1드라마, '신세대 보고-어른들은 몰라요'(출연: 최민용·최강희 등) 첫 방영

02.24 교육부, 1997학년도부터 국민학교 4-6학년 영어교육 실시 추진 발표

02.25 KBS2, '도전! 주부가요스타' 첫 방송(~2009.1.3.)

02.26 LG반도체, 16메가D램 개발

02.26 김영식(9세), 탄자니아 북부의 킬리만자로(해발 5,895m) 정복, 세계 최연소 등정

02.26 KBS2, '슈퍼 선데이' 첫 방송(~1998.2.15.)

02.27 일본군 '위안부' 문제 아시아연대회의 서울 개막

02.27 한국-안도라, 국교 수립

02.28 안치환, '내가 만일'(작사·작곡 김범수) 발표

03.01 9개구 신설-서울 광진·강북·금천, 부산 연제·수영·사상, 인천 부평·계양·연수, 광주 남

03.01 부산 등 5개 직할시, '광역시'로 변경

03.01 케이블 TV시대 개막-20개 채널 개국

03.02 김영삼 대통령, 유럽 5개국(프랑스·체코·독일·영국·덴마크) 순방 차 출국

03.02 한국어선 아틀란틱 5호, 모로코서 피격-이원호 선장 사망, 선원 24명 억류

03.03 외무부, 대한해협 영해 12해리로 확대 발표

03.05 KBS1, 'TV쇼 진품명품' 첫 방송

03.06 한국통신, 발신전용 휴대전화 시티폰 서비스 실시

03.07 한글타자기 발명한 공병우(1906~1995) 박사 사망

03.09 한반도에너지개발기구(KEDO) 발족-북미제네바합의 이행, 한·미·일 국제컨소시엄

03.11 북한, 한국형경수로 수용 거부, KEDO와의 협상 거부

03.14 세계 최장수 오케스트라 '드레스덴 슈타츠카펠레', 세종문화회관에서 첫 공연

03.15 포항공항에서 '대한항공 1533편', 활주로 이탈-부상 79명

03.15 안철수컴퓨터바이러스연구소(현 안랩) 설립

03.16 '어린이 청소년 권리 연대회의' 결성-16개 단체 참가

03.16 한국-체코, 투자보장협정 체결

03.17 '서울의 찬가' 작곡가 길옥윤(1927~1995) 사망

03.18 안철수컴퓨터바이러스연구소(현 ㈜안랩(Ahnlab) 설립-바이러스방역 등

03.18 북한과 미국 첫 곡물 거래

03.21 김철수 전 상공부장관, WTO(세계무역기구) 사무차장에 선출

03.21 시·군 통합-송탄시·평택군, 삼천포시·사천군, 김해시·군, 천안시·군, 이리시·익산군

03.25 영화, '아웃브레이크'(감독:볼프강 페테르젠, 배우:더스틴 호프만·모건 프리먼 등) 개봉

03.27 항공우주연구소, 미 TRW사와 기술협력계약 체결

03.28 단거리 지대공 미사일, '천마' 시험발사 성공

03.28 룰라, '날개 잃은 천사'(작사 이건우, 작곡 최준영) 발표

03.29 기아자동차, 독일에서 '스포티지' 생산 발표

03.29 한국, OECD 가입 신청-1996.12.12. 가입

03.30 보수정당 '자유민주연합' 정식 창당-김종필 중심(~2006.4.)

03.00 대우자동차, '넥시아' 출시(~1996.11)

03.00 현대자동차, '마르샤' 출시(~1999.3)·'아반떼' 출시(~1998.3)

03.00 홍세화, 『나는 빠리의 택시운전사』(창작과비평사) 출판

03.00 편승엽, '찬찬찬'(작사 김병걸, 작곡 이호섭) 발표

04.01 제33회 대종상영화제 시상-'영원한 제국'(감독:박종원, 대림영상)

04.02 서울시, 지하철 7호선 철산역 예정지에서 석회동굴 발견

04.03 KBS2드라마 '바람은 불어도'(출연:최수종·유호정·윤손하 등) 첫 방영(~1996.3.29.)

04.03 경찰 산악안전구조대 발족

04.08 한국-니카라과, 비자면제협정 체결

04.08 한국형원자로 울진 3호기 설치-1998.9.11. 준공

04.10 북한-미국, 직통전화 개통

04.11 대종교 안호상·김선적, 북한 어천철 행사 및 단군릉 방문 목적 입북

04.13 성수대교 복구공사 착공업체로 현대건설 결정

04.13 정보통신윤리위원회(현 방송통신심의위원회) 발족

04.13 한국-이집트, 국교 수립

04.14 한겨레신문사, ≪씨네21≫ 창간

04.15 노영심, '그리움만 쌓이네'(작사·작곡 여진) 발표

04.17 4.19묘역, 국립묘지로 승격

04.17 판소리 거목, 김소희(1917~1995) 사망

04.17 MBC, 'MBC 뉴스투데이' 첫 방송

04.17 SBS, '생방송 출발 모닝와이드' 첫 방송

04.19 한국통신, 장애인 대상 휴대전화장치 텍스트폰 개발

04.19 MBC드라마, '숙희'(출연:고소영·심은하·임주완 등) 첫 방영(~10.12)

04.21 비전향 장기수 김인수, 북한 가족과 45년 만에 국제통화

04.21 MBC, '인기가요 베스트 50' 첫 방송(~1998.1.17.)

04.22 소록도, 79년 만에 연극『한 놈 두 놈 삣구 타고』공연

04.25 팔당대교(하남시 창우동↔남양주시 조안면, 총길이 935m) 개통

04.28 대구지하철 공사장 도시가스 폭발사고-102명 사망, 부상 117명

04.29 영화 '닥터봉'(감독:이광훈, 배우:한석규·김혜수 등) 개봉

04.30 한동준 '사랑의 서약'(작사·작곡 김광진) 발표

04.30 DJ DOC, '머피의 법칙'(작사·작곡 이승호) 발표

05.01 김국환, '아빠와 함께 뚜비뚜바'(작사 양인자, 작곡 김희갑) 발표

05.01 노이즈, '상상속의 너'(작사·작곡 김창환) 발표

05.02 경북 문경읍 팔령리·갈평리에서 우리나라 첫 '인공 강우 실험' 실시, 실패

05.03 북한, 중립국감시위원회 북측 사무실 폐쇄

05.03 제1회 서울모터쇼 개최

05.04 KBS2, '코미디 1번지' 첫 방송(~1997.5.12.)

05.06 KBS2드라마, '젊은이의 양지'(출연:이종원·하희라·박상아 등) 첫 방영(~11.12)

05.10 KBS2드라마, '창공'(출연:김원준·류시원·염정아 등) 첫 방영(~6.29)

05.13 영화, '테러리스트'(감독:김영빈, 배우:최민수·이경영·염정아 등) 개봉

05.14 SBS드라마, '옥이 이모'(출연:옥소리·주현·손채환 등) 첫 방영(~12.31)

05.16 한국-카자흐스탄, 과학기술협력협정-문화협력협정 체결

05.19 신행주대교 개통-고양시 행주동↔강서구 개화동, 길이 : 1,460m, 너비 14.5m

05.20 대우그룹, 한국종합금융 인수

05.23 2002년 아시안게임 부산 개최 확정

05.25 바이올리니스트 장영주, 뉴욕 링컨센터에서 뉴욕 필하모닉 오케스트라와 협연

05.30 86호 우성호, 북한에 나포 발표-12.26. 선원 5명, 유해 3구 송환

06.02 김광석, '너무 아픈 사랑은 사랑이 아니었음을'·'어느 60대 노부부 이야기' 발표

06.06 동아건설, 리비아 대수로3단계 공사 수주 합의

06.10 영화, '다이하드3'(감독:존 맥티어난 , 배우:브루스 윌리스) 개봉

06.16 대통령자문기구, 정책기획위원회(구 21세기위원회) 설치

06.17 남북대표들, 대북 쌀 제공에 관한 첫 회담 개최-6.20. 완전 타결 합의문 작성

06.17 영화, '브레이브 하트'(감독:멜 깁슨, 배우:멜 깁슨·소피 마르소 등) 개봉

06.21 오영선·윤현진·차도선·양기하·천보락·정한경·정찬진 등 독립유공자 유해 환국

06.25 대북 지원용 우리쌀 실은 '씨 아펙스호' 동해항 출발

06.27 서울시장, 조순 후보(민주당) 당선

06.27 제1차 동시지방선거 실시-민자당 참패

06.29 서울 삼풍백화점 붕괴-502명 사망, 부상 937명, 실종 6명

06.00 기아자동차, '크레도스' 출시(~1998.2.)

07.01 부동산실명제 시행-부동산 거래 시 실명 등기 의무화

07.01 한국이동통신, 012 무선호출 광역서비스 개시

07.01 영화, '포카혼타스'(감독:마이크 가브리엘) 개봉

07.01 터보, '나 어릴적 꿈'(작사 이승호, 작곡 주영훈) 발표

07.03 유엔 크로아티아 평화유지단 단장에 민병석(전 체코주재대사) 임명

07.05 KBS2드라마, '가면속의 천사'(출연:전광렬·엄정화·강석우 등) 첫 방영(~8.24)

07.06 넬슨 만델라, 남아공 대통령 방한

07.08 북한, 김일성 사망 1주년에 시신 공개

07.10 SBS드라마, 'LA 아리랑'(출연:박정수·여운계·김세윤 등) 첫 방영(~1996.6.28.)

07.13 김대중, 정계 복귀 선언

07.16 대북지원 쌀 실은 이스턴벤처 호, 부산항 출항

07.18 LG전자, 제니스사 인수 발표

07.18 김대중 아태재단 이사장, 신당 창당 공식 선언

07.22 김영삼 대통령, 미국 방문을 위해 출국

07.22 박미경, '이브의 경고'(작사 김창환, 작곡 천성일) 발표

07.23 유조선 씨프린스호, 전남 여천군 해상서 좌초-5,035톤 원유유출, 3,826㏊ 양식장 피해

07.24 진도 4.2 지진 발생, 서해 백령도 북서쪽 약 30㎞ 해역

07.27 영화 배우 장동휘, 제40회 아시아태평양영화제 최우수 남우상 수상

07.29 한국농악보존협회 창립

07.30 한반도에너지개발기구(KEDO), 유엔 주재 미국대표부에서 총회 개최

07.31 외무부, 북한 벌목공 7명 귀순 발표

07.31 MBC드라마, '거미'(출연:이승연·이경호·지수원 등) 첫 방영(~8.29)

08.01 양귀자, 『천년의 사랑』(살림) 출판

08.02 서석재 총무처장관, 전직 대통령의 4,000억 원 이상 가명계좌 발언

08.04 〈정보화촉진기본법〉 공포-지식정보사회 실현, 국민의 삶의 질 향상 목적

08.04 MBC 제16회 강변가요제(춘천 공지천)-김우진, '너에겐 미안해' 대상 수상

08.05 국내 최초 위성 '무궁화 1호' 발사(08.30 정지궤도 진입 성공)

08.06 아시아펜싱선수권 대회, 한국 펜싱선수팀 종합 1위, 2연패 달성

08.08 LG전자, 100㎒급 반도체 칩 개발 발표

08.12 세계한민족축전, 서울 올림픽공원에서 개막

08.13 교육부, 1996년 초중고교 도입 종합생활기록부에서 석차란 제거안 마련 결정

08.15 김영삼 대통령, 한반도 평화체제 구축 3대원칙 제시

08.15 부산 동래구에 부산3.1운동기념탑 착공-1996.3.1. 준공

08.15 조선총독부 건물 첨탑 제거-첨탑, 독립기념관에 전시

08.17 경제학자 박현채(1934~1995) 사망

08.21 MBC드라마, '청소년드라마 나'(안재모·김래원·김정균 등) 첫 방영(~1997.11.9.)

08.20 한국 코미디계의 대부, 김경태(1935~1995) 사망

08.24 윈도95 출시-11.28. 한글윈도95 출시

08.25 미국 행정부와 업계, 한국자동차에 '슈퍼 301조' 발동 경고

08.28 한국-칠레, 외교관사증면제협정 체결

08.30 한국-아르헨티나, 범죄인도협정체결

08.30 KBS2드라마, '바람의 아들'(출연:이병헌·김희선·김영철 등) 첫 방영(~11.2)

08.31 현대그룹, 태평양그룹 인수

08.00 녹색지대 '사랑을 할거야'(작사 이성환, 작곡 이성환) 발표

08.00 여진, '그리움만 쌓이네'(작사·작곡 여진) 발표

09.01 한국-브라질, 범죄인인도협정-투자보장협정 체결

09.01 이소라, '처음 느낌 그대로'(작사 이소라, 작곡 김광진) 발표

09.02 현대전자, 한국과학기술원, 인텔386 마이크로프로세서 호환칩 개발

09.02 MBC드라마, '애인'(출연:황신혜·유동근·이응경 등) 첫 방영(~10.22)

09.03 최장수 배우 석금성(1907~1995) 사망

09.04 비디오아티스트 백남준 작품 전시회, '1995 예술과 통신전' 개막

09.05 새정치국민회의(총재 김대중) 창당

09.06 재정경제원, 외국인의 국내기업 인수·합병 가능 발표

09.07 KBS2드라마, '첫사랑'(출연:이승연·최수종·배용준 등) 첫 방영(~1997.4.20.)

09.09 화이트, '사랑 그대로의 사랑'(작사·작곡 유영석) 발표

09.13 육군, 최신형 지대지 미사일(ATACMS) 도입 결정

09.14 LG전자, 디지털비디오디스크(DVD) 개발

09.14 정부, 대한해협의 영해 폭을 3해리에서 6~12해리로 확대 결정

09.15 N.EX.T, '힘겨워하는 연인들을 위하여'(작사 신해철, 작곡 김영석) 발표

09.16 KBS2, '이문세쇼' 첫 방송(~1996.10.12.)

09.20 제1회 광주비엔날레 개막

09.23 치매노인 무료 요양시설, 서울 노원구 노인복지회관 첫 개관

09.25 남산 안기부 청사, 서초구 내곡동으로 이전

09.30 녹색지대, '준비 없는 이별'(작사 이희승, 작곡 김범룡) 발표

09.00 양귀자, 『천년의 사랑』(살림) 출판

10.01 쿨, '슬퍼지려 하기전에'(작사·작곡 최준영) 발표

10.02 고려문화학술재단, 러시아 국립 극동대학교한국학대학 설립

10.02 제76회 전국체육대회 개최(경북)

10.02 SBS드라마, '형제의 강'(출연:김주승·김정현·박상민 등) 첫 방영(~1997.4.3.)

10.04 육군공병대대 188명, 앙골라 유엔평화유지활동(PKO) 파병

10.05 서태지와 아이들, 'Come Back Home'(작사·작곡 서태지) 발표

10.09 한국-베트남, 차관제공 약정 서명

10.11 현대전자, 256메가 싱크로너스D램 개발 발표

10.11 북한 최주활 상좌 귀순 발표

10.14 제19회 MBC대학가요제(이화여대)-에밀레, '살아가며' 대상 수상

10.18 현대건설, 제철사업 참여 공식 선언

10.18 MBC드라마, '제4공화국'(출연:이창환·전인화·박근형 등) 첫 방영(~1996.1.15.)

10.19 재단법인 한글재단(초대 이사장 한갑수) 창립-문화체육관광부 소관

10.19 박계동 의원, 국회에서 노태우 전 대통령의 비자금 4,000억 원 주장

10.21 MBC드라마, '아파트'(출연:최진실·채시라·변우민 등) 첫 방영(~1996.4.21.)

10.22 최용수, WBA 주니어라이트급 세계챔피언 획득

10.22 프로야구, OB가 롯데를 누리고 한국시리즈 우승

10.24 무장간첩 2명 출현, 장진희 순경 사망

10.25 한국-라오스, 국교 수립

10.27 노태우 전 대통령, 비자금 조성 시인

10.28 수출 1,000억 달러 돌파

10.31 연세대 의대, 방사성 동위원소인 홀뮴166으로 간암 치료법 개발

11.01 무선 호출기, 한글 문자 서비스 시작

11.01 시민단체, 청소년폭력예방재단 창립

11.01 김정민, '슬픈 언약식'(작사 박주연, 작곡 이경섭) 발표

11.03 독일에서 세계 5대 작곡가 중 한 사람 윤이상(1917~1995) 사망

11.06 교육부, 4가지 기본요건 충족 시 대학 설립 가능한 『대학설립준칙안』 발표

11.07 삼성항공, F16 전투기 국내 생산 기념식

11.08 한국, 유엔안전보장이상회 비상임이사국 피선

11.10 SBS드라마, '임꺽정'(출연:정흥채·김원희·김흥표·이현경 등) 첫 방영(~1997.4.6.)

11.11 전국민주노동조합총연맹 창립

11.13 구 조선총독부 건물 철거 시작

11.13 장쩌민(江澤民) 중국 국가주석, 김영삼 대통령의 초청으로 방한

11.14 지하철5호선 강동구간(왕십리-상일동) 개통

11.16 노태우 전 대통령, 수천 억 비자금 사건으로 서울구치소에 구속됨

11.18 KBS2드라마, '목욕탕집 남자들'(출연:이순재·강부자·장용 등) 첫 방영(~1996.9.1)

11.18 미국 영화감독 스티븐 스필버그 방한

11.18 삼성전자, 차세대 무선통신 단말기(CDPD) 개발 발표

11.18 프로축구, 일화가 코리안리그 우승

11.18 영화, '아름다운 청년 전태일'(감독:박광수, 배우:문성근·홍경인·김선재 등) 개봉

11.22 1996학년도 수능시험 실시-접수자 840,661명, 응시자 809,867명(96.3%)

11.24 〈5·18특별법〉 제정 지시, '역사바로세우기' 시작-1995.12.21. 제정

11.27 윈도95용 인터넷 익스플로러 2.0 최종 버전 출시

11.28 공군, 국산 군용항공기 KT-1 웅비 시범비행

11.28 포항제철, 코렉스식 제철법 생산 시작

11.29 임권택 감독의 '서편제', 프랑스 개봉

11.29 정태수 한보그룹 회장 구속-2002.10. 병보석 석방

11.30 이문세, '조조할인'(작사 윤성희, 작곡 유희열) 발표

11.30 양파, '애송이의 사랑'(작사·작곡 Mike) 발표

12.01 전국경제인연합, 기업윤리헌장 제정

12.01 한국 경제학자 고승제(1917~1995) 사망

12.03 전두환 전 대통령, 수천 억 비자금 사건으로 안양구치소에 구속(~1997.12.)

12.05 민자당, '신한국당'으로 개칭(~1997.11)

12.07 북한 국적 소지 홍승복 일가족 영주 귀국 및 국적 허용 발표

12.07 영화 '아름다운 청년 전태일', 제16회 청룡영화상 최우수작품상 수상

12.07 인천신공항고속도로 착공(~2000.11.)

12.09 석굴암·불국사·장경판전(해인사)·종묘 등, 세계문화유산에 등록

12.12 산악인 허영호, 남극대륙의 최고봉 빈슨 매시프(4897m) 정복

12.13 북한 상사대표 최세운 일가족 귀순 발표

12.15 한국-보스니아, 헤르체고비나, 국교 수립

12.15 한국중공업, 700㎿급 중수로 국산화 성공

12.15 한반도에너지개발기구(KEDO)-북한, 대북 경수로공급 협정에 서명(워싱턴)

12.15 엄정화, '하늘만 허락한 사랑'(작사 윤성희, 작곡 김형석) 발표

12.16 축구 응원단, '붉은 악마(Red Devils)' 탄생

12.18 이수성, 제29대 국무총리 취임(~1997.3.)

12.18 제12회 세계여자핸드볼대회 한국여자핸드볼팀 우승

12.19 국회, '5·18민주화운동 등에 관한 특별법' 의결

12.20 장애인을 위한 사랑의 소리 방송 개국

12.21 기아자동차, 국산자동차를 북한에 첫 수출

12.22 다이타호와 가스프라이머호, 울산 해상서 충돌, 기름 5천톤 유출, 사상 최대규모

12.23 국방부, 북한군 최광혁 하사 귀순 발표

12.23 영화, '토이 스토리'(감독:존 라세터, 배우:톰 행크스·팀 알렌 등) 개봉

12.25 '한국의 슈바이처', 장기려(1911~1995) 박사 사망

12.25 프로축구단 '삼성 블루윙즈' 창단

12.27 서울시, 안기부로부터 남산 중앙정보부 터 2만4천평·건물 41개동 인수

12.28 수도권고속도로 '서울외곽순환고속도로·제2경인고속도로·시흥-안산고속도로' 개통

12.28 일제 초기 도쿄로 옮겨진 경복궁 자선당 유구 80년 만에 한국에 반환

12.30 뮤지컬 '명성황후', 예술의전당서 초연

12.31 1인당 국민소득 1만 달러 돌파

12.31 수인선(시흥 오이도역 ↔ 안산 중앙역) 협궤열차 폐쇄(1937~)

12.31 DJ DOC, '겨울이야기'(작사 강은경, 작곡 윤일상) 발표

12.00 국내 최초 한글 검색엔진, '코시크'(Kor-seek.com) 등장

12.00 기아자동차, '프레지오(PREGIO)' 출시

12.00 담배, '오마 샤리프' 1천 원 시판

12.00 한국 연간 자동차 수출 100만대 돌파

00.00 오리온 '배배' 출시-2012. 생산 중단, 2019.10 재출시

00.00 설운도, '쌈바의 여인'(작사 이수진, 작곡 설운도) 발표

▨▨▨▨▨▨▨▨▨▨▨▨

01.01 [국제] 세계무역기구(WTO) 출범

01.26 [국제] 국제통화기금(IMF), 멕시코에 차관제공 승인

02.12 [이스라엘·PLO·요르단·이집트·미국] 테러행위 대처 등 4개항의 '중동평화안' 합의

02.13 [일본] NEC, 1기가 D램 개발

03.02 [미국] 우주왕복선 엔데버호 발사

03.07 [미국] 세계 최초 반창고처럼 상처에 붙이는 피부암 치료제 개발

03.11 [멕시코] 전 대통령 카를로스 살리나스, 미국으로 망명

03.14 [러시아] 소유즈 TM21우주선 발사

03.20 [일본] 옴진리교의 지하철 독가스 테러 발생, 사망 11명, 중독자 3500여 명

05.05 [미국] 세계 최대의 광학망원경 ·케크Ⅱ망원경· 준공

05.07 [프랑스] 대통령에 시라크 당선

06.03 [미국] 세계 첫 컴퓨터 '에니악(ANIAC)' 개발한 프레스터 에커트(1919~1995) 사망

06.06 [남아공] 흑인노동자 5만명, 노동법개정 요구 시위

06.07 [대만] 이등휘 총통, 대만 역사상 최초로 미국 방문

06.29 [미국] '슬픔은 그대 가슴에' 여배우 라나 터너(1921~1995) 사망

06.29 [미국] 우주왕복선 아틀란티스호, 러시아우주정거장 미르에 도킹 성공

07.10 [미얀마] 아웅산 수치 여사, 가택연금 해제

10.09 [태국] 반독재의 아버지 쿠크리트 프라못(1911~1995) 전 총리 사망

10.27 [프랑스] 남태평양 프랑스령 무루로아 환초에서 3번째 핵실험 강행

11.05 [국제] 국제공산당 '코민테른' 재 창설

11.13 [일본] "식민통치기간 중 한국에 좋은 일을 했다"고 망언한 에토 총무청장관 사임

12.07 [미국] 갈릴레오호, 최초로 목성 탐사 성공

1996 병자(丙子) 단기4329 김영삼4
클린턴/장쩌민/무라야마·하시모토/옐친

01.01 일제 말 사용된 '국민학교' 명칭, 50여 년 만에 '초등학교'로 변경

01.01 한국이동통신, 세계 최초 CDMA 디지털 휴대전화 상용서비스 개시

01.01 KBS2드라마, '조광조'(출연:유동근·이진우·김동현 등) 첫 방영(~6.25)

01.01 MBC, '토크쇼 임성훈과 함께' 첫 방송(~2004.9.30.)

01.06 '서른 즈음에' 인기가수 김광석(1964~1996) 자살

01.08 서울시교육청, 1998학년도부터 연합고사 전면 폐지 발표

01.09 삼성물산·한화에너지 국제컨소시엄, 알제리에서 유전 발견

01.12 서울지방검찰청, 전두환에 대해 법률상의 뇌물수수(비자금) 혐의로 공소 제기

01.14 방송통신위성 '무궁화2호', 미국 케이프커내버럴 공군기지에서 발사

01.15 인천·서울시립박물관 발굴단, 인천 영종도서 국내 최대규모 신석기유적지 발굴

01.15 담배, '심플'(1,100원) 시판

01.17 서울지검, 유학성·최세창 등 5명, 12·12사건관련 내란 등 혐의로 구속영장 청구

01.20 서울버스 전용차선제(천호대로 4.5㎞ 구간) 첫 실시

01.20 영화, '쥬만지'(감독:조 존스톤, 배우:로빈 윌리엄스·커스틴 던스트 등) 개봉

01.23 전두환·노태우 전 대통령 등 5.18관련자 8명 기소

01.23 현대전자, 국내 첫 인공위성 제작사업 추진

01.26 삼성전자, 2세대 64MD램 양산 돌입 발표

01.30 서울 지하철 3호선 연장-일산선 지축~대화 개통

01.30 서울지검, 5·18사건관련 정호용·허삼수·허화평 등, 내란죄 적용·구속영장 신청

01.31 가수, '서태지와 아이들' 은퇴

01.31 세계화추진위원회(공동위원장 이수성·김진현), 49개 과제 확정 발표

01.00 현대자동차, '싼타모' 출시

02.01 신세기통신(SK텔레콤에 통합), CDMA 방식 이동전화 시범 서비스

02.01 시중은행, 직불카드 발행 시작-카드 사용 한도 10만 원 이하

02.03 서울지방검찰청, 동거녀 살해 미 군속 첫 구속 기소

02.06 내무부, 모든 재난신고 '119'로 일원화

02.07 전경련, '기업윤리헌장' 제정-기업인의 자발적인 각성과 사회적 책임 강조

02.07 정호용·허삼수·허화평 의원, 12.12 및 5.18사건으로 구속 기소

02.07 SBS, '이홍렬쇼' 첫 방송(~1998.3.4.)

02.08 소리꾼 안숙선, 국내 최초로 판소리 다섯 마당 녹음 작업 시작

02.08 해군사관학교, 사관학교 최초 여성학 과목 개설 결정

02.09 한-중 해저광케이블 개통

02.12 서울대 암연구소, 유전성 유방암유전자 'BRCA1' 국내 최초 발견

02.12 중소기업청(현 중소벤처기업부) 발족

02.13 삼성건설·극동건설, 말레이시아 쿠알라룸푸르시티센터 쌍둥이 빌딩(88층) 상량식

02.14 공군사관학교, 1997년도 사관학교 최초로 여자생도 10% 선발 발표

02.14 해태, '아이비' 출시

02.16 헌법재판소, 〈12·12 및 5·18특별법〉 합헌 판결

02.17 영화, '은행나무 침대'(감독:강제규, 배우:한석규·심혜진·진희경 등) 개봉

02.20 정부, 〈국제해양법〉 발효에 따라 배타적 경제수역(EEZ) 전면 설정

02.21 1997~2001년까지 전국 유치원·초·중·고에 장애아 교육전담 특수교사 1명 배치

02.22 12.12사건 관련 박준병·장세동·최세창 등 구속

02.22 대우중공업, 러시아과학원 극동해양연구소와 공동으로 무인심해잠수정 개발

02.23 이화여대부속초등학교 주5일제 수업 시범운영

02.26 전두환 전 대통령, 비자금 첫 공판

02.26 한국종교인협회·북한조선종교인협의회, 남북종교인 베이징대회 개최

02.27 한반도에너지개발기구(KEDO), 북한 신포를 경수로 건설 부지로 최종 선정

02.27 현대전자(현 SK하이닉스), 미국에 메모리반도체공장 착공

02.29 독도학회 발족-창립총회 개최

02.00 현대자동차, '소나타 III' 출시(~1998.3)

03.01 한국·유럽공동체(EU), 정치·경제협력협정에 서명

03.05 삼성전자, 건식식각(Dry Etching) 장치 국산화 발표

03.10 KBS2, '도전! 지구탐험대' 첫 방송(~2005.10.30.)

03.11 전두환·노태우, 12.12 및 5.18사건에 대한 제1차 공판 개정

03.15 박영규, 『한권으로 읽는 조선왕조실록』(웅진출판) 출판

03.17 경주시 월성 나원리 오층석탑에서 금동 사리함 발견

03.17 방수현, 제86회 전영오픈 배드민턴 선수권대회 여자 단식 우승

03.18 무궁화위성, 방송서비스 개시

03.19 KEDO, 한국전력을 대북 경수로 주계약자로 지정

03.19 태아 성감별 의사, 자격 정지

03.21 영종도 신공항, 인천국제공항으로 확정

03.29 한국화학연구소, 저독성살충제 개발, 세계물질특허

03.31 전람회, '취중진담'(작사·작곡 김동률) 발표

04.01 96세계쇼트트랙스피드스케이팅선수권대회, 한국여자팀 우승, 남자팀 준우승

04.01 이청준, 『축제』(열림원) 출판

04.01 윤종신, '환생'(작사·작곡 윤종신) 발표

04.03 경기도 양평 남한강서 버스 추락-40여 명 사상자 발생

04.05 영화, '꽃잎'(감독:장선우, 배우:이정현·문성근·이영란 등) 개봉

04.07 박찬호(LA다저스팀 소속), 메이저리그 첫 승

04.11 15대 총선거 실시-신한국당 139석, 국민회의 79석, 자민련 50석, 민주당 15석 등

04.15 R.ef, '찬란한 사랑'(작사·작곡 홍재선) 발표

04.16 한국·북한·미국·중국이 참여하는 한반도 4자회담 제안

04.17 국내 최초 전자도서관, LG상남도서관 개관

04.19 북한, 경비정 2척 서해 한계선 침범

04.22 동아건설, 리비아 대수로 3·4단계(1,720km) 공사 수주 계약

04.23 강원도 고성에서 산불-20여억 원 피해

04.23 동두천 미군 탱크 사격장 야산서 화재 발생-공익근무요원 6명 사망

04.26 성수대교 복구 착공(~1997.7)

04.26 환경부, 전국 각 하천 오염지도 제작 발표

04.27 제34회 대종상영화제 시상-'애니깽'(감독:김호선, 합동영화) 수상

04.30 주한미군으로부터 AKKN 채널 환수

04.00 현대자동차, '티뷰론' 출시(~2001.9.)-스포츠카

04.00 하루야마 시게오, 『뇌내혁명』(중앙생활사) 출판

05.01 신승훈, '나보다 조금 더 높은 곳에 니가 있을 뿐'(작사·작곡 신승훈) 발표

05.01 클론, '꿍따리 샤바라'(작사·작곡 김창환) 발표

05.03 증권거래소, 주가지수 선물시장 개장

05.04 영화, '투캅스 2'(감독:강우석, 배우:박중훈·김보성) 개봉

05.06 한라그룹, 포드사와 공동으로 포르투갈에 자동자부품공장 건설

05.09 노사관계개혁위원회 설치

05.13 동편제 판소리 대가 강도근(1918~1996) 명창 사망

05.13 한일그룹, 우성그룹 18개 계열사 일괄 인수

05.17 김건모, '스피드'(작사 이건우, 작곡 최준영) 발표

05.21 국내기업의 해외투자 제한 해제 발표

05.23 국방부, 북한 공군 이철수 대위, 미그 19기를 몰고 귀순 발표

05.23 삼성전자, 산업용 로봇제어용 주문형반도체 개발

05.23 인천국제공항 터미널 착공-1999.2. 인천국제공항공사 설립, 2001.3. 개항

05.31 국제축구연맹 FIFA, 2002년 월드컵 축구대회 한국·일본 공동개최 결정

05.00 현대자동차, '다이너스티' 출시(~1999.4.)

05.00 조관우, '님은 먼 곳에'(작사 김추자, 작곡 유호) 발표

06.01 건교부, 도쿄-베이징 간 운항기 서울 통과 허용

06.01 국내 1호 인터넷쇼핑몰, '인터파크' 개시

06.01 보건복지부, 금연구역서 흡연시 2~3만원 범칙금 부과

06.01 국내 최초 온라인 쇼핑몰, '인터파크' 설립

06.05 삼성전자, 도시바와 초소형 플래시 메모리카드 개발

06.07 KBS드라마 '첫사랑'(출연:최수종·이승연·배용준 등) 첫 방영(~1997.4.20.)

06.07 음반 사전심의제 폐지

06.10 7개 분야 신규 통신사업자 선정 발표-LG텔레콤·한솔PCS·한국통신(KT) 등

06.10 교육부, 1997년부터 전국 읍·면 소재 중고교 학교급식 실시 발표

06.10 기아자동차, '엘란' 출시(~1999)-2인승 컨버터블 스포츠카

06.13 1997년부터 서울·부산 등 6대 도시 국·공립 초등학교 육성회비 폐지 발표

06.14 KEDO, 북한과 경수로 공급협정 이행 위한 통신·통행의정서 합의(2006년 중단)

06.15 서울 시내버스, 버스 카드제 실시

06.15 영화, '미션 임파셔블'(감독:브라이언 드 팔마, 배우:톰 크루즈·존 보이트 등) 개봉

06.25 승려·불교학자 서경보(1914~1996) 스님 입적

06.27 한국통신, 음성다이얼 시스템 개발 성공

06.30 원로 대중가요 작곡가 박시춘(1913~1996) 사망

06.30 한국수자원공사, 시화호 폐수 3,300만 톤, 바다에 방류(1차)

06.00 국내 최초 사이버머니, '이코인' 등장

07.01 무궁화위성 시험방송

07.01 〈실업급여제도〉 실시

07.04 아랍계로 위장한 남파간첩 정수일(무하마드 깐수) 구속(~2000.8)

07.04 제15대 1기 국회의장 김수한 피선(~1998.5)

07.07 연세대 세브란스병원, 국내 첫 폐 이식 수술

07.08 교보생명 창업자 신용호 명예회장, '세계보험전당 월계관상' 수상

07.09 한국-파라과이, 〈범죄인인도협정〉 체결

07.11 조선일보, 국내 최초로 '콩기름 잉크'로 인쇄

07.13 영화, '더 록'(감독:마이클 베이, 배우:숀 코네리·니콜라스 케이지 등) 개봉

07.17 한국수자원공사, 시화호 폐수 2차 방류

07.18 삼성그룹 회장 이건희, 제105차 국제올림픽위원회 총회에서 신임 IOC위원 임명

07.18 KBS2드라마, '머나먼 나라'(출연:김민종·김희선·오현경 등) 첫 방영(~1997.2.27.)

07.24 영화, '아기공룡 둘리: 얼음별 대모험'(감독:김수정) 개봉

07.27 미국] 애틀랜타 도심 올림픽공원서 폭탄테러, 2명 사망, 110명 부상

07.27 영화, '인디펜던스 데이'(감독:롤랜드 에머리히, 배우:윌 스미스, 빌 풀만) 개봉

07.30 LG그룹, 자카르타에서 아시아 최대 전자단지 준공식

07.31 집중호우로 전방 군부대 폭발물 유실

07.31 영턱스클럽, '정'(작사 이승호, 작곡 윤일상) 발표

07.00 박진영, '그녀는 예뻤다(작사·작곡 박진영) 발표

08.01 고려대 박춘호 교수, 국제해양법재판소 재판관에 피선

08.02 MBC 제17회 강변가요제(춘천 중도선착장)-배연희, '소중한 너에게' 대상 수상

08.04 이봉주, 애틀랜타 올림픽 마라톤서 은메달 획득(2시간12분39초)

08.06 해양수산부, 해양경찰청을 독립 외청으로 출범

08.10 영화, '히트'(감독:마이클 맨, 배우:알 파치노·로버트 드 니로 등) 개봉

1996

08.12 정부, 나진·선봉 국제투자포럼 참가단 및 기업체 확정

08.12 장승수, 『공부가 가장 쉬웠어요』(김영사) 출판

08.14 제6차 조국통일범민족청년학생연합 통일대축전 개막

08.15 보건복지부, 서울 마장동 도축장 소간에서 O-157 병원성대장균 발견 발표

08.20 한국 고전문학의 대가, 장덕순 사망

08.20 김정현, 『아버지』(문이당) 출판

08.21 LG전자, PDA 개인휴대정보단말기 개발

08.21 최초로 불시 민방공 훈련 실시

08.21 이정봉 '어떤가요'(작사 유장희·유인식, 작곡 신훈철) 발표

08.23 한국과 엘살바도르, 비자면제협정 체결

08.26 서울지방법원, 전두환·노태우에게 반란·내란수괴죄 등으로 사형·무기징역 선고

08.27 삼성미술관 개관

08.28 광주지하철 1호선 착공(~2004.4)

08.28 영화 '꽃잎'(감독:장선우), 제14회 아태영화제에서 최우수 작품상 등 3개 부문 수상

08.31 HOT 'Candy'(작사·작곡 장용진)·'전사의 후예' 발표

08.00 제1회 한겨레문학상 시상 발표-수상작 없음

08.00 베이시스, '좋은 사람 있으면 소개시켜줘'(작사·작곡 김혜선) 발표

09.01 일본 해상자위대 소속 군함 2척, 2차대전 후 처음으로 부산항 입항

09.02 김영삼 대통령, 중·남미 순방차 향발

09.03 박재홍 선수, 국내 프로야구 사상 최초의 '30(홈런)-30(도루)' 달성

09.06 첼리스트 장한나, 밀라노 라스칼라 필하모니와 서울에서 협연

09.06 초고속 '정보통신용 교환기(ATM-MSS)', 국내 최초 개발

09.06 MBC, '이야기 속으로' 첫 방송(~1999.1.22.)

09.07 HOT, '토요일! 토요일은 즐거워'에서 데뷔(~2001.5)

09.10 베타적경제수역(EEZ)법 발효-범위, 영해기선 200해리

09.11 제3회 서울평화상 시상-'국경없는 의사회' 수상

09.11 한국-브라질 첫 정상회담, 상호투자 확대 관광-복수 사증 협정 체결

09.13 제1회 부산국제영화제 개막

09.14 통일원, 『북한탈출주민의 보호 및 정착지원에 관한 법률안』 확정

09.16 제96차 국제의원연맹 IPU, 서울총회 개막

09.16 캄보디아 주재 한국대표부 개설

09.18 강릉 앞바다에 좌초된 북한 잠수정 발견, 11명 자폭, 1명 생포

09.19 LG전자, TFT-LCD채용한 와이드 LCD텔레비전 개발

09.21 국제원자력기구(IAEA), 북한에 전면 핵사찰 수용 촉구 결의문 채택

09.21 영화, '박봉곤 가출사건'(감독:김태균, 배우:안성기·심혜진·권병길 등) 개봉

09.00 크라운, '참 크래커' 출시

10.01 김종환, '존재의 이유'(작사·작곡 김종환) 발표

10.03 LG전자, 16배속 CD롬 드라이브 개발

10.04 삼성전자, DVD플레이어·DVD롬드라이브 개발

10.04 헌법재판소, 영화사전심의 의무조항 위헌 판결

10.05 정부, 남북한 경협, 당분간 전면 동결 결정

10.06 〈윤락행위방지법 개정안〉 발효-상대방 징역 등 처벌 대폭 강화

10.06 인천 길병원, 심실 개조술 첫 성공

10.07 제77회 전국체육대회 개최(강원)

10.07 SBS, '도전! 불가능은 없다' 첫 방송(~1998.11.7.)

10.09 마이클 잭슨, 첫 번째 내한

10.11 시민단체, 녹색소비자연대 창립-소비자의 권리 보호, 인간다운 사회 건설

10.13 북한군 곽경일 중사 귀순 발표

10.14 통신위성 무궁화 2호, 미국 케이프커내버럴 공군기지에서 발사

10.18 유공에너지환경연구소, 매연 제거 여과장치 개발

10.19 제20회 MBC대학가요제(한양대)-열두 번째 테마, '새로나기' 대상 수상

10.19 KBS2, '이소라의 프로포즈' 첫 방송(~2002.3.30.)

10.21 제1회 서울국제에어쇼, 성남 서울공항서 개막

10.21 MBC, '남자 셋 여자 셋'(출연:신동엽·우희진·홍경인 등) 첫 방영

10.22 국립국악원, 국악전용극장 개관

10.23 백범 김구 암살범 안두희(1917~1996), 인천 자택서 피살

10.23 프로야구, 해태가 현대를 누르고 한국시리즈 우승

10.24 이선희, '라일락이 질 때'(작사·작곡 이선희) 발표

10.25 한강 여의도-잠실-뚝섬 구간 식당 유람선 첫 운항

10.28 KDx-1계획으로 건조된 한국형 구축함 1호, 광개토대왕함(3천 톤급) 진수

10.29 전남 해남에서 익룡 발자국 화석 발견

10.31 우편 업무 전산망 구성 완료

10.31 유엔 총회에서 한국이 유엔 경제사회이사회(ECOSOC) 이사국에 피선

10.31 류시화, 『외눈박이 물고기의 사랑』(열림원) 출판

10.00 잭 캔필드, 『마음을 열어주는 101가지 이야기』(이레) 출판

11.01 김종서, '아름다운 구속'(작사 한경애, 작곡 김종서) 발표

11.03 MBC, '일요일 일요일 밤에-이경규가 간다' 첫 방송(~1998.12)

11.04 삼성전자, 1기가 D램 개발

11.05 국회, 북한탈출주민의 보호 및 정착지원에 관한 법률안 의결

11.05 장승 연구로 유명한 민속학자 김두하(1912~1996) 사망

11.05 김자옥, '공주는 외로워'(작사 이정환, 작곡 이정우) 발표

11.06 제3차 아·태 위성통신회의(APSOC) 서울에서 개막

11.08 1996 서울 패션 페어 개막

11.09 금호문화재단, 서울 종로구 사간동에 금호미술관 개관

11.09 불교학자 이기영(1922~1996) 박사 사망

11.12 잠실 호텔 롯데월드서 제1회 국제 CDMA 회의 개최

11.13 조선총독부 건물 완전 철거(1995.8~)

11.13 1997학년도 수능시험 실시-접수자 824,368명, 응시자 795,338명(96.5%)

11.16 프로축구, 울산현대가 수원삼성을 누르고 K리그 우승

11.18 LG전자, 세계 최소 크기 휴대용 컴퓨터 개발

11.20 김영삼 대통령, APEC 정상회의 참석 위한 베트남·필리핀·말레이시아 순방차 출국

11.24 KBS1드라마, '용의 눈물'(출연:유동근·최명길·이민우 등) 첫 방영(~1998.5.31.)

11.25 조선왕조의 마지막 황세손 이구, 국내 영주를 위해 일본 도쿄서 귀국

11.26 국회, 경제협력개발기구(OECD)에 관한 협약 가입 비준동의안 통과

11.26 월북 사학자 김석형(1915~1996) 사망

11.26 충남대 김은사 교수팀, 티타늄광맥 발견

11.28 『모래톱 이야기』 소설가 김정한(1908~1996) 사망

11.29 국방부, 공군 제20전투비행단 창설-충남 서산

11.29 한국-멕시코, 〈범죄인인도협정〉 체결

11.00 담배, '에세'(1,300원) 시판

11.00 대우자동차, '라노스' 출시(~2000.4.)

11.00 서울시 혼잡통행료 징수-남산 1·3호터널, 2인 이하 탑승 승용차, 2000원

11.00 도리스 매틴, 『EQ: 감성지능개발학습법』(해냄) 출판

12.01 이봉주, 제50회 후쿠오카마라톤대회에서 우승(2시간10분48초)

12.04 한국-칠레, 〈통신협력협정〉 체결

12.06 제17회 청룡영화상 최우수 작품상·감독상, 임권택 감독의 '축제' 수상

12.09 홍콩서 망명 신청한 김경호의 일가족 17명(해방 후 최대 규모), 김포공항 도착

12.10 이소라 '청혼'(작사 이소라, 작곡 김현철) 발표

12.12 한국 경제협력개발기구(OECD) 29번째로 공식 회원국 가입

12.13 진도 4.5 지진 발생, 강원도 영월 동쪽 약 20㎞ 지역

12.15 종근당종합연구소, 항암제 CKD602 개발 성공

12.16 서울고법, 12.12 및 5.18사건 항소심서 전두환 무기징역, 노태우 징역 17년 선고

12.21 영화, '고스트 맘마'(감독:한지승, 배우:최진실·김승우·박상아 등) 개봉

12.22 WHITE, '네모의 꿈'(작사·작곡 유영석) 발표

12.23 앙골라지역 유엔평화유지군(PKO) 소속 공병대대 장병 198명, 개선

12.23 전두환·노태우 전직 대통령, 12.12와 5.18사건, 비자금 사건 선고, 상고 포기

12.26 국회, 〈노동관계법〉·〈안기부법〉 날치기 통과-민주노총 파업 돌입(40여 일)

12.29 북한, 강릉 잠수함 침투사건 공식 사과 성명-12.30. 무장공비 유해 24구 인도

12.30 서강대교(여의도동 ↔ 마포 신정동, 1320m), 17년 만에 개통(1980.6.~)

12.30 서울도시철도, 5호선 완전 개통

▨▨▨▨▨▨▨▨▨▨▨▨

01.20 [팔레스타인 자치정부] 역사적인 총선거, 수반에 아라파트 당선

02.02 [미국] '사랑은 비를 타고' 영화 배우 진 켈리(1912~1996) 사망

02.26 [일본] 여성, 결혼 후 '성' 유지 가능, 결혼연령 18세로 조정

03.01 [태국] 제1차 아시아유럽정상회의(ASEM), 방콕에서 개최

03.03 [프랑스] '연인'의 작가, 마르그리트 뒤라스(1914~1996) 사망

03.23 [대만] 최초의 총통 직접선거에서 이등휘 총통 당선

05.03 [영국] 광우병에 걸린 소 첫 도살

05.05 [중국] 시인 애청(아이칭, I-Ching)(1910~1996) 사망

05.06 [호주] 첫 원주민 판사(보브 벨레어) 탄생

05.11 [미국] 마이애미 공항 부근서 DC-9 여객기 추락, 109명 사망

05.21 [탄자니아] 여객선 빅토리아호, 전복으로 5백여명 사망

06.01 [러시아] 루블화 규제 완전 철폐

06.17 [미국] '패러다임 이론' 창시한 토마스 쿤(1922~1996) 사망

06.26 [영국] 1세기 경 자작나무에 기록된 불교 최고문서 발견

07.05 [영국] 세계 최초로 포유동물 복제 성공, '복제양 돌리' 탄생

07.17 [미국] 뉴욕 발 파리로 향하던 TWA 보잉747 여객기, 공중폭발, 228명 몰사

07.19 [국제] 제26회 애틀랜타 올림픽 개막-한국 10위, 금7·은15·동5

08.04 [일본] 국민배우 '남자는 괴로워'의 아쓰미 기요시(1928~1996) 사망

08.28 [영국] 찰스 왕세자와 다이애나 이혼

09.10 [국제] 유엔총회, 포괄적핵실험금지조약(CTBT) 채택

10.12 [프랑스] 라코스테 의류사 창립자 르네 라코스테 사망

10.13 [독일] 권위 있는 시사주간지 『슈테른』지 창설자 헨리 나넨(사망

11.05 [미국] 클린턴, 미국 대통령 재선

11.12 [사우디아라비아] 사우디항공 보잉 747-100기, 카자흐스탄 민항기와 충돌, 349명 사망

12.04 [미국] 화성탐사선, 패스파인더 발사

12.20 [미국] NASA서 행성탐사 계획에 참여한 천문학자 칼 세이건(1934~1996) 사망

1997 정축(丁丑) 단기4330 김영삼5
클린턴/장쩌민/하시모토/옐친

01.01 114 안내전화 유료화, 한 통화당 80원

01.04 미국, 대북 식량 거래 허가

01.04 SBS드라마, '꿈의 궁전'(출연:이응경·이훈·김지호 등) 첫 방영(~6.29)

01.10 한국-캐나다, 정상회담

01.11 『아리랑』의 작가 님 웨일즈(1907~1997) 사망

01.12 EBS, 'EBS 장학퀴즈' 첫 방송

01.13 〈북한이탈주민의 보호 및 정착지원에 관한 법률〉 발표

01.13 MBC드라마, '의가형제'(출연:장동건·이영애·손창민 등) 첫 방영(~3.4)

01.20 강도치사죄 무기수 신창원, 부산교도소 탈옥-1999.7. 경찰에 체포, 2020.10. 출소

01.20 공군 창군 이래 첫 공군사관학교 여성 예비생(공사 49기)도 20명 입학

01.23 재계 자산순위 14위 한보철강·(주)한보 부도-이후 대기업 연쇄 부도

01.24 제18회 무주·전주동계유니버시아드 개막-49개국 1,600명 참가

01.26 김영삼 대통령-일본 무라야마 총리 정상회담

01.31 박상민, '무기여 잘 있거라'(작사 이승호, 작곡 유해준) 발표

01.31 김현정, '그녀와의 이별'·'혼자한 사랑' 발표

01.31 NEXT, 'Here I Stand For You'·'해에게서 소년에게'·'Lazenca'·'Save Us' 발표

01.00 설운도, '상하이 트위스트'(작사 이수진, 작곡 설운도) 발표

02.01 한국 프로농구 출범-안양 SBS스타즈 대 인천 대우제우스 개막전

02.03 아리랑 TV(케이블 TV 채널 50) 개국

02.12 황장엽(전 북한노동당 비서)·김덕홍(전여광무역총사장) 망명 요청-4.20. 한국 도착

02.19 한국-일본-대만 등 아시아 9개국을 잇는 아태해저광케이블(APCN) 개통

02.20 영화, '타이타닉'(감독:제임스 카메론, 배우:레오나르도 디카프리오·케이트 윈슬렛) 개봉

02.24 삼성전자, 말레이시아에 전자복합단지 준공

02.24 서울대와 9개 지방 국립대, '학술교류 협정' 체결

02.25 1982년 북한서 귀순한 김정일 처조카 이한영(1960~1997), 북한공작조에 의해 피살

02.25 한국-칠레, 과학협력협정 체결

02.00 대우자동차, '누비라' 출시(~1999.2)

02.00 심수봉, '백만송이 장미'(작사·작곡 심수봉) 발표

03.01 엄정화, '배반의 장미'(작사·작곡 주영훈) 발표

03.01 지누션, '말해줘'(작사·작곡 이현도) 발표

03.02 초등학생 학원 영어 과외 금지 발표

03.02 함남 대흥정치범 수용소의 강철호, 김포공항 통해 귀순

03.03 조정래 대하소설, 『태백산맥』 100쇄 출판

03.03 KBS2, '생방송 좋은 아침입니다' 첫 방송(~2000.4.29.)

03.03 MBC, '해피실버 고향은 지금' 첫 방송(~2009.1.25.)

03.05 고건, 제30대 국무총리 취임(~1998.3)

03.05 한국은행, 외환 보유액 20개월 만에 최저 기록 발표

03.06 소설 『남부군』 저자 이태(1922~1997) 사망

03.08 여야 3당 노동관계법 단일화로 노동법 사태 일단락

03.08 MBC, '퀴즈! 영화탐험!' 첫 방송(~2001.11.3.)

03.09 MBC, '기인열전' 첫 방송(~1998.9.5.)

03.10 MBC드라마, '별은 내 가슴에'(출연:안재욱·최진실·차인표 등) 첫 방영(~4.29)

03.11 KBS1, 'TV 조선왕조실록' 첫 방송(~1998.5.26.)

03.13 1996년 가구당 평균교육비 148만 원, 1980년보다 11배 증가

03.18 삼미그룹 계열사 법정관리 신청

03.20 크리스티앙 자크, 『람세스』(문한동네) 출판

03.21 한보건설 최종 부도 처리

03.24 남원 버스, 열차 충돌사고-16명 사망, 15명 부상

03.24 한국이동통신, SK텔레콤으로 사명 변경

03.26 서울·부산·대구·인천·대전·광주 등 6대 도시 시내버스 파업

03.29 교육부, 대안학교 설립 운영 지원계획 확정

03.29 한국 항공우주연구소·삼성항공, 국산기술로 8인승 쌍발 항공기 개발

03.31 UP, '뿌요뿌요'·'바다' 발표

03.00 기아자동차, '엔터프라이즈(ENTERPRISE)' 출시(~2000.10)

03.00 대우자동차, '레간자' 출시(~2002.7)

03.00 이문열, 『선택』(민음사) 출판

04.01 금융연구원, 국가 위험도 우려 수준에 도달 발표

04.01 DJ DOC, 'DOC와 춤을'(작사 김창렬, 작곡 이하늘) 발표

04.03 대한적십자사, 10억 상당 구호품 북한 발송

04.04 만화 '광수생각', ≪조선일보≫에 연재 시작(~2000.12.)

04.06 한국 남녀 쇼트트랙 스피드스케이팅팀, 그랜드슬램 달성

452

04.07 정태수 한보그룹 총회장, 청문회에서 정치자금 제공 시인
04.09 SBS드라마, '모델'(출연:김남주·한재석·장동건 등) 첫 방영(~8.7)
04.10 공덕동 지하철 6호선 공사장서 가스 폭발 사고-4,300여 가입자 전화 불통
04.17 대법원, 전두환 무기징역, 노태우 징역 17년 선고
04.20 황장엽, 서울 도착 성명에서 북한의 개혁, 개방 촉구
04.26 최초 한글소설 추정, 『설공찬전』 발견
04.26 KBS2드라마, '파랑새는 있다'(출연:이상인·정선경·백윤식 등) 첫 방영(~11.30)
04.30 쌍용그룹, 구조조정 계획 발표-2005.8. 워크아웃, 2014. 그룹 해체
05.01 프로농구, 부산 기아가 97FILA컵 프로농구 우승
05.03 고양세계꽃박람회 개최-한국 최초 국제 꽃박람회
05.03 영화, '쇼킹 아시아'(감독:롤프 올센) 개봉
05.04 5·18 광주 신묘역 준공, 이장
05.05 한수성·권연순, '아빠 힘내세요' 발표-제25회 MBC창작창작동요대회 대상
05.08 세계보건기구(WHO), 한국에 국제백신연구소 설립협정 및 비준동의안 가결
05.09 119 한강수상구조대 발대식
05.12 LG화학, 차세대 '퀴놀론계 항생제' 개발
05.12 북한 주민 14명 탈북
05.14 젝스키스, '사나이 가는 길'·'학원별곡' 발표
05.15 후안 마누엘, 『선과 악을 다루는 35가지 방법』(자작나무) 출판
05.16 금융개혁위원회, 최고의결기구 금융감독위원회와 집행기구 금융감독원 이원화
05.16 한석봉 친필서첩 발견
05.16 임창정, '결혼해줘'(작사·작곡 김형석) 발표
05.17 대검찰청 중수부, 알선수재 혐의로 김영삼 대통령 아들 김현철 구속
05.19 새정치국민회의 총재 김대중, 제15대 대통령 후보에 선출
05.19 제1회 LG배 세계기왕전, 이창호 9단 우승
05.20 과학기술원 홍예선 박사, 휴먼 로봇 개발
05.24 카니발, '거위의 꿈'(작사·작곡 카니발) 발표
05.25 핑클, 'Blue Rain'·'내 남자친구에게'·'루비' 발표
05.00 담배, '겟투'(1,300원) 시판

1997

06.01 북한, 나진·선봉 주민 자영업 허용, 화폐 체계 단일화 실시

06.01 서울·인천·경기도 제외한 전국 아파트분양가 전면 자율화 실시

06.02 여·야 국회의원, '6.10동지회' 결성

06.05 북 함정, 서해 북방한계선 침범 뒤 아군함정에 함포 3발 사격

06.06 삼성, 보급형 디지털카메라(GX-1) 양산체제 구축

06.06 김경호, '나를 슬프게 하는 사람들'(작사 강은경, 작곡 이경섭) 발표

06.08 클론, '도시탈출'(작사 김창환, 작곡 천성일) 발표

06.09 KBS2드라마, '프로포즈'(출연:김희선·이창훈·류시원 등) 첫 방영(~7.22)

06.10 한국 최초 프로권투 세계챔피언 김기수(1938~1997) 사망

06.13 김종환 '사랑을 위하여'(작사·작곡 김종환) 발표

06.13 영화, '잃어버린 세계: 쥬라기 공원'(감독:스티븐 스필버그, 배우:골드브럼 등) 개봉

06.14 SBS, '토요 미스테리 극장' 첫 방송(~1999.1.30.)

06.17 국무회의, 러시아와의 〈형사사법공조조약안〉 의결

06.20 나가타니 아키히로, 『20대에 하지 않으면 안될 50가지』(홍익) 출판

06.23 기아그룹, 정부 차원의 금융 대책 요청

06.24 자민련 총재 김종필, 제15대 대통령 후보로 결정

06.26 진도 4.2 지진 발생, 경북 경주 남동쪽 9㎞ 지역

06.27 김영삼 대통령-미국 클린턴 대통령, 정상회담

06.30 국산전투기 KF-16 1호기 출고

06.00 정덕희, 『여자가 변해야 세상이 변한다』(중앙 M&B) 출판

07.01 쌀·쇠고기 제외 농수산물 수입시장 개방

07.01 SBS, 'SBS 뉴스추적' 첫 방송(~2011.3.7.)

07.01 장필순, '나의 외로움이 널 부를 때'(작사 조동희, 작곡 조동익) 발표

07.01 쿨, '해변의 여인'(작사 이승호, 작곡 윤일상) 발표

07.03 서울지방법원, 12.12사건관련 재심선고공판서 전계엄사령관 정승화 무죄 선고

07.03 성수대교, 붕괴 2년 8개월 만에 재개통

07.05 HOT, '행복'·'늑대와 양'·'We are the Future' 발표

07.08 북한, 주체연호(원년 1912년) 및 태양절(4.15) 제정

07.15 기아자동차 부도 유예-9.22. 기아자동차 화의 신청

07.15 울산, 광역시로 승격

07.15 패션디자이너 지아니 베르사체(1946~1997) 피살

07.17 영화, '제5원소'(감독:뤽 베송, 배우:브루스 윌리스·밀라 요보비치 등) 개봉

07.21 신한국당, 제15대 대통령선거 후보에 이회창 대표 선출

07.22 국립광주박물관, 광주에서 기원전 1세기 경 국내 최고 악기 발굴

07.25 춘천만화축제(현 춘천국제애니타운 페스티벌) 개막

07.31 임재범, '고해'(작사 채정은, 작곡 송재준) 발표

07.00 자동차 보유 1,000만 대 돌파

08.01 서울아산병원, 인공심창 이용한 심장이식술 성공

08.01 MBC 제18회 강변가요제(춘천 공지천)-네이머스, '겨울이 끝나는 날' 대상 수상

08.02 영화, '넘버 3'(감독:송능한, 배우:한석규·최민식·이미연 등) 개봉

08.05 모모세 타카시, 『한국이 죽어도 일본을 못 따라잡는 18가지 이유』(사회평론) 출판

08.06 KAL기 괌 추락-232명 사망

08.08 서지학자 이종학, 울릉도에 독도박물관 건립·개관

08.09 영화, '할렐루야'(감독:신승수, 배우:박중훈·이경영·성현아 등) 개봉

08.13 캄보디아 훈 할머니, 일본대사관 앞 '군위원부' 할머니 집회 참석

08.15 김영삼, 한반도 평화정착 4대원칙(무력포기·상호존중·신뢰구축·상호협력) 발표

08.15 뮤지컬 '명성황후', 국내 공연사상 최초로 뉴욕 공연

08.19 KEDO 지원, 북한 경수로 공사 착공

08.22 〈산업표준화법〉 개정-'KS표시 허가제'가 '인증제도'로 전환

08.25 강경식 경제부총리, 금융시장 안정 및 금융산업 구조조정 종합대책 발표

08.27 김영삼 대통령, 네타냐후 이스라엘 총리와 정상회담

08.28 민주당 전당대회서 조순 서울시장, 당 총재로 추대

08.29 월북한 오익제 전 천도교 교령, '자유로운 통일운동 위해' 월북했다고 주장

08.29 제1회 부천국제판타스틱영화제 개막

08.29 DIVA, '그래'(작사 강정훈, 작곡 윤건) 발표

08.31 제27차 국제극예술협회 총회 및 세계연극제, 서울 국립국장에서 개막

08.00 기아자동차, '세피아 II' 출시(~2000.5)

09.01 공중전화요금, 40원에서 50원으로 인상

09.03 베트남 민항기, 프놈펜에 추락, 한국인 21명 포함 탑승객 65명 사망

09.03 원자력발전소 월성 2호기 준공(70만㎾)(1991.10~)

09.06 한국 월드컵 본선 4회 연속 진출

09.07 SK텔레콤, IMT-2000의 시험 시스템 개발

09.08 진로그룹 화의 신청

09.09 합동참모본부, 북한군 1명 사살 발표

09.10 산업은행 외환채권 발행(15억 달러)

09.11 민주당 전당대회 개최-조순 총재, 대통령후보로 추대

09.13 이인제 경기지사, 대통령선거 출마 공식선언, 신한국당 탈당

09.13 영화, '노는 계집 창'(감독:임권택, 배우:신은경·한정현·최동준 등) 개봉

09.13 영화, '접속'(감독:장윤현, 배우:한석규·전도연·박용수 등) 개봉

09.13 영화, '현상수배'(감독:정흥순, 배우:박중훈·스티브 바스토니 등) 개봉

09.17 『전황당인보기』 소설가 정한숙(1922~1997) 사망

09.19 한국통신, 스톡옵션제 도입

09.22 진로그룹 6개 계열사, 법정관리 신청

09.22 한솔PCS, 018 서비스 개통식 개최

09.29 기아그룹 채권금융기관, 법정관리 신청 요구

09.30 신한국당, 대구 전당대회, 이회창 대표를 새 총재로 선출

09.00 현대자동차, '아토스' 출시(~2002.12)

10.01 KTF(016), LG Telecom(019), 한솔PCS(018), PCS 상용서비스 개시

10.01 미국, 한국자동차에 슈퍼301조 발동

10.01 한국통신, 정부출자기관으로 전환

10.01 훈민정음·조선왕조실록, 유네스코 세계기록유산으로 등재

10.02 한국-칠레, 무역산업협력협정 체결

10.04 제35회 대종상영화제 시상-'접속'(감독:장윤현, 명필름)

10.06 제주도에서 제42회 아시아 태평양 영화제 개막

10.07 서울지방법원, 『내게 거짓말을 해봐』 작가 장정일 구속 영장 기각

10.08 북한 조선중앙방송, 김정일 당총비서직 공식추대 발표

10.08 제78회 전국체육대회 개최(경남)

10.10 이만섭·이인제 등, '국민신당' 창당(~1998.9.28.)-신자유주의 정당

10.10 한국형 뮤지컬 퍼포먼스 아트 '난타', 호암 아트홀에서 초연

10.11 MBC드라마 '그대 그리고 나'(출연:최진실·박상원·차인표 등) 첫 방영(~1998.4.26.)

10.11 인천방송(현 경인방송) 개국

10.16 주식회사 쌍방울·쌍방울 개발 부도

10.16 해군, 한국형 구축함 을지문덕함(DDH 972, 3천톤급) 진수

10.22 터보, 'Goodbye Yesterday'·'회상(December)'·'금지된 장난' 발표

10.24 기아자동차 채권은행단, 기아자동차·아시아자동차 법정관리 신청

10.24 미국S&P사, 한국국가신용등급 하향조정, 장기: AA-→A+, 단기: A1+→A1

10.24 KBS2, '사랑의 리퀘스트' 첫 방송(~2014.12.27.)

10.25 프로야구, 해태가 LG를 누르고 한국시리즈 우승

10.25 프로축구, 부산대우가 포항스틸러스를 누르고 K리그 우승

10.25 제21회 MBC대학가요제(연세대)-전선민, '꿈의 초상' 대상 수상

10.25 KBS2, '비디오 챔피언' 첫 방송(~2001.4.28.)

10.26 김경호 일가 등 17명 탈북-12.9. 서울 도착

10.27 국방과학연구소, 요격미사일 천마 시험발사 성공

10.27 미국 무디스사, 한국국가신용등급 하향조정, 장기 : A1→A2, 단기 : P1→P2

10.27 SBS, '특명! 아빠의 도전'(~2005.10.21.)

10.28 주가지수 500선 붕괴

10.29 금융시장 안정대책 발표-연기금 3조 주식매입, 채권시장개방 확대, 기업구조조정

10.30 한국-캄보디아, 대사급 외교 관계 수립 합의

10.31 국민회의-자민련, 단일 대통령후보 김대중으로 결정

10.31 NRG, '할 수 있어'·'티파니에서 아침을' 발표

10.00 쌍용자동차, '체어맨' 출시(~2003.9)

11.01 해태그룹 부도

11.01 이현우, '헤어진 다음날'(작사·작곡 이현우) 발표

11.01 ART, '슬픈 얼굴'(작사 김태희, 작곡 박제성) 발표

11.03 국민회의 김대중·자민련 김종필, 'DJP 연합' 공식 발표

11.03 시인 김요섭(1927~1997) 사망

11.04 국민신당, 이인제 전 경기도지사를 대통령 후보로 결정

11.04 뉴코아 부도

11.04 서울대조사단, 서울 아차산 주변 한강변서 고구려 성터와 유물 1천여 점 발굴

11.05 블룸버그, '한국 가용 외환 보유고 20억 달러' 보도

11.05 한국전력, 필리핀 일리한 발전소 건설사업 수주

11.05 MBC, '박상원의 아름다운 TV 얼굴' 첫 방송(~2002.3.30.)

11.06 TDX 1000만 회선 돌파

11.06 국민회의 김대중, 자민련 김종필·박태준, 'DJT 연합' 출범

11.07 김영삼 대통령, 신한국당 탈당

11.07 이회창 신한국당 총재와 조순 민주당 총재, 후보단일화 및 양당통합 합의

11.07 주가 최대 폭락

11.08 장선우 감독 '나쁜영화', 제10회 도쿄국제영화제 제1회 아시아영화상 수상

11.10 디지털 TRS 상용서비스 개시

11.10 환율 사상 처음으로 달러당 1,000원 돌파

11.15 SES, 'I'm Your Girl'·'Oh My Love'·'Dreams Come True' 발표

11.16 미셸 캉드쉬 IMF 총재 극비 방한

11.16 신한국당·민주당, 통합당명 '한나라당'으로 결정

11.18 한국은행, 정부에 IMF구제금융 요청 촉구

11.19 1998학년도 수능시험 실시-접수자 885,321명, 응시자 854,272명(96.5%)

11.20 북한 일본인 처 고향 방문

11.20 안기부, 최정남·강연정 부부간첩 조사 중 고영복(서울대교수) 등 고정간첩망 적발 발표

11.21 신한국당·민주당 통합 '한나라당' 창당대회-대통령후보 이회창, 총재 조순 선출

11.21 임창렬 경제부총리, IMF 구제금융 공식요청

11.21 자민련, 박태준 의원을 새 총재로 선출, 김종필 총재를 명예총재로 추대

11.22 영화, '편지'(감독:이정국, 배우:최진실·박신양·최용민 등) 개봉

11.22 조관우, '길'(작사 조관우, 작곡 오동석) 발표

11.23 IMF 실무협의단(1진), 김포국제공항에 입국-11.25. IMF 실사단 공식 활동 개시

11.25 김영삼 대통령-중국 장쩌민, 정상회담

11.25 미국 S&P사, 한국국가신용등급 하향조정, 장기(2단계) : A+→A--, 단기(1단계) : A1→A2

11.26 IMF 휴버트 나이스 대표단(2진), 김포국제공항에 도착

11.30 비쥬, 'LOVE LOVE'(작사·작곡 비쥬) 발표

11.00 이현우 '헤어진 다음 날'(작사·작곡 이현우) 발표

12.01 박지윤, '하늘색 꿈'(작사 최광수, 작곡 조영수) 발표

12.02 재경경제원, 9개 종금사 영업정지 법령

12.02 양희은, '상록수'(작사·작곡 김민기) 발표

12.03 대인지뢰 금지협약 서명

12.03 유네스코 세계유산위원회, 창덕궁·수원 화성을 세계문화유산으로 선정

12.03 캉드쉬 IMF 총재와 긴급자금지원 합의서에 서명

12.04 IMF 이사회, 총 210억 달러 승인-12.6. 1차 56억 달러, 12.30. 20억 달러 지원

12.05 고려증권, 최초 금융기관의 부도

12.06 국어 표준발음에 크게 공헌한 국어학자 남광우(1920~1997) 사망

12.06 한라그룹 부도

12.08 대우, 쌍용자동차 인수

12.09 한반도평화체제구축을 위한 제1차 4자회담 제네바에서 개최

12.10 환율 폭등으로 시장거래중단

12.11 극동건설 그룹 계열, 동서증권 영업정지

12.11 김영삼 대통령, 국가보도사태 관련 대국민사과담화 발표

12.11 미국 S&P사, 한국국가신용등급 3단계 하향조정 : A→BBB-

12.13 검찰, 매점매석·가격담합 특별단속

12.16 위안부 참상 첫 증언(1991.8) 김학순(1924~1997) 할머니 사망

12.16 한화그룹, 한화에너지와 한화에너지 플라자 매각 결정

12.16 환율변동제한폭 철폐

12.17 진주, '난 괜찮아'(작사 박진영, 작곡 Dino Fekaris) 발표

12.18 제15대 대통령에 김대중(40.3%) 당선, 이회창(38.7%)·이인제(19.2%)

12.20 전두환·노태우 두 전직 대통령, 사면 복권 발표

12.21 미국 무디스사, 한국국가신용등급 하향조정, 장기(2단계) : Baa2→Ba1(투자부적격)

12.22 12인 비상경제대책위원회 구성

12.22 전두환·노태우 전직 대통령 등 19명 사면 석방

12.23 원화 환율, 사상 최고치 기록(1,995원)

12.29 2002년 월드컵 개최 10개시 확정-서울·부산·대구·인천·광주·대전·울산·수원·전주·서귀포

12.30 제7차 교육과정 시작-국민공통, 고등학교 선택 중심 교육과정(~2012)

12.30 잭 캔필드, 『영혼을 위한 닭고기 수프』(푸른숲) 출판

12.31 부실 종금사 처리를 위한 가교종금사(한아름종금) 설립

12.31 안치환 '사람이 꽃보다 아름다워'(작사 정지원, 작곡 안치환) 발표

12.00 기아자동차, '슈마' 출시(~2000.5.)

00.00 해태, '구운감자'(네모난 모양) 출시-2001.8. 막대형 '구운감자' 출시

▨▨▨▨▨▨▨▨▨▨▨▨▨

01.18 [노르웨이] 탐험가 뵈르게 오우슬란, 남극대륙 첫 단독횡단

01.20 [미국] 빌 클린턴, 대통령 집권2기 취임

02.19 [중국] 개혁개방으로 중국을 이끈 등소평(1904~1997) 사망

02.28 [이란] 지진으로 3천여 명 사망자 발생

03.03 [파키스탄] 브레이크 고장으로 열차 탈선, 125명 사망

03.17 [미국] '흡연환자 치료비 담배회사가 부담' 판결

04.11 [앙골라] 내전 종식하고 22년 만에 단일거국정부 출범

04.13 [미국] 타이거 우즈, 마스터스 골프대회 우승(세계 메이저대회 첫 승)

04.15 [이슬람] 메카 순례자 캠프서 대형 화재 발생, 340명 사망

05.01 [영국] 토니 블레어 영국 노동당 당수, 총선승리로 수상에 취임

06.01 [일본] 스톡옵션제 전면허용 실시

06.29 [미국] 마이크 타이슨, 경기 도중 홀리필드의 귀를 물어뜯어 실격패

07.01 [미국] 영화 배우 로버트 미첨(1917~1997) 사망

07.01 [중국] 홍콩 주권, 중국에 귀속

07.02 [미국] 배우 제임스 스튜어트(1908~1997) 심장마비 사망

07.04 [미국] 패스파인더호 화성 탐사 성공

07.13 [러시아] 발레리나 알렉산드라 다닐로바(1903~1997) 사망

07.31 [베트남] 마지막 황제 바오 다이(1913~1997) 사망

08.04 [프랑스] 세계 최고령자 잔 칼망(1875~1997) 할머니 122세로 사망

08.31 [영국] 다이애나(1961~1997) 전 왕세자빈 사망

09.05 [유고슬라비아] 테레사(1910~1997) 수녀 사망

09.12 [미국] 화성 탐사선, '글로벌 서베이어' 화성궤도에 진입

09.26 [인도네시아] 항공 에어버스 A300-B4기 수마트라 추락-234명 사망

10.02 [국제] 유럽연합 15개국 외무장관, 통화통합 국경철폐 등 암스테르담조약 체결

10.06 [미국] '프리온' 단백질 발견한 프루시너 교수, 노벨의학상 수상자로 선정

11.08 [중국] 세계 최대 삼협댐 물막이공사 완성

12.13 [국제] EU 11개국 회원국 가입 결정

12.24 [일본] 영화 배우 미후네 도시로(1920~1997) 사망

1998 무인(戊寅) 단기4331 김대중2
클린턴/장쩌민/하시모토·오부치/옐친

01.01 한국교육과정평가원 개원-교육과정·교육평가 방법 등의 연구·개발 정부기관

01.02 박진영, 'Honey'(작사·작곡 박진영) 발표

01.12 아파트 분양가 자율화 조치

01.12 전국 106개 단체, 대한YWCA 2층 강당에서 '외채상환 금모으기 범국민운동' 발대식

01.14 금모으기운동 모은 금, 1차분 금괴 1톤(1천만 달러어치) 첫 수출

01.14 나산그룹, 최종 부도처리

01.15 노사정위원회 출범-노동자·사용자·정부 참여의 노동관련 대통령자문기구

01.16 영화 촬영감독 유영길(1935~1998) 사망

01.17 북한, 부정부패·주민생활을 다룬 KBS연속극 '진달래꽃 필 때까지' 강력 중단 요구

01.18 극동건설 부도

01.18 김대중 대통령당선자, 생방송 '국민과의 TV대화'

01.19 현대·LG그룹, 구조조정안 발표

01.20 김진명, 『하늘이여 땅이여』(해냄) 출판

01.21 삼성그룹, 구조조정안 발표

01.23 일본, 〈한일어업협정〉 일방적 파기 선언

01.24 발해탐사 '뗏목항해' 25일 만에 풍랑으로 좌절-4명 전원 사망

01.24 영화, '8월의 크리스마스'(감독:허진호, 배우:한석규·심은하·신구 등) 개봉

01.25 은희경 외, 『아내의 상자』(문학과사상사) 출판

01.26 정부 조직, 장관급 33명을 23명으로 7개 부처 통폐합 확정 발표

01.30 종금사 1차 폐쇄(한화·쌍용·경남·고려·삼삼·항도·청솔·신세계·경일·신한종금) 발표

01.00 대우자동차, 쌍용자동차 인수계약 체결

01.00 현철, '사랑의 이름표'(작사 김동찬, 작곡 현철) 발표

01.00 사이버 가수 아담, '세상엔 없는 사랑'(작사 강은경, 작곡 이경섭) 발표

01.00 기아자동차, '카니발' 출시

02.02 경향신문, 한화그룹에서 분리

02.04 MBC드라마, '육남매'(출연:장미희·최종원·윤미라 등) 첫 방영(~1999.12.17.)

02.06 로마주재 북한 외교관 김동수 일가, 탈출 망명

02.07 제18회 나가노 동계올림픽 개막-한국 9위, 금3·은1·동2

02.08 금융시장 안정 및 단기금융시장 개방계획 발표

02.10 서해 백령도 서남서쪽 약 90㎞ 해역, 진도 4.1 지진 발생

02.12 국립문화재연구소, 경주 감은사 3층 석탑의 금동사천왕상 등 유물 20점 첫 공개

02.15 김주영, 『홍어』(문이당) 출판

02.17 IMF, 한국정부 4차 의향서 승인-20억 달러 인출 승인

02.17 미국 S&P사, 한국 국가신용등급 3단계 상향 조정 : B+→ BB+

02.17 김동성·전이경 등, 나가노동계올림픽 쇼트트랙 1,000m(남), 3,000m계주(여) 금메달

02.20 영화, '타이타닉'(감독:제임스 캐머런, 배우:레오나르도 디카프리오) 개봉

02.22 제18회 나가노 동계올림픽 폐막-한국 9위(금 3개, 은 1개, 동 2개)

02.23 교수·변호사·종교인 등 각계인사 123명, '재벌개혁을 촉구하는 123인 선언' 발표

02.23 삼성전자, 128메가D램 개발

02.25 김대중, 제15대 대통령 취임-햇볕정책 발표

02.26 한솔종합금융·대구종합금융, 인가 취소

02.28 육군사관학교 여생도 24명 첫 입교

02.28 외무부, 외교통상부로 명칭 변경

02.28 재정경제원 폐지-재정경제부 출범

02.28 강산에 '거꾸로 강을 거슬러 오르는 저 힘찬 연어들처럼'(작사·작곡 강산에) 발표

02.29 윤동주 시인 시집 『하늘과 바람과 별과 시』, 프랑스에서 번역 출간

02.00 LG텔레콤, 세계 최초로 CDMA방식 무선데이터 서비스 상용화

02.00 기아자동차, '크레도스 Ⅱ' 출시(~2000.7)

03.00 삼성자동차, 'SM5' 출시(~2005.1)

03.01 김대중 대통령, 3.1절 기념사에서 남북특사교환 제의

03.01 임창정, '늑대와 함께 춤을'(작사 여정윤, 작곡 김형석) 발표

03.02 특허법원, 서울행정법원 개원

03.02 SBS드라마, '순풍 산부인과'(출연:오지명·선우용녀·박영규 등) 첫 방영(~2000.12.1.)

03.02 MBC드라마, '보고 또 보고'(출연:김지수·윤해영·정보석 등) 첫 방영(~1999.4.2.)

03.03 국내 최대 책 도매상 보문당 부도

03.03 김종필 국무총리 서리 취임

03.03 대한항공 화물기, 북한비행정부구역 첫 비행

03.04 권영해 전 안기부장, '북풍공작' 주도혐의로 검찰조사 중 자살 기도

03.04 재정경제부, 보험업 외국인 투자 개방 조처 발표

03.10 서울시, 일자리 56만 개 창출 결정

03.11 효성그룹, 구조조정안 발표

03.12 단기외채 2백 18억달러 만기 연장

03.13 주한미군사령부, 미8군→육군구성군사령부(ASCC)로 개편

03.15 현대전자(현 SK하이닉스), 복합반도체 개발 발표

03.16 제2차 4자회담 제네바에서 개최

03.18 대농그룹계열 미도파백화점 부도

03.18 안기부, '북풍공작'(1997년 대선 당시 북한에 휴전선 무력시위 요청) 수사

03.20 통일부, 평화·화해·협력 실현을 통한 평화통일기반조성, 대북정책지침 확정

03.24 세계은행, 1차 국조 조정차관 20억 달러 승인

03.25 SBS드라마, '내 마음을 뺏어봐'(출연:박신양·김남주·한재석 등) 첫 방영(~5.14)

03.25 여명, '사랑한 후에'(작사·작곡 유유진) 발표-'내 마음을 뺏어봐' 주제곡

03.26 노동부, 2월 중 실업자 100만 명 돌파 집계

03.28 박동진 판소리 명창, 83세 나이로 판소리 수궁가 5시간 완창

03.31 금융감독위원회, 기업은행 민영화 백지화, 국책은행 유지 결정

1998

03.00 현대자동차, 'EF·소나타' 출시(~2001.10)

03.00 현대자동차, '뉴 아반떼' 출시(~2000.4)

04.01 금융감독위원회(위원장 전광우) 공식 출범

04.01 보험중개업·손해사정업·보험계리업 등, 외국인에게 전면 개방

04.01 박상민, '하나의 사랑'(작사 조은희, 작곡 김지환) 발표

04.01 컨츄리꼬꼬, '오! 해피'(작사 이상민, 작곡 강정환) 발표

04.01 쿨, '애상'(작사 이승호, 작곡 윤일상) 발표

04.01 DIVA, '왜 불러'(작사 이건우, 작곡 최준영) 발표

04.03 조영식 경희학원장, '간디평화상' 수상

04.03 김대중 대통령, 아시아·유럽정상회의에서 유럽의 지원 촉구

04.03 외평채 40억 달러 발행

04.04 KBS2드라마, '야망의 전설'(출연:최수종·채시라·유동근·이정현 등) 첫 방영(~10.25)

04.07 대통령 산하 규제개혁위원회(위원장 국무총리) 출범

04.10 금융감독기관·증권거래소 구조 조정 실시

04.10 류시화, 『지금 알고 있는 걸 그때도 알았더라면』(열림원) 출판

04.11 프로농구, 현대가 기아를 누르고 프로농구 리그 우승

04.13 외국기업의 인수·합병 무제한 허용 결정

04.16 2011년까지 영종도·아산에 국제투자 자유도시·신도시 건설계획 발표

04.20 북한 김정일 국방위원장, '민족대단결 5대 방침' 발표

04.25 영화, '조용한 가족'(감독:김지운, 배우:박인환·나문희·최민식 등) 개봉

04.26 재정경제부·국제통화기금, 금리 단계적 인하 합의

04.00 국내 최초의 인터넷 경매 전문사이트 '옥션' 개설

04.00 대우자동차, '마티즈(MATIZ)' 출시(~2000.8)

04.00 송대관 '네박자'(작사 김동찬, 작곡 박현진) 발표

05.01 R.ef, 'Never Ending Story'(작사 이승호, 작곡 윤일상) 발표

05.02 박보희 한국문화재단 이사장과 리틀엔젤스예술단 일행 64명 평양 방문

05.02 대구지하철 1호선 전 구간 개통

05.02 서울·경기 지역 호우로 지하철 7호선 침수

05.05 리틀엔젤스예술단, 평양 봉화예술극장에서 순수 민간단체 최초 공연

05.05 김민종, '착한 사랑'(작사 김민종, 작곡 김도형) 발표

05.06 삼성그룹, 주력업종 제외한 전업종 처분 구조조정안 발표

05.07 현대·LG·SK그룹, 주력업종 제외한 잔여 업종 처분 구조조정안 발표

05.08 청와대 시민에 개방 시작

05.12 거평그룹 부도

05.14 1908년 대한제국 황실이 『왕조정사』를 한글로 번역한 『조선왕조실록』 발견

05.16 외국인 주식투자한도 폐지

05.16 영화, '찜'(감독:한지승, 배우:김혜수·안재욱·최철호 등) 개봉

05.18 박세리, 맥도널드 LPGA 챔피언십과 U.S.여자 오픈에서 첫 우승

05.20 SBS드라마, '미스터Q'(출연:김민종·김희선·송윤아 등) 첫 방영(~7.16)

05.22 통계청, 실업자 수 143만 명 집계(4월 현재)

05.27 안기부, 북한 텔레비전드라마 '북방의 겨울', 최초로 국내 방송국에 제공

05.28 22개 민간단체와 민간 이산가족교류단체, 남북이산가족교류협의회 창립

05.30 정진석 주교, 제13대 서울대교구장과 제9대 평양교구장 서리 임명

05.30 탤런트 김혜자, 선명회 후원자 대표로 방북

05.30 영화, '여고괴담'(감독:박기형, 배우:이미연·김규리·박용수 등) 개봉

05.31 이원복, 『이원복 교수의 진짜 유럽이야기』(두산동아) 출판

05.31 크라잉넛, '말달리자'(작사 작곡 이상혁) 발표

06.01 농림부, 엘니뇨현상으로 인한 농작물 피해 비상사태 선포

06.02 해태그룹 채권단, 해태그룹 해체계획 발표

06.02 영화, '뮬란'(감독:니미 라로) 개봉

06.04 제2차 동시지방선거 실시, 서울시장 고건 당선

06.06 KBS1드라마, '왕과 비'(출연:임동진·정태우·채시라 등) 첫 방영(~2000.3.26.)

06.10 한국, 제16회 프랑스월드컵 본선 진출

06.10 한국·미국, 〈범죄인 인도조약〉 체결-1999.12.20. 발효

06.12 5대그룹 간 빅딜 추진, 한국전력공사 등 9개 공기업 조기 민영화 확정

06.16 정주영 현대그룹 명예회장, 소 500마리 싣고 방북

06.17 금융감독위원회, 55개 퇴출대기업명단 발표

06.22 북한 잠수정, 동해안의 어선 그물에 걸려 좌초

06.23 정주영 현대그룹 명예회장, 북한과 금강산관광에 합의 발표

06.27 영화, '고질라'(감독:롤랜드 에머리히) 개봉

06.28 금융감독위원회, 경기·대동·동남·동화·충청 등 5개 은행 퇴출 확정

06.29 강원랜드 설립-폐광지역 경제회생, 관광산업 육성 목적

06.30 국방과학연구소, 잠수함 탑재용 중어뢰 개발

06.30 엄정화, 'Poison'(작사·작곡 주영훈) 발표

06.00 국내 최초 온라인 서점, '예스24' 설립

07.01 한일그룹 부도

07.01 젝스키스, 'Road Fighter'(작사 김영아, 작곡 이윤상)·'무모한 사랑'·'커플' 발표

07.03 북한 잠수함 승조원 시신 9구, 판문점을 통해 북한에 인도

07.03 영화, '아마겟돈'(감독:마이클 베이, 배우:브루스 윌리스) 개봉

07.03 공기업 1차 민영화방안 발표-포항제철·한국중공업·종합화학·종합기술금융·국정교과서

07.03 〈외환매입제한〉 폐지

07.03 영화, '아마겟돈'(감독:마이클 베이, 배우:브루스 윌리스·빌리 밥 손튼 등) 개봉

07.04 동해안서 잠수복에 기관총 휴대한 무장간첩 시신 1구, 침투용 수중추진기 1대 발견

07.04 러시아의 조성우 주러 참사관 추방에 올레그 주한 참사관 맞추방

07.04 양귀자, 『모순』(살림) 출판

07.06 국산 중어뢰, '백상어' 개발

07.06 한국 최초의 인터넷신문 ≪딴지일보≫ 창간

07.07 박세리, 98US여자오픈골프대회 우승

07.07 서태지, 'Take Two'(작사·작곡 서태지) 발표

07.08 초조 고려대장경, '대반야바라밀다경' 인쇄한 두루마리 판본 발견

07.24 금융감독위원회, 부실금융기관 폐쇄 결정

07.25 통계청 등 10개 정부기관, 대전종합청사로 이전 시작

07.27 영화단체, '스크린쿼터 사수 범영화인비상대책위원회' 결성

07.29 기획예산위원회, 2차 공기업 민영화계획 확정

07.30 국내 최고 여성 시동인 '청미회', 35년 활동 마감·해체

07.31 한일은행·상업은행 합병, 한빛은행(현 우리은행) 출범

08.03 제15대 2기 국회의장 박준규 피선(~2000.5)

08.04 박찬호, 미 프로야구 내셔널리그 7월 투수부문 최우수 선수로 선정

08.04 현대그룹, 북한과 금강산유람선 관광사업 계약

08.04 유익종 '그리운 얼굴'(작사·작곡 정홍택) 발표

08.05 10대 산업(철강·자동차·반도체·조선·항공기·철도차량·시멘트 등) 구조조정작업 착수

08.05 대한항공 여객기, 김포공항 활주로 이탈-65명 부상

08.06 강화도 하루 620㎜ 폭우-1904년 이래 최고 강수량 기록

08.07 영화진흥공사, 경기도 남양주에 '영화문화관' 개관

08.07 박광수, 『광수생각』(소담출판사) 출판

08.09 『바보 용칠이』소설가 최태웅(1917~1998) 사망

08.10 남과 북 유일한 통로 '자유의 다리'(문산, 83m) 경비, 미군에서 한국군으로 이관

08.13 한총련·범민련 남측본부, 범민족대회·범청학련통일대축전 개최

08.14 경기도 광주에 일본군 '위안부' 역사관 개관

08.14 MBC 제19회 강변가요제(춘천 중도선착장)-안문식, '나와 같은 눈물을 흘릴거야' 대상

08.15 건국50주년, 공안사범 103명 등 총 7천7명 특별사면복권 가석방

08.15 김대중, 당면한 국난극복과 민족 재도약을 위한 '제2건국' 제창

08.15 영화, '퇴마록'(감독:박광춘, 배우:안성기·신현준·추상미 등) 개봉

08.17 공기업 2차 민영화방안 발표

08.18 김종필, 제31대 국무총리 취임(~2000.1)

08.19 4개 보험사(국제생명·태양생명·BYC생명·고려생명) 영업정지

08.19 『오전 10시에 배달되는 햇살』시인 원희석(1956~1998) 사망

08.21 주한 중국대사관·한국노신학회의, 제1회 노신문학상 수상자로 소설가 조정래 선정

08.26 SK그룹 회장 최종현(1929~1998) 사망

08.27 언론개혁시민연대 창립대회

08.29 새정치국민회의·국민신당 합당 공식 선언

08.30 LG반도체, 고속D램 분야에서 세계 1위 기록

08.31 북한, 인공위성 광명성1호 발사(미사일로 추정)

08.31 한나라당 전당대회서 이회창 명예총재, 새총재로 선출

09.02 언론인 유건호(1922~1998) 사망

09.03 태고종 종정, 보성 스님(1928~1998) 입적

09.05 북한, 김정일을 국방위원장에 재추대

09.06 조성모, 'To Heaven'(작사 이승호, 작곡 이경섭) 발표

09.07 통일부, 현대그룹의 금강산사업 승인

09.08 '메조소프라노 대모', 성악가 이정희(1927~1998) 사망

09.08 하나은행, 보람은행 합병

09.11 신문 삽화 선구자, 이우경(1922~1998) 화백 사망

09.11 강원은행, 조흥은행 현대종합금융 합병 발표

09.11 경주세계문화엑스포, 〈새 천년의 미소〉 주제로 개막

09.11 국민은행, 장기신용은행 합병 발표

09.11 부천 LP가스충전소 폭발 화재-소방관 18명 화상

09.12 영화, '남자의 향기'(감독:장현수, 배우:김승우·명세빈·조민가 등) 개봉

09.14 간첩 활동 혐의 조국통일범민족연합 남측본부 사무처장 검거

09.16 청록파 시인, 박두진(1916~1998) 사망

09.18 한국독립영화협회 창립-독립영화의 연구·제작·배급지원 등

09.20 대우전자, 차세대 영상장치 TMA 기술 개발

09.21 코피 아난 UN 사무총장, 제4회 서울평화상 수상

09.23 한스밴드, '선생님 사랑해요'·'오락실' 발표

09.24 삼성전관, 5.09인치 LCD 개발

09.25 '눈물 젖은 두만강' 원로가수 김정구(1916~1998) 사망

09.25 제79회 전국체육대회 개최(제주)

09.25 한국-일본, 신한일어업협정 타결-영토문제와 별개의 어업협정 체결-1999.1 발효

09.25 HOT, '빛'(작사·작곡 강타)·'열맞춰!' 발표

09.26 제1회 방콕국제영화제, 장선우 감독 '꽃잎' 최고상 수상

09.28 박찬호, 메이저리그 진출 3년 만에 시즌 15승 달성

09.30 제9호 태풍, '얘니' 전국 강타

09.30 국군포로 장무환 하사, 북한탈출 제3국 체류 중 45년 만에 한국 귀환

09.30 국방과학연구소, 신형 155mm 자주포(K-9 썬더(Thunder)) 개발

09.00 현대자동차, 'XG 그랜저' 출시(~2002.3)

10.02 민-관합동의 개혁 총괄기구, '제2의건국 범국민추진위원회'(위원장 변형윤) 공식 출범

468

10.03 김대중 당선자와 4대그룹 회장, 5개항(책임경영강화·재무구조개선·상호지급보증 등) 합의

10.03 영화, '정사'(감독:이재용, 배우:이미숙·이정재·송영창 등) 개봉

10.03 영화, '처녀들의 저녁식사'(감독:임상수, 배우:강수연·진희경·김여진 등) 개봉

10.05 영생교도 7명, 강원도 양양에서 집단 자살

10.07 탤런트 이낙훈(1936~1998) 사망

10.07 프랑크푸르트 국제도서전, 도서전 사상 최초로 '한국국가관' 설치

10.08 IMF, 한국정부 3차 의향서 승인-20억 달러 인출 승인

10.08 김대중 대통령·오부치 게이조 일본 총리 정상회담

10.08 프로야구 선수 타이론 우즈, 첫 외국인 선수 MVP에 선정

10.09 경주에서 통일신라시대의 두레박·우물터 발견

10.11 뚱뚱이와 홀쭉이의 뚱뚱이, 코미디언 양훈(1923~1998) 사망

10.15 베이비복스, '야야야'(작사·작곡 김형석) 발표

10.17 KBS2, 북한 영화 '림꺽정' 방영

10.17 중국을 통한 북한 주민 밀입국 귀순 발표

10.17 제22회 MBC대학가요제(서강대)-로얄젤리, '사랑의 죄' 대상 수상

10.17 KBS1, '역사스페셜' 첫 방송(~2003.6.21.)

10.19 기아자동차, 제3차 국제 경쟁입찰에서 현대자동차에 낙찰

10.20 일본 대중문화 1차 개방 발표-영화·비디오, 일본어판 만화와 만화잡지

10.20 서울 월드컵경기장 착공(~2001.11)

10.21 제3차 4자회담 제네바에서 개최-긴장완화·평화체제구축 분과위 구성 합의

10.27 정주영 현대그룹 명예회장, 정몽헌 현대전자 회장 방북, 김정일 면담

10.30 프로야구, 현대가 LG를 누르고 한국시리즈 우승

10.31 프로축구, 수원삼성이 울산현대를 누르고 K리그 우승

11.01 자우림, '미안해 널 미워해'(작사·작곡 이선규·김윤아) 발표

11.01 1TYM, '1tym'(작사 송백경, 작곡 페리) 발표

11.04 삼성전자, 144M램버스D램 개발

11.05 국제천문연맹, 아마추어 천문가 이태형이 국내서 첫 발견한 소행성 공식 인정

11.05 조치훈 명인, 세계 최연소-세계 최단기로 1,000승 달성

11.05 제1회 재외동포예술제 개최

1998

11.07 영화, '개미'(감독:에릭 다넬, 배우:로렌스 구터먼·우디 앨런·샤론 스턴 등) 개봉

11.08 이광모 감독, '아름다운 시절' 도쿄영화제서 금상

11.11 송월주 조계종 총무원장 반대 승려들, 조계사 총무원 건물 완전 점거

11.11 한국소프트웨어진흥원(KIPA) 설립

11.12 김대중 대통령, 장쩌민 주석과 정상회담(베이징)-11.13. 동북아6자회담 필요성 제기

11.14 영화, '약속'(감독:김유진, 배우:박신양·전도연·정진영) 개봉

11.17 한국-홍콩, 형사사법공조협정 체결

11.18 1999학년도 수능시험 실시-접수자 868,643명, 응시자 832,223명(96.7%)

11.18 금강산관광유람선 '현대금강호', 동해항에서 북한 장전항으로 첫 출항

11.20 클린턴 미국 대통령 방한, 김대중 대통령과 대북정책 집중 논의

11.26 대도 조세형, 15년 만에 석방

11.28 김종필·오부치[小淵惠三] 일본 총리, 아시아기금(AMF) 창설 공동연구 합의

11.30 이광모 감독 '아름다운 시절', 제18회 벨포르영화제 최우수작품상 수상

11.30 GOD '어머님께'(작사·작곡 박진영) 발표

11.30 코요태, '순정'(작사·작곡 최준영) 발표

11.00 공지영, 『봉순이 언니』(푸른숲) 출판

11.00 게임포털회사, 한게임커뮤니케이션 설립

12.01 시사만화의 개척자, '코주부' 김용환(1912~1998) 사망

12.01 현대자동차, 기아자동차 인수-12.3 현대·기아자동차 회장에 정몽구 현대그룹회장 선임

12.03 경북대 의과대학팀, 93% 치유효과 보인 B형간염 치료 신약 개발

12.03 한국장애인단체총연맹 창립 총회

12.05 일본대중문화 개방에 따라 영화 '하나비'(감독:기타노 다케시), 국내 첫 개봉

12.06 제13회 방콕 아시안게임 개막-한국 2위, 금66·은43·동53

12.06 이헌재 금융감독위원장, 정부·재계가 5대그룹 구조조정 합의 발표

12.07 종합주가지수 500선 회복

12.11 『혼불』 작가, 최명희(1947~1998) 사망

12.12 영화, '카게무샤'(감독:구로사와 아키라, 배우:나카다이 다쓰야·야마자키 츠토무) 개봉

12.15 정주영 현대그룹 명예회장, 제3차 북한방문

12.15 김대중 대통령, 베트남 국빈 방문

12.16 이소정, 미국 브로드웨이 뮤지컬, '미스 사이공'에 첫 한국인 주역

12.16 한·중·일+ASEAN 정상회담서 김대중 대통령, '동아시아 비전그룹' 창설 제의

12.17 한국 최초 여성변호사, 이태영(1914~1998) 여사 사망

12.18 북한 반 잠수정, 여수 앞바다로 침투 중 남해서 발각, 격침

12.18 IMF자금 18억 달러 첫 상환

12.19 시민단체, 열린문화운동시민연합 창립

12.19 연합통신, 북한 취재 전문 통신사 ≪내외통신≫ 흡수-'연합뉴스' 출범

12.19 영화, '미술관 옆 동물원'(감독:이정향, 배우:심은하·안성기·이성재 등) 개봉

12.19 영화, '해가 서쪽에서 뜬다면'(감독:이은, 배우:임창정·고소영·차승원 등) 개봉

12.20 이봉주, 제13회 방콕아시안게임 남자마라톤 우승-2시간 12분 32초

12.20 제13회 방콕아시안게임 종합 2위(금메달 65, 은메달 47, 동메달 52)

12.28 LG그룹 채권은행단, LG반도체에 신규여신 중단 결정

12.28 법정, 『산에는 꽃이 피네』(동쪽나라) 출판

12.30 국회 교육위, 교원정년 '65세'에서 '62세'로 법안 통과

12.30 〈장기이식에 관한 법률〉 제정-2000.2.9. 시행

12.30 IMF 긴급보완금융(SRF) 10억 달러 상환

12.31 국방과학연구소, 군용항공기 KT-1 개발

12.31 제일은행, 미국 뉴브리지캐피털 투자 컨소시엄에 매각

▨▨▨▨▨▨▨▨▨▨▨▨▨

01.06 [미국] 무인 달 탐사선, '루나 프로스펙터' 발사

01.27 [국제] WHO 첫 여성사무총장, 브룬틀란트 선출

02.06 [미국] 워싱턴 공항, '로널드 레이건 공항'으로 개명

02.13 [멕시코] 대사관 직원 마약밀수 혐의로 김찬식 북한대사 추방

02.16 [대만] 중화항공공사(CAL) 여객기 676편, 착륙 중 사고-203명 사망

02.23 [UN] 코피 아난 사무총장, 이라크와 유엔무기사찰 합의문에 서명(바그다드)

04.03 [국제] 제2차 아시아유럽정상회의(ASEM), 영국 런던서 개최

04.09 [미국] 블리자드 사에서 '스타크래프트' 출시

04.13 [영국] 복제양 돌리, 새끼양 '보니' 출산

04.15 [캄보디아] 킬링필드의 주범 폴 포트(1925~1998) 사망

05.19 [이탈리아] 국립현대미술관, 고흐-세잔 그림 3점 도난

05.27 [미국] 항공우주국, 허블망원경을 통해 태양계 밖 행성 첫 촬영

06.03 [독일] 고속열차 탈선-100명 사망

06.05 [러시아] 우주정거장 미르호, 우주왕복선 디스커버리호와 마지막 도킹

06.10 [국제] 제16회 프랑스월드컵 개막

07.06 [미국] 영화 배우 '카우보이의 왕' 로이 로저스(1911~1998) 사망

07.14 [미국] 맥도널드 햄버거 공동 창업자, 딕 맥도널드(1909~1998) 사망

07.27 [미국] 클린턴 미국대통령, 르윈스키와의 섹스 스캔들 파문

08.07 [케냐] 탄자니아에서 미 대사관 겨냥한 폭탄테러 발생-70여 명 사망, 1천여 명 부상

08.15 [북아일랜드] 폭탄테러로 30년 만에 최대 유혈참극 발생

08.17 [러시아] 루블화표시 외채에 대해 90일간 모라토리엄 선언

09.19 [이란] 하타미 대통령, 이란대통령으로는 12년 만에 미국 방문

09.20 [미국] 프로야구 선수 칼 립켄, 연속출장 2,632경기 기록 수립

10.23 [이스라엘-팔레스타인] '영토-평화 교환협정'에 서명

10.29 [미국] 존 글렌 상원의원 등 7명 우주인을 태운 우주왕복선 디스커버리 21호 발사

11.30 [이집트] 람세스2세(BC 1304~1224) 시대의 '지하 도시' 발견

12.06 [프랑스] 조각가 세자르 발다치니(1921~1998) 사망

1999 기묘(己卯) 단기4332 김대중3
클린턴/장쩌민/오부치/옐친·푸틴

01.01 쿨, '미절'(작사 이승호, 작곡 박해운) 발표

01.02 장기신용은행·보람은행 합병한 국민은행·하나은행 공식출범

01.04 상업·한일은행, 한빛은행(현 우리은행)으로 재출범

01.07 북한-브루나이, 국교 수립

01.08 KBS1, '도전 골든벨'(접속! 신세대)' 첫 방송

01.11 강원 속초시 북동쪽 약 15㎞ 해역, 진도 4.2 지진 발생

01.16 북·미 고위급 3차 제네바회담 개최-1.18. 제4차 4자회담 제네바에서 개최

472

01.19 재정경제부, 세계무역기구 금융서비스협정 최종 수락

01.22 〈한일어업협정〉 발효-중간수역 지정, 독도영유권 거론 금지 등

01.22 안기부, 국가정보원으로 개편

01.25 S&P, 한국신용등급 투자적격 상향조정(BB+→BBB-)

01.25 국회 경제청문회 시작

01.25 담배, 'THIS PLUS' 시판

01.27 SBS드라마, '청춘의 덫'(출연:심은하·이종원·전광렬 등) 첫 방영(~4.15)

01.27 MBC드라마, '우리가 정말 사랑했을까'(출연:배용준·김혜수·윤손하 등) 첫 방영(~6.25)

01.29 가산불교문화연구, 세계 최대 불교사전 『가산불교대사림』 편찬 완료

01.30 강원 동계아시안게임 개막-대한민국 2위 금11·은10·동14(~2.6)

01.00 ㈜시작시스템즈(현 판도라TV) 설립

02.01 서울내부순환도로(마포구 성산동~성동구 성수동, 22㎞, 1조2440억 원) 개통(1989.10~)

02.02 김현정, '되돌아온 이별'(작사 유유진, 작곡 최규성) 발표

02.03 제2건국 범국민추진위원회 발족-국정 전반의 개혁에 관한 대통령의 자문기구

02.05 〈전자서명법〉 공포-전자문서의 안정성·신뢰성 확보 목적

02.07 한국-이스라엘, 투자보장협정 체결

02.12 복제소 '영롱이' 탄생-동물복제 세계 다섯 번째, 젖소 첫 번째

02.13 영화, '쉬리'(감독:강제규, 배우:한석규·최민식·송강호·김윤진 등) 개봉

02.14 한국계 나오미 나리남(남나리), 전미피겨스케이팅선수권대회 2위

02.20 제57회 해군사관학교 최초로 여성 생도 21명 입교

02.21 초대 문교부 장관 안호상(1902~1999) 사망

02.22 KBS2드라마, '학교'(출연:장혁·안재모·최강희·박시은 등) 첫 방영(~4.13)

02.24 사할린 거주 동포 60명 입국, 영구 국내 거주

02.25 무디스, 한국신용등급 투자적격 상향조정-Ba1→Baa3

02.00 신경숙, 『기차는 7시에 떠나네』(문학과지성사) 출판

03.01 임창정, 'Love Affair'(작사 양재선, 작곡 김형석) 발표

03.02 ≪조선일보≫, 가로짜기 제작 시작

03.03 박정현, '편지할게요'(작사 노영심, 작곡 김형석) 발표

03.03 김민종, '비원'(작사 김민종, 편곡 조규만) 발표

1999

03.04 대우자동차, '누비라 Ⅱ' 출시(~2002.11)

03.06 한국여성민우회 등 여성·노동단체, 여성노동자대회 개최

03.08 4개 협동조합(농·축·임·인삼협) 통합, 협동조합 개혁안 발표

03.13 MBC드라마, '장미와 콩나물'(출연:최진실·손창민·전광렬 등) 첫 방영(~9.5)

03.14 평생 반독재-민주화운동에 헌신한 재야운동가 계훈제(1921~1999) 사망

03.15 대한항공 1533편 포항공항 착륙 중 활주로 이탈-76명 중경상

03.15 한국 최초 인증기관, '한국전자인증' 설립

03.16 삼성전자, 세계 최초로 256M D램 양산체제 돌입

03.18 한일어업 추가 협상, 쌍끌이어업 합의-일본해역 쌍끌이 어선 조업(갈치·고등어)

03.19 서울시, 버스 토큰 판매 중단

03.20 김대중 대통령, 오부치(小淵惠三) 일본 총리 정상회담

03.22 군 의문사 55건, 전면 재수사 착수

03.26 북한 원로 여배우, 문예봉(1917~1999) 사망

03.26 영종대교(인천 서구↔중구 운북동, 4420m) 준공(1995.12~)

03.28 한국전자통신연구원, 초고주파 집적회로 국산화 발표

03.29 현대자동차·기아자동차 공식 합병

03.00 제1회 백석문학상, 황지우·이상국 수상

04.01 시내전화 경쟁체제 돌입

04.05 MBC드라마, '왕초'(출연:차인표·송윤아·김남주 등) 첫 방영(~7.6)

04.08 제36회 대종상영화제 시상-'아름다운 시절'(감독:이광모, 백두대간) 수상

04.09 80년 전 임시정부 요인 130여 명 사진 첫 공개

04.09 영화 '쉬리', 관객 197만 명 돌파, 역대 최다 관객 동원 기록 경신

04.10 국방과학연구소, 사정거리 300㎞ 미사일(현무) 시험 발사 성공

04.10 독도 유인 등대 가동

04.12 교육부, '두뇌한국(BK) 21' 사업 발표

04.12 상해 프랑스 조계지에 묻혔던 최준례 유해, 75년 만에 백범 김구와 합장

04.12 원로 한학자 임창순(1914~1999) 사망

04.15 기아자동차, '비스토(VISTO)' 출시(~2003)

04.15 대한항공 화물기, 상해 홍차오공항 인근에 추락-8명(조종사 3·주민 5) 사망, 40여 명 부상

474

04.15 종합주가지수 700선 돌파

04.15 프로야구 선수 LG 김용수, 국내 첫 100승-200세이브 대기록 달성

04.15 신화, 'T.O.P'(작사 Emc Kim, 작곡 박성수) 발표

04.16 프로농구, 현대가 기아를 누르고 농구대잔치 우승

04.16 한국-카타르, 투자보장협정 체결

04.17 한국여성장애인연합 창립 총회

04.19 대우그룹, 대우중공업(조선) 매각·김우중 보유주식 3천억 원 출연 등 구조방안 발표

04.19 영국 여왕 엘리자베스 2세 방한

04.20 충무공 이순신 장군 묘소에서 식칼과 쇠말뚝 발견

04.20 한반도에서만 번식하는 '저어새' 이동 경로 첫 확인

04.21 5개 생보사(동아(현 금호생명)·태평양(현 동양생명)·한덕·조선·두원) 공개매각 개시

04.21 SBS드라마, '토마토'(출연:김희선·김석훈·김지영 등) 첫 방영(~6.10)

04.23 부산에서 한국선물거래소 개장

04.24 제5차 4자회담 제네바에서 개최

04.25 한·미·일, 대북정책조정감독그룹(TCOG) 설치-대북정책 조율·집중 논의, 2004. 중단

04.28 현대자동차, '에쿠스' 출시(~2015.12)

04.00 LG전자, 국내 최초 한국형 디지털 TV(HN-64A!) 생산

04.00 기아자동차, '카스타' 출시-2002. 단종

05.01 영화, '신장개업'(감독:김성홍, 배우:김승우·진희경·박상면 등) 개봉

05.03 국내 천문학자 나일성 교수 이름 딴 소행성 탄생

05.03 문화재관리국, '문화재청'으로 승격

05.03 서울 남산에 서울애니메이션센터 개관

05.03 조흥은행-충북은행 합병 선언

05.05 김대중 대통령, 세계언론인국제회의에서 포괄적 대북포용정책 5개 과제 제시

05.05 KBS1, '환경스페셜' 첫 방송(2013.4.3.)-2021.3.4. 방송 재개

05.06 IMF 이후, 첫 종합주가지수 800선 돌파

05.06 임진각에 '평화의 종' 건립-무게 21톤

05.08 KBS2드라마, '유정'(출연:최지우·노주현·강부자 등) 첫 방영(~11.14)

05.09 KBS1, '일요진단' 첫 방송

05.09 KBS2, '쇼 행운열차' 첫 방송(~2004.10.24.)

05.10 국내 최초로 전면을 채색한 고대 불상, '마애삼존불상' 발견

05.11 만민중앙교회 신도 200여 명, MBC 본사 건물에 난입해 방송 중단

05.13 핑클, '자존심'(작사 김영아, 작곡 박해운) 발표

05.15 페미니스트 저널 ≪if≫, 안티 미스코리아대회 개최

05.19 한국축구 100년사를 모은 '축구박물관', 축구회관 내에 개관

05.23 송일곤 감독의 '소풍', 칸영화제 단편부문에서 한국영화 첫 수상

05.26 한국과학기술원 인공위성연구센터, '우리별 3호' 정상궤도 진입 발표

05.27 새 플라스틱 주민등록증 갱신

05.28 김대중-옐친 대통령 정상회담-8개 항 공동성명 발표(모스크바)

05.30 국내 첫 마라톤전문지, ≪달리는 사람들≫ 창간

05.30 김대중 대통령-나차긴 바가반디 몽골대통령 정상회담-동북아 평화 안정 협력

05.31 엄정화, '몰라'(작사·작곡 김창환) 발표

05.00 김경일, 『공자가 죽어야 나라가 산다』(바다출판사) 출판

05.00 현대자동차, '티뷰론 터뷸런스' 출시(~2001.9)

05.00 핑클, '영원한 사랑'(작사 이종필, 작곡 주태영) 발표

06.01 육군화생방방호사령부 창설-2002.2. 국군화생방방호사령부로 재편성

06.02 검찰 고급옷 뇌물 의혹 수사 결과 발표(옷로비 사건)-첫 특별검사 제도 도입

06.02 포털 'NAVER' 설립

06.04 임진왜란 강화조약 체결 당시의 『조선통신사 일기』 일본서 발견

06.06 세계 최소 256메가 D램 개발

06.06 한국석유공사, 천연가스 울산 앞바다(대륙붕 6-1)에 매장 발표

06.09 현대자동차, '베르나' 출시(~2002.7)

06.10 북한 경비정 6척, 북방한계선(NLL) 침범-6.15. 서해상에서 교전(제1차 연평해전)

06.18 1960년대 농구스타 박신자, 미국 '여자농구 명예의 전당'에 헌액

06.21 컨츄리꼬꼬, '일심'(작사·작곡 최준영) 발표

06.25 금융감독위원회, 대한종합금융 퇴출 결정

06.26 영화, '스타워즈 에피소드 1'(감독:조지 루카스, 배우:이완 맥그리거, 나탈리 포트만) 개봉

06.26 양파, 'Addio'(작사 임보경, 작곡 이상호) 발표

06.27 삼성전자, 1기가 DDR D램 메모리 개발 발표

06.28 종합주가지수 900선 돌파

06.30 삼성자동차(현 르노삼성자동차), 법정관리 신청-삼성자동차·대우전자 빅딜 무산

06.30 화성씨랜드청소년수련원 화재-유치원생 등 23명 사망, 5명 부상

06.00 기아자동차, '카렌스' 출시

06.00 설운도, '누이' 발표(작곡 설운도, 작사 이수진) 발표

07.01 제1회 코리아 인터넷 서바이벌 게임 개최

07.02 김대중 대통령-클리턴 미국 대통령 정상회담

07.02 서울도시철도 8호선 완전 개통-모란↔암사

07.02 SBS, '진실게임' 첫 방송(~2008.6.17.)

07.05 김대중 대통령-크레티앵 캐나다 총리 정상회담-'특별 동반자 관계' 확대 발전

07.08 탈북자 정착지원기관 '하나원' 개관(경기도 안성)

07.10 영화, '미이라'(감독:스티븐 소머즈, 배우:브랜든 프레이저, 레이첼 와이즈) 개봉

07.14 성신양회, 벙커C유 남한강 유출

07.14 알라딘커뮤니케이션, 인터넷서점 '알라딘' 개설

07.16 탈옥수 신창원, 탈옥 2년5개월 만에 전남 순천서 검거

07.07 영화 애니메이션, '타잔'(감독:케빈 리마) 개봉

07.19 대우그룹, '구조조정 가속화 및 구체적 실천방안 발표'-그룹 해체 시작

07.22 건교부, 〈개발제한구역제도개선안〉 발표-그린벨트 14곳 해제·조정

07.26 인천 서구 진흥정밀화학(주) 공장 화재-6명 사망

07.27 서울 서대문구 이대 앞에 스타벅스 한국 1호점 개점

07.30 LG텔레콤, 국내 최초로 무선인터넷 'ez-web' 서비스 개시

07.31 영화, '인정사정 볼 것 없다'(감독:이명세, 배우:박중훈·안성기·장동건 등) 개봉

07.31 영화, '유령'(감독:민병천, 배우:최민수·정우성 등) 개봉

07.31 베이비복스, 'Killer'(작사 김종숙, 작곡 김형석) 발표

08.01 소셜 네트워크 서비스, '싸이월드' 설립-9.1. 싸이월드(www.cyworld.com) 오픈

08.03 제7호 태풍, '올가' 상륙-재산피해 1조 490억 원, 사상자 60여 명

08.05 6차 4자회담 제네바서 개최-주한미군 철수, 북미 간 평화협정체결 제기로 결렬

08.10 강남 차병원, 유리관 난자 동결법 이용 시험관 아기 출산 성공

08.12 북한, 평양에서 남북노동자축구대회 개최

08.13 만해 한용운 시인 탄생 120주년 기념, '제1회 만해축전' 개막

08.17 박지윤, '가버려' 발표

08.18 경남 고성군 마암면서 1억 년 전 유충화석 발견

08.20 MBC 제20회 강변가요제(춘천 중도선착장)-장윤정, '내 안에 넌' 대상 수상

08.23 국회 법사위, 고위 공직자 부인 옷값 대납 의혹사건으로 청문회 개최

08.23 분단 후 첫 한중 국방회담(베이징)-한반도 평화 해치는 모든 행위 반대, 이후 정례화

08.24 신화, 'Yo!'(작사·작곡 유영진) 발표

08.26 대우그룹 12개 계열사, 워크아웃 결정-9.6. 대우그룹 해체

08.26 조폐공사 파업 유도, 국회 청문회 시작

08.31 한일합작 세계 최고 쌍둥이빌딩, 말레이시아의 '페트로나스 타워'(88층) 개관(1992~)

09.02 '북방한계선 수호' 천명-북한, 서해 북방한계선 무효 주장, 해산군사분계선 선포

09.04 KBS2, '개그콘서트' 첫 방송(~2020.6.26.)

09.05 통신방송위성 '무궁화 3호' 발사 성공

09.06 한국-리비아, 문화협정 체결

09.07 골프선수 김미현, 미국 LPGA 스테이트팜레일클래식에서 우승, 미국 진출 후 첫 승

09.07 재일교포 무기수 권희로, 복역 31년 7개월 만에 가석방·귀국

09.08 KT 포털서비스, '한미르(www.hanmir.com)' 오픈

09.08 김대중 대통령, 30대 기업 총수와 기업구조개혁 가속화 합의

09.09 젝스키스, 'Com' Back'(작사 조은희, 작곡 조성진)·'예감' 발표

09.09 조성모, '슬픈 영혼식'(작사 강은경, 작곡 이경섭) 발표

09.10 일본 대중문화 2차 개방 발표-국제영화제 수상작, 전체관람가 영화, 대중가요 공연

09.10 KBS1, '좋은나라 운동본부' 첫 방송(~2008.11.12.)

09.11 APEC 한국(김대중)·중국(강택민) 정상회담

09.12 MBC, '이제는 말할 수 있다' 첫 방송(~2005.6.26)

09.13 MBC드라마, '국희'(출연:김혜수·손창민·정선경 등) 첫 방영(~11.16)

09.15 정부기록보존소, 4·3사건 재판기록 첫 공개

09.15 영화, '간첩 리철진'(감독:장진, 배우:유오성·박인환·박진희 등) 개봉

09.15 HOT, '아이야'(작사·작곡 유영진, Groovie. K) 발표

09.18 영화, '식스센스'(감독:M. 나이트 샤말란, 배우:브루스 윌리스·토니 콜렛 등) 개봉

09.19 김우중 대우그룹 회장, 유럽·아프리카 출국

09.21 국무회의, 보병 1개 대대 동티모르 파견 확정-1999.10.16 상록수부대 파병

09.21 최초의 한문 소설,『금오신화』최고 목판본 중국서 발견

09.28 한국에너지개발연구소, 소형 휴대용 태양전지 개발

09.29 국방부, 동티모르 파견 상록수부대 창설

09.29 북한 정성옥 선수, 세계육상선수권대회 여자마라톤서 금메달 획득-2시간26분59초

09.30 미국 AP통신, '노근리학살사건' 첫 보도-10.4. 김대중 대통령, 진상 규명 지시

09.30 제1회 청주국제공예비엔날레 개막

09.30 조폐공사 파업 유도 및 옷로비 사건 특검법 제정

09.00 제13대 대법원장 최종영 임명(~2005.9.)

09.00 국내 최초의 소셜네트워크서비스, '아이러브스쿨(모교사랑)' 설립

10.01 1980년대 농구 스타 김현준(1960~1999) 코치, 교통사고 사망

10.01 정찬용,『영어공부 절대로 하지마라』(사회평론) 출판

10.02 영화, '주유소 습격사건'(감독:김상진, 배우:이성재·유오성·강성진 등) 개봉

10.04 월성3호기 원자로 누설-작업자 22명, 방사능 피폭

10.04 재야·정치권 '민주화운동기념사업회'(이사장 이돈명·박형규·이소선·권노갑·김명윤) 창립

10.06 인천지하철 1호선(박촌~동막) 개통(1993.7~)

10.09 이정현, '와'(작사·작곡 최준영) 발표

10.11 99서울 NGO(비정부기구) 세계대회 개막

10.11 제80회 전국체육대회 개최(인천)

10.13 삼성전자, 1기가 플래시 메모리 개발 발표

10.13 유엔, 탈북자 '난민'으로 인정

10.14 서울대 노태원 교수팀, 반도체 F램 성능 향상 신물질 개발

10.16 부마항쟁 기념, 부산민주공원 개원

10.16 제23회 MBC대학가요제(경희대)-설지현, '작전 타임' 대상 수상

10.18 KBS2, '동화나라 꿈동산' 첫 방송(~2001.11.2.)

10.20 최저가 인터넷 PC보급업체 선정, 국민PC보급(보급률 29%(1994)→64%(1999)

10.20 KBS2, '감성채널@21' 첫 방송(~2001.4.25.)

10.21 6개 지방은행(부산·대구·광주·제주·전북·경남), 전략적 제휴 체결

10.21 MBC, '100분 토론' 첫 방송

10.22 KBS1, '취재파일 4321' 첫 방송(~2013.4.7.)

10.22 KBS2, '부부클리닉 사랑과 전쟁' 첫 방송(~2009.4.17.)

10.23 MBC, '전파견문록' 첫 방송(~2005.10.17.)

10.23 MBC, '퀴즈가 좋다' 첫 방송(~2004.10.10)

10.28 이근안 전 경감, 고문 관련 수배 12년 만에 자수

10.29 프로야구, 한화가 롯데를 누르고 한국시리즈 우승

10.29 SES. 'Twilight Zone'(작사·작곡 유영진) 발표

10.30 인천 호프집 화재-중·고생 등 56명 사망

10.31 프로축구, 수원 삼성이 부산 대우를 누르고 K리그 우승

10.00 현대자동차, '트라제XG' 출시

11.02 콜레스테롤 낮추는 '신물질' 국내 첫 개발

11.05 한국전력, 필리핀서 화력발전소 건설사업 착공

11.05 현각, 『만행 하버드에서 화계사까지』(열림원) 출판

11.07 영화 '송어'(감독 박종원), 제12회 도쿄국제영화제 심사위원 특별상 수상

11.09 국내 오페라 개척자, 성악 대모 김자경(1917~1999) 사망

11.09 미 국방부, 패트리어트 대공미사일방위시스템 한국 판매

11.09 조앤 롤링, 『해리포터와 마법사의 돌 1』(문학수첩) 출판

11.11 영화 배우 최무룡(1928~1999) 사망

11.11 김용옥, 『노자와 21세기』(통나무) 출판

11.13 영화, '파이트 클럽'(감독:데이빗 핀처, 배우:브래드 피트·에드워드 노튼 등) 개봉

11.13 영화, '텔 미 썸딩'(감독:장윤현, 배우:한석규·심은하·안석환 등) 개봉

11.15 기아자동차, '리오' 출시(~2001.4.6.)

11.16 SKY, '영원'(작사 주영훈, 작곡 고성진) 발표

11.17 2000학년도 수능시험 실시-지원자 896,122명, 응시자 868,366명(96.9%)

11.19 육군, 자체 설계 제조 대공포 '비호' 공개

11.21 국방부, 고엽제 피해에 대한 진상조사대책단 구성

11.22 '무등산 폭격기' 선동열 선수 은퇴-'꿈의방어율' 0점대 방어율 5회(86·87·92·93·95년)

480

11.22 당산철교 재개통-당산역~합정역(지하철 2호선) 정상 운행

11.24 최진희 '천상재회'(작사·작곡 김정욱) 발표

11.25 GOD, '애수'·'Friday Night'·'사랑해 그리고 기억해' 발표

11.26 지리산 실상사서 국내 최대 목탑터 발견

11.26 핑클, 'To My Prince'(작사 김혜선, 작곡 신인수) 발표

11.28 한-중-일 정상, 첫 3자회담 필리핀 마닐라에서 개최

11.29 MBC드라마, '허준'(출연:전광열·황수정 등) 첫 방영(~2000.6.27.)

11.30 국회, 통합방송법 통과-KBS 방송광고 독점대행제도 폐지, 새 미디어렙 설치 등

11.00 제1회 박용래문학상, 허만하의 『비는 수직으로 서서 죽는다』 수상

12.01 영조가 사도세자를 위해 쓴 묘지문, 250년 만에 공개

12.01 휴대전화, 아날로그 서비스 중단

12.03 김대중 대통령, 국민의 노력으로 외환위기 넘겼다고 선언

12.04 요르단 후세인 국왕 방한

12.07 초기 백제 유일한 문자 기록, 풍납토성 토기에서 발굴

12.07 포항공대 생명과학과 성영철교수팀, 국내서 에이즈 치료 백신 개발 성공

12.08 대법원, 가정폭력 피해 74세 여성 노인 이혼소송 불허, 여성단체 등 반발

12.10 유승준, '비전'(wkrtk』작곡 이현도) 발표

12.11 영화, '세기말'(감독:송능한, 배우:김갑수·이재은·차승원 등) 개봉

12.16 미국 GM, 대우자동차 인수 의사 정부에 공식 전달-2002. GM대우자동차 출범

12.16 영화, '토이 스토리 2'(감독:존 라세터) 개봉

12.20 MBC, 민족통일음악회 평양봉화예술극장서 개최

12.20 한국-미국, 〈범죄인 인도조약〉 발효

12.21 국내 최초 다목적 실용위성, '아리랑 1호' 발사 성공

12.21 인터넷 전용 영화, '예카(YECA)' 한소프트(www.haansoft.com)에서 개봉

12.21 통일농구 북한 방문단, 서울 도착

12.21 휴대전화 가입자 1,000만 돌파

12.22 대한항공 항공기, 영국 스탠스테드공항 이륙 직후 추락, 4명 사망

12.23 제2차 남북통일농구경기대회 개최(서울)

12.23 제일은행, 미국 뉴브리지캐피털에 매각

12.23 헌법재판소, 공무원채용시험에서 현역군필자 가산점제도 위헌 결정

12.29 피셔 국제통화기금 부총재, 한국 국제통화기금 졸업 언급

12.30 조앤 K. 롤링, '해리포터와 비밀의 방'(문학수첩) 출판

12.00 대우자동차, '매그너스(MAGNUS)' 출시(~2006.1)

00.00 크라운, '국회 샌드' 출시

00.00 오리온, '오감자' 출시

00.00 롯데, '오잉' 출시

▨▨▨▨▨▨▨▨▨▨▨▨▨▨

01.01 [국제] 유로(EURO) 체제 출범

01.03 [미국] 화성탐사선 '랜더'호, 케이프 커내버럴 우주기지에서 발사

01.26 [미국] 불공정무역관행 제재를 위한 '수퍼301조' 부활

02.07 [요르단] 후세인 국왕(1935~1999) 사망

02.12 [미국] 상원, 성추문 관련 클린턴 대통령 탄핵안 부결

03.01 [국제] 대인지뢰 금지협약 발효

03.08 [미국] 야구선수 조 디마지오 사망-3할2푼5리 타율, 361개 홈런, 56게임 연속 안타

04.11 [인도] 핵탄두 탑재 중거리 대륙간 탄도미사일(ICBM) 아그니II 시험 발사

04.13 [미국] 안락사 도운 의사 잭 케보키언, 2급 살인죄로 10~25년 징역형 선고

04.14 [유고] 나토 전투기 오폭, 코소보 내 알바니아계 난민 75명 사망

04.20 [미국] 콜로라도주 리틀텐의 컬럼바인 고등학교서 총기 사고-15명 사망, 20여명 부상

05.04 [국제] 세계최고문자 새겨진 '도기조각', 파키스탄 하라파 유적서 발굴

05.04 [미국] 뉴욕 대형 투자은행 골드만 삭스, 창사 130년 만에 첫 뉴욕증시에 상장

05.06 [국제] 인류 최고로 추정되는 '돌 연장' 케냐서 발견 후 공개

05.10 [미국] 『아낌없이 주는 나무』 작가, 셸 실버스타인(1932~1999) 사망

06.17 [미국] 모리스 그린, 남자 육상 100m에서 9초79로 세계신기록

07.02 [미국] 소설 『대부』 작가 마리아 푸조 사망

08.04 [독일] 치사율 80% 에볼라 바이러스, 첫 출현

08.09 [러시아] 블라디미르 푸틴, 총리 임명

08.09 [일본] '히노마루-기미가요', 일본 국기-국가로 확정

08.10 [네덜란드] '안락사' 인정 법안 세계 최초로 마련

08.14 [덴마크-스웨덴] 양국 연결 교량, 외레쥰드(oresund bridge)(전장 16㎞) 준공

08.16 [국제] 이동전화 IS-95B, 세계 최초 상용화

08.17 [터키] 7.8규모 강진 발생-1만3000명 사망, 3만여 명 이상 매몰

08.27 [미국] 마이클 존슨, 11년 만에 남자 육상400m에서 세계 신기록(43초18) 수립

08.28 [러시아] 유인 우주정거장 미르호, 13년 만에 공식 활동 종료

09.04 [동티모르] 주민투표 결과, 78.5%가 독립에 찬성

09.21 [타이완] 진도 7.6 강진 발생-2,400여 명 사망

10.03 [일본] 소니 창업자 모리타 아키오(盛田昭夫)(1921~1999) 사망

10.12 [미국] 영구결번 첫 번째 프로농구 선수 월트 체임벌린(1936~1999) 사망

10.31 [이집트] 이집트항공 소속 보잉767기, 미 동부해안 추락-탑승자 17명 몰사

11.19 [중국] 러시아-미국에 이어 세 번째로 무인우주선 발사

12.08 [국제] '스타워즈', 20세기 최고 영화로 선정

12.14 [미국] 파나마운하, 파나마 정부에 공식반환

12.15 [미국] 마이크로소프트, 윈도 2000 프로페셔널 등 제품군 생산

12.20 [마카오] 442년 만에 중국에 반환

12.25 [미국] 스포츠용품, 나이키 설립자 빌 보워먼(1911~2009) 사망

12.31 [러시아] 보리스 옐친 대통령 사임, 블라디미르 푸틴 총리가 직무대행

2000 경진(庚辰) 단기4333 김대중4
클린턴/장쩌민/오부치·모리/푸틴

01.01 영화, '박하사탕'(감독 이창동, 배우:설경구·문소리) 개봉

01.01 Y2K(컴퓨터 2000년 인식 오류) 대란 불발

01.01 인터넷 경제언론 ≪머니투데이≫ 창간

01.03 MBC드라마, '진실'(출연:최지우·박선영·류시원 등) 첫 방영(~2.29)

01.03 재정부장관·교육부장관, 경제부총리·교육부총리로 승격, '여성부'(3.19) 신설 발표

01.04 북한-이탈리아, 대사급 외교관계 수립

01.05 하나로통신, 무료 인터넷 전화 처음으로 서비스 개시

01.07 야구 구단 '쌍방울 레이더스', 공식 해체-1990.3. 창단

01.10 조창인, 『가시고기』(밝은세상) 출판-MBC드라마 방영(2000.12.8.~12.9)

01.12 〈민주화보상법〉·〈4.3사건특별법〉 등 제정

01.12 시민단체 '총선시민연대' 발족-16대 총선을 앞두고 공천 반대운동·낙선운동 추진 목적

01.13 박태준, 제32대 국무총리 취임-5.18. 부동산 명의신탁 파문과 관련 사임

01.13 원로 연극인 강계식(1917~2000) 사망

01.13 한국인터넷게임리그(KIGL) 창립-2001. 폐지

01.14 재일동포작가 현월, 일본 아쿠타가와상[芥川賞] 수상자로 선정

01.20 새정치국민회의, '새천년민주당'(총재 김대중)으로 출범-205.5. '민주당'으로 개칭

01.20 버스카드의 이용 범위 지하철로 확대-본격적인 교통카드 기능 개시

01.22 프로야구선수협의회(회장 송진우) 결성-1988.8. 김대현 선수 사망 이후 12년 만에 결실

01.22 대구 신남네거리 지하철 공사장 붕괴-3명 사망, 대구지하철 2호선 공사 전면 임시 중단

01.24 총선시민연대, 1차 공천반대 인사 66명 발표

01.24 한국-중국, 법무·사법 교류협정 체결(베이징)

01.26 현대·기아자동차, 위에다그룹과 중국 자동차공장 합작 건설 조인

01.27 조성모, '가시나무'(작사·작곡 하덕규) 발표

01.28 헌법재판소, 교육 목적의 '체벌'에 무죄 판결

01.30 민주노동당(대표 권영길) 창당-2011.12. 통합진보당 출범

02.01 국립발레단·국립오페라단·국립합창단, 재단법인으로 독립

02.03 남북합작 평화자동차 종합공장(함경남도 남포) 착공

02.03 청와대, 지역균형발전기획단 구성

02.04 영화, '반칙왕'(감독:김지운, 배우:송강호·장진영·박상면 등) 개봉

02.09 미국 육군 제8군 용산기지에서 폼알데하이드 223리터, 한강에 무단 방류

02.10 로버트 기요사키·샤론 레흐트, 『부자 아빠 가난한 아빠』(황금가지) 출판

02.11 임창정, '나의 연인'(작사 한경혜, 작곡 원상우) 발표

02.12 이봉주, 도쿄국제마라톤서 한국신기록 수립(2시간7분20초)

02.14 MBC시트콤, '세 친구'(출연:정웅인·박상면·윤다훈 등) 첫 방영(~2001.4.29.)

02.15 한국 첫 뇌사자 판정

02.21 KBS2, '생방송 오늘' 첫 방송

02.21 MBC, '생방송 아주 특별한 아침'(~2006.4.28.)

02.22 ≪오마이뉴스(Ohmynews)≫ 창간-인터넷 종합일간신문, 2002.4. 지면 신문 발행

02.25 청와대, '인터넷신문고' 개설

02.26 한국-북한, 〈민간어업협력에 관한 합의서〉 채택(베이징)

02.26 MBC, '목표달성 토요일' 첫 방송(~2002.10.19.)

02.26 영화, '아메리칸 뷰티'(감독:샘 멘데스, 배우:케빈 스페이시·아네트 베닝 등) 개봉

02.28 휴대폰 가입자 2,500만 명 기록

03.01 담배인삼공사, 남북합작담배 '한마음' 남북 동시판매 시작(~2001.12.)

03.03 국군포로 서병렬 등, 북한 주민 4명 귀순 발표

03.04 현대그룹 경영권쟁탈전, '왕자의 난' 발생

03.09 금강산유람선 풍악호(2만톤 급), 부산 다대포항서 첫 출항-관광객 1,700여 명

03.09 김대중 대통령, 4개 항의 대북 경제지원 〈베를린선언〉 발표

03.15 국내 117개 온라인·오프라인 기업 참가, 초대형 인터넷 연합체 '예카' 출범

03.15 스펜서 존슨, 『누가 내 치즈를 옮겼을까』(진명출판사) 출판

03.16 네이버·새롬기술, 합병 선언

03.20 바이러스성 가축 질환, '구제역' 경기도 파주서 첫 발병

03.20 영화 '인정사정 볼 것 없다', 제2회 도빌 아시아영화제 그랑프리 등 4개 부문 수상

03.23 북한, 서해5도 '통항 질서', 일방적으로 공포

03.24 김대중 대통령, '서해북방한계선(NLL) 준수' 발표

03.25 원로 프로레슬러 김일, 서울 장충체육관에서 은퇴 선언

03.25 KBS2드라마, '꼭지'(출연:원빈·이요원·박지영 등) 첫 방영(~9.10)

03.29 한림대 박물관, 춘천시 서면 신매리 일대 한국 최고 BC16세기 청동기유적지 판정

03.29 김민종, '왜' 발표

03.29 EBS, '방귀대장 뿡뿡이' 첫 방송

03.30 주한미군, 중대급 화학 부대 창설

04.01 KBS1드라마, '태조 왕건'(출연:최수종·김영철·김혜리 등) 첫 방영(~2002.2.24.)

04.02 프로농구, SK가 현대를 누르고 농구대잔치 우승

04.03 총선시민연대, 16대 총선 입후보자 86명 낙선운동 시작

04.03 대한민국 육군, 한국전쟁 전사자 유해 발굴 작업에 착수

2000

04.07 언론인 최석채, 국제언론인협회의 '언론자유영웅'으로 선정

04.07 강원 고성군 토성면 학야리 운봉산에서 산불 발생-산림 450㏊ 소실

04.10 남북정상회담 개최 관련, 서울-평양 동시 발표

04.13 제16대 국회의원 총선거 실시-한나라당 273석, 민주당 115석, 자민련 17석 등

04.15 산불로 강원도 고성·삼척·강릉·동해, 경북 울진 등, '특별재난지역'으로 선포

04.15 충북 충주호에 아시아 최고 높이(162m)의 분수 설치

04.18 임권택 감독 '춘향뎐', 한국영화 최초 칸국제영화제 경쟁 부문 진출

04.18 제37회 대종상영화제 시상-'박하사탕'(감독:이창동, 이스트 필름) 수상

04.18 롯데 자이언츠 임수혁 선수, 잠실구장 롯데-LG전에서 경기 중 의식 불명-2010.2. 사망

04.18 백지영, 'Dash'(작사 이승호, 작곡 홍재선)·'Sad Salsa' 발표

04.19 교육부, 2002년 대학 입시부터 수능 9단계 등급제 도입 발표

04.19 영락교회 원로목사 한경직(1902~2000) 사망

04.20 삼성전자, 512M D램 반도체 개발 성공

04.21 J, '어제처럼'(작사 J, 작곡 심상원) 발표

04.22 SBS드라마, '덕이'(출연:김현주·강성연·신지수 등) 첫 방영(~12.31)

04.26 공정거래위원회, SK텔레콤의 신세기통신(017) 인수 승인-2002.4. 통합

04.26 MBC드라마, '이브의 모든 것'(출연:장동건·채림·한재석 등) 첫 방영(~7.6)

04.27 삼성자동차, 르노자동차에 매각

04.27 헌법재판소, 과외교육금지 위헌 결정

04.28 제1회 전주국제영화제 개막-개막작, '오! 수정'(홍상수 감독)

04.00 대우자동차, '라노스 Ⅱ' 출시(~2002.4)

04.00 쌍용자동차, 대우와 분리 독립

04.00 태진아, '사랑은 아무나 하나'(작사 이건우, 작곡 태진아) 발표

04.00 현대자동차, '아반떼 XD' 출시(~2003.5)

05.01 제1회 서울게임엑스포 2000 개최

05.01 한국 포함 16개국, 동남아 해적 퇴치를 위한 '도쿄 선언문' 채택 발표

05.01 KBS2, '인간극장' 첫 방송

05.01 KBS2, '지구촌 뉴스' 첫 방송

05.01 KBS2시트콤, '멋진 친구들'(출연:남희석·이휘재·유재성 등) 첫 방영(~2001.4.27.)

05.05 KBS1, 섹션다큐 'VJ 특공대' 첫 방송(~2018.9.)

05.06 한·중·일 등 아세안 10개국, 일본과 아시아 국가 간 통화교환협정 확대 합의

05.08 미 공군기, 경기 화성 매향리에 폭탄 투하로 피해-2005.8. 매향리사격장 폐쇄

05.10 대검찰청, 경부고속철도 로비 관련, 알스톰사 로비스트 구속

05.13 메가박스, 서울 서초 코엑스에 1호점 설립

05.15 인터넷 진보언론 ≪민중의소리≫ 창간

05.15 MBC, 'MBC 아침뉴스' 첫 방송

05.16 한국·러시아 국방장관 회담, 〈위험한 군사행동 방지협정〉 체결 합의(모스크바)

05.17 국내 최초의 정치인 팬클럽 사이트 '노무현을 사랑하는 사람들의 모임' 개설

05.18 인기 아이돌 그룹 젝스키스, 일방적 해체 선언-1997.4. 조직, 2016.4. 재결합

05.19 MBC, '와! e 멋진 세상' 첫 방송(~2005.4.20.)

05.20 MBC, 'TV특종 놀라운 세상' 첫 방송(~2014.11.11)

05.21 마지막 70mm 대형 상영관, 대한극장 철거

05.22 SBS, '도전! 퀴즈 퀸!' 첫 방송(~2003.5.9.)

05.22 김현정, '멍'(작사 유유진, 작곡 최규성) 발표

05.25 환경운동연합, 미군 사격장 중금속 오염 발표

05.26 북한 평양학생청소년예술단, 잠실 실내체육관에서 공연

05.27 영화, '동감'(감독:김정권, 배우:김하늘·유지태 등) 개봉

05.27 신화, 'Only One'(작사·작곡 유영진)·'All Your Dreams' 발표

05.28 한국 천문연구원 김승리 박사팀, 국내에서 두 번째로 소행성 발견

05.29 김대중 대통령, 모리 요시로[森喜朗] 일본 총리와 정상회담(서울)

05.31 서울~평양 직통전화 재개통

05.31 이정현, '너'(작사·작곡 이준영)·'줄래'(작사 유유진, 작곡 윤일상) 발표

05.00 기아자동차, '스펙트라(SPECTRA)' 출시(~2003.11.)

06.01 박화요비, 'lie'(작사 이상호, 작곡 최재은) 발표

06.01 컨츄리꼬꼬, '오! 가니'(작사 J. K. Lee, 작곡 최준영)·'Kiss' 발표

06.03 영화, '글래디에이터'(감독:리들리 스콧, 배우:러셀 크로우·호아킨 피닉스 등) 개봉

06.04 박지은, 미 LPGA 캐시아일랜드 그린스닷컴 골프대회서 첫 승

06.05 영월 동강댐 건설계획 백지화

06.05 제16대 1기 국회의장 이만섭 피선(~2002.5.)

06.07 국내 종합주가지수, 800선 돌파

06.08 불교 조계종 원로회의장 탄성 스님 입적

06.09 플라워, '애정표현'(작사 이상명, 작곡 김우디) 발표

06.10 김하인, 『국화꽃 향기』(생각의나무) 출판

06.13 김대중 대통령 평양방문, 김정일 국방위원장과 역사적 첫 회담

06.13 보건복지부, 의료계의 의약분업 반대 집단 휴·폐업 조치 금지

06.14 김대중-김정일, 남북한 8·15고향방문 등 5개 항 합의

06.14 〈병역의무자 국외여행 규제개선안〉 발표-외국 유학 병역의무자, 제한 연령 폐지

06.15 제1차 남북정상회담, 〈6.15공동선언〉 발표

06.16 조장혁, '중독된 사랑'(작사 조은희, 작곡 조장혁) 발표

06.16 남북한 양국, DMZ의 상호 체제비판 확성기 방송 중지

06.17 영화, '미션 임파서블 2'(감독:오우삼, 배우:톰 크루즈·더그레이 스콧 등) 개봉

06.18 홍경민, '흔들린 우정'(작사·작곡 김창환) 발표

06.20 피에르 쌍소, 『느리게 산다는 것의 의미』(동문선) 출판

06.20 18,000여 개 의원·종합병원 의료진, 의약분업 반대 집단 파업·폐업 돌입

06.22 경제5단체, 대북경협창구로 가칭 남북경제발전민간협의회 구성 합의

06.22 한국교육방송공사 창립-1990.12. EBS 개국

06.23 대한의사협회, 전국 의사대표자결의대회에서 정부의 의약분업 개선안 거부

06.23 〈인사청문회법〉 제정·시행

06.26 국회, 이한동 총리서리를 상대로 사상 첫 인사청문회 개최

06.26. 서울 효창동에 '백범기념관' 착공-2002.10. 개관

06.27 일본 대중문화 3차 개방 발표-12~15세 관람가 영화, 극장용 애니메이션, 음반, 게임

06.27 국제앰네스티, 〈국보법〉 개정 혹은 폐지 촉구

06.28 북한 잔류 '요도호' 납치범, 범행 30년 만에 일본으로 송환

06.29 이한동, 제33대 국무총리 취임(~2002.7.)

06.29 서울지역에서 천연가스버스 15대, 본격 운행

06.29 경찰, 파업 농성 중인 서울 롯데호텔에 노조원 1,100여 명 강제 연행

06.00 이윤기, 『이윤기의 그리스 로마 신화』(웅진닷컴) 출판

07.01 '농업협동조합'과 '축산업협동조합' 합병-'농협' 출범

07.01 민방위 대원 편성 상한 연령, 종전 50세에서 45세로 조정

07.01 지역전화번호 개정-전국 144개에서 16개로 단순화

07.01 직장의료보험-지역의료보험 통합-'국민건강보험' 출범

07.04 국어 로마자표기법, 16년 만에 개정-Pusan → Busan 등

07.04 여성부 신설-2005. 여성가족부로 변경

07.04 자우림, '매직 카펫 라이드'(작사·작곡 김윤아) 발표

07.06 사법사상 처음으로 대법관 인사청문회 실시

07.06 제1회 APEC 관광장관회의, 서울에서 개최-7.7. 'APEC 관광헌장 서울선언문' 발표

07.07 린다 김, 문민정부 시절 국방부 무기도입사업에 정관계 로비 혐의로 법정구속

07.09 노동부, 근로기준법을 ILO 기준에 맞춰 13세 미만자 취업 금지

07.10 KBS2드라마, 'RNA'(출연:배두나·김원준·김효진 등) 첫 방영(~9.15)

07.11 대한약사회, 국회 〈약사법〉 개정 논의에 전면 거부 결의

07.12 북한-필리핀 양국, 마닐라에서 대사급 외교관계 수립

07.12 MBC드라마, '신 귀공자'(출연:김승우·최지우·최정윤 등) 첫 방영(~9.7)

07.14 수학여행버스, 경부고속도로에서 연쇄 추돌 사고-고교생 등 18명 사망, 90여 명 부상

07.14 주한미군사령부, 포름알데히드 한강 무단방류 사실 인정

07.15 영화, '다이너소어'(감독:에릭 레이턴, 배우:스위니·즐리애너 마굴리스 등) 개봉

07.19 푸틴 러시아 대통령, 북한 방문

07.19 SBS드라마, '경찰특공대'(출연:김석훈·이종원·김상경 등) 첫 방영(~9.7)

07.20 무라카미 하루키, 『상실의 시대(원제 노르웨이의 숲)』(문학사상사) 출판

07.22 북한 영화, '불가사리' 국내 극장 개봉

07.22 서울대병원, 원외처방전 전면 발급

07.28 남북통일탁구대회, 사상 최초 남북 동시 생방송 중계

07.29 제1차 남북장관급회담, 서울에서 개최-경의선 복원 등 합의

07.30 MBC, '뉴 논스톱'(출연:이제니·이민우·양동근 등) 첫 방영(~2002.5.17.)

07.31 홀트아동복지회 설립자, 버사 홀트(1904~2000) 사망

07.00 기아자동차, '옵티마(OPTIMA)' 출시(~2005.11)

07.00 담배, 'Time' 시판(~현재)

08.01 서울도시철도 7호선 개통-1990.12. 착공, 연장 57.1㎞.

08.01 의약분업 시행-1999.6. 이후 의약분업 반대 의료계 휴폐업, 전국 대형병원 진료 마비

08.02 한미행정협정(SOFA) 개정-미군 피의자 기소 시 신병 인도 등 8개항 개정 합의

08.03 〈한중어업협정〉 정식 서명

08.05 남한 46개 언론사 사장단(56명), 북한 김정일 국방위원장 초청으로 방북

08.07 서울도시철도 6호선 개통(봉화산역↔상월곡역)-1993.12. 착공, 36.4㎞

08.08 현대그룹 정몽헌 현대아산 이사회 의장 등, 3차 소떼 방북(소 500마리)

08.08 KBS1 휴먼다큐, '피플 세상속' 첫 방송(~2007.4.)

08.09 '민주화운동 관련자 명예회복 및 보상심의위원회' 설립

08.10 보건복지부, 처방료 등 수가 인상한 〈보건의료발전종합대책〉 발표

08.10 현대그룹, 북한과 서울-판문점-개성 간 버스 이용 육로 관광 합의

08.11 대우자동차, '마티즈 Ⅱ' 출시(~2005.3.)

08.11 전국 의료계, 정부의 의약분업 강행에 반대하며 2차 총 폐업 단행

08.11 박지윤, '성인식'(작사·작곡 박진영) 발표

08.11 통일부, 서울~평양 간 광통신망 구축 완료 발표

08.11 MBC 제21회 강변가요제(춘천 의암호반)-시너지, '그녀의 여름' 대상 수상

08.12 영화, '엑스맨'(감독:브라이언, 배우:휴 잭맨·패트릭 스튜어트 등) 개봉

08.14 '원곡체' 창안한 서예가 김기승(1909~2000) 사망

08.14 판문점 남북연락사무소, 4년 만에 재가동

08.15 북한 민항기, 50년 만에 한국에 첫 취항

08.15 1차 남북이산가족 상봉-평양: 남측 100명+북측 218명, 서울: 북측 100명+남측 750여명

08.20 북한 조선국립교향악단과 KBS 교향악 최초 남북합동 공연(서울)

08.22 북한-일본, 제10차 국교정상회담 개최-북한, 일본인 납치 문제 조사 거부

08.22 북한-현대아산, 개성공단 개발 관련 합의서 서명

08.24 경의선 복원과 경의선 및 도로건설계획 발표

08.28 '제주 4.3사건 진상규명 및 희생자 명예회복 위원회' 발족

08.29 제2차 남북장관급회담, 평양에서 개최

08.31 한빛은행 등, 2차 구조조정 대상 은행 확정

08.31 SBS, 국내 최초로 HDTV 시험방송 개시-9.3. KBS·MBC, HDTV 시험방송 개시

08.00 이철환, 『연탄길』(삼진기획) 출판

08.00 현대·기아자동차 그룹 출범-2011.4. 현대자동차그룹으로 재출발

09.01 르노삼성자동차(주) 법인 공식 출범

09.01 현대중공업, 선박용 디젤엔진 독자 모델 개발

09.01 조성모, '아시나요'(작사 강은경, 작곡 이경섭) 발표

09.02 미전향 장기수 63명, 판문점을 통해 북한에 송환

09.03 이형택 선수, US오픈테니스 16강 진출

09.04 한-몽 양국, 〈환경협력약정〉 체결

09.07 김대중 대통령, 빌 클린턴 미국 대통령과 정상회담(뉴욕)

09.07 '민간인학살 진상규명 범국민위원회' 발족

09.08 김대중 대통령, 블라디미르 푸틴 러시아 대통령과 정상회담(뉴욕)

09.09 서태지, 4년 7개월 만에 컴백 공연

09.09 영화, '공동경비구역 JSA'(감독:박찬욱, 배우:이병헌·송강호·이영애 등) 개봉

09.09 영화, '시월애'(감독:이현승, 배우:이정재·전지현·김무생 등) 개봉

09.11 김용순 북한 노동당 대남비서 등 6명, 특사 자격으로 남한 방문

09.12 정부, 공적자금 40조 원 추가조성 결정

09.14 『소나기』 소설가 황순원(1915~2000) 사망

09.14 SBS드라마, '줄리엣의 남자'(출연:차태현·예지원·지진희 등) 첫 방영(~11.9)

09.15 남북한선수단, 제27회 시드니올림픽에서 동시 입장-한국 12위, 금8·은10·동10

09.16 KBS2드라마, '태양은 가득히'(출연:유준상·김지수·김민 등) 첫 방영(~2001.3.18.)

09.17 중국 충칭의 한국 임시정부 청사, 복원 마치고 개관

09.18 경의선 복원 착공-2007.5. 문산역↔개성역 시험 운행

09.18 KBS2드라마, '가을동화'(출연:송승헌·송혜교·원빈 등) 첫 방영(~11.7)

09.18 MBC드라마, '아줌마'(출연:원미경·강석우·심혜진 등) 첫 방영(~3.20)

09.19 윤미진·김남순·김수녕, 시드니올림픽 여자양궁 개인전에서 금·은·동 획득

09.19 한국-러시아, 범죄정보 및 기술협력 위한 '한.러 경찰협력약정' 체결

09.20 김영호, 시드니올림픽 남자 펜싱경기 사상 첫 금메달

09.20 제2차 남북적십자회담 개최(금강산 온정리)

09.22 남북교차관광 합의에 따른 첫 행사, '백두산 관광단' 110명 방북

09.22 정부의 공식 초청으로 재일조총련 동포 고향방문단(163명) 서울 도착

09.22 한국남자양궁, 12년 만에 시드니올림픽 남자 양궁 단체전 금메달 획득

09.25 박찬호, 미국 메이저리그 2000시즌에서 17승 달성

09.25 제1차 남북경제협력 실무회담(서울) 개최-대북식량차관 제공 문제 협의

09.25 한국-산마리노, 국교 수교

09.26 심권호, 시드니올림픽 레슬링에서 금메달 획득-올림픽 2체급 석권

09.27 뇌과학연구사업단 이수영 교수팀, 세계 3번째 음성인식 반도체칩 개발 성공

09.27 3차 남북장관급회담(제주도) 개최-이산가족 문제·남북경제협력추진위원회 설치 합의

09.28 북한 태풍 피해에 대북식량차관제공 발표-2000.10. 이후 쌀 30만t, 옥수수 20만t 지원

09.28 태권도 정재은, 시드니올림픽서 정식종목 채택 후 첫 금메달

09.29 신문 시사만화 '고바우영감', 국내 최장기 연재기록(1만4139회) 수립, 연재 중단

09.29 포항제철 민영화-동일인·외국인 총 소유 한도 폐지(2000.10. 민영화 완료)

09.29 한국석유공사, 베트남 15-1광구에서 7억2000만 배럴 매장 원유 발견

09.30 '.kr 도메인' 50만 개 돌파

10.01 북한 중앙텔레비전, 북한노동당 창건55주년 행사에 남한 정당·사회단체 대표 초청 보도

10.01 세계 최초 CDMA2000 1X상용서비스 세계 최초로 개시

10.01 제27회 시드니 올림픽 폐막, 한국 12위(금 8개, 은 10개, 동 10개) 달성

10.01 핑클, 'Now'(작사 홍지유, 작곡 김진권) 발표

10.02 HOT, 'Outside Castle'(작사·작곡 문희준) 발표

10.02 EBS, '최고의 요리비결' 첫 방송

10.03 주택은행, 뉴욕증권거래소에 상장-발행규모: 신주발행 없이 5,000만 주 한도 내

10.05 대북정책 발표-확고한 안보태세, 남북경제공동체 건설, 냉전종식 외교적 노력 강화

10.05 하나로통신, 무료 인터넷 전화 서비스 개시

10.06 음란폭력성매체대책협의회, 음란성 논란 영화 '거짓말' 장선우 감독·제작자·극장주 고발

10.06 전국 의료계, 의약분업 강행에 반대하며 4차 총 폐업 실시

10.06 프로야구 한화 이글스 장종훈, 한국 프로야구 사상 첫 300홈런 기록

10.12 제81회 전국체육대회 개최(부산)-1위 경기, 2위 서울, 3위 부산

10.13 김대중 대통령, 노벨평화상 수상자로 선정-12.10. 노르웨이 오슬로에서 시상

10.14 한국여성단체연합 등 7개 시민단체, 세계여성대행진 한국대회 개최-빈곤·여성차별 철폐

10.15 현대아산, 금강산여관 30년 임대계약 체결

10.16 한국·미국, 적정 수준의 미사일 개발 원칙적 합의-사거리 300㎞ 미사일 생산 가능

10.17 대통령 직속 의문사진상규명위원회, 본격 활동 시작(~2004.6.)

10.18 한-중 양국, 〈범죄인 인도조약〉 서명

10.19 김대중 대통령, 토니 블레어 영국 총리와 서울서 정상회담

10.19 영국, 북한과 관계정상화 발표-12.12. 북한-영국, 국교 수립

10.19 한국전자통신연구원, 광섬유 신소재 개발 발표

10.20 제3차 아시아·유럽정상회의(ASEM), '한반도 평화에 관한 서울 선언' 채택

10.21 제24회 MBC대학가요제(이화여대)-허병욱, '푸념' 대상 수상

10.22 SBS, 예능 프로 '도전 1000곡' 첫 방송(~2014..6.22)

10.23 노사정위원회, '주 40시간 근무' 합의

10.23 매들린 올브라이트 미국 국무장관, 방북

10.23 MBC라디오, '손석희의 시선집중' 첫 방송(~2013.5.10.)

10.28 강원랜드 '스몰' 카지노, 강원도 정선 폐광촌에 국내 처음으로 개장

10.28 국내 민간항공 사상 최초로 대한항공 조종사 파업

10.30 동아건설, 채권단의 자금지원-워크아웃 중단 결의로 사실상 퇴출

10.31 현대건설 1차 부도-약 3조 원의 순손실 기록

10.31 제55차 유엔총회, 남북한 대화와 평화통일 지지, 총회결의안 채택

10.31 GOD, '거짓말'(작사·작곡 박진영)·'니가 필요해' 발표

10.00 KBS1, '도올의 논어이야기' 첫 방송(~2001,5)

11.01 임창정, '날 닮은 너'(작사 임창정, 작곡 원상우) 발표

11.02 서울여대 설립자 고황경(1909~2000) 박사 사망

11.03 삼성자동차·삼성쌍용차·진로종합식품·진로종합유통·우성건설 등 퇴출 발표

11.04 MBC, '코미디하우스' 첫 방송(~2005.3.10.)

11.06 산악사진계의 대부 김근원(1922~2000) 사망

11.07 프로야구, 현대가 두산을 누르고 한국시리즈 우승

11.08 대우자동차 최종 부도 처리-2002.10. GM대우자동차 출범

11.08 제2차 남북경제협력 실무접촉 개최

11.09 국학자·한문학자 이가원(1917~2000) 교수 사망

11.10 동아건설 부도-동아그룹 공중 분해

11.10 서해대교(경기도 평택-충남 당진) 개통-1993.11. 착공, 연장 7.31㎞

11.11 의약분업, 의사-약사-정부 3자 협상에서 타결

11.11 유승준, '찾길 바래'(작사 홍지유, 작곡 김진권) 발표

11.15 김대중 대통령, 빌 클린턴(미국)·장쩌민(중국) 등과 정상회담(브루나이)

11.15 프로축구, 안양LG가 부천SK를 누르고 K리그 우승

11.15 2001학년도 수능시험 실시-지원자 872,297명, 응시자 850,305명(97.5%)

11.18 북한 조선중앙텔레비전, 사상 최초로 EBS 제작, '호랑이' 다큐멘터리 방송

11.20 인천국제공항을 잇는 '영종대교' 개통-1995.12. 착공, 연장 4,420m

11.20 인천국제공항 고속도로 개통-1990.11. 착공, 연장 36.5㎞

11.21 서울~평양 간 상설전화 개통

11.24 김대중 대통령, 모리 요시로(일본)·주룽지(중국) 총리와 회동(싱가포르)

11.24 〈최저임금제〉 확대-근로자의 모든 사업 또는 사업장, 14만 1천여 명, 시급 690원

11.24 '전국언론노동조합' 출범

11.25 국내 최초의 위키위키 사이트, '노스모크' 시작

11.25 영화, '아메리칸 사이코'(감독:메리 해론, 배우:크리스찬 베일·윌렘 대포 등) 개봉

11.27 경부고속철도 시험운행 성공-2004.4. 서울↔대구 1단계 개통, 2010.11. 완전개통

11.28 김대중 대통령, 압두라만 와히드 인도네시아 대통령과 정상회담(싱가포르)

11.28 제1차 남북군사실무회담(판문점 북측지역 통일각)

11.29 반달곰 17년 만에 지리산에서 발견-1983. 설악산에서 반달곰 밀렵꾼에 사망

11.30 6·25전쟁납북인사가족협의회 창립

11.30 제2차 남북이산가족 상봉(금강산)-남측 신청자 95명, 북측가족 205명 상봉

11.30 S.E.S, '감싸 안으며'(작사·작곡 Satoshi Shimano) 발표

11.00 최인호, 『상도』(여백미디어) 출판

12.03 한국 천주교, 과거사 반성 문건 '쇄신과 화해' 발표

12.04 김대중, 국제통화기금 모든 차관 상환, IMF 위기 탈출 공식 발표

12.05 오페라 '영웅 이순신' 이탈리아에서 초연

12.05 2차 남북군사실무회담(판문점), 비무장지대 돌발상황 시 남북 연락체계 가동 합의

12.06 팔만대장경 CD롬 봉정식

12.07 증권거래소, 동아건설 주식 매매 금지

12.07 MBC, '지구촌 리포트' 첫 방송(~2013.3.16.)

12.12 제4차 남북장관급회담, 평양에서 개최

12.14 구로공단, 서울디지털산업단지로 변경·재개발

12.14 이소라, '제발'(작사 이소라, 작곡 김현철) 발표

12.15 IMT-2000 사업자, SK텔레콤과 한국통신 선정

12.15 동아일보, 국내최초로 신문박물관(프레시움-Presseum) 개관

12.18 부산 제2롯데월드(107층 규모) 착공-사업성 부족에 지연, 주거·숙박시설로 변경

12.18 SBS, '웬만해선 그들을 막을 수 없다'(출연:노주현·신구 등) 첫 방영(~2002.2.22.)

12.20 국회 본회의, 〈정보통신기반보호법〉 등 16개 법안 의결

12.20 KBO·8개 구단, 선수협을 주도한 양준혁·송진우 등 8명 방출 결정

12.21 제3차 남북군사실무회담 개최

12.22 국민은행·주택은행 합병 양해각서 체결

12.24 시인 서정주(1915~2000) 사망

12.25 남북경제협력추진위원회 제1차 회의

12.28 주한미군지위협상 SOFA 재개정 협상 타결-2001.1.18. 서명

12.28 포지션, 'I Love You'(작곡 ozaki yutaka·이승호·유정연) 발표

12.31 건설교통부, 화성 신도시 건설 기본계획안 발표

12.31 세계 최초의 '인터넷 엑스포' 일본서 개막

12.00 경주역사유적지구·고인돌유적, 유네스코 세계문화유산으로 등재

12.00 김하인, 『국화꽃 향기』(생각의 나무) 출판

00.00 오리온, '예감' 출시

00.00 농심, '쫄병 스낵' 출시

▨▨▨▨▨▨▨▨▨▨▨▨▨▨

01.05 [티벳] 17세의 티베트 불교 지도자 카르마파 라마, 인도로 탈출

01.30 [케냐] 케냐항공 에어버스 A310, 아비장 이륙 후 바다추락-169명 사망

03.05 [영국] 로슬린연구소, 돼지복제 성공

03.12 [바티칸] 교황 요한 바오로2세, 가톨릭의 2000년간 과오에 대해 참회

03.18 [대만] 총통선거에서 천수이벤(陳水扁) 당선

04.05 [일본] 모리 요시로 자민당 간사장, 일본 총리에 선임

04.12 [국제] 전세계 개발도상국 '77그룹 정상회담(G77)', 창설 26년 만에 쿠바에서 개최

04.19 [필리핀] 보잉 737-200기, 사말섬 추락, 131명 사망

05.07 [러시아] 블라디미르 푸틴, 제3대 대통령 취임

05.11 [인도] 인구 10억 돌파

06.26 [국제] 공공컨소시엄 '인간 게놈 프로젝트(HGP)' 게놈지도 초안 발표

07.13 [미국-베트남] 25년 만에 자유무역협정 체결

07.21 [국제] G8(주요 8개국 정상회담), 일본 오키나와서 개막, IT헌장 채택

07.24 [미국] 타이거 우즈, 브리티시 오픈 우승, 최연소 그랜드슬램 달성

07.25 [프랑스] 콩코드기 추락, 승객 등 112명 사망

08.12 [프랑스] 선의 화필로 유명한 화가 장 카르쥬(1907~2000) 사망

10.01 [미국] '전자서명법' 정식 발효

10.31 [러시아] 국제우주정거장(ISS) 상주할 우주인 태운 '소유즈 TM-31' 발사

11.16 [미국] 클린턴 대통령, 25년 만에 베트남 방문

11.17 [미국] 부시, 제43대 대통령에 당선

11.27 [노르웨이] 오슬로-베르겐 간 세계최장 고속도로터널 '라에르달 터널'(24.5㎞) 개통

11.28 [네덜란드] 하원, 세계 최초로 안락사 합법화 법안 의결

12.07 [일본] 일본군 성 노예전범 국제법정 개정

12.15 [러시아] 체르노빌 원자력발전소 영구 폐쇄

12.18 [미국] 신문재벌 랜돌프 허스트(1915~2000) 사망

12.31 [일본] 세계 최초의 '인터넷 엑스포' 일본서 개막

2001 신사(辛巳) 단기4334 김대중5
클린턴·부시/장쩌민/모리·고이즈미/푸틴

01.01 축구 국가대표팀 감독, 거스 히딩크 선임

01.01 제주시 사라봉공원에 서기 3001년에 개봉하는 타임캡슐 매설

01.07 20년 만의 대폭설-대관령 적설량이 87.7㎝ 기록

01.08 김대중-김종필, 민주당과 자민련, 국정운영 전반 공동협력 합의

01.08 서도 명창, 옥복녀 사망

01.08 서울지법, 건설업체 한양에 파산 선고

01.08 KBS드라마, '귀여인 연인'(출연:박선영·안재모·이창훈 등) 첫 방영(~2.27)

01.09 동화작가 정채봉(1946~2001) 사망

01.10 현대자동차, '뉴 EF 소나타' 출시(~2004.8.)

01.11 현대생명·한일생명 부실금융기관으로 지정-현대생명, 대한생명에 인수(2001.6.)

01.12 빌 클린턴 미 대통령, 미군의 노근리 학살사건 관련 유감 표명-사건 공식 규정

01.14 한국은행, 50여 년 만에 통화량 관리 사실상 중단

01.15 김정일 북한 국방위원장, 중국 방문

01.15 박세리, LPGA클래식대회에서 우승

01.15 북한-네덜란드, 국교 수립

01.15 전 공화당 의장 백남억(1914~2001) 사망

01.16 판교신도시 개발 확정-사업기간 2003.12~2011.12, 2009.1. 첫 입주

01.17 한미 미사일 협상, 사거리 500㎞ 미사일 보유 합의-2015.6. 시험 발사 성공

01.18 2002년부터 중학교 의무교육 전국 확대 실시 발표

01.18 김대중 대통령, 페르난도 엔리케 카르도주 브라질 대통령과 정상회담

01.18 사진작가 임응식(1912~2001) 사망

01.18 싸이, '새'(작사·작곡 싸이) 발표

01.23 북한-벨기에, 국교 수립

01.23 화가 운보 김기창(1913~2001) 사망

01.26 대법원, 16대 총선 당시 총선시민연대의 '낙선운동' 위법 판결

01.26 위기철, 『아홉살 인생』(청년사) 출판

01.26 일본 유학생 이수현, 도쿄 전철노선에 떨어진 일본인 구하려다 사망

01.29 박지은, 미국LPGA 오피스데포골프대회에서 우승

01.30 전남 고흥 외나로도 우주센터 부지로 선정-2009.6.11. 나로우주센터 준공

02.01 이지훈, '인형'(작사·작곡 강타) 발표

02.02 한국부동산신탁, 정부투자 공기업으로 첫 최종 부도처리

02.05 KBS, 『TV동화 행복한 세상』(샘터사) 출판

02.05 KBS드라마, '여인천하'(출연:강수연·전인화·이덕화 등) 첫 방영(~7.22)

02.06 북한-캐나다, 국교 수립

02.07 김대중 대통령, 오슬로에서 셸망네 보네비크 노르웨이 총리와 정상회담

02.07 MBC드라마, '맛있는 청혼'(출연:정준·손예진·소지섭 등) 첫 방영(~3.29)

02.07 지누션, 'A-Yo'(작사 션, 작곡 박홍준) 발표

02.08 연극 '품바'의 작가 겸 출연가, 김시라(1945~2001) 사망

02.08 제5차 남북군사실무회담 개최, 41개항의 비무장지대(DMZ) 공동규칙안 합의

02.11 시화호 담수화 계획 백지화 발표

02.12 김대중 대통령, 나차긴 바가반디 몽골 대통령과 정상회담(서울)

02.12 차태현, 'I Love You'(작사 거목, 작곡 이규태) 발표

02.12 짙은 안개로 자유로 100중 충돌

02.14 현대자동차, '테라칸' 출시(~2006.10.)

02.15 32년 만의 기습 폭설로 서울-중부지역 마비

02.19 병무청, 모든 과정을 전산처리하는 징병검사제 실시

02.20 베를린올림픽 마라톤에서 동메달을 딴 남승룡(1912~2001) 사망

02.20 현대사 연구가 송남헌(1914~2001) 사망

02.20 샵, 'Sweety'(작사 백종열, 작곡 박근태) 발표

02.21 전 재일 조총련 의장 한덕수(1907~2001) 사망

02.26 3차 남북이산가족 상봉-고려항공편 서해직항로 이용 서울·평양에서 200명 상봉

02.27 김대중 대통령, 블라디미르 푸틴 러시아 대통령과 정상회담(서울)

02.28 북한, 역사학자 박시형(1910~2001) 사망

02.28 분단 후 최초로 남북 역사학자 간담회 평양 개최

02.28 정부, 일본의 역사교과서 왜곡 파문과 관련하여 깊은 우려 표명

03.01 금융감독위원회, 부실금융기관으로 지정된 현대생명 등 3개사 영업정지 명령

03.01 북한-독일, 국교 수립

03.01 한국전력기술 등 17개사 분리매각, 한국인삼공사 등 12개사 민영화 결정

03.02 국악 FM방송(99.1㎒) 개국

03.04 서울 홍제동에서 진화 작업 중, 소방관 6명 순직

03.07 샤크라, '끝'(작사 이상민, 작곡 장원호) 발표

03.08 김대중 대통령, 조지 W. 부시 미국 대통령과 정상회담(워싱턴)

03.12 김대중 대통령, 넬슨 만델라 전 남아공 대통령과 6개항의 세계평화메시지 발표(서울)

03.13 배재학당 주춧돌 밑 '아펜젤러 타임캡슐' 68년 만에 개봉

03.13 〈정보보호기술개발5개년계획〉 발표

03.14 SBS드라마, '아름다운 날들'(출연:이병헌·최지우·류시원 등) 첫 방영(~5.31)

03.15 남북당국, 분단 이후 첫 이산가족 3백명 서신 교환

03.15 FIFA 월드컵조직위원회, 2002 월드컵의 공식명칭을 '한일월드컵'으로 최종 확정

03.16 이규혁 스피드 스케이팅 선수, 남자 1,500m에서 세계신기록 수립

03.18 SBS, '초특급 일요일만세'(일요일이 좋다) 첫 방송(2017.3.19.)

03.20 통일전문지 ≪민족 21≫ 창간

03.20 공군 창건 이래 최초로 여성 사관생도 18명 배출

03.21 현대그룹 정주영(1915~2001) 사망-3.23. 빈소에 북한 조문단 방문

03.22 드렁큰타이거, 'Good Life'(작사·작곡 드렁큰 타이거) 발표

03.24 KBS1, 'KBS 특강' 첫 방송(~2005.11.25.)

03.26 한·미·일, 대북정책협의회 개최, 3국간 대북정책공조 합의(서울)

03.26 한국, 미사일기술통제체제(MTCR) 가입

03.26 일본 도쿄지법, 한국인 징용피해자 40명의 전후 보상소송에 원고 패소 판결

03.26 MBC드라마, '홍국영'(출연:김상경·정웅인·이태란 등) 첫 방영(~8.7)

03.27 국군 하사관 명칭, '부사관'으로 개명

03.29 인천국제공항 개항-1992.11. 착공, 2018.1. 제2여객터미널 개장

03.30 한국디지털위성방송(주) 설립

03.31 영화, '친구'(감독:곽경택, 배우:유오성·장동건·서태화 등) 개봉

03.00 강진, '땡벌'(나훈아 작사·작곡) 발표

04.01 한국-유럽연합(EU) 기본협력협정 발효

04.01 한국통신, 발신자 전화번호표시 서비스 개시

04.02 우리금융지주 공식 출범

04.03 한국문학번역원(원장 박환덕) 개원-한국의 문학·문화 해외 전파 목적

04.03 클릭B, '백전무패'(작사 오윤성, 작곡 유해준) 발표

04.04 MBC드라마, '호텔리어'(출연:배용준·송윤아·김승수 등) 첫 방영(~6.7)

04.05 장구 인생 45년 김덕수(사물놀이패 단장), 첫 독주회(서울 문예회관)

04.06 기아자동차, '뉴 리오' 출시(~2002.8.)

04.06 김대중 대통령, 미겔 앙헬 로드리게스 코스타리카 대통령과 정상회담(서울)

04.06 프로농구, 삼성이 LG를 누르고 농구대잔치 우승

04.11 국민은행-주택은행 합병 타결

04.11 가수 김연자, 북한 함흥에서 공연

04.14 핑클, '당신은 모르실거야'(작사·작곡 길옥윤)-1988.7. 혜은이 첫 발표

04.16 이봉주 선수, 제105회 보스턴마라톤대회에서 우승(2시간 9분 43초)

04.17 현대자동차, '라비타(LAVITA)' 출시(~2007.2.)

04.18 이형택, 챌린저 테니스대회 2001시즌에서 첫 승

04.25 삼성전자, 중국 4개 지역의 CDMA 시스템 구축 사업권 획득

04.25 제38회 대종상영화제 시상-'공동경비구역 JSA'(감독:박찬욱, 명필름)

04.26 정부, 남북교류협력추진협의회에서 북한에 비료 20만t 지원 결정

04.26 정부, 유엔 총회 의장 후보에 한승수 외교통상부장관 지명

04.28 사할린 고령 동포 30명, 가족과 함께 영구 귀국

04.28 MBC드라마, '그 여자네 집'(출연:김남주·차인표·김현주 등) 첫 방영(~10.21)

04.30 KBS1, 'TV동화 행복한 세상' 첫 방송(~2012.5.10.)

05.01 남북 노동단체, 금강산에서 양측 노동자 1천여 명 참여한 남북공동 노동절행사

05.01 북한, 김정일 국방위원장 장남 김정남, 일본에 불법입국하다 체포(5.4. 강제 추방)

05.01 쌍용중공업, 주식회사 STX로 이름 변경

05.01 전국은행연합회, 신용불량자 가운데 연체금 지불자의 기록 일괄삭제 결정

05.01 SBS, 'TV동물농장' 첫 방송

05.02 이동통신 'KTF' 탄생

05.02 『월인석보』 20권 발견, 전체 25권으로 추정

05.03 김정일 장남 김정남, 일본으로 입국하려다가 위조여권 발각, 체포

05.05 김건모, '짱가'(작사·작곡 김건모) 발표

05.05 KBS1, '열린채널' 첫 방송

05.06 이형택, 한국 사상 첫 ATP(세계남자프로테니스선수협회) 공식투어 결승 진출

05.08 한중일 여성지도자들, 동북아여성지도자회의에서 5개항의 '서울 여성선언' 채택

05.09 국립보건원, O-157균과 유사한 O-26균 감염 환자, 국내 첫 발생 발표

05.09 KBS드라마, '명성황후'(출연:문근영·이미연·최명길·유동근 등) 첫 방영(~7.18)

05.11 김훈, 『칼의 노래』(문학동네) 출판

05.11 동아건설 파산 선고

05.13 인기그룹 HOT 공식 해체(1996.9.~)

05.14 KBS드라마, '인생은 아름다워'(출연:하지원·유준상·윤해영 등) 첫 방영(~7.3)

05.16 산악인 엄홍길, 세계에서 8번째로 8000m급 14좌 모두 등정

05.16 경기도 광주시 기숙학원 '예지학원' 화재-수험생 8명 사망, 25명 부상

05.19 유엔 교육과학문화기구, 한국 종묘제례·제례악, 인류구전과 무형유산으로 선정

05.19 한국 종묘제례·제례악, 유네스코 문화유산에 선정

05.24 정부규제개혁위원회, 제품 결함 인지 후 5일내에 보고 등 리콜제도 강화

05.25 김대중 대통령, 리펑 중국 전인대상무위원장과 회담(서울)

05.25 새만금간척사업의 개발 유보 결정-환경·종교단체 등 소송제기(2006.3.16. 재계)

05.26 최초의 한국 모터 챔피언십 자동차 경주 대회 개최

05.29 육군 소속 CH-47 헬기, 올림픽대교 중앙탑 조형물 설치 중 추락-탑승자 3명 사망

06.04 북한 상선, 서해안 북방한계선(NLL)과 제주해협 침범

06.04 한국철도역사 102년 만에 최초 여성 역장 탄생

06.07 Brown Eyes, '벌써 일년'(작사 한경혜, 작곡 윤건) 발표

06.13 MBC드라마, '네 자매 이야기'(출연:황수정·채림·안연홍 등) 첫 방영(~8.16)

06.15 남북 시민사회단체, 금강산에서 6·15 1주년 기념 민족통일대토론회 개최

06.22 성악가 파바로티-도밍고-카레라스, 국내 첫 합동 공연

06.23 영화, '신라의 달밤'(감독:김상진, 배우:이성재·차승원·김혜수 등) 개봉

06.25 대한광업진흥공사, 남북합작 북한 광산개발 발표

06.27 금강산 관광선 운항, 2년 7개월 만에 중단-관광객의 북한 환경감시원 귀순 종용

06.28 민주화운동기념사업회 발족

06.28 신화, 'Hey, Come On!'(작사 신혜성, 작곡 Peter Rafelson·Jeff Vincent) 발표

06.29 해군-해병대, 여성 장교 국내 첫 탄생

06.30 탈북한 장길수 군 일가족 7명, 서울 도착

06.30 임창정, '기다리는 이유'(작사 조은희, 작곡 김형석) 발표

07.03 여성부, 제6회 여성주간 기념식에서 〈21세기 남녀평등헌장〉 제정, 공포

07.04 쿨, 'Jumpo Mambo'(작사 이승호, 작곡 윤일상) 발표

07.05 9인승 대형택시 첫 운행

07.05 국제식품규격위원회, 김치(Kimchi)를 국제식품으로 승인

07.05 대우조선 소속 12인승 헬기 추락-동국제강 회장 등 8명 사망·실종

07.05 사이버범죄수사대, 사이버 스토커에게 사이버 명예훼손죄 첫 적용, 구속영장 신청

07.05 한국 마라톤계의 대부, 정봉수(1934~2001) 감독 사망

07.06 영화, '슈렉'(감독:앤드류 아담슨) 개봉

07.09 박세리, 미국 LPGA투어 제이미 파크로거 클래식 우승

07.12 일본 역사교과서 왜곡시정 거부와 관련, 제1차 보복조치-일본 대중문화 개방 중단

07.18 남북 농민단체, 금강산에서 분단 이후 첫 통일행사 공동 주최

07.19 헌법재판소, 전국구 선출방식 위헌 결정-지역구의 득표비율에 따른 의석 배분 문제

07.25 프랑스 소장 외규장각 도서 297권, 국내 고문서와 맞교환 합의

07.26 김정일 국방위원장, 러시아 방문을 위해 열차편으로 평양 출발

07.27 영화, '엽기적인 그녀'(감독:곽재용, 배우:전지현·차태현·김인문 등) 개봉

07.28 경제장관간담회, '주 5일 근무제' 도입 결정-2003.9.15. 공포, 2004.7. 단계적 시행

07.28 만화영화, '이웃집 토토로'(감독:미야자키 하야오) 개봉

07.30 1950년대까지 4,000여 곡 발표한 가수 황금심(1922~2001) 사망

07.31 왁스, '화장을 고치고'(작사 최준영, 작곡 임기훈) 발표

07.00 휘성 '안되나요'(작사 박경진, 작곡 이현정) 발표

08.01 원로가수 고운봉(1920~2001) 사망

08.01 해태 타이거즈, 팀명을 'KIA 타이거즈'로 변경-6.15. 기아차, 해태 타이거즈 인수

08.08 보건복지부, 〈보육사업종합발전계획〉 발표-2010년까지 공공보육시설 100% 확충

08.09 경기도 이천·광주·여주, '세계도자기엑스포2001' 개막

08.09 김현곤, 한국인 최초로 130일 만에 단독 태평양 요트 횡단(1만5천km) 성공

08.10 MBC 제22회 강변가요제(춘천 의암호반)-김세진, 'Please don't go' 대상-이후 중단

08.15 북한 평양에서 남북 민간단체 주최 첫 '8.15민족통일대축전' 개최

08.19 뮤지컬 '난타', 뉴욕에서 첫 공연

08.20 MBC드라마, '선희 진희'(출연:김규리·손예진·박용우 등) 첫 방영(~10.9)

08.23 IMF 차관 잔액 1억4천만 달러 모두 상환-IMF체제 공식 졸업

08.31 유승준, 'Wow' 발표

08.00 한비야, 『한비야의 중국견문록』(푸른숲) 출판

09.01 신한금융지주회사 설립

09.02 한명숙 여성부장관, 세계인종차별철폐회의에서 기조연설(더반)

09.03 임동원 통일부 장관 해임 건의안 국회 통과-야당, 방북단의 친북 활동 등 문제

09.04 검찰, 부실·불법 대출의 로비의혹 사건(이용호 게이트) 공개

09.05 중앙역학조사반, 영천·경주·대구에서 21명의 콜레라 환자 발생 발표

09.06 포항공대 김광수연구팀, 머리카락 굵기의 25만분의 1 극초미세 나노선 국내 개발

09.07 현대자동차, '투스카니' 출시(~2008.10.)

09.07 이기찬, '또 한번 사랑은 가고'(작사·작곡 박진영) 발표

09.10 골프선수 박희정, 미LPGA 윌리엄스챔피언십 골프대회에서 우승

09.13 제1회 부산국제모터쇼 개최

09.15 제5차 남북장관급회담, 서울에서 개최

09.21 대우자동차, 미국 제너럴 모터스 GM에 매각 결정

09.21 스포츠신문 ≪굿데이≫ 창간

09.24 세계관광기구(WTO) 제14차 서울 총회 개막

09.24 윈도 XP 탑재 PC 시판

09.24 해외 파병 '924 의료지원단' 창설(2002.2. 이후 동의부대·다산부대 해외 파병)

09.24 인터넷 진보언론 ≪프레시안≫ 창간

09.28 산청양수발전소 준공-5천만㎾ 시대 개막

09.28 영화, '조폭 마누라'(감독:조진규, 배우:신은경·박상면·안재모 등) 개봉

09.30 MBC, 추석 차례상 대행 업체 성황 세태 보도

09.30 경의선, 문산역-임진강역 구간 51년 만에 재개통

09.00 쌍용자동차, '렉스턴(REXSTON)' 출시

09.00 제1회 미당문학상, 정현종의 『견딜 수 없네』 수상

09.00 제1회 황순원문학상, 박완서의 『그리움을 위하여』 수상

09.00 직지심체요절·승정원일기, 유네스코 세계기록유산으로 등재

10.06 문화재청, 경복궁 흥례문 85년 만에 복원(1997.9.~)

2001

10.08 밀입국하려던 중국 동포 등 25명, 선상에서 질식사-시신 수장

10.10 제82회 전국체육대회 개최(충남)

10.13 전라북도 진안군 용담댐, 10년 만에 준공(1992.11.~)

10.15 고이즈미 준이치 일본 총리, 방한-신사참배, 꽁치잡이 등 문제 표명

10.15 MBC드라마, '상도'(출연:이재룡·김현주·정보성 등) 첫 방영(~4.2)

10.17 경기도 평택항, 여객 터널 준공 및 국제 카페리 취항

10.19 김대중 대통령, 조지 W 부시 미국 대통령과 정상회담(상해)

10.19 정부, 〈국적법 개정안〉 의결-국적 취득, 부계 혈통주의에서 부모양계로 변경

10.20 김대중 대통령, 고이즈미 준이치로 일본 총리와 정상회담(상해)

10.20 제25회 MBC대학가요제(성균관대)-소나기, '청춘가' 대상 수상

10.25 헌법재판소, 국회의원 선거구 헌법 불합치 결정

10.26 경복궁 흥례문, 85년 만에 복원

10.26 구 안기부 공관 리모델링. '서울 문학의 집' 개관-서울시 '남산 제모습 찾기' 일환

10.26 창원지법 진주지원, 거창양민학살희생자 유가족에 국가책임 배상책임 시효 만료 불인정

10.26 SBS, 국내 최초로 HDTV 본방송 실시-12.1. MBC, 12.31. KBS2

10.27 '우리민족서로돕기운동본부' 창립-북한 동포돕기 범불교적 추진단체

10.28 프로야구, 두산이 삼성을 누르고 한국시리즈 우승

10.28 프로축구, 성남일화가 대전시티즌을 누르고 K리그 우승

10.29 고급요정 삼청각, 전통 문화시설로 탈바꿈

10.29 삼성전자, 세계 최초 512메가 D램의 대량생산 성공

10.30 김중미, 『괭이부리말 아이들』(창작과비평사) 출판

10.31 T-50 고등훈련기 1호, 시제기 출고

10.31 〈남북교류협력시행령〉 개정-남북한 방문 증명서 유효기간 연장, 교류절차 간소화

10.31 미륵사 석탑, 보수를 위해 1,400년 만에 해체 시작

10.00 김훈, 『칼의 노래』(생각의나무) 출판

11.01 국민은행, 주택은행과 공식 합병

11.05 KBS드라마, '미나'(출연:채정안·김사랑·김승수 등) 첫 방영(~12.25)

11.07 2002학년도 수능시험 실시-지원자 739,129명, 응시자 718,441명(97.2%)

11.08 김대중 대통령, 민주당 총재직 사퇴-10.25재보궐선거 패배·당 내분 사태 관련

11.08 KBS 2TV, '해피투게더' 첫 방영(~2005.4.28.)-11.22. '쟁반노래방' 첫 방영

11.09 제6차 남북장관급회담, 금강산에서 개최

11.09 영화, '달마야 놀자'(감독:박철관, 배우:박신양·정진영·박상면 등) 개봉

11.10 서울 상암월드컵경기장 개장-1998.8. 착공, 66,704석

11.10 MBC, '느낌표' 첫 방송(~2007.11.2.)

11.10 MBC, '찾아라! 맛있는 TV' 첫 방송(~2016.4.2.)

11.11 SBS, 북한 조선중앙방송과드라마 '연개소문' 공동 제작 발표

11.11 MBC, '타임머신' 첫 방송(~2005.10.23.)

11.13 '수지 김 사건', 남편 자작극으로 판명-1987.1. 홍콩에서 한국 여성 수지김 살해사건

11.13 탤런트 황수정, 마약류 관리에 관한 법률 위반 혐의로 구속

11.13 한국통신, 12월 1일부터 전 세계 동영상 전송 서비스 실시 발표

11.15 교수노조 '전국교수노동조합' 결성

11.15 GOD, '길'(작사·작곡 박진영)·'니가 있어야 할 곳' 발표

11.19 제주도 국제자유도시안 확정-2002.5. 제주국제자유도시개발센터(JDC) 설립

11.21 국회 교육위원회, 교원 정년, 63세로 연장하는 교육공무원법 개정안 의결

11.21 대진고속도로(대전~진주) 개통

11.21 장애인이동권 쟁취를 위한 연대회의, 장애인 저상버스 시승식 행사 개최

11.21 SBS드라마, '피아노'(출연:조재현·조민수·김하늘 등) 첫 방영(~2002.1.10.)

11.22 국방과학연구소, 사거리 100㎞ 단거리 미사일 발사 성공

11.24 경북 울진 동남동쪽 약 50㎞ 해역, 진도 4.1 지진 발생

11.25 국가인권위원회 출범-개인의 기본적 인권보호·인간의 존엄과 가치구현

11.26 이용호 게이트 특검법 통과, 특검 출범

11.28 영동고속도로 서울↔강릉 구간, 5차선으로 확장 개통

11.29 경주 역사유적지구, 고창·화순·강화 고인돌유적, 세계문화유산 등록

12.03 김대중 대통령, 토니 블레어 영국 총리와 정상회담(영국 런던)

12.03 유엔 난민고등판무관실(UNHCR) 서울사무소 공식 개소

12.14 영화, '해리포터와 마법사의 돌'(감독:크리스 콜롬버스, 출연:다니엘 래드클리프) 개봉

12.14 정부, 야스쿠니 신사에 합사된 한국인 위폐, 합사 해지, 일본 정부에 요구

12.14 중앙고속도로(부산 삼락동↔춘천 신북읍, 288.09㎞) 개통(1989.11~)

2001

12.21 서해안고속도로(인천~목포) 완전 개통

12.21 언론인 송건호(1927~2001) 사망

12.21 JTL, 'A Better Day' 발표

12.22 북한공작선, 일본 순시선과 교전 침몰

12.25 한국기독교교회협의회·북한 조선그리스도교연맹, 성탄공동보도문 발표

12.31 혜암(1920~2001) 조계종 종정 입적

12.31 영화, '반지의 제왕: 반지 원정대'(감독:피터 잭슨, 배우:일라이저 우드 등) 개봉

▨▨▨▨▨▨▨▨▨▨▨▨▨

01.02 [중국-대만] 직항로 52년 만에 개설-2.6. 여객선, 사상 첫 대만 직항

01.20 [미국] 조지 W 부시, 제43대 대통령에 취임

01.26 [인도] 구자라트에 리히터 규모 6.9~7.9 강진, 사망 3만여 명

02.12 [미국] 무인 우주탐사선 슈메이커호, 3억2천만㎞ 떨어진 소행성 '에로스'에 착륙

02.12 [셀레라지노믹스] 인간게놈지도 완성 공식 발표

02.24 [미국] 2진법 디지털 원리 창안자, 응용수학자 클로드 섀넌(1916~2001) 사망

03.11 [멕시코] 마르코스 반군 지도자, 3000㎞ 평화대장정 후 멕시코시티 도착

03.21 [케냐] 새 인류조상, '케니안트로푸흐 플라티오프스' 발견

03.22 [미국] '톰과 제리' 제작자, 윌리엄 해너(1910~2001) 사망

03.23 [국제] 그린피스 공동 창설자, 데이비드 맥타가트(1932~2001) 사망

03.23 [러시아] 우주정거장 미르호, 남태평양에 추락-활동 종료

04.01 [미국] 미군 해군정찰기, 중국군 전투기와 충돌-중국 하이난섬에 비상착륙

04.03 [일본] 역사를 왜곡한 후소사의 일본 역사교과서, 문부과학성 검정 통과

04.08 [미국] 화성 탐사선 오딧세이 발사

04.10 [네덜란드] 상원, 안락사 합법화 의결, 세계 최초로 안락사 합법화

04.13 [남아공] 축구장 대형 참사-43명 사망

04.19 [미국] 우주 왕복선 엔데버호 발사-4.21. 국제우주정거장 도킹

06.01 [미국] 만화 '개구쟁이 데니스' 작가 행크 케트첨(1920~2001) 사망

06.03 [미국] 영화 배우 앤서니 퀸(1915~2001) 사망

07.03 [러시아] 여객기 시베리아 남부에 추락-145명 사망

07.14 [미국] 국가 미사일방어체계(MD) 실험 성공

08.13 [일본] 고이즈미 준이치로 총리, 야스쿠니 신사 참배-일본 우경화 가속

09.11 [미국] 9·11테러 발생-사망·실종자 3,225명

10.04 [러시아] 시베리아항공 소속 투폴레프-154 여객기, 흑해 추락, 30여 명 사상

10.05 [미국] '탄저균 테러' 공포 확산

10.14 [중국] '시안(西安)사변' 주역, 장쉐량(1898~2001) 하와이서 사망

10.26 [미국] 마이크로소프트(MS), 새로운 운영체제 '윈도XP' 출시

10.26 [미국] 차세대 전투기에 록히드 마틴의 'X-35' 선정

11.10 [중국] 세계무역기구(WTO)에 정식 가입

11.12 [미국] 여객기 뉴욕서 추락, 260명 사망

11.12 [미국] 홈런왕 맥과이어 명예로운 은퇴

11.25 [미국] ACT사, 인간배아 첫 복제 공식인정

11.29 [영국] '비틀스'의 조지 해리슨(1943~2001) 사망

12.22 [일본] 아키히토 일왕, 한반도와 혈연관계 언급

2002 임오(壬午) 단기4335 김대중5
부시/장쩌민/고이즈미/푸틴

01.02 평화은행(1992.11. 설립), 한빛은행에 업무 합병

01.03 군번 1번 예비역 대장 이형근(1920~2002) 사망

01.13 양승숙 대령, 첫 여성 장군으로 진급-2004. 군국간호사관학교장(준장)으로 전역

01.14 KBS2드라마, '겨울연가'(출연:배용준·최지우·박용하 등) 첫 방영(~3.19)

01.14 KBS2드라마, '골목안 사람들'(출연:이정길·선우은숙·선우재덕 등) 첫 방영(~6.1)

01.18 한국-미국, 미군 용산기지 이전 합의-2017년까지 평택미군기지로 이전 완료

01.21 제1회 노작문학상, 안도현의 『시인』 수상

01.25 대한체육회, '바둑'을 스포츠 종목으로 정식 인정

01.28 KTF, 세계 최초 1xEV-DO 상용서비스 개시-CDMA 방식의 2.5세대 Data 서비스

01.29 군산 개복동 유흥주점 화재로 여종업원 15명 사망-무선전화 충전기 합선으로 화재

02.01 김대중 대통령 처조카 이형택(전 예금보험공사 전무), '이용호게이트' 관련 구속

02.02 병역기피 파문 가수 유승준, 한국에 입국 금지 조치-2002.1. 미국 영주권 취득
02.08 제19회 솔트레이크시티 동계올림픽 개막-한국 14위, 금2·은2·동0(~2.1)
02.15 고교평준화제도 보완책, '자립형 사립고' 시범운영 결정-2009.9. 6개교 시범 실시
02.15 SES. 'U'(작사 Nick Manic, 작곡 Keith Beauvais) 발표
02.16 담배, 'ESSE LIGHTS' 시판
02.18 KBS2드라마, '매직키드 마수리'(출연:오승윤·윤지유·김희정 등) 첫 방영(~2004.2.)
02.19 미국 대통령 부시, 취임 후 첫 방한-2.20. 도라산역 방문
02.19 쌀 개방 후 처음으로 미국산 쌀 수입
02.19 한국기독교총연합회, 축구 국가대표팀 응원단 '붉은악마' 개명 촉구 성명서 발표
02.25 프로농구, 동양이 SBS를 누르고 프로농구 정규리그 우승
02.25 SBS드라마, '대박가족'(출연:반효정·임동진·선우용여 등) 첫 방영(~2003.2.28.)
02.27 기아자동차, '쏘렌토' 출시(~2006.03)
02.27 의료지원단 '동의부대', 아프칸에 파병(~2007.12)-바그람 국제공항에 주둔, 민사 임무
03.01 국내 최초의 디지털위성방송 스카이라이프 개국
03.02 SBS드라마, '유리구두'(출연:김현주·김지호·한재석 등) 첫 방영(~7.28)
03.02 KBS1드라마, '제국의 아침'(출연:김상중·전혜진·최재성 등) 첫 방영(~2003.1.26.)
03.03 새천년민주당 김근태 상임고문, '최고위원 경선 때 불법선거자금 사용' 고백 파문
03.05 〈국회의장 당적 금지〉 각의 통과-이만섭 의원, 제헌국회 이래 첫 무당직 의장
03.07 육군사관학교 58기 졸업식-20명의 첫 여성 장교 배출
03.08 윤이상 업적 추모 첫 통영국제음악제 개막-통영 현대음악제, '통영 국제음악제'로 개칭
03.08 핑클, '영원'(작사 이효리, 작곡 유정연) 발표
03.09 '걸레 스님' 중광 선생(1934~2002) 입적-3.13. 양도 통도사에서 다비식 거행
03.13 가수 보아, '내 마음에 귀 기울여 봐(Listen to my Heart)', 일본 음반판매 1위
03.13 일본군 '위안부' 할머니들의 수요집회 500회, 일본 측 사과 촉구
03.13 문창모(1907~2002) 사망-독립운동가·의사, 대한결핵협회 조직, 크리스마스실 첫 발행
03.13 SBS드라마, '명랑소녀 성공기'(출연:장나라·장혁·한다감 등) 첫 방영(~5.2)
03.14 탈북자 25명, 베이징 스페인대사관 진입, 한국 망명 요청-3.18. 필리핀 거쳐 인천공항 도착
03.16 '대한민국공무원노동조합총연맹' 공식 출범-2004.7. 전국민주노동조합총연맹과 통합
03.18 SBS드라마, '레츠고'(출연:이성진·김태희·이동욱 등) 첫 방영(~6.28)

03.21 일본 총리 고이즈미 준이치로 방한-월드컵 개·폐회식 교차 참석, 〈한일투자협정〉 서명

03.22 서울 중구 남산자락에 '서울종합방재센터' 개관-서울시, 모든 재난·재해 신고 일원화

03.23 40년 만의 최악 황사-초등학교·유치원 휴교

03.25 KBS2드라마, '햇빛사냥'(출연:김호진·김지수·하지원 등) 첫 방영(~5.14)

03.26 금융감독원, 사상 처음으로 〈카드사 신규모집 금지 명령〉-미성년자에 카드 발급 이유

03.26 서울시교육청, 0교시 수업 폐지, 보충수업 금지-2008.4. 이명박 정권, 허용

03.28 메가와티 인도네시아 대통령, 남북한 동시 방문-북한(3.28.~3.30), 남한(3.30~4.1.)

03.29 기상청, 경남 합천·의령지역에서 인공강우 실험 성공 발표

03.29 신화, 'Perfect Man'(작사·작곡 유영진) 발표

03.31 가뭄에 23개 시·군 제한 급수-완도·남해 등 해안지방과 경기도 파주, 경북 칠곡 등

03.00 휴대전화 가입자 3,000만 돌파-1984년 차량용 이동전화 서비스 개시

03.00 '용산기지이전추진위원회' 구성-2003.5. 한미정상회담에서 용산기지 조기이전 원칙 합의

04.01 KBS2, '주주클럽' 첫 방송(~2009.4.19.)

04.02 '양양 국제공항' 개항(1997.1. 착공)-강릉공항·속초공항 기능 통합

04.03 임동원 대통령 외교안보통일특보, 방북-김정일 국방위원장 면담, 남북관계 활성화

04.03 휘성, '안되나요'(작사 박경진, 작곡 이현정) 발표

04.06 윤소영, 프랑스 메뉴인 국제바이올린 콩쿠르 1위

04.06 KBS2, '윤도현의 러브레터' 첫 방송(~2008.11.14.)

04.07 MBC, '신비한TV 서프라이즈' 첫 방송

04.08 김동성 소트트랙 선수, 세계 쇼트트랙선수권대회에서 대회사상 첫 전관왕 달성

04.11 비무장지대 경의선 도라산역 개통

04.12 우리 손으로 만든 고속열차(KTX) 첫 선

04.12 보아, 'NO.1'(작사 김영아, 작곡 Ziggy) 발표

04.13 원로 가수 현인(1919~2002) 사망

04.15 중국국제항공공사 보잉 767여객기, 김해서 추락-127명 사망

04.19 국방부 차기전투기(FX)사업, 미국 보잉사의 F15K로 확정

04.19 프로농구, 동양이 SK를 누르고 농구대잔치 우승

04.25 베이비복스, '우연'(작사·작곡 임병욱) 발표

04.26 플라이 투 더 스카이, 'Sea Of Love'(작사·작곡 유영진) 발표

04.27 노무현, 새천년민주당 대통령 후보로 확정

04.27 39회 대종상영화제 시상-'집으로'(감독:이정향, 튜브픽처스) 수상

04.28 4차 남북이산가족 상봉(금강산)-남측 99명·북측 183명, 북측 100명·남측 466명

04.29 북한, 아리랑축전 개막-고 김일성 주석의 90회 생일기념, 집단체조 및 예술 공연

04.30 제네럴모터스(GM), 대우자동차 인수계약 체결-총 12억 달러(약 1조5600억 원)

05.01 마포구 상암동·난지도에 '월드컵공원' 개장-평화·하늘·노을·난지천·난지한강 공원 등

05.01 한국미래연합 창당준비위원장 박근혜 의원 방북-김정일 국방위원장 면담

05.01 공중전화요금, 50원에서 70원으로 인상

05.01 임창정, '슬픈 혼잣말'(작사 임창정, 작곡 김형석) 발표

05.03 한일공동개최 월드컵대회, 상암월드컵경기장에서 개막(~6.30)

05.03 영화, '스파이더맨'(감독:샘 레이미, 배우:토비 맥과이어·윌렘 대포 등) 개봉

05.06 김대중 대통령, 새천년민주당 탈당

05.06 최경주, 미국프로골프 PGA에서 우승

05.08 현대자동차, '뉴 XG 그랜저' 출시(~2005.8)

05.08 MBC드라마, '로망스'(출연:김재원·김하늘·정성환 등) 첫 방영(~6.27)

05.09 한나라당, 이회창 대선 후보 확정

05.17 기아자동차, '옵티마'·'리갈' 출시-2005.11 단종

05.17 북한 김정일 국방위원장의 전처 성혜림(1937~2002) 사망-김정남 모친

05.17 영화, '소림축구'(감독:주성치, 배우:주성치·자오웨이·오맹달 등) 개봉

05.18 김대중 3남 김홍걸, '이용호 게이트' 관련 알선수재 등 혐의로 구속

05.20 한빛은행, '우리은행'으로 개칭

05.22 현대자동차, '클릭(CLICK)' 출시-2011.1. 단종

05.23 탈북 장길수 가족 5명, 인천공항에 도착

05.27 임권택, 칸영화제에서 '취화선'으로 감독상 수상

06.04 종로서적, 어음 2,800만 원을 처리 못해 최종 부도

06.04 한국, 유럽 강호 폴란드에 2대 0승-월드컵 출전 48년 만의 첫 승

06.12 남북한 최초 합작대학 '평양과학기술대학' 착공-2009.9. 개교

06.13 여중생 신효순·심미선, 미군 장갑차 압사 사건-전국적인 반미운동 전개

06.13 제3차 6.13지방선거 실시-한나라당 압승, 민주·자민련 참패

06.14 국방부, 아프간 육군의무지원반 파병 결정–동의부대 소속 군의관·통역장교·의무병 등 7명

06.14 한국, 포르투갈 1대0 승–사상 처음 월드컵 16강 진출

06.18 한국 월드컵 대표팀, 우승후보 이탈리아 2대1 승–꿈의 8강 달성

06.21 김대중 대통령 2남 김홍업, 22억 수수혐의로 구속

06.22 한국, 아시아 첫 '4강 신화' 달성

06.24 탈북자 26명, 제3국 거쳐 한국 도착

06.24 MBC드라마, '인어아가씨'(출연:장서희·정영숙·박근형 등) 첫 방영(~2003.6.27.)

06.25 한국 축구팀 한일월드컵 4강전–전국 각지에서 7백만 명 거리 응원, 독일에 패배

06.27 요하네스 라우 독일 대통령 내한(~6.30)

06.28 애니메이션, '센과 치히로의 행방불명'(감독:미야자키 하야오) 개봉

06.28 MBC시트콤, '논스톱 3'(출연:최민용·이진·정태우·전혜빈 등) 첫 방영(~2003.9)

06.29 제2 연평해전 발생–고속정 침몰, 아군 4명 전사, 1명 실종, 19명 부상

06.29 한국 축구대표팀, 2002 월드컵에서 터키에 2:3으로 패해 4위 확정

06.30 일본 요코하마 종합경기장에서 2002 한일월드컵 폐막

06.30 왁스, '부탁해요'(작사 최준영, 작곡 임기훈) 발표

07.01 투수 김병현(애리조나 다이아몬드백스), 미국 프로야구 메이저리그 올스타에 선정

07.03 MBC드라마, '네 멋대로 해라'(출연:양동근·이나영·이동건 등) 첫 방영(~9.5)

07.04 리언 라포트 주한미군사령관, 미군 장갑차 여중생 사건 사과

07.04 쿨, '진실'(작사 이승호, 작곡 윤일상) 발표

07.06 은행권 '토요 휴무제' 첫 실시

07.08 제16대 2기 국회의장 박관용 피선(~2004.5.)

07.09 수원지법 성남지원, 음악파일 공유사이트 '소리바다' 음반복제 금지–7.31. 서비스 중단

07.10 GM대우, '칼로스(KALOS)' 출시–2007.10. 단종

07.13 금호아시아나그룹 창업자 박정구(1937~2002) 사망

07.13 이지연 해군 중위, 여성으로는 처음으로 초계기 조종사로 임관

07.13 SBS, '솔로몬의 선택' 첫 방송(~2008.4.14.)

07.14 경상대 농과대 축산과학부 김진회 교수팀, 체세포 돼지 복제 국내 첫 성공

07.15 KBS2드라마, '결혼합시다'(출연:김창숙·주현·이아현 등) 첫 방영(~12.27)

07.17 친척방문 입국 40세 이상 조선족, 서비스업 2년간 취업 허용

07.18 현대자동차, '뉴 베르나(NEW VERNA)' 출시-2011.1. 단종

07.20 북한 고려항공, 양양~선덕 남북 직항로 첫 시험 비행

07.21 MBC, '브레인 서바이버, 대단한 도전'(일요일 일요일 밤에)(~2005.4.)

07.26 영화, '마이너리티 리포트'(감독:스티븐 스필버그, 배우:톰 쿠르즈 등) 개봉

07.27 〈항공기운항안전법〉 시행-기내폭언·고성방가행위·흡연·휴대폰 사용, 징역·벌금부과

07.29 SBS드라마, '야인시대'(출연:안재모·곽정욱·김영철 등) 첫 방영(~2003.9.30.)

07.28 박인비, 한국인 최초로 US여자주니어챔피언십 골프대회 우승

07.31 장상 총리 지명자, 국회 임명동의안 부결

08.08 애니메이션, '아이스에이지'(감독:크리스 웨지) 개봉

08.10 전남 흑산도 서북 서쪽 약 195㎞ 해역, 진도 4.0 지진 발생

08.12 7차 남북장관급회담(서울) 개최-2차 남북경제협력추진위원회 개최, 이산가족 상봉 추진

08.15 남북한 공동 '8·15서울민족통일대회' 개막

08.18 북한 주민 21명, 어선을 타고 서해 공유상을 경유해 귀순

08.18 조치훈 9단, 조기선수권전 우승-역대 최다 우승 기록

08.19 남현희, 2002 세계펜싱선수권대회 여자 개인전에서 사상 첫 금메달 획득

08.19 담배, '레종(RAISON)' 출시

08.20 국내 생산 초음속전투기 T-59, 첫 시험비행 성공

08.20 민영 'KT' 공식 출범

08.23 김정일-푸틴(러시아), 블라디보스토크에서 두 번째 정상회담-시베리아·한반도 철도 논의

08.26 탈북자 7명, 베이징 중국 외교부 입구서 난민 요구-중국 정부에 연행, 북한으로 송환

08.27 '코미디 황제', 이주일(1940~2002) 사망

08.28 국제올림픽위원회, 2010년 동계올림픽 후보지로 강원도 평창 선정-유치 1차 실패

08.28 장대환 국무총리서리, 국회 임명동의안 부결

08.30 태풍 루사-사망·실종 262명, 피해액 6조679억 원

08.00 기아자동차, '리오 SF' 출시-2005.4. 단종

09.01 제5차 남북이산가족 상봉(금강산)(~9.18)

09.02 르노삼성자동차, 'SM 3' 출시

09.03 법원, 조선일보의 이승복 〈공산당이 싫어요〉 기사, 사실 판결

09.03 탈북자 15명, 베이징 내 독일학교·외교관 숙소에 진입, 망명 요청-서울로 송환

09.07 '남북통일축구경기', 서울월드컵경기장서 개최-12년 만의 남북대결 0대0 무승부

09.07 유용주, 『그러나 나는 살아가리라』(솔) 출판

09.08 '오아시스'(이창동 감독), 59회 베니스국제영화제에서 감독상·신인배우상(문소리) 수상

09.08 권영길 민주노동당 대표, 대선후보 공식 선출

09.13 영화, '가문의 영광'(감독:정흥순, 배우:정준호·김정은·유동근 등) 개봉

09.13 태풍 '루사' 피해지역, 전국 1917개 읍·면·동 '특별재해지역'으로 선포

09.18 5차 남북이산가족 상봉(금강산)-설봉호 이용, 북측 99명+남측 455명, 남측 99명

09.15 제1회 부산비엔날레 개막-세계적 규모의 격년제 미술 행사

09.15 철도·도로 연결 제1차 남북실무협의회 개최(금강산)-북측에 500억 장비 지원 합의

09.16 KBS, 평양에서 남북교향악단 합동연주회 개최(~9.21)

09.16 부산아시안게임조직위원회, '북한 인공기' 남한에서 처음으로 공식 게양

09.17 김정일·고이즈미 일본 총리 정상회담(평양)-국교정상화와 납치 문제 논의, 실패

09.18 남북한, 경의선·동해선 철도 및 도로연결 착공-2003.6 경의선·동해선 철도 연결

09.19 조정래 대하소설 『태백산맥』·『아리랑』·『한강』 판매부수 합계 1천만 권 돌파

09.23 부산아시아경기대회 북한 선수단 159명, 첫 동해직항로 이용 김해공항 도착

09.23 4차 아시아유럽정상회의(코펜하겐), '한반도평화선언' 채택-김정일 한국 답방 촉구

09.24 남북 군사 핫라인 설치-분단 이후 처음 개통-2000.8. 협의 후 2년 만에 개통

09.24 어우야그룹 양빈 회장, 신의주특구장관 임명-2002.11. 중국 당국에 부패·사기 혐의 체포

09.25 동평양대극장서 '2002 MBC 평양특별공연' 개최-이미자·윤도현밴드 공연(~9.30)

09.26 대구 와룡산에서 11년 전 실종된 '개구리소년' 5명 유골 발견

09.29 제14회 부산 아시안게임 개막-한국 2위, 금96·은80·동84(~10.14)

09.00 박효신, '좋은 사람'(작사 윤사라, 작곡 신재홍) 발표

10.01 남북 공동개최 개천절 행사 남측 대표단 128명, 고려민항기편으로 방북

10.01 개인 워크아웃제도 도입-채무 범위 5억 원 이하, 신용불량자 중 최저생계비 이상 소득자

10.05 김석수, 제34대 국무총리 취임(~2003.2.)

10.07 인터넷 포털 네이버, '지식iN' 서비스 시작

10.08 황해도 송죽리 고분서, 고구려 벽화 발굴

10.10 290년 전 조선시대 남호성 장군 시신, 미라 상태로 발굴

10.17 GM대우(GM Daewoo Auto & Technology) 공식 출범

10.17 금강산 김정숙 휴양소서 남·북·해외 여성 770여 명 '남북여성통일대회' 개최

10.17 한국·미국, 북한 '핵개발 계획' 시인 공식 발표

10.19 8차 남북장관급회담 개최(평양·~10.22)-핵문제 평화적 해결, 해운협력 실무접촉 개최

10.19 제26회 MBC대학가요제(숭실대)-안세진, 'you will find me' 대상 수상

10.21 연세대 의대 박국인 교수팀, 뇌신경세포 재생 기술 첫 개발

10.22 한국-미국, 범죄인 첫 상호인도

10.22 호적 등·초본 온라인 발급-대법원 '온라인 사법부' 출범

10.23 북한, 금강산 지역 관광특구로 지정-2008.7 박왕자 씨 피격사건으로 중단

10.23 서울시, 성동구·성북구·은평구 일부지역 '강북 뉴타운개발지역' 선정

10.24 한국·칠레 자유무역협정, 3년간의 협상 끝에 타결

10.25 북한, 선 핵포기 공식 거부, 미국에 불가침조약 제의

10.25 영화, '포제션'(감독:닐 라부티, 배우:기네스 펠트로우·아론 에크하트) 개봉

10.26 북한 고위급 경제시찰단(단장 박남기) 18명 방한(~11.3.)

10.26 MBC, '강호동의 천생연분' 첫 방송(~2003.10.18.)

10.29 KBS1, '생로병사의 비밀' 첫 방송

10.30 국산 초음속 항공기 T-50 첫 비행 성공-초음속기 보유 세계 12번째

10.30 중국, '양빈 재산몰수·국외추방'을 북에 공식통보

10.31 여군학교 52년 만에 폐교-3사관학교(장교)-부사관학교(부사관)에 통합

11.01 국방부 '여군발전단' 창설-군내 여성 관련 업무 담당

11.01 KBS2, '폭소클럽' 첫 방송(~2006.3.6.)

11.03 세계최대게임대회 월드사이버게임즈, 한국 종합 1위-임요한, 스타크래프트 부분 우승

11.03 KBS2, '생방송 KBS 저널' 첫 방송(~2005.5.1.)

11.04 SBS드라마, '똑바로 살아라'(출연:노주현·홍리나·최정윤 등) 첫 방영(~10.31)

11.05 '국민통합21' 창당-정몽준, 대통령 후보·당 대표로 추대

11.05 SBS, '신동엽·김원희의 헤이헤이헤이' 첫 방송(~2003.10.28.)

11.06 정보통신부, 초고속 인터넷 가입자 1천만 명 돌파 기념식

11.06 2003학년도 수능시험 실시-지원자 675,759명, 응시자 655,384명(97.0%)

11.06 KBS2, '공포의 쿵쿵따, 위험한 초대'(슈퍼TV 일요일은 즐거워) 첫 방송(~2003.5)

11.06 KBS2드라마, '장희빈'(출연:김혜수·전광렬·박선영 등) 첫 방영(~~2003.10.23.)

2002

514

11.09 공군사관학교, 3군 사관학교 최초로 여생도를 전대장 생도로 임명

11.09 제83회 전국체육대회 개최(제주)

11.10 프로야구, 삼성이 LG를 누르고 21년 만에 한국시리즈 우승

11.10 KBS1, '퀴즈 대한민국' 첫 방송(~2013.4.7.)

11.12 의결정족수 미달 통과된 법안 45건, 국회 헌정사상 첫 재의결

11.13 북한, 개성공단을 경제특구로 지정-11.20. 〈개성공업지구법〉 채택

11.14 KEDO, 12월부터 북한에 대한 중유제공 중단-경수로 사업 전면 재검토 결정

11.14 UN, 'Miracle'(작사·작곡 최수정) 발표

11.15 한국이 낳은 마라톤 왕 손기정(1912~2002), 폐렴으로 사망

11.17 한진그룹 창업자 조중훈(1920~2002) 사망

11.17 프로축구, 성남일화가 K리그 우승

11.18 한국기자협회·재외동포재단 주최, 1회 재외동포기자대회 개최-13개국, 29명 참석

11.20 북한경비정, NLL(북방한계선) 침범

11.20 제주4·3항쟁 희생자 1,715명에 첫 명예 회복 조처

11.21 영화, '광복절 특사'(감독:김상진, 배우:설경구·차승원·송윤아 등) 개봉

11.23 북한, 〈금강산 관광지구법〉 공포

11.25 GM대우, 누비라 후속 차종 '라세티(LACETTI)' 출시(~2004.2)

11.25 노무현, 여론조사에서 단일후보로 확정(상대 후보 정몽준)

11.25 북한, 금강산 관광특구 첫 지정-숙박·오락시설 투자 허용

11.26 여중생 신효순·심미선 압사 사건 관련, 한미항쟁협정 SOFA 개정 요구 촛불집회

11.27 부시 미 대통령, 한국 여중생 2명 사망 사건 사과 표명

11.28 국내 첫 액체연료 로켓 발사 성공

12.01 하나은행, 서울은행 합병

12.02 기아차 국내업체로는 처음으로 중국형 신차 현지 합작 생산

12.02 로또복권 발매 시작

12.09 MBC드라마, '어사 박문수'(출연:유준상·임지은·한혜진 등) 첫 방영(~2003.2.4.)

12.12 기아자동차, '오피러스' 출시-2012.4. 단종

12.13 영화, '해리포터와 비밀의 방'(감독:크리스 콜럼버스, 배우:다니엘 래드클리프) 개봉

12.14 여중생 사망 추모, 전국 60여 곳에서 촛불집회

12.16 서울시, 장애인 콜택시 운영

12.16 전남대 의대 최현일 교수팀, 세계 최초로 '비브리오균 유전자' 완전 해독

12.17 김범수, '보고 싶다'(작사 윤사라, 작곡 윤일상) 발표

12.18 정몽준 의원, '노무현 후보지지 철회' 선언

12.19 영화, '반지의 제왕:두개의 탑'(감독:피터 잭슨, 배우:일라이저 우드 등) 개봉

12.19 제16대 대통령 선거 실시(투표율 70.8)%)-노무현 당선(48.9%)·이회창(46.6%)

12.20 한나라당 이회창 대통령 후보, 정계 은퇴 선언

12.23 현대자동차, 중국 시장에서 '소나타' 생산 출고 시작

12.24 제주도 내국인 면세점 개장

12.24 친척 초청받은 40세 이상 해외동포, 최장 2년간 서비스업에 취업 허용

12.27 신화, '너의 결혼식'(작사·작곡 유영진) 발표

12.31 북한, 국제원자력기구 시찰관 전원 추방

▨▨▨▨▨▨▨▨▨▨▨▨▨

01.01 [프랑스] 징병제 폐지, 모병제로 전환

02.12 [유고] 슬로보단 밀로셰비치, 전 유고 대통령 전범 재판 개시

03.12 [유엔 안보리] 팔레스타인, 국가로 인정하는 결의안 채택.

03.17 [독일] 『생의 한가운데』 작가, 루이제 린저(1911~2002) 사망

05.07 [중국] 여객기 랴오닝성 다롄시 인근 바다에 추락-112명 사망

05.20 [동티모르] 독립 선포

05.25 [대만] 대만여객기, 대만해협에 추락-225명 전원 사망

07.09 [국제] 아프리카 50개국이 참여한 아프리카연합(AU) 공식 출범

07.11 [영국] ≪네이처≫지, 인류·침팬지 공통 선조로 추정 700만년 전 두개골 화석 발견 보도

07.23 [이스라엘] 팔레스타인 가자시티 공습-15명 사망, 150명 부상

07.27 [우크라이나] 에어쇼에서 저공 곡예 전투기, 관중석 덮쳐 83명 사망

08.12 [국제] 유럽 곳곳에서 100여 년만의 최악 폭우

09.01 [중국] '한 가정 한 자녀' 정책 법제화, 공식 시행

09.05 [미국-영국] 군용기 100여 대, 4년 만에 최대 규모로 이라크 공습

09.14 [중국] 난징에서 최악의 독극물 사건 발생-600명 중독, 80명 이상 사망

09.15 [미국] 육상선수 몽고메리, 남자육상 100m 세계신기록(9초78)

516

09.21 [러시아] 최악의 눈사태로 영화 촬영팀 100여 명 몰사

10.12 [인도네시아] 발리섬 나이트클럽 폭탄 테러-외국인 등 180여 명 사망

10.15 [국제] IBM·히타치·선 등, 스토리지 기술 '블루핀' 표준 자원 결의

10.23 [체첸] 체첸 반군, 모스크바극장서 인질극

11.08 [국제] 유엔 안보리, 이라크 무기사찰 결의안 만장일치로 채택

11.15 [중국] 장쩌민(江澤民) 공식퇴진, 후진타오 시대 개막

11.19 [스페인] 7만7000여t 중유 실은 유조선, 스페인 해안 침몰, 해양오염 심각

11.30 [일본·싱가포르] FTA(자유무역협정) 발효, 자유무역시대 개막

12.25 [러시아] 시베리아 철도, 전철화 준공

12.27 [미국] 인간 복제 아기 첫 탄생, 미국 종교단체 회사 클로네이드 발표

2003 계미(癸未) 단기4336 노무현1
부시/장쩌민/고이즈미/푸틴

01.01 노무현 대통령 당선자, '국민주권시대' 선언

01.03 독도에 우편번호 '799-805' 처음 부여

01.06 국제원자력기구, 북한의 핵안전조치 이행을 촉구하는 결의안 채택

01.06 부산 광안대로 개통-총연장 7.42㎞(1994.12.~)

01.06 KBS2드라마, '아내'(출연:유동근·김나영·엄정화 등) 첫 방영(~7.1)

01.06 미국 실리콘 유방확대 피해자 집단소송 승소-한국 여성 1,200여 명 보상

01.10 북한, 핵확산금지조약 NPT에서 탈퇴

01.11 이형택, 한국 테니스 사상 첫 아디다스 인터내셔널 테니스대회 우승-세계랭킹 67위

01.12 부시 대통령 특사 켈리 차관보, 방한-1.13. 노 대통령 당선자와 북핵 평화적 해결 원칙

01.14 서울 성모병원, 위 절개 비만 치료 국내 첫 수술

01.15 김대중 대통령, 일본 총리의 신사참배 항의로 일본 외상 접견 거부

01.15 SBS드라마, '올인'(출연:이병헌·송혜교·지성 등) 첫 방영(~4.3)

01.17 시민단체, '정치개혁시민연대' 창립- 40여 개 시민사회단체 참여

01.21 사법연수원 수료식, 여성 판사 임용 비율 50% 상회

01.21 서울고등법원, '김대중 내란 음모사건' 이해찬 외 18명 재심에서 무죄 선고

01.21 9차 남북장관급회담(서울) 개최-북한 핵문제 평화적 해결 원칙적 합의(~1.24)

01.22 3차 남북적십자회담 실무접촉(금강산)-이산가족 상설면회소 4월 착공 등 5개 항 합의

01.23 서울고등법원, 12·12와 5·18사건의 수사기록·재판기록 일체 일반 공개 판결

01.24 노무현 대통령 당선자, 김정일 국방위원장에게 정상회담 제의 표명

01.25 인터넷 대란, 슬래머 웜 감염-UTC부터 시작하여 10분 안에 7만5천 대 컴퓨터 감염

01.25 대만, 한국에 대해 입국 비자 면제

01.27 남북한 군사분계선 통행보장 합의서 타결-폭 10m 임시도로 개방

01.27 통신위원회, 휴대전화 '010' 통합 결정-2004.1.1. 시행

01.28 이종욱 박사, 제6대 WHO 사무총장에 피선-한국인 최초의 국제기구 수장

01.28 지능형마이크로시스템개발사업단, 세계 최초 캡슐형 내시경 '미로(MIRO)' 개발

01.28 한나라당, 대통령 당선 무효 소송-헌정사상 최초 전국 80개 개표구 재검표 실시

01.29 가수 보아 2집 앨범, 'No.1', 1주일 만에 일본 오리콘 차트 1위 차지

01.29 미국 부시 대통령, 북한을 '악의 축'으로 규정, '핵 위협 불용' 재천명

01.29 임동원 대통령 특사, 김정일과의 면담 무산-대통령취임식에 북한사절단 초청 실패

01.30 감사원, 현대상선의 대북 사업자금 2,235억원 사용 발표-부실대출, 청와대 개입설 의혹

01.30 영화, '클래식'(감독:곽재용, 배우:손예진·조승우·조인성 등) 개봉

02.04 한나라당, 〈대북비밀지원 의혹 특별검사법안〉 국회 제출-5억달러 송금·박지원 전 장관 구속

02.05 분단 50년만에 금강산 육로관광 도로 개통-2.21. 일반인 관광 개시, 2008.7. 이후 중단

02.06 〈생명윤리 및 안전에 관한 법률안〉 확정-난치병 치료 목적의 체세포 복제 허용

02.06 광주 특수전교육단에서 '100건설공병대대' 창설-건설공병지원단 '다산부대' 파병 목적

02.06 빅마마, '체념'(작사·작곡 이영현) 발표

02.07 인터넷 전자정부 민원서비스, 전국 모든 시군구로 확대 시행

02.07 영화, '동갑내기 과외하기'(감독:김경형, 배우:김하늘·권상우·공유 등) 개봉

02.08 제10차 로또복권 추첨 결과, '1등 당첨금 835억 원'에 13명 당첨

02.08 KBS1드라마, '무인시대'(출연:서인석·김흥기·박용우 등) 첫 방영(~2004.8.15.)

02.09 SBS, '생방송 세븐데이즈' 첫 방송(~2007.6.8.)

02.10 대통령직 인수위원회, 차기 정부의 별칭, '참여 정부'로 확정

02.11 서울시, 〈청계천 복원 기본 계획〉 발표-청계천 복원 2003.7. 착공, 2005.10. 준공

02.11 재러동포 박 미하일 교수, 50년 걸려 러시아어 최초 『삼국사기』 완역

02.13 국제원자력기구(IAEA) 이사회, 북핵문제를 유엔안전보장이사회 회부 결정

02.14 김대중 대통령, '2000년 대북비밀송금 의혹' 관련 대국민 사과 성명

02.15 노무현 대통령-평검사들, 검찰 사상 처음으로 토론회 열고 검찰개혁 논의

02.15 칠레와 첫 FTA 체결(2004.4.1. 발효)

02.17 농림부, 3월부터 농업 인력난 해소, 외국인 농업연수생 허용 발표

02.17 법원, 친부의 성을 따르도록 한 민법 조항, 헌법재판소에 위헌심판 제청

02.18 공무원 청렴유지를 위한 행동강령 공포

02.18 대구지하철 전동차 내 방화사건 발생, 350명 이상 사망

02.19 T-50, 초음속 비행 성공

02.19 국회 법제사법위원회, 한나라당 의원만으로 '대북송금 진상규명 특별검사 법안' 통과

02.19 김대중 대통령, 대구 지하철 참사지역, 특별재난지역으로 선포

02.20 개성공업지구건설을 위한 남측관계자들, 육로현지답사

02.20 6차 남북이산가족상봉(금강산)-설봉호 이동, 북측 99+남측461명, 남측 99명+북측 191명

02.22 SK 최태원 회장, 특가법 혐의로 구속

02.22 핵폐기장 반대 범영광대책위원회, 영광 원자력 본부 앞에서 시위

02.23 일반인들을 대상으로 한 금강산 육로관광 첫 실시

02.23 한화갑, 새천년민주당 대표 사퇴

02.25 노무현, 제16대 대통령 취임, 참여정부 공식 출범

02.25 청와대 경제수석실, 35년 만에 폐지

02.27 '다산부대' 1진 150명, 아프가니스탄 바그람기지로 파병-2007.12. 철수

02.27 고건, 제35대 국무총리 취임(~2004.5.)

02.28 SBS, '야심만만 만명에게 물었습니다' 첫 방송(~2008.1.14.)

03.01 남북한 종교인 8백 명, 평화와 통일을 위한 3·1민족대회 개최

03.01 노무현 대통령, 3·1절 기념식 치사에서 '기회주의 청산' 강조

03.01 보수와 진보 세력, 3·1절 기념행사 별도 개최

03.02 북한 전투기 4대, 미국 정찰기 위협

03.04 노무현 대통령, 첫 국무회의서 국민임대주택 건설부지 190만 평, 개발제한구역 해제

03.05 노무현 대통령, 미국의 대북한 과잉행동 자제 촉구

03.05 미군 장갑차 여중생 사망 추모 촛불시위 100일째

03.06 공군, 첫 여성 전투기 조종사 배출

03.06 노무현 대통령, 청남대 개방 지시

03.07 국가안전위원회, 유치장 내 수갑사용 최소화 경찰에 권고

03.07 클리프 리처드, 34년 만에 내한공연

03.08 원로시인 조병화(1921~2003) 사망

03.08 세븐, '와줘'(작사 박경진, 작곡 윤승환) 발표

03.09 노무현 대통령, 평검사들과 공개 토론

03.10 CNN, 동해 해역을 '일본해'와 '동해'로 동시 표기

03.10 북한, 지대함 쿠르즈 미사일 동해로 발사

03.10 탈북 청소년 대안학교, '하늘꿈학교' 천안에서 개교

03.13 북파공작원과 삼청교육대 피해자 특별법 제정을 국회에 권고

03.13 해군사관학교, 최초로 여성 장교 21명 배출

03.14 노무현 대통령, 대북송금 특별검사법 수용

03.14 판소리 신동 김주리, 판소리 9시간 20분 연창, 최연소·최장시간 기록 수립

03.15 3·15마산국립묘지 준공

03.15 군 복무기간 2개월 단축 발표-육군·해병 24개월, 해군 26개월, 공군 28개월

03.15 〈대북송금특검법〉 제정

03.16 검찰, 세풍 수사와 관련 서상목 전 한나라당 의원 등 10여 명 출국금지

03.17 한국 쇼트트랙 여자대표팀, 세계 쇼트트랙 선수권대회 우승

03.18 이창호, 국제바둑대회 '전관(全冠)제패' 대기록

03.20 노무현 대통령, 미국 주도 이라크전쟁 지지

03.21 임동혁(19세), '세계 피아니스트 100인'에 초청

03.21 미 대사관 앞에서 '이라크 침략 규탄, 한국군 파병 반대' 교수 800인 선언

03.21 한국은행, 1인당 국민소득 1만 달러 돌파 발표

03.22 인터넷 포털 한미르, 최초로 블로그 서비스 시작

03.23 법무부, 준법서약제 사실상 폐지 결정

03.23 전남 홍도 북서쪽 약 50㎞ 해역, 진도 4.09 지진 발생

03.24 노무현 대통령, 이라크전쟁 후 미국의 북한 공격설 부인

03.25 국회, 이라크파병동의안 처리 연기-3.26. 국가인권위원회, 이라크전쟁 반대 성명

03.26 천안초등학교 축구 합숙소 화재-25명 사상

03.28 국회, 〈이라크전쟁 파병동의안〉 처리 또 연기

03.28 노동부, 외국인 고용허가제 도입 확정

03.28 정보통신부, IMT-2000 상용서비스 2003년에 개시 발표

03.29 '제주4·3사건' 정부 보고서 55년 만에 채택

03.30 인천광역시 백령도 서남서쪽 약 80㎞ 해역, 진도 5.0 지진 발생

03.31 프로야구 삼성구단, 경산 볼파크 내에 '야구역사관' 개관

03.00 담배, 'THIS ONE' 시판

04.01 빈 필하모닉 오케스트라, 서울 상암동 축구경기장서 공연

04.01 프로농구, 원주TG가 동양을 누르고 농구대잔치 우승

04.02 국회, 이라크 파병안, 찬성 179표, 반대68표, 기권 9표로 의결

04.03 고건 국무총리, 제주 4·3사건 55주년 위령제 참석

04.04 '2003Olympus배 온게임넷 스타리그'(잠실실내체육관) 개최-최종 우승 서지훈

04.06 LG생명과학의 항생제 팩티브(Factive), 미국 FDA 첫 승인

04.08 1997년 대선자금 불법모금 수사 결과, 국세청·한나라당의 조직적인 공모 확인

04.10 대통령 전용 별장, 충북 청원의 청남대 기자단에 내부 첫 공개

04.10 서울 규장각 소장, 『삼국유사』 국보로 승격

04.13 미국·영국 등 6개국 연구팀과 셀레라 지노믹스 회사, 인간 '게놈 지도' 완성

04.15 부시, 전 미국 대통령 방한

04.15 육군 이라크파견 공설부대, 서희부대 창설

04.15 일본에서 범죄를 저지른 한국인 범죄자 일본에 첫 신병 인도

04.16 세계보건기구(WHO), 사스(SARS) 원인 '변종 코로나바이러스'로 발표

04.16 59차 유엔인권위원회, 북한 인권 규탄안 채택(찬성28·반대10·기권14, 한국 불참)

04.17 러시아 마피아, 부산서 권총 유혈 사태

04.17 이라크 파병 선발대 첫 출국

04.17 이라크 파병 의료 지원단, 제마부대 창설

04.18 강원랜드, 호텔·카지노·테마파크 개장

04.18 고건 국무총리, 브리핑제 도입으로 총리로는 첫 기자 브리핑

04.18 노무현 대통령, 대통령 별장 청남대의 소유·관리권, 충청북도에 이양

04.19 기아자동차, '엑스트렉' 출시

04.20 SBS, '웃음을 찾는 사람들' 첫 방송(~2010.10.2.)-2기 종영(2013.4.~2017.5.)

04.25 부동산가격안정심의위원회, 서울 강남구·경기 광명시를 투기지역으로 지정

04.25 영화, '살인의 추억'(감독·봉준호, 배우·송강호·김상경 등) 개봉

04.27 제10차 남북장관급회담, 평양에서 개최(~29)

04.28 박세리, 미국 LPGA투어 통산 20승

04.28 경남 남해군~사천 간 연륙교 개통

04.28 전두환 전 대통령, 법정에서 자신 명의 재산은 30여만 원 정도라고 답변

04.29 국립보건원, 국내에 첫 사스(SARS) 추정 환자 발생 발표

04.29 유시민 의원, 복장 불량을 이유로 국회의원 선서 무산

04.30 청와대, 시국·공안사범 1,418명, 특별사면

04.30 ≪연합뉴스≫, 국가 기간 통신사로 지정

05.01 검찰, 벌금 선납을 요구하는 벌금 예납제 폐지

05.01 차태현, 'Again To Me'(작곡 거목) 발표

05.02 미 행정부, 한국을 지적 재산권 침해 감시대상국으로 지정

05.02 삼성전자, 나노기술 적용 초정밀 반도체 대량 생산

05.02 정세현 통일부장관, 북한에 비료 20만 톤 지원 계획 발표

05.05 박지은, 미국여자프로골프협회투어 미켈롭라이트오픈대회 우승

05.08 한국 농구의 '별', 전규삼(1915~2003) 사망

05.09 경기도 파주·김포 신도시 건설계획 발표

05.10 서울 광진구 어린이대공원 내에 대중예술전문공연장 돔아트홀 개관

05.11 한미 정상, 북한 핵의 평화적 제거에 합의

05.12 SBS, '생방송 투데이' 첫 방송

05.13 한나라당, 박희태 최고의원을 당 대표로 합의 추대

05.13 SBS, '결정! 맛대맛' 첫 방송(~2007.11.28.)

05.14 전후복구 서희부대원 673명·의료지원 제마부대 100명, 이라크로 출국

05.15 헌법재판소, 반국가단체 구성원을 만난 사람을 처벌하는 〈국가보안법〉 합헌 결정

05.16 부패방지위원회, 공무원의 청렴유지 등을 위한 행동강령 발표

05.22 법무부, 외국인 지문날인 제도 폐지

05.23 영화, '매트릭스 2: 리로디드'(감독:릴리 워쇼스키, 배우:키아누 리브스 등) 개봉

05.23 코요태, '비상'(작사 신지, 작곡 심상원) 발표

05.26 서울 송파·경기도 수원시 등 8곳, 주택투기지역으로 지정

05.26 조정래, 『한강』(해냄출판사) 출판

05.27 국회의원 52명, 호주제 폐지 〈민법 개정안〉 제출-2005.3. 폐지

05.31 보아, '아틀란티스 소녀'(작사 태훈, 작곡 황성제) 발표

05.00 현대자동차, 뉴 아반떼 XD 출시(~2006.4)

06.02 MBC드라마, '옥탑방 고양이'(출연:김래원·정다빈·이현우 등) 첫 방영(~2003.7.22.)

06.04 SK텔레콤·KTF 차세대 이동통신, IMT-2000 공동망 구축 계획 무산

06.04 서울도시철도공사 등, 한국노동조합총연맹에서 '전국민주노동조합총연맹'으로 변경

06.05 애니메이션, '니모를 찾아서'(감독:앤드류 스탠튼) 개봉

06.07 노무현 대통령, 고이즈미 일본 총리와 정상회담-일본대중문화 개방 확대

06.09 전북 군산 서쪽 약 280㎞ 해역, 진도 4.0 지진 발생

06.09 KBS2드라마, '달려라 울엄마'(출연:김영애·서승현·이보희 등) 첫 방영(~5.14)

06.10 '전설의 섬' 이어도에 해양과학기지 준공

06.11 남북 군당국자, 정전 이후 처음으로 경의선·동해선 비무장지대 상호 방문

06.13 영화, '장화, 홍련'(감독:김지운, 배우:임수정·염정아·김갑수 등) 개봉

06.14 경의선·동해선 철도 궤도 연결

06.14 남북 군함 간 교신 시작

06.19 공적자금관리위원회, 조흥은행을 신한금융지주회사에 매각 최종 결정

06.19 국회, 2003년도 추곡수매가 40㎏ 특등품 기준, 6만 2,440원으로 책정

06.20 제40회 대종상영화제 시상-'살인의추억'(감독:봉준호, 싸이더스) 수상

06.23 노무현 대통령, 대북송금사건 특별검사 수사기간 연장 요청 거부

06.25 KBS1, '우리말 겨루기' 첫 방송

06.26 한나라당 전당대회 개최- 최병렬 의원, 새 대표로 선출

06.26 헌법재판소 전원재판부, 청소년대상 성범죄자 신상공개 합헌 결정

06.27 7차 이산가족 상봉(금강산)-설봉호 이동, 남측 110명+북측 217명, 북측 100명+남측 472명

06.27 KBS1, '인물현대사' 첫 방송(~2005.4.15.)

06.28 KBS1, '미디어 인사이드'(미디어 포커스) 첫 방송(~2016.4.17.)

06.29 KBS2, '비타민' 첫 방송(~2017.3.9.)

06.30 개성공단 착공-2004.6. 시범단지 2만 8천평 부지조성 완료

07.01 베트남 CDMA 이동전화 상용서비스 개시

07.01 서울시, 청계천 복원 착공식 거행

07.03 민주당 신주류, 독자 신당 창당 선언

07.04 국가혁신지방분권위원회, 지방분권 로드맵 발표

07.04 쿨, '결혼을 할 거라면'(작사 이승호, 작곡 윤일상) 발표

07.05 KBS2드라마, '보디가드'(출연:차승원·임은경·한고은 등) 첫 방영(~9.14)

07.07 국내 사스 비상 방역, 114일 만에 종료

07.07 노무현 대통령, 후진타오 중국 국가주석과 정상회담-전면적 협력동반자 관계로 격상

07.07 이세돌, 후지쓰배 세계바둑 2연패, 최연소-최단기간 9단 달성

07.07 플라이 투 더 스카이, 'Missing You'(작사·작곡 박창현) 발표

07.08 판소리 명창 박동진(1916~2003) 사망

07.09 제11차 남북장관급회담, 서울에서 개최(~7.12)

07.09 한국대학교교육협의회, 2004학년도 입시서 외국인 특별전형, 6천여 명 선발 발표

07.14 삼성전자, 1기가 D램 양산

07.14 중국, 북한 신의주특구 초대 행정장관 양빈에 사기 등의 혐의로 징역 18년 선고

07.15 국회, 〈대북송금재특검법안〉 의결

07.15 서울행정법원, 새만금 사업 판결선고 전까지 공사 중단 결정

07.15 정부, 서울 은평구 등 주택 투기지역 11곳 새로 지정

07.15 한왕용, 세계 11번째-한국인으로 3번째 히말라야 14개봉 정복

07.18 노무현 대통령, 존 하워드 호주 총리와 정상회담(호주)

07.19 제1회 휴머노이드 로봇 격투대회 개막

07.20 노무현 대통령, 영국 총리 토니 블레어와 청와대서 정상회담

07.20 중앙선거관리위원회, 선거 연령 19세로 낮추는 등 정치개혁안 발표

07.21 뉴욕 세계양궁선수권대회 단체전, 남녀 동반 우승, 8번 연속 종합우승 기록

07.21 한희원, 미국여자프로골프(LPGA)서 첫 승

07.22 노무현 대통령, 대북송금 새 〈특검법〉 공포안에 거부권 행사

07.22 정부혁신지방분권위원회, 행정개혁 추진계획 발표

07.22 한국 샴쌍둥이 자매 민사랑·민지혜(생후 4개월), 분리 수술 성공

07.23 새천년민주당, 2002년 대선자금 내역 공개

07.24 전북 부안군 위도, 방사성폐기물 부지로 최종 확정-주민 반대로 무산

07.25 노무현 대통령, 헬렌 클라크 뉴질랜드 총리와 정상회담

07.28 국가인권위원회, 법무부의 가수 유승준 입국금지조치, 기본권 침해 부인 결정

07.28 부패방지위원회, 외국 박사학위자의 국내 신고등록 요건 강화

07.28 MBC드라마, '다모'(출연:하지원·이서진·김민준 등) 첫 방영(~2003.9.9.)

07.29 정부혁신지방분권위원회, '재정·세제개혁 로드맵' 발표-중앙정부 기능·재원의 지방 분산

07.31 국회, 외국인 근로자의 노동3권 보장 등, '외국인근로자 고용허가제 법안' 의결

08.04 현대아산이사회 회장 정몽헌(1948~2003) 투신 자살

08.05 경제자유구역위원회, 인천지역을 첫 경제자유구역으로 지정

08.08 경부선, 하행선에서 무궁화호 열차와 화물열차 추돌, 90여 명 사상

08.09 백담사 '만해마을'(강원도 인제군 북면 용대리) 준공

08.11 KBS 전국노래자랑, 모란봉공원에서 '평양 노래자랑' 개최

08.12 경주 세계문화엑스포 개막

08.12 국회, 현역병 복무기한, 2개월 단축의 〈병역법 개정안〉 의결

08.12 제주해녀항일운동 주동자, 김옥련 할머니, 71년 만에 건국훈장 포상

08.13 이효리, '10 Minutes'(작사 메이비, 작곡 김도현) 발표

08.14 법무부, 검사 동일체 원칙 폐지 결정

08.15 8·15민족대회 평양에서 개막

08.15 조오련, 한강 600여 리(250㎞) 열흘 만에 종단 성공

08.18 1997년 국세청 동원, 대선자금 모집한 서상목(전 한나라당 의원), 법정구속-징역 1년6월

08.18 한국-러시아, 최초의 공동 군사훈련 실시

08.21 2003 대구 하계유니버시아드 대회 개막, 남북 선수단 공동 입장

08.21 휘성, 'With Me'(작사 박경진, 작곡 김도훈) 발표

08.22 세브란스병원 유경종 교수팀, 조혈모세포이식수술 국내 첫 성공

08.22 정부, 지능형 로봇·미래형 자동차 등, 10대 차세대 성장 동력산업 확정

08.27 제1차 6자회담 중국 북경에서 개최(~8.29)

08.29 국회, 〈근로기준법 개정안〉 의결-'주5일 근무제' 실시, 2004.7. 1천명 이상 사업장

09.01 〈외국인 고용허가제〉 시행

90.01 금강산 육로관광 첫 실시-2008.7.11. 관광객 박왕자 피격 사망 이후 중단

09.02 법원, 한국교육과정평가원에 대학수학능력시험 개인별 총점 기준 석차 공개 판결

09.07 행정자치부, 제41회 7급 공채시험에 6만991명 응시, 역대 최대인원 기록

09.10 부안 핵폐기장 백지화 대책위원회, 촛불집회 개최

09.12 일본 정부, 한국 수학여행 학생 비자 면제 결정

09.12 태풍 매미-사망·실종자 127명, 재산피해 47,810억 원

09.15 MBC드라마 '대장금'(출연:이영애·지진희·홍리나 등) 방영(~2004.3.30.)

09.15 남북 분단 이후 최초로 일반인 평양 관광 시작

09.15 MBC드라마, '논스톱4'(출연:봉태규·한예슬·현빈 등) 첫 방영(~2004.9.24.)

09.16 문화관광부, 영화·가요 등 완전 개방 발표

09.16 주한미군, 패트리어트 미사일 한국 실전배치 완료

09.17 일본 대중문화 제4차 개방 발표-영화, 음반, 게임 분야 완전 개방

09.20 국민참여통합신당(대표 김근태), 정식 출범

09.20 8차 남북이산가족 상봉(금강산)-북측 100명+남측 453명, 남측 143명+북측 100명

09.22 전국 14개 시도, 태풍 매미로 인한 특별재해지역으로 선포

09.22 담배, '더원(THE ONE)' 시판

09.25 쌍용자동차, '뉴 체어맨' 출시-2008.1. 단종

09.25 S, 'I Swear'(작사·작곡 강타) 발표

09.27 한국과학기술원 인공위성센터, 과학기술위성 1호 발사 성공

09.29 노무현 대통령, 새천년민주당 탈당 공식 발표

09.29 EBS, '생방송 톡톡 보니하니' 첫 방송(~2021.3.26.)

10.01 한국통신, 기업사상 최대 규모 5,500여 명 명예퇴직 실시

10.02 영화, '스캔들-조선남녀상열지사'(감독:이재용, 배우:배용준·이미숙 등) 개봉

10.04 제27회 MBC대학가요제(서울대)-Solenoid, '강요' 대상 수상

10.04 SBS드라마, '완전한 사랑'(출연:차인표·김희애·이승연 등) 첫 방영(~12.21)

10.06 북한, 평양에 정주영체육관 개관

10.06 KBS1드라마, '백만송이 장미'(출연:손태영·이창훈·김승수 등) 첫 방영(~2004.6.4.)

10.07 렉시, '애송이'(작사 싸이, 작곡 페리) 발표

10.10 노무현 대통령, 최도술의 SK자금 수수의혹 관련 대국민 사과 및 재신임 발언

10.10 제84회 전국체육대회 개최(전북)

10.11 전국에서 이라크파병 반대 시위

10.14 송두율 교수, 북한 노동당 탈당과 독일 국적 포기 공개 선언

10.14 제12차 남북장관급회담, 평양에서 개최(~17)

10.15 제주 4·3사건, 55년 만에 정부의 공식 진상조사 보고서 확정

10.16 서희부대·제마부대 귀국

10.16 비, '태양을 피하는 방법'(작사·작곡 박진영) 발표

10.19 노무현 대통령, 후진타오 중국 주석과 정상회담(방콕)

10.20 노무현 대통령, 부시 대통령 정상회담, 다자간 북한 안전보장 문서화 방안 논의(방콕)

10.20 CBS 표준FM, '김미화의 세계는 그리고 우리는' 첫 방송(~2011.4.22.)

10.21 노무현 대통령, 푸틴 러시아 대통령과 정상회담(방콕)

10.22 송두율 교수, <국가보안법> 위반 혐의로 구속

10.22 통합신당, 당명 '열린우리당'으로 결정-11.11. 열린우리당 창당

10.23 김대중 전 대통령, 법원에 1980년 김대중 내란음모사건 재심 청구

10.23 노무현 대통령, 싱가포르 총리와 정상회담

10.25 프로야구, 현대가 SK를 누르고 한국시리즈 우승

10.28 사법개혁위원회 공식 출범

10.29 정부, 주택시장 안정종합대책 발표

10.30 헌법재판소, 국내주재 외교기관 인근 옥외집회 금지 규정 위헌 결정

10.31 노무현 대통령, 제주4·3사건, 정부차원의 공식 사과, 추모사업지원 약속

10.31 서울시, 정부의 행정수도 이전, 공식 반대

10.00 군복무기간, 육군 24개월, 해군 26개월, 공군 30개월로 단축

11.03 KBS2, '생방송 시사투나잇' 첫 방송(~2008.11.13.)

11.03 SBS, '오픈 스튜디오' 첫 방송(~2005.7.1.)

11.05 기아자동차, '세라토' 출시(~2008.8.)

11.06 신행정수도연구단, 신행정수도 기본구상 등 확정 발표

11.06 2004학년도 수능시험 실시-지원자 673,585명, 응시자 642,583명(95.3%)

11.07 유네스코, 한국의 판소리, 인류 구전 및 무형유산 걸작에 선정

11.07 MBC, '꼭 한번 만나고 싶다' 첫 방송(~2007.5.18.)

11.07 중국 뤄양 룽먼석굴서 백제 불상 첫 발견

11.08 KBS2, '스펀지' 첫 방송(~2012.9.21.)

11.10 국회, 노무현 대통령 측근 비리 특검법 의결

11.11 열린우리당, 중앙당 창당-당의장 정동영(~2007.8.5.)

11.12 골프황제 타이거 우즈, MBC라온건설인비테이셔널 스킨스게임 출전, 제주 방문

11.12 자체 기술로 설계·제작한 4,500t급 다목적 구축함, 대조영함 진수

11.13 노무현 대통령, 카자흐스탄 대통령과 정상회담

11.15 김용환, 『2000원으로 밥상 차리기』(영진.COM) 출판

11.16 프로축구, 성남일화가 전북현대를 누르고 K리그 우승

11.18 서울시, 2차 뉴타운지구-돈의문지구 등 12곳 선정

11.21 국회, 4당 총무가 합의한 〈신행정수도건설특별위원회 구성 결의안〉 부결

11.21 안시현, 2004년 미 LPGA '올해의 신인상' 수상

11.21 영화, '올드보이'(감독:박찬욱, 배우:최민식·유지태·강혜정 등) 개봉

11.25 노무현 대통령, 대통령 측근비리 관련 특검법 공포안 거부, 국회에 재의결 요청

11.25 배용준, 일본 방문에 나리타 공항 마비

11.26 1TYM. 'HOT'(작사 원타임, 작곡 TEDDY) 발표

11.27 헌법재판소 전원재판부, 대통령 재신임 국민투표에 위헌 결정

11.27 헌법재판소, 선거권 연령 20세 제한 규정 합헌 결정

11.28 민주당 임시전당대회 개최-조순형 의원, 당 대표로 선출

11.30 서울시, 청계천 일대 노점 530여 개, 강제 철거

11.30 한국 직원 2명, 이라크 저항 세력 공격으로 사망

11.00 판소리, 유네스코 세계무형유산으로 지정

12.02 재독 작곡가 진은숙, 그라베마이어 상 수상자로 결정

12.03 행정자치부, 부동산보유세 강화방안, 국세청 기준시가를 아파트 과표산정에 반영

12.03 장나라, '기도'(작사·작곡 진영진) 발표

12.04 국회, 대통령 측근비리 특별검사법 재의결

12.06 노무현 대통령, 국회에서 재의결된 대통령 측근 비리 특검법 공포

12.10 전북 부안 원전센터 건립 계획 백지화

12.12 여야 국회의원 25명, 중국의 역사왜곡 중단 촉구 결의안 국회 제출

12.12 MC THE MAX, '사랑의 시'·'그대는 눈물겹다' 발표

12.13 국정현안정책조정회, 고구려사연구센터 설립 및 고구려사 연구지원 결정

12.13 SBS드라마, '천국의 계단'(출연:권상우·최지우·신현준 등) 첫 방영(~2.5)

12.14 검찰, 노무현 대통령 측근, 안희정을 정치자금 수수 혐의로 구속

12.17 영화, '반지의 제왕 : 왕의 귀환'(감독:피터 잭슨, 배우:일라이저 우드) 개봉

12.18 국회, 〈소득세법 개정안〉 의결-1가구 3주택 이상 보유자, 장기보유 특별공제혜택 제외

12.19 법원, 무면허 음주운전 사고를 낸 주한미군에 징역 1년06.00 선고

12.23 국방부, 군법무관 임용시험 폐지

12.24 남과 북을 잇는 평화의 관문, 경의선 '남북 출입사무소' 개관

12.24 미국 광우병 감염 의심 소 발견-미국산 쇠고기와 육가공품 제품 수입 잠정 중단

12.24 영화, '실미도'(감독:강우석, 배우:설경구·안성기·정재영 등) 개봉

12.26 남성 5인조 동방신기 데뷔

12.29 국회, 〈신행정수도건설 특별조치법〉 의결

12.29 비동기식(WCDMA) 상용서비스 개시

12.00 쌍용자동차, '뉴 렉스턴' 출시(~2006.3.)

00.00 북하우스 제1회 한국판타지문학상, 임정의 장편소설 『샴발라』 수상

▨▨▨▨▨▨▨▨▨▨▨▨▨▨

01.02 [중국] 세계 최초로 '자기부상열차' 시범운행 성공

01.26 [중국-대만] 반세기 만에 비행기 운항

02.01 [미국] 컬럼비아호 공중 폭발-승무원 7명 전원 사망

02.14 [영국] 세계 최초의 체세포 복제 포유동물. '복제양 돌리', 폐질환으로 안락사

02.19 [이란] 군용기, 케르만 인근에 추락-302명 전원 사망

03.04 [필리핀] 남부의 다바오 국제공항서 폭탄테러-19명 사망, 114명 부상

03.06 [알제리] 여객기 추락-102명 사망

03.15 [중국] 국가주석, 후진타오(胡錦濤) 선출

03.17 [미국] 부시 대통령, 이라크 후세인에 최후 통첩-사실상 선전포고

03.17 [미국·영국] UN 안보리 동의 없이 이라크 공격 결정-3.20. 미국-이라크 개전

04.01 [미국] 이라크에 잡힌 여군, '린치 일병 구하기' 전격 작전

04.01 [홍콩] 배우 장국영(1956~2003) 투신자살

04.09 [이라크] 바그다드 사실상 함락

04.19 [프랑스] 이슬람 여성에게 신분증 사진 촬영 시 스카프 착용 금지

05.02 [중국] 잠수함 사고-70명 전원 사망

05.04 [미국] 우주비행사, 러시아 우주선 타고 첫 귀환

05.06 [미국] 아시아 국가 최초로 싱가포르와 FTA(자유무역협정) 체결

05.09 [미국] 북한·이란 등 핵개발 억제 위해, 소형 핵무기 금지법안 폐기

05.13 [체첸] 즈나멘스코예 정부청사에 자살 폭탄테러-59명 사망, 300여 명 부상

05.28 [네팔] 에베레스트 최단시간(10시간56분) 기록자, 셰르파 '락파 곌루' 헬기 추락사

05.30 [미국] 35개 주, 코미디언 보브 호프 100세 생일 기념, '보브 호프의 날' 선포

06.01 [중국] 세계 최대 수력댐 중국 '싼샤(三峽)댐' 저수 시작

06.08 [이집트] 고대 '미(美)의 화신' 네페르티티 왕비 미라 발견

06.10 [미국] 항공우주국(NASA) 화성탐사선, '스피릿(Spirit)' 발사

06.11 [미국] 영화 100년간 최고의 영웅·, 그레고리 펙(1916~2003) 사망

06.11 [미국] 프로 테니스선수 앤드리 애거시, 1000번째 경기 기록 달성

06.26 [미국] 항공우주국(NASA), 화성의 북극 지역 사진 공개-화성의 물[凍土] 발견

06.29 [미국] 영화 배우 캐서린 헵번(1907~2003) 사망

07.27 [미국] '미국 코미디의 황제' 밥 호프(1903~2003) 사망

08.09 [브라질] 한 교도소서 죄수 84명 땅굴 파서 탈옥

08.10 [이탈리아] 세계 최초의 복제 망아지 '프로메테아' 탄생

08.19 [이라크] 바그다드 주재 유엔 본부 폭탄테러-24명 사망, 100여 명 부상

10.10 [미국] 영화 '슈퍼맨' 주인공, 영화 배우 크리스토퍼 리브(1952~2004) 사망

10.21 [국제] APEC 정상회의, 다자간 무역체제 강화-테러근절 공조 등 방콕 선언 채택

10.23 [일본] 니가타(新潟)현 강진 발생-33명 사망, 2,100여 명 부상

10.23 [중국] 장제스 전 대만 총통의 부인 송미령(1899~2003) 사망

11.03 [미국] 조지 W 부시, 제44대 대통령에 재선

11.07 [이라크] 임시정부, 이라크 전역 60일간 비상사태 선포

11.11 [팔레스타인] 야세르 아라파트(1929~2004) 자치정부 수반 사망

2003

11.16 [미국] 콘돌리자 라이스 흑인 여성 최초 미국 국무장관에 선출

11.18 [스페인] 1,300만년 전 유인원 화석, '잃어버린 고리(missing link)' 발굴

11.21 [미국] NBC방송 케빈 사이츠 기자, '미군의 이라크인 포로 사살' 보도 파문

12.01 [미국] '인디언 보스턴 출입금지' 규정, 329년 만에 폐지

12.13 [이라크] 전담 특수부대인 '테스크 포스 20', 독재자 '사담 후세인' 생포

2004 갑신(甲申) 단기4337 노무현2
부시/장쩌민·후진타오/고이즈미/푸틴

01.01 서울역, 고속철 신역사 준공식 개최-본격적인 고속철도 시대 개막

01.01 통합식별번호 '010번' 도입-'010' 가입자 80% 이상일 경우, 강제 통합 방침, 유보

01.01 KBS2드라마, '꽃보다 아름다워'(출연:고두심·김미옥·김미수 등) 첫 방영(~4.14)

01.03 SBS드라마, '발리에서 생긴 일'(출연:하지원·조인성·강인욱 등) 첫 방영(~3.27)

01.05 테이, '사랑은 향기를 남기고'(작사 조은희, 작곡 황세준) 발표

01.09 제3회 세계불교청년포럼, 서울 삼성동 코엑스 인터콘티넨탈 호텔서 개막

01.13 노무현 대통령, 국가균형발전·신행정수도건설 등 국가균형발전 3대 특별법 서명

01.13 박영석 원정대팀, 남극점 탐험 성공

01.14 동방신기, 'Hug'(작사·작곡 박창현) 발표

01.16 국제기념물유적협의회, 북한·중국이 신청한 고구려유적, 세계유산위원회 등록 권고 결정

01.16 조은애 중위, 공군사상 첫 여성 헬기 조종사 탄생

01.16 영화, '말죽거리 잔혹사'(감독:유하, 배우:권상우·이정진·한가인 등) 개봉

01.17 한미동맹정책구상 6차 회의-2007년까지 용산기지의 평택·오산지역 이전 완전 합의

01.19 KBS2드라마, '낭랑 18세'(출연:한지혜·이동건·이다해 등) 첫 방영(~3.9)

01.22 서울 아침 기온, 1933년 이후 최저 기록

01.24 핵폐기물처리장 반대 전북 부안 촛불집회, 공정한 주민투표 위해 중단

01.29 고등법원, 1980년 김대중 전 대통령에 적용된 내란음모 등 혐의에 무죄 선고

01.30 복권발행조정위원회, 로또복권 판매가격 2천 원에서 1천 원으로 인하 결정

01.30 서울 강남구 등 5개 시·군·구, 민원서류 인터넷발급 시범서비스 실시

02.00 GM대우, '뉴 라세티' 출시(~2008.11)

02.03 19개 보수단체, '한국을 지키는 바른선택 국민행동' 발족-낙선·당선 운동 전개

02.03 진보 단체, '2004 총선시민연대' 발족-낙선·당선 운동 전개

02.03 서울행정법원, 대한항공기 폭파범 김현희 관련 수사기록 등 공개 판결

02.03 제13차 남북장관급 회담, 서울에서 개최

02.04 총선환경연대·총선여성연대, 각각 공천부적격자 명단 6명, 10명 발표

02.05 2004 총선시민연대, 17대 총선 공천반대자 66명 명단 발표

02.05 영화, '태극기를 휘날리며'(감독:강제규, 배우:장동건·이은주·원빈 등) 개봉

02.09 〈야생동식물보호법〉 제정(2005.2.10 시행)-멸종예방, 생태계 균형유지 등

02.11 춘천지법에 첫 여성법원장 탄생

02.12 바른선택국민행동, 17대 총선 낙선 대상자 62명, 공천 대상자 29명 명단 발표

02.13 국회, 이라크 추가파병 동의안 의결

02.15 김기덕 영화감독, 베를린영화제에서 '사마리아'로 감독상 수상

02.16 국회, 한국·칠레 자유무역협정 비준동의안 의결

02.18 기아자동차, 비스토(VISTO) 후속 모델 '모닝' 출시(~2007.12)

02.20 영화, '그녀를 믿지 마세요'(감독:배형준, 배우:김하늘·강동원·송재호 등) 개봉

02.20 영화, '목포는 항구다'(감독:김지훈, 배우:조재현·차인표·송선미 등) 개봉

02.23 이라크 평화 재건 목적의 자이툰부대 창설

02.25 부산박물관, 한반도에서 발견된 그림 중 최고 신석기시대 사슴그림 발견 발표

02.25 제2차 6자회담 중국 북경에서 개최

03.01 고구려연구재단(현 동북아역사재단) 출범

03.02 국회, 〈일제강점하 친일반민족행위 진상규명에 관한 특별법〉 등 30개 법안 의결

03.12 국회, 노무현대통령탄핵소추안 의결-5.14 헌법재판소 기각

03.12 노무현 대통령 탄핵 반대 시민, 국회 앞에서 대통령 탄핵 규탄 촛불집회 개최

03.13 세계 최초 DMB용 위성 발사 성공

03.14 서울 광화문 일대 등, 전국 26개 주요 도시에서 탄핵 규탄 집회

03.14 영화, '태극기 휘날리며' 개봉 39일 만에 전국 관객 1천만 명 돌파

03.16 소형차 범위, 1,000cc~1500cc 이하, 1600cc 이하로 확대 발표

03.16 41회 대종상영화제 시상-'봄 여름 가을 겨울 그리고 봄'(감독:김기덕, LJ필름) 수상

03.17 중앙정보부 조사 중 의문사한 최종길 교수(1973), '타살 인정' 법정 증언

03.18 정부 국정현안정책조정회의, 탄핵 반대 촛불시위, 불법집회로 규정

03.20 KBS2드라마, '애정의 조건'(출연:채시라·이종원·한가인 등) 첫 방영(~10.10)

03.22 쇼트트랙스피드스케이팅 세계선수권대회서 금 12개 중 11개 획득, 3년 연속 종합 우승

03.23 '겨울연가' 배우 최지우 등, 일본 NHK 특별공로상 수상

03.23 박근혜, 한나라 대표에 당선-39년 만에 여성 당수 탄생

03.23 한국 안전표지 6종, 국제표준화기구(ISO)에서 채택

03.23 조PD, '친구여'(작사 조PD, 작곡 박근태) 발표

03.26 코요태, '디스코왕'(작사·작곡 주영훈) 발표

03.29 박지은, LPGA 나비스코 챔피언십 우승

03.29 9차 남북이산가족 상봉(금강산)-북측, 남측 관계자 발언 문제로 2일차 참관 상봉 무산

03.31 통일호 열차, 49년 만에 운행 완전 종료

04.01 경부고속철도 제1단계 개통-서울↔동대구 구간

04.01 EBS, 대학수학능력시험방송·인터넷 강의 시작

04.01 한국-칠레, 자유무역협정 공식 발효

04.02 영화, '어린 신부'(감독:김호준, 배우:김래원·문근영·김인문 등) 개봉

04.05 MBC드라마, '불새'(이서진·이은주·에릭 등) 첫 방영(~6.29)

04.07 의사-간호사 상호존중 선언

04.08 이라크 무장세력, 한국 목사 8명 억류 5시간 만에 7명 석방, 1명 탈출

04.10 미술 사학자 최순우의 옛집 개관-시민문화재 제1호

04.10 원로배우 독고성(1929~2004) 사망

04.10 프로농구, 전주KCC가 원주TG를 누르고 농구대잔치 우승

04.12 정동영 열린우리당 의장, 노인 폄하 발언 등 책임지고 선거대책위원장 사퇴

04.12 한국 토종 야생 여우 사체 고환서 '살아있는 정자' 채취 성공-5.6. 30년만에 재탄생

04.14 동해를 '동쪽 바다'로 적은 마르코폴로의 『동방견문록』 공개

04.14 한국항공우주산업, 수출용 아파치헬기 '동체 1호기' 출하

04.15 17대 국회의원 총선거 실시-열린우리당 과반수 의석 확보, 16년 만에 여대야소 등장

04.15 영화, '범죄의 재구성'(감독:최동훈, 배우:박신양·백윤식·염정아 등) 개봉

04.19 국립중앙박물관 소장유물 9만9622점, 경복궁서 용산 박물관으로 이전 시작

04.19 김종필 자민련 총재, 정치은퇴 선언-'3김정치' 종막

04.19 북한, 김정일 국방위원장, 후진타오 중국 국가주석과 첫 정상회담

04.20 탈북자들이 만든 인터넷 라디오방송, '자유북한방송' 개국, 첫 방송

04.20 행정자치부, 주민등록 등초본·건축물 대장 등 민원서류 5종 인터넷 발급 시작

04.22 북한, 평북 용천역 대규모 폭발사고 발생-3천여 명 사상

04.22 문병욱 썬앤문그룹 회장, 징역 3년, 벌금 30억 원 선고-불법정치자금전달 혐의

04.23 MC몽, '180도'(작사 MC몽, 작곡 장준호) 발표

04.26 2005년 APEC 정상회의 개최도시로 부산 선정

04.28 광주지하철 1호선 1구간 개통

04.29 미국 프리덤하우스, 한국 언론자유도, 세계 193개국 중 68위로 발표

04.29 헌법재판소, 정부의 이라크 파병결정 관련 위헌 헌법소원에 각하 결정

04.29 대한적십자사, 북한 용천역 폭발사고에 100만 달러 상당 구호품 전달

04.30 영화, '아라한 장풍대작전'(감독·류승완, 배우·류승범·윤소이·안성기 등) 개봉

04.00 태진아, '동반자'(작사 이루, 작곡 태진아) 발표

05.01 서울광장 개장-하이서울 페스티벌, 서울시청 앞 광장 개막

05.03 서울대 재료공학부 교수 유한일, 한국인 최초 홈볼트 연구상 수상

05.03 이라크파병 비상국민행동, 1만5백명 명의로 파병철회 촉구 비상시국선언 발표

05.03 한국, 혈전증(뇌졸증) 치료제 오줌을 배출하는 '바이오 돼지' 생산 성공

05.04 제14차 남북장관급회담, 평양에서 개최

05.05 산악인 엄홍길, 히말라야 8000m급 15좌 정복에 성공

05.08 MBC, '놀러와\|유재석 김원희의 놀러와' 첫 방송(~2012.12.24.)

05.13 법무부, 안풍자금 국고환수소송 관련, 한나라당 소유 9개 부동산 가압류신청 결정

05.13 성매매 피해여성 14명, 업주·경찰·국가 상대로 4억5천여 만원 손해배상소송 제기

05.14 헌법재판소, 노무현 대통령 탄핵심판사건 선고공판-국회의 대통령 파면 청구 기각

05.15 노무현 대통령, 탄핵 기각 및 직무 복귀 관련 〈국민에게 드리는 말씀〉 발표

05.15 서울 강남구, 지역 내 인기 학원강사 초빙-인터넷 대학수학능력시험강의 시작

05.17 SBS드라마, '장길산'(출연·유오성·한고은·김영호 등) 첫 방영(~11.16)

05.18 노무현 대통령과 여야 수뇌부, 24년 만에 첫 광주 5·18민주화운동 기념식 전원 참석

05.19 중국 상하이 중의약대에 '허준 동상' 건립

05.20 노무현 대통령, 열린우리당 입당

05.21 '부부의 날' 제정

05.21 양심적 병역거부, 첫 무죄 판결

05.21 영화, '트로이'(감독:볼프강 페터젠, 배우:브래드 피트·에릭 바나) 개봉

05.23 광주과학기술원 변영로 교수, '이코노미 증후군' 예방 알약 첫 개발

05.23 칸영화제에서 '올드보이'(감독 박찬욱) 최우수상 수상

05.24 국회방송 NATV 개국

05.25 청와대, '부처님 오신 날' 기념, 임동원 전 국가정보원장 등 352명 특별사면·복권

05.26 제1차 남북장성급군사회담, 금강산에서 개최

05.27 2004세계여성지도자회의, 85개국 900여 명의 여성지도자 참석(서울)

05.29 국민연금반대 촛불 집회-서울 광화문 교보빌딩 앞 개최

05.29 경북 울진 동쪽 약 80㎞ 해역, 진도 5.2 지진 발생

06.01 횡단보도 정지선 위반시 범칙금 부과

06.02 국가인권위원회, 40년간 〈국가보안법〉 위반으로 7,778명 검거 발표

06.02 국사학계 1세대 사학자, 이기백(1924~2004) 사망

06.03 제2차 남북장성급군사회담 개최(설악산)

06.03 영화, '투모로우'(감독:롤랜드 에머리히, 배우:데니스 퀘이드 등) 개봉

06.03 영화, '내 여자친구를 소개합니다'(감독:곽재용, 배우:전지현·장혁·김정태 등) 개봉

06.05 6·5재보궐선거 실시-4개 시·도지사 모두 야당 당선

06.05 제17대 1기 국회의장 김원기 피선(~2006.5)

06.08 신행정수도건설추진위원회, 청와대 등 85개 기관을 행정수도로 이전 발표

06.10 〈공직자 윤리법 개정안〉 확정·발표-재산공개 대상 공직자의 백지 신탁 의무 규정

06.11 법무부, 미화 5백만 달러 이상 투자 외국인, 체류기간 무관, 영주 자격 부여 발표

06.11 보아, 'My Name'(작사·작곡 Kenzie)·'Spark' 발표

06.12 SBS드라마, '파리의 연인'(출연:김정은·박신양·이동건 등) 첫 방영(~8.15)

06.13 세계경제포럼 동아시아정상회의 개막

06.14 서해 북방한계선 NLL인근해상에서 남북한 해군함정간 무선교신 성공

06.14 휴전선 주변 비무장지대에서 확성기 선전전 중지

06.15 6·15공동선언 4주년 기념, 남북공동학술대회 서울 개최

06.15 신행정수도건설추진위원회, 후보지 4곳 진천·음성, 천안, 연기·공주, 공주·논산 발표

06.17 건설교통부, 신행정수도 후보지 충북 진천·음성군 전역, 토지거래허가구역 지정

06.17 최초 남북합작 병원, '어깨동무 어린이병원' 평양서 개관

06.18 애니메이션, '슈렉 2'(감독:앤드류 애덤슨) 개봉

06.18 김종국, '한 남자'(작사 조은희, 작곡 황찬희) 발표

06.18 정부, 이라크 북부 아르빌주 지역에 자이툰부대 파병 최종 확정

06.18 피아니스트 안수진, 한국인 첫 슈만 콩쿠르 3위 입상

06.19 서울시의회, 수도 이전 반대 결의문 채택-6.29. 범시민궐기대회 개최

06.21 대한한의사협회·대한약사회, 약학대학 6년제 전환 합의

06.22 900년 전 목판인쇄한 대각국사 의천의 '교장(教藏)' 첫 공개

06.22 가나무역 김선일, 이라크 무장단체에 피살

06.23 제3차 6자회담 북경서 개최-한반도 비핵화 첫 단계 조치 구체화 등 8개 항 채택

06.23 MBC드라마, '황태자의 첫사랑'(출연:성유리·차태현·김남진 등) 첫 방영(~8.26)

06.25 국내 최장신 농구선수 하승진(221Cm), 한국인으로서 첫 미국 NBA 진출

06.25 이승기, '내 여자라니까'(작사·작곡 싸이(PSY)) 발표

06.30 개성공단 시범단지 준공

06.30 이해찬, 제36대 국무총리 취임(~2006.3)

06.30 영화, '스파이더맨 2'(감독:샘 레이미, 배우:토비 맥과이어·커스틴 던스트 등) 개봉

07.01 공공·금융·보험 업종 및 1000명 이상 사업장, 주 5일 근무제 실시

07.01 서울시, 버스 중앙차로제 등 새 대중교통 체제 시행

07.05 신행정수도건설추진위원회, 행정수도 후보지 연기·공주지구가 88.96로 1위 발표

07.05 MBC드라마, '영웅시대'(출연:차인표·유동근·전광렬 등) 첫 방영(~2005.3.1.)

07.07 세븐, '열정'(작사 Y.G.Family, 작곡 TEDDY) 발표

07.09 서울 광진구 아차산 고구려 보루터서 500년 전후의 건물터·기와·토기조각 발견

07.11 10차 남북이산가족 상봉(금강산)-북측 100명+남측 491명, 남측 100명+북측 239명

07.12 수도이전위헌대리인단, 헌법재판소에 신행정수도건설추진위원회 활동중지 가처분신청

07.14 뮤지컬 '지킬 앤 하이드', 객석 점유율 80% 흥행 기록

07.14 열린우리당·건설교통부, 당정협의서 25.7평 이하 아파트 원가 일부 공개 결정

07.14 KBS2드라마, '풀하우스'(출연:비·송혜교·김성수 등) 첫 방영(~9.2)

07.16 영화, '해리포터와 아즈카반의 죄수'(감독:알폰소 쿠아론, 출연:다니엘 래드클리프) 개봉

07.18 연쇄살인범 '묻지마 살인', 유영철 검거-2004.12.13. 사형 선고

07.20 국무회의, '공공기관의 정보공개에 관한 법률시행령 개정안' 심의 의결

07.21 노무현 대통령, 고이즈미 일본 총리와 제주도에서 정상회담

07.23 '행정수도건설을 지지하는 교수 모임' 1,222명, 행정수도 지지 선언 기자회견

07.23 방송위원회, 탄핵방송 편파성 여부 개별 심의한 9개 프로그램, 문제 없음 결정

07.27 동남아 국가에 장기 체류 중인 탈북자 468명 집단 입국

07.28 법원, '동성 간의 사실혼 관계는 법적 보호 받을 수 없다'고 첫 판결

07.28 프랑스아 클로르, 『꾸베씨의 행복여행』(오래된미래) 출판

07.00 설운도, '춘자야'(작사 이수진, 작곡 설운동) 발표

07.00 이두영, 『죽기 전에 꼭 가봐야 할 여행지 33』(중앙M&A) 출판

08.05 '국가보안법' 위반 혐의로 기소 뒤 집행유예로 석방된 송두율 교수, 독일로 출국

08.05 아주대 곽병주 교수, 뇌종중 등 예방치료제 '뉴2000' 등 개발-미국·유럽 특허 획득

08.05 중국 외교부 홈페이지, 고구려사와 한국 정부 수립 이전 역사 삭제

08.06 반핵반김국민협의회 1,500여 명, 노무현 정권 규탄대회 개최

08.09 국가인권위원회, 헌혈 전 동성과의 성 접촉 문의, 평등권 침해로 결정

08.11 정부, 신행정수도로 충남 연기군·공주시 일원 확정 발표

08.12 최종택 교수, 서울 광장구에서 성벽과 연꽃무늬의 고구려기와 첫 발굴

08.13 제28회 아테네올림픽서 남북선수단 84번째로 공동 입장-한국 9위, 금9·은12·동9

08.13 영화, '시실리 2km'(감독:신정원, 배우:임창정·권오중·임은경 등) 개봉

08.14 서울시, 수도 이전 재고 의견서, 헌법재판소에 제출

08.18 한국축구, 2004아테네올림픽서 56년 만에 8강 진출

08.19 삼성전자, 차세대반도체 64메가 P램, 세계 첫 개발

08.23 유승민, 아테네올림픽 탁구 남자단식서 금메달, 88올림픽 이후 16년 만의 쾌거

08.24 국가인권위원회, 국회의장과 법무부 장관에게 〈국가보안법〉 폐지 권고

08.27 신화, 'Brand New'(작사 안영민, 작곡 조영수)·'열병' 발표

08.28 이라크에 자이툰 부대 파병-9.22. 자이툰부대, 이라크 아르빌 도착

08.30 박근혜 대표 등 한나라당 의원 90여 명, 첫 5·18 묘역 참배

09.03 여야 의원 50여 명, 1909년 청일 간 체결된 간도협약 무효화 결의안 국회에 제출

09.03 원로 서양화가 홍종명(1922~2004) 사망

09.04 KBS1드라마, '불멸의 이순신'(출연:김명민·최재성·이재룡 등) 첫 방영(~2005.8.28.)

09.09 삼성전자, 세계 최초 90나노미터 D램 양산

09.09 열린우리당, 〈국가보안법〉 폐지 당론 확정

09.09 거미, '기억상실'(작사 최갑원, 작곡 김도훈) 발표

09.10 한나라당, 논란 조항 처벌요건 강화한 〈국가보안법 개정안〉 확정

09.11 식량주권수호 국민운동본부, 서울 대학로·전남도청서 쌀시장개방반대 집회 개최

09.12 '빈집'(감독:김기덕), 제61회 베니스국제영화제 감독상 수상

09.12 서울고등법원, 한강 조망권의 법적 보호 대상 인정, 손해배상 판결

09.17 제7차 세계국가인권기구대회, 〈서울 선언문〉 채택, 폐막

09.17 영화, '귀신이 산다'(감독:김상진, 배우:차승원·장서희·장항선 등) 개봉

09.19 남북정상회담 성사 주역 북한 송호경(1941~2004), 아태평화위원회 부위원장 사망

09.21 국무회의, 일반여권 유효기간 10년으로 연장한 〈여권법 시행령안〉 의결

09.21 한국-러시아 정상회담, '포괄적 동반자관계' 선언

09.23 〈성매매 특별법〉 시행-성매매 강요·인신매매의 경우 3년 이상 징역

09.23 한나라당, 일부 부처와 기관의 행정특별시 이전 등 수도 이전 대안 발표

09.30 정부, 자연분만 출산비, 미숙아 진료비 면제 등 출산장려책 발표

09.00 현대자동차, 'NF 소나타' 출시(~2007.11.)

10.02 대법원, 12·12 및 5·18 사건 관련 검찰 수사기록 전체 공개 판결

10.03 세계박물관대회, 서울 개막

10.03 정부, 알카에다 테러 경고에 출입국 심사강화, 테러용의자 4천여 명 입국 금지

10.04 국가보안법수호국민대회, 서울시청 광장에서 개최

10.04 국감서 금성출판사, '한국 근현대사'의 민중사관 역사교과서 논란

10.05 사법개혁위원회, 미국식 법학전문대학원 2008년 설치 등 로스쿨 도입방안 확정

10.07 노무현 대통령, 원자바오 중국 총리와 정상회담

10.08 제85회 전국체육대회 개최(충북)

10.08 영화, '우리 형'(감독:안권태, 배우:원빈·신하균·김해숙 등) 개봉

10.08 비, 'It's Raining'(작사·작곡 박진영) 발표

10.09 아시아·유럽정상회의, 북핵 및 한반도 문제 포함, 의장성명 42개 항 채택, 폐막

01.09 영화, '라스트 사무라이'(감독:에드워드 즈윅, 출연:톰 크루즈, 와타나베 켄) 개봉

10.09 한국청소년축구대표팀, U-20 아시아청소년 선수권 대회 우승

10.12 국무회의, 공군 복무기간 27개월로 단축 의결

10.13 삼성미술관, '리움'(관장 홍라희) 공식 개관

10.14 안병영 교육인적자원부 장관, 고교등급제·본고사·기여입학제 금지 재천명

10.14 열린우리당, 〈사립학교법 개정안〉 발표-개방형 이사제·친족 이사 비율 조정 등

10.14 중앙인사위원회, 공무원 대상 직무성과계약제 시행 발표

10.16 KBS2드라마, '부모님 전상서'(출연:김희애·장현성·송선민 등) 첫 방영(~2005.6.5.)

10.17 열린우리당, 과거사 관련 법안 〈국가보안법〉 등 4대 개혁법안 당론 확정

10.19 국무회의, 용산미군기지 평택 이전(2008년 말까지) 등, 〈용산기지이전 협정안〉 의결

10.20 민주노동당·민주당, 열린우리당의 〈4대 개혁법안〉 단독 제출에 공조 파기

10.21 헌법재판소, 충청권 행정수도 이전 <신행정수도의 건설을 위한 특별조치법> 위헌 판결

10.22 장윤정, '어머나'(작사·작곡 윤명선) 발표

10.23 SBS드라마, '마지막 춤을 나와 함께'(출연:지성·유진·류수영 등) 첫 방영(~2005.1.2.)

10.24 교육인적자원부, '특목고 정상화 방안' 발표

10.26 강원도 철원 최전방 철책선 절단 사건 발생

10.28 법원 항소심서 ≪조선일보≫의 '이승복군 사건 보도' 사실로 판결

10.28 상하이자동차 그룹, 쌍용자동차 인수

10.00 판도라TV, 동영상 서비스 본격 시작

11.01 정부, 박정희대통령기념사업회 기념관 건립 장소 변경, 시한 연기 요청 거부

11.01 프로야구, 현대가 삼성을 누르고 한국시리즈 우승

11.01 한미은행, 한국씨티은행으로 상호 변경

11.02 사법개혁위원회, 일반인 배심제·참심제[국민사법참여제] 도입 결정-2007년 단계적 시행

11.02 전국 3만여 명의 식당주, 여의도 한강 시민공원에서 솥뚜껑 시위

11.02 KBS2, '무한지대 큐' 첫 방송(~2010.5.6.)

11.02 KBS2, '상상플러스' 첫 방송(~2010.1.26.)

11.03 신행정수도건설사수범도민연대, 천안시광장서 신행정수도건설 사수 범도민 결의대회 개최

11.05 한국석유공사, 울산 앞바다에 '동해-1' 가스전 준공

11.05 영화, '내 머리 속의 지우개'(감독:이재한, 배우:정우성·손예진·백종학 등) 개봉

11.07 KBS2, '스타 골든벨' 첫 방송(~2010.5.8.)

11.07 KBS2, '해피선데이' 첫 방송(~2019.4.28.)

11.08 국내 최초로 독감 바이러스 뉴칼레도니아 A형 감염 환자 발생

11.08 KBS2드라마, '미안하다, 사랑한다'(출연:소지섭·임수정·정경호 등) 첫 방영(~12.28)

11.11 정부, 〈부동산보유세개편안〉 발표-9억 원 이상 주택보유자 종합부동산세 부과

11.13 경복궁 경회루, 40여 년 만에 개방

11.13 제28회 MBC대학가요제(경희대)-Scat, 'Stop' 대상 수상

11.14 불교 조계종 원로 석주 스님(1909~2004) 입적

11.15 전국공무원노동조합, 완전한 노동3권 주장하며 총파업

11.17 2005학년도 수능시험 실시-지원자 610,257명, 응시자 574,218명(94.1%)

11.17 대학수학능력부정행위 발생-시험 중 휴대폰 이용, 대리 시험 등 363명 적발

11.20 노무현 대통령, 부시 대통령과 정상회담-6자회담 틀 내 북핵문제 해결원칙 재확인

11.21 안시현, 미 LPGA '올해의 신인상' 수상

11.21 한글재단 이사장, 국어·한글학자 한갑수(1913~2004) 사망

11.22 KBS2드라마, '올드미스 다이어리'(출연:예지원·지현우 등) 첫 방영(~2005.11.4.)

11.22 SBS드라마, '러브스토리 인 하버드'(출연:김래원·김태희·이정진 등) 첫 방영(~2005.1.11.)

11.23 미국 의회, 북한 인권 관련 예산 첫 통과

11.24 정부, 전국 자치단체 전국공무원노동조합 파업 관련 131명 파면·해임 발표

11.24 KBS2드라마, '해신'(출연:최수종·채시라·송일국 등) 첫 방영(~2005.5.25.)

11.29 '꽃'의 시인 김춘수(1922~2004) 사망

11.30 주한미군, 패트리어트 미사일 한국 실전배치 완료

11.30 한국·아세안 정상회담 개최

11.00 군 복무기간, 공군 27개월로 단축

11.00 세계 최초 유무선 음악포털(멜론) 서비스 개시

12.04 반핵반김국민협의회, 4대 악법 저지 전국민궐기대회 개최

12.05 국가보안법폐지국민연대, 촛불시위 개최

12.07 대구~포항 간 고속도로 개통

12.08 노무현 대통령, 유럽 3개국 순방 후 귀국길에 자이툰부대 방문, 장병 격려

12.08 영화, '브리짓 존스의 일기 2'(감독:비번 키드론, 배우:르네 젤위거 등) 개봉

12.09 GOD, '보통날'(wkrtk·작곡 박진영)·'반대가 끌리는 이유' 발표

12.12 프로축구, 수원 삼성이 포항스틸러스를 누르고 K리그 우승

12.13 지역 민영방송사, 경인방송(iTV), 직장 폐쇄-12.31. 경인방송, 방송 종료

12.15 북한 개성공단, 첫 남북합작품 냄비 출시

12.15 애니메이션, '인크레더블'(감독:브래드 버드) 개봉

12.17 고려시대 청자상감매죽조문매병, 10억 9천만 원 거래-국내 미술품 경매 최고가

12.17 노무현 대통령, 고이즈미 일본 총리와 정상회담

12.19 김주희, 18세에 국제여자복싱협회 주니어플라이급 세계챔피언 획득

12.20 통계청 발표- 한국 남자 평균 수명 73.38세, 여자 80.44세

12.23 애니메이션, '하울의 움직이는 성'(감독:미야자키 하야오) 개봉

12.31 국회, 〈이라크 파병연장동의안〉 의결

12.00 르노삼성자동차, 'SM7' 출시(~2008.1.)

▨▨▨▨▨▨▨▨▨▨▨▨▨

01.04 [미국] 탐사로봇, '스피릿' 화성 안착

03.20 [네덜란드] '국민 여왕' 칭송, 줄리아나 전 여왕(재위 1948~1980) 사망

03.22 [팔레스타인] 무장단체 '하마스' 창설자 야신 피살

04.07 [일본] 후쿠오카법원, 고이즈미 총리 야스쿠니 참배 첫 위헌 판결

04.15 [일본] '요술공주 새리' 작가 요코야마 미쓰테루(1934~2004) 사망

04.17 [이스라엘] 팔레스타인 저항운동 단체, 하마스 최고 지도자 란티시 암살

04.18 [미국] 세계 최초 무인 로봇 비행기, 1만m 상공서 폭격에 성공

05.01 [국제] '수퍼 EU(European Union)' 출범

05.09 [체첸] 친러 체첸 대통령, 아마드 카디로프 피살

05.11 [프랑스] 첫 영어 상업 라디오 방송 등장

06.01 [이라크] 임시정부 출범, 신임 대통령에 알 야와르 피선

06.05 [미국] 전 대통령 레이건(1911~2004) 사망

06.10 [미국] 흑인 음악의 거장 레이 찰스(1930~2004) 사망

06.17 [브라질] 1억 8000만 년된 가장 오래된 물고기 종(種) 발견

06.28 [미국] 이라크에 주권 이양

07.01 [미국] 영화 '대부' 명연기, 말론 브랜도(1924~2004) 사망

07.01 [이라크] 사담 후세인 전 대통령, 첫 재판 개최

07.01 [미국] 카시니-호이겐스호, 발사 7년 만에 토성 궤도 진입

07.06 [독일] 최후의 마에스트로 카를로스 클라이버(1930~2004) 사망

07.09 [미국] 월북한 미군 탈영병 찰스 젠킨스, 인도서 일본인 아내 소가와 상봉

08.01 [파라과이] 쇼핑센터 화재 발생-320여 명 사망

08.03 [미국] 항공우주국(NASA), 수성 탐사선 '메신저(Messenger)' 발사

08.16 [미국] 전설적 사진작가 칼 마이단스(1907~2004) 사망

08.18 [미국] 영화음악의 거장 엘머 번스타인(1922~2004) 사망

08.22 [체코] '프라하의 봄' 주역, 경제학자 오타 시크(Ota Sik) 사망

08.22 [노르웨이] 뭉크박물관 뭉크의 '절규' 도난-2006.8. 회수

09.15 [미국] 카이저 국무부 부차관보, 스파이 혐의로 체포, '21세기판 마타하리 사건'

09.16 [중국] 장쩌민 중국 공산당중앙군사위원회 주석, 전격 퇴진-후진타오가 승계

09.19 [미국] 퓰리처상 수상, 사진기자 에디 애덤스(1933~2004) 사망

12.01 [미국] '인디언 보스턴 출입 금지' 규정 329년 만에 폐지

2005 을유(乙酉) 단기4338 노무현3
부시/후진타오/고이즈미/푸틴

01.10 박지만, 10·26사건 영화 '그때 그 사람들' 명예훼손 이유로 상영금지 가처분 신청

01.03 KBS2드라마, '쾌걸 춘향(출연:재희·한채영·엄태웅 등) 첫 방영(~3.1)

01.08 SBS드라마, '봄날'(출연:고현정·한고은·지진희 등) 첫 방영(~3.13)

01.10 외교통상부, 공무원에 위조방지용 새 여권 발급

01.10 제일은행, 영국계 스탠다드 차타드은행에 매각

01.11 북파공작원(HID) 전사자 74명 위패, 대전국립묘지에 봉안

01.13 노무현 대통령, 양극화 해소와 동반 성장 강조

01.14 영화, '쿵푸허슬'(감독:주성치, 배우:주성치·원화·원추 등) 개봉

01.15 이해찬 국무총리, 연간 장착공공임대주택 15만호 건설 발표

01.16 '노무현을 사랑하는 사람들의 모임'(노사모), 국민참여연대 공식 출범

01.16 〈저작권법 개정안〉 시행-가수·음반제작자 등 저작권자 범위 확대

01.16 중앙인사위원회, 공무원시험에서 학력 기재란과 학력 관련 서류 폐지

01.17 한일협정 체결 시 일제동원피해 개인청구권 포기문서 공개

01.18 국방부, 서울시와 시민단체의 용산 미군기지 전체 공원화 주장 수용

01.18 월간잡지 ≪인물과 사상≫ 8년 만에 종간(1998.5~)

01.19 서울시, 중국 측에 '서울' 중국어 표기, 한성에서 '서우얼(首爾)'로 변경 요청

01.20 수도권 전철, 천안까지 개통

01.21 김인옥, 경찰 창설 60년 만에 첫 여성 지방경찰청장 탄생

01.21 정부·열린우리당, 신 행정수도를 외교부·국방부 제외한 '행정중심도시'로 결정

01.23 MBC, '해피타임!'(NG 스페셜 해피타임) 첫 방송(2016.4.23.)

01.26 교육인적자원부, 학원 수강료 표시제 실시

01.26 정부·열린우리당, 충남 공주·연기로 16부 4처 3청 이전 등 행정도시안 확정

01.27 벅스 대표, '저작권법 위반'으로 유죄 판결-법인 2천만 원 벌금, 대표 집행유예 선고

01.28 국방부, 『국방백서』에서 '북한 주적' 문구 삭제 발표

01.31 서울중앙지방법원, 영화 '그때 그 사람들' 일부 장면 삭제 판결

01.00 르노삼성자동차, '뉴 SM5' 출시-2007.7. 단종

02.01 〈정부조직법안〉 의결-여성부·건설교통부→여성가족부·국토교통부로 개칭

02.01 일제강점하 강제동원 피해진상규명위원회, 강제동원 피해신고 접수 시작

02.01 테이, '사랑은 하나다'(작사 조은희, 작곡 황세준) 발표

02.02 조성모, 'Mr. Flower'(작사 이경, 작곡 황찬희) 발표

02.03 민주당, 열린우리당과의 합당반대 결의안 채택, 새 대표에 한화갑 선출

02.03 헌법재판소, 호주제의 헌법불합치 결정-2008.1.1. 호주제 폐지

02.04 행정자치부, 주민등록말소자 64만여 명 재등록 실시

02.07 환경부, 자동차 8개사에 저공해차 의무보급비율 고시

02.10 대법원, 17대 총선 후보 홈페이지 비방글 게재자에 선거법 위반 판결

02.10 북한 핵무기 보유 및 6자회담 불참 선언

02.13 임권택 감독, 베를린영화제 명예황금곰상 수상-위대한 업적을 남긴 영화인에게 수여

02.14 병무청, 혼혈인의 현역입대 보장한 '병역법시행령 개정안' 입법 예고

02.14 MBC드라마, '굳세어라 금순아'(출연:한혜진·강지환·이세은 등) 첫 방영(~9.30)

02.16 기후변화협약에 따른 온실가스 감축목표의 '교토의정서' 발효(1997.12 채택)

02.17 외환보유액 사상 최초 2천억 달러 돌파

02.19 겨레말큰사전남북공동편찬위원회 출범

02.22 국가보훈처, 여운형 등 사회주의 독립운동가 54명 서훈 결정

02.23 국회, 신행정수도 후속 대안 확정 통과-여야 합의로 12개부 4처 2청 이전 등

02.28 한나라당 박근혜 대표, 정수장학회 이사장직 사퇴

03.02 국회, 〈동성동본 혼인 금지제〉 폐지안 의결

03.02 국회, 연기·공주지역 행정중심복합도시 건설특별법 의결-3.18. 시행

03.03 버즈, '겁쟁이'(작사 최갑원, 작곡 고석영) 발표

03.03 〈양곡관리법 개정안〉 통과-추곡수매제도 폐지

03.11 정부, 일본 후쇼샤판 중학교 교과서의 식민지배 미화 관련 유감 표시

03.14 인터넷 사이버 머니 '도토리', 서점과 편의점 판매 개시

03.15 남북한 최초 공동 제작한 '개마고원 야생동물' 다큐멘터리 공개

03.16 안익태 부인 로리타 안, 애국가 저작권 문체부에 무상 기증(저작권 기증 제1호)

03.16 정부, 독도 전면 개방 방침 발표-입도 허가제에서 신고제로 전환

03.21 SBS드라마, '불량주부'(출연:신애라·손창민·조연우 등) 첫 방영(~5.17)

03.23 SG워너비, '죄와 벌'(작사 남민설, 작곡 김도훈) 발표

03.25 영화, '지금, 만나러 갑니다'(감독:도이 노부히로, 배우:다케우치 유코 등) 개봉

03.26 16개 시·도 교육청, 전국 초중고교에 넷째 주 토요일 휴업일 실시

03.26 독도 개방 이후 첫 유람선 출항-3.28. 유람선 '삼봉호' 독도 접안 성공

03.28 지상파 이동 멀티미디어 방송(DMB) 사업자, 한국방송공사 등 6개 회사 최종 선정

03.29 박상철, '무조건'(작사 한솔, 작곡 박현진) 발표

03.29 춘천 미군기지 '캠프페이지' 반환

03.30 경부선 전철화 천안~조치원(32.7㎞), 충북선 전철화 조치원~봉양(111.5㎞) 개통

03.30 류시화, 『사랑하라 한 번도 상처받지 않은 것처럼』(오래된미래) 출판

03.00 GM대우, '올 뉴 마티즈' 출시(~2011.1.)

04.05 양양 낙산사 및 동종 화재로 소실

04.07 기아자동차, 리오 후속 차종 '뉴 프라이드' 출시(~2011.8)

04.11 국가정보원, 일명 중국산 슈퍼노트 100달러 위조지폐 주의 발령

04.17 프로농구, 원주TG가 전주KCC를 누르고 농구대잔치 우승

04.18 공지영, 『우리들의 행복한 시간』(푸른숲) 출판

04.22 울진원자력 6호기 준공-6천만kW 시대 개막

04.23 MBC, '무한도전' 첫 방송(~2019.3.31.)

04.23 MBC드라마, '제5공화국'(출연:이덕화·서인석·홍학표 등) 첫 방영(~9.11)

04.24 MBC, '공감! 특별한 세상' 첫 방송(~2013.8.10.)

04.25 만화가 고우영(1938~2005) 사망

04.28 〈신용불량자제도〉 폐지

04.29 윤도현, '사랑했나봐'(작사·작곡 전해성) 발표

04.29 MBC, '세계와 나 W' 첫 방송(~2010.10.29.)

05.01 박영석 탐험대, 북극점에 도달

05.03 새천년민주당, '민주당'으로 개칭

05.04 병역미필 이중국적자의 한국국적 포기 불허한 〈국적법 개정안〉 통과

05.05 KBS2, '비바 K리그' 첫 방송(~2019.10.7.)

05.05 KBS2, '프렌즈(해피투게더)' 첫 방송(~2007.6.21.)

05.06 국립중앙박물관, 북한의 국보급 고구려 유물 60여 점 전시

05.06 신혜성, '같은 생각'(작사 신혜성, 작곡 박창현) 발표

05.06 KBS1, 'HD 역사스페셜' 첫 방송(~2006.9.29.)

05.09 명성황후 시해범 후손들, 사죄의 뜻을 전하기 위해 방한

05.10 장윤정, '짠짜라'(작사 정인, 작곡 임강현)·'꽃'(작사 정인, 작곡 임강현) 발표

05.10 KBS2, '세대공감 OLD & NEW'(상상플러스) 첫 방송(~2010.1.26.)

05.13 친일파 송병준 후손의 땅 소송 패소

05.13 MC몽, 'I Love U Oh Thank U'(작사 MC몽, 작곡 김건우) 발표

05.14 박근혜를 사랑하는 모임(박사모), 창립 첫 워크숍 개최

05.16 남북 차관급 회담(개성)

05.17 북한, 무용수 조명애, 한국 측 휴대전화 광고 모델로 출연

05.22 북한, 화물선 백두산호, 비료 수송 위해 21년 만에 한국 입항

05.23 금호아시아나그룹 명예회장, 박성용(1932~2005) 사망

05.23 SBS드라마, '패션 70s'(출연:이요원·주진모·김민정 등) 첫 방영(~8.29)

05.26 한·중·일 역사학자와 시민단체, 3국 공동 역사교과서 출간

05.27 국보 1호인 숭례문 주변에 주성된 '숭례문 광장' 준공

05.27 한·중·일 중앙은행 총재, 통화스와프 계약 체결

05.29 한라산 1,100m고지서 한국인 첫 에베레스트 등정에 성공한 고 고상돈 동상 제막

05.31 대통령직속 친일반민족행위진상규명위원회(위원장 강만길) 출범

06.01 청계천 통수식

06.01 KBS2드라마, '부활'(출연:엄태웅·한지민 등) 첫 방영(~8.18)

06.01 MBC드라마 '내 이름은 김삼순'(출연:김선아·현빈·정려원 등) 방영(~7.21)

06.04 해군 사상 첫 여성 파일럿 탄생

06.05 박찬호(텍사스 레인저스), 메이저리그 통산 100승 달성

06.07 금강산 관광객 1998년 관광 개시 이후 100만명 돌파

06.14 6·15남북공동선언5주년기념, 평양에서 민족통일대축전 개막

06.14 김우중 전 대우그룹 회장, 5년8개월 해외도피 생활 후 귀국

06.19 경기도 연천군 최전방 부대 내무반서 총기난사사건 발생, 8명 사망

06.21 제15차 남북장관급회담(서울) 개최

06.22 전남 진도군 남도석성에서 옛 조선소 발견

06.23 여성부, 여성가족부로 확대 개편 출범

06.25 삼성라이온즈 양준혁, 안타 1,772개로 한국 프로야구 개인 통산 최다 안타

06.26 세계양궁선수권 대회 남녀 대표팀, 개인전과 단체전 전 종목 석권

06.27 경기도 수원시 영통구 망포동에서 '박지성길' 개통식

06.29 경남 거제 동남동쪽 약 54km 해역, 진도 4.0 지진 발생

06.00 GM대우자동차, '스테이츠맨' 출시(~2007.1)

07.01 '주5일 근무제' 시행 확대-300명 이상 사업장과 모든 공공기관

07.01 김종국 '사랑스러워'(작사 윤사라, 작곡 주영훈)·'제자리 걸음' 발표

07.01 SK주식회사, 브라질 유전개발 성공

07.01 제42회 대종상영화제 시상-'말아톤'(감독:정윤철, 세네라) 수상

07.05 강원도 DMZ 155마일 이어달리기 개최

07.07 영국 런던에서 지하철 버스 연쇄 폭탄테러 발생

07.08 영화 '말아톤', 제42회 대종상 최우수 작품상 등 6개 부문 석권

07.09 북한, 6자회담 복귀 선언

546

07.09 현대자동차, 상반기 러시아 판매 외국차량 순위 집계 1위

07.09 KBS2, '위기탈출 넘버원' 첫 방송(~2016.4.11.)

07.09 SBS, '우리 아이가 달라졌어요' 첫 방송(~2015.11.20.)

07.10 SBS, 'SBS 스페셜' 첫 방송

07.12 부산 한진중공업, 해군대형 상륙함(수송함) '독도함' 진수(2002.10.~)

07.17 부패방지위원회, '국가청렴위원회'로 개칭 새 출범

07.19 여성 경제활동인구, 1천만 명 돌파 집계

07.20 제3차 남북장성급군사회담(판문점)

07.21 유전 의혹 사건 특검법

07.26 북한에 제공될 쌀, 육로로 첫 수송

07.26 제4차 6자회담 중국 북경에서 개최

07.27 제주에서 행정 계층 구조 개편을 위한 주민투표 첫 실시

07.30 2005 동아시아연맹축구선수권대회 남북한 경기 개최

08.04 한국-싱가포르, 자유무역협정 서명

08.06 2005 동아시아컵 여자축구대회 한국 우승

08.06 강원민방 최영철 PD, '다시 보는 DMZ', 세계평화영상페스티벌 국민영상공모전 대상 수상

08.07 제1회 서울 로봇 축제(국립서울과학관)

08.07 제1회 울산 태화강 수영대회

08.07 제3회 한국어능력시험에 1만여 명 응시

08.12 조오련 3부자, 울릉도-독도 횡단 성공

08.13 한용운 출가 1백주년 기념, 2005만해축전 행사로 금강산서 세계평화시인대회 개최

08.14 민족통일대축전 북한 측 대표, 국립현충원 참배

08.15 국립고궁박물관 개관

08.15 남북 이산가족 첫 화상 상봉

08.15 북한 대동강호, 남포항 출항해 분단 이후 최초로 제주해협 통과

08.16 프로씨름, 22년 만에 폐지(1983.4.~)

08.18 남북농업협력위원회 제1차회의(개성)

08.19 부산 영락공원서 태평양전쟁희생자 유골 인도식 거행

08.22 인터넷전화서비스 개시

2005

08.22 보아, 'Girls On Top'(작사·작곡 유영진) 발표

08.23 조용필, 평양 류경정주영 체육관에서 '광복60주년기념 조용필 평양공연'

08.24 2004년 출산율 1.16%, 세계 최저 수준 기록

08.24 국제비평가협회, 2005년 최고의 영화로 김기덕 감독의 영화 '빈집' 선정

08.24 KBS2드라마, '장미빛 인생'(출연:최진실·손현주·이태란 등) 첫 방영(~11.10)

08.26 남한 관광객, 개성시범관광

08.26 제10차 남북이산가족, 평양서 상봉

08.26 한일회담 문서 전면 공개

08.29 민족문제연구소, 친일 인사 3,090명 명단 발표

08.30 한국항공우주산업, 초음속고속훈련기(T-50) 양산 1호기 출고

08.31 금강산 이산가족 면회소 착공

08.31 저가항공사 ㈜한성항공, 청주~제주 노선 첫 취항

08.31 한덕수 부총리, 〈8·31부동산종합대책〉 발표

09.01 제16회 아시아육상경기선수권대회 개막(인천문학경기장)

09.05 국립김해박물관, 창녕군 비봉유적지에서 8천 년 전 신석기시대 소나무 배 발견

09.05 MBC시트콤, '안녕, 프란체스카'(출연:심혜진·김수미 등) 첫 방송(~2006.2.27.)

09.05 EBS, '지식채널ⓔ' 첫 방송

09.06 태풍 나비, 6명 사망, 이재민 120여 가구, 재산피해 1,385억 원

09.06 SBS드라마, '무적의 낙하산 요원'(출연:에릭·한지민·신성우 등) 첫 방영(~11.2)

09.08 김진호, 세계장애인수영선수권대회 배영 200m 세계신기록 금메달

09.09 북한 초대형 예술공연 '아리랑', 한국 언론에 공개

09.10 SBS드라마, '하늘이시여'(출연:한혜숙·윤정희·이태곤 등) 첫 방영(~2006.7.2.)

09.11 법장 조계종 총무원장 입적(1941~2005)

09.12 삼성전자, 16기가 낸드플래시 메모리 반도체 개발

09.12 제일은행, 'SC제일은행'으로 상호 변경

09.12 동방신기, 'Rising Sun'(작사·작곡 유영진) 발표

09.13 제16차 남북장관급회담, 평양에서 개최

09.13 제4차 북핵 6자회담 개막(베이징)

09.19 제4차 6자회담, '9·19공동성명' 채택-북한 핵무기 파기, NPT·IAEA 복귀 약속

09.24 MBC드라마, '신돈'(출연:손창민·정보석·서지혜 등) 첫 방영(~2006.5.7.)

09.24 SBS드라마, '프라하의 연인'(출연:전도연·김주혁·김민준 등) 첫 방영(~11.20)

09.26 청계천문화관 개관

09.30 중앙선거관리위원회, 10·26재선거에서 만19세 이상 유권자 최초 투표 발표

09.00 제14대 대법원장 이용훈 임명(~2011.9.)

10.01 남아시아 지진해일로 한국인 9명 사망, 11명 실종

10.01 청계천, 47년 만에 복원, 공식 개방

10.05 미국 전 해군정보국의 로버트 김, 9년 8개월만에 미 법원의 형집행 종료 판결

10.07 인천 차이나타운에서 자장면 탄생 1백주년 기념 자장면 축제 개최

10.07 함남 금호지구 경수로 인력(57명) 완전 철수, 경수로 사업 사실상 종료

10.08 드라마 '겨울연가' 열풍으로 양양~오사카 한류 전세기 첫 취항

10.08 MBC드라마, '결혼합시다'(출연:윤다훈·강성연·배수빈 등) 첫 방영(~2006.4.2.)

10.09 정부, 탈북자 명칭을 '새터민'으로 변경

10.09 정부, 파키스탄 지진피해 긴급구호반 파견

10.10 제8차 세계화상대회(世界華商大會) 개막(서울 코엑스)

10.10 SBS드라마, '들꽃'(출연:이아현·선우재덕·김정학 등) 첫 방영(~2006.2.24.)

10.14 정부, '제주특별자치도 기본계획안' 확정

10.14 제86회 전국체육대회 개최(울산)

10.15 제29회 MBC대학가요제(KAIST)-Ex, '잘 부탁드립니다' 대상 수상

10.17 정부, 고이즈미 일본총리의 야스쿠니 신사 참배에 유감표명, 한일정삼회담 취소

10.18 국제결혼 1세대, 국제결혼 여성대회 한국 개최

10.18 대구지하철 2호선 개통

10.18 한국-루마니아 확대 정상회담(서울) 개최

10.19 강원도 화천군 '평화의 댐' 준공(1986.10.~)

10.19 세계 줄기세포 허브, 서울대 병원 개소

10.19 심대평 충남지사, 중부권 신당 가칭 '국민중심당' 창당 공식선언

10.19 프로야구, 삼성이 두산을 누르고 한국시리즈 우승

10.20 국경 없는 기자회, 167개국 언론 자유지수 발표-한국 34위로 아시아권 1위

10.20 조항조, '만약에'(작사·작곡 김진룡) 발표

10.20 임진왜란 전승비 〈북관대첩비〉, 100년 만에 일본에서 귀환

10.22 임동민·임동혁, 한국인 최초로 제15회 쇼팽콩쿠르 공동 3위 입상

10.26 10·26재선거에서 만19세 이상 유권자 최초 투표

10.26 MBC, '경제매거진 M' 첫 방송(~2018.8.11.)

10.28 국립중앙박물관, 용산으로 이전 재개관, 세계 6대 박물관 규모

10.29 MBC, '쇼 음악중심' 첫 방송

11.01 SBS, '긴급출동 SOS 24' 첫 방송(~2011.4.15.)

11.02 방사성폐기물처분장 선정 위한 주민투표 실시, 경북 경주 확정

11.02 주민투표로 원자력발전소 방사성폐기물 처분장소로 '경주'로 확정(2015.8. 준공)

11.03 국산김치 16개 제품에서 기생충알 검출

11.04 SBS, '있다! 없다?' 첫 방송(~2009.6.12.)

11.05 원로 동양화가 박원수(1914~2005) 사망

11.05 제11차 남북이산가족 상봉

11.05 KBS1, '세계 속으로' 첫 방송

11.06 로버트 김, 10년 만에 귀국

11.06 원로 영화 감독, 최훈(1922~2005) 사망

11.07 한국-벨기에, 확대 정상회담(서울)

11.08 대한장애인체육회 출범

11.08 최준희, 에디슨시에서 한인 최초 미국 직선 시장 당선

11.09 제5차 6자회담 중국 북경에서 개최, 3단계로 추진(~2007.2.13.)

11.10 국내 최대 규모의 '국제게임전시회 지스타(G-Star)' 첫 개최-13개국, 156개사 참가

11.10 기아자동차, '로체' 출시(~2010.4.)

11.11 전라남도 도청, 무안 신청사 개청

11.11 하나금융지주회사 공식 출범

11.12 부산 APEC 정상회의 개막

11.12 손초롱, 최연소 세계여자복싱 챔피언 획득

11.15 쌀협상 국회비준 반대 전국 농민대회(여의도 문화마당)

11.16 제1회 부산불꽃축제 개막

11.22 MBC PD수첩, '황우석 신화의 난자 매매 의혹' 방송-11.24. 황우석 대국민 사과

11.23 국회, 쌀협상 비준안 의결

11.23 2006학년도 수능시험 실시-지원자 593,806명, 응시자 554,345명(93.4%)

11.23 MC THE MAX, '사랑은 아프려고 하는거죠' 발표

11.24 헌법재판소, 행정도시특별법 합헌 결정

11.27 김연아, 국제빙상연맹 주니어그랑프리파이널 우승

11.29 박찬욱 감독의 '친절한 금자씨', 제29회 청룡영화상 작품상 수상

11.00 강릉단오제, 유네스코 인류 구전 및 무형유산 걸작으로 선정

11.00 종합 인터넷 매체, ≪쿠키뉴스≫(국민일보) 창간

12.01 연간 무역규모, 5천억 달러 달성

12.01 영화, '해리포터와 불의 잔'(감독:마이크 뉴웰, 배우:다니엘 래드클리프) 개봉

12.01 진실화해를 위한 과거사 정리위원회 설립

12.04 '웰컴 투 동막골', 제4회 한국영화대상 최우수상 수상

12.04 프로축구, 울산현대가 인천유나이티드를 누르고 K리그 우승

12.09 국회, 사립학교법 개정안 의결

12.13 제17차 남북장관급회담(제주도) 개최

12.13 한·아세안 자유무역협정 기본협정 서명

12.14 영화, '킹콩'(감독:피터 잭슨, 배우:나오미 왓츠, 잭 블랙 등) 개봉

12.19 동남아 주요 3개국 시청자 절반, 한국드라마 시청

12.20 한국 여성 평균 수명 80.8세, 경제협력개발기구 평균 돌파

12.21 16일째 사상 최대 폭설로 호남지역, 특별재난지역 선포

12.29 영화 '왕의 남자'(감독:이준익, 배우:감우성·정진영·강성연·이준기 등) 개봉

12.31 〈종합부동산세법〉 등 관련 법 공포

12.31 한류 영향으로 외국인 관광객 6백만 명 돌파

▨▨▨▨▨▨▨▨▨▨▨▨▨

01.30 [이라크] 첫 자유 총선거

04.02 [바티칸] 교황 요한 바오로 2세(1920~2005) 서거

04.09 [영국] 찰스 왕세자, 카밀라 파커볼스와 재혼

05.25 [국제] 제7차 아세안(ASEAN)+3 NTOs회의 개막

06.01 [페루] 생후 13개월 된 '아기 인어공주(다리가 붙은 채 태어남)' 다리 분리

07.04 [미국] 우주탐사선 딥 임팩트호, 발사체 혜성·템펠 1·과 충돌 실험 성공
07.13 [파키스탄] 열차 3중 충돌-150여 명 사망
07.27 [미국] 우주 왕복선 디스커버리호 발사
08.09 [미국] 우주왕복선 디스커버리호, 14일만에 무사귀환
08.17 [팔레스타인] 가자지구 내 유대인 정착촌 강제철수
08.18 [중국-러시아] 사상 첫 합동군사훈련
08.31 [이라크] 바그다드 순례객, 자사폭탄 테러로 참사
10.19 [이라크] 사담 후세인 전 이라크대통령 재판

2006 병술(丙戌) 단기4339 노무현4
부시/후진타오/고이즈미·아베/푸틴

01.01 대통령 직속, '군의문사진상규명위원회' 설치(~2009.12.)
01.02 한국은행, 신 5천원권 발행
01.02 MBC드라마, '사랑은 아무도 못말려'(출연:홍경민·이영아·최정윤 등) 첫 방송(~6.20)
01.05 플라이 투 더 스카이, '남자답게' 발표
01.07 KBS1드라마, '서울 1945'(출연:한다감·류수영·소유진 등) 첫 방영(~9.10)
01.08 북한, 경수로사업 종료
01.10 한상복, 『배려』(위즈덤하우스) 출판
01.11 MBC드라마, '궁'(출연:주지훈·윤은혜·김정훈·송지효 등) 첫 방송(~3.30)
01.12 ≪사이언스≫ 지, 황우석 교수팀의 2004·2005년 줄기세포 연구논문 취소
01.13 농림부, 미 농무부와 미국산 쇠고기는 살코기만 수입 합의
01.13 전국 중·고교 교장, 경희대 평화의전당에서 '개정 사립학교법' 반대 결의문 채택
01.14 평택미군기지확장저지범국민대책위원회, 팽성주민촛불집회 500일 기념문화제 개최
01.17 국민중심당 창당-공동대표 신대평·신국환
01.20 전남 순천만·보성·벌교 갯벌, 람사르협약 등록
01.20 이수영, 'Grace'(작사 이수영, 작곡 황성제) 발표
01.22 서울가정법원, 이혼숙려기간 1주일에서 3주일로 연장 발표

01.23 뉴라이트교사연합 출범

01.23 통일부, 경의선 도로 출입사무소 가동

01.26 전국공무원노조, 전국민주노동조합총연맹 가입

01.26 정부, 스크린쿼터 146일에서 73일로 축소 발표

01.26 통일부, 동해선 도로 출입사무소 가동

01.29 비디오아티스트 백남준(1932~2006), 미국 자택에서 사망

01.00 GM대우자동차, '토스카' 출시(~2011.2.)

02.03 한·미 FTA 협상 개시 선언

02.04 SBS드라마, '사랑과 야망'(출연:조민기·한고은·이훈 등) 첫 방영(~11.12)

02.09 이효리, 'Get Ya'(작사 메이비, 작곡 김도현) 발표

02.10 제20회 토리노 동계올림픽, 남북한 선수단 동시 입장

02.12 충남도청, 홍성·예산으로 2009년 착공(2013. 입주)

02.15 법정·류시화, 『살아있는 것은 다 행복하라』(조화로운삶) 출판

02.21 3월부터 매월 2주·4주 토요일, 초·중·고등학교 휴무 결정

02.22 '홍도야 우지 마라' 가수 김영춘(1924~2006) 사망

02.22 정진석 서울대교구장, 새 추기경에 임명

02.22 통일부, 02.00 28일부터 봄철용 비료 15만 톤 북한 제공 결정

02.23 남북, 국군포로·납북자 생사확인 합의

02.23 여자 쇼트트랙 3000m 계주 금메달, 올림픽 4연패 달성

02.23 유공자 가족 10% 가산점 위헌

02.23 진선유·안현수, 한국 첫 올림픽 3관왕 달성

02.24 질병관리본부, 국내 AI 인체감염 사례 발표

02.24 한국국방포럼 창립 총회

02.25 조선일보사 전 고문 이규태(1933~2006) 사망

02.26 중앙선거관리위원회, 지방선거 운동기간 인터넷실명제실시 결정

02.28 모든 특1급 호텔에 외국인 전용 카지노 허용

02.28 전남 여수 등 7곳, 지역특구 지정

02.28 현역 ROTC 3부자, 육군서 첫 탄생

03.01 북관대첩비, 북한에 인수

03.02 제3차 남북장성급회담, 판문점에서 개최

03.03 숭례문 100년 만에 개방

03.06 KBS2드라마, '봄의 왈츠'(출연:서도영·한효주·다니엘 헤니 등) 첫 방영(~5.16)

03.07 국무회의, '영화진흥법시행령 개정안' 의결, 스크린쿼터 축소(146일에서 73일)

03.08 일제 강제징용 사망자, 1인당 2천만 원 지원 결정

03.10 김연아, 국제빙상경기연맹 2006세계주니어 피겨스케이팅선수권대회 우승

03.13 MBC드라마, '넌 어느 별에서 왔니'(출연:김래원·정려원·강정호 등) 첫 방영(~5.2)

03.16 대법원, 새만금간척사업 계획 추진 확정

03.16 대전지하철 1호선 1구간 개통

03.16 야국구가대표팀, 야구월드컵 WBC 4강 진출

03.20 제12차 남북이산가족 상봉

03.23 사상 처음으로 외국산 쌀 수입(캘리포니아산 칼로스)

03.26 안산 호수공원 20만 평 개장

03.00 쌍용자동차, '렉스턴 II' 출시-2008.7. '슈퍼 렉스턴'으로 개명

03.00 백지영, '사랑 안해'(작사 차은택, 작곡 박근태) 발표

04.01 KBS2드라마, '소문난 칠공주'(김혜선·이태란·최정원·신지수 등) 첫 방영(~12.31)

04.01 조흥은행, 신한은행에 통합

04.03 경기도영어마을 파주캠프 개장

04.03 기아자동차, '뉴 쏘렌토' 출시(~2009.4.)

04.03 노무현 대통령, 국가원수 처음으로 제주도 4·3희생자 위령제 참석

04.03 SBS드라마, '연애시대'(출연:손혜진·감우성·이하나 등) 첫 방영(~5.23)

04.05 식목일, 법정공휴일에서 제외

04.08 SG워너비, '내 사람'(작사 안영민, 작곡 조영수) 발표

04.11 영화감독·제작자 신상옥(1926~2006) 사망

04.12 담배, 'ESSE 순' 시판

04.15 한·미 FTA 저지 범국민운동본부, 한·미 자유무역협정 저지 제1차 범국민대회

04.20 한명숙, 첫 여성 제37대 국무총리 취임(~2007.3)

04.21 새만금방조제 15년 만에 연결, 세계 최장 33㎞

04.21 제18차 남북장관급회담, 평양에서 개최

04.23 선진화국민회의, 발기인대회 개최

04.25 프로농구, 삼성이 모비스를 누르고 농구대잔치 우승

04.30 가수 비, 미국『타임』지, 2006년 세계에서 가장 영향력 있는 인물 100인에 선정

04.00 현대자동차, '아반떼 HD' 출시(~2010.8.)

05.01 매년 10만 달러, 국제수로기구 개발도상국 수로업무능력 배양기금 제공 양해각서 체결

05.01 MBC, '기분 좋은 날' 첫 방송

05.01 MBC, '생방송 오늘아침' 첫 방송

05.01 MBC, '휴먼다큐 사랑' 첫 방송(~2018.5.21.)

05.02 국회, '재건축 초과이익 환수법'·'주민소환법'·'동북아역사재단설립운영법' 등 의결

05.03 영화, '미션 임파서블 3'(감독:J.J. 에이브람스, 출연:톰 크루즈) 개봉

05.08 KBS2, '화랑전사 마루'(출연:박건우·이현우 등) 첫 방영(~11.17)

05.09 한국, 유엔 인권이사회 선거에서 유엔인권이사회 초대 이사국 당선

05.10 EBS1드라마, '비밀의 교정'(출연:염승현·이도현 등) 첫 방영(~7.27)

05.11 신화, 'Once In A Lifetime'(작사·작곡 Brian Kim) 발표

05.13 '한국의 햄릿'으로 불린 김동원(1916~2006) 사망

05.15 MBC드라마 '주몽'(출연:송일국·한혜진·김승수 등) 방영(~2007.3.6.)

05.16 제4차 남북장성급회담, 판문점에서 개최

05.22 KBS2, '미스터 굿바이'(출연:안재욱·이보영·오윤아 등) 첫 방영(~7.18)

05.22 KBS1드라마, '열아홉 순정'(출연:구혜선·이민우·서지석 등) 첫 방영(~2007.1.12.)

05.25 울릉도선거관리위원회, 선거사상 최초로 독도 부재자 투표 실시

05.26 불법체류자 출국시한 14일에서 90일로 확대, 방문취업제 도입 결정

05.29 LG데이콤, 무선인터넷 전화서비스 Wi-Fi폰 상용화

05.29 헌법재판소, 9급 국가공무원 시험 응시연령, 28세 이하 제한 규정에 합헌 결정

05.30 김우중 전 대우그룹 회장, 징역 10년, 추징금 21조원 선고

05.31 제4차 동시지방선거 실시, 투표율 5.13%, 서울시장 오세훈 당선

05.31 MBC드라마, '어느 멋진 날'(출연:공유·성유리·남궁민 등) 첫 방송(~7.20)

05.00 세계 최초 핸드셋기반 HSUPA서비스 상용화

06.01 '국민건강보험법시행령' 개정에 따라 병·의원 식사에 건강보험 적용

06.05 민간항공사인 제주항공, 제주-김포 노선 첫 취항

06.07 슈퍼주니어, 'U' 발표

06.09 한국 축구대표팀, 제18회 독일 월드컵 대회에 참가

06.09 해군, 최신형 214급 잠수함 '손원일함' 진수식

06.14 남북한 6·15민족통일대축천, 광주광역시에서 개막

06.17 서울고등법원, 도급제 택시기사도 근로자 인정, 산재보상 판결

06.19 제13차 남북이산가족 상봉

06.19 제17대 2기 국회의장 임채정 피선(~2008.5.)

06.28 국립어린이청소년도서관 개관

06.29 친일반민족행위진상규명위원회, 친일·반민족행위 조사대상자 120명 1차 발표

06.30 SK텔레콤, 와이브로 상용서비스 개시

06.00 와이브로 상용서비스 개시

07.01 '주 5일제' 근무, 100명 이상 사업장으로 확대 실시

07.01 제주도, 특별자치도청 개청

07.03 MBC드라마, '얼마나 좋길래'(출연:김지훈·조여정·정찬 등) 첫 방송(~12.29)

07.05 KBS2드라마, '투명인간 최장수'(출연:유오성·채시라·조연우 등) 첫 방영(~9.7)

07.06 영화, '캐리비안의 해적 : 망자의 함'(감독:고어 버빈스키, 배우:조니 뎁) 개봉

07.06 MBC '황금어장'(우리동네 실화극장: 황금어장) 첫 방송(~2011.10.12.)

07.08 SBS드라마, '연개소문'(출연:유동근·이태곤·이효정 등) 첫 방영(~2007.6.17)

07.10 한미자유무역협정 저지 범국민운동본부, 광화문 촛불집회

07.11 제19차 남북장관급회담, 부산에서 개최

07.12 SBS드라마, '돌아와요 순애씨'(출연:심혜진·박진희·윤다훈 등) 첫 방영(~8.31)

07.14 서울대학교, 일본 도쿄대로부터 '조선왕조실록' 오대산본 인수

07.15 주한미군, 15개 주한미군기지 관리권 국방부로 이관

07.17 MBC드라마, '있을 때 잘해'(출연:하희라·김윤석·변우민 등) 첫 방송(~2007.3.9)

07.20 거북이, '비행기'(작사·작곡 터틀맨) 발표

07.21 김효성 중위, 공격형 헬기(AH-1S, 코브라) 여성조종사 탄생

07.21 제43회 대종상영화제 시상-'왕의 남자'(감독:이준익) 수상

07.24 싸이, '연예인' 발표

07.27 영화, '괴물'(감독:봉준호, 배우:송강호·박해일·배두나·변희봉) 개봉

07.28 9번째 인공위성, 아리랑 2호 발사 성공

07.29 MBC드라마, '발칙한 여자들'(출연:유호정·정웅인·임지은 등) 첫 방영(~9.24)

07.31 기욤(윤미연 역), 『구해줘』(밝은세상) 출판

07.00 GM대우, 크로스오버 타입의 SUV, '윈스톰' 출시

08.01 내국인·등록외국인, 출입국 신고서 전면 폐지 시행

08.02 내년도 최저임금을 시간급 3,480원, 8시간 기준 일급 2만7,840원으로 확정 고시

08.03 한국국제기아·질병·문맹퇴치기구, 북한 수해복구 첫 지원

08.06 이은결, 세계마술사연맹(FISM) 월드챔피언십 2006 2관왕

08.18 친일반민족행위자 재산조사위원회 출범

08.19 아이돌 그룹, 빅뱅 데뷔

08.20 서울중앙지방검찰청, 사행성 게임 '바다이야기' 제작사 에이원비즈 대표 구속

08.20 제72차 세계도서관정보대회(IFLA) 코엑스에서 개막

08.22 KT·국방연구소, 통신위성 무궁화 5호 발사 성공

08.28 희망한국국민연대 공식 출범

08.30 015B, '처음만 힘들지'(작사·작곡 정석원) 발표

09.01 한국-유럽연합 간, 자유무역협정 발효

09.09 한·미 자유무역협정 반대 집회, 전국 각지 개최

09.11 행정자치부, 49개 정부기관 단계별 행정중심복합도시 이전계획 확정

09.15 노무현 대통령, 조지 부시 대통령과 정상회담

09.15 KBS1드라마, '대조영'(출연: 최수종·정보석·이덕화 등) 첫 방영(~2007.12.23.)

09.20 MBC드라마, '여우야 뭐하니'(출연:고현정·천정명·조연우 등) 첫 방영(~11.9)

09.23 뉴라이트신노동연합 출범

09.25 〈기부금품모집규제법시행령〉 발효-기부금품 모집, 허가제에서 등록제로 전환

09.25 새 주민등록법 발효

09.26 서울시, 한강르네상스 프로젝트 발표

09.26 서울지방항공청, 첫 여성 관제탑장 임명

09.28 MBC, '불만제로' 첫 방송(~2012.4.18.)

09.29 동방신기, '"O"-正.反.合.' 발표

09.30 제30회 MBC대학가요제(경북대)-JJMP, '21살 이야기' 대상 수상

10.03 서해대교에서 29중 연쇄 추돌 사고, 11명 사망, 54명 부상

10.08 장미란, 세계역도선수권대회 여자 최중량급 금메달 획득

10.09 북한 핵실험 반대 촛불집회 개최

10.09 북한, 함북 화포리에서 핵실험 성공 발표

10.09 이루, '까만 안경'(작사·작곡 윤명선)·'흰 눈' 발표

10.10 성시경, '거리에서'(작사·작곡 윤종신) 발표

10.11 KBS2드라마, '황진이'(출연:하지원·김재원·류태준 등) 첫 방영(~12.28)

10.14 반기문, 제8대 유엔사무총장에 선출

10.14 MBC드라마, '환상의 커플'(출연:오지호·한예슬·김성민 등) 첫 방영(~12.3)

10.17 제87회 전국체육대회 개최(경북)

10.22 전 대통령 최규하(1919~2006) 사망

10.23 유엔 안전보장이사회 산하 대북제재위원회 출범

10.26 프로레슬러 김일(1929~2006) 사망

10.28 서울 잠실에 뮤지컬 전용극장 '샤롯데 씨어터' 개관

10.29 '가정폭력 방지 및 피해자 보호 등에 관한 법령' 개정, 시행 발표

10.29 프로야구, 삼성이 한화를 누르고 한국시리즈 우승

10.30 6·15민족문학인협회, 금강산에서 결성

10.31 북한, 6자회담 복귀 선언

10.00 현대자동차, '베라크루즈' 출시

11.06 MBC, '거침없이 하이킥'(출연:이순재·나문희·박해미 등) 첫 방영(~2007.7.13.)

11.08 아프리카 27개국과 한-아프리카 포럼 개최, '서울선언' 채택

11.09 여성가족부, 이주여성긴급전화 1366센터 개관

11.12 양용은, 유럽프로골프 HSBC 챔피언스 우승

11.13 KBS2드라마, '눈의 여왕'(출연:현빈·성유리·임주환 등) 첫 방영(2007.1.8.)

11.16 2007학년도 수능시험 실시-지원자 588,899명, 응시자 551,884명(93.7%)

11.17 드레스덴 슈타츠카펠레 교향악단, 정명훈 지휘로 내한 공연

11.18 유엔 제3위원회, 한국이 최초로 찬성한 '대북인권결의안' 통과

11.18 SBS드라마, '게임의 여왕'(출연:주진모·이보영·최준용 등) 첫 방영(~2007.1.28.)

11.22 KBS2, '웃음충전소' 첫 방송(~2007.8.29.)

11.24 정부, 한·미 FTA 반대시위 관련, 대국민 담화

11.25 국사편찬위원회, 제1회 한국사능력검정시험 시행

11.25 프로축구, 성남일화가 수원삼성을 누르고 K리그 우승

11.26 KBS2, '미녀들의 수다' 첫 방송(2009.12.21.)

11.30 국회, '기간제 및 단시간 근로자 보호법'·'파견근로자보호법'·'노동위원회법' 의결

11.00 제1회 런던한국영화제 개막

12.01 15회 도하 아시안게임 개막-남북한선수단 동시입장, 한국 2위, 금58·은53·동82

12.04 경복궁 광화문 제모습찾기 선포

12.04 안현수, 2006-2007 국제빙상경기연맹 쇼트트랙 월드컵 3차 대회 2관왕

12.05 수출 3천억 달러 돌파

12.05 이원희, 2006 아시안게임 유도 남자 73kg급 금메달

12.07 루프(Loop)형 터널, 국내 최장 터널, 영동선 솔안터널(16.2㎞) 개통

12.08 경부고속철도 완전 개통(총 길이 423.8㎞)

12.08 박태환, 카다르 도하아시아경기대회 수영 종목 3관왕 달성

12.13 경부고속도로 영동-구미 구간 왕복 6차로 확장 개통

12.13 박수근 '노상', 근현대 미술품 경매 회화 부문 최고가인 10억 4천만 원에 낙찰

12.14 반기문, 유엔 사무총장에 취임-2011.6. 재선, 2016.12. 퇴임

12.14 영화, '미녀는 괴로워'(감독:김용화, 배우:주진모·김아중·성동일 등) 개봉

12.15 봉준호 '괴물', 2006년 청룡영화상 최우수작품상 등 6개 부문 수상

12.17 김연아, 2006-2007국제빙상경기연맹 피겨스케이팅 시니어 그랑프리파이널 우승

12.18 한국은행, 신 10원 동전 발행

12.21 행정도시건설추진위원회, 도시 명칭 '세종시'로 결정

12.22 국회, 자이툰부대 활동기간 1년 연장

12.26 2010년부터 중고교에 역사과목 신설 등, '역사교육강화방안' 발표

12.27 서울시, 세종로 중앙에 광장 건설 발표

12.28 인간 면역 유전자 지닌 '복제돼지' 새끼 출산

12.00 제1회 한국인터넷문학상, 김지훈의 『L함수의 연산법』 수상

▨▨▨▨▨▨▨▨▨▨▨▨

02.10 [이탈리아] 제20회 토리노 동계올림픽 개막-한국 7위, 금6·은3·동2

02.11 [미국] 『조스』 원작자, 피터 벤츨리(1940~2006) 사망

02.17 [필리핀] 남부 레이테 섬 산사태로 1800여 명 사망

02.20 [마닐라] 대통령 궁내 폭발사건 발생

02.26 [국제] 세계인구 65억명 돌파

03.11 [유고] '발칸의 도살자' 전 대통령 밀로셰비치(1941~2006) 옥중 사망

05.20 [중국] 세계 최대의 '삼협댐' 준공-최대저수량: 390억톤, 연평균발전량:847억kWh

12.30 [이라크] 사담 후세인(1937~2006) 교수형

12.31 [인도네시아] 여객선 세노파티호 침몰-460여 명 사망 실종

2007 정해(丁亥) 단기4340 노무현5
부시/후진타오/아베·후쿠다/푸틴

01.03 신웅진, 『바보처럼 공부하고 천재처럼 꿈꿔라』(명진출판사) 출판

01.03 프로야구 도핑테스트, 국내 프로 스포츠 처음 도입

01.04 국내 최고 추정, '한글 금속활자' 발견

01.04 중앙인사위, 2011년까지 4급 이상 여성 공무원 10%로 확대 발표

01.06 KBS2드라마, '행복한 여자'(출연:이지연·최준호·조하영 등) 첫 방영(~7.21)

01.06 MBC드라마, '하얀거탑'(출연:김명민·이선균·차인표 등) 첫 방영(~3.11)

01.07 중국과 영유권 다툼이 벌어진 마라도 서남쪽 이어도를 '파랑도'로 명명

01.14 한·중·일 정상회담, 고위급협의체 구성 합의-유럽연합과 같은 지역 질서 구축

01.15 KBS1드라마, '하늘만큼 땅만큼'(출연:박해진·한효주·이주현 등) 첫 방영(~8.31)

01.17 SBS드라마, '외과의사 봉달희'(출연:이요원·이범수·김민준 등) 첫 방영(~3.15)

01.20 강원 평창군 도암면-진부면 경계 지역, 진도 4.8 지진 발생

01.22 한국은행, 신 1만 원권·1천 원권 발행

01.23 서울중앙지법, 인민혁명당 사건(1975) 관련 사형수 도예종 등 8명에 무죄 선고

01.23 에픽하이, 'Fan'(작사·작곡 타블로) 발표

02.01 서울고등법원, 불법체류자 포함된 외국인 노동자도 노동조합 설립 가능 판결

02.01 영화, '그놈 목소리'(감독:박진표, 배우:설경구·김남주·김영철 등) 개봉

02.01 동방신기, 제2회 시드 어워드서 아시아 최고 인기 가수상 수상

02.05 〈2030인적자원 활용 2+5전략〉 발표-군복무 6개월 단축·실업계고 역할 강화 등

02.05 〈의료법〉 개정안 발표-양·한방 협진 허용-2.11. 의사 2만여 명, 개정안 철회 집회

02.06 김한길·강봉균 등 열린우리당 의원 23명, 집단 탈당-원내 제1당 한나라당 차지

02.07 서울행정법원, KT&G 방송광고 금지 판결

02.08 5차 6자회담(3단계) 개최(북경)-'2·13합의' 채택-북한 핵시설 불능화에 에너지 지원

02.12 행시·외시 120% 뽑아 부처별 면접 후 임용

02.12 아이비, '유혹의 소나타'(작사 휘성, 작곡 박근태) 발표

02.13 2014년 동계올림픽 후보 도시 검증 IOC 실사단 평창 현지 도착-유치 실패

02.13 공군 4세대 주력 전투기 KF-16, 네 번째 추락

02.13 교육부, 시장경제 강조 '교과서 모델' 배포계획 전격 중단

02.13 평택 미군기지 관련 정부·주민 24개 합의, 이전 갈등 종지부-3월 31일까지 이주

02.14 부산에서 최초로 주민이 교육감 직접 선출-투표율 15%로 논란

02.15 국가보훈처, 친일파 후손 40여 명의 토지 270만 평 환수 추진

02.16 탈북 입국자, 1만 명 돌파

02.17 '싸이보그지만 괜찮아'(감독 박찬욱), 제57회 베를린영화제에서 특별상 수상

02.20 '키다리 미스터 김' 가수 이금희(1939~2007) 사망

02.22 첫 여성 전투기 편대장 박지연 대위, '화려한 비행'

02.23 〈교육과정 개편안〉 확정-고조선 건국 과정, 고교 교과서에 공식 편입

02.24 한국-미국, 전시작전통제권 전환 및 한미연합사 해체에 합의-시점 2012.4.

02.26 〈옥외광고물 허가 특별법〉 효력 만료-불법 대형 간판 철거 시작

02.26 일본군 등으로 희생된 한국인 유족 11명, 야스쿠니 신사에 합사 철회·손해배상 소송

02.27 제20차 남북장관급회담(평양) 개최-3.2. 이산가족 상봉·경의선 시험 운행 합의

02.28 노무현 대통령, 당내 갈등 해소 위해 열린우리당 탈당

02.28 KTF, 화상통화 가능한 3세대 화상전화 고속하향패킷접속 서비스 개통

03.01 우리은행 비정규직 근로자 3천여 명, 정규직으로 전환

03.01 아베 일본 총리, 일본군의 '위안부' 강제 동원 증거 자료 부정 발언

03.02 법무부, 〈검사윤리강령〉 시행-검사와 사건 관계인의 사적 접촉 금지

03.02 국방과학연구소, 전차 '흑표(XK-2)' 개발 12년만에 시제품 출고-2014.6. 실전 배치

03.04 대법원, 〈호적예규〉 개정-인명용 한자, 113자 추가 지정

03.05 북미수교 첫 실무회담 개최-김계관(북한 외무성부상)·크리스토퍼 힐(미 국무부 차관보)

03.06 국회, 〈이자제한법〉 의결-사채 이자 연 40%로 제한, 등록 대부업체 적용대상서 제외

03.07 한국여자야구연맹, 세계에서 10번째로 공식 출범

03.07 정부, 전자여권에 검지 손가락 지문 정보 등록 결정

03.10 농민단체, 한미자유무역협정 반대 대규모 집회

03.11 이산가족 화상상봉센터 건립에 40만 달러 지원 결정-2005.8~2007.11. 화상 상봉

03.13 가수 신화, 일본 골든디스트대상에서 베스트 아시아 아티스트상 수상

03.13 한국과학기술원 최양규 교수팀, 8나노미터급 차세대 반도체 소자 개발

03.13 국제원자력기구 사무총장, 핵시설 동결과 폐쇄절차 협의 위해 방북

03.14 영화, '300'(감독:잭 스나이더, 배우:제라드 버틀러·레나 헤디 등) 개봉

03.15 6자회담 경제에너지 실무 그룹회의 개최(북경)

03.17 문화재위원회, 서울특별시청 신청사 건립 조건부 허가

03.19 힐 미 국무부 차관보, 방코델타아시아은행 동결 북한 자금 2,500만 달러 해제 발표

03.22 〈학원법개정안〉 시행-학원의 심야 수업 금지

03.22 서울고등법원, KBS의 방송 수신료와 전기요금 통합 징수의 정당 판결

03.22 전국사립대학총장협의회, 본고사·고교등급제·기여입학제 금지 '3불 정책' 폐지 요구

03.23 최초의 민간철도 '공항철도'(서울역↔인천국제공항) 개통

03.25 박태환, 세계육상선수권대회 남자 자유형 400m 우승

03.26 4월부터 한국 유학 중국 학생의 비자 면제 결정

03.27 농어촌 총각 40%, 베트남·필리핀 등 외국인과 결혼(2006년도 현재)

03.27 남북이산가족, 13개월 만에 화상 상봉

03.28 한미자유무역협정 저지 범국민운동본부, 대규모 촛불집회

03.29 영화감독 임권택, 100번째 출연한 영화 '천년학' 완성

03.31 한국 등 81개국, 장애인 인권 보호를 위한 〈유엔장애인권리협약〉 서명

03.00 HSDPA 전국망 서비스 제공

04.01 보건복지부, 텔레비전 금연 광고 실시

04.02 한미자유무역협정 협상 최종 타결-노무현 대통령 대국민 담화

04.02 국회, 〈주택법 개정안〉 의결-분양 원가 공개·분양가 상한제 등

04.02 SBS드라마, '내 남자의 여자'(출연:김희애·김상중·배종옥 등) 첫 방영(~6.19)

04.03 한덕수, 제38대 국무총리 취임(~2008.2)

04.03 교육인적자원부, 〈대입개선안〉 확정-2010학년도부터 수시 1학기 모집 폐지

04.03 진실화해를위한과거사정리위원회, 6·25전쟁 당시 민간인 집단학살 유해 발굴 시작

04.04 한국·중국, 군사상(해군·공군) 핫라인(직통전화) 설치 합의-2015.12. 핫라인 설치

04.05 1968년 1·21사태 이후 40년 만에 북한산 일원 전면 개방

04.05 대법원, 대학 시간강사를 '근로기준법' 상 근로자로 판결

04.05 동·번지 방식 주소체계, 길이름·건물번호 방식으로 변경 결정-2014.1 전면 시행

04.05 방송위원회, 경인텔레비젼(현 OBS 경인TV) 조건부 허가-2007.12.28. 개국

04.06 서울시교육청, 여교사 70%로 제한 임용계획 발표-'양성평등제' 교원임용고시에 도입

04.06 SG워너비, '아리랑'(작사 안영민, 작곡 조영수) 발표

04.10 8차 남북적십자회담 개최(금강산)-화상상봉 연2차·대면상봉 1차·영상편지교환 등 합의

04.12 대전에 천연기념물센터 개관-전국 각지에 산재한 천연기념물 2017년 현재 564종

04.14 김훈, 『남한산성』(학고재) 출판

04.16 전옥표, 『이기는 습관』(쌤엔파커스) 출판

04.17 대전지하철 전 구간 개통

04.18 남북 간 식량차관 제공에 관한 합의서 채택-10년 거치, 20년 상환, 이자율 연 1%

04.20 주간지 《시사저널》 노동조합, 삼성그룹의 관련 기사 삭제로 100일째 파업

04.21 고속열차 KTX, 2004년 4월 개통 이후 3년 만에 이용 승객 1억 명 돌파

04.22 KBS2, '불후의 명곡' 첫 방송

04.23 광우병 발생으로 중단된 미국산 쇠고기, 3년4개월 만에 수입 재개

04.24 〈기초노령연금법 공포안〉 의결-하위소득 60% 65세 이상·기본연금액 5% 매월 지급

04.24 한화그룹 김승연 회장, 차남 구타한 술집 종업원 보복 폭행

04.25 55개 선거구의 재보궐 선거 실시-무소속 다수 당선

04.26 〈디지털방송활성화특별법〉 확정- 2012.12.31. 이후 지상파 아날로그 방송 송출 중단

04.27 〈겨레말 큰사전 남북공동편찬사업회법〉 제정·공포

04.30 국회, 〈국민의재판참여에 관한 법률〉 의결-2008년부터 배심제 형사재판 실시

04.00 세계 최초 이종망간(TDSCDMA-WCDMA) 영상통화 성공

05.01 분단 후 처음으로 창원종합운동장에서 5·1절 남북 노동자통일대회 개최

05.01 서울지하철 5~8호선, 교통약자배려석 운영 결정-2007.12. 1호선 시범 운행

05.01 프로농구, 현대모비스가 부산KTF를 누르고 농구대잔치 우승

05.01 하이닉스, 차세대 메모리 DDR3 인증 획득

05.01 KBS2, '1대 100' 첫 방송(~2018.12.18.)

05.02 친일반민족행위자재산조사위원회, 처음으로 친일파 9명의 재산 환수 결정

05.03 KBS2, '다큐멘터리 3일' 첫 방송

05.04 KBS1, '소비자 고발' 첫 방송(~2013.4.5.)

05.05 국제범선축제, 여수에서 개막

05.07 중도개혁통합신당 창당(대표 김한길)-6.27. 민주당과 중도통합민주당으로 합당

05.08 제5차 남북장성급회담 개최(판문점)-5.9. 제14차 남북이산가족 상봉

05.12 국내 한정식집 원조, '장원' 여주인 주정순 사망

05.12 한국 화물선 골든로즈호, 중국 해역서 침몰-16명 실종

05.16 SBS드라마, '쩐의 전쟁'(출연:박신양·박진희·김정화 등) 첫 방영(~7.5)

05.17 남북 간 열차 시험운행 실시-경의선 및 동해선

05.17 양파, '사랑 그게 뭔데'(작사 강은경, 작곡 박근태) 발표

05.20 북한 선적의 상업적 정기 화물선 강성호가 분단 후 첫 부산항 입항

05.20 제8차 아시아연대회의 서울에서 개막-일본군 '위안부' 문제

05.22 김영삼, 대통령으로서 국립 5·18민주 묘지 첫 참배

05.23 영화, '캐리비안의 해적:세상의 끝에서'(감독:고어 버빈스키, 배우:조니 뎁 등) 개봉

05.25 해군·현대중공업, 국내 첫 이지스 구축함 세종대왕함 진수

05.27 영화 배우 전도연, 칸영화제에서 '밀양'으로 여우주연상 수상

05.29 삼성 '에버랜드 CB(전환사채)' 항소심도 유죄

05.29 제21차 남북장관급회담(서울) 개최

05.30 MBC, '라디오 스타' 첫 방송

06.02 제1회 서울 비보이 세계대회 개막

06.05 FT아일랜드, '사랑앓이'(작사·작곡 류재현) 발표

06.08 박세리, 아시아 선수로는 처음으로 미국여자프로골프 '명예의 전당' 입성

06.08 제44회 대종상영화제 시상-'가족의 탄생'(감독 김태용) 수상

06.12 국무회의, 〈비정규직법시행령〉 의결(7.1. 시행)-기간제·단시간·파견근로자 보호 법률

06.14 해인사 대장경판 및 제경판·조선왕조 의궤, 유네스코 세계기록유산으로 등재

06.21 산업자원부·한국전력, 개성공단에 평화변전소 준공

06.22 론다 번(김우열 역), 『시크릿』(살림Biz) 출판

06.23 SBS드라마, '황금신부'(출연:이영아·송창의·송종호 등) 첫 방영(~2008.2.3.)

06.26 미 하원 외교위원회, 일본군 '위안부' 강제동원 규탄, 일본총리 공식사과 결의안 채택

06.27 제주 화산섬과 용암동굴, 유네스코 세계자연유산으로 지정

06.28 영화, '트랜스포머'(감독:마이클 베이, 배우:샤이아 라보프) 개봉

06.28 한미 간 전시작전권 단계별 이행계획서 서명

06.28 헌법재판소, 국내 무주소자, 한국 국적 재외국민 선거권 부정, 헌법불합치 결정

06.30 한·미 FTA 추가 협상 최종 타결

07.01 '주 5일제' 근무, 50명 이상 사업장으로 확대

07.01 〈개정 계량법〉 발효-평·돈 등 단위 폐기, 제곱미터·그램 등으로 표기

07.01 〈비정규직보호법〉 시행-외환위기 이후 급증한 비정규직 근로자의 권익 보호

07.01 서울시, 국내 첫 여성재활쉼터 건립

07.02 MBC드라마, '커피프린스 1호점'(출연:공유·윤은혜·이선균 등) 첫 방영(~8.27)

07.03 국회, 〈국민연금법 개정안〉·〈사립학교법 개정안〉·〈로스쿨법안〉 의결

07.04 플라이 투 더 스카이, 'My Angel'(작사 조규만, 작곡 강화성) 발표

07.05 창원종합운동장에서 분단 후 첫 5·1절 남북노동자통일대회 개최

07.06 내금강 관광 개시

07.06 행정자치부, 〈국기에 대한 맹세 수정안〉 발표-7.27. 공포 시행

07.08 한국기독교총연합회·한국기독교교회협의회, 한국교회대부흥100주년기념행사 개최

07.11 동국대, 광주비엔날레 공동예술감독 신정아 교수의 예일대 박사학위 허위 확인

07.12 현대자동차, 'i30' 출시(~2011.10)

07.14 양궁대표팀, 세계양궁선수권대회에서 남녀 단체전 동반 우승

07.16 경북 안동 보광사에서 1007년 목판으로 인쇄한 '보협인다라니경' 발견

07.18 제6차 6자 회담(1단계) 개최-'2·13' 이행의 구체적 방안 등 논의

07.18 MBC드라마, '개와 늑대의 시간'(출연:이준기·정경호·남상미 등) 첫 방영(~9.6)

07.19 유엔 평화유지군 동명부대, 레바논 파병

07.20 분당 샘물교회 신도 23명, 아프가니스탄 탈레반에 납치-8.30. 모든 인질 석방

07.20 연기군·공주시 일대 행정중심복합도시(세종시) 착공

07.21 전국공무원노동조합, 합법노조로 전환 결정

07.24 제6차 남북장성급회담, 판문점에서 개최

07.25 영화, '화려한 휴가'(감독:김지훈, 배우:김상경·안성기·이요원 등) 개봉

07.26 한국영화제작가협회·전국영화산업노동조합·한국영화감독조합, 한국영화산업 대타협 선언

07.27 정보통신위원회, '사이버명예훼손 분쟁조정부' 설치

07.28 KBS2드라마, '며느리 전성시대'(출연:김지훈·이수경 등) 첫 방영(~2008.1.20.)

07.30 대전지방법원, 부녀자 상대로 성폭행·강도를 일삼은 '발바리'에게 무기징역 선고

07.00 르노삼성자동차, 'SM5 뉴 임프레션' 출시-2010.11. 단종

08.01 KBS 지상파, DMB 전국 방송 실시

08.01 영화, '디 워'(감독:심형래) 개봉

08.01 제22회 만해문학상, 김영하의 『빛의 제국』 선정

08.05 KBS2, '1박 2일' 첫 방송

08.14 독립유공자 후손 32명, 한국 국적 취득

08.17 북한 수해복구에 71억원 상당의 구호품 긴급지원 결정

08.17 한국증권선물거래소, 외국기업 최초 상장

08.20 한나라당, 이명박 전 서울시장을 17대 대통령선거 후보로 선출

08.20 대통합민주신당(85석)·열린우리당(58석) 합당-명칭 대통합민주신당(민주신당)

08.27 국내 체류 외국인 1백만 명 돌파

08.27 행정자치부, 동사무소 명칭, 종합복지시설인 '주민센터'로 변경

08.29 담배, 'BOHEM CIGAR NO.1' 출시

08.29 외교통상부, 독도문제·해양경계 전담 부서 신설

09.01 서울시내버스정류소, 금연 구역으로 지정

09.03 KBS1드라마, '미우나 고우나'(출연:김지석·한지혜·조동혁 등) 방영(~2008.5.2.)

09.07 세계장애인대회, 유엔총회의 '장애인 권리협약' 비준-'서울선언문' 채택

09.08 노무현 대통령, 아시아태평양경제협력체(APEC) 회의 참석

09.10 작곡가 고 윤이상 부인 이수자 여사, 40년 만에 모국 방문

09.11 MBC드라마, '태왕사신기'(출연:배용준·문소리·이지아 등) 첫 방영(~12.5)

09.12 원더걸스, 'Tell Me'(작사·작곡 박진영) 발표

566

09.13 세계여성포럼, 서울에서 개막

09.17 친일반민족행위진상규명위원회, 2기 친일반민족행위자 202명 선정

09.17 MBC드라마, '이산'(출연:이서진·한지민·이순재 등) 첫 방영(~2008.6.16.)

09.18 4년제 국공립대학 수업료, 세계 5위

09.18 국방부, 종교적·양심적 이유의 병역 거부자, 대체 복무 추진 결정

09.20 화장(火葬)율 56.2%(2006년 현재)

09.21 교육인적자원부, '로스쿨 시행령' 확정

09.22 제3회 아시아송페스티벌 광주에서 개막

09.26 장미란, 세계역도선수권대회 여자부 75kg 이상급에서 3연패

09.27 6차 6자회담(2단계) 개최-북 핵시설 폐쇄·불능화 이행, 경제에너지 지원 약속-'10·3' 합의

09.28 안동국제춤페스티벌 2007 개막

09.29 SBS드라마, '조강지처 클럽'(출연:김혜선·오현경·김해숙 등) 첫 방영(~2008.10.5)

10.02 제2차 남북정상회담 개최, 노무현 대통령과 김정일 국방위원장

10.04 노무현 대통령·김정일 국방위원장 남북정상회담, '10·4 남북정상선언' 발표

10.06 제31회 MBC대학가요제(단국대)-B2, 'Y' 대상 수상

10.08 제88회 전국체육대회 개최(광주)

10.15 대통합민주신당, 정동영 예비후보를 17대 대통령 선거 후보로 선출

10.15 MBC, '무한걸스' 첫 방송(~2009.11.27.)

10.16 제38회 동인문학상, 은희경의 『아름다움이 나를 멸시한다』 선정

10.17 제15차 남북이산가족 상봉

10.18 영화, '바르게 살자'(감독:라희찬, 배우:정재영·손병호·이영은 등) 개봉

10.20 제1회 김유정문학상, 윤대녕의 『제비를 기르다』 선정

10.21 조계종, 비구니에게 처음으로 명사(明師) 법계

10.22 신미양요 당시 미군에 빼앗긴 '어재연 수자기' 일시적 반환

10.23 삼성전자, 세계 최초 30나노 64기가비트 낸드플래시 메모리 개발

10.24 국가정보원 과거사진실규명을 통한 발전위원회,『종합보고서』발간, 활동 마감

10.24 SS501 4, 'Chance' 발표

10.24 제9회 백석문학상, 김정환의 『드러남과 드러냄』 선정

10.25 20년간 라디오방송을 진행한 이문세·김혜영, 골든 마우스상 수상

2007

10.25 제1회 충무로국제영화제 개막-폐막작, '두 번째 바람'(감독:알랭 코르노)(~11.2)

10.29 김용철 변호사, 삼성그룹 비자금 관리 폭로

10.29 여성가족부, 한 부모 가정(아버지·자녀)을 돕기 위한 복지시설 첫 개소

10.29 프로야구, SK가 두산을 누르고 한국시리즈 우승

10.30 창조한국당(원내대표 이용경) 창당-2012.4.26. 공식 해산

10.30 프로야구단 SK와이번스, 2007 프로야구 한국시리즈 우승

10.30 한강, 『채식주의자』 출판-2016.5. 한국인 최초 맨부커 인터내셔널 상 수상

10.00 GM대우자동차, '젠트라' 출시(~2011.3.)

11.01 소녀시대, 'Kissing You'(작사·작곡 LeeOn)·'소녀시대' 발표

11.03 박태환, 2007 국제수영연맹 경영월드컵에서 3관왕 달성

11.05 빅뱅, '마지막 인사'(작사 G-DRAGON , 작곡 용감한형제) 발표

11.08 무안국제공항 개항

11.11 프로축구, 포항스틸러스가 성남일화를 누르고 K리그 우승

11.15 2008학년도 수능시험 실시-지원자 584,934명. 응시자 550,588명(94.1%)

11.16 한국, 사형제 폐지 유엔인권위원회 표결 기권, 유엔은 사형 중단 결의문 채택

11.18 서울지방검찰청, BBK 주가조작사건의 핵심인물, 김경준 구속-2017.3. 출소

11.20 공지영, 『즐거운 나의 집』(푸른숲) 출판

11.21 판소리 명창 안숙선, 경기민요 명창 김금숙, 국악인생 50년 기념 공연

11.22 하정미 대위, 공군 사상 최초 여성 전투조종사(KF-16) 탄생

11.24 김연아, 2007~2008국제빙상경기연맹 피겨스케이팅 시니어 그랑프리 5차 대회 금메달

11.26 대한농구협회, 한국 농구 100주년 기념행사 개최

11.30 하하, '너는 내 운명'(작사 안영민, 작곡 조영수·박덕상) 발표

11.00 현대자동차, 'nf쏘나타 트랜스폼' 출시-자가용 2009.9. 단종

12.03 정몽준 의원, 이명박 대선 후보 지지 선언 및 한나라당 입당

12.03 FT아일랜드, '너 올 때까지'(작사·작곡 류재현) 발표

12.03 기욤(전미연 역), 『사랑하기 때문에』(밝은세상) 출판

12.04 제1차 남북경제협력공동위원회 개최

12.05 서울중앙지발검찰청, BBK 주가조작 사건과 이명박 대선 후보와 무관 발표

12.05 현대아산, 개성관광 시작-2008.11. 금강산 관광객 박왕자 피살사건 이후 중단

12.07 태안 앞바다서 해상크레인선과 유조선 충돌-원유 1만백 톤, 기름 유출 사고

12.07 이명박 후보, 선거 승패 무관 전 재산 사회헌납 발표-2009.8. 청계재단 설립(330여억 원)

12.07 금강산 이산가족면회사무소 남북사무소 준공

12.10 〈삼성비자금특검법〉 제정-12.1. 김용철 변호사, 삼성비자금 관련 임원명단 검찰 제출

12.11 경의선 남북 열차 정기운행 56년 만에 개시

12.11 기름유출사고 피해지 태안군 등 서해안 6개 시군, 특별재난지역으로 선포

12.12 경기도 하남시, 첫 주민소환 투표 실시, 투표율 미달로 시장 소환 무효

12.12 제7차 남북장성급회담 개최(판문점)

12.12 박지헌, '보고 싶은 날엔'(작사 한상원·임영, 작곡 한상원) 발표

12.12 MBC드라마, '뉴하트'(출연:지성·김민정·조재현 등) 첫 방영(~2008.2.28.)

12.15 국사편찬위원회, 카자흐스탄서 재외동포 대상 1회 해외 한국사능력검정시험 실시

12.16 김연아, 그랑프리 파이널 프리스케이팅에서 1위, 대회 2연패

12.17 호아킴 데 포사다, 『마시멜로 이야기 2-변화의 힘』(한국경제신문사) 출판

12.18 서울시, 동대문운동장 철거 시작

12.19 제17대 대통령에 이명박 당선(48.7%)-정동영 26.1%, 이회창 15.1% 득표

12.19 씨야, '씨야 슬픈 발걸음'(작사 강은경, 작곡 박근태) 발표

12.21 한국수력원자력, 고리원전 1호기, 10년간 더 가동키로 주민들과 합의

12.26 국립국어원, 2007 신조어 삼태백·장미족·대전살이·안습펀드·짝퉁학위·차폐기선거 등 선정

12.28 서울외곽순환고속도로(일산-퇴계원-판교-일산 91.25㎞) 20년 만에 완전 개통

12.28 〈이명박 특검법〉 제정

12.00 르노삼성자동차, 'QM5' 출시(~2011.7.)

▨▨▨▨▨▨▨▨▨▨▨▨▨

01.02 [미국] 제럴드 포드, 전 미국 대통령 국장

02.02 [중국] 해저 7천m 탐사 유인잠수정 세계 최초 개발

02.03 [이라크] 바그다드 시장, 자폭테러 130여명 사망, 300여명 부상

02.15 [미국] 의회 첫 위안부 청문회

02.15 [미국] 새 1달러 동전 발행, 신앙문구(IN GOD WE Trust) 삭제

02.19 [인도] 인도-파키스탄 간 평화협상을 앞두고 열차폭탄테러 발생, 66명 사망

02.20 [국제] 대만·캐나다·미국 마라토너 3명, 6437㎞ 사하라사막 111일 만에 횡단

02.20 [이란] 우라늄농축 강행, 미국 두 번째로 항모 배치

02.23 [영국] 윔블던 테니스대회, 남녀단식 우승 상금, 130년 만에 동급 선언

04.16 [미국] 버지니아공대 한국계 미국인 조승희, 대학 구내 총기 난사로 30명 사망

05.05 [케냐] 케냐항공 소속 737-800기, 카메룬 남부에 추락, 114명 사망

05.06 [프랑스] 대선에서 우파 사르코지 당선

05.15 [미국] 보수 기독교계 인사, 제리 팔웰 목사 사망

05.28 [미국-이란] 27년 만에 공식회담

05.29 [러시아] 미국 MD(미사일 방어시스템) 뚫는 ICBM(대륙간 탄도미사일) 성공

10.01 [루마니아·불가리아] 유럽연합 가입

2008 무자(戊子) 단기4341 이명박1
부시/후진타오/후쿠다·아소/푸틴

01.02 KBS2드라마, '쾌도 홍길동'(출연:강지환·성유리·장근석 등) 첫 방영(~3.26)

01.05 KBS2드라마, '대왕 세종'(출연:김상경·이윤지·김갑수 등) 첫 방영(~11.16)

01.07 경기도 이천 냉동창고 화재로 40여 명 사망 실종

01.08 현대자동차, '제네시스' 출시

01.12 이명박 대통령직 인수위원회, 정부 부처에 언론사 간부 등 성향 조사 지시 논란

01.15 국정원장 기밀 유출 파문

01.15 정호영 특별검사팀, 이명박 당선인 BBK연루 의혹 재수사 착수-2.21. 무혐의 결론

01.16 서울중앙지방법원, 북한 활동의 동조 혐의로 사형된 《민족일보》 조용수, 무죄 선고

01.16 신·구 정권, 정부조직개편안 갈등

01.17 전기·수도료 등 공공요금 상한제 도입

01.17 브라운 아이드 걸스, 'L.O.V.E'(작사 미료·김이나, 작곡 이민수) 발표

01.23 동영상 인터넷 사이트, '유튜브' 한글 사이트 오픈

01.24 노무현 대통령, 6·25전쟁 당시 울산 국민보도연맹 사건에 공식 사과

01.28 국민연금 20주년, 만기 수급자 첫 탄생

01.28 다비치, '슬픈 다짐'(작사 이승호, 작곡 박해운) 발표

01.31 한국, 유럽연합의 자유무역협정 협상, 지적재산권 사실상 타결

01.31 '기초 노령연금' 첫 지급

01.00 기아자동차, '뉴 모닝'(~2011.1.)·'모하비' 출시

01.00 르노삼성, 'SM7 뉴 아트' 출시(~2011.8.)

01.00 쌍용자동차, '체어맨 H' 출시(~2011.5.)

02.01 자유선진당(총재 이회창) 창당 대회

02.02 KBS2드라마, '엄마가뿔났다'(출연:이순재·백일섭·김혜자 등) 첫 방영(~9.29)

02.06 뮤지컬 '라디오스타'·'싱글즈'·'밴디트' 등 공연장에서 인기

02.06 일본 닌텐도사 휴대용 게임기, 한국 내에서 1년 만에 1백만대 판매

02.07 남녀 초혼 연령-남성 30.9세, 여성 27.8세

02.09 SBS드라마, '행복합니다'(출연:이훈·김효진·이종원 등) 첫 방영(~8.31)

02.10 국보 1호 숭례문 방화로 전소-2013.5. 복원 완공, 일반 시민에게 공개

02.11 남북 공동 첫 문학잡지, ≪통일문학≫ 발간-북한에서 인쇄

02.12 자유선진당과 국민중심당 공식 합당

02.14 영화, '추격자'(감독:나홍진, 배우:김윤석·하정우·서영희 등) 개봉

02.17 대통합민주신당·민주당, 통합민주당으로 합당, 공식 출범

02.18 김혜남, 『서른살이 심리학에게 묻다』(갤리온) 출판

02.20 쥬얼리, 'One More Time'(작사 이민우, 작곡 Soncini·Sannie) 발표

02.23 국무회의, 해양수산부 폐지, 통일부·여성부 존치 등 15부 2처 '정부조직법 개정안' 통과

02.25 제17대 대통령 이명박 취임-선진화 원년 선포, 경제 살리기 강조(~2013.2.)

02.25 EBS, '세계테마기행' 첫 방송

02.26 EBS, 'EBS 다큐프라임' 첫 방송

02.26 미국 뉴욕 필하모닉, 첫 평양 공연

02.27 EBS, '극한직업' 첫 방송

02.28 유류세, 한시적 10% 인하

02.29 한승수, 제39대 국무총리 취임(~2009.9.)

03.02 낙동강 페놀 유출 사고-낙동강 원수 취수 중단

03.05 SBS드라마, '온에어'(출연:김하늘·박용하·이범수 등) 첫 방영(~5.15)

03.06 '일제고사' 10년 만에 부활-중 1학년 대상 전국연합진단평가 실시(국·영·수·사회·과학)

03.08 MBC드라마, '내 생애 마지막 스캔들'(출연:최진실·정준호·정웅인 등) 첫 방영(~4.27)

03.12 거미, '미안해요'(작사·작곡 KUSH) 발표

03.13 SS501, '데자뷰'(작사 김희선, 작곡 김태현) 발표

03.16 MBC, '우리 결혼했어요' 첫 방송(~2009.8.9.)

03.21 1인당 국민소득-2만 달러 돌파

03.21 넬, '기억을 걷는 시간'(작사·작곡 김종완 of NELL) 발표

03.24 공지영, 『네가 어떤 삶을 살든 나는 어를 응원할 것이다』(오픈하우스) 출판

03.30 이외수, 『하악하악』(해냄) 출판

04.08 소유스 우주선 TMA-12, 카자흐스탄서 발사, 이소연 국내 첫 우주인 탄생

04.09 제18대 국회의원 총선거 실시-한나랑 153석, 민주당 81석, 자유선진당 18석 등

04.11 〈장애인차별금지법〉 시행

04.17 에픽하이, 'One'(작사 타블로·미쓰라진, 작곡 타블로) 발표

04.17 MC몽, '서커스'(작사 MC몽, 작곡 MC몽·김건우) 발표

04.18 한미쇠고기협상 타결-'뼈·내장포함 30개월 이상, 그외 30개월 미만, 광우병 논란

04.22 삼성 이건희 회장 퇴진

04.24 SG워너비, '라라라'(작사 안영민, 작곡 조영수) 발표

04.25 방위사업청, 차세대 전투기 F-15K 도입 확정-2012년까지 총 60대 도입

04.25 프로농구, 동부프로미가 삼성을 누르고 농구대잔치 우승

04.29 민족문제연구소·친일인명사전편찬위원회, 대상자 4776명 명단 공개

04.30 영화, '아이언맨'(감독:존 파브로, 배우:로버트 다우니 주니어 등) 개봉

05.02 미국산 쇠고기 반대 촛불집회(~8.15)-2,398회, 연인원 93만 2천여 명 참가

05.05 KBS1드라마, '너는 내 운명'(출연:윤아·박재종·공현주 등) 첫 방영(~2009.1.9.)

05.06 SBS, '내 마음의 크레파스' 첫 방송(~2016.2.2.)

05.14 대통령자문기구, 미래기획위원회(전 정책기획위원회) 설치

05.21 SBS드라마, '일지매'(출연:이준기·박시후·한효주 등) 첫 방영(~7.24)

05.22 영화, '인디아나 존스:크리스탈 해골의 왕국'(감독:스필버그, 배우:해리슨 포드) 개봉

05.22 태양, '나만 바라봐'(작사 TEDDY, 작곡 TEDDY·KUSH) 발표

05.25 MBC, '세바퀴' 첫 방송(~2009.3.22.)

05.31 제주시 서쪽 78㎞ 해역, 진도 4.2 지진 발생

06.02 4대강 대운하 사업 중단, 계속되는 갈등

06.03 원더걸스, 'So Hot'(작사·작곡 박진영) 발표

06.05 영화, '쿵푸팬더'(감독:마크 오스본, 존 스티븐슨) 개봉

06.10 미국산 쇠고기 수입 재협상 요구, 촛불 평화 시위

06.10 코맥 매카시(정영목 역), 『로드』(문학동네) 출판

06.11 경기도 전곡항·탄도항에서 '2008경기국제보트쇼' 개최

06.13 40일 초미니 BBK 특검, 무혐의 종결

06.15 SBS, '패밀리가 떴다' 첫 방송(~2010.2.14.)

06.16 제45회 대종상영화제 시상-'추격자'(감독:나홍진) 수상

06.17 한국중부발전 보령화력 7호기 상업 운전 시작, 7천만㎾ 시대 개막

06.19 국토해양부, 한반도 대운하 건설 연구용역 중단

07.01 '주 5일제' 근무, 20명 이상 사업장으로 확대

07.03 1950년 7월 F-51전투기(무스탕) 처음 출격 기념, '조종사의 날' 선포

07.08 쇠고기 원산지 표시 의무화

07.10 제18대 국회 42일 만에 지각 개원-1기 국회의장 김형오 피선(~2010.5.)

07.10 제8차 6자회담 중국 북경에서 개최

07.11 금강산 관광객 총격 피살 사건-남북한 협상 일시 중단

07.11 세계 500대 기업에 한국기업 15개 선정

07.14 이효리, 'U-Go-Girl'·'Hey Mr.Big'(작사 휘성, 작곡 박근태) 발표

07.16 국회, 국군 유엔 레바논 평화유지군 파병 연장 동의안 통과

07.17 제헌절, 국정기념일에서 제외

07.17 영화, '좋은 놈, 나쁜 놈, 이상한 놈'(감독:김지운, 배우:송강호·이병헌·정우성) 개봉

07.22 제23회 만해문학상, 윤영수의 『소설 쓰는 밤』 선정

07.30 각시도 교육감 첫 직선제 선거-7.31. 첫 직선 서울시교육감 공정택 당선

08.01 황석영, 『개밥바라기별』(문학동네) 출판

08.05 부시, 미국 대통령 한국 방문

08.06 영화, '다크 나이트'(감독:크리스토퍼 놀란, 배우:크리스찬 베일 등) 개봉

08.06 애니메이션, '월-E'(감독:앤드류 스탠튼) 개봉

08.08 빅뱅, '하루하루'(작사 G-DRAGON, 작곡 G-DRAGON·Daishi Dance) 발표

08.10 박태환, 한국인 최초, 동양인 72년 만에 남 자유형 금메달(베이징올림픽) 획득

08.11 KBS 정연주 사장 해임-2012.1. 배임죄, 대법원에서 무죄 확정

08.11 주택공사·토지개발공사 통폐합-2009.10. 한국토지주택공사 창설

08.15 대한민국 정부 수립 60주년 기념

08.16 장미란, 베이징올림픽 역도 세계신기록(인상·용상 총 326kg) 달성

08.19 국제중학교 인가-대원중, 대원국제중학교 인가(2020.6. 일반중학교로 전환 발표)

08.21 기아자동차, '포르테' 출시(~2011.3.)

08.23 기상청, 2009년부터 장마 예보 않기로 결정

08.23 야구 국가대표팀, 베이징올림픽에서 쿠바 꺾고 금메달 획득

08.26 MBC드라마, '에덴의 동쪽'(출연:송승헌·연정훈·이다해 등) 첫 방영(~2009.3.10.)

09.01 전자발찌 제도 시행-성폭력 범죄자의 재범 방지 목적

09.05 GM대우, 고급대형차 '베리타스' 출시(~2010.8.)

09.09 공직자 종교 편향 논란

09.10 KBS2드라마, '바람의 나라'(출연:송일국·최정원·정진영 등) 첫 방영(~2009.1.15.)

09.10 MBC드라마, '베토벤 바이러스'(출연:김명민·장근석·이지아 등) 첫 방영(~11.12)

09.19 동방신기, '주문-MIROTIC'(작사 유영진, 작곡 Mikkel Remee Sigvardt) 발표

09.22 기아자동차, '소울' 출시

09.24 SBS드라마, '바람의 화원'(출연:박신양·문근영·류승룡 등) 첫 방영(~12.4)

09.25 한국, 인도 FTA 사실상 타결

09.29 정통 미국형 담배 '블랙잭(BlackJack)' 출시

10.02 탤런트 최진실(1968~2008) 사망

10.04 KBS2드라마, '내 사랑 금지옥엽'(출연:김성수·이태란 등) 첫 방영(~2009.4.5.)

10.04 제32회 MBC대학가요제(전북대)-파티캣츠, 'No turning back' 대상 수상

10.10 제89회 전국체육대회 개최(전남)

10.11 미국, 북한에 식량 50만 톤 지원 및 테러지원국 해제

10.13 현대자동차, '제네시스 쿠페' 출시-2016.5. 단종

10.20 경남 창원 물새 서식지 람사르 생태공원 개장-10.28. 총회 개최

10.22 김종국, '어제보다 오늘 더'(작사 윤사라, 작곡 김도훈·이상호) 발표

10.23 제10회 백석문학상, 김해자의 『축제』 수상

10.31 프로야구, SK가 두산을 누르고 한국시리즈 우승

11.03 SBS드라마, '아내의 유혹'(출연:장서희·변우민·김서형 등) 첫 방영(~2009.5.1.)

11.05 신경숙, 『엄마를 부탁해』(창작과비평사) 출판

11.05 빅뱅, '붉은 노을'(작사·작곡 이영훈) 발표

11.05 승리, 'Strong Baby' 발표

11.08 러시아 핵잠수함, 태평양 해상훈련 중 동해상에서 사고-20명 사망, 21명 부상

11.11 억대 '인터넷 도박' 130여 명 적발

11.12 국제해양재판관 박춘호(1930~2008) 사망

11.12 전남 신안에 국내 최대 태양광 발전소(24㎿급) 준공(2005.2.~)

11.13 2009학년도 대학수능시험 실시-지원자 588,839명, 응시자 559,475명(95%)

11.13 종합부동산세, '세대별 합산부과' 위헌

11.13 백지영, '총 맞은 것처럼'(작사·작곡 방시혁) 발표

11.19 행남자기 창업주 김준형(1914~200) 사망

11.20 4조 원대 사상 최대 '다단계 사기' 적발

11.23 22명 취침 중 비무장비대 GP 내무반에서 수류탄 폭발 사고-병사 5명, 중경상

11.23 원로 안무가 배명균(1927~2008) 사망

11.25 세계 4번째로 고속열차 기술국 반열 등극

11.28 서울지방법원, '존엄사 인정', 국내 첫 판결-식물인간 상태의 환자 호흡기 제거

11.28 남북관계 악화로 경의선 문산↔봉동 화물열차 운행 중단

11.00 GM대우, '라세티 프리미어' 출시(~2011.3.)

12.02 '한국 중문학 태두', 차주환(1920~2008) 서울대 명예교수 사망

12.03 영화, '과속스캔들'(감독:강형철, 배우:차태현·박보영·왕석현) 개봉

12.04 세종증권 매각 비리, 노건평 구속-2010.8. 대통령특별사면 석방

12.07 프로축구, 수원삼성이 FC서울을 누르고 K리그 우승

12.14 '1조원대 피해' 12개 다단계업체 적발

12.17 해군 신형 고속정, 유도탄고속함 '윤영하함'(PKG 711) 취역

12.17 애니메이션, '벼랑 위의 포뇨'(감독:미야자키 하야오) 개봉

12.18 한미 FTA(자유무역협정), 비준동의안 일방 상정

12.19 위장 귀순 이중간첩 이수근, 무죄 판결

12.19 제39회 동인문학상, 조경란의 『풍선을 샀어』 수상

12.22 국내 최초 이지스함, '세종대왕함'(DDG-991) 취역

12.23 창덕궁에서 왕의 우물 발견

12.29 4대강 살리기 사업 착공(~2011.10.)

12.30 LG디스플레이, 세계 최초 480㎐ LCD 패널 개발

▨▨▨▨▨▨▨▨▨▨▨▨

08.08 [국제] 제29회 베이징올림픽 개막-한국 7위, 금13·은10·동8

11.05 [미국] 『쥐라기 공원』 작가 마이클 크라이튼(1942~2008) 사망

11.15 [미국] 제1회 G20 정상회의, 미국 워싱턴 DC서 개최

11.16 [미국] 캘리포니아 곳곳서 큰 산불, LA 비상사태 선포

11.26 [인도] 뭄바이 연쇄 테러로 최소 172명 사망, 239명 부상

12.06 [그리스] 경찰관이 15세 소년 사살에 항의, 전국적인 폭동 발생

12.08 [미국] 거대 미디어그룹 트리뷴, 파산보호 신청

12.10 [짐바브웨] 콜레라 창궐, 1600여 명 사망

12.16 [스리랑카] 정부군 반군과 교전 120명 사살

12.20 [미국] 마틴 루터 킹 목사와 함께 1960년대 흑인 인권운동을 이끈 베벨목사 사망

12.27 [이스라엘] 가자지구 하마스 근거지 공습

12.29 [미국] GM·크라이슬러 구제금융 집행

2009 기축(己丑) 단기4342 이명박2
부시·오바마/후진타오/아소·하토야마/푸틴

01.05 KBS2드라마, '꽃보다 남자'(출연:구혜선·이민호·김현중 등) 첫 방영(~3.31)

01.05 소녀시대, 'Gee'(작사·작곡 이트라이브) 발표

01.10 고경호, 『4개의 통장』(다산북스) 출판

01.11 '진짜진짜' 시리즈 영화 감독 문여송(1932~2009) 사망

01.11 현대 '제네시스', 북미 올해의 차에 선정

01.14 부산 노래방 화재-8명 사망, 중상 1명

01.16 서울 고등법원, 부부 강간죄 첫 인정 판결

01.20 서울 용산에서 철거민들과 경찰과 대치-6명 사망, 17명 부상

01.27 경기 서남부 일대 부녀자 10명 연쇄살인 사건, 범인 강호순 검거

01.30 북한, 남북 기본합의서 NLL조항 폐기

02.05 국내 연구진, 세계 최초 '두개의 태양' 확인

02.05 쌍용자동차, 법정 관리 체제

02.06 소말리아에 '문무대왕함' 파병 결정

02.07 김연아, 4대륙 선수권 대회 우승

02.09 경남 창녕군 화왕산 정상 억새태우기 행사-4명 사망, 60명 부상

02.11 공지영, 『내가 어떤 삶을 살든 나는 너를 응원한다』(오픈하우수) 출판

02.13 국내 최장, 금정터널(부산) 관통식 정전 사고-20,323m의 철도 터널

02.15 판교 신도시 터파기 공사장 붕괴-3명 사망 8명 중상

02.16 김수환(1922~2009) 추기경, 87세 일기로 선종

02.17 서울 양천구 공무원, 장애인 수당 26억 횡령 적발

02.17 종암동 개운산 스포츠센터 보일러 폭발-2명 사망, 8명 부상

02.21 SBS, '스타주니어쇼 붕어빵' 첫 방송(~2015.4.26.)

02.24 멜라민 검출, 국내 12개 음료·과자 등 유통·판매금지, 회수 명령

02.27 다비치, '8282'(작사 강은경, 작곡 김도훈) 발표

02.28 서울 양천경찰서, 제과점 여주인 납치사건 피의자 정승희 검거

03.02 김용, 아이비리그 최초의 아시안계 총장에 임명

03.03 국회, 〈출자총액제한제〉 폐지-기업의 규제 완화 목적

03.08 서울대 명예교수(한국사) 변태섭(1925~2009) 사망

03.08 신지애, LPGA 시즌 첫 우승

03.08 이호석, 쇼트트랙 세계선수권 종합 우승

03.09 양용은, 미국 PGA 첫 우승

03.11 현대자동차, '에쿠스 VI' 출시(~2015.12)

03.12 슈퍼주니어, 'Sorry, Sorry' 발표

03.16 MBC드라마, '내조의 여왕'(출연:김남주·오지호·이혜영 등) 첫 방영(~5.19)

03.17 북한, 미국 여기자 2명(미국 국적 한국계 유나 리·중국계 로라 링) 억류-8.5. 귀국

03.17 송도호텔 공사장서 화재-3천만 원 피해

03.24 한국 야구 국가대표팀, 제2회 WBC 대회 준우승

03.24 손담비, '토요일 밤에'(작사·작곡 용감한 형제) 발표

03.25 이미자, 가수 최초로 은관문화훈장 수상

03.29 김연아, 최초 200점 돌파하며 세계선수권 정상

03.29 MBC, '남자의 자격' 첫 방송(~2013.4.7.)

03.31 '황성옛터'의 가수, 이애리수(1910~2009) 사망

04.01 베이비파우더에서 석면 검출

04.05 북한, 광명성 2호 인공위성 발사 실패

04.07 노무현 전 대통령, 박연차 게이트 관련 대국민 사과문

04.11 KBS2드라마, '솔약국집 아들들'(출연:손현주·박선영·이필모 등) 첫 방영(~10.11)

04.16 북한, 국제원자력기구(IAEA) 검증팀 추방

04.16 2PM, 'Again & Again'(작사·작곡 박진영) 발표

04.16 청해부대, 소말리아서 첫 선박호송 임무 수행

04.17 '천식 치료제' 들어간 중국산 육수 91톤, 시중 유통

04.22 첼리스트 정명화, 예술의전당 콘서트홀에서 국제무대 데뷔 40주년 독주회

04.22 한·미 FTA 비준안, 외교통상위원회 통과

04.24 MBC, '유희열의 스케치북' 첫 방송

04.25 SBS드라마, '찬란한 유산'(출연:한효주·이승기·문채원 등) 첫 방영(~7.26)

04.25 KBS2, '천하무적 야구단' 첫 방송(~2010.12.25.)

04.30 검찰, 노무현 전 대통령 소환 조사

05.01 프로농구, 전주KCC가 서울 삼성을 누르고 농구대잔치 우승

05.02 경북 안동시 서남서쪽 2㎞ 지역, 진도 4.0 지진 발생

05.03 아시아 공동기금 출범, 한국 192억 달러 부담

05.06 산악인 오은선, 히말라야 칸첸중가봉(8598m) 무산소 등정 성공

05.06 2NE1, 'Fire'(작사·작곡 TEDDY) 발표

05.12 장영희, 『살아온 기적 살아갈 기적』(샘터사) 출판

05.14 국내 첫 조류발전소 준공-진도 울돌목 설치

05.14 한국 경제규모 및 국민소득 세계 14위

05.18 'C40 기후정상회의'(서울) 개최

05.18 샤이니, 'Juliette' 발표

05.21 대법원, 존엄사 인정 선고-2008.11. 서울지방법원 판결 최종심

05.23 노무현(1946~2009) 전 대통령 사망-5.29 국민장 거행

05.25 MBC드라마, '선덕여왕'(출연:이요원·고현정·박예진 등) 첫 방영(~12.22)

05.25 북한, 제2차 핵실험 성공

05.26 정부, 대량살상무기 확산방지구상(PSI) 전면 참여 발표

06.03 개성이 강한 원로배우 도금봉(1930~2009) 사망

06.05 명동예술극장 개관

06.07 한국, 월드컵 7회 연속 본선 진출 확정

06.08 〈4대강 살리기 기본 계획〉 확정

06.11 전남 고흥에 나로우주센터 준공

06.11 한진중공업, 한국 첫 쇄빙선 '아라온호' 진수

06.14 한국, 제1회 동아시아 남자농구선수권대회 우승

06.17 한미동맹, 포괄·전략적 동맹으로 격상

06.19 SBS, '스타부부쇼 자기야' 첫 방송(~2018.9.29.)

06.22 대잠수함 어뢰, '홍상어' 개발

06.22 소녀시대, '소원을 말해봐' 발표

06.23 한국은행, 5만 원권 발행-신사임당 도안

06.27 조선시대 왕릉 40기, 유네스코 세계문화유산으로 등재

06.28 한국 리얼리즘 영화의 거장, 유현목(1925~2009) 감독 사망

06.28 경북 고령서 규모 3.0 지진 발생

07.01 〈비정규직보호법〉 5인 이상 사업장에 시행 확대

07.08 현대자동차, '아반떼 LPi' 하이브리드 출시-국내 첫 하이브리드카 출시

07.08 2NE1, 'I Don't care'(작사·작곡 TEDDY) 발표

07.14 원로 국어학자, 서정범(1926~2009) 교수 사망

07.15 서울-춘천 간 고속도로 개통

07.20 최석우(1922~2009) 몬시뇰 선종

07.22 영화, '해운대'(감독:윤제균, 배우:설경구·하지원·박중훈·엄정화 등) 개봉

07.24 서울도시철도 9호선 1단계(25개 역) 개통

07.25 의정부경전철 철근구조물 붕괴-5명 사망, 8명 부상

07.27 제24회 만해문학상, 공선옥의 『나는 죽지 않겠다』, 『명랑한 밤길』 수상

07.30 영화, ‘국가대표’(감독:김용화, 배우:하정우·성동일·김지석 등) 개봉

07.30 오징어 채낚기기 어선 ‘연안호’ 고장, 북한 장전항에 예인-8.30. 귀환

07.31 『동의보감』, 유네스코 세계기록유산으로 등재

07.31 한국형 첫 기동헬기, ‘수리온’ 출고식

08.01 광화문 광장 개장

08.04 ‘아시아의 물개’ 조오련(1952~2009), 심장마비로 사망

08.04 빌 클린턴, 미국 전 대통령 방북-8.5. 억류 기자 2명과 함께 귀환

08.06 인도네시아 부톤 섬, 토속어 ‘찌아찌아어’ 표기문자 한글 도입

08.07 인천세계도시축전 개최

08.11 인천 송도국제도시, ‘세계환경포럼’ 개막

08.11 한국 방송작가의 대부, 한운사(1923~2009) 사망

08.18 김대중(1924~2009) 전 대통령 서거

08.18 G-Dragon, ‘Heartbreaker’(작사·작곡 G-DRAGON) 발표

08.19 GM대우, ‘쉐보레 스파크’ 출시

08.25 최진실 유골함 절도 용의자, 사건 발생 20여 일 만에 검거

08.25 국산 첫 발사체 나로호 인공위성 발사 실패

08.26 남북적십자회담 재개

09.00 현대자동차, ‘YF 소나타’ 출시(~2012.7)

09.01 GM대우, ‘마티즈 크리에이티브’ 출시(~2011.3)

09.02 신라 문무대왕비 상단부 발견

09.03 김태우, ‘사랑비’(작사 김태우, 작곡 이현승) 발표

09.04 전 중앙일보 화백 김상택(1954~2009) 사망

09.07 경북 군위에서 세계 최대 익룡 발자국 발견

09.07 MBC, ‘지붕뚫고 하이킥’(출연:이순재·김자옥·장보석 등) 첫 방영(~2010.3.19.)

09.15 국회, 〈레바논 파병연장 동의안〉 가결

09.16 제16차 남북이산가족 상봉

580

09.17 이승기, '우리 헤어지자'(작사·작곡 김도훈) 발표

09.18 현대중공업, 국내 첫 하이브리드 선박 건조

09.25 제33회 MBC대학가요제(인천대)-이대 나온 여자, '군계무학' 대상 수상

09.29 정운찬, 제40대 국무총리 취임(~2010.8)

09.30 강강술래·남사당 놀이·영산재·제주칠머리당영등 굿·처용무, 유네스코 세계무형유산 지정

10.04 미국 메이저리그 야구선수 추신수, 20-20클럽 가입

10.04 진주검무 보유자 성계옥(1927~2009) 사망

10.06 롯데칠성, 두산 주류 사업 부문 5,030억 원에 인수

10.06 박지성, '아시아판 발롱도르' UAE 슈퍼어워즈 선정

10.06 SBS, '강심장' 첫 방송(~2013.2.12)

10.07 인터넷 논객 미네르바 체포, 인터넷에 허위 사실 유포 혐의

10.09 쌍용자동차 법정관리 신청

10.12 경남 남해서 세계 최소 공룡 발자국 발견

10.12 SBS드라마, '천사의 유혹'(출연:이소연·진태현·홍수현 등) 첫 방영(~12.22)

10.14 KBS2드라마, '아이리스'(출연:이병헌·김태희·정준호 등) 첫 방영(~12.17)

10.14 샤이니, 'Ring Ding Dong'(작사·작곡 유영진) 발표

10.15 한비야, 『그건 사랑이었네』(푸른숲) 출판

10.17 KBS2드라마, '수상한 삼형제'(출연:안내상·오대규 등) 첫 방영(~2010.6.13.)

10.19 영종도와 송도국제도시를 연결하는 인천대교(총 연장 21.3㎞) 개통

10.20 제90회 전국체육대회 개최(대전)

10.24 프로야구, 기아가 SK를 누르고 12년 만에 한국시리즈 우승

10.26 민간인 강동림, 동부전선 3중 철책선 절단 후 월북

10.28 진종오, 한국 최초 사격 월드컵파이널 2관왕

10.29 차명계좌를 재산신고에서 누락한 공정택, 서울시 첫 민선 교육감 당선 무효

10.31 전 중앙정보부장 이후락(1924~2009) 사망

11.06 국회, 한국-인도 CEPA 비준안 처리

11.06 제11회 백석문학상, 안도현의 『간절하게 참절 없이』 선정

11.06 제46회 대종상영화제 시상-'신기전'(감독:김유진) 수상

11.08 민족문제연구소, 『친일인명사전』 발간

11.10 북한 NLL 침범, 서해에서 2분간 교전

11.10 2PM, 'Heartbeat'(작사·작곡 박진영) 발표

11.12 2010학년도 수능시험 실시-지원자 677,834명, 응시자 638,216명(94.2%)

11.13 국내 신종플루 환자 급증-2009~2010년 75만9678명 확진, 270명 사망

11.13 국민연금, 영국 HSBC 건물 매입

11.14 부산 실탄사격장 화재, 일본인 등 10명 사망

11.15 바둑 현대화 공로자 이학진 사망

11.16 미셸 위, LPGA 프로데뷔 첫 우승

11.16 국민소득, 4년 전 1만 7천 달러로 추락

11.18 담배, 'ESSE EDGE' 1mg 출시

11.19 제40회 동인문학상, 김경욱의 『위험한 독서』 선정

11.24 기아자동차, 'K7' 출시-2019.6. 단종, 'K8' 출시

11.25 한국, 개발원조위원회 가입

11.25 애프터스쿨, '너 때문에'(작사·작곡 용감한 형제) 발표

11.25 헌법재판소, 혼인빙자간음죄 위헌 판결

11.27 티아라, 'Bo Peep Bo Peep'(작사·작곡 신사동 호랭이·최규성) 발표

11.28 장미란, 세계역도선수권 4연패

11.30 친일반민족행위진상규명위원회 해산-친일인사 1,005명 확정

12.01 214급 잠수함, '안중근함' 취역

12.01 북한, 화폐 개혁 단행

12.03 포천 국방과학연구소 폭발, 1명 사망, 5명 중경상

12.06 프로축구, 전북현대가 성남일화를 누르고 K리그 우승

12.08 국토해양위원회, 4대강 살리기 사업 원안대로 의결

12.17 영화, 3D '아바타'(감독:제임스 카메론) 개봉

12.17 코펜하겐 기후변화 협약 당사국 총회, 이명박 대통령 기조연설

12.23 영화, '전우치'(감독:최동훈, 배우:강동원·김윤석·임수정) 개봉

12.27 한국, 사상 최대 47조 규모의 UAE 원전 수주

12.30 금호 그룹, 워크아웃 발표

02.27 케이트 디카밀로, 『에드워드 툴레인의 신기한 여행』(비룡소) 출판

582

▨▨▨▨▨▨▨▨▨▨▨▨▨▨

01.20 [미국] 버락 오바마, 제44대 대통령 취임

02.07 [호주] 사상 최악의 '산불'

02.11 [세계] 인공위성 사상 첫 충돌

02.22 [인도] 영화 '슬럼독 밀리어네어' 제81회 아카데미 8개 부문 석권

02.25 [터키] 여객기, 불시착 60여명 사상

03.03 [수단] 세계 최대 규모 '나일 댐' 준공

03.11 [독일] 학교총기참사, 16명 사망

03.15 [예멘], 폭발물 테러, 한국인 4명 사망

03.23 [미국] 페덱스 화물기, 일본 나리타공항 착륙 실패

04.02 [국제] 제2차 G20 정상회의, 영국 런던서 개최

04.08 [소말리아] 해적, 미국 선원 20명 탄 선박 납치

04.11 [태국] 반정부시위로 아세안+3 정상회의 취소

04.16 [러시아] 러시아의 한국학 개척자 미하일 박 교수 사망

05.11 [일본] 오자와 이치로, 일본 민주당 대표 사퇴

05.14 [미얀마] 아웅산 수치 여사 투옥

05.28 [온두라스] 규모 7.1 지진, 6명 사망, 40여 명 부상

05.29 [독일] 여성혁명가 로자 룩셈부르크 시신, 90년 만에 병원에서 발견

06.01 [프랑스] 에어프랑스 여객기, 대서양서 실종

06.05 [중국] 충칭 우룽현 광산지대에서 산사태, 87명 실종

06.08 [일본] 시각장애 피아니스트 쓰지 노부유키, 반 클라이번 국제 콩쿠르 공동 우승

06.25 [미국] '미녀 삼총사' 파라 포셋(1947~2009) 사망

06.25 [미국] 마이클 잭슨(1958~2009), 심장마비 사망

06.29 [중국] 열차 정면 충돌사고, 63명 사상

06.30 [미국] 미군, 이라크 주요도시 철수 완료

07.01 [러시아] 전설적인 국민가수 류드밀라 지키나 사망

07.02 [중국] 영화 'M. 버터플라이' 실존인물 경극 배우 스페이푸 사망

07.05 [중국] 신장 위구르자치구 수도 우루무치 유혈사태

07.15 [이란] 여객기 추락, 168명

2009

07.17 [미국] 전설적인 앵커 월터 크롱카이트(1916~2009) 사망

07.19 [독일] 아우토반 259중 추돌사고

07.23 [독일] 폴크스바겐, 포르쉐 인수

07.30 [인도] 마지막 왕비 갸야트리 데비(1919~2009) 사망

08.01 [팔리핀] 코라손 아키노(1933~2009) 전 대통령 사망

08.07 [대만-중국] 태풍 '모라꼿'에 대형 참사

08.17 [자메이카] 세계육상선수권, 우사인 볼트 남자 100m 세계신기록(09.58초)

08.18 [미국] 명칼럼니스트 로버트 노박(1931~2009) 사망

08.21 [국제] 세계육상선수권, 우사인 볼트 남자 200m 세계신기록으로 우승

08.21 [그리스] 산불 비상사태

08.26 [미국] LA 산불 확산

09.11 [일본] 『짱구는 못말려』 작가 우스이 요시토(1958~2009) 실족사

09.14 [미국] '사랑과 영혼'의 배우 패트릭 스웨이지(1952~2009) 사망

09.16 [일본] 하토야마 유키오, 일본 신임 총리 취임

09.24 [국제] 제3차 G20 정상회의, 미국 피츠버그서 개최

10.08 [이스라엘-레바논] 국경서 포격전

10.08 [프랑스] 제과업계 대부, 가스통 르노트르 사망

10.10 [터키-아르메니아] 100년 앙숙 양국 국교 수립

10.13 [중국] 최후의 '건국 장성' 뤼정차오(1905~2009) 사망

10.23 [중국] 차스닥 개장

10.23 [파키스탄] 폭탄테러 발생, 7명 사망

10.26 [이라크] 2010년 총선을 앞두고 정부청사 테러, 150명 사상자 발생

10.31 [중국] '중국 우주개발의 아버지' 첸쉐썬(1911~2009) 박사 사망

11.01 [벨기에] 인류학자 클로드 레비 스트로스(1908~2009) 사망

11.19 [국제] 첫 EU 대통령 선출, 반 롬푸이 벨기에 총리

11.20 [사이판] 관광지에서 총기난사 사건 발생, 5명 사망, 9명 중경상

11.25 [필리핀] 2010년 5월 선거 앞두고 후보자 일행, 기자 46명 사망, 남부에 비상사태 선포

11.28 [러시아] 테러로 열차 탈선, 44명 사망, 102명 부상

12.03 [미국] 케이블TV 컴캐스트, NBC 인수

12.08 [이라크] 바그다드서 연쇄폭탄테러 발생, 127명 사망, 448명 부상

12.13 [미국]『경제분석의 기초』저술한 경제학자 폴 새뮤얼슨(1915~2009) 사망

12.13 [이탈리아] 실비오 베를루스코니 총리 피습

12.16 [멕시코] '마약왕' 아르투로 벨트란 레이바 사살

12.18 [영-불] 해저터널에 고속열차 유로스타 4편 고립

12.20 [미국] 여배우 브리트니 머피(1977~2009), 약물중독과 폐렴 등으로 사망

12.27 [중국] 삼국시대 조조의 무덤 발견

2010 경인(庚寅) 단기4343 이명박3
오바마/후진타오/하토야마·칸/푸틴

01.01 만 20세 이상 성년자의 경우, 실명인증 후 '성폭력 범죄자'의 신상정보 인터넷에 공개

01.04 KBS2드라마, '공부의 신'(출연:김수로·배두나·오윤아 등) 첫 방영(~2.23)

01.04 MBC드라마, '파스타'(출연:공효진·이선균·이하늬 등) 첫 방영(~3.9)

01.04 서울·중부지방, 기상관측 이래 최대 폭설 기록-서울 25.8㎝·인천 22.3㎝

01.06 KBS2드라마, '추노'(출연:장혁·오지호·이다해 등) 첫 방영(~3.25)

01.14 씨엔블루, '외톨이야'(작사 한성호, 작곡 김도훈) 발표

01.21 2AM, '죽어도 못 보내'(작사·작곡 방시혁) 발표

01.28 영화, '하모니'(감독:강대규, 배우:김윤진·나문희·강예원 등) 개봉

01.28 소녀시대, 'Oh!'(작사 김정배, 작곡 Kenzie) 발표

01.29 정부, 새만금 종합실천 계획 확정 발표

01.00 르노삼성자동차, '뉴 SM5' 출시-2019.11. 단종

02.04 영화, '의형제'(감독:장훈, 배우:송강호·강동원·전국환 등) 개봉

02.06 전 국무총리 이영덕(1926~2010) 사망

02.10 축구 국가대표팀(감독 허정무), 중국에 0:3 참패-32년 동안의 공한증 종막

02.18 서울 지하철 3호선, 수서역에서 오금역까지 연장 개통

02.23 코미디언 배삼룡(1926~2010) 사망

02.23 티아라, '너 때문에 미쳐'(작사 휘성, 작곡 조영수) 발표

02.25 헌법재판소, 5:4로 사형 제도 합헌 결정

02.26 김연아, 밴쿠버동계올림픽 피겨스케이팅 여자 싱글 부분 금메달 획득

02.27 문학평론가 장백일(1933~2010) 사망

03.02 전국 초·중·고 교원 대상 교원평가제 시행-전국 초·중·고 교사, 교감, 교장 대상

03.05 천문학자 조경철(1929~2010) 사망

03.06 부산에서 실종된 여중생, 실종 11일 만에 숨진 채 발견-3.10. 범인 김길태 체포

03.08 한미연합 2010년 키 리졸브·독수리(KR/FE·Key Resolve/Foal Eagle) 연습 시행

03.11 무소유의 법정(1932~2010) 스님 입적

03.18 글로벌 모바일 인스턴트 메신저, 카카오톡(KakaoTalk) 서비스 시작

03.22 MBC드라마, '동이'(출연:한효주·지진희·이소연 등) 첫 방영(~10.12)

03.22 소녀시대, 'Run Devil Run' 발표

03.26 백령도 부근 해상에서 해군 2함대 소속 천안함 침몰-4.15. 함미, 4.24. 함수 인양

03.31 KBS2드라마, '신데렐라 언니'(출연:문근영·천정명·옥택연·서우 등) 첫 방영(~6.3)

03.00 기아자동차, '스포티지R' 출시-2015.10. 단종

04.04 삼호드림호, 소말리아 해적에 피랍-11.6. 거액의 몸값 지불하고 석방

04.05 MBC, 대규모 총파업 돌입-김재철 사장 퇴진 요구

04.07 무역협회, 서울 삼성동 코엑스에서 'FTA 스쿨' 개교- 기업들의 FTA 활용도 제고 목적

04.11 프로농구, 울산모비스가 전주KCC를 누르고 농구대잔치 우승

04.12 이효리, 'Chitty Chitty Bang Bang'(작사 이효리, 작곡 김지웅) 발표

04.19 2PM, 'Without you'(작사·작곡 박진영) 발표

04.19 조전혁 의원, 홈페이지에 전교조 조합원 명단 공개-2013.9. 개인정보공개 불법 판결

04.27 부산서 전국 최초로 부산시티투어 천장 개방형 오픈탑 버스 등장

04.28 전교조와 소속 교사 3400여명, 명단 공개한 한나라당 의원에 90억 소송 제기

04.29 기아자동차, 'K5' 출시

04.29 영화, '아이언맨 2'(감독:존 파브로, 배우:로버트 다우니 주니어) 개봉

04.29 천안함 희생 장병 46명 영결식 엄수-대전현충원 안장

04.00 태블릿 PC, 아이패드 첫 출시

05.05 가수 백설희(1924~2010) 사망

05.10 SBS드라마, '자이언트'(출연:이범수·박진희·주상욱 등) 첫 방영(~12.7)

05.13 슈퍼주니어, '미인아' 발표

05.19 씨엔블루, 'Love'(작사 한성호, 작곡 김도훈) 발표

06.02 영화, '방자전'(감독:김대우, 배우:김주혁·류승범·조여정) 개봉

06.02 제5차 동시지방선거 실시-여당 한나라당 완패 '지방 권력 교체'

06.08 제18대 2기 국회의장 박희태 피선(~2012.2.)

06.09 KBS드라마, '제빵왕 김탁구'(출연:윤시윤·유진·이영아 등) 첫 방영(~9.16)

06.10 나로호 2차 발사 시도 실패-고도 70㎞ 지점에서 폭발·추락

06.16 영화 '포화속으로'(감독:이재한, 배우:차승원·권상우·TOP) 개봉

06.22 첫 한국형 기동헬기 수리온, 사천공항서 시험비행 성공-세계 11번째 헬기 개발

06.26 한국 축구 대표팀, 남아공월드컵 16강 진출

06.27 기상위성 '천리안' 발사 성공-국내에서 개발된 최초의 정지궤도 위성

06.28 슈퍼주니어, '미인아'(작사·작곡 유영진) 발표

06.29 PD수첩, '이 정부는 왜 나를 사찰했나?' 방송-국무총리실 민간인 불법 사찰파문

06.29 국회, 세종시수정안 최종 부결-행정중심복합도시에서 교육·과학 중심 경제도시건설

06.29 〈스폰서 검사 특별검사법〉 통과-검찰 고위간부의 불법자금·향응수수사건 진상규명

07.01 경남 창원시·마산시·진해시, '창원시'로 통합

07.01 외국파병 전담부대 국제평화지원단(ROK-PKF)(온누리부대) 창설

07.01 태양, 'I Need A Girl'(작사·작곡 전군) 발표

07.03 인천대교 고속버스 추락-14명 사망, 10명 부상

07.14 영화, '이끼'(감독:강우석, 배우:정재영·박해일·유준상) 개봉

07.17 자체 개발한 '현무-3' 토마호크형 순항미사일 실전 배치-사정거리 1,500㎞

07.19 샤이니, 'Lucifer' 발표

07.21 영화, '인셉션'(감독:크르스토퍼 놀런, 배우:레오나르도 디카프리오, 와타나베 켄) 개봉

07.29 정운찬 국무총리, 부임 10개월 만에 공식 사퇴-세종시 수정안 추진 실패

07.30 민주노동당 새 대표에 이정희 의원 취임

08.01 안동 하회마을·경주 양동마을, 유네스코 세계문화유산 등재

08.02 보아, 'Hurricane Venus' 발표

08.04 영화, '아저씨'(감독:이정범, 배우:원빈·김새론·김태훈) 개봉

08.08 국무총리에 김태호 전 경상남도지사 내정-8.29. 박연차 게이트 뇌물수수 의혹 사퇴

08.11 이선희, '여우비'(작사·작곡 G.고릴라) 발표

08.15 광화문 재건(2006.12~), 시민들에게 공개-20여 년의 경복궁 복원 정비 사업 일환

08.24 한석봉이 남긴 유일 초간본인 『천자문』, 보물 제1659호로 지정

08.25 FT아일랜드, '사랑 사랑 사랑'(작사·작곡 김도훈) 발표

08.26 영화, '아바타'(감독:제임스 캐머런, 배우:샘 워싱턴·조 샐다나) 개봉

08.26 한국-볼리비아, 〈리튬 개발협력 양해 각서〉 체결

08.31 한국-페루, FTA 타결(2011.3. 정식 서명)-자동차·기계·컴퓨터↔광석·석유·석탄·커피

08.00 현대자동차, '아반떼 MD' 출시-2013.8. 단종

08.00 GM대우, '알페온' 출시-2016.10. 단종

09.01 MBC 문화방송 경기인천지사 개국

09.02 7호 태풍 곤파스, 인천 강화도 상륙-지하철 운행중단·인천국제공항 항공편 결항

09.09 2NE1, 'Can't Nobody'(작사·작곡 TEDDY) 발표

09.13 수원에 KBS 경인방송센터 개국

09.14 숙명여대, 첫 여성 학군사관후보생(ROTC) 시범대학에 선정-12.10. 제217학군단 창설

09.22 수도권 등 중부·충청 지방에 330mm 폭우

09.25 여자축구대표팀, 트리니다드 토바고의 'FIFA U-17 여자월드컵' 일본 꺾고 우승

09.27 북한, 김정일 3남 김정은 '세습' 공식화, 인민군 '대장' 칭호 부여

09.29 교육과학기술부, 소셜미디어 친환경 펜타센 나노패턴 기술 개발

09.00 삼성전자, 안드로이드 태블릿 PC '갤럭시 탭 7.0' 출시

10.01 김황식(1948~), 제41대 국무총리 취임(~2013.2)

10.01 부산 해운대에서 37층 주상복합건물 화재 발생-20여 분만에 4층에서 37층까지 확산

10.04 KBS1드라마, '웃어라 동해야'(출연:지창욱·도지원·오지은 등) 첫 방영(~2011.5.13.)

10.06 제91회 전국체육대회 개최(경남)

10.19 샘혼, 『적을 만들지 않는 대화법』(갈매나무) 출판

10.10 북한 주체사상의 이론가 황장엽(1923~2010) 사망

10.11 2PM, 'I'll be back'(작사·작곡 박진영) 발표

10.12 친일반민족행위자 재산조사위원회 해산(2006.7~)

10.14 한국·미국·호주·일본 등, '동방의 노력 10' 대량살상무기 확산방지구상 훈련 실시

10.25 소녀시대, '훗(Hoot)' 발표

10.28 KTX 경부고속철도 2단계 구간(동대구역~부산역) 개통

10.29 제47회 대종상영화제 시상-'시'(감독:이창동) 수상

10.30 제18차 남북이산가족 상봉-금강산 면회소, 남측 가족 458명 방북

10.00 쌍용자동차, '코란도 C' 출시

11.11 제5차 G20 서울 정상회의, 서울 코엑스에서 개최

11.12 제16회 광저우 아시안게임 개막-한국 2위, 금76·은65·동91

11.13 SBS드라마, '시크릿가든'(출연:하지원·현빈·윤상현 등) 첫 방영(~2011.1.16.)

11.18 2011학년도 수능시험 실시-지원자 712,227명, 응시자 668,991명(93.9%)

11.23 북한, 연평도 포격(6.25전쟁 이후 첫 포격)-군인 2명 전사, 민간인 2명 사망

11.26 제34회 MBC대학가요제(덕성여대)-이인세, 'With You' 대상 수상

11.28 경북 안동시 와룡면에서 가축전염병 돼지 구제역 최초 발생, 전국 확산

11.30 영화 배우 트위스트 김(1936~2010) 사망

12.05 한양대학교 교수 리영희(1929~2010) 사망

12.08 한나라당의 강행처리로 5조4600억원 규모의 4대강 예산 통과

12.09 아이유, '좋은날'(작사 김이나, 작곡 이민수) 발표

12.13 거가대교(부산 가덕도↔거제 장목면, 8.2㎞) 개통(2004.12~)

12.15 경전선 삼랑진역↔마산역 복선전철 개통

12.20 경춘선 무궁화호, 71년 만에 운행 종료

12.21 경춘선 상봉역↔춘천역 복선전철 개통

12.29 인천국제공항철도 2단계 구간(서울역↔김포공항) 개통

12.30 KT, 통신위성 '올레 1호' 발사-위성방송송수신, 산간오지 무선인터넷 서비스 실시

12.31 종합편성채널·보도채널 사업자 선정-JTBC·MBN·TV조선·채널A

▨▨▨▨▨▨▨▨▨▨▨▨▨

01.01 [파키스탄] 자살 폭탄 테러 발생-105명 사망

01.04 [아랍에미리트] 두바이의 세계 최고층 건물 '부르즈 칼리파(829.8m)' 개장

01.13 [아이티] 포르토프랑스 시내서 규모 7.0 지진 발생, 22만 명 사망

01.21 [일본] 도요다 자동차, 230만대 리콜 실시

02.12 [캐나다] 제21회 밴쿠버·휘슬러 동계올림픽대회 개막-한국 5위, 금6·은6·동2

02.19 [모로코] 이슬람사원 첨탑 무너져 40여 명 사망

02.27 [칠레] 규모 8.8의 강진 발생, 520여 명 사망

04.03 [미국] 애플, 태블릿형 컴퓨터 아이패드 출시

05.00 [유럽] 그리스, 유럽연합(EU)과 국제통화기금(IMF)에 1100억 유로 구제금융 신청

06.11 [국제] 2010 남아공 월드컵 개막(스페인 우승)

07.09 [미국·러시아] 냉전 이후 최대 규모로 간첩 포로 교환

07.13 [국제] MS, 윈도 2000과 윈도 XP 서비스팩 2 지원 중단

07.13 [국제] 독일에서 2010년 FIFA U-20 여자 월드컵 개막(독일 우승)

07.24 [독일] 뒤스부르크의 '러브 퍼레이드 음악 축제'서 압사 사고-19명 사망, 342명 부상

07.27 [국제] 인기 게임 스타크래프트 후속작, '스타크래프트 II: 자유의 날개' 출시

08.05 [칠레] 구리·금광 지하 약 700m 갱도에 매몰된 광부 33명 전원, 69일 만에 구조

09.22 [미국] 가수 에드윈 잭 피셔(Edwin Jack Fisher)(1928~2010) 사망

10.13 [칠레] 산호세 광산에서 매몰된 광부 33명 구조 완료

10.29 [국제] 베트남 하노이에서 제13차 대한민국·아세안 정상회의 개최

10.31 [이라크] 바그다드 내 '구원의 성모성당'서 무장괴한 인질극-58명 사망

11.13 [미얀마] 아웅산 수치, 석방

11.23 [국제] 전 세계 지적발달 장애인을 위한 '스페셜올림픽 조직위원회' 출범

11.28 [미국] 폭로전문 사이트 위키리크스, 미국 외교문건 25만 건 공개 파문

2011 신묘(辛卯) 단기4344 이명박4
오바마/후진타오/칸·노다/푸틴

01.01 KBS2드라마, '사랑을 믿어요'(출연:송재호·선우용녀·이재룡 등) 첫 방영(~7.31)

01.04 삼화상호저축은행 영업 정지-부실대출 문제, 법원에 파산 신청

01.07 카타르에서 AFC 아시안컵 개최-대한민국 3위 달성(~1.29)

01.08 일본군 '위안부' 수요집회 1천 회 기념, 김운성·김서경 부부 작가의 소녀상 건립

01.11 UAE 군사훈련협력단(아크 부대) 파견-아랍에미리트(UAE) 특수전부대 교육훈련 지원

01.12 서해상 불법조업 중국 어선 나포 중, 선원에 대한민국 해양경찰관 피살

01.14 제2자유로 개통-파주 교하읍↔서울 상암동

01.15 현대자동차, '쏘나타 하이브리드' 출시

01.21 소말리아 해적에 납치된 삼호주얼리호 석해균 선장 등 선원 구출(아덴만 여명작전)

01.22 여성문학의 대표적 작가 박완서(1931~2011) 사망

01.26 독립운동가·정치가 안춘생(1912~2011) 사망

01.27 영화, '조선명탐정: 각시투구꽃의 비밀'(감독:김석윤, 배우:김명민·오달수·한지민) 개봉

01.31 순천완주고속도로, 순천↔서남원 구간 개통-2004.12. 착공, 연장 117.8㎞

02.05 북한 주민 31명, 어선으로 연평도 인근 북방한계선 월경-2013.3. 귀순자 4명 송환

02.08 판문점 평화의 집에서 남북군사실무회담 개최-군사회담 의제와 일정 등 논의, 결렬

02.10 동해안 일대 1백년 만에 1m 넘는 대설-도로 등 기반 시설 마비, 임시휴교

02.11 경부고속선 일직터널에서 KTX 열차 탈선-선로 변환 중 선로전환기 고장-1명 부상

02.12 MBC드라마, '반짝반짝 빛나는'(출연:김현주·이유리 등) 첫 방영(~8.14)

02.16 국정원 직원, 어설픈 정보활동 나라 망신-인도네시아 대통령 특사단 숙소 잠입, 발각

02.16 쉐보레, '아베오' 출시-2019.4. 단종

02.17 금융위원회, 저축은행 7곳(부산·대전상호·부산2·전주 등) 집단 영업 정지(~2.22)

03.02 교육과학기술부, 초·중·고등학교 1학년 교과목 수를 8과목으로 축소

03.04 청와대 등 국내 40여 개의 웹사이트, 디도스 공격 피해

03.06 MBC, '나는 가수다' 첫 방송-'나는 가수다 3'(2015.1.30.~4.24)

03.08 국방부, '국방개혁 기본계획(국방개혁 307계획)' 발표-상부지휘구조 개편 등

03.09 국방부, 여성 학군사관후보생(ROTC) 제도, 해·공군으로 확대 발표

03.20 부산 KT 소닉붐 프로농구단, 41승 13패로 정규시즌 우승

03.21 쎄인블루 '직감'(작사 한성호, 작곡 김도훈·이상호) 발표

03.21 한국-페루, 자유무역협정(FTA) 서명

03.24 정부, 구제역 종식 선언-도살처분된 가축 수 346만 마리

03.24 해군, 세 번째 이지스함 '서애 류성룡함' 진수식 거행

03.29 한국야구위원회(KBO), 엔씨소프트의 프로야구 제9구단 가입 최종 승인

03.30 부산 도시철도 4호선 개통-2003.12. 착공, 연장 12.7㎞

03.31 헌법재판소, 동성 군인 간의 성적 행위 처벌 규정에 합헌 최종 결정

03.00 기아자동차, '올뉴(All-new) 모닝'·'올뉴(All-new) 프라이드' 출시

04.01 옥구선(군산화물역↔옥구역, 11.6㎞), 열차 운행 재개

04.04 해병대, 서해 최북단 접적부대에 포병 등 예하부대 통합 창설식 개최

04.08 조선아시아태평양평화위원회, 현대그룹의 금강산 관광사업 독점권 효력 취소

04.12 농협, 북한의 디도스 공격에 전산망 마비

04.14 프랑스 국립도서관 보관 중인 외규장각 1차분, 국립중앙박물관으로 이관

04.16 법무부, 성인대상 성범죄자 신상 공개 시행

04.16 여의도 시민요트나루 개장

04.22 고등학교 한국사 과목, 필수과목으로 변경

04.22 국방위원회, 해병대 독립법안 의결-인사·예산권 강화, 상륙작전 주 임무 규정

04.26 대한민국↔베트남, '전략적 협력 동반자' 관계로 격상

04.26 프로 농구 포스트시즌에서 전주 KCC 이지스 우승

04.27 ≪딴지일보≫ 제작, 팟캐스트 방송, '나는 꼼수다(나꼼수)' 첫 방송(~2012.12.18.)

04.28 삼성 '갤럭시 S2' 출시-출시 40일 만에 100만대 돌파

05.00 쌍용자동차, '체어맨 H 뉴 클래식' 출시-2015.1. 단종

05.01 비스트, '비가 오는 날엔'(작사·작곡 최규성) 발표

05.03 해군 첫 여성 해상초계기(p-3) 파일럿(이주연 중위) 탄생

05.04 영화 '써니'(감독:강형철, 배우:유호정·심은경·강소라 등) 개봉

05.04 한국·유럽연합 (EU) 자유무역협정 (FTA) 비준 동의안, 한나라당 단독 통과

05.12 대한민국↔덴마크, '전략적 동반자 관계'와 '녹색성장 동맹' 체결

05.12 서울역·서울고속버스터미널 대합실 사물함에서 부탄가스 사제 폭탄 폭발

05.13 담배, 'THIS WILD(디스 와일드)' 시판

05.14 광주광역시 무등산 정상, 45년 만에 개방

05.17 국제과학비즈니스벨트 거점지구, 대전(신동·둔곡 지구) 선정

05.22 임재범, '여러분'(노래 윤복희, 작사·작곡 윤항기) 발표

05.25 5·18광주민주화 운동 관련 기록물, 일성록 등, 유네스코 세계기록유산에 등재

05.25 아이유, '내 손을 잡아'(작사·작곡 아이유) 발표

05.25 프로축구, 현직 선수 가담한 승부조작 사건 파문, 선수 4명 구속, 11명 영구제명

05.27 프랑스 국립도서관 소장, 병인양요 당시 약탈된 '외규장각 의궤' 297책 모두 반환

06.01 허각, '나를 잊지 말아요'(작사 원태연, 작곡 전해성) 발표

06.02 대한항공 A380 1호기, 툴루즈를 출발해 인천국제공항에 도착

06.07 독립운동가·교육가 김준엽(1920~2011) 사망

06.07 4men, '살다가 한 번쯤'(작사·작곡 윤민수) 발표

06.10 담배, 'BOHEM CIGAR mojito' 시판

06.11 북한 주민 9명, 소형 선박을 타고 서해 우도 해상으로 귀순

06.15 국립현대미술관 서울관 '첫걸음', 미술관 건립 착공-2013.11 개관

06.15 서북도서방위사령부 창설-연평도와 백령도 등 서북 5개 도서 방어 전담

06.22 대중음악전문공연장, 송파구 '올림픽홀' 개관-지하 1층·지상 2층, 연면적 11,826㎡

06.29 영화, '트랜스포머 3'(감독:마이클 베이, 배우:샤이아 라보프, 로지 헌팅턴 휘틀리) 개봉

06.29 티아라, 'Roly-Poly(롤리 폴리)'(작사·작곡 신사동호랭이·최규성) 발표

06.29 제주도 지상파 아날로그 TV방송, 오후 2시부로 종료

07.00 르노삼성자동차, '뉴 QM5' 출시-2016.7. 단종

07.01 대한민국↔유럽연합(EU), 자유무역협정(FTA) 발효

07.01 '주 5일제' 근무, 5인 이상 사업으로 확대

07.02 GG, '바람났어(Feat. 박봄)'(작사 g-드래곤, 작사 이낙) 발표

07.06 연금복권 1차 추첨-월 500만 원을 20년 동안 지급

07.06 평창 세 번째로 도전, 남아공 더반에서 2018년 동계올림픽 유치 성공

07.14 대한체육회 박용성 회장, 아시아 올림픽 평의회 부회장에 선임

07.20 KBS2드라마, '공주의 남자'(출연:박시후·문채원 등) 첫 방영(~10.6)

07.20 영화, '퀵'(감독:조범구, 배우:이민기·강예원·김인권) 개봉

07.20 영화, '고지전'(감독:장훈, 배우:신하균·고수·이제훈) 개봉

07.23 박태완, 상하이 제24차 국제수영연맹(FINA)세계선수권대회 자유형400m(3분42초) 우승

07.24 〈화학적 거세법〉 시행-16세 미만 상대자 성폭력범죄자에 대한 성충동 약물치료

07.27 10년 내 최악의 물난리, 폭우로 서울 서초구 우면산 산사태 발생, 사상자 17명

07.28 아시아나항공 화물기, 제주 서남쪽 해상에 추락

07.29 서울중앙지검, 지하당 왕재산 간첩단 사건 관련 정치인 등 5명 구속

08.03 경기 안산 시화호의 조력발전소, 전기 생산 시작

08.06 KBS2드라마, '오작교 형제들'(출연:김용림·백일섭·김자옥 등) 첫 방영(~2012.2.19)

08.16 르노삼성, '올 뉴 SM7' 출시-2019.9. 단종

08.10 영화, '최종병기 활'(감독:김한민, 배우:박해일·류승룡) 개봉

08.11 2011년 후반기 고교야구 주말리그에서 대구상원고 우승

08.19 경찰관들에게 개인 전용 총기 지급 결정

08.22 북한, 금강산 내 한국 측 재산 법적 처분, 국제관광특구 관계자 72시간 내 철수 요구

08.25 최성국 등 승부조작 K리거 40명, 선수자격 영구 박탈

08.26 방송통신위원회, 한국대학총학생회연합 홈페이지 강제 폐쇄

08.26 오세훈 서울시장, 시장직 사퇴-무상급식 주민투표 결과에 책임

08.27 대구에서 제13회 세계육상선수권 대회 개최(~9.4)

08.28 2011년 아시아청소년야구선수권 대회, 일본의 요코하마서 개최-한국, 준우승(~9.1)

08.29 다비치, '안녕이라고 말하지마'(작사·작곡 전해성) 발표

09.07 타격의 달인' 야구선수 장효조(1956~2011) 간암 투병 끝에 사망

09.13 프로야구 30년 만에 600만 관중 돌파

09.14 야구선수 '무쇠팔' 최동원(1958~2011) 대장암으로 사망

09.15 무더위로 인한 전력 수급 악화로 서울·인천·수원·성남 일부 지역 정전 사태 발생

09.15 싸이월드, 소셜 네트워크 서비스 C로그 런칭

09.16 부산-김해경전철 사상역↔가야대역 전 구간 개통

09.16 허각, '헬로우'(작사·작곡 최규성) 발표

09.17 금융위원회, 저축은행 7곳(제일·제일2·프라임상호·토마토 등) 집단 영업 정지(~9.22)

09.17 최초의 특전예비군부대 창설-특전사 출신 예비군, 지원자 121명, 9개 중대로 구성

09.22 영화, '도가니'(감독:황동혁, 배우:공유·정유미 등) 개봉

09.25 제15대 대법원장 양승태 임명(~2017.9)

09.28 기아자동차, '올 뉴 프라이드' 출시-2015.1. 단종

10.05 SBS드라마, '뿌리깊은 나무'(출연:한석규·장혁·신세경 등) 첫 방영(~12.22)

10.05 애플사 창업자 스티브 잡스(1955~2011) 사망

10.05 전라선 익산↔여수 구간 복선전철화 개통-여수까지 KTX 운행 시작

10.12 영화, '리얼스틸'(감독:숀 레비, 배우:휴 잭맨·에반젤린 릴리 등) 개봉

10.15 대한민국 FA컵 2011 결승전에서 성남 천마 일화 우승

10.16 최나연 사임 다비 우승, 한국 LPGA 투어 100승 달성

10.17 제48회 대종상영화제 시상-'고지전'(감독:장훈) 수상

10.19 소녀시대, '더 보이즈'(작사·작곡 Teddy Riley) 발표

10.20 박영석 대장 등 3명, 히말라야 안나푸르나 실종

10.20 영화, '완득이'(감독:이한, 배우:김윤석·유아인·박수영 등) 개봉

10.20 현대자동차, 'i30 GD' 출시

10.25 한국야쿠르트, '꼬꼬면' 출시 한 달 만에 8000만 개 판매

10.26 서울시장 재보궐 선거, 무소속 박원순 당선-2위 한나라당 나경원

10.26 노을, '그리워 그리워'(작사·작곡 최규성) 발표

10.28 신분당선(강남역↔정자역) 개통(2005.7.~)

11.05 AFC 챔피언스리그 2011 결승전에서 알 사드가 전북 현대를 누르고 우승

11.10 2012학년도 수능시험 실시-지원자 693,634명, 응시자 648,946명(93.6%)

11.10 한진중공업 노조총파업, 민주노총 지도위원 김진숙, 309일간 크레인 농성 마감

11.22 국회, 한미자유무역협정(FTA) 비준동의안, 한나라당 강행 처리

11.24 제35회 MBC대학가요제(안동대)-Plain note, '백조의 노래' 대상 수상

11.25 2011년 아시아시리즈 개최-삼성 라이온즈, 대한민국 팀으로 첫 우승(~11.29)

11.28 KBS 2TV(1TV 제외), MBC, SBS 3개사, 지상파 HD방송 중단

11.28 MBC드라마, '빛과 그림자'(출연:안재욱·남상미 등) 첫 방영(~2012.7.3.)

11.29 아이유, '너랑 나'(작사 김이나, 작곡 이민수) 발표

11.29 택견·줄타기·한산모시짜기 등, 유네스코 세계무형유산에 선정

11.30 대한민국, 전 세계에서 아홉 번째로 무역 수지 1조 달러 달성

11.30 인천국제공항철도 공덕역 개통

11.00 GM대우, '말리부' 출시

12.01 종편(JTBC·TV조선·채널A·MBN)·신규(연합뉴스) 보도채널 출범

12.13 철강왕 박태준(1927~2011) 사망

12.14 일본대사관 앞 위안부 문제 해결을 위한 수요집회 1000회 개최

12.15 국방과학연구소, 중거리 지대공유도무기 '천궁' 독자 개발 성공

12.15 영화, '미션 임파서블:고스트 프로토콜'(감독:브래드 버드, 배우:톰 크루즈) 개봉

12.16 바다 위에 2층으로 지은 다리인 거금대교(소록도↔거금도, 2028m) 개통

12.17 북한, 국방위원회 위원장 김정일(1942~2011) 사망

12.20 미 프로야구 아시아계 통산 최다승(124승) 투수 박찬호, 프로야구 한화 입단

12.21 최강희, 대한민국 축구 국가대표팀 새 사령탑에 선임

12.30 국회, 한미자유무역협정(FTA) 재협상 촉구 결의안 의결

12.30 민주화운동의 대부, 김근태(1947~2011) 사망

00.00 K-팝을 중심으로 한 신(新) 한류 열풍, 전 세계로 확산

▨▨▨▨▨▨▨▨▨▨▨▨▨

01.11 [브라질] 리우 데 자네이루 주에서 홍수·산사태 발생-800여 명 사상자

03.09 [미국] '디스커버리'호, 27년간 39회의 마지막 임무 완수

03.11 [일본] 동북지방 태평양 지진(동일본 대지진) 발생, 사망 1만5844명, 실종 3469명

03.23 [영국] 영화 배우 엘리자베스 테일러(1932~2011) 사망

05.00 [국제] 그리스에서 촉발된 금융위기, 유럽 각국의 신용등급 강등 도미노

05.01 [미국] 미군 특수부대, 알카에다 지도자 오사마 빈 라덴(1957~2011) 사살

05.06 [시리아] 수만 명이 민주화 요구 시위, 군경 발포 등 강경 진압으로 21명 사망

05.07 [이집트] 이슬람 극보수 정파↔콥트교 그리스도인 유혈 충돌-12명 사망, 238명 부상

06.03 [일본] 오사카 부 의회, 국가 기미가요를 부를 때 공립학교 교직원 기립 조례 가결

06.16 [국제] 알카에다, 오사마 빈 라덴의 후계자 아이만 알자와히리 지명

06.18 [멕시코] 2011년 FIFA U-17 월드컵 개최(~7.10)

06.20 [러시아] 북서부 카렐리아 공화국에서 Tu-134 항공기 추락-44명 사망, 8명 부상

07.00 [태국] 중·북부지역의 계속된 대홍수로 527명 사망, 18조 경제적 손실

07.01 [독일] 징병제 폐지

07.09 [남수단] 수단에서 독립

07.12 [국제] MS사, 윈도 비스타 서비스팩 1 지원 중단, XP 판매·지원 중단

07.22 [노르웨이] 노르웨이 우야토섬 총기난사사건, 160여 명 사상

07.24 [일본] 아날로그텔레비전 방송 종료, 디지털텔레비전 방송으로 전환

07.24 [중국] 원저우에서 고속철도 간의 추돌사고-250여명 사상자

08.10 [중국] 첫 항공모함 바랴그(Varyag), 첫 시험 항해-세계에서 10번째 항모 보유국

09.14 [네덜란드] 1947년 네덜란드군의 인도네시아 민간인 학살에 대해 배상 판결

10.01 [이집트] 알렉산드라아의 알 키다신 콥트교 성당에서 폭탄테러 발생-21명 사망, 97명 부상

10.05 [미국] 애플사 창업자, 스티브 잡스(1955~2011) 사망

10.20 [리비아] 42년 동안 철권통치했던 무아마르 카다피(1942~2011) 사망

10.31 [국제] 세계 인구, 70억 명 돌파

11.03 [국제] 제6차 G20 정상회의, 프랑스 칸에서 개최, 이후 연1회 정례화(~11.04))

12.00 [미국] 이라크전(8년9개월) 종료, 미군 4500여명 전사, 이라크인 10만명 사망

12.13 [국제] 유럽입자물리연구소(CERN), 신의 입자 '힉스' 존재 확률 95% 발표

12.13 [벨기에] 남동부 리에주 시에서 수류탄 폭발, 총 난사, 120여 명 사상

12.24 [러시아] 모스크바서 부정선거 규탄 대규모 시위, 12만 명 운집

2012 임진(壬辰) 단기4345 이명박5
오바마/후진타오·시진핑/노다·아베/푸틴

01.01 충남 당진군, 당진시로 승격

01.04 MBC드라마, '해를 품은 달'(출연:한가인·김수현 등) 첫 방영(~3.15)

01.12 배임 혐의로 기소된 정연주 전 KBS 사장, 증거 불충분으로 무죄 판결

01.15 인천 옹진군 자월도 근처서 화물선 침몰-사망 3명, 실종 3명

01.15 한명숙, 민주통합당 대표로 선출

01.16 케이블TV업계 재송신 중단, KBS 2TV 방송 중단(~1.17)

01.18 영화, '댄싱퀸'(감독:이석훈, 배우:황정민·엄정화·이한위 등) 개봉

01.18 영화, '부러진 화살'(감독:정지영, 배우:안성기·박원상·나영희 등) 개봉

01.26 영화, '점박이:한반도의 공룡'(감독:한상호, 배우:이형석·신용우 등) 개봉

01.27 최시중 방송통신위원회 위원장, 파이시티 인허가 로비의혹 관련 사퇴(5.1. 구속)

01.27 하나금융그룹, 외환은행 인수-하나금융, 국내 2위 금융그룹으로 도약

01.27 혜민, 『멈추면, 비로소 보이는 것들』(쌤앤파커스) 출판

01.30 MBC노조 총파업-예능·시사· 교양 프로그램 등 결방

02.02 영화, '범죄와의 전쟁:나쁜 놈들 전성시대'(감독:윤종빈, 배우:최민식 등) 개봉

02.06 학교폭력 근절을 위한 〈학교폭력 근절 종합대책〉 발표-피해· 가해 학생 조치 강화

02.08 프로배구 승부 조작-선수 3명, 브로커 1명 구속

02.09 〈미디어렙법〉 국회 통과(5.23. 시행)-방송의 제작· 편성과 광고영업 분리

02.09 박희태 국회의장, 돈봉투 사건 관련 사퇴

02.13 한나라당, 당명을 '새누리당'으로 변경-2017.2. '자유한국당'으로 개칭

02.16 영화, '하울링'(감독:유하, 배우:송강호·이나영 등) 개봉

02.18 주한 중국대사관 앞에서 33명 탈북자 강제북송 중지 위한 평화행진 및 기자회견

02.25 KBS드라마, '넝쿨째 굴러온 당신'(출연:김남주·유준상·윤여정 등) 첫 방영(~9.9)

02.29 영화, '러브픽션'(감독:전계수, 배우:하정우·공효진·조희봉 등) 개봉

02.00 기아자동차, 'K9' 출시

03.03 초·중·고등학교 주 5일제 전면 시행

03.08 영화, '화차'(감독:변영주, 배우:이선규·김민희·조성하 등) 개봉

03.09 브리태니커 백과사전, 종이책 출판 224년 만에 중단

03.15 최대 규모 석탄발전소 보령화력발전소, 화재 발생

03.15 한미 FTA 발효

03.19 KT의 2세대 이동통신 서비스 완전 종료

03.22 영화, '건축학 개론'(감독:이용주, 배우:엄태웅·한가인·이제훈 등) 개봉

03.22 영화, '언터처블:1%의 우정'(감독:나카체, 배우:클루제·오마 등) 개봉

03.26 미국 대통령 오바마, DMZ 방문

03.26 서울서 2012년 핵안보정상회의 개최(~3.27)

04.09 조현오 경찰청장, 경기도 수원 20대 여성 납치살인사건 관련 사의 표명

04.11 영화, '배틀 쉽'(감독:피터 버그, 배우:키쳐·니슨 등) 개봉

04.11 제19대 총선 실시(투표율 54.3%)-새누리당 152석, 민주통합당 127석

04.11 북한, 4차 당대표자회-김정은, 당 제1비서로 김정일, '영원한 당 총비서'로 추대

04.13 북한, 은하 3호 미사일 발사 강행, 실패

04.16 육군, 군인들의 얼차려를 참선·반성문·청소로 삼원화

04.20 19대 국회의원 당선자 문대성, 논문 표절 논란에 새누리당 탈당

04.20 대한민국, 국제통화기금의 재원 확충으로 150억 달러 지원

04.25 미국산 쇠고기 검역중단-미국 캘리포니아주 목장서 광우병 소 확인

04.26 영화, '어벤져스'(감독:조스 웨던, 배우:주니어·요한슨·헴스워스 등) 개봉

04.27 남해고속도로 서영암 나들목↔해룡 나들목(목포-광양 고속도로) 구간 개통

04.30 국세청, 삼성전자에 4,700억 원 법인세 추징

05.01 신촌역 부근 창천 근린공원서 20대 대학생, 10대 사령카페 회원 3명에 사망

05.03 영화, '장화 신은 고양이'(감독:제롬 데셤프스 등) 개봉

05.10 〈5·10 부동산 대책〉 발표-분양권 전매제한 완화, 강남 3구 투기지역 해제 등

05.12 2012년 여수세계박람회 개최(~8.12)

05.14 미국 국방부, 한반도 전술핵 불필요 선언

05.18 세 번째 실용위성 '아리랑 3호', 일본에서 발사

05.24 영화, '맨 인 블랙 3'(감독:베리 소넨필드, 배우:윌 스미스·토미 리 존스 등) 개봉

05.25 국내 첫 내륙 뱃길, 경인 아라뱃길(경인운하) 개통-서해에서 한강까지 18㎞

05.26 SBS드라마, '신사의 품격'(출연:장동건·김하늘·김수로 등) 첫 방영(~8.12)

05.30 KBS2드라마, '각시탈'(출연:주원·진세연·박기웅 등) 첫 방영(~9.6)

06.08 국내 최대 게임기업 넥슨, 엔씨소프트 인수-리니지·리니지2·아이온·블레이드&소울

06.10 한국인 등 탑승자 8명 태운 헬리콥터, 페루에서 암벽 충돌로 추락, 전원 사망

06.21 대한항공, 케냐 나이로비에 첫 논스톱 직항편 취항

06.23 대한민국 인구, 5000만 명 돌파

06.26 한국-콜롬비아, FTA 협상 타결

06.26 동아시아 최초로 강원도 고성군서 약 5000년 전 신석기시대 밭 유적 발견

06.27 국내에서 두 번째로 긴 영동선 솔안터널(16.2㎞) 개통

06.28 영화, '어메이징 스파이더맨'(감독:마크 웹, 배우:앤드류 가필드 등) 개봉

06.29 대한민국·일본 간 '한일군사정보협정' 체결 1시간 전에 무기한 연기

06.30 수인선 오이도역↔송도역 구간 개통

06.00 104년 만의 가뭄

07.01 세종특별자치시 출범

07.01 의정부 경전철 개통-2017.1.11. 시행사 파산 신청(누적 적자 2,00억 원)

07.01 포괄수가제 시행-의료서비스 관계없이 미리 정해진 진료비를 의료기관 지급

07.02 19대 국회, 33일 늦은 개원식 개최-여야 간 상임위원장 배분 문제 등으로 지연

07.02 제19대 1기 국회의장, 하나회 출신의 강창희 의원 선출(~2014.5.)

07.05 대법원, 제주 해군기지 건설사업 적법 판결

07.12 한국은행 금융통화위원회, 3년 5개월 만에 금리를 0.25%p 인하 3%로 낮춤

07.15 가수 싸이, '강남스타일'(작사 싸이, 작곡 싸이·유건형) 발표

07.18 북한, 실질적인 최고 지도자 김정은에게 원수 칭호 수여

07.25 영화, '도둑들'(감독:최동훈, 배우:김윤석·김혜수·이정재 등) 개봉

07.27 제30회 런던 하계올림픽 개최-대한민국 종합 5위 달성(금13, 은8, 동7)(~8.12)

07.31 일본, 독도 영유권 내용이 포함된 '방위백서' 발표

07.00 기아자동차, 'K3' 출시-'K시리즈' 완성

08.07 양학선, 대한민국 체조(남자 도마) 역사상 첫 금메달 획득

08.11 손연재, 런던올림픽 리듬체조 개인종합 5위-동아시아 선수 중 올림픽 사상 최고 성적

08.11 한국축구 대표팀, 일본 꺾고 한국 축구 역사상 처음으로 런던 올림픽 동메달 획득

08.13 경복궁 인근 국립현대미술관서울분관 신축 공사 현장서 화재 발생, 4명 사망

08.20 새누리당 18대 대통령 후보로 박근혜 선출

08.21 가수 싸이 '강남 스타일' 뮤직비디오, 미국 아이튠스 뮤비 차트에서 1위 차지

08.23 헌법재판소, 인터넷 실명제에 대해 위헌 판결-댓글, 실명이 아닌 익명 가능

08.24 미 법원, 삼성에 애플 특허권(디자인·실용특허 등) 소송에 10억4900만 달러 배상 판결

08.27 신용등급평가 회사 무디스, 대한민국 신용등급 한 단계 상승-Aa3

08.30 나주 초등학생 성폭행 사건 발생-2012.8.31. 용의자 검거

09.06 제주도에서 세계자연보전총회(WCC) 개최(~9.15)

09.08 러시아 블라디보스토크에서 APEC회의 개최

09.08 베네치아 국제영화제(이탈리아)에서 '피에타'(김기덕 감독), 최고상 황금사자상 수상

09.12 하나금융그룹, 부천 하나 외환 여자농구단 창단

09.13 영화, '광해, 왕이 된 남자'(감독:추창민, 배우:이병헌·류승룡 등) 개봉

09.13 울산 자매 살인사건 범인, 사건 발생 55일 만에 체포

09.14 일부 정부 기관, 서울시에서 세종시로 이전

09.16 민주통합당, 18대 대통령 선거 후보로 문재인 결정

09.16 〈청소년보호법〉 개정-청소년 유해매체물 인터넷 제공자, 아이핀·공인인증서 등 확인

09.17 태풍 SANBA, 한반도 상륙-최저기압 900hPa, 최대 풍속 80m/s(155kt), 인명피해 2명

09.19 대구 도시철도 2호선 사월역↔영남대역 연장 개통

09.19 안철수(서울대 교수), 대통령 선거 출마 공식 선언

09.20 싸이 '강남스타일', 유튜브의 역대 최고 '좋아요' 수로 기네스북에 등재

09.25 중앙선 용문역↔서원주역 개통 연장

09.27 경북 구미 휴브글로벌 구미 공장에서 불산가스 노출 사고-5명 사망, 18명 부상

09.27 곽노현 서울시 교육감, 징역형 확정받아 교육감직 상실-2013.3. 가석방

10.01 MBC드라마, '마의'(출연:조승우·이용원·손창민 등) 첫 방영(~2013.3)

10.02 북한 병사, 소대장 중대장 사살 후 1사단 DMZ로 귀순

10.05 이광범 변호사, 이명박의 내곡동 특별검사로 임명

10.06 분당선 북측 연장 구간 왕십리역↔선릉역 구간 개통

10.07 미사일지침(NMG) 개정-탄도미사일 탄두중량 500kg로 증가, 사거리 800km로 연장

10.08 'KBS1' 채널, 지상파 TV 방송 사상 최초로 정규 편성 24시간 종일 방송 시작

10.14 검찰, 성추행범에 사상 최초로 화학적 거세 청구-2013.1. 첫 화학적 거세 명령

10.14 세종로 정부종합청사, 화재 발생-방화범 60대 남자, 18층 교과부에서 투신 사망

10.18 UN안전보장이사회 비상임국, 대한민국·르완다·아르헨티나·호주·룩셈부르크 선출

10.19 야후! 코리아, '2012년 12월 31일' 한국 시장 철수 결정

10.21 인천 송도, 녹색기후기금(GCF)유치 성공

10.25 새누리당-선진통일당, 합당 선언

10.27 서울 도시철도 7호선 온수역↔부평구청역 개통

10.29 이하이, '1,2,3,4'(작사 BUMZU·이해나, 작곡 BUMZU) 발표

10.30 찰스 두히그, 『습관의 힘』(갤리온) 출판

10.30 제49회 대종상영화제 최우수작품상, '광해'(감독:추창민) 수상

10.31 전남 영암 대불국가사업단지 내 조선소서 폭발-11명 사상

11.01 긱스 & 소유, 'Officially Missing You, Too' 발표

11.08 2013학년도 수학능력시험 실시-지원자 668,527명, 응시자 620,723명(92.9%)

11.18 제36회 MBC대학가요제(일산 MBC 드림센터)-신문수, '넥타이' 대상 수상

11.20 주니엘, '나쁜 사람'(작사 한성호, 작곡 Twoface) 발표

11.22 이승기, '되돌리다'(작사·작곡 에피톤 프로젝트) 발표

11.26 양요섭, '카페인'(작사·작곡 용준형·김태주) 발표

12.01 분당선 기흥역↔망포역 개통

12.01 소말리아 해적에게 피랍된 제미니호 한국 선원, 1년 7개월 만에 석방

12.05 경전선 복선 전철화 구간(마산↔진주) 개통, KTX 운행 개시

12.05 아리랑, 유네스코 무형유산대표 목록에 등재 최종 확정

12.09 야구 선수 류현진, LA 다저스에 입단-2019.12. 토론토로 이적

12.10 모토로라, 내년 2월 한국에서 휴대폰 사업의 철수 공식 선언

12.11 KBO 이사회, 10구단 창단 승인

12.12 북한, 오전 9시 51분 장거리 로켓 은하 3호 발사, 광명성 3호 궤도 진입 성공

12.15 경의선 연장 구간, 디지털미디어시티역↔공덕역 개통

12.19 제18대 대통령 선거-새누리당 박근혜(51.6%) 당선, 문재인 후보(48%)

12.22 싸이 '강남스타일', 뮤직비디오 조회 수가 10억 건 돌파

12.31 지상파 아날로그 TV 방송, 모두 종료

12.19 히가시노 게이고 『나미야 잡화점의 기적』(현대문학) 출판

▨▨▨▨▨▨▨▨▨▨▨▨▨

01.01 [일본] 시즈오카현 시즈오카 남쪽 398㎞ 해역에서 규모 7.0 지진 발생

01.14 [중화민국] 제13대 총통 선거에서 국민당 마잉주 총통 재선

02.02 [호주] 파푸아뉴기니 동부 해상에서 350여명 탑승 여객선 침몰-219명 구조, 100여 명 실종

01.22 [나이지리아] 이슬람 무장단체 보코 하람, 폭탄 테러- 180여명 사망

01.27 [이라크] 주둔 중이던 미군 전원 철수

02.04 [러시아] 모스크바에서 블라디미르 푸틴의 재집권 반대 시위

02.11 [미국] 가수 휘트니 휴스턴(1963~2012) 사망

02.23 [아르헨티나] 열차 탈선-50여명 사망, 600여 명 부상

02.23 [이라크] 연쇄테러로 60여 명 사망, 200여 명 부상

02.24 [일본] 세계에서 가장 높은 전파탑, 도쿄 스카이 트리 완공

02.29 [중국] 신장 자치구에서 유혈사태 발생- 20여 명 사망

03.02 [바티칸 교황청] 갈릴레오 갈릴레이 종교재판 기록 등 비밀문서 100여 점 공개

03.04 [러시아] 블라디미르 푸틴, 대통령 선거에서 재선 성공(5.7. 취임)

04.01 [미얀마] 보궐선거에서 아웅산 수치 당선

04.02 [러시아] 시베리아 중부 지역서 여객기 추락-탑승객 41명 중 32명 사망

04.03 [미국] 한국계 미국인, 총기 난사로 7명 사망

04.03 [캐나다] 토론토 대학교 연구팀, 100만년 전 인류의 최초 불을 사용 흔적 발견

04.20 [파키스탄] 이슬라바마드 인근에서 항공기 추락-탑승객 전원(127명) 사망

04.22 [중국] 인권운동가 천광청, 가택 연금에서 탈출-베이징 주재 미국 대사관에 피신

04.30 [인도] 아삼 주의 브라마푸트라 강에서 여객선 침몰-최소 103명 사망

05.09 [영국] 헤어디자이너 비달 사순(1928~2012) 사망

05.15 [국제] 블리자드 엔터테인먼트의 '디아블로 3' 전 세계에 출시

06.02 [이집트] 무바라크 전 대통령, 징역 25년형 선고-시위대에 대한 유혈 진압 혐의

06.03 [영국] 엘리자베스 2세, 즉위 60주년(다이아몬드 주빌리) 축하 수상 퍼레이드 개최

06.11 [아프가니스탄] 진도 5.7 지진 발생, 최소 71명 사망

06.13 [이라크] 여러 도시에서 연쇄 폭탄 테러 발생- 최소 93명 사망, 312명 이상 부상

07.07 [러시아] 남서부 크라스노다르 주, 폭풍우로 홍수·산사태 발생, 최소 171명 사망

07.07 [일본] 센카쿠 열도에 대해 국유화 방침 발표

07.12 [시리아] 정부군, 220여 명의 민간인 학살

08.06 [미국] 항공 우주국(NASA) 우주 탐사 로봇 큐리오시티, 화성 착륙 성공

08.11 [필리핀] 집중 호우로 61명 사망, 약 244만 명 이재민 발생

10.14 [오스트리아] 스카이다이버 펠릭스 바움가르트너, 세계 최초로 맨몸으로 음속 돌파

10.26 [국제] 윈도 8, 공식 발표

12.02 [일본] 야마나시 현의 '사사고 터널' 천장 붕괴, 9명 사망

12.04 [필리핀] 태풍 '보파', 필리핀 강타-300명 이상의 사망, 1천 명 이상 부상

12.07 [일본] 도호쿠 지방 앞바다에서 규모 7.3 지진 발생

2013 계사(癸巳) 단기4346 박근혜1
오바마/시진핑/아베/푸틴

01.01 소녀시대, 'I GOT A BOY'(작사·작곡 유영진) 발표

01.01 한국·오스트레일리아·아르헨티나·룩셈부르크·르완다, UN안전보장이사회 비상임 이사국

01.03 백지영, '싫다'(작사·작곡 이루마) 발표

01.05 MBC드라마, '백년의 유산'(출연:유진·이정진·신구 등) 첫 방영(~6.23)

01.05 정형돈, '강북멋쟁이'(작곡 박명수, 작사 정형돈) 발표

01.11 김미경, 『김미경의 드림 온』(쌤앤파커스) 출판

01.14 SBS드라마, '야왕'(출연:권상우·수애·유노윤호 등) 첫 방영(~4.2)

01.15 대통령직 인수위원회, 정부조직 개편안 발표-미래창조과학부·해양수산부 신설

01.18 제주도 서귀포 남쪽 720㎞ 해상에서 '황금호' 화재로 침몰-한국인 4명 사망

01.23 영화, '7번방의 선물'(감독:이환경, 주연:류승룡·갈소원·박신혜·오달수 등) 개봉

01.24 서울중앙법원, 긴급조치위반에 구속 후 옥사한 고 장준하 선생 39년 만에 무죄 선고

01.29 강세형, 『나는 다만 조금 느릴 뿐이다』(쌤엔파커스) 출판

01.29 강원도 평창에서 '2013 동계 스페셜 올림픽' 개막

01.30 영화, '베를린'(감독:류승완, 배우:하정우·한석규·류승범·전지현 등) 개봉

01.30 전남 고흥군 외나로도에서 나로호 3차 발사 성공

01.31 씨스타19, '있다 없으니까'(작사·작곡 용감한 형제) 발표

02.01 이근후. 『나는 죽을 때까지 재미있게 살고 싶다』(갤리온) 출판

02.12 북한, 함북 길주군 풍계리에서 3차 핵실험 실시

02.25 박근혜 정부 출범-2017.3. 집권 4년 만에 탄핵

02.26 제42대 국무총리 정홍원 임명(~2015.2.)

03.07 UN 안전보장이사회, 대북제재결의 채택안 만장일치 가결

03.08 북한, 1991년 남북 불가침 합의 폐기 및 판문점 남북 직통전화 단절 선언

03.09 KBS2드라마, '최고다 이순신'(출연:아이유·조정석·고주원 등) 첫 방영(~8.25)

03.12 스타크래프트의 후속작 '스타크래프트 II: 군단의 심장' 출시

03.13 용산 국제업무지구 개발 사업 시행사, 52억 채무 불이행으로 부도 처리

03.17 김연아, '2013 국제빙상경기연맹 세계선수권대회'에서 4년 만에 우승

03.20 KBS·MBC·YTN·신한은행·농협 등의 전산망, 대규모로 마비-3·20전산대란

03.21 헌법재판소, 긴급조치 1호, 2호, 9호에 대해 39년 만에 위헌 결정

03.27 북한, 남북 군통신선 차단

03.28 평택시흥고속도로 개통-2008.3. 착공, 연장 40.3㎞

03.30 제9구단 NC 다이노스, 창단 후 첫 KBO 리그 참가

04.01 KBS2드라마, '직장의 신'(출연:김혜수·오지호·정유미 등) 첫 방영(~5.21)

04.02 북한, 영변 원자로의 재가동 선언

04.03 북한, 개성공단 진입 차단-4.8. 개성공단 근로자 퇴출 선언

04.04 국제 해커집단 어나니머스, 북한 선전 매체 사이트 '우리민족끼리' 해킹, 계정 9001개 유출

04.08 MBC드라마, '구가의 서'(출연:이승기·수지·이성재 등) 첫 방영(~6.25)

04.11 대구·경북 지역, 70년 만의 4월 적설 기록

04.15 골프 선수 박인비, LPGA 메이저대회 3연승, 세계 랭킹 1위 차지

04.19 서울시, 심야버스(올빼미버스) 시범 운행 시작

04.25 영화, '아이언맨 3' 개봉(감독:셰인 블랙, 배우: 로버트 주니어·기네스 팰트로 등) 개봉

04.26 한국정부, 개성공단 잔류 인원 철수 결정-4.27 126명 철수

05.04 국보 1호 숭례문, 성곽까지 복원 완료, 재개장

05.04 남양유업 갑질 발생-남양유업 영업사원의 대리점주에게 욕설 섞인 폭언 녹취록 공개

05.08 박근혜 대통령 미국 순방 중 청와대 대변인 윤창중, 주미대사관 인턴 여직원 성추행

05.09 아메리칸 항공, 인천국제공항 노선 신설

05.16 대법원, '긴급조치 4호'(1974.4.) 위헌 판결

05.18 옹진군 백령도 남쪽 44㎞ 해역에서 규모 6.0의 지진 발생

05.18 전 국무총리 남덕우(1924~2013) 사망

05.30 전 방송인 이종환(1937~2013) 사망

06.04 세종문화회관 세종홀에서 '자유학기제 연구학교 발대식' 개최-전국 42개 연구학교 지정

06.05 SBS드라마, '너의 목소리가 들려'(출연:이보영·이종석 등) 첫 방영(~8.1)

06.05 영화, '은밀하게 위대하게'(감독:장철수, 배우:김수현·박기웅·이현우 등) 개봉

06.09 판문점에서 남북한 수석대표 회의 개최

06.20 이승엽, 개인 통산 최다 352호 홈런-한국 선수 최다 신기록 달성

06.21 코미디언 남철(1934~2013) 사망

06.24 국정원, 남북정상회담 대화록 공개-노무현 대통령의 남북정상회담(2007) NLL 포기 발언

06.25 김용임, '내장산'(작사 고순옥, 작곡 이호섭) 발표

06.27 박근혜 대통령 중국 국빈 방문

06.27 〈전두환 추징법〉, 국회 본회의 통과-2020년 10월까지 시효 연장

07.01 무라카미 하루키, 『색채가 없는 다자키 쓰쿠루와 그가 순례를 떠난 해』(민음사) 출판

07.01 한국거래소, KRX 스퀘어에서 중소기업 주식시장 '코넥스' 개장

07.03 긴급조치 9호위반 혐의로 실형 선고받은 고 김대중·문익환, 36년 만에 무죄 판결

07.06 남북한 수석대표 회의(판문점 통일각)에서 개성공단 정상화 원칙적 합의

07.07 아시아나 214편 보잉777여객기, 샌프란시스코공항 활주로에 추락-2명 사망, 130명 부상

07.10 서울고법, 일제 때 신일본제철 강제징용 피해자 4명에게 각각 1억 원씩 배상 판결

07.12 대법원, 고엽제 피해 베트남 파병 장병들의 손해배상 소송에서 승소

07.15 조종래, 『정글만리』(해냄출판사) 출판

07.16 백열전구의 2014년부터 생산, 수입 금지 결정

07.18 국방부, 연예병사제도 16년 만에 폐지

07.18 김은주, 『1㎝+』(허밍버드) 출판

07.18 충남 태안군에서 해병대 캠프에 참가했던 공주사대부고 학생 중 5명 실종

07.25 요나스 요나손, 『창문 넘어 도망친 100세 노인』(열린책들) 출판

07.25 김영하, 『살인자의 기억법』(문학동네) 출판

08.00 뉴라이트계열 학자 만든 교학사의 고교 한국사 교과서, 교육부 검정에 최종 합격

08.01 영화, '설국열차'(감독:봉준호, 배우:크리스 에반스·송강호·에드 헤리스 등) 개봉

08.05 KBS2드라마, '굿닥터'(출연:주원·문채원·주상욱 등) 첫 방영(~10.8)

08.05 일본 니가타공항서 대한항공 소속 보잉 737기, 활주로 이탈-승객·승무원 116명 무사

08.07 SBS드라마, '주군의 태양'(출연:소지섭·공효진·서인국 등) 첫 방영(~10.3)

08.14 남북한 대표, 개성공단 관련 5개 조항 합의서 채택-133일 만에 타결

08.14 2014년도 중학교(1~2)·초등학교(3~4) 사회·과학 디지털교과서 시범 적용 학교 선정

08.27 2017학년도 대입시부터 A·B형 '선택형 수능' 전면 폐지, 한국사 필수 발표

08.28 광주시 광산구 신촌동 신야촌 상공에서 훈련 중인 'T-50 공군 훈련기' 추락-2명 사망

08.31 KBS2드라마, '왕가네 식구들'(출연:장용·김해숙·오현경 등) 첫 방영(~2014.2.)

08.31 대구역에서 무궁화호와 KTX 추돌-경부선 상하행선 전면 중단

09.04 국회, '이석기 의원 체포동의안' 가결-이석기 의원 구속(2015.1. 징역 9년, 자격정지 7년)

09.04 노태우 전 대통령, 미납 추징금 230억원 자진 납부-16년 만에 노태우비자금사건 종결

09.11 영화, '관상'(감독:함재림, 주연:송강호·이정재·백윤식 등) 개봉

09.23 대구 대명동 가스 폭발 사고 발생

09.25 기초연금안 발표-65세 이상 하위 70%에 국민연금 가입기간 따라 10~20만 원 지급

09.25 『바보들의 행진』의 소설가 최인호(1945~2013) 사망

09.30 채동욱 검찰총장, 혼외 아들 문제로 사퇴-국가정보원의 대선·선거개입 의혹 관련

10.01 동양그룹 해체-1957. 동양시멘트 설립 모체

10.01 캐나다 몬트리올에서 국제민간항공기구 총회 개최-한국, 이사국 5연임 성공

10.08 24호 태풍 다나스의 영향, 제주도와 동해안, 남해안에 최대 200mm 강수량 기록

10.09 SBS드라마, '상속자들'(출연:이민호·박신혜·김우빈 등) 첫 방영(~12.11)

10.09 한글날, 공휴일로 재지정-1990.11. '국군의 날' 함께 법정공휴일에서 제외

10.11 경북 영덕군 동쪽 22km 해역에서 규모 3.6의 지진 발생

10.12 조항조, '사랑 찾아 인생 찾아'(작사·작곡 엄시엽) 발표-'왕가네 식구들' OST

10.16 포항시 영일만 앞바다에서 파나마국적 선박 침몰-선원 8명 사망

10.00 STX그룹 해체-1976. 쌍용중공업 설립, 2001.5. STX로 개명, 2004.4 (주)STX 출범

11.01 근로정신대 할머니들, 미츠비시 중공업을 상대로 14년 만에 승소

11.01 프로야구 한국시리즈, 삼성 라이온즈가 두산 베어스를 7대 3으로 꺾고 3년 연속 우승

11.02 포항운하 개통-동빈대교·형산강을 남북으로 잇는 물길로 총길이 1.3km(2012.5.~)

11.07 2014학년도 수능시험 실시-지원자 650,747명, 응시자 606,813명(93.2%)

11.13 경북 영덕군 병곡면 고래불해수욕장 부근 한서대 소속 경비행기 추락-3명 사망

11.13 푸틴 러시아 대통령 방한, 러시아 하산·북한 나진항 54km 구간 철로 개·보수 등 MOU체결

11.16 강남구 삼성동 아이파크에서 LG 전자소속 헬기가 충돌, 2명 사망

11.19 일제강점기 관동대지진 학살사건·강제 징용·3.1운동 피살자 명부 등 최초 공개

11.20 강신주, 『강신주의 감정수업』(민음사) 출판

11.27 부산 영도구와 중구를 연결하는 영도대교, 47년 만에 도개교로 개통

11.30 분당선 망포역~수원역 개통, 전 구간 개통

12.00 서울 마포구 상암 DMC의 'MBC 신사옥'과 'YTN 미디어센터' 준공

12.05 2017년 FIFA U-20 월드컵, 유치 성공-2017.5. 수원·전주·인천·대전·천안·제주 등지 개최)

12.07 자국 영토·영공의 방어목적의 '방공식별구역', 62년 만에 확장-이어도·홍도·마라도 포함

12.09 코레일 민영화 반대, 철도노조 22일간 역대 최장 파업 강행(~12.30)

12.10 고려대 학생, 안암동 정경대 후문에 붙인 '안녕들 하십니까?' 대자보 사회 문제로 부각

12.12 북한, 장성택(1946~2013) 국방위 부위원장, 특별군사재판 후 처형

12.20 CNBULE, 'I'm Sorry' 발표

12.24 조조 모예스, 『Me Before You』(살림) 출판

12.26 한국수력원자련 원전비리사건 적발-박영준 전 지식경제부 차관 등 130여 명 기소

12.27 국토교통부, 수서발 경부고속선 자회사 면허 발급

▨▨▨▨▨▨▨▨▨▨▨▨▨

01.21 [미국] 버락 오바마 대통령, 제2기 임기 시작

01.27 [브라질] 산타마리아 시내 나이트클럽에서 화재 발생, 230여명 사망

02.06 [솔로몬 제도] 규모 8의 강진 발생-1.5m의 쓰나미로 최소 5명 사망, 3명 부상

02.15 [러시아] 우랄산맥에서 운석이 낙하, 첼랴빈스크 주민 1000여 명 부상

02.28 [국제] 교황 베네딕토 16세 사임

02.26 [이집트] 룩소르 서안 쿠르나에서 열기구 폭발-19명 사망

02.26 [국제] 마이크로소프트, 윈도우 7·윈도우 서버 2008 R2용 인터넷 익스플로러 10 출시

03.13 [국제] 아르헨티나 출신의 호르헤 마리오 베르고글리오 추기경, 새 교황에 선출

03.22 [국제] 푸틴·시진핑, 모스크바 회담-영토주권 상호존중, 러시아 가스 수출 협력 등 합의

04.06 [아프가니스탄] 나토군의 공습으로 민간인 12명 사망

04.08 [영국] 전 총리 마거릿 대처(1925~2013) 사망

04.13 [일본] 효고 현 아와지 섬 부근에서 리히터 규모 6.0 지진 발생

04.15 [미국] 보스턴 마라톤경기 중에 폭탄 테러 발생, 최소 12명 사망, 100만여 명 부상

04.17 [미국] 텍사스주 웨스트에서 비료 공장 폭발-40여 명 사망, 100명 이상 부상

04.20 [중국] 쓰촨 성 야안시 루산현에서 규모 7.1 강진 발생-190여 명 사망

04.20 [방글라데시] 다카 외곽 사바르 공단 8층 건물 라나 플라자 붕괴- 3000여 명 사망

06.11 [중국] 네이멍구 주취안 우주센터에서 유인 우주선 선저우 10호 발사 성공

06.14 [노르웨이] 국회, 유럽 국가 최초로 여성의 병역 의무 제도 통과(2015년부터 시행)

07.03 [인도네시아] 수마트라섬 아체주에서 6.1 강진 발생-최소 22명 사망, 200여명 부상

07.07 [캐나다] 퀘벡주에서 원유를 실은 화물열차 탈선, 폭발-5명 사망, 100여명 실종

07.21 [일본] 연립여당 자민당·공명당, 참의원 선거에서 과반 확보-아베 정권 3년 집권 가능

07.22 [중국] 간쑤성에서 규모 6.6 강진 발생-94명 사망, 800여 명 부상

08.14 [이집트] 라흐다 광장에서 군인과 경찰, 시위대에 무차별 총격-2000여 명 사망

08.16 [필리핀] 세부 인근서 여객선 아퀴나스호, 화물선과 충돌-최소 40명 사망, 80명 실종

08.18 [일본] 가고시마현의 사쿠라지마 화산, 대규모 분화-5,000m 상공까지 연기

08.21 [시리아] 정부군, 수도 다마스쿠스 인근을 화학무기로 공격-1,300여 명 사망

09.21 [케냐] 나이로비의 대형 쇼핑몰에서 무장괴한 총기 난사-72명 사망

10.03 [중국] 산시성에서 말벌 기승-41명 사망, 1,700여 명 부상

10.04 [국제] 이탈리아 람페두사섬 해역에서 아프리카 난민 선박 침몰-113명 사망

10.16 [라오스] 라오항공 301편 국내선 여객기, 라오스 메콩강으로 추락-한국인 등 49명 사망

11.08 [필리핀] 초대형 태풍 하이옌, 필리핀 중부에 상륙-12,000명 사망

11.15 [중국] 제18기 중앙위원회 3중전회에서 한 자녀 정책 완화, 노동교화제 폐지 결정

11.23 [중국] 동중국해에 방공식별구역 선포-이어도와 센카쿠 열도 포함, 외교 분쟁
11.29 [국제] lSON 혜성, 1,168,000 ㎞ 거리로 근일점 통과
11.30 [미국] 영화 배우, 폴 워커(Paul walker, 1973~2013) 사망
12.05 [남아프리카공화국] 넬슨 만델라(1918~2013) 전 대통령, 95세의 나이로 사망
12.14 [중국] 달 탐사위성 창어 3호, 달 착륙에 성공-미국, 러시아에 이어 3번째
12.26 [일본] 아베 신조 일본 총리, 야스쿠니 신사 참배 강행
12.31 [이라크] 제2차 이라크 전쟁 발발

2014 갑오(甲午) 단기4347 박근혜2
오바마/시진핑/아베/푸틴

01.01 공익근무요원 명칭, '사회복무요원'으로 변경
01.01 도로명 주소 사업 전면 시행-2011.7월 이후 기존 지번 주소 병기 허용
01.01 모든 PC방에서의 흡연자 강제 처벌
01.10 수서고속철도(SR) 법인 출범(2016.12. 개통)
01.12 천주교 서울대교구장 염수정 대주교, 추기경에 임명-2.22. 서임, 3번째 추기경
01.15 정여울, 『내가 사랑한 유럽 TOP 10』(홍일출판사) 출판
01.16 에니메이션, '겨울왕국'(감독:크리스 벅·제니퍼 리) 개봉
01.17 설민석, 『설민석의 무도 한국사 특강』(휴먼큐브)
01.18 KB국민카드·NH농협카드·롯데카드 등, 개인정보 약 1억여 건의 개인정보 유출
01.20 한석우 코트라 리비아 무역관장, 리비아 무장괴한 4명에 피랍-1.22. 무사히 구출
01.22 영화, '수상한 그녀'(감독:황동혁, 배우:심은경·나문희·박인환 등) 개봉
01.31 여수시 앞바다에서 유조선에 의한 기름 유출 사고
02.06 동해안 폭설, 1911년 기상관측 이래 최장 적설(~2.14)-금강산일대 누적 적설량 230㎝
02.06 서울 아현고가도로, 46년 만에 철거
02.06 씨스타 소유, '정기고-썸' 발표
02.08 일본 간토·도호쿠지방, 기록적인 폭설-11명 사망, 1000여 명 부상
02.08 프란치스코 교황, 순교자 윤지충 등 123위, 시복청원자 4명 등 시복

02.10 효린, 'Let It Go(렛잇고)' 발표

02.12 북측 요구로 6년 2개월 만에 차관급 남북고위급회담(평화의집) 개최

02.12 두 번째 남극기지, 장보고과학기지 개설

02.13 영화, '로보캅'(감독:호세 파딜라, 배우:조엘 킨나만·사무엘 L. 잭슨 등) 개봉

02.14 남북고위급회담 개최(판문점)-이산가족 상봉의 정상적 추진·비방 중상 중단 등 합의

02.15 부산광역시 남외항에서 기름 유출

02.16 이집트 시나이 반도의 타바에서 한국인 관광버스, 무장단체의 폭탄 테러-한국인 2명 사망

02.17 경주 마우나리조트 붕괴-10명 사망, 103명 부상

02.20 제18차 남북이산가족 상봉 행사, 금강산에서 개최

02.25 〈경제혁신3개년계획〉 발표-잠재성장률 4%·고용률 70%, 1인당 국민소득 4만 불 달성

02.27 북한, 안변군 깃대령서 사거리 200㎞ 이상 탄도미사일 발사-한미연합 '키 리졸브 훈련'

02.27 황우석, 줄기세포 연구조작·연구비 횡령으로 징역 1년 6개월, 집행유예 2년 선고

02.28 KIA 타이거즈 홈구장, 광주-KIA 챔피언스 필드 정식 개장

03.00 GM, '쉐보레 말리부 디젤' 출시

03.03 북한, 사거리 500㎞ 이상 스커드C 개량형(혹 700㎞ 이상의 스커드ER) 미사일 발사

03.04 북한, 원산 호도반도 인근에서 방사포 3발, 300㎜ 신형 방사포 1발 발사

03.10 경남 진주시 대곡면 파프리카 비닐하우스에서 70여 년 만에 운석 발견

03.10 신준모, 『어떤 하루』(프롬북스) 출판

03.19 송파동 석촌호수 사거리에서 버스 사고-2명 사망, 15명 부상

03.21 자하 하디드의 비정형 디자인, 동대문디자인플라자(DDP) 개장(2007.12.~)

03.22 북한, 구 소련식 미사일을 강원도 원산 갈마반도에서 30발 발사

03.24 제3차 핵안보 정상회의 개최지 네덜란드 헤이그에서 한·미·일 정상회담 개최

03.24 경기 파주에서 청와대와 수도권 지역 사진 193장이 찍힌 무인비행기 추락-북한 소행

03.24 배드키즈, '귓방망이'(작사·작곡 DanDi) 발표

03.26 신유, '일소일소 일노일노(一笑一少 一怒一老)'(작사 이경미, 작곡 신웅) 발표

03.28 박근혜 대통령, 독일 드레스덴 공대서 〈한반도 평화통일을 위한 구상〉 발표-통일대박론

03.31 북한, 서해 NLL 해상에 해안포 사격을 가하여 백령도와 연평도 주민 대피

04.01 충남 태안군 앞바다에서 규모 5.1의 지진 발생

04.07 경기도 연천 제28보병사단 폭행사망 사건-1명 사망

04.07 악동뮤지션, '200%'(작사·작곡 이찬혁) 발표

04.10 한국판 여고생 콘크리트 살인 사건 발생

04.11 부산항대교(영도구 청학동↔남구 감만동) 준공-총연장 3,368m(2006.12.~)

04.15 경기도 안산시 단원구 안산스마트허브 3층 화학물질 제조공장 폭발-사상자 3명

04.16 세월호 참사, 탑승 476명 중 172명(단원고 75명) 구조-297명(학생 245명) 사망, 9명 실종

04.20 국내 국가정원 1호, 순천만정원 개장-순천시 풍덕·오천동 일대 111만㎡ 규모

04.25 버락 오바마 대통령 방한-전작권 전환 연기 등 합의

04.28 남해고속도로 제2지선 서부산TG↔사상IC 구간, 왕복 8차로로 확장 개통

05.01 부산시 범전동·연지동 일대 '부산시민공원' 개장-총면적 47만3279㎡(2011.8.~)

05.01 임형주, '천개의 바람이 되어'(작사 임형주, 작곡 Arai Mann) 발표

05.02 상왕십리역 열차 충돌 사고-238명 부상

05.07 EXO-K, '중독' 발표

05.10 삼성그룹 회장 이건희, 급성 심근경색으로 삼성서울병원에 입원-2020.10. 사망

05.12 ITX-새마을, 영업 개시

05.19 박근혜 대통령, '해양경찰청 해체' 방침 발표-2014.11. 폐지, 2017.7. 신설

05.19 수도권 전철 4호선 금정역에서 전동차 절연장치 폭발-11명 부상

05.19 공익근무 요원, 부산 센텀시티의 신세계백화점에 테러 협박전화-300여 명 대피 소동

05.20 닌텐도 DS, Wii의 Wi-Fi 서비스 종료

05.22 박근혜 대통령, 국무총리로 안대희 전 대법관 지명-5.28. 전관예우 논란에 사퇴

05.24 서울지하철 9호선, 마곡나루역 개통

05.26 고양종합터미널 화재-8명 사망, 110명 부상

05.26 카카오톡, Daum과 합병, '다음카카오' 출범

05.27 강변대로 덕천IC↔양산 구간 개통

05.28 도곡역 방화 사건-1명 부상

05.28 전남 장성 효사랑요양병원 화재-21명 사망, 8명 부상

05.30 제19대 2기 국회의장, 새누리당 정의화(1948~) 의원 선출(~2016.5.)

06.03 태양, '눈, 코, 입'(작사·작곡 TEDDY) 발표

06.04 제6회 전국동시지방선거 실시-새누리당·새정치민주연합 양당 간의 세력 균형

06.10 박근혜 대통령, 국무총리에 문창극 전 중앙일보 주필 지명-6.24. 논란에 자진 사퇴

06.12 2014 FIFA 월드컵 브라질 개최(~7.13)-한국, 16강 진출 좌절, 27위

06.19 인천경제자유구역 송도국제도시에 '동북아무역타워'(높이 305m) 준공

06.21 강원도 고성 제22보병사단(율곡부대) 총기 난사-5명 사망, 9명 부상

06.22 제38차 세계유산위원회(카타르 도하)에서 '남한산성' 세계유산 등재

06.26 부산국제금융센터(BIFC) 완공-지상 63층, 지하 4층, 높이 289m(2008~)

06.30 인천공항행 KTX열차 개통-하루 왕복 20회(상행 10회, 하행 10회) 운행

07.01 주민투표로 충북 청주시와 청원군 통합, '청주시'로 확정

07.03 시진핑 중국 국가 주석 국빈 방한-한반도 비핵화, 한중FTA의 조속한 체결 등 합의

07.16 수도권 광역버스 직행좌석버스 입석 금지

07.17 광주광역시 수완지구에서 강원소방본부 소속 헬기 추락-5명 사망, 1명 부상

07.21 씨스타, 'Touch my body(작사·작곡 블랙아이드필승)' 발표

07.22 세월호 사건 관련, 구원파 교주 유병언이 변사체로 발견

07.22 태백역~문곡역 구간에서 서울행 무궁화호와 관광열차 2대 충돌-1명 사망, 80명 부상

07.25 장하준, 『장하준의 경제학 강의』(부키) 출판

07.30 영화, '명량'(감독:김한민, 배우:최민식·류승룡·조진웅 등) 개봉

07.00 〈지방대학육성법〉 시행-의대·지방의 한의대·치대·약대 등 지역인재 35% 이상 채용

08.01 최경환 부총리, DTI·LTV 등 부동산 규제완화·대출총량 확대 등 경기부양책 발표(초이노믹스)

08.00 GM대우, '다마스'·'라보' 생산 재개

08.05 경기도 고양시 한류월드에 EBS 통합사옥 착공(~2016.10.)

08.06 영화 '해적: 바다로 간 산적'(감독:이석훈, 배우:김남길·손예진 등) 개봉

08.08 신채연·김태희, '세쌍둥이송'(작사·작곡 김지윤) 발표

08.14 교황 프란치스코 방한-1989년 세계성체대회 참석한 교황 요한 바오로 2세 이후 25년만

08.16 KBS2드라마, '가족끼리 왜 이래'(출연:유동근·김현 주 등) 첫 방영(~2015.2.15.)

08.25 동남권(부산·울산 등지) 폭우, 최고 269㎜-특별재난구역 선포, 14명 사망·실종

08.26 전남 해남군에 수십억 마리의 메뚜기떼, 농경지 습격, 큰 피해 발생

08.28 무라카미 하루키, 『여자 없는 남자들』(문학동네) 출판

08.28 백종원, 『백종원이 추천하는 집밥 메뉴 52』(서울문화사) 출판

08.31 MBC 상암사옥 시대 개막

09.03 걸그룹 '레이디스 코드' 영동고속도로 마성IC부근서 교통사고-멤버 은비, 리세 사망

09.12 교육부, 교육과정개정안 발표-2018학년 이후 고등학교 문·이과 구분 폐지 등

09.12 〈공교육정상화촉진특별법〉(선행학습금지법) 시행-선행교육금지·선행학습 유발 평가 금지

09.19 인천시에서 17회 하계 아시안게임 개최-한국 2위 달성, 폐막식에 북한 인사 참석

09.22 JTBC, 'JTBC 뉴스룸' 첫 방송

09.30 전남 신안군 홍도 근해에서 유람선 '바캉스호' 좌초-탑승자 109명 전원 구조

10.01 서부산TG에서 국내 최초로 스마트톨링 상용화-차세대 요금징수시스템 구축

10.04 북한 노동당 비서 최룡해 등, 인천 아시안게임 폐막식에 참석, 남북고위급 회담 개최

10.10 북한, 경기도 연천군 합수리 일대에서 시민단체가 날린 대북전단에 총격

10.17 판교테크노밸리 축제 환풍구 붕괴-16명 사망, 11명 부상

10.18 MBC드라마, '장밋빛 연인들'(출연:이장우·한선화 등) 첫 방영(~2015.4.12.)

10.22 경기도 김포시에 위치한 애기봉 등탑, 43년 만에 철거

10.24 국방부, 전시작전권 2020년대 중반 전환 연기, 미국 측과 합의-2015년 전작권 전환 포기

10.25 MBC드라마, '전설의 마녀'(출연:한지혜·하석진 등) 첫 방영(~2015.3.8.)

10.27 제주시에서 제95회 전국체전 개막(~11.3)-1위 경기, 2위 서울, 3위 경남

10.30 헌법재판소, 국회의원 선거구의 인구 상한을 2:1로 확정

10.31 세월호참사특별법·정부조직법 개정안 통과-국민안전처 신설, 해경·소방방재청 해체·흡수 확정

11.04 월 스트리트 저널, '한국의 혼란스런 성장 계획'이란 사설로 초이노믹스 비판

11.05 수도권 전철 국철 구간에서 최초로 1회권 발매금액의 현금영수증 발급

11.06 영화, '인터스텔라'(감독:크리스토퍼 놀란, 배우:매튜 맥커너히·앤 해서웨이 등) 개봉

11.10 한중 FTA 공식 타결-고주파 의료기기·항공등유 등 958개 품목, 관세 즉시 철폐

11.11 한국프로야구 삼성 라이온즈, 한국시리즈 우승-프로야구 최초 통합 4연패 달성

11.13 2015학년도 수능시험 실시-지원자 640,619명, 응시자 594,617명(92.9%)

11.15 한국-뉴질랜드 FTA 공식 타결-7년 이내에 관세 100% 철폐(2015.12. 발표)

11.16 전남 담양군의 한 펜션에서 화재 발생- 4명 사망, 6명 부상

11.07 〈4·16 세월호 참사 진상규명 및 안전사회 건설 등을 위한 특별법〉 타결-특조위 설립 등

11.17 국무회의 긴급 안건으로 '통합진보당 해산 청구 안건' 상정, 의결

11.17 기시미 이치로. 고가 후미타케, 『미움받을 용기 1』(인플루엔셜) 출판

11.21 구리 암사대교와 용마터널 개통-아차산(구리시↔광진구) 동서로 관통, 길이 2,565m

11.24 Apink, 'LUV'(작사·작곡 신사동 호랭이) 발표

11.28 세계일보, 정윤회의 비선실세 국정개입 의혹 보도-청와대, 세계일보 고소·검찰에 수사 의뢰

12.01 베링해에서 60명이 승선한 사조산업 501오룡호 침몰-1명 사망, 8명 구조, 51명 실종

12.02 2015년도 새해 예산안(375조4000억 원), 2002년 이후 12년 만에 법정시한 내 처리

12.03 담배값, 2500원에서 4500원으로 인상 확정(2015.1.1. 시행)

12.04 수원 토막 시체 유기 사건 발생-12.11. 범인 중국 조선족 남성 박춘풍 검거

12.05 동해 중부선 '삼척시↔영덕군 구간' 착공

12.05 조현아 대한항공 부사장 '땅콩회항' 사건-대한항공 086편 이륙 지연, 국가이미지 실추

12.09 한국수력원자력, 원전 도면 등 자료 인터넷 유출

12.10 전북 익산에서 우익 성향의 고3 남학생, 신은미 토크 콘서트 테러-부상 2명

12.11 한-아세안 특별정상회의, 부산 BEXCO에서 개최

12.13 연천드라마 세트장에서 화재 발생-제작진 1명 사망

12.17 영화, '국제시장'(감독:윤제균, 배우:황정민·김윤진·오달수 등) 개봉

12.18 영화, '변호인'(감독:양우석, 배우:송강호·김영애·오달수 등) 개봉

12.19 헌법재판소, 통합진보당 정당 해산 판결, 헌정 최초-모든 통합진보당 의원, 의원직 상실

12.20 신촌에서 '솔로대첩' 개최-참가 예약자 총 1,200명 중 90%이상 참여, 성비 '1:1'

12.23 세종특별자치시 정부세종청사 완공

12.26 고리원자력 발전소 신 3호기 건설현장 가스 누출-3명 사망

12.27 수도권 전철 경의선 공덕역↔용산역 구간 개통-경의선과 수도권 전철 중앙선 연결

12.29 웨이슈잉, 『하버드 새벽 4시 반:최고의 대학이 청춘에게 들려주는 성공 습관』 출판

▨▨▨▨▨▨▨▨▨▨▨▨▨▨

01.03 [캄보디아] 프놈펜에서 훈 센 퇴진 요구-경찰 발포로 5명 사망, 20여 명 부상

01.16 [이집트] 새 헌법 통과로 군부가 다시 집권

01.22 [태국] 반정부 시위로 60일 동안 국가 비상사태 선포

02.00 [우크라이나] 러시아의 크림반도 무력 점령

02.03 [미국] 재닛 옐런, 여성 최초로 미국 연방준비제도 의장에 취임

02.07 [러시아] 소치 동계올림픽 개막-한국 13위(금 3, 은 3, 동 2)

02.11 [알제리] 알제리 공군 C-130 추락-77명 사망, 1명 부상

03.01 [중국] 윈난성 쿤밍역 칼부림 테러-33명 사망, 143명 부상

03.00 [서아프리카] 에볼라 유행-6,915명 사망(12월 중순)

03.08 [말레이시아] 말레이시아항공 370편 사고-241명 실종

03.11 [우크라이나] 크림 자치공화국 의회, 공식적으로 분리 독립 결의

03.24 [국제] 네덜란드 헤이그에서 제3차 핵안보정상회의가 개최-박근혜 대통령 참석

04.08 [국제] Windows XP SP3의 연장 지원 종료, Windows 8.1 발표

04.17 [베트남] 경제문제 등으로 '2019 아시안 게임' 개최권 반납 선언

04.30 [중국] 신장위구르자치구 우루무치역 자살 폭탄 테러-3명 사망, 79명 부상

05.03 [아프가니스탄] 바다흐샨서 산사태로 2,100명 사망-정부, 시신찾기 포기 집단무덤 선언

05.13 [터키] 매시나주 소마 탄광 붕괴-301명 사망

07.01 [일본] 아베 신조 내각, 헌법 해석 변경, 집단적 자위권 행사 가능

07.15 [러시아] 모스크바지하철 아르바트스코-포크롭스카야선서 탈선-23명 사망, 160여명 부상

07.17 [우크라이나] 말레이시아항공 17편 피격-298명 사망

07.18 [국제] 서아프리카 기니에서 시작한 에볼라 유행 감염자, 1천여 명 돌파

07.23 [대만] 푸싱항공 소속 여객기, 비상착륙을 시도하다 51명 사망, 7명 부상

07.24 [알제리] 알제리항공 AH5017편 추락-승객·승무원 116명 전원 사망

07.28 [국제] 제1차 세계대전 발발 100주년

07.00 [팔레스타인] 가자지구 분쟁-2000여 명 사망, 10000여 명 부상(8월 말)

08.03 [중국] 윈난성 자오퉁시 루뎬현에서 진도 6.5 지진 발생- 360여 명 사망·실종

08.06 [방글라데시] 여객선 침몰-125명 이상 사망

08.09 [미국] 미주리주 퍼거슨 시에서 흑인 청년, 백인 경찰의 총에 사망-대규모 폭동 발발

08.15 [이집트] 파나마 운하, 개통 100주년(1914~2014)

08.20 [일본] 히로시마에서 폭우로 대규모 산사태 발생- 49명 사망, 최소 41명 실종

09.03 [인도] 인도와 파키스탄 호우로 405명 이상 사망, 2,500개 마을 침수

09.12 [말레이시아] 여객선 침몰, 150여 명 사망

09.18 [스코틀랜드] 영국 연방에서의 분리독립 주민투표 실시-독립 부결

09.27 [일본] 나가노현 온타케 화산 분화-사망 37명 등 총 70여 명의 사상자 발생

09.28 [홍콩] 우산 혁명-중국 정부의 새 행정장관 선출방안이 비민주적이라 항의

12.04 [러시아] 체첸의 그로즈니에서 시가전 발생-26명 사망

12.18 [미국] 오바마 대통령, 쿠바와의 적대 관계 청산, 국교 정상화 선언

12.31 [중국] 상하이 천이광장에서 신년맞이 행사 중 압사사고 발생-36명 사망, 47명 부상

2015 을미(乙未) 단기4348 박근혜3

오바마/시진핑/아베/푸틴

01.01 강릉문화방송·삼척문화방송 통합, 'MBC강원영동' 출범

01.01 담배값 80% 인상-2500원→4,500원

01.01 한국-캐나다, FTA 발효

01.08 걸 그룹 '쥬얼리', 데뷔 14년 만에 해체

01.08 인천 어린이집 4살배기 원아 폭행 사건 발생-CCTV 설치 의무화 주장 제기

01.10 의정부시 의정부동의 아파트에서 대형화재 발생-4명 사망, 124명 부상

01.12 4·16세월호참사피해구제·지원 등을 위한 특별법 제정-배보상, 피해자·피해지 지원 등

01.13 Windows 7·Windows Server 2008·Windows Server 2008 R2 일반 지원 종료

01.16 강원 횡성군 공근면 공근리 부근 중앙고속도로 부산방면 345㎞ 지점서 43중 추돌

01.20 부산 국제단편영화제, 단편 영화제로는 국내 최초로 아시아영화진흥기구에 가입

01.21 영화, '빅 히어로'(감독:돈 홀, 배우:크리스 윌리엄스·다니엘 헤니 등) 개봉

01.26 대법원, 1974년 울릉도간첩단 사건 재심 판결-41년 만에 4명 전원 무죄 확정

01.29 택시, '3진 아웃제' 도입-2년 내 3회 이상 승차거부 시 60만원 과태료, 사업자 면허 취소

01.31 미국여자프로골프 투어에서 최나연 선수, 코츠 골프 챔피언십 우승 차지

01.00 쌍용자동차, '티볼리' 출시

01.00 김 군(18세), 한국인으로서는 처음으로 IS에 가담

02.01 해군 제9잠수함전단, 소장급 장교가 지휘하는 '잠수함사령부'로 승격

02.04 채사장, 『지적 대화를 위한 넓고 얕은 지식;현실너머 편』(한빛비즈) 출판

02.08 북한, 원산 일대에서 단거리 전술 미사일 5발, 동해상으로 발사

02.08 한진섭 선수, 네덜란드 헤이그 국제사격대회에서 창설 38년 만에 최초 3관왕 달성

02.11 'EBS 2TV' 개국-EBS TV의 채널명, 'EBS 1TV'로 변경

02.11 영종대교에서 106중 연쇄 추돌 사고 발생-2명 사망, 65명 부상

02.11 영화, '조선명탐정:사라진 놉의 딸'(감독:김석윤, 배우:김명민·오달수·이연희 등) 개봉

02.11 영화, '킹스맨:시크릿 에이전트'(감독:매튜 본, 배우:콜린 퍼스·태런 에저튼 등) 개봉

02.13 미얀마 양곤 국제공항에서 대한항공 472편, 방콕에어웨이즈 항공 여객기와 충돌

02.16 일본과 체결한 통화 스와프, 14년 만에 중단

02.16 제43대 국무총리 이완구 취임-4.27. '성완종 리스티' 연루로 사임

02.26 헌법재판소, 1953년 제정된 간통죄를 위헌으로 판결-간통제 폐지

03.02 북한, 키 리졸브훈련에 단거리 탄도미사일 2발 동해로 발사

03.03 〈부정청탁 및 금품 등 수수의 금지에 관한 법률〉(김영란법) 국회 통과-9.28. 시행

03.05 세종문화회관에서 마크 리퍼트 주한 미국 대사, 흉기에 부상

03.12 가야 고분군, 유네스코 세계유산에 우선 등재 추진대상에 선정

03.13 전남 신안군 가거도에서 해양경찰 소속 헬기 추락-3명 사망, 1명 실종

03.17 문화재청, '제주 흑돼지'를 천연기념물 550호로 지정

03.22 강화 동막해수욕장 부근 야영지(캠핑장)에서 화재 발생-5명 사망, 2명 부상

03.23 한국-뉴질랜드, 자유무역협정에 정식 서명

03.25 영화, '스물'(감독:이병헌, 배우:김우빈·준호·강하늘 등) 개봉

03.26 다섯 번째 다목적실용위성 아리랑 3A호, 러시아 야스니 발사장에서 성공적으로 발사

03.26 아시아인프라투자은행에 정식 가입 결정, 35번째 가입국

03.28 서울지하철 9호선 2단계, 신논현역↔종합운동장역 연장 구간 개통

03.30 EXO, 'CALL ME BABY'(작사·작곡 Teddy) 발표

03.31 KT·LGU+, 신규가입자의 가입비 폐지-이동통신 3사 가입비, 19년 만에 전면 폐지

04.02 신경주역↔포항역 간 신선 개통 및 KTX 영업 개시

04.02 호남고속철도(서울↔목포) 개통(2009.7.~)

04.03 북한, 평북 철산군 동창리 일대에서 단거리 미사일을 서해로 4발 발사

04.04 KBL챔피언 결정전, 울산 모비스가 원주 프로미를 81대 73으로 승리-3년 연속 우승

04.09 이명박정부의 자원외교 비리수사에 성완종 경남기업 회장 자살-'성완종 리스트' 발견

04.14 아시아나항공 A320 여객기, 일본 히로시마 공항에서 활주로 이탈-23명 부상

04.22 미국과 4년 6개월 만에 '한미원자력협정' 타결-우라늄 저농축과 재처리 가능

04.22 가짜 백수오 파동-여성갱년기 증상 완화, 마법의 약 '백수오 제품' 90% 이상 가짜

04.23 영화, '어벤져스:에이지 오브 울트론'(감독:조스 웨던, 배우:로버트 주니어 등) 개봉

04.27 이완구 국무총리 사임에 최경환 경제부총리, 53일간 국무총리 대행(~6.18)

04.29 한국전력공사, 요르단에 세계 최대 57만3000㎾급 IPP3 디젤발전소 준공

04.30 경기도 이천시 SK 하이닉스 이천공장 신축공사장에서 가스 누출-3명 사망

05.01 빅뱅, 'LOSER'(작사·작곡 TEDDY) 발표

2015

05.06 대법관 후보 박상옥의 임명 동의안, 100일 만에 국회 통과

05.09 북한, 잠수함 탄도미사일 발사 성공-긴급 국가안전보장회의(NSC) 상임위원회 개최

05.13 서초구 육군 52사단 예비군 훈련장에서 예비군의 총기사고 발생-사망 3명, 부상 2명

05.14 영화, '매드 맥스:분노의 도로'(감독:조지 밀러, 배우:톰 하디·샤를리즈 테론 등) 개봉

05.14 '강기훈 유서대필 조작 사건' 24년 만에 대법원에서 무죄 판결

05.15 KBS2드라마, '프로듀사'(출연:차태현·공효진·김수현 등) 첫 방영(~6.20)

05.20 바레인서 입국 한국인, 첫 중동호흡기증후군 '메르스 환자' 발생-186명 감염, 38명 사망

05.20 프레드릭 배크만, 『오베라는 남자』(다산책방) 출판

05.23 일본 도쿄에서 2년 6개월 만에 한일 재무장관 회의 개최

05.27 미국 육군 탄저균 샘플, 주한미군 오산 공군기지에 배달-22명 노출

05.31 대법원, 1964년 '인혁당사건'에 대해 반세기만에 무죄 판결 확정

06.01 울산대교 개통-울산 남구 매암동↔동구 화정동 연결, 1,800m 현수교(2009.11.~)

06.01 국내에서 메르스로 인한 첫 사망자 발생

06.08 제44대 국무총리 황교안 임명(~2017.5.)

06.09 부산 기장군 '고리원자력 1호기', 37년 만에 영구 정지(1978.4.~)

06.10 제7회 아시아 리듬체조 선수권대회, 충청북도 제천시에서 개막

06.10 메르스 사태로 박근혜 대통령의 6월 14일~19일까지 미국 공식 방문 일정 취소

06.11 영화, '쥬라기 월드'(감독:콜린 트레보로우, 배우:크리스 프랫 등) 개봉

06.20 박근혜정부 출범 최초로 윤병세 외무부 장관, 일본 방문-2011.8. 이후 3년9개월 만

06.22 한일국교정상화 50주년 맞아 서울·도쿄에서 각각 리셉션 개최, 한일 정상 참석

06.22 허준 『동의보감』, 국보로 승격-국보 제319호

06.23 서울시에 유엔인권사무소 공식 개소

06.23 제주시에서 카페리 여객선 레드펄호, 추자도에서 좌초-탑승객 123명 전원 구조

06.24 영화, '연평해전'(감독:김학순, 배우:김무열·진구·이현우 등) 개봉

06.27 서울시 대중교통 요금이 인상-지하철 1,250원, 간선 버스는 1,200원 등

06.30 한강 하류구간(잠실대교~행주대교)에 15년 만에 녹조로 인한 조류경보 발령

06.30 평택제천고속도로, 13년 만에 전 구간 완전 개통-동충주IC-제천JC구간 준공

07.01 중국 지린 성에서 한국 지방행정연수원 공무원, 버스 추락 사고로 11명 사망

07.04 백제역사유적지구, 유네스코 세계유산으로 공식 등재

07.09 애니메이션, '인사이드 아웃'(감독:피트 닥터) 개봉

07.13 경주시 양북면 방사성폐기물 16드럼, 국내 처음으로 처분

07.17 삼성물산과 제일모직, 70%의 압도적인 찬성으로 최종 합병

07.17 여수시 남산동의 한 조선소에서 폭발사고 발생-1명 사망, 19명 부상

07.20 김현철, 『어떻게 돌파할 것인가: 저성장시대 기적의 생존전략』(다산북스) 출판

07.22 영화, '암살'(감독:최동훈, 배우:전지현·이정재·하정우 등) 개봉

07.27 메르스 16,693번째 마지막 자가 격리자, 격리에서 해제-12.23. 메르스 종식 선언

07.30 영화, '미션 임파서블: 로그네이션'(감독:크리스토퍼 맥쿼리, 배우:톰 크루즈) 개봉

07.31 거제시에서 통근 버스가 5m 아래로 추락-1명 사망, 수십 명 부상

07.31 동대구역 환승센터 공사 현장 붕괴-12명 부상

08.01 새 우편번호, 6자리에서 5자리로 변경

08.02 서대문구 금화시범아파트, 44년 만에 완전 철거

08.03 SBS드라마, '미세스 캅 1'(출연:김희애·김민종·손호준 등) 첫 방영(~9.29)

08.05 SBS드라마, '용팔이'(출연:주원·김태희·조현재 등) 첫 방영(~10.1)

08.05 영화, '베테랑'(감독:류승완, 배우:황정민·유아인·유해진·오달수 등) 개봉

08.10 파주시 인근 비무장지대에서 북한에 매설한 목함지뢰에 2명 부상

08.15 KBS2드라마, '부탁해요 엄마'(출연:유진·이상우·고두심 등) 첫 방영(~2016.2.14.)

08.15 북한, '0시 30분'을 14일 24시 정각으로 전환-127.5도 기준(2018.5.5. 변경)

08.18 소녀시대, 'Lion Heart' 발표

08.20 한명숙 전 국무총리, 대법원에서 징역 2년·추징금 8억 8천만 원 확정-법정 구속

08.20 영화, '뷰티 인사이드'(감독:백종열, 배우:한요주·김대명·도지한 등) 개봉

08.23 세계유소년태권도선수권 대회, 전북 무주에서 개막

08.25 은평구 진관동 구파발 검문소에서 총기 오발 사고 발생-1명 사망

08.26 대한항공, 국내 최초로 '보잉 747-8i' 도입

08.27 함북 나선시에서 제15호 태풍 피해-40여 명 사망, 1만 1천 여명 이재민 발생

08.00 쉐보레, '임팔라' 출시

09.03 영화, '앤트맨'(감독:페이튼 리드, 배우:폴 러드·마이클 더글라스 등) 개봉

09.05 MBC드라마, '내 딸 금사월'(출연:백진희·윤현민·전인화 등) 첫 방영(~2016.2.28.)

09.16 MBC드라마, '그녀는 예뻤다'(출연:황정음·박서준 등) 첫 방영(~11.11)

09.16 영화, '사도'(감독:이준익, 배우:송강호·유아인·문근영 등) 개봉

09.24 영화, '탐정: 더 비기닝'(감독:김정훈, 배우:권상우·성동일·서영희 등) 개봉

10.05 SBS드라마, '육룡이 나르샤'(출연:김명민·유아인·신세경 등) 첫 방영(~2016.3.22.)

10.07 태연, 'I' 발표

10.12 조해너 배스포드, 『비밀의 정원; (아티스트 에디션)』(클) 출판

10.12 황우여 교육부장관, 한국사교과서의 국정화 발표-2017.5. 문재인정부 폐기

10.26 상주시 중부내륙고속도로 상주터널에서 시너 트럭 전복, 폭발-21명 중경상

10.31 KBO리그 한국시리즈, 두산이 삼성을 꺾고 14년 만에 통산 4번째 우승

11.04 고척스카이돔 개장-넥센 히어로즈 홈구장, 최고 높이 67.59m(2009.2~)

11.05 영화, '검은 사제들'(감독:장재현, 배우:김윤석·강동원 등) 개봉

11.06 tvN드라마, '응답하라 1988'(출연:성동일·이일화 등) 첫 방영(~2016.1.16.)

11.09 영화, '내부자들(감독:우민호, 배우:이병헌·조승우·백윤식 등)' 개봉

11.12 2016학년도 수능시험 시행-지원자 631,184명, 응시자 585,332명(92.7%)

11.14 광화문광장에서 대규모 '제1차 민중총궐기' 시위 전개-2016.9. 백남기 농민 사망

11.20 제52회 대종상영화제 감독상, 윤제균 감독의 '국제시장' 수상

11.22 제14대 대통령 김영삼(1927-2015) 사망

12.01 싸이(PSY), 'DADDY' 발표

12.02 줄다리기, 유네스코 인류무형유산에 등재

12.03 서해안고속도로 서해대교 주탑 케이블 화재 발생-진화 중 소방관 1명 사망, 2명 부상

12.05 서울광장 등 종로와 대학로 일대에서 '제2차 민중총궐기' 시위 전개

12.11 김수민, 『너에게 하고 싶은 말』(쌤엔파거스) 출판

12.13 서울역고가도로, 45년 만에 폐쇄-2017.5. '서울로 7017'로 탈바꿈

12.13 안철수, 새정치민주연합에서 탈당

12.16 영화, '히말라야'(감독 이석훈, 배우:황정민·정우 등) 개봉

12.17 영화, '스타워즈: 깨어난 포스'(감독:에이브럼스, 배우:데이지 리들리 등) 개봉

12.19 광화문광장에서 '제3차 민중총궐기' 시위 전개

12.27 한일 간 '위안부 문제' 타결-12.29. 정부, 최종적·불가역적 합의 선언

12.28 새정치민주연합, '더불어민주당'으로 당명 개명

12.29 조선노동당 비서 김양건(1942-2015), 교통사고로 사망

2015

620

12.31 국가대표 역도선수 사재혁, 망년회에서 후배 황우만 폭행-사재혁, 자격정지 10년 중징계

▨▨▨▨▨▨▨▨▨▨▨▨▨

01.01 [국제] 러시아·벨라루스·카자흐스탄·아르메니아·키르기스스탄, 유라시아경제연합 출범

01.01 [필리핀] 전역에서 무분별한 폭죽놀이로 385명 부상

01.03 [나이지리아] 바가에서 보코 하람이 학살 만행-2,000명 사망

01.07 [프랑스] 주간지 샤를리 엡도 사무실에 이슬람 세력 괴한 침입-총격에 12명 사망

02.04 [타이완] 트랜스아시아항공 ATR 72-600 여객기, 지룽 강에 추락-48명 사망

02.22 [국제] 87회 아카데미상-작품상 버드맨, 남·녀주연상 에디·무어, 감독상 이냐리투 수상

03.11 [미국] 미국-쿠바간의 직통전화, 16년 만에 재개통-4.11. 59년 만에 정상회담 개최

03.20 [인도] 북부 우타르 프레다시에서 열차 탈선-30여명 사망, 150여명 부상

03.20 [예멘] 사나의 모스크 사원에서 폭탄 테러 발생-137명 사망, 300여 명 부상

03.24 [스페인] 저먼 윙스 에어버스 9525편, 프랑스 남부 알프스에 추락-탑승자 150명 전원 사망

04.06 [중국] 푸젠 성 정저우시 화학공장에서 기름 누출로 폭발-3만여 명 대피

04.19 [리비아] 난민선, 지중해에서 전복-600~700여 명 사망

04.22 [칠레] 남부 칼부코 화산, 42년 만에 폭발-주민 1,500명 긴급 대피

04.22 [국제] 애플사 스마트 시계, 미국·일본 등지에서 '애플워치' 판매 시작-6.26 한국 출시

04.25 [네팔] 포카라 동쪽으로 80㎞ 떨어진 지점에서 7.8 강진-수천 명의 사상자 발생

04.28 [미국] 볼티모어에서 일부 흑인들의 대규모 폭동 발생-비상사태 선포, 통행금지령 발령

05.07 [코스타리카] 투리알바 화산 폭발-화산재는 높이 2,500m까지 확산

05.14 [일본] 아베 신조 총리 주재로 국무회의를 개최, 〈집단자위권법안〉 각의 결정

05.20 [중국] 구이저우 성 구이양 시의 9층 아파트 붕괴-21명 매몰, 93명 구조

05.24 [프랑스] 칸 영화제에서 프랑스 영화 '디판(Dheepan)', 황금종려상 수상

06.01 [중국] 양쯔강에서 '둥팡즈싱 호' 침몰-456명 중 14명 구조, 65명 사망, 377명 실종

06.26 [미국] 연방대법원, 미국 모든 주에서의 동성결혼 합법 판결

06.30 [인도네시아] 메단 부근에서 록히드 C-130 허큘리스 군용 수송기 추락-143명 사망

07.14 [오스트리아] 빈에서 13년 만에 유럽연합과 미국, 이란이 핵 협상 타결

07.14 [미국] NASA 무인 우주탐사선 '뉴 허라이즌스호'(2006.1 발사), 명왕성 최근접점 통과

07.29 [국제] 마이크로소프트에서 '윈도우 10' 발표

08.06 [이집트] 이스마일리아에서 제 2수에즈운하 개통

2015

09.14 [일본] 구마모토 현 아소산, 36년 만에 화산 폭발

09.24 [사우디아라비아] 메카에서 이슬람종교의식인 하즈 도중, 압사 사고-최소 700여 명 사망

10.30 [중국] 한 자녀 정책, 35년 만 폐지

10.31 [러시아] 여객기 추락-224명 사망

11.09 [미얀마] 총선에서 아웅산 수치의 민주주의민족동맹, 의원 과반 확보 성공

11.13 [프랑스] 파리에서 이슬람 극단주의(수니파) 추정 세력의 연쇄 테러-120여 명 사망

11.21 [미얀마] 북부 카친주 옥(玉) 광산에서 폐광석 더미 붕괴-75명 사망, 100여 명 실종

11.30 [국제] 국제통화기금, 미국 워싱턴 D.C에서 중국 위안화를 기축통화로 편입

12.20 [중국] 광둥성 선전(深圳)시에서 대규모 산사태 발생-91명 실종, 공단 33개동 매몰

2016 병신(丙申) 단기4349 박근혜4
오바마/시진핑/아베/푸틴

01.02 미래창조과학부·외교부·국토교통부·기상청 등 민원상담번호, '110'으로 통합

01.03 서해안고속도로에서 안개로 인해 17중 추돌 사고-1명 사망, 14명 부상

01.06 북한, 수소탄 핵실험 발표-한국, 확성기 방송, 개성공단 폐지

01.07 수지·백현, 'Dream'(작사 박근태, 작사 김이나) 발표

01.11 히가시노 게이고(양윤옥 역), 『라플라스의 마녀』(현대문학) 출판

01.15 『감옥으로부터의 사색』 작가, 경제학자 신영복(1941~2016) 사망

01.15 장기결석 아동 전수조사 중 부천 초등학생 토막살인 탄로-사건 발생 3년 만에 확인

01.16 TWICE의 대만인 멤버 쯔위, MBC 마이리틀텔레비전 녹화 중 대만기 등장 사과, 논란

01.22 tvN드라마, '시그널'(출연:이제훈·김혜수·조진웅 등) 첫 방영(~3.12)

01.25 여자친구, '시간을 달려서'(작사 임수호, 작곡 용배) 발표

02.02 국민의당 창당(천정배·안철수 공동대표)-2018.2. 바른미래당 창당 이후 해산

02.03 영화, '검사외전'(감독:이일형, 배우:황정민·강동원 등) 개봉

02.03 혜민, 『완벽하지 않은 것들에 대한 사랑』(수오서재) 출판

02.04 장기결석 여중생의 백골상태 시신 발견-아동학대·살인혐의로 목사·계모 체포

02.07 북한, 평북 철산군 동창리 미사일 기지에서 '광명성 4호' 발사

02.10 개성공업지구 가동 전면 중단 선언-2.11. 124개 기업, 철수 시작

02.10 평택 아동 암매장 살인 사건 발생-3.12 아버지와 계모가 살해 사실 자백

02.12 경상북도청, 안동의 경상북도청신도시로 이전

02.20 KBS2드라마, '아이가 다섯'(출연:안재욱·소유진·심형탁 등) 첫 방영(~8.21)

02.20 경상북도청, 경북 안동시 풍천면 갈전리 신청사로 이전

02.23 테러방지법 직권상정에 더불어민주당·정의당 의원, 필리버스터 시작-3.2. 종료, 192시간25분

02.24 KBS2드라마, '태양의 후예' 첫 방영(~4.14)-한국드라마 최초로 한·중 동시 방영

02.26 제주 해군기지 완공-제주특별자치도 서귀포시 강정마을-2010.1. 착공

02.27 학생운동가·정치인 이철승(1922~2016) 사망

03.02 유엔, 대북결의안 만장일치 채택-'북한 자금줄' 전방위 봉쇄

03.09 이세돌 9단과 인공지능 알파고와의 바둑 첫 대국-3.15. 이세돌 1승 4패

03.18 북한, 평남 숙천군에서 노동 미사일 발사-탄도미사일, 일본 방공식별구역에 낙하

03.19 대구 수성구에 삼성 라이온즈 파크 개장-2012.12. 착공, 24000석 규모

03.21 북한, 함남 함흥시 북방 일대에서 단거리 미사일, 5발 동해로 발사

03.28 KBS2드라마, '동네변호사 조들호'(출연:박신양·강소라·류수영 등) 첫 방영(~5.31)

03.29 KBL챔피언 결정전-오리온 오리온스, KCC 이지스 꺾고 14년 만에 통산 2번째 우승

03.29 북한, 강원도 원산에서 단거리 발사체 1발 발사

03.31 헌법재판소, 성매매 특별법을 6:3으로 합헌 결정

03.00 르노삼성자동차, 'SM6', 출시

04.04 국제탐사보도언론인협회, 최대 조세회피 자료 '파나마 페이퍼스' 공개-한국인 195명 연루

04.09 북한 출신의 해외식당 종업원 13명, 집단으로 탈북하여 입국

04.11 북한, 제13기 4차 최고인민회의 개회-김정은, 신설된 국무위원회 위원장에 추대

04.13 20대 총선거 실시-새누리당 참패, 더불어민주당 승리, 국민의당 약진, 3당 체제 형성

04.20 전국경제인연합회의 어버이연합 자금지원 의혹 제기-4.27. CJ·SK하이닉스 지원 탄로

04.22 전라선 율촌역 부근에서 무궁화호 열차 탈선-1명 사망, 8명 부상

04.25 트와이스, '치어 업(Cheer up)'(작사 Sam Lewis, 작곡 블랙아이드필승) 발표

04.25 포항시 남구 장기면에서 해병대 자주포 전복-2명 사망, 5명 부상

04.26 2011년 가습기 살균제 사건 관련, 옥시 전 대표 검찰에 소환(5.14 구속)

04.27 영화, '캡틴 아메리카: 시빌 워'(감독:안소니 루소, 배우:로버트 다우니 주니어 등) 개봉

05.01 천안논산고속도로 천안 방향 차령터널에서 20중 추돌 사고-4명 경상

05.06 북한, 평양에서 36년 만에 제7차 노동당대회 개막

05.06 안산 대부도 토막살인 사건 조성호 체포-2016.3. 사건 발생, 2017.4. 27년형 선고

05.10 KNN(부산 경남 중심), 민영방송 최초로 제2FM인 '러브 FM' 방송 개국

05.10 군인·정치인 강영훈(1922~2016) 사망

05.12 영화, '곡성'(감독:나홍진, 배우:곽도원·황정민·쿠니무라 준 등) 개봉

05.13 한진해운, 글로벌 해운동맹 'THE 얼라이언스'에 합류

05.16 정유정, 『종의 기원』(은행나무) 출판

05.16 한강의 『채식주의자』, 한국인 최초 맨부커 인터내셔널 상 수상

05.17 강남역 인근의 남녀공용화장실 살인사건 발생-여성혐오 논란

05.18 제5차 규제개혁장관회의에서 TV홈쇼핑의 국산차 판매 허용

05.19 김구 선생 둘째 아들·독립운동가·군인 겸 정치가 김신(1922~2016) 사망

05.22 신안초등 여교사 집단성폭행 사건-4.20. 법원, 피고인 3명에게 10년~7년 중형 선고

05.24 가수 조영남, 대작 사건으로 검찰에 기소-2020.6. 무죄 확정, 방송 출연금지 해제

05.28 서울 지하철 2호선 구의역에서 스크린도어 공사중 인부(19세) 사망

05.29 50대 여성, 수락산 등산로에서 살해-'묻지마 살인', 살인범 무기징역 선고

06.05 MBC 프로그램 '복면가왕'에 '우리동네 음악 대장(하현우)' 10주 연속 가왕 차지

06.09 제20대 1기 국회의장 더불어민주당 정세균(1950~) 의원 선출(~2018.5.)

06.16 영화, '불의 전차'(감독:휴허드슨, 배우:벤 크로스·이안 찰슨·니콜라스 파렐) 개봉

06.20 SBS드라마, '닥터스'(출연:김래원·박신혜·윤균상 등) 첫 방영(~8.23)

06.21 국토교통부, 영남권 신공항건설 백지화-가덕도·밀양시 대신 김해국제공항 확장 발표

06.22 북한, 원산에서 무수단 미사일 2기 발사-1기 공중 폭발, 1기는 약 400㎞ 비행

07.05 원더걸스, '와이 소 론리(Why so lonely)' 발표

07.06 '가습기살균제' 국정조사 계획서 채택-가습기 살균제 사태의 진상규명 및 피해지원

07.07 교육부 정책기획관 나향욱, 신문기자들과의 식사자리에서 '개·돼지' 발언

07.08 북핵과 미사일 도발에 맞서 고고도미사일방어체계(싸드) 배치 결정

07.08 한미, 사드배치 결정 공식 발표-성주군민 반대시위, 김천 인근 롯데골프장으로 변경

07.09 북한, 사드배치 발표 하루 만에 동해서 SLBM 1발 발사

07.09 북한, 함남 신포군 동남쪽 해상에서 잠수함탄도미사일 발사

07.11 여자친구, '너 그리고 나(NAVILLERA)'(작사·작곡 임수호·용배) 발표

07.12 조정래, 『풀꽃도 꽃이다 1』(해냄출판사) 출판

07.15 네이버 라인, 뉴욕 증시와 도쿄 증시에 상장

07.15 백영옥, 『빨강머리 앤이 하는 말』(arte) 출판

07.16 2017년도 최저임금 6,470원 결정-주 40시간 근무 기준, 135만2,230원

07.17 강원도 평창군 영동고속도로 봉평터널 입구에서 5중 추돌-4명 사망, 37명 부상

07.19 북한, 황해북도 황주군 일대에서 탄도미사일 3발 발사

07.20 MBC드라마, 'W'(출연:이종석·한효주·김의성 등) 첫 방영(~9.14)

07.20 SBS, '미운 우리 새끼' 첫 방송

07.20 고흥 나로우주센터에서 한국형 발사체 75톤 액체엔진(1호기) 첫 연소시험(145초) 성공

07.20 영화, '부산행'(감독:연상호, 배우:공유·정유미·마동석 등) 개봉

07.20 설민석, 『설민석의 조선왕조실록』(세계사) 출판

07.25 '아세안지역안보포럼(ARF)' 폐막-북한 도발 구체적 적시, 한·중 관계 복원 과제

07.27 정일선 현대BNG스틸 사장 검찰 송치-운전기사 12명에게 주 56시간 이상 근무 강요

07.27 영화, '인천상륙작전'(감독:이재한, 배우:이정재·이범수·리암 니슨 등) 개봉

07.28 화해치유재단 설립-일본정부 지원금, 일본군 위안부 피해자 지원(2018.11. 해체)

07.30 인천 도시철도 2호선 개통

08.01 부산 해운대 문화회관 앞 사거리에서 7중 추돌 사고-3명 사망, 21명 부상

08.02 뉴욕 개최 삼성 언팩 2016 : 갤럭시 노트7 공개-8.19. 판매 시작, 10.11. 중단

08.03 이화여대 '미래라이프대학' 전면 백지화-본관 점거 농성 7일째

08.03 영화, '덕혜옹주'(감독:허진호, 배우:손예진·박해일 등) 개봉

08.10 영화, '터널'(감독:김성훈, 배우:하정우·매두나·오달순 등) 개봉

08.11 대구공항 통합이전 추진방식 및 일정 확정-2020.11 사업 백지화

08.19 이기주, 『언어의 온도』(말글터) 출판

08.22 KBS2드라마, '구르미 그린 달빛'(출연:박보검·김유정·진영 등) 첫 방영(~10.18)

08.24 SBS드라마, '질투의 화신'(출연:공효진·조정석·고경표 등) 첫 방영(~11.10)

08.25 알랭드 보통, 『낭만적 연애와 그 후의 일상』(은행나무) 출판

08.27 KBS2드라마, '월계수 양복점 사람들'(출연:이동건·조윤희 등) 첫 방영(~2017.2)

08.27 코미디언 구봉서(1926~2016) 사망

08.00 33도 이상의 폭염일수 16.7일-1973년 이래 역대 최고

09.01 윤홍균, 『자존심 수업』(심플라이프) 출판

09.05 북한, 태풍 라이언록의 영향으로 두만강 홍수-4만 명 이상의 이재민 발생

09.07 영화, '밀정'(감독:김지운, 배우:송강호·공유 등) 개봉

09.08 야구해설가 하일성(1949~2016) 사망

09.12 경주 남남서쪽 8km 지점서 규모 5.8 지진 발생-23명 부상, 국내 관측사상 최고 규모

09.17 제주도 성당에서 묻지마 살인 사건-중국인이 성당에서 기도하는 여성 살인

09.25 농민운동가 백남기(1947~2016) 사망

09.28 〈김영란법〉(부정 청탁 및 금품 등 수수의 금지에 관한 법률) 시행

09.00 한겨레, 최순실의 미르·K스포츠재단 설립과 인사 과정 개입 의혹 보도

09.00 르노삼성자동차, 'QM6' 출시

10.05 태풍 차바(CHABA), 제주도 동쪽에 상륙-7명 사망, 3명 실종

10.07 해경 고속단정, 인천 소청도 해상 중국 불법 조업 어선 40여 척의 공격에 침몰

10.11 삼성전자, 삼성갤럭시 노트 7의 배터리 폭발 문제로 단종

10.13 경부고속도로 언양분기점에서 관광버스 화재-13명 사망, 2명 부상

10.13 영화, '럭키'(감독:이계벽, 배우:유해진·이준·조윤희 등) 개봉

10.14 조남주, 『82년생 김지영』(민음사) 출판

10.17 이대 총학생회, 최순실 딸 정유라의 부정입학·학사 특혜 규탄 기자 회견

10.19 서울 오패산 터널에서 경찰과 성폭행 탈주범 간 총격전 발생-경찰 사망

10.24 박근혜 대통령, 국회 시정연설에서 임기 내 개헌 방침 천명, 국면 전환 시도

10.24 JTBC 뉴스룸, 최순실 국정농단 의혹 첫 보도

10.24 트와이스, 'TT'(작사 Sam Lewis, 작곡 블랙아이드필승) 발표

10.26 영화, '닥터 스트레인지'(감독:스콧 데릭슨, 출연:베네딕트 컴버배치 등) 개봉

10.29 제1차 박근혜 대통령 퇴진 촛불집회 시작(~2017.4.)

10.30 박근혜 대통령, 최순실 사태수습-이재만 등 문고리 3인방, 안종범·우병우 등 임명

11.02 김병준(국민대 교수), 새 국무총리로 임명, 기습 개각 단행-11.18. 사퇴

11.02 KBO 리그 한국시리즈-두산 베어스, NC 다이노스를 꺾고 통산 5번째 우승

11.04 박근혜 대통령, 검찰 특검 수용 등 2차 대국민 사과 발표

11.07 마마무, '데칼코마니'(작사·작곡 김도훈) 발표

11.10 부산 엘시티 이영복 회장 검거-엘시티 사업 특혜 의혹, 사기, 횡령 혐의

11.11 광주원주고속도로(제2영동고속도로) 개통(2011.11~)-총연장 59.65㎞

11.17 2017학년도 대학수능시험 실시-지원자 605,988명, 응시자 552,297명(91.1%)

11.17 〈최순실특검법〉 국회 통과-11.30 박영수 특검팀 공식 출범

11.00 H5N6 '조류독감'(AI) 발생-3,300만 마리의 조류 살처분

11.20 검찰, 박근혜 대통령·비선 실세 최순실 등의 '공동 정범' 중간 수사 결과 발표

11.23 〈한일군사정보보호협정〉 체결-군사정보 전달·보관·파기 등 규정, 야권·진보단체 반발

11.28 김수현, 『나는 나로 살기로 했다』(마음의숲) 출판

11.30 대구광역시 중구 서문시장에서 화재 발생-12.2. 진화 완료. 2017.3. 재개장

12.01 박영수특별검사팀 출범-2017.2. 박근혜정부·최순실 등 국정농단 의혹 사건 규명

12.02 인기드라마, '도깨비'(출연:공유·이동욱·김고은) 첫 방영(TvN)(~2017.1.21)

12.08 JTBC 뉴스룸, 최순실 태블릿 PC 입수 경위 보도

12.09 국회에서 박근혜대통령탄핵소추안 통과-가 234표, 부 56표, 기권 2표, 무효 7표

12.09 황교안 국무총리, 대통령 권한대행으로 헌법과 법률상의 권한 및 직무 대신

12.09 수서고속철도(SRT) 개통(2011.6~)-운행시간 부산역 2시간3분, 목포역 1시간58분

12.13 빅뱅, '에라 모르겠다'(작사·작곡 TEDDY) 발표

12.18 주 칠레 대사관 3급 참사관의 대사관 직원 성추행 모습, 현지 TV에 방송

12.20 대한항공 480편 기내 만취 승객 난동 사건, 미국 유명 가수인 리처드 막스가 제어

12.27 김무성·유승민 등 새누리당 비박계 의원 29명 탈당, 개혁보수신당(가칭) 창당 선언

12.27 제53회 대종상영화제 감독상, 우민호 감독의 '내부자들' 수상

▨▨▨▨▨▨▨▨▨▨▨▨▨

01.03 [사우디아라비아] 이란과 국교 단절

01.10 [영국] 싱어송라이터·배우 데이비드 보위(1947~2016) 사망-1970년대 Glam Rock 선구자

01.14 [영국] 로얄 셰익스피어 컴퍼니 단원, 배우 앨런 릭먼(1946~2016) 사망

01.16 [대만] 8년 만에 정권교체, 56% 얻어 사상 첫 여성 총통 '차이잉원'(민진당) 당선

01.28 [국제] 세계보건기구, 모기 매개의 '지카 바이러스' 급속 확산 발표

02.04 [국제] 미·일 등 환태평양경제동반자협정(TPP) 참가 12개국, 협정문 서명-포괄적 경제협정

02.09 [독일] 바이에른 주 바트아이블링에서 통근 열차 정면충돌-10명 사망, 150명 부상

02.13 로마가톨릭교회·동방정교회, 쿠바 아바나서 962년 만에 기독교 통합 공동선언문 발표

02.16 [이집트] 정치인이자 전 유엔 사무총장 부트로스 부트로스 갈리(1922~2016) 사망

02.19 [이탈리아] 기호학자·철학자·소설가 움베르토 에코(1932~2016) 사망

02.28 [미국] 아카데미상 시상-작품상 스포트라이트, 감독상 알레한드로 이냐리투 수상

03.13 [코트디부아르] 해변 휴양지에서 알카에다 추정 무장괴한의 총기 난사로 22명 사망

03.17 [일본] 히로시마현 산요 고속도로 터널에서 12대 추돌 사고-2명 사망, 68명 부상

03.20 [미국] 오바마 미국 대통령, 대통령으로써는 88년 만의 처음으로 쿠바 방문

03.29 [이집트] 이집트 항공 181편, 공중 납치 후 키프로스에 강제 착륙

04.10 [인도] 남부 케랄라주 힌두교 사원에서 폭죽 폭발-최소 112명 사망, 380명 부상

04.14 [일본] 구마모토현에서 규모 7.3 강진 발생-66명 사망, 1,277명 부상

04.16 [에콰도르] 규모 7.8 강진이 발생-660명 사망, 4,605명 부상

05.10 [필리핀] 로드리고 투테르테, 대통령에 당선-마약과의 전쟁 선포, 마약범 총살

05.11 [호주] 웨스턴 오스트레일리아주에서 44,000~49,000년 전의 돌도끼 조각 발견

05.23 [미국] 베트남에 대한 무기 수출 금지, 전면 해제

05.23 [시리아] 폭탄테러 발생-184명 사망, 200명 부상

05.23 [일본] 미에현 가시코지마에서 G7 정상회의 개막-북한 핵문제, 강력 규탄

06.01 [스위스] 세계 최장 '고트하르트 베이스 터널(GBT)' 개통-알프스산맥 관통, 57.09㎞

06.03 [그리스] 크레타섬 남부 해상서 700명 난민선 전복-340명 구조, 4명 사망, 350명 실종

06.03 [미국] 권투선수 무하마드 알리(1942~2016) 사망

06.12 [미국] 플로리다 주 올랜도 나이트클럽에서 총기 난사-50명 사망, 53명 부상

06.24 [영국] EU 잔류 여부 찬반투표 실시-반대(브렉시트) 우세, 가입 43년 만에 공식 탈퇴

06.26 [파나마] 파나마 운하, 102년 만에 확장 개통

06.27 [미국] 미래학자 앨빈 토플러(1928~2016) 사망

06.28 [터키] 이스탄불 아타튀르크 공항에서 폭탄테러 발생-45명 사망, 239명 부상

07.14 [프랑스] 혁명기념일, 알프마리팀 주 니스 휴양지에서 테러 발생-284여 명 사상

07.15 [터키] 군부 쿠데타 실패-265명 사망, 1440여 명 부상, 1500여 명 체포

07.26 [프랑스] 셍테티엔 뒤 루브래 성당에서 폭탄 테러-신부 등 2명 사망

07.26 [일본] 가나가와현 장애인 시설에서 칼부림 사건-19명 사망, 45명 부상

07.06 [일본] 나이언틱, 증강현실(AR) 게임 '포켓몬 고' 출시(한국 출시는 2017.1.24)

08.05 [브라질] 리우데자네이루 제31회 하계올림픽 개막-한국, 금9, 은3, 동9 종합 8위 달성

08.08 [파키스탄] 퀘타의 병원에서 폭탄 테러-77명 사망, 100명 부상

08.24 [이탈리아] 움브리아주 노르차 남서쪽 10㎞ 부근 규모 6.2 지진-298명 사망, 387명 부상

09.02 [필리핀] 다바오의 야시장에서 폭탄 테러-15명 사망, 71명 부상

09.05 [아프가니스탄] 카불에서 폭탄 테러-25명 사망, 97명 부상

10.24 [파키스탄] 퀘타의 경찰학교에서 폭탄 테러-61명 사망, 118명 부상

11.10 [캐나다] 싱어송라이터·시인·소설가·영화 배우 레너드 코언(1934~2016) 사망

11.09 [미국] 공화당 후보 도널드 트럼프, 제45대 미국 대통령에 선출

11.29 [브라질] 프로축구클럽 샤페코엔시 전세기 라미아항공 2933편 추락-선수 등 71명 사망

11.25 [쿠바] 정치가·혁명가 피델 카스트로(1926~2016) 사망

12.07 [인도네시아] 아체 주에서 규모 6.5 지진 발생-최소 97명 사망, 600여 명 부상

12.10 [터키] 이스탄불 축구장에서 폭탄테러-46명 사망, 155명 부상

12.25 [영국] 팝스타 조지 마이클(1963~2016) 사망

2017 정유(丁酉) 단기4350 박근혜4·문재인1
오바마·트럼프/시진핑/아베/푸틴

01.01 반기문 유엔사무총장 임기 종료-9대 안토니우 구테흐스 유엔사무총장 임기 시작

01.02 덴마크 올보로에서 도피 중이던 정유라, 현지 경찰에 체포-5.31. 국내 송환

01.10 MBC드라마, '역적:백성을 훔친 도적'(출연:김상중·윤균상 등) 첫 방영(~5.16)

01.13 남해고속도로제3지선(창원시 진해구↔김해시 진례면) 개통-15.26㎞(2012.7.~)

01.15 KBS2드라마, '김과장'(출연:남궁민·남상미·이준호 등) 첫 방영(~3.30)

01.18 영화, '공조'(감독:김성훈, 배우:현빈·유해진) 개봉

01.21 문화계 블랙리스트 관련, 김기춘 전 비서실장·조윤선 문화체육관광부 장관 구속

01.21 수도권 전철 경의·중앙선, 경기도 양평군 지평역까지 연장 운행 개통

01.23 유시민, 『국가란 무엇인가』(돌베개) 출판

01.23 SBS드라마, '피고인'(출연:지성·엄기준·권유리 등) 첫 방영(~3.21)

01.24 포켓몬 GO, 한국에서 정식 출시

01.25 KBS드라마, '김과장'(출연:남궁민·남상미·이준호) 첫 방영(~3.30)

01.30 MBC드라마, '역적-백성을 훔친 도적'(출연:윤균상·김정현 등) 첫 방영(~5.16)

02.02 국내 해운사 1위, 적자에 한진해운 파산

02.02 야쿠마루 가쿠(김성미 역), 『돌이킬 수 없는 약속』(북플라자) 출판

02.04 경기도 동탄 메타폴리스, 대형 화재 발생-4명 사망, 40명 부상

02.10 원더걸스, 데뷔 10주년 맞아 해체-마지막 앨범 '그려줘' 발매

02.13 김정은의 이복형 김정남, 말레이시아 쿠알라룸푸르 국제공항에서 독침, 피살

02.13 새누리당, 당명 '자유한국당'으로 변경-2020.2. 미래통합당에 통합

02.19 일본 '2017 삿포로 동계아시안게임 개최'-한국 2위, 금16·은18·동16

02.20 트와이스. 'KNOCK KNOCK'(작사·작곡 이우민) 발표

02.27 국방부와 롯데그룹, 사드 부지(성주골프장) 교환 체결

02.28 박영수특별검사팀 수사 종료-수사 준비기간 20일, 공식 수사 기간 70일

03.01 회생법원 제도 신설, 서울회생법원 개원-회생·파산 전문법원, 기업회생 업무

03.02 중국, 사드배치 결정에 중국여행사의 한국 패키지여행 상품 판매 전면 중단 지시

03.04 KBS드라마, '아버지가 이상해'(출연:김영철·김해숙·류수영) 첫 방영(~8.27)

03.06 북한, 동해상으로 4발의 탄도 미사일 발사

03.10 헌법재판소, 헌정사상 최초로 박근혜 대통령 파면-3.31. 박근혜, 서울구치소 수감

03.23 수도권제2순환고속도로의 남항교차로-서김포통진IC 구간 개통

03.27 SBS드라마, '귓속말'(출연:이보영·이상윤) 첫 방영(~5.23)

03.31 손원평, 『아몬드』(창비) 출판

04.03 롯데월드타워 정식 개장-2010.11. 착공, 공사비 7조 원, 높이 554.5m(123층)

04.03 한국 최초의 인터넷전문은행 케이뱅크 출범

04.06 김선회, 『보노보노처럼 살다니 다행이야』(놀) 출판

04.09 탤런트·영화 배우 김영애(1951~2017) 사망

04.10 세월호, 육상거치 완료-3.22. 인양 작업 시작

04.15 영국의 락 밴드 '콜드플레이', 첫 내한

04.15 SBS드라마, '언니는 살아있다'(출연:장서희·오윤아·김주현 등) 첫 방영(~10.14)

04.21 아이유, 'Feat.G-DRAGON' 발표

04.29 인천 송도국제도시에 송도 트리플스트리트 개장

05.06 강릉·삼척지역 산불-축구장 면적(0.714㏊)의 1,424배의 산림 1,017㏊ 소실

05.09 19대 대통령 선거-문재인 당선(더불어민주당, 41.08% 득표)-5.10. 대통령 임기 시작

05.09 중국 산동성 웨이하이 터널 한국 유치원 버스 화재 사고

05.10 MBC드라마, '군주-가면의 주인'(출연:유승호·김소현 등) 첫 방영(~7.13)

05.15 트와이스, 'SIGNAL'(작사·작곡 박진영) 발표

05.20 서울역 고가도로의 보행공원화 완료-'서울로 7017' 개장

05.20 2017 FIFA U-20 월드컵 코리아 개최-한국 16강 진출(2승 2패)

05.22 KBS2,드라마, '쌈, 마이웨이'(출연:박서준·김지원·안재홍 등) 첫 방영(~7.11)

05.24 영화, '캐리비안의 해적: 죽은 자는 말이 없다'(감독:요아킴 뢰닝) 개봉

05.29 이기주, 『말의 품격』(황소북스) 출판

05.31 수도권에서 지상파 UHD 방송 개시-2023년 전국으로 확대

05.31 서울메트로·서울특별시도시철도공사 통합-서울교통공사 출범

05.00 궐련형 전자담배가 국내 첫 출시-11.9~2018.2.13. 매점 매석 금지 품목 지정

06.04 걸 그룹 씨스타, 7년간의 활동을 마치고 해체(2010.6.3.~)

06.15 '평화와 통일을 여는 사람들', 대법원에서 무죄 판결-2012. 국보법 위반 혐의로 기소

06.16 수원역환승센터 개장-2014.7. 착공, 지상 2층 지하 1층, 연면적 23,377㎡

06.22 블랙핑크, '마지막처럼'(작사·작곡 TEDDY) 발표

06.24 '2017년 WTF 세계 태권도 선수권 대회' 개최(무주 태권도원)-183개국 참가

06.27 육상선수이자 한국인 최초 보스턴 마라톤 우승자 서윤복(1923~2017) 사망

06.28 민간자본 상주영천고속도로(상주↔영천) 개통-2012.6. 착공, 93.9㎞

06.29 미국 워싱턴에서 문재인 대통령과 도널드 트럼프 대통령의 한미정상회담 개최

06.30 서울양양고속도로-동홍천IC~양양JC 구간 개통

06.30 세종포천고속도로-남구리IC~신북IC 및 소흘JC~양주IC 구간 개통

07.04 북한, ICBM 미사일 발사-핵무기 완성 선언

07.05 영화, '스파이더맨: 홈커밍'(감독:존 왓츠, 배우:토비 맥과이어 등) 개봉

07.07 경부고속도로 양재IC 7중 추돌사고 발생-2명 사망, 10여 명 부상

07.12 무라카미 하루키, 『기사단장 죽이기 1. 현현하는 이데아』(문학동네) 출판

07.13 KBS1, 애니맥스 '반지의 비밀일기' 첫 방영(~2018.1.)

07.15 최저임금위원회, 2018년 기준 최저임금을 7,530원으로 확정

07.20 영화, '덩케르크'(감독:크리스토퍼 놀란, 배우:핀 화이트헤드 등) 개봉

07.21 MBC 프로그램 PD수첩 제작 중단 선언-2018.1. 방송 재개

07.26 영화, '군함도'(감독:류승완, 배우:황정민·소지섭 등) 개봉

07.27 국내 인터넷전문은행 2호 카카오뱅크 출범

07.31 흑색경보단계 〈여행금지제도〉 폐지-'여행금지' 지정된 국가·지역 방문 금지

08.01 최후의 보잉 747 여객기 'HL7644(747-8B5)' 기체, 대한항공에 인도

08.02 영화, '택시운전사'(감독:장훈, 배우:송강호·토마스 크레취만 등) 개봉

08.07 한국교육방송공사(EBS), 일산신도시 한류월드로 사옥 이전

08.18 강원 철원군 군부대 사격훈련장에서 사격 훈련 중 K-9 자주포 폭발-2명 사망

08.20 경남 창원시 진해구 원포동 (주)STX조선해양 폭발사고-노동자 4명 사망

08.22 선미, '가시나'(작사·작곡 TEDDY) 발표

08.25 이재용 삼성그룹 부회장, 1심에서 징역 5년 선고

08.30 MBC드라마, '병원선'(출연:하지원·강민혁·이서원 등) 첫 방영(~11.2)

09.02 서울 경전철 우이신설선 개통-2009.9 착공, 11.4㎞

09.02 KBS2드라마, '황금빛 내인생'(출연:박시후·신혜선 등) 첫 방영(~2018.3.11.)

09.03 북한, 길주군 풍계리에서 6차 핵실험 강행

09.05 '9.5 부동산 대책' 마련-분양가상한제 확대, 투기과열지구 추가 지정

09.06 축구대표팀, 러시아월드컵 아시아 최종예선 진출-통산 10회, 9회 연속 본선 진출

09.18 방탄소년단, 'DNA' 발표

09.25 제16대 대법원장 김명수 취임

09.27 제2경인고속도로 안양↔성남 구간 개통

09.30 〈단통법〉 폐지-휴대폰 보조금 규제 법안, 2014.10 시행

10.03 영화, '범죄도시'(감독:강윤성, 배우:마동석·윤계상 등) 개봉

10.09 KBS2드라마, '마녀의 법정'(출연:정려원·윤현민·전광렬 등) 첫 방영(~11.28)

10.17 역사학자 국민대 명예교수 조동걸(1932~2017) 사망

10.20 신고리 원전 5·6호기 건설 재개 결정

10.21 동해에서 복어잡이 어선 '흥진호'가 불법조업 중 북한에 나포-10.28. 송환

10.25 제54회 대종상영화제 감독상-장훈 감독의 '택시운전사' 수상

10.25 영화, '토르: 라그나로크'(감독:타이카 와이티티, 배우:헴스워스·러팔로 등) 개봉

10.27 마크 맨슨(한재호 역), 『신경 끄기의 기술』(갤리온) 출판

10.29 KBS2드라마, '마녀의 법정'(출연:정려원·윤현민 등) 첫 방영(~11.28)

10.30 한국시리즈 KIA 타이거즈, 두산 베어스 꺾고 통산 11번째 우승

10.30 트와이스, 'LIKEY' 발표

10.31 정지궤도 통신위성 '무궁화 위성 5A호', 케네디 우주센터 발사, 성공

11.02 경남 창원터널에서 화물차 폭발 사고-3명 사망, 1명 부상

11.07 문재인-트럼프 간 한미정상회담, 청와대에서 개최

11.11 문재인-시진핑 간 한중정상회담, 베트남 다낭 APEC 정상회담서 개최

11.11 MBC드라마, '돈꽃'(출연:장혁·박세영 등) 첫 방영(~2018.2.3.)

11.13 판문점 JSA에서 귀순한 북한군 병사에 북한군 총격 사건 발생

11.15 포항 대지진, 규모 5.4-수능, 역사상 최초로 1주일 연기(11.23. 수능 실시)

11.15 영화, '저스티스 리그'(감독:잭 스나이더, 배우:벤 애플렉·헨리 카빌 등) 개봉

11.18 세월호 미수습자 5명 장례식 거행-3년 만에 세월호 사망자 304명 장례식 거행

11.21 미국 정부, 북한을 '테러지원국'으로 재지정

11.22 영화, '꾼'(감독:장창원, 배우:현빈·유지태·박성웅 등) 개봉

11.23 2018학년도 수능시험 실시-지원자 593,527명, 응시자 531,327명(89.5%)

11.25 방탄소년단 〈MIC Drop〉 리믹스 버전, 전 세계 47개국 아이튠즈 '탑 송 차트' 1위

11.29 영화, '기억의 밤'(감독:장항준, 배우:강하늘·김무열 등) 개봉

11.29 북한, ICBM '화성-15'형 발사

12.03 영흥도 낚싯배 전복 사고로 15명 사망

12.11 트와이스, 'Heart Shaker'(작사 별들의 전쟁 , 작곡 David Amber) 발표

12.14 문재인-시진핑 간 3차 정상회담, 중국 베이징에서 개최

12.14 검찰, 최순실에게 징역 25년 구형·벌금 1,185억 원-2020.6. 징역 18년, 벌금 200억 원

12.15 우병우 전 청와대 민정수석, 검찰의 세 번째 영장청구 끝에 구속-2021.2. 징역 1년

12.16 서울 이대목동병원 신생아중환자실에서 미숙아 4명 사망

12.20 영화, 인기 웹툰 '신과 함께-죄와 벌'(감독:김용화, 배우:하정우·차태현 등) 개봉

12.21 충북 제천시 하소동의 스포츠센터, 대형화재 발생-사상자 59명

12.22 경강선 원주↔강릉 구간 개통

12.27 영화 '1987'(감독:장준환, 배우:김윤석·하정우) 개봉-박종철 고문치사 사건

12.28 부산외곽순환고속도로(김해↔기장) 개통-2011.11. 착공, 연장 48.8㎞

12.31 제주도 추자도 인근 해상에서 어선 전복-1명 사망, 2명 실종

▧▧▧▧▧▧▧▧▧▧▧▧▧

01.01 이스탄불 클럽에서 총격 테러 발생

01.07 [미국] 플로리다 주의 포트로더데일 공항에서 총기 난사-5명 사망, 8명 부상

01.18 [이탈리아] 중부 지진 발생-사망자 29명, 부상자 20명

01.18 말리 가오의 군사 기지에서 폭탄테러 발생-77명 사망

01.20 [미국] 도널드 트럼프 당선인, 45대 미국 대통령에 공식 취임

01.22 파푸아뉴기니 지진, 규모 7.9

01.24 [미국] 트럼프 대통령, 환태평양경제동반자협정(TPP) 탈퇴 선언-보호무역주의 표방

01.25 [미국] 뉴욕증권거래소(NYSE) 다우지수, 사상 처음으로 20,000포인트 돌파

01.30 [모로코] 국제연합에 재가입-1984년 아프리카 연합에서 탈퇴

01.00 터키항공 6491편 추락 사고

04.23 음악 확장자인 MP3, 특허 및 소프트웨어 사용권 계약 종료-사실상 '사망 선고'

05.08 [프랑스] 중도신당의 에마뉘엘 마크롱, 프랑스 25대 대통령에 당선

05.23 [영국] 제임스 본드로 유명한 영화 배우 로저 무어 사망

05.24 [필리핀] 계엄령 공포

05.24 [대만] 아시아에서 최초로 동성결혼 법제화

05.31 [아프가니스탄] 카불 독일일대사관 부근에서 폭탄테러 발생-100명 사망, 463명 부상

06.02 [필리핀] 마닐라 인근 카지노 호텔에서 방화 및 총격 사건 발생

06.07 [이란] 테헤란의 이맘 호메이니 묘지·의사당에서 총격·자살 폭탄 테러 발생

06.13 [미국] 오토 웜비어, 송환-엿새만에 사망

06.17 [포르투갈] 산불 발생-62명 사망, 54명 부상

06.17 [독일] 통일 독일의 첫 수상 헬무트 콜 사망

06.24 [중국] 쓰촨 성 마오 현에서 산사태 발생-최소 120명 이상 실종

06.00 [미국] 보잉 747 여객기 생산 종료

08.00 [동남아] 인도·네팔·방글라데시 등, 최악 홍수-1,200명 사망, 4,000여 명 이재민

09.27 [미국] 미국의 성인잡지 플레이보이 창업주 휴 헤프너 사망

10.01 [미국] 라스베이거스 5성급 호텔 공연장에서 총격 사건-59명 사망, 527명 부상

10.14 [소말리아] 차량 폭탄테러 발생-사망·실종·부상 642명

10.18 [중국] 중국공산당 19차 전국대표대회 개막-시진핑, 중국몽(中國夢) 실현 천명

10.19 과학학술지 ≪네이처≫, 알파고 제로 개발 사실 공개

11.13 [이라크·이란] 국경지대에서 7.2 강진 발생-500명 이상 사망, 7800명 이상 부상

11.16 [베네수엘라] 디폴트(채무불이행) 선언, 국가부도상태

11.24 [이집트] 총격 폭탄 테러 발생-305명 사망, 100여 명 부상

11.27 [인도네시아] 발리섬의 아궁화산 분화-발리공항 폐쇄

2018 무술(戊戌) 단기4351 문재인2
트럼프/시진핑/아베/푸틴

01.01 김정은 국무위원장, 신년사에서 평창동계올림픽 참가, 남북관계 개선 대화 용의

01.03 남북 판문점 직통전화, 23개월 만에 재가동

01.03 모모랜드, '뿜뿜'(작사·작곡 신사동 호랭이) 발표

01.08 정문정, 『무례한 사람에게 웃으며 대처하는 법』(가나출판사) 출판

01.09 판문점에서 남북고위급회담, 2년 만에 개최

01.13 인천공항2터미널역 개통-1.18. 인천국제공항 제2여객터미널 개장

01.14 아산청주고속도로 옥산JC~오창JC 구간 개통

01.15 남북 차관급 실무 접촉-평창동계올림픽 예술단 파견 문제 논의

01.18 선미, '주인공'(작사·작곡 TEDDY) 발표

01.20 대한항공 CS300, 김포↔울산 노선 시작, 상업 운항 개시

01.22 정현, 테니스 2018호주오픈에서 한국 선수 최초로 노박 조코비치 꺾고 8강 진출

01.25 iKON, '사랑을 했다'(작사·작곡 B.I) 발표

01.26 동해선 영덕역↔포항역 구간 개통

01.26 경남 밀양시 세종병원 화재-51명 사망, 141명 부상

01.00 쌍용자동차, '렉스턴 스포츠' 출시

02.05 삼성그룹 이재용 부회장, 국정농단 항소심 재판에서 징역 2년 6월, 집행유예 4년

02.06 국민의당 합당 반대파 의원, 민주평화당 창당-2020.2. 바른미래당·대안신당과 통합

02.09 평창동계올림픽 개막-2.15. 폐막, 대한민국 종합 7위 달성

02.09 평창올림픽 개막식에 북한의 김여정·김영남 참석

02.11 강원 삼척시 노곡면·도계읍 산불(~2.15)-237㏊ 산림 소실

02.13 바른미래당 창당-2020.2. 민주평화당·대안신당 통합, 민생당 창당

02.14 영화, '블랙 팬서'(감독:라이언 쿠글러, 배우:보즈만·조던) 개봉

02.16 하태완, 『모든 순간이 너였다』(위즈덤하우스) 출판

02.28 대구미래대학교·한중대학교·대구외국어대학교·서남대학교 폐교

02.28 전남 완도 해상에서 어선 전복-2명 사망, 5명 실종

03.02 부산 해운대 엘시티 공사장 구조물 추락-근로자 4명 사망

03.05 안희정 충남도지사, 성폭력 의혹 제기-3.6. 지사직 사임, 2019.9. 징역3년6월 확정

03.07 마마무, '별이 빛나는 밤'(작사·작곡 김도훈) 발표

03.08 대구시에서 적설량 7.5cm의 폭설-대구 도시철도 3호선 정지, 교통 마비

03.09 흥인지문(동대문) 방화미수 사건 발생

03.12 곰돌이 푸, 『곰돌이 푸, 행복한 일은 매일 있어』(알에이치코리아) 출판

03.14 이명박 전 대통령, 서울지검에 소환-3.22. 구속, 3.23. 서울동부구치소에 수감

03.17 2017-2018 정관장 KBL 플레이오프, 서울 SK, 원주 DB 꺾고 우승(~4.20)

03.21 tvN드라마, '나의 아저씨'(출연:이선균·이지은·고두심 등) 첫 방영(~5.17)

03.26 문재인 대통령, 헌법개헌안 발의-5.24. 국회, 야당 불참에 의결정족수 미달로 폐기

03.28 북한 김정은과 중국 시진핑 첫 정상회담

03.31 MBC예능프로 '무한도전'(시즌 1), 13년간의 대장정에 종지부

03.31 중국 더블스타, 금호타이어 인수 확정

03.00 현대자동차, 수소자동차 '넥쏘' 출시

04.05 경북 칠곡 F-15K 추락-공군 조종사 2명 사망

04.06 서울중앙지법, 박근혜-최순실게이트(1심) 선고-박근혜 전 대통령, 징역 24년·벌금 180억원

04.06 미국 팝스타 케이티 페리, 첫 내한 공연-Witness:The Tour, 고척 스카이돔에서 진행

04.09 트와이스, 'What is Love?'(작사·작곡 박진영) 발표

04.18 TV조선 기자, 파주 느릅나무 출판사 절도사건 발생-드루킹 댓글조작 사건 관련

04.21 김정은, 조선로동당중앙위원회에서 핵실험·ICBM개발 중단, 풍계리 핵실험장 폐쇄 발표

04.25 영화, '어벤져스:인피니티 워'(감독:안소니 루소, 배우:로버트 다우니 주이어 등) 개봉

04.23 대북 확성기 방송, 2년 3개월 만에 중단

04.27 문재인-김정은, 제1차 남북정상회담 개최(판문점)

04.28 인천국제공항 제1터미널 출국장 면세구역 쓰레기통에서 1kg짜리 금괴 7개 발견

04.30 구미~왜관~대구~경산을 잇는 대구권 광역철도 착공

04.30 여자친구, '밤'(작사·작곡 노주환) 발표

05.04 대진침대, 발암 물질 라돈 검출 사건-2020.1. 검찰 무혐의 결론

05.05 북한, 평양시간 폐지-동경 127.5→127도로 수정(2015.8.~)

05.18 방탄소년단, 'Fake Love'(작사·작곡 Pdogg) 발표

05.21 한상균 민주노총 전 위원장 가석방-2015.12. 민중총궐기 집회 주도 혐의로 복역

05.22 미국 워싱턴 D.C.에서 2018년 제1차 한미정상회담 개최

05.24 풍계리 핵실험장 폭파, 실질적 비핵화 첫걸음-5.25. 트럼프, 북미정상회담 취소

05.26 북측 통일각에서 제2차 남북정상회담-남한, 북미회담 중재자 역할

05.28 〈최저임금법〉 개정, 국회 본회의 통과

05.31 한국GM 군산 공장 폐쇄

05.00 현대자동차, 전기자동차 '코나 EV' 출시

06.06 영화, '쥬라기 월드:폴른 킹덤'(감독:후안 안토니오 바요나, 배우:크리스 프랫) 개봉

06.12 트럼프-김정은 북미정상회담, 싱가포르 센토사 섬 카펠라 호텔에서 개최

06.15 한국수력원자력이사회, 월성1호기 조기 폐쇄 결정-경제성 부족 이유

06.15 블랙핑크, '뚜두뚜두'(작사·작곡 TEDDY) 발표

06.16 수도권 전철 서해선(소사역↔원시역) 개통-2011.3. 착공, 23.4km

06.17 군산 유흥주점 방화 사건 발생-3명 사망, 30명 부상

06.17 세스 스티븐스 다비도위츠, 『모두 거짓말을 한다』(더퀘스트) 출판

06.19 통영 앞바다에서 해군 호위함 '마산함' 폭발사고-하사 1명 순직

06.20 백세희, 『죽고 싶지만 떡볶이는 먹고 싶어』(흔) 출판

06.21 문재인 대통령, 김대중 대통령 이후로 19년 만에 러시아 국빈 방문

06.23 '3김 마지막 멤버' 김종필(1926~2018) 전 국무총리 사망

06.25 유시민, 『역사의 역사』(돌베개) 출판

07.01 인천광역시 남구, 미추홀구로 변경

07.01 근로시간 주 52시간 단축, 모든 300인 이상 기업에서 시행

07.04 영화, '앤트맨과 와스프'(감독:페이튼 리드, 배우:폴 러드·에반젤린 릴리) 개봉

2018

07.05 이철희 의원실, 2017년에 기무사의 〈전시 계엄 및 합수업무 수행방안〉 공개, 파문

07.07 tvN드라마, '미스터 션샤인'(출연:이병헌·김태리·유연석·변요한) 첫 방영(~9.30)

07.09 트와이스, 'Dance the night away' 발표

07.10 김해공항 국제선 청사 진입도로에서 BMW 사고 발생

07.13 제20대 2기 국회의장 더불어민주당 문희상 의원 선출(~2020.5.)

07.14 고용노동부 최저임금위, 2019년 한국 최저임금 시급 8,350원으로 의결(8.3. 확정)

07.17 경북 포항시에서 MUH-1 마린온 시험비행 도중 추락-탑승자 5명 사망

07.21 코레일-철도노조 양측, KTX 여승무원 180여 명 복직에 합의-2006. 해고

07.22 삼성전자-반올림, 반도체공장 백혈병 산재 중재 수용-11.23. 삼성전자 사과문 발표

07.23 드루킹 사건 의혹 관련 노회찬(1956~2018) 정의당 의원, 투신 자살

07.23 SK건설 라오스 수력발전소 시공 중 보조댐 붕괴-수십명 사상자, 수천명 이재민 발생

07.24 숙명여고 쌍둥이 시험지 유출사건-2020.8. 1심 징역 1년6개월, 집행유예 3년

07.24 경북 영천 신령면 최고기온 40.2℃ 기록. 8.1. 서울 최고기온, 111년 만에 39℃ 기록

07.25 영화, '미션 임파서블:폴아웃'(감독:크리스토퍼 맥쿼리, 배우:톰 크루즈·헨리 카빌) 개봉

07.25 댄 애리얼리·제프 크라이슬러, 『부의 감각-행동경제학으로 본』 출판

07.26 BMW코리아, 주행 중 엔진 화재로 차량 10만6천여 대 자발적 리콜 조치 시행

07.27 군복무 단계적 단축, 육군 기준 복무기간 21개월→18개월 단축

07.30 제프리 웨스트, 『스케일』(김영사) 출판

08.01 6.25전쟁 당시 미군 전사자 북한의 유해 55구, 오산 공군기지에서 송환식

08.01 영화, '신과 함께-인과연'(감독:김용화, 배우:하정우·차태현 등) 개봉

08.06 박근혜 정부 국정농단 사건 관련 전 대통령 비서실장 김기춘(79), 562일 만에 석방

08.06 레드벨벳, 'Power Up' 발표

08.18 자카르타·팔렘방 아시안 게임 개막-남북한 선수단, 12년 만에 한반도기 들고 입장

08.20 남북이산가족 상봉 1차 행사가 금강산에서 개최

08.23 19호 태풍 '솔릭', 한반도 강타-김포공항 290편·인천공항 18편 비행기 결항

08.24 서울고법, 박근혜-최순실 게이트 항소심 선고-박근혜 전 대통령, 징역 25년·벌금 200억 원

08.24 방탄소년단, 'IDOL' 발표

08.30 2019년부터 시내버스·택시·전세버스의 내부객석 CCTV 설치 의무화

08.00 기아자동차, 전기자동차 '니로 EV' 출시

09.03 경북 안동시 풍산읍의 한 무덤에서 이황의 친필 만장 등 문화재급 유물 발견

09.08 서울시 거주 A씨(61), 중동호흡기증후군 코로나바이러스(메르스) 환자로 확진 판정

09.11 국무회의, 68년 만에 '위수령' 폐지 의결-1950년 제정 이후 3차례 발령

09.13 정부, 9.13 부동산 종합대책 발표-종합부동산세 인상

09.14 개성공단, 남북공동연락사무소 개소

09.14 쌍용차-노조 양측, 9년 만에 해고노동자 119명 전원 원상복직 합의

09.15 KBS2드라마, '하나뿐인 내 편'(출연:최수종·유이·이장우·나혜미 등) 첫 방영(~2019.3.17.)

09.18 문재인-김정은, 제3차 남북정상회담 북한 평양에서 개막-'평양공동선언' 합의

09.18 대전 오월드 퓨마 탈출-사건 4시간 만에 퓨마 사살

09.19 영화, '안시성'(감독:김광식, 배우:조인성·남주혁·박성웅) 개봉

09.27 MBC드라마, '내 뒤에 테리우스'(출연:소지섭·정인선·손호준) 첫 방영(~11.15)

09.27 SBS드라마, '흉부외과:심장을 훔친 의사들'(출연:고수·엄기준·서지혜)(~11.15)

09.28 〈전 좌석 안전띠 의무화〉 등 도로교통법 시행-자전거 음주운전도 처벌

09.29 경부고속도로 칠곡휴게소(상행선) 앞에서 관광버스 화재 발생-승객 38명 무사 대피

10.01 남북, 판문점 공동경비구역(JSA)과 강원도 철원군 비무장지대(DMZ) 지뢰 제거 착수

10.01 SBS드라마, '여우 각시별'(출연:이재훈·채수빈 등) 첫 방영(~11.26)

10.02 서울시 택시 요금, 기본요금 3000원에서 4000원으로 인상

10.04 김홍도 '삼공불환도', 1962년 문화재보호법 제정 이후 56년만에 보물2000호 지정

10.05 제25호 태풍 '콩레이', 한반도 강타

10.05 서울지법, 이명박 전 대통령, 징역 15년형·벌금 130억원·추징금 82억7,070만원 선고

10.07 대한송유관공사 경인지사 고양저유소 휘발유 탱크 폭발

10.08 KBS2드라마, '최고의 이혼'(출연:차태현·배두나·이엘 등) 첫 방영(~11.27)

10.10 아이유, '삐삐'(작사 아이유, 작곡 이종훈) 발표

10.11 서울중앙지법, 간첩조작 피해자 이수근에게 49년 만에 무죄 선고-1969. 사형 선고

10.11 더불어민주당 박용진 의원, 국정감사에서 '비리 유치원 명단' 공개

10.15 대한민국 외교부·문화체육관광부, 2020년부터 적용될 새 전자여권 시안 공개

10.16 2018 KBO 포스트시즌-SK, 두산 꺾고 우승(~11.12)

10.17 정주영, 『하버드 상위 1퍼센트의 비밀』(한국경제신문) 출판

10.22 제55회 대종상영화제 감독상, 장준환 감독의 '버닝' 수상

2018

10.30 대법원, 일제강제징용 피해자에 일본 신일본제철 배상 책임 인정-1인당 1억 원씩 지급

10.31 영화, '보헤미안 랩소디'(감독:브라이언 싱어, 배우:라미 말렉·루시 보인턴) 개봉

11.01 대법원, 종교를 이유로 한 양심적 병역거부자 재판-9대 4 의견으로 '무죄' 판결

11.05 서지현 검사, 안태근 전 수석 검사에 육체적·정신적 고통 소송 제기

11.09 서울 종로 고시원 화재-7명 사망, 11명 부상

11.12 한국시리즈-SK 와이번스, 두산 베어스 꺾고 8년 만에 한국시리즈 우승

11.12 제니, 'SOLO'(작사·작곡 TEDDY) 발표

11.12 남북, '9·19 군사합의서'에 따른 GP 시범 철거 시작

11.15 대학수학능력시험 실시-응시자 수 530,220명

11.21 문재인 정부, 일본 10억 엔 기금의 '화해·치유재단' 해산 결정-2016.7. 설립

11.21 김종양(전 경기경찰청장), 한국인 최초로 국제형사경찰기구(인터폴) 총재로 선출

11.22 철원군 DMZ 내 화살머리고지 전술도로연결-남북 공동유해발굴을 위한 지뢰 제거

11.22 서울중앙지법(1심), 만민중앙교회 이재록 목사에 징역 15년 선고-상습준강간 등 혐의

11.22 경제사회노동위원회 공식 출범-전국민주노동조합총연맹 불참

11.23 JTBC드라마, 'SKY 캐슬'(출연:염정아·정준호·이태란 등) 첫 방영(~2019.2.1.)

11.24 서대문구 충정로 KT아현지사 지하 통신구 화재 발생-KT망 통신대란 발생

11.24 빅뱅의 승리가 운영하는 클럽 '버닝썬'에서 폭력 사건 발생

11.26 중국 군용기, 대한민국 방공 식별 구역 3차례에 걸쳐 침범

11.27 서해안고속도로 서평택IC~서평택JC 왕복 10차로 확장 구간 개통

11.27 문무일 검찰총장, 부산 형제복지원 사건 피해자에게 사과

11.28 누리호 시험발사체, 전라남도 고흥군 나로우주센터에서 발사

11.29 대법원, 일제강제징용·근로정신대 피해자에 일본 미쓰비시 중공업 배상 책임 인정

11.30 경의선 도라산역에서 남북 철도 공동조사 착수(~12.5)

12.01 이동통신 3사, 세계 최초로 5G 서비스 상용화

12.01 앨리스·잭 트라우트, 『마케팅 불변의 법칙』(비즈니스맵) 출판

12.05 기아나 우주센터에서 한국 기술로 개발한 첫 정지궤도 인공위성 천리안 2A호 발사 성공

12.08 동해선의 남북 철도 공동조사 착수(~12.17)

12.12 경부고속도로 언양JC~영천IC 왕복 6차로 확장 구간 개통

12.17 외교부, 새 전자여권 디자인 결정-일반 남색, 관용 진회색, 외교관 빨간색

12.19 정부, 3기 신도시 선정-남양주 왕숙·하남 교산·인천 계양테크노밸리·과천

12.22 동해선 도로의 남북 도로 공동조사 시작(~12.23)

12.26 남북 철도·도로 연결 착공식, 판문역에서 개최

12.27 국회, 태안화력발전소 사고 관련 산업안전보건법 개정안('김용균법') 통과

12.28 대법원, '계엄포고 13호'(삼청교육대 관련) 위헌 판결

12.00 현대자동차, '팰리세이드' 출시

▨▨▨▨▨▨▨▨▨▨▨▨▨

01.02 [페루] 파사마요 해안 도로에서 버스, 100m 아래 절벽으로 추락-51명 사망

02.11 [러시아] 모스크바 인근에서 탑승자 71명을 태운 여객기 추락-탑승자 전원 사망

02.14 [미국] 플로리다주 마조리 스톤맨 더글러스 고교, 총기난사 사건-17명 사망, 20명 부상

02.26 남태평양의 파푸아뉴기니 북동부, 규모 7.5 지진 발생-30명 사망, 300명 부상

03.14 [영국] 세계적인 물리학자 스티븐 호킹(1942~2018) 사망

03.17 [중국] 시진핑, 중화인민공화국 주석에 재선출

03.18 [러시아] 대통령 선거-블라디미르 푸틴, 재집권

03.25 [러시아] 케메로보에서 대형쇼핑몰 화재-64명 사망

05.05 [미국] NASA의 화성 탐사선 인사이트 발사

07.06 [미국] 트럼프 대통령, 중국산 제품 818종 340억 달러 어치에 25% 보복관세 부과

07.06 [일본] 사이비 종교 옴진리교 창시자 아사하라 쇼코, 사형 집행

07.10 [태국] 치앙라이주의 탐 루엉 동굴에서 고립된 유소년 축구팀 모두 구조

08.14 [이탈리아] 제노바 아우토스트라다 10호선의 모란디 다리 일부 붕괴-35명 사망

09.02 [브라질] 국립박물관 화재-2,000만 점에 달하는 소장품 소실

10.06 [일본] 세계 최대 규모의 수산시장 도쿄의 츠키지시장 83년 만에 폐장

10.20 [미국] ESA·JAXA 공동 개발, 수성 탐사선 베피콜롬보 발사 성공

10.24 [중국] 홍콩과 마카오를 잇는 강주아오 대교 개통

10.29 [인도네시아] 라이온 에어 소속 항공기, 바다에 추락-189명 전원 사망

10.31 [인도] 세계에서 가장 큰 조각상, '통일의 조각상' 제막-'자유의 여신상' 두 배

11.02 [독일] 사형 제도, 완전 폐지

11.11 [국제] 제1차 세계대전 종전 100주년

11.25 [영국] 유럽 연합과의 브렉시트 합의 승인-2019.4. 완전 탈퇴 예정

11.26 [미국] NASA의 화성 탐사선 '인사이트', 화성 착륙에 성공-엘리시움 평원

12.22 [인도네시아] 순다 해협 쓰나미 발생-수백여 명의 인명 피해 발생

2019 기해(己亥) 단기4352년 문재인3
트럼프/시진핑/아베/푸틴

01.01 강원도 양양군에서 산불 발생-산림 약 20ha 소실(~1.2)

01.02 KBS2드라마 '왼손잡이 아내'(출연:이수경·김진우 등) 첫 방영(~5.31)

01.05 연세대학교, 총여학생회 완전히 폐지

01.09 KBS2드라마 '왜그래 풍상씨'(출연:유준상·오지호·전혜빈 등) 첫 방영(~3.14)

01.11 양승태 전 대법원장, 헌정사상 최초로 검찰에 자진 출두-1.24. 구속, 7.22. 보석 석방

01.11 우리금융지주 출범(회장 손태승)

01.12 중부고속도로 10중 추돌사고 발생

01.15 프로야구 넥센 히어로즈, '키움 히어로즈'로 팀명 교체

01.23 영화, '극한직업'(감독:이병헌, 출연:류승룡·이하늬·진선규) 개봉

01.28 MBC뉴스데스크, 클럽 버닝썬에서 폭행 사건 보도-승리·정준영 등 연예계로 확산

01.30 김경수 경남도지사, 드루킹 사태로 1심 선고(징역 2년, 서울구치소 수감)-4.17. 석방

00.00 현대자동차, '아이오닉 하이브리드'·'엑시언트 프로'·'유니버스 페이스리프트' 출시

00.00 기아자동차, '텔루라이드' 출시

01.30 김경수 경남도지사, 드루킹 사태 관련 1심 선고-징역 2년, 서울구치소 수감

02.01 서울고등법원, 성폭력 혐의자 안희정 전 지사에게 징역 3년6개월 선고-9.9. 확정

02.12 있지(ITZY), '달라달라 (DALLA DALLA)' 발표

02.15 SBS드라마 '열혈사제'(출연:김남길·김성균·이하늬 등) 첫 방영(~4.20)

02.25 대니얼 피켓·코리 렌, 『워런 버핏 라이브』(에프엔미디어) 출판

02.27 문재인 대통령, 방한 중인 모하메드 빈 자이드 알 나흐얀 UAE 왕세제 간 정상회담

02.27 베트남 하노이에서 2019년 북미정상회담 개최-협의 결렬

02.28 부산에서 씨그랜드호, 광안대교 추돌 사고

03.01 제100주년 3.1절 기념식, 서울 광화문광장에서 개최-문 대통령, '친일잔재 청산' 강조

03.04 한국유치원총연합회 설립 허가 취소 결정-4.22. 서울교육청, 최종 확정

03.06 제레메 밀러, 『워런 버핏, 부의 기본 원칙』(북하우스) 출판

03.11 류시화, 『좋은지 나쁜지 누가 아는가』(더숲) 출판

03.20 KBS2드라마 '닥터 프리즈너'(출연:남궁민·권나라·김병철 등) 첫 방영(~5.15)

03.23 KBS2드라마 '세상에서 제일 예쁜 내 딸'(출연:김해숙·김소연 등) 첫 방영(~9.22)

03.30 부산 천마산터널 완전 개통-2012.10. 착공, 길이 3.3㎞

03.00 기아자동차, '니로 하이브리드'·'플러그인 하이브리드 페이스리프트' 출시

04.03 세계 최초로 5G 상용화 성공

04.04 전남 신안군 천사대교(압해읍~암태면) 개통-국내 최초의 복합교량

04.04 강원도 고성군·강릉시 일대 산불- 250㏊ 소실

04.05 블랙핑크, 'Kill This Love'(작사·작곡 TEDDY) 발표

04.11 대한민국 임시정부 수립 100주년 기념식, 서울 여의도공원에서 개최

04.11 헌법재판소, 낙태죄 헌법불합치. 자사고·일반고 동시선발 합헌, 이중지원금지 위헌

04.11 문재인-트럼프 한미정상회담, 워싱턴 백악관에서 개최

04.12 한국 정부, 후쿠시마 수산물 수입금지 조치에 일본 정부의 WTO 소송에서 최종 승소

04.12 방탄소년단, '작은 것들을 위한 시(Boy With Luv)' 발표

04.15 금호그룹, 아시아나항공 매각 발표

04.22 서초구 서리풀터널 개통-2015.10. 착공, 길이 1,280m

04.24 영화, '어벤져스: 엔드게임'(감독:안소니 루소·조 루소, 배우:로버트 주니어) 개봉

04.29 KBS1드라마, '여름아 부탁해'(출연:이영은·윤성우 등) 첫 방영(~10.25)

05.01 서울 마천동 '서울식물원' 정식 개장-서울 최초의 도심형 식물원

05.09 자유한국당 강효상 의원, 한미 정상 간 통화 내용 유출

05.23 강릉시 강원테크노파크 수소탱크 폭발

05.23 폴란드에서 2019년 FIFA U-20 월드컵 개막-6.15. 한국팀, 준우승

05.24 기아자동차, '스팅어' 출시

05.23 영화, '알라딘'(감독:가이 리치, 배우:메나 마수드·윌 스미스) 개봉

05.25 봉준호 감독의 영화 '기생충', 칸영화제에서 황금종려상 수상-한국영화 사상 최초

05.25 제주 펜션에서 고유정 전 남편 살해 사건 발생

05.29 헝가리 부다페스트에서 관광 중인 한국인 33명, 유람선 침몰

2019

05.30 영화, '기생충'(감독:봉준호, 배우:송강호·이선균·조여정) 개봉

06.01 강영연·강환국·김재현·김학렬·박성현, 『버핏클럽 2』(에프엔미디어) 출판

06.03 KBS2드라마 '태양의 계절'(오창석·윤소이·최성재 등) 첫 방영(~11.1)

06.04 대구 중구 도원동의 집창촌 자갈마당, 110년 만에 철거 작업 시작

06.10 김대중 전 대통령의 영부인 이희호(1922~2019) 여사, 노환으로 사망

06.20 시진핑 중국 국가주석, 북한 방문

06.20 영화, '토이 스토리 4'(감독:조시 쿨리) 개봉

06.30 판문점에서 남북미 정상(문재인·김정은·트럼프) 만남-정전협정 이후 66년만

06.00 현대자동차, '베뉴' 출시

07.01 일본 정부, 반도체 핵심소재 한국수출 규제 발표

07.02 영화, '스파이더맨: 파 프롬 홈'(감독:존 왓츠, 배우:톰 홀랜드·사무엘 L. 잭슨) 개봉

07.03 벤, '헤어져줘서 고마워'(작사·작곡 VIP) 발표

07.06 한국 서원, 유네스코 세계문화유산에 등재

07.13 tvN드라마, '호텔 델루나'(출연:이지은·여진구·조현철 등) 첫 방영(~9.1)

07.18 대한민국·북마케도니아 수교

07.23 러시아 항공우주군 소속 A-50 조기경보기, 독도 영공을 2차례 무단 침범

07.26 서울 마포구 서울월드컵경기장 친선경기, 호날두 노쇼-2020.11. 관객 일부 승소

07.29 있지(ITZY), 'ICY'(작사·작곡 박진영) 발표

07.31 영화, '엑시트'(감독:이상근, 배우:조정석·윤아·고두심) 개봉

07.00 기아자동차, '셀토스' 출시

08.02 일본 정부, 한국을 화이트 리스트 명단에서 제외 개정안 의결-8.28. 발효

08.07 삼성전자, 갤럭시 노트10 공개

08.12 대한민국 정부, 백색국가에서 일본 제외 발표-9.18. 시행

08.14 옛 주한일본대사관 앞에서 1,400차 수요집회 개최-12개국 37개 도시 참여

08.19 로버트 앨런, 『세계 경제사』(교유서가) 출판

08.22 대한민국 정부, 지소미아(한일군사정보포괄보호협정) 종료 선언, 파기 결정

08.23 서울대·고려대 학생들, 조국(법무부장관 후보)·딸 의혹 진상규명 촉구 촛불집회 진행

08.24 북한, 함경도 선덕에서 동해 방향으로 발사체 2발 발사

08.27 X1, 'FLASH' 발표

08.29 대법원, 박근혜-최순실 게이트 상고심, 서울고등법원으로 파기 환송

09.01 차량 번호판 번호 부여 방식, 7자리에서 8자리로 개편

09.05 광주도시철도 2호선 1단계 구간 착공

09.08 '고바우 영감' 시사만화가 김성환(1932~2919) 사망

09.10 볼발간사춘기, '워커 홀릭'(작사·작곡 안지영) 발표

09.16 전자증권제도 시행

09.16 검찰개혁 촛불문화제 1차 집회, 서울중앙지방검찰청 주변에서 개최

09.17 경기도 파주시 한 돼지농가에서 아프리카 돼지 열병, 국내 처음 확산

09.17 경남 거제시 장목면 유호리의 청해대(저도), 47년 만에 민간에 시범 개방

09.18 화성연쇄살인 사건의 유력용의자, 33년 만에 특정-3대 미제 사건 하나 해결

09.18 KBS2드라마 '동백꽃 필 무렵'(출연:공효진·강하늘·김지석 등) 첫 방영(~11.21)

09.20 마이클 모부신,『운과 실력의 성공 방정식』(에프앤미디어) 출판

09.23 트와이스, 'Feel Special'(작자·작곡 박진영) 발표

09.27 악동뮤지션, '어떻게 이별까지 사랑하겠어'·'널 사랑하는 거지' 발표

09.28 김포도시철도(양촌촌↔김포공항역) 개통-2014.11. 착공, 길이 23.67㎞

09.28 KBS2드라마 '사랑은 뷰티풀 인생은 원더풀'(출연:설인아 등) 첫 방영(~2020.3.22.)

10.02 영화, '조커'(감독:토드 필립스, 배우:호아킨 피닉스·재지 비츠 등) 개봉

10.05 제37회 MBC대학가요제(일산 호수공원)-펄션(PURSEAN), '너만이' 대상 수상

10.08 인천 월미바다열차 개통-2008.6. 착공, 길이 7.1㎞

10.10 제100회 전국체육대회 폐막(서울)-서울시, 24년 만에 종합우승 차지

10.14 조국, 법무부 장관직 사퇴

10.26 한국시리즈, 두산 베어스, 키움 히어로즈 꺾고 3년 만에 우승

10.27 브라질에서 2019년 FIFA U-17 월드컵 개막-한국팀, 8위 기록

11.05 대종상영화제조직위원회, 시상식 및 제56회 영화제 내년 2월로 연기 발표

11.07 교육부, 자사고·외국어고·국제고의 2025년부터 일반고로 일괄 전환 발표

11.07 노을, '늦은 밤 너의 집 앞 골목길에서'(작사 미후왕, 작곡 빅가이로빈) 발표

11.08 북한 선원 2명, 판문점을 통해 북한으로 송환

11.14 2020학년도 수능시험 실시-응시자 수 548,734명

11.14 마마무, 'HIP'(작사·작곡 마마무) 발표

11.17 예멘의 반군 후티, 16명 탑승 선박 3척 나포-한국인 2명 포함

11.18 아이유, 'Blueming'(작사 아이유, 작곡 이종훈) 발표

11.19 인천국제공항, 4단계 확장사업 본격 시작

11.21 대법원, 방송통신위원회의 민족문제연구소 제작 〈백년전쟁〉 제재 조치 부당 판결

11.22 영화, '겨울왕국 2'(감독:크리스 벅·제니퍼 리, 배우:크리스틴 벨·이디나 멘젤) 개봉

11.22 정부, 지소미아(한일 군사정보포괄보호협정) 종료, 연말까지 조건부 유예

11.24 연예인 구하라(1991~2019), 자택 청담동에서 자살

11.25 부산시에서 한-아세안 특별정상회의 개최

12.06 강용석 변호사, 가로세로연구소에서 가수 김건모의 논현동 유흥주점 여종업원 성폭행 주장

12.10 민식이법, 국회 본회의 통과-스쿨존에서 도로교통법과 특정범죄가중처벌법

12.13 SBS드라마, '스토브리그'(출연:박은빈·남궁민·조병규 등) 첫 방영(~2020.2.14)

12.14 상주영천고속도로 영천 방향에서 21중 추돌사고-6명 사망

12.14 tvN, '사랑의 불시착'(출연:현빈·손예진·서지혜 등) 첫 방영(~2020.2.16.)

12.18 칠산대교(전남 영암 염삼면↔무안군 해제면) 개통

12.19 영화, '백두산'(감독:이해준·김병서, 배우:이병헌·하정우·마동석) 개봉

12.21 서울지하철 6호선, 신내역까지 연장운행 시작

12.23 레드벨벳, 'Psycho'(작사 Kenzie, 작곡 Andrew Scott·Cazzi Opeia·은) 발표

12.24 채사장, 『지적 대화를 위한 넓고 얕은 지식 0』(웨일북) 출판

12.26 안면 원산대교(태안군 안면도↔보령시 원산도) 연결-2010.12. 착공, 길이 1.75㎞

12.29 MBC 방송연예대상, 코미디언 박나래, 3수 끝에 데뷔 첫 대상 수상

12.30 〈고위공직자범죄수사처 설치법〉, 국회 본회의 통과

▨▨▨▨▨▨▨▨▨▨▨▨▨▨

01.01 [카타르] 석유수출국기구(OPEC)에서 탈퇴

01.01 [미국·이스라엘] 유네스코 탈퇴

01.02 [대만] 영어의 공용어 지정 법안 발효

01.03 [중국] 달 탐사선 창어 4호, 인류 최초의 달 뒷면에 착륙 성공

01.06 [우크라이나] 정교회, 러시아 정교회로부터 완전 독립

01.15 [케냐] 수도 나이로비 한 호텔에서 이슬람 알샤바브의 폭탄 테러-21명 사망

01.16 [영국] 하원, 브렉시트 합의안 부결

01.25 [브라질] 미나스제라이스주 브루마지뉴 댐 붕괴

02.24 [일본] 오키나와현 헤노코 미군기지 건설 찬반투표 실시-투표율 52%, 반대 72%

02.24 [쿠바] 헌법개정투표, 사유재산 및 외국인투자인정·동성결혼허용·임기제허용-찬성 90%

02.26 [인도] 공군, 파키스탄에 대규모 공습-파키스탄인 300 여 명 사망

03.02 [미국] 민간 우주기업 스페이스X 유인 우주선 크루 드래곤, 무인비행 테스트 성공

03.10 [에티오피아] 항공 302편, 추락-탑승자 전원 사망

03.20 [미국] 월트 디즈니 컴퍼니, 20세기 폭스 인수

04.01 [일본] 스가 요시히데 일본 내각관방장관, 새 연호 '레이와' 공개

04.15 [프랑스] 파리의 노트르담 대성당에 화재 발생

04.21 [스리랑카] 부활절에 연쇄 폭탄 테러 발생

04.30 [일본] 아키히토 퇴위-5.1. 나루히토 즉위(레이와 시대 개막)-10.22. 즉위식

05.15 [미국] 트럼프 대통령, 중국 최대 네트워크·통신장비 공급업체 화웨이에 거래 중단 명령

05.17 [대만] 동성결혼 법적 허용

06.09 [홍콩] 중국 정부의 〈범죄인 인도 법안〉 반대 시위 시작-8.12. 첵랍콕공항 점거

07.18 [일본] 애니메이션 제작사 교토 애니메이션 제1스튜디오, 방화 테러 사건 발생

08.18 [홍콩] 시민 170만 명, 유수식(流水式) 시위 진행

08.30 [미국] 앨라배마에서 총기난사 발생

09.14 [사우디아라비아] 국영 석유회사 아람코의 석유시설, 예멘의 반군 드론에 테러 공격

10.14 [미국] 연예인·배우 설리, 악플로 인한 스트레스로 자살

10.23 [영국] 에식스주 Grays에서 냉동 컨테이너에 39구 시체 발견

10.27 [미국] 트럼프 미국 대통령, ISIS 수괴 아부 바크르 알바그다디의 자폭 사망 발표

10.27 [유럽연합] 브렉시트 시한, 2020년 1월까지 3개월 연기 합의

10.31 [일본] 유네스코 세계유산 오키나와현 나하시의 슈리 성, 화재로 건물 전소

12.01 [중국] 코로나바이러스 19 첫 확진자 발생

12.04 [미국] CBS와 바이어컴 병합. 바이어컴CBS 탄생

12.10 [뉴질랜드] 북섬 화이트 아일랜드 화산 폭발-최소 5명 사망, 8명 실종

12.20 [미국] 미합중국우주군, 미합중국 공군에서 분리 창설

12.26 [미국] 나스닥지수, 사상 처음으로 9,000포인트 돌파

2019

2020 경자(庚子) 단기4353년 문재인4
트럼프/시진핑/아베·스가/푸틴

01.01 근로시간 주 52시간 단축, 모든 50~299인 이상 기업에서 시행

01.06 '기생충'(감독 봉준호), 제77회 골든 글로브 시상식에서 외국어영화상 수상

01.06 SBS드라마, '낭만닥터 김사부 2'(출연:한석규·안효섭·이성경 등) 첫 방영(~2.25)

01.07 제주도 낮 최고 기온, 23.6도 기록-1923년 기상관측 이래 1월 역대 최고 기온

01.08 전승환, 『내가 원하는 것을 나도 모를 때』(다산초당) 출판

01.09 흔한남매·백난도, 『흔한 남매 3』(아이세움) 출판

01.10 윤재수, 『주식투자 무작정 따라하기(2020)』(길벗) 출판

01.13 〈검경 수사권 조정안〉, 국회 통과

01.13 지코, '아무노래'(작사·작곡 지코) 발표

01.14 마이크로소프트, 윈도우 7·서버 2008·서버 2008 R2·익스플로러 9, 11 지원 종료

01.14 정세균 전 국회의장, 제46대 국무총리 임명 임명(~2021.4.16.)

01.15 현대자동차, 'GV80' 출시

01.19 롯데그룹 창업주 신격호(1922~2020) 사망

01.20 코로나 19: 국내 첫 확진 환자 확인-중국 우한시 거주 중국 국적 35세 여성

01.21 코미디언 남보원(1936~2020) 사망

01.22 대한민국 방송통신위원회, 구글에 8억6,700만 원의 과징금 부과

01.22 영화, '남산의 부장들'(감독:우민호, 배우:이병헌·이성민·곽도원 등) 개봉

01.22 영화, '히트맨'(감독:최원섭, 배우:권상우·정준호·황우슬혜 등) 개봉

01.26 2020년 AFC U-23 챔피언십, 대한민국이 사우디아라비아 1-0으로 우승 차지

01.31 Jtbc, '이태원 클라쓰'(출연:박서준·김다미 등) 첫 방영(~3.21)

02.01 청해부대 31진, 오만 해역에서 표류 중이던 이란 선박 구조

02.03 여자친구, '교차로(Crossroads)'(작사노주환, 작곡 노주환·이원종) 발표

02.09 '기생충', 제92회 아카데미 시상식에서 국제영화상·각본상·감독상·작품상 수상

02.17 미래통합당 출범-9.2. '국민의 힘'으로 개명

02.17 순천완주고속도로 사매2터널에서 폭설과 살얼음으로 인한 31중 추돌사고 발생

02.18 코로나 19: 신천지 대구교회, 집단 감염 시작

02.19 서울고법, 이명박에게 징역 17년형·벌금 130억 원·추징금 57억 8천여만 원 선고

02.19 정지궤도 위성 천리안 2B호, 남아메리카 프랑스령 기아나 우주센터에서 발사

02.19 코로나 19: 국내 첫 사망자 발생-63세 남성

02.21 방탄소년단, 'ON' 발표

02.21 SBS드라마, '하이에나'(출연:김혜수·주지훈 등) 첫 방영(~4.11)

02.23 코로나 19, 경계에서 심각으로 격상-초·중·고와 특수교육기관 개학 3월 9일로 연기

02.26 천주교, 역사상 처음으로 코로나 19 확산 방지를 위해 모든 미사 중단

03.01 이서윤·홍주연, 『더 해빙』(수오서재) 출판

03.02 강릉삼각선 개통, 경강선·영동선 연결-정동진역·묵호역·동해역 정차

03.08 KBS 1TV 'TV쇼 진품명품' 방송 25주년

03.08 방송인 자니 윤(1936~2020) 사망

03.09 코로나 19: 마스크 5부제 본격 실시

03.09 있지(ITZY), 'WANNABE'(작사·작곡 별들의전쟁) 발표

03.12 tvN, '슬기로운 의사 생활'(출연:조정석·유연석·전미도 등) 첫 방영(~5.28)

03.12 코로나 19: WHO, 범유행전염병(팬데믹) 선포

03.15 코로나 19: 문재인 대통령, 대구시·경북 일부 지역에 특별재난지역 선포

03.16 n번방 성착취물 제작·유포자 '박사방'의 운영자 조주빈 검거

03.18 역사학자 이이화(1937~2020) 사망

03.25 민식이법 시행-어린이보호구역에서 아동 교통사고의 처벌 강화

03.27 Jtbc드라마, '부부의 세계'(출연:김희애·박해준·한소희 등) 첫 방영(~5.16)

03.28 KBS2드라마, '한 번 다녀왔습니다'(출연:천호진·차화연·김보연 등) 첫 방영(~9.13)

03.30 코로나 19: 긴급재난지원금 도입 확정-소득 하위 70% 가구에 최대 100만 원 지급

03.30 수호, '사랑, 하자'(작사·작곡 NODAY·이아일·박문치) 발표

03.31 MBC 뉴스데스크, 채널A 이동재 기자의 취재윤리 위반 행위 단독 보도

03.00 삼성르노자동차, 'XM3' 출시

04.01 코로나 19: 모든 해외 입국자, 의무적으로 2주 자가격리 조치 시행

04.01 지방직 소방공무원, 국가직으로 전환

04.06 여자아이들, 'Oh my god'(작사·작곡 소연) 발표

04.09 코로나 19: 1차 온라인 개학-고등 3학년, 중등 3학년생 대상

04.09 김재호 채널A 대표, 이동재 기자의 취재윤리 위반 인정-6.25. 이동재 기자 해고

04.13 에이핑크, '덤더럼(Dumhdurum)'(작사·작곡 블랙아이드필승·전군) 발표

04.15 제21대 국회의원 선거, 사상 첫 연동형 비례대표제 시행-더불어민주당 180석 획득

04.16 코로나 19: 2차 온라인 개학-고등 1·2학년, 중등 1·2학년, 초등 고학년생 대상

04.20 코로나 19: 3차 온라인 개학-초등 저학년생(1~3학년) 대상

04.22 부산 윤산터널 개통-1,500m

04.23 부산광역시장 오거돈, 성추행 사실 인정-시장직에서 사퇴

04.26 안동 산불 발생-임야 200 ha로, 민가 4채 창고 2동 전소

04.27 오마이걸, '살짝 설렜어(Nonstop)'(작사 서지음·미미, 작곡 Steven Lee 등) 발표

04.27, SBS드라마, '굿캐스팅'(출연:최강희·이상엽·유인영·김지영 등) 첫 방영(~6.16)

04.29 경기도 이천시 모가면의 한 물류창고에서 화재 발생-38명 사망

05.05 코로나 19: 2020년 KBO 리그 개막-3.28. 개막 계획 연기

05.06 아이유, '에잇'(작사·작곡 아이유·슈가) 발표

05.07 일본군 위안부 피해자 이용수 할머니, 정의기억연대 위안부 피해자 이용 논란 촉발

05.10 서울 강북구의 모 아파트에서 경비원이 입주민의 폭행·폭언에 자살 사건 발생

05.12 카트라이더 러쉬플러스, 국내에서 정식 출시

05.18 한겨레 신문, 10000호 달성-1988.5.15. 창간호 발행

05.25 백현, 'Candy'(작사 Kenzie , 작곡 Mike Daley, Mitchell Owens 등) 발표

05.26 thtuf 네트워크 서비스 '싸이월드(CyWORLD)' 폐업(1999.9.~)

06.01 트와이스, 'MORE & MORE'(작사 박진영·BIBI, 작곡 MNEK 등) 발표

06.03 제56회 대종상영화제 감독상, 봉준호 감독의 '기생충' 수상

06.04 북한, 비무장 지대(DMZ) 대북 전단지(삐라) 살포에 경고

06.05 제21대 전반기 국회의장 박병석 의원 선출

06.11 국정농단사건 최순실, 대법원 상고심에서 징역 18년, 벌금 200억 원 최종 확정

06.12 안산 유치원 집단 식중독 사건(햄버거병) 발생-100명 이상의 유치원 원아·종사자

06.15 과학기술정보통신부, SK텔레콤 2G CDMA 서비스 종료 승인-7.27. 서비스 종료

06.15 김승호, 『돈의 속성』(스노우폭스북스) 출판

06.16 북한, 개성의 남북공동연락사무소 건물 폭파

06.24 영화, '#살아있다'(감독:조일형, 배우:유아인·박신혜·전배수 등) 개봉

06.26 KBS2, '개그콘서트', 21년 만에 종영

06.26 블랙핑크, 'How You Like That'(작사 TEDDY 등, 작곡 TEDDY 등) 발표

06.29 화사, '마리아(Maria)'(작사·작곡 박우상·화사) 발표

06.30 국내 웹툰 '마음의 소리'(작가 조석), 13년 9개월 만에 완결(2006.9.8.~)

07.07 경부고속도로 개통 50주년

07.09 서울특별시장 박원순(1956~2020) 사망-7.10. 연락 두절 14시간 만에 시신 발견

07.10 군인 백선엽(1920~2020) 사망

07.11 SBS 예능프로그램 '런닝맨' 방송 10주년

07.13 존 리, 『존리의 부자되기 습관』(지식노마드) 출판

07.14 2021년 최저임금, 시간당 8,720원으로 결정-전년(8,590원) 대비 1.5% 상승

07.15 '고유정 전 남편 살해 사건' 범인 고유정, 항소심에서 원심 그대로 무기징역형 확정

07.15 영화, '반도'(감독:연상호, 배우:강동원·이정현·이레·권해효 등) 개봉

07.21 군사위성 아나시스 2호 발사

07.25 코로나 19 영향으로 축구 K1리그, 광주FC와 수원삼성 블루윙즈 첫 경기

07.27 '0시'를 기해 SK텔레콤의 2G CDMA 서비스 완전 종료

07.29 영화, '강철비 2:정상회담'(감독:양우석, 출연:정우성·곽도원·유연석 등) 개봉

07.31 국무회의, 〈주택임대차보호법〉(임대차 3법) 개정안 의결, 시행

08.01 코로나 19: 신천지 교주 이만희 구속

08.03 코로나 19: 사랑제일교회(담임목사 전광훈), 첫 확진자 발생-이후 감염 확산

08.05 영화, '다만 악에서 구하소서'(감독:홍원찬, 배우:황정민·이정재·박정민 등) 개봉

08.15 전광훈 목사 주도의 '문재인 정부 규탄 집회' 개최-코로나 19 확산 계기

08.19 코로나 19: '0시'부터 수도권에 사회적 거리두기 2단계 조치 시행

08.21 방탄소년단, 'Dynamite'(작사·작곡 David Stewart, Jessica Agombar) 발표

08.23 코로나 19: '0시' 이후로 전국적으로 사회적 거리두기 2단계 조치 시행

08.26 태풍 바비(8호 태풍), 막대한 피해-인명 피해 전무

08.26 영화, '테넷'(감독:놀란, 배우:워싱턴·패티슨·데비키 등) 개봉

08.28 블랙핑크, 'Ice Cream (with Selena Gomez)' 발표

09.05 방탄소년단 싱글 앨범 'Dynamite', 미국 빌보드 핫 100 차트에서 1위 달성

09.10 한국철도시설공단, 국가철도공단으로 변명

09.12 질병관리본부, 질병관리청(청장 정은경)으로 승격

09.14 코로나 19: '0시' 이후로 수도권에서 사회적 거리두기 2단계 조치 완화

09.14 인천 초등학생 형제, 방임·화재 사건 발생-10.21. 동생 사망

09.15 울산신항선(망양역↔울산신항역) 개통-2014.7. 착공

09.24 연평도 해역 공무원 피격 사망 사건-월북을 시도하다 북한군 총격에 사망

09.29 영화, '담보'(감독:강대규, 배우:성동일·하지원·김희원 등) 개봉

10.02 블랙핑크, 'Lovesick Girls'(작사·작곡 ZICO) 발표

10.13 코로나 19: 마스크 착용 의무화-개인 최대 10만 원, 관리운영자 최대 300만 원 부과

10.13 16개월 입양아 정인, 양부모 학대에 사망

10.25 삼성그룹 회장 이건희(1942~2020), 6년 5개월의 장기 투병 끝에 사망

10.26 트와이스, 'I CAN'T STOP ME' 발표

10.26 SBS드라마, '펜트하우스'(출연:이지아·김소연·유진 등) 첫 방영(~2021.1.5.)

10.29 이명박 전 대통령, 대법원 상고심에서 징역 17년형 최종 확정-11.2. 재수감

11.02 개그우먼 박지선(1984~2020) 사망

11.07 평택파주고속도로, 서울-문산 구간 개통

11.15 대한항공, 아시아나 항공 인수 공식 확정

11.16 국무총리실 산하 김해신공항 검증위원회, 김해신공항 추진 백지화

11.20 방탄소년단, 'Life Goes On' 발표

11.24 코로나 19: '0시' 이후로 수도권에서 사회적 거리두기 2단계 조치 다시 시행

11.24 KBO 리그 한국시리즈, NC가 두산을 4대 2로 꺾고 창단 첫 우승

11.24 추미애 법무부장관, 윤석열 검찰총장에 직무 정지 명령

11.28 OCN, '경이로운 소문'(출연:조병규·유준상·김세정 등) 첫 방영(~2021.1.24.)

12.01 서울행정법원, 윤석열 검찰총장에 직무정지 명령에 집행정지 가처분 인용

12.01 코로나 19: 전국의 사회적 거리두기 1.5단계로 격상, 수도권 2단계 유지

12.02 코로나 19: 영국에서 화이자의 코로나19 백신 'BNT162' 승인-12.8. 첫 접종.

12.03 2021학년도 대학수학능력시험 실시-응시자 426,344명

12.10 고위공직자범죄수사처법 개정안, 국회 본회의 통과-공수처장 추천 인원 조정

12.10 공인인증서 폐지-1999년 7월 처음 인증서 제도 시행

12.12 성폭행범 조두순, 12년 만에 출소-수감일 : 2008.12~2020.12

12.12 tvN, '철인왕후'(출연:신혜선·김정현·배종옥·김태우 등) 첫 방영(~2021.2.14.)

12.13 코로나 19: 국내 신규 감염자 1,030명-하루 만에 사상 최고치 경신

12.22 인천 제3연륙교(중구 중산동↔서구 원창동:경인고속도로 시점) 착공

12.30 초대 공수처장, 전 판사 김진욱 내정

12.30 사랑제일교회 전광훈 목사, 무죄 선고·석방

▨▨▨▨▨▨▨▨▨▨▨▨▨

01.00 [중국] 코로나 19, 우한에서 시작-8,314만여 명 감염, 181만여 명 사망

01.03 [미국] 미군의 무인공격기, 이라크 바그다드 국제공항 폭격-이란 솔레이나마 사망

01.08 [우크라이나] 이란, 국제항공 752편 격추-이란의 테헤란 부근, 176명 전원 사망

01.09 [영국] 하원, 브렉시트 법안 통과-1.31. 유럽연합 공식 탈퇴

01.11 [대만] 제15대 정부총통 선거-차이잉원 총통 재선 성공

01.12 [필리핀] 마닐라의 탈 화산 폭발-주민·관광객 6천여 명 대피

01.15 [국제] Microsoft Edge 크로뮴 정식 버전 공개

01.24 [터키] 규모 6.8 지진 발생-최소 41명 사망, 1,600명 이상 부상자

03.09 [일본] 코로나 19 이유로 한국인 등 관광객 무비자 입국 중지, 한국 정부 맞대응

03.11 [미국] 의회, 대만을 국가로 인정-중국의 1국 2체제 부정

03.24 [일본] '2020 도쿄 올림픽' 연기-'2021년 7월 23일~8월 8일' 개최 발표

05.26 [미국] 미니애폴리스 시의 백인 경찰, 흑인 용의자 체포 중 질식사-항의 폭동

05.28 [중국] 전국인민대표대회, 홍콩 국가보안법 통과-중국 정부의 직접 통치 신호탄

05.30 [미국] 민간 우주기업 스페이스X, 유인 우주선 크루 드래곤 발사 성공

06.15 [인도-중국] 국경지대 갈완계곡에서 중국 인민해방군과 충돌-인도군 20명 사망

07.23 [중국] 화성 탐사선 천문(TW-1), 성공적으로 발사

09.27 [아르메니아] 아르메니아-아제르바이잔 전쟁 발생

11.03 [미국] 미국 대통령 선거-11.8 조 바이든, 제46대 대통령 당선

12.08 [영국] 세계 최초로 일반인 대상 코로나19 백신 접종

12.12 [미국] 미국 FDA, 화이자의 코로나19 백신 BNT162 긴급 승인

12.31 [국제] 구글 크롬, Adobe Flash 서비스 종료

2020

지난 시간, 나의 기억 찾기

한 줄로 읽는 한국현대사 연표 1945-2020

1판 1쇄 인쇄 2021년 6월 20일
1판 1쇄 발행 2021년 6월 30일

편저자 이계형
펴낸이 유필남
디자인 이상현
표낸곳 도서출판 역사로
등 록 553-93-01280
주 소 서울시 송파구 성내천로 324, 301호
전 화 010-5050-6037
e-mail : historyroad@naver.com
인 쇄 삼아인쇄사

ISBN 979-11-975004-0-4 93900

※ 잘못된 책은 바꿔드립니다.

가격 32,000원